Brigit Carnabuc

Sizilien

Griechische Tempel, römische Villen, normannische Dome und barocke Städte im Zentrum des Mittelmeeres

DUMONT

Kunst-Reiseführer

Die wichtigsten Orte auf einen Blick

★ *Umweg lohnt*

★★ *keinesfalls versäumen*

Die drei großen Epochen

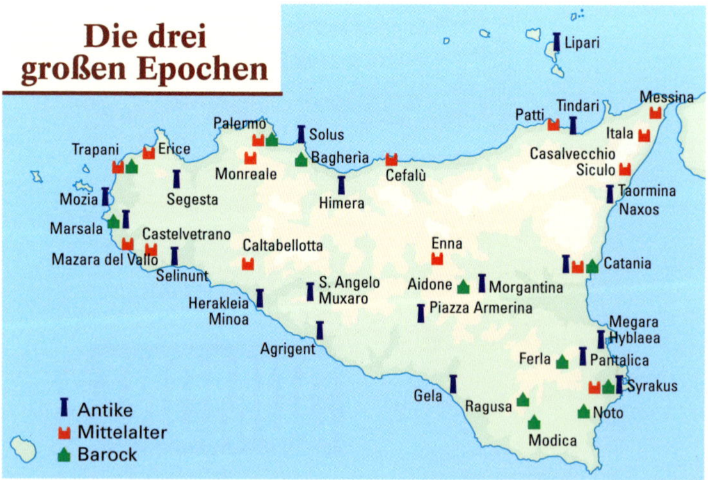

Inhalt

Reiserouten auf Sizilien

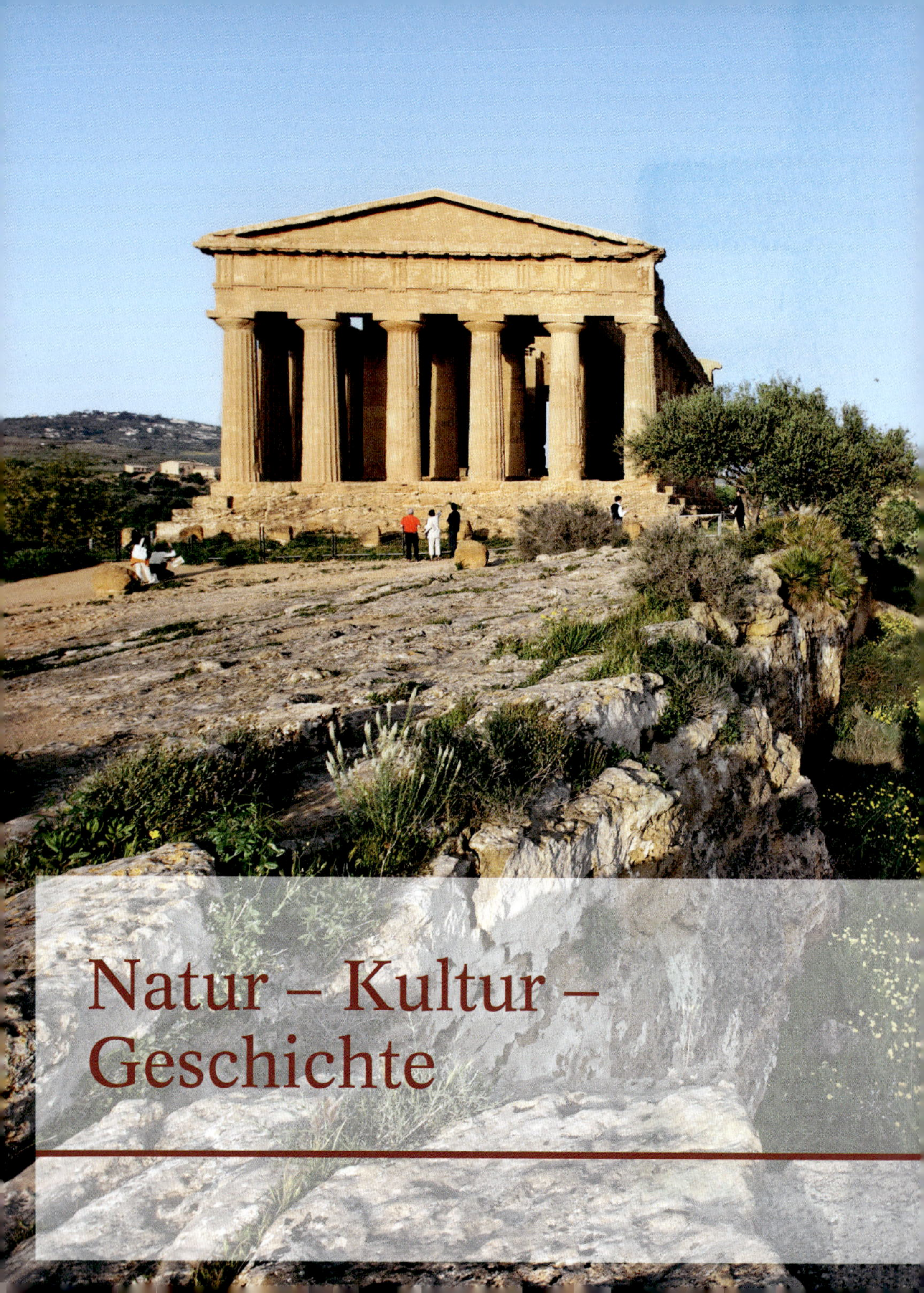

Natur – Kultur – Geschichte

Insel zwischen Orient und Okzident

»Italien ohne Sizilien macht gar kein Bild in der Seele: hier erst ist der Schlüssel zu allem.«
Johann Wolfgang von Goethe, 13. April 1787, »Italienische Reise«

Sizilien liegt am äußersten Rand Europas. Solange die Weltinteressen im Mittelmeergebiet lagen, war es bevorzugte Operationsbasis politischer und ökonomischer Mächte. Nach der Entdeckung Amerikas verschoben sich die weltpolitischen Gewichte, und die Insel geriet völlig in Vergessenheit. Erst im 18. Jahrhundert sollte sie von einigen ›Weltreisenden‹ wiederentdeckt werden.

Wie sehr die Insel aus dem allgemeinen Bewusstsein verschwunden war, geht aus der 1765 im schweizerischen Neuchâtel erschienenen »Encyclopédie« hervor, wo es wörtlich lautet: »Palermo: Lateinisch Panormus, zerstörte Stadt Siziliens in der Val di Mazara; es war Erzbischofssitz, und war mit einem kleinen Hafen ausgestattet. Vor der Zerstörung, die einem Erdbeben zuzuschreiben ist, machte es Atessina (wohl Messina) die Rolle der Hauptstadt streitig. Es befindet sich an der Nordküste der Insel …«.

Stätten des UNESCO-Welterbes auf Sizilien

Spätbarocke Städte des Val di Noto: Ragusa, Modica, Scicli, Noto, Catania, Caltagirone, Palazzolo Acreide, Militello Val di Catania;
Römische Villa del Casale bei Piazza Armerina;
Syrakus;
Felskammergräber von Pantalica;
Archäologische Stätten von Agrigent;
Liparische Inseln

Die Proteste einiger sizilianischer Gelehrter und des Holländers Jean-Philippe d'Orville, den 1727 seine Leidenschaft für Theokrit und antike Medaillen nach Sizilien geführt hatten, waren erfolglos. Weitreichendere Aufmerksamkeit erzeugten erst die Reisebeschreibungen von Brydone und Riedesel, die rund 40 Jahre später als Pioniere nach Sizilien kamen. Bald wurde in bestimmten Kreisen jenseits der Alpen eine Sizilienreise zur Modefrage. Persönlichkeiten wie Roland de la Platière, Graf Borch, Sonnini, Payne Knight, Swinburne, Vivant Denon, Houël erforschten die Insel fast gleichzeitig, und wiederum waren es ihre Publikationen, die eine neue Besucherwelle brachten: Friedrich Münter, Johann Heinrich Bartels und schließlich Johann Wolfgang von Goethe, um nur die bekanntesten zu nennen. Als interessantester und letzter Berichterstatter vor der Wende zum 19. Jh. ist der Orientalist Joseph Hager zu nennen, der zwei Jahre in Palermo arbeitete und lebte, also das Land nicht nur als Außenstehender kennenlernte.

Erstaunlicherweise prägen die Sichtweisen, Urteile (und Vorurteile) dieser Männer auch heute noch, nach mehr als 200 Jahren, so manche touristische Erwartungshaltung. Doch wer Sizilien mit den Augen des 18. und 19. Jh. sehen will, wird enttäuscht von der Reise zurückkehren. Sizilien ist ein modernes Land, mit allen Vor- und Nachteilen unserer Zeit. Die Straßen wimmeln von Autos, in den Städten reiht sich ein Geschäft an das andere, die Menschen sind hochmodern gekleidet, die Landwirtschaft wird maschinell betrieben, der Fischfang hauptsächlich von afrikanischen Gastarbeitern ausgeführt. Die berühmten Großfamilien gibt es nur noch in den Romanen und in der Erinnerung. Inzwischen hat das Land mit die niedrigste Geburtenquote Europas, und die Zahl der Einwohner wird geringer. Gegenwärtig beträgt sie ca. 5 051 100.

◁ Concordia-Tempel im Tal der Tempel von Agrigent

In der jungen Generation ist der Wille zum Studium groß. Die drei Universitäten (Palermo, Catania, Messina) werden insgesamt von

Darstellung eines Tempels von Selinunt mit pastoraler Szenerie, Gemälde von Jacob Philipp Hackert (1778; Puschkin-Museum, Moskau)

etwa 150 000 Studenten beiderlei Geschlechts besucht. Frauen sind absolut gleichberechtigt und nehmen inzwischen führende Stellen in Wirtschaft und Verwaltung ein.

Sizilien mit seinen Inseln erreicht nicht ganz 26 000 km² Oberfläche. Die Küstenlinie hat eine Länge von 1049 km; davon sind 440 km zum Thyrrenischen Meer hin ausgerichtet, 312 km zum Afrikanischen Meer und 287 km zum Ionischen Meer. Im Süden fällt das Land seicht zur Küste hin ab, im Norden und Osten steigt es steil aus dem Meer auf. Ungefähr die Hälfte der Einwohner lebt in den Städten an den Küsten, die anderen wohnen im Landesinneren. Allerdings wirken die Küsten dichter besiedelt und grüner, da von Gärten umgebene Sommer- und Ferienhäuser oft in unmittelbarer Meeresnähe liegen. Dagegen sind in den Ortschaften des Binnenlands die Wohnhäuser so eng aneinander gebaut, dass kein Platz für Zierpflanzen bleibt. Diese Kleinstädte haben im Durchschnitt 15 000 bis 30 000 Einwohner. Dazwischen liegt nichts als unbewohntes Ackerland. Je nach Gegend erstrecken sich kilometerweit großflächige Plantagen, Weizenfelder oder Weingärten. Die Landwirtschaft ist immer noch der bedeutendste Wirtschaftssektor Siziliens. Es versteht sich von selbst, dass damit Handel und Bankgeschäfte verbunden sind. In Ragusa und Gela wird Erdöl gefördert, in Catania entstand ein international anerkanntes mikrotechnologisches Forschungs- und Produktionszentrum.

Kleinere Industrien erzeugen Keramik, Kacheln, Möbel, Ersatzteile für Autos, bauen landwirtschaftliche Maschinen und Ähnliches, sind freilich auf dem internationalen Markt kaum konkurrenzfähig – Sizilien liegt immer noch an der äußersten Peripherie Europas.

»Ich möchte die Heimat der Proserpina (griech. Persephone) sehen und ein bisschen verstehen, warum der Teufel sein Weib in jenem Lande genommen hat.«
Paul-Louis Courier de Méré, 15. April 1806

Antikes Sizilien

von Christoph Höcker

Wer Süditalien oder Sizilien bereist, wird vielleicht überrascht bemerken, dass vieles von dem, was ihm hier aus der Antike begegnet, nicht Hinterlassenschaft des sonst in Italien so allgegenwärtigen römischen Weltreiches ist, sondern Zeugnis der griechischen Kultur. Nirgendwo außerhalb des griechisch-kleinasiatischen Kernlandes hat sich die altgriechische Kultur mit ihren zahlreichen Stadtanlagen, mit ihren Heiligtümern, Tempeln und Theatern so prägend über die Landschaft gelegt wie auf Sizilien. Fast könnte man die Insel Trinakria, ›die Dreieckige‹, wie die antiken Griechen Sizilien nannten, für einen genuinen Bestandteil von Alt-Hellas halten, wie dies auch die griechische Mythologie glauben machen will: Hier starb, so sagt die Legende, der sagenhafte König Minos bei seiner Verfolgung des entflohenen Daidalos. Hier überlistete der Held Odysseus bei der Durchquerung der Meerenge von Messina die Ungeheuer Skylla und Charybdis. Hier raubte der Halbgott Herakles – als zehnte seiner legendären zwölf Taten – die Herde des Geryoneus und tötete dabei die furchterregende Skylla. In Enna soll Demeter gelebt haben, soll Kore von Hades geraubt worden sein. Und im Ätna betrieb der hinkende Gott Hephaistos seine Schmiedewerkstatt.

Auf den zweiten Blick stellen sich die Dinge jedoch komplizierter dar. Auch im Altertum war Sizilien nicht einfach ein Stück Griechenland. Viele Einwanderungs- und Kolonisationswellen machten Sizilien auch zu Zeiten der griechischen Antike zu einem ethnisch

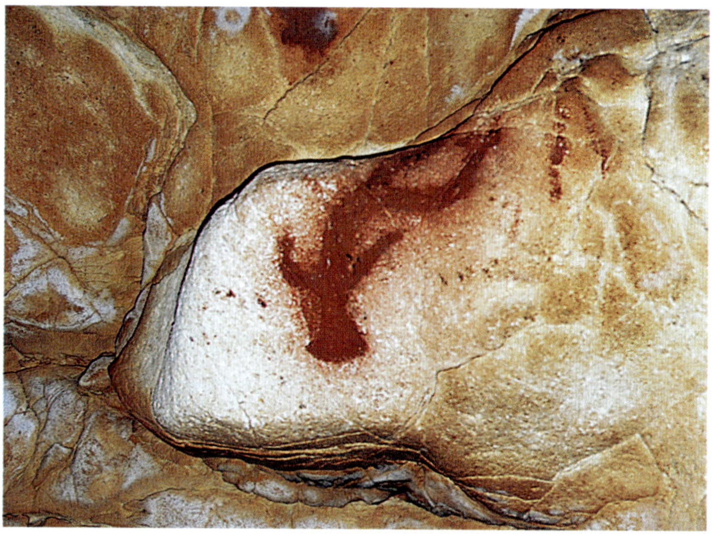

Höhlenmalerei aus der Altsteinzeit auf Levanzo

außerordentlich heterogenen Gebiet mit diversen miteinander rivalisierenden Kultur- und Siedlergruppen. Bereits im Neolithikum und in den Metallzeiten eingewanderte, also seit langem dort heimische Stämme, aber auch Phönizier und schließlich – auf der Suche nach neuen Siedlungsgebieten – Griechen lebten hier nebeneinander, ein Umstand, der immer wieder zu Konflikten und Kriegen führte. Ein entsprechend heterogenes Bild bietet denn auch die archäologisch fassbare Hinterlassenschaft all dieser Gruppen: Gräberfelder und Siedlungsreste bodenständig gewordener Kulturen, Siedlungen, Friedhöfe, Stützpunkte und Hafenanlagen der Phönizier und schließlich die an Menge und Größe schier alles andere überlagernden Ruinen der griechischen Kultur.

Vor- und Frühgeschichte

Die ersten Spuren menschlichen Lebens auf Sizilien stammen aus vergleichsweise später Zeit, dem Ende des Paläolithikums (Altsteinzeit). Die bislang ältesten Überreste fand man in den Grotten bei S. Teodoro an der Nordküste; sie entstammen der Zeit des späten Neandertalers (ca. 35 000 v. Chr.). Die weiteren Funde aus dem Paläolithikum konzentrieren sich meist auf zwei Regionen der Insel: den Nordwesten zwischen Trapani und Palermo sowie den Südosten bei Syrakus und Ragusa. Der weitaus größte Teil Siziliens dagegen scheint damals noch unbesiedelt gewesen zu sein. Die Menschen dieser Zeit waren Jäger und Sammler, die in Sippenverbänden lebten und jeden Tag aufs Neue einen harten Kampf um das eigene Überleben gegen andere Sippen und gegen die Unbilden der Natur zu führen hatten. Zu den beeindruckendsten Zeugnissen aus dem Paläolithikum zählen die Höhlenmalereien in den Grotten der kleinen Insel Levanzo vor Trapani und am Monte Pellegrino bei Palermo (s. S. 297).

Den Anfang der Jungsteinzeit (Neolithikum) kennzeichnet eine Entwicklung, die heute zu Recht als die ›Neolithische Revolution‹ bezeichnet wird. Die aneignenden Wirtschaftsformen der Jäger- und Sammlerkulturen machten einer – zuerst im mesopotamisch-anatolischen Raum nachweisbaren – produzierenden Wirtschaftsform Platz. Ackerbau und Viehzucht führten zu einer Sesshaftwerdung der umherziehenden Sippenverbände. Siedlungen wurden angelegt, meist aus heute kaum mehr nachweisbaren Holz-, Lehm- und Laubhütten. Die Erfindung von Ackerbaugeräten und auch der Keramik, die zunächst luftgetrocknet und erst später im eigentlichen Sinne gebrannt wurde, sowie die Herstellung von fein gearbeiteten, hochspezialisierten Steinwerkzeugen sind Kennzeichen dieser Kulturstufe.

Die Stentinello-Kultur kennzeichnen durch Ritzmuster dekorierte Keramik sowie grazil gefertigte Steingeräte, zumeist aus schwer zu bearbeitendem Obsidian

Die neolithischen Kulturen beschränkten sich weitgehend auf die Ostküste und die Liparischen Inseln. Am weitesten ausgedehnt war die sog. Stentinello-Kultur, benannt nach dem Hauptfundort nördlich von Syrakus. Mit dieser Kultur beginnt zugleich die bis in his-

Die Kultur von Piano Quartara kennt runde, einfache Formen; die Henkel können oft auch nur zwei Ösen sein (3. Jt. v. Chr.)

torische Zeiten nicht mehr abreißende Kette von Einwanderungen. Vermutlich aus Süditalien stammend waren die Siedlungen dieser Kultur häufig durch Wälle und Gräben befestigt – ein deutliches Zeichen dafür, dass hier wie überall im Neolithikum Verteidigungsanlagen notwendig wurden, da die Sesshaftwerdung zwangsläufig zu Besitzungleichheit und damit zu ersten kriegerischen Konflikten zwischen wohlhabenden und armen Siedlungsgemeinschaften führte.

Die Keramik der neolithischen Kulturen auf den Liparischen Inseln unterscheidet sich von derjenigen der Stentinello-Kultur erheblich: Die sehr dünnwandigen Gefäße des Serra d'Alto-Stils waren mit mehrfarbigen Spiral-, Mäander- und Zickzackmustern bemalt; die zeitlich anschließende Keramik des Diana-Stils ist überwiegend monochrom und nur selten mit komplizierteren Mustern dekoriert. Diese Keramik fand auch auf dem süditalienischen Festland weite Verbreitung.

Am Beginn der **Metallzeitalter** (Kupfer-, Bronze- und Eisenzeit) kam es zu neuen Einwanderungswellen nach Sizilien. Die im Orient schon lange vorher nachgewiesene Fähigkeit, Metall zu verarbeiten, brachte im Zuge dieser Einwanderungen nicht nur technischen Fortschritt, sondern führte auch zu einer zunehmenden Spezialisierung der Tätigkeiten innerhalb der Dorf- und Siedlungsgemeinschaften und damit zu erheblichen gesellschaftlichen Veränderungen. Wer mit der Metallverhüttung beschäftigt war, hatte kaum noch Zeit, sich um die eigene Nahrungsmittelversorgung, sprich Ackerbau und Viehzucht, zu kümmern. Arbeitsteilung wurde notwendig, und so entstanden in dieser Zeit erstmals regelrechte Berufe und ›Industrien‹, aber zugleich auch ein zunehmend differenziertes Geflecht wirtschaftlich-sozialer Hierarchien und Abhängigkeiten.

Schwungvolle Henkel geben der Malpasso-Kultur eine bemerkenswerte Dynamik, oft wird diese noch durch hohe Laschen verstärkt

Hauptsächlich durch Gräberfunde bekannt sind die bronzezeitlichen Kulturen Siziliens aus dem 2. Jt. v. Chr. In dieser Zeit scheint die Insel schon recht dicht besiedelt gewesen zu sein. Die Herstellung der harten Bronzegeräte aus einer Mischung von Zinn und Kupfer setzte erhebliche technische Fähigkeiten bei der Metallverhüttung voraus. Bronzewerkzeuge machten bald die Verwendung von Steingeräten gänzlich überflüssig. Nun trat der Handel – auch über weite Entfernungen hinweg – als ein prägendes Merkmal in Erscheinung. Insbesondere die Beschaffung der für die Bronzeherstellung notwendigen Rohstoffe sorgte dafür, dass ein ganzes Geflecht von Handelsbeziehungen zwischen den z. T. weit auseinander liegenden bronzezeitlichen Kulturen entstand. So hatten die sizilischen Bronzezeitkulturen Kontakte nicht nur in den mykenisch-griechischen Raum, sondern bis nach Mesopotamien und Südengland.

Neben der kupferzeitlichen Conca-d'Oro-Kultur, die auch in der frühen Bronzezeit noch weiter bestand, waren hauptsächlich die Castelluccio-Kultur (benannt nach dem Hauptfundort bei Noto) und die Capo-Graziano-Kultur auf den Liparischen Inseln sowie die etwas spätere Thapsos-Kultur in der Bronzezeit auf Sizilien verbreitet. Diese

Kulturen sind nun weitgehend auf Sizilien und die Liparischen Inseln beschränkt und zeichnen sich durch ein hohes Maß an Eigenständigkeit aus, das sie von zeitgleichen Kulturen Süditaliens, Sardiniens, Griechenlands und des westlichen Mittelmeerraumes unterscheidet; erstmals kann man zu Recht von wirklich ›einheimischen‹ Kulturen auf Sizilien sprechen.

Die genauen zeitlichen Abfolgen wie auch die geografischen Abgrenzungen der zahlreichen sizilischen Metallzeitkulturen mit ihren unterschiedlichsten Keramikstilen sind auch heute noch recht unsicher und erlauben kein abschließendes Bild; erst in jüngster Zeit ist beispielsweise mehrfach angenommen worden, dass etwa die Thapsos-Kultur bereits einen ersten Vorläufer der phönizischen Kolonisation darstellt. Um 1000 v. Chr. waren jedenfalls im Wesentlichen vier Stämme auf Sizilien beheimatet, die im Folgenden – im Gegensatz zu den nun allmählich einwandernden Phöniziern und Griechen – als ›einheimische Bevölkerung‹ bezeichnet werden: Die Sikaner, vermutlich nordafrikanischen oder iberischen Ursprungs, die wohl aus Kleinasien stammenden Elymer sowie die Sikuler und Morgeten, beide einst auf dem italienischen Festland sesshaft.

Die Conca-d'Oro-Kultur beschränkt sich auf den Nordwesten der Insel; der Dekor besteht aus einfachen Linien und Aneinanderreihungen von Punkten (3. Jt. v. Chr.)

Phönizische Kolonisation

Die Phönizier, ursprünglich an der Levanteküste ansässig, waren die ersten, die sich in historischer Zeit auf Sizilien niederließen. Als ein Volk von Seefahrern und Händlern haben sie maßgeblich zu dem Netz von Kontakten und Beziehungen zwischen den Mittelmeerkulturen beigetragen, das zu Beginn des 1. Jt. v. Chr. Gestalt annahm. Die Phönizier waren kühne Pioniere des Schiffbaus und der Seefahrt, und so entstanden seit etwa 900 v. Chr. an allen Küsten des Mittelmeers zwischen Gibraltar und Kleinasien ihre Handelsniederlassungen.

Diese Seefahrer waren nicht auf der Suche nach neuen Siedlungsräumen, sondern einzig darauf erpicht, an fremden Gestaden Häfen und Handelskontore zu gründen, um die Waren der Region mit denjenigen aus fremden Ländern zu tauschen. Insofern gestaltete sich ihr Leben mit der jeweils einheimischen Bevölkerung überwiegend friedfertig: Beide Teile hatten Interesse an einer Koexistenz, da diese von gegenseitigem Nutzen war. Auch stellten die Phönizier keine großen räumlichen Ansprüche. Ihnen genügten ein wettersicherer und gut gegen Piraten zu verteidigender Küstenplatz für Hafen und Werften sowie einige Häuser zum Leben und Schuppen für die Lagerung der Waren.

Die phönizischen **Handelsniederlassungen** wurden rasch zu Zentren des Reichtums und weckten dadurch die Begehrlichkeit von Piraten und von weniger wohlhabenden einheimischen Siedlern. So kam es bisweilen zu Überfällen, gegen die sich die Phönizier durch die Wahl strategisch gut zu verteidigender Orte wie Halbinseln und kleinen, den Küsten vorgelagerten Inseln schützten. Aber dennoch

Die Capo-Graziano-Kultur überschneidet sich zeitlich mit der Kultur von Castelluccio und reicht von 1600–1400 v. Chr.; der Dekor ist eingeritzt und oft mit einer weißen, gipsartigen Masse aufgefüllt; in den Zickzacklinien besteht eine Verbindung zur mykenischen Kultur, worauf auch die jetzt auftretenden Firmenzeichen hinweisen

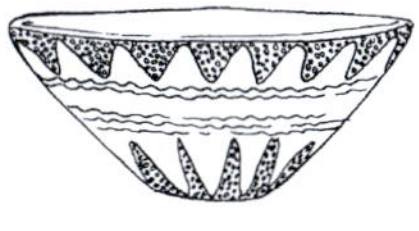

Phönizische Wirtschaft

Hauptstütze der phönizischen Wirtschaft war die Produktion von und der Handel mit Metallen. Sizilien lag im Schnittpunkt bedeutender Metallzentren auf der Iberischen Halbinsel, Nordafrika, Etrurien, Sardinien und Zypern. Darüber hinaus florierte die phönizische Luxus- (Elfenbeinschnitzereien, Gemmen aus Edelsteinen, Salbgefäße aus Alabaster und Glas sowie Bronze- und Goldschmuck) und Massenbedarfsproduktion (Keramik).

bestand zwischen den phönizischen Niederlassungen und der sie umgebenden Urbevölkerung kein ständiges Konfliktpotential: ein Verhältnis, das sich bei der späteren griechischen Kolonisation völlig anders darstellen sollte.

In rascher Folge entstanden im 8. Jh. v. Chr. auf Sizilien eine Reihe von Handelsniederlassungen, die beiden bekanntesten *Panormos*, das heutige Palermo, und *Motye* (Mozia). Während man in Palermo kaum noch Überreste aus der phönizischen Zeit vorfindet, sind die Ausgrabungen von Motye (s. S. 231) um so beeindruckender. Der Ort liegt auf der nur 1 km² großen Insel S. Pantaleo zwischen Marsala und Trapani: ein perfekter Platz für die Gründung eines Handelskontors. Im Schutze anderer Inseln in einer Lagune gelegen, war der Stützpunkt nur wenige hundert Meter von der Küste entfernt. Sehr schnell entstand hier eine regelrechte Stadt – die einzige größere phönizische Stadtanlage auf Sizilien. Sie wurde 397 v. Chr. zerstört und nie wieder aufgebaut. Da die Insel auch in den folgenden Zeiten nicht mehr besiedelt wurde, bieten sich heute für die Archäologen optimale Arbeitsmöglichkeiten.

Die mächtigen Mauern, die Motye umgaben, stammen nicht aus der Zeit der Gründung des Ortes. Erst als die griechische Kolonisation sich immer weiter nach Westen ausdehnte, kam es zu Konflikten und Kriegen, da der Lebens- und Wirtschaftsraum der Phönizier auf Sizilien rapide kleiner wurde. So gründeten die Phönizier im 7. Jh. v. Chr. etwa 20 km östlich von Palermo die Ortschaft *Solus* (Solunto) als Vorposten für das von den stetig näherrückenden griechischen Siedlern bedrohte Panormos, das nun ebenfalls mit einer Mauer umgeben wurde.

Die Griechen in Sizilien

Griechische Kolonisation

Bereits der griechische Lyriker Hesiod beschrieb im 7. Jh. v. Chr. die tiefgreifende Krise der damaligen griechischen Gesellschaft: Besitzungleichheit, Rechtlosigkeit und Verarmung durch zunehmende Verkleinerung des Landbesitzes als Folge der Erbteilung; in Abhängigkeit, gar in Schuldknechtschaft geratene einstmals freie Bürger; Missernten, Unruhen, Übervölkerung und Hungersnöte – all dies hatte das Leben der Landbevölkerung im griechischen Kernland hoffnungslos, ja oft unerträglich werden lassen. Vor dem Hintergrund dieser sozialen Missstände beginnt im 8. Jh. v. Chr. eine große Auswanderungswelle aus Griechenland – die griechische Kolonisation.

In der Umbruchphase der griechischen Gesellschaft im 8. und 7. Jh. v. Chr. entwickelte sich nicht nur in Griechenland selbst, sondern auch in den neu gegründeten Kolonien das Polissystem. Dies war ein loser Verbund von kleinen Stadtstaaten, die zwar untereinander mannigfache Beziehungen pflegten, prinzipiell jedoch voneinander unab-

hängig und oft auch verfeindet waren. Regiert wurden solche Stadtstaaten zunächst von der einfluss- und besitzreichen Aristokratie. Ihre wirtschaftliche Basis bildete die Landwirtschaft, und so bestand eine Polis zum einen aus einer städtischen Siedlung, zum anderen aus der dazugehörigen Chora, der die Stadt umgebenden Ackerfläche. Zwar gab es schon in dieser Frühzeit des griechischen Polissystems einen regen Tauschhandel zwischen den einzelnen Stadtstaaten, das angestrebte Prinzip dieser Polis war jedoch nicht wirtschaftliche Verflechtung, sondern jeweilige Autarkie, also die vollständige politische und ökonomische Selbständigkeit.

Dieses **Autarkieprinzip** war es, was die einzelnen Siedlergruppen in der Fremde anstrebten. Hierzu brauchte man ein möglichst großes und fruchtbares, zudem gesichertes Stück Ackerland. Besonders Sizilien und Unteritalien erschienen den Gründern dabei im Vergleich zu Griechenland wie ein Paradies.

Die **Gründung einer Kolonie** vollzog sich überall in ähnlicher Weise. Eine Siedlergruppe bestieg – ausgestattet mit einem Wink aus Delphi und guten Wünschen der in der Heimat Verbleibenden – unter der Führung eines Adligen (dem *Oikisten,* dem später in der neuen Heimat oft ein Heroenkult geweiht wurde) eine kleine Flotte und begab sich unter größter Vorsicht vor Seeräubern und Unwettern, nur mit dem Nötigsten im Gepäck, zum angestrebten Ort. Oft waren es auch nicht nur eine, sondern zwei Siedlergruppen unterschiedlicher Herkunft, die sich – dann mit zwei Oikisten an der Spitze – zur Gründung einer neuen Polis zusammentaten. Auf Sizilien und in Unter-

Lose Bindungen

Die griechische Kolonisation war kein zentral geplantes und gesteuertes Unternehmen, sondern eine kollektive Emigrationsbewegung aus wirtschaftlicher Not. Entsprechend lose waren die Bindungen der Koloniestädte zu ihren Mutterstädten: Das Ziel der Auswanderer war immer die Gründung einer neuen Existenz. Und: Nach griechischem Recht wurden Bürger, die aus ihrer Heimat fortzogen, um eine neue Stadt zu gründen, zu Fremden, über die die Mutterstadt keine Autorität mehr ausüben konnte.

Religiöse Bande

Waren die politischen und wirtschaftlichen Bindungen zwischen Kolonien und Mutterstädten auch recht lose, so konnten die religiösen Bande sehr eng bleiben. Die Tempelchronik des Athenaheiligtums von Lindos auf Rhodos verzeichnete z. B. zahlreiche Stiftungen aus Akragas, einer u. a. von Rhodiern gegründeten sizilischen Kolonie. Das Gesamtgefüge der olympischen Götterwelt bildete, wie in Griechenland auch, ein ordnendes Netz, in das sich die durchaus unterschiedlichen lokalen Kulte der griechischen Kolonialstädte eingliedern und miteinander in Beziehung setzen ließen – eine wesentliche Voraussetzung für das Entstehen kultureller Identität.

italien gab es nach Auffassung der Siedler zwei verschiedene Arten von Kolonien: Zum einen ›echte‹, von auswandernden Griechen aufgebaute Kolonien, zum anderen sog. Pflanzstädte, die von Siedlergruppen gegründet wurden, die wiederum aus einer der neu gegründeten Städte ausgewandert waren.

Bei der Anlage der neuen Städte bevorzugten die Siedler Areale in Küstennähe, entweder auf sicheren Halbinseln (wie etwa im Falle von Syrakus), oder etwas landeinwärts gelegenes Gelände mit bereits vorhandenen natürlichen Gegebenheiten, die zur Verteidigung geeignet waren (wie im Falle von *Akragas).* Gerade auf Sizilien waren die Küstenregionen – im Gegensatz zum unwirtlichen Inselinneren – außerordentlich fruchtbar und hervorragend geeignet für eine intensive landwirtschaftliche Nutzung. Doch die strategischen Überlegungen bei der Auswahl der Siedlungsplätze bezeugen noch ein anderes Interesse. Im Gegensatz zu den phönizischen Händlern wollten die griechischen Siedlertrupps größere Landstriche in Besitz nehmen. Und natürlich waren die zur Koloniegründung ausgewählten Gebiete nicht menschenleeres Ödland, sondern von der einheimischen Bevölkerung besiedelt und bewirtschaftet.

So entbrannte jedesmal, wenn eine neue Siedlergruppe irgendwo an Land ging, ein ungleicher, oft blutiger Kampf zwischen den gut gerüsteten Griechen und den meist völlig unvorbereiteten Einheimischen. Die einst an der Küste ansässige Urbevölkerung wurde von ihren Siedlungsgebieten vertrieben und ins Inselinnere zurückgedrängt, zunächst nur von einzelnen Orten, später, als immer mehr Kolonisten eintrafen, von der gesamten Küste.

In den neu angelegten Koloniestädten wuchsen nun Ableger der griechischen Kultur heran, einer Kultur, die sich anfangs nicht in Bauten und Stadtanlagen manifestierte und verfestigte, sondern in einer Art ›ideologischem Überbau‹. Dabei waren die eigenen religiösen Vorstellungen und das traditionelle Gesellschaftssystem die wesentlichen Faktoren, die es den Griechen ermöglichten, sich auch in der Fremde bald heimisch zu fühlen.

Im Laufe der Zeit war die griechische Gesellschaft durchaus Änderungen unterworfen: Die zunächst sehr starr und hierarchisch gegliederte Adelswelt wurde von Tyrannen in Frage gestellt und später von demokratischen Tendenzen im Kern überwunden. Zwei Faktoren blieben jedoch über die Jahrhunderte hinweg konstant: die Sklaverei und das Patriarchat.

Ein Merkmal nicht nur der antiken griechischen Kultur ist die **Sklaverei.** Ihr verfielen in der Regel Kriegsgefangene, nicht nur ›Barbaren‹, sondern durchaus auch Griechen, die dann entweder an wohlhabendere Privatleute verkauft oder aber zu kommunalem Besitz des siegreichen Stadtstaates wurden. Während das Los der Staatssklaven hart war – sie arbeiteten unter oft menschenunwürdigen Bedingungen in Bergwerken oder Steinbrüchen –, wird das Geschick der ›privaten‹ Sklaven in der zeitgenössischen Literatur als meist erträglich geschildert. Private Sklaven waren zwar unfrei, von niedrigstem gesellschaftlichem Stand, von allen politischen Entscheidungen ausgeschlossen und konnten nach Belieben weiterverkauft werden, doch hatten sie durchaus gewisse Ehe-, Vermögens- und Zeugnisrechte.

Sie wurden nicht selten zu einem umhegten, weil recht teuren Bestandteil des *Oikos,* des griechischen Haushalts, und ihr Leben als Hausangestellte und Arbeiter im Betrieb oder der Landwirtschaft des Hausherrn gestaltete sich oft leichter als das von freien Tagelöhnern, die sich jeden Tag aufs neue um ihren Lebensunterhalt bemühen mussten. Oft arbeiteten Freie zusammen mit Sklaven in Steinbrüchen, in der Landwirtschaft oder an größeren städtischen Bauprojekten, und meist zahlten die ›Arbeitgeber‹ den Tagelöhnern nicht mehr, als für die Arbeit der Sklaven an deren Besitzer gezahlt wurde. Anders als in der Römischen Republik und der frühen Kaiserzeit war die Sklaverei in der griechischen Kultur kein wesentlicher ökonomischer Faktor.

Zweiter prägender Zug der griechischen Kultur ist das **Patriarchat.** Die griechische Gesellschaft war eine reine Männerwelt: Männer bestimmten das öffentliche Leben, debattierten auf dem Marktplatz und kamen den bürgerlichen oder gesellschaftlichen Verpflichtungen nach. Die Frau, zumindest diejenige aus besserer Familie, war an das Haus gebunden, herrschte dort zwar unumschränkt, hatte allerdings innerhalb der Gesellschaft keinerlei politische oder juristische Rechte. Nur wenige Ereignisse wie bestimmte kultische Feste und Prozessionen erlaubten ihr, das Haus zu verlassen. Wenn die Frau bei solchen Gelegenheiten in der Öffentlichkeit auftrat, tat sie dies weniger als eigenständige Persönlichkeit, sondern repräsentierte Wohlstand und Status eines Mannes, d. h. ihr Verhalten, ihr Auftreten und ihre Ausstattung wurden in Relation zu ihrem Mann, Bruder oder Vater beurteilt.

Während sich die Männer ungeniert (fast) allen Ausschweifungen hingeben konnten, galt für die Frau ein strenger Moralkodex. Ausgenommen von dieser Verhaltensnorm waren allein die Hetären, die an Symposien und Gelagen teilnahmen und sich unbeaufsichtigt in der Stadt bewegen konnten, aber immer darauf achten mussten, nicht auf das Niveau von gewöhnlichen Prostituierten herabzusinken. Allerdings konnten nur Frauen aus den wohlhabenderen Schichten diesen Idealvorstellungen vom richtigen Verhalten genügen. In ärmeren Kreisen war es üblich und auch notwendig, dass sich die Frauen auch außerhalb der festlichen Anlässe in der Öffentlichkeit zeigten, z. B. als Arbeiterinnen in Landwirtschaften oder handwerklichen Familienbetrieben.

Ein weiterer wichtiger identitätsstiftender Faktor der griechischen Kultur war schließlich ein rigoroser, bisweilen offen aggressiver **Ausschließlichkeitsanspruch.** Bei allen Konflikten und Streitereien untereinander fühlten sich die Griechen insgesamt als eine überlegene Elite, die in allen Nachbarvölkern unterschiedslos minderwertige Barbaren sah. Diese von keinerlei Zweifeln getrübte Selbstsicht, die sich wie ein roter Faden durch fast die gesamte antike grie-

Kulturelle Selbstbehauptung in der Fremde

Die übersteigerte Pflege griechischer Bräuche, Kulte und Sitten, Baukunst und Bildhauerei wie überhaupt das Streben nach ›Größe‹ verweisen auf das Bedürfnis der Koloniestädte nach kultureller Selbstbehauptung in der Fremde. So war ›Größe‹ bereits in der Phase der Neugründung einer Stadt erklärtes Programm: Syrakus oder Akragas z. B. sicherten sich durch Mauerringe von derart riesigen Ausmaßen, dass das umschlossene Siedlungsareal niemals auch nur annähernd vollständig bewohnt war.

chische Literatur zieht, war letztlich dafür verantwortlich, dass sich auch auf Sizilien kein friedliches Nebeneinander unterschiedlicher Kulturen entfalten konnte. Das griechische Streben nach Dominanz auf allen Ebenen ließ schließlich ein Konfliktpotential entstehen, das sich in zahlreichen Kriegen gegen die Nachbarkulturen entladen sollte.

Über die exakten Jahreszahlen der griechischen Koloniegründungen auf Sizilien besteht zwischen verschiedenen antiken Quellen ein kaum auflösbarer Widerspruch. Sicher bezeugt ist jedoch, dass die ersten Kolonien im Osten der Insel entstanden, also auf der Griechenland zugewandten Seite. Naxos (um 735 v. Chr.), Syrakus (um 734 v. Chr.), Leontinoi (um 730 v. Chr.), Katane (um 729 v. Chr.) und Megara Hyblaea (um 728 v. Chr.) sind die Orte, die in einer ersten Kolonisationswelle im Abstand von nur wenigen Jahren gegründet wurden. Da sich all dies weit entfernt von den phönizischen Niederlassungen im Westteil der Insel abspielte, kam es zu dieser Zeit noch nicht zu Konflikten zwischen Phöniziern und Griechen.

Eine Generation später sollte sich dies jedoch ändern. Eine **neue Welle von Koloniegründungen** führte zu einer zunehmenden Expansion der Griechenstädte nach Westen. Die Gründung von Gela (um 690 v. Chr.) machte den Anfang, besonders aber die Anlage von Selinunt (um 650 v. Chr.) und Himera (um 648 v. Chr.) reduzierte die phönizische Einflusssphäre auf der Insel erheblich. Nachdem mit der Gründung von Akragas (582 v. Chr.) die vorerst letzte große griechische Kolonie auf Sizilien Gestalt angenommen hatte und sich die Griechen immer spürbarer als die eigentlichen Herren der Insel aufführten, begann mit dem Karthagerkrieg von 570 bis 550 v. Chr. eine Kette von bewaffneten Auseinandersetzungen. Dabei blieben die Karthager zunächst siegreich, konnten ihre Einflusssphäre behaupten und Kompromisse von seiten der Griechen erzwingen. So sahen sich die Griechen insbesondere in Himera und Selinunt – beide Städte grenzten unmittelbar an den karthagischen Einflussbereich im Westen – gezwungen, auf die Bedürfnisse dieser ›Barbaren‹ Rücksicht zu nehmen und sich mit ihnen zu arrangieren.

Zu Beginn des 5. Jh. v. Chr. eskalierte der Konflikt jedoch. Schon seit Längerem gab es nicht nur Handel zwischen Karthagern und Griechen, sondern auch zwischen einzelnen Griechenstädten und Sizilien. Ein Krieg zwischen Akragas und Himera führte dazu, dass das unterlegene Himera – es hatte aus Einsicht in die Notwendigkeit seit längerem gute Beziehungen zu den Karthagern gepflegt – diese Nachbarn um Hilfe bat. Auf der Gegenseite verbündete Akragas sich mit Gela und Syrakus. So kam es zu einem ersten großen, ganz Sizilien umfassenden Krieg, der mit der Schlacht bei Himera (480 v. Chr.) seine Entscheidung fand. Das karthagisch-phönizische Heer wurde vernichtend geschlagen. Zehntausende gerieten in die Sklaverei, riesige Geldmittel wurden erbeutet, und die punisch-karthagische Bevölkerung wurde für die nächsten Jahrzehnte auf ein schmales Terrain im äußersten Westen Siziliens zurückgedrängt.

Griechische Koloniestädte in archaischer Zeit

In der Gründungsphase einer Koloniestadt waren die einzelnen Siedler auf gemeinschaftliches Vorgehen angewiesen. Mauerbau, Landverteilung, die Anlage des charakteristischen rechteckigen Straßennetzes in den Städten (wohl ein Resultat des Bestrebens, für alle Neuangekommenen gleichgroße Wohnquartiere zu schaffen), aber auch der Bau von ersten Tempeln und Heiligtümern waren Gemeinschaftsleistungen, bei denen sich die Interessen des einzelnen dem Ganzen unterordnen mussten. Die entscheidende Rolle bei diesen Tätigkeiten spielte in der Regel zunächst der Oikist.

Häufig kam es jedoch innerhalb der Siedlergemeinschaften zu Streit und Zwistigkeiten, besonders in jenen Neugründungen, wo zwei Siedlergruppen unterschiedlicher Herkunft mit zwei Oikisten gemeinsam ans Werk gingen. Ein Resultat solcher Konflikte ist das **Entstehen der Tyrannis,** einer Regierungsform, die nicht nur in fast allen griechischen Kolonien in der archaischen Zeit, sondern auch in Griechenland selbst – dort aus anderen Gründen – die Regel werden sollte.

Ein Tyrann in dieser Zeit war kein blutrünstiger Despot oder Diktator, wie es das Wort heute impliziert. Immer ein Angehöriger der Aristokratie, trat er gewissermaßen als ›Schiedsrichter‹, als konsensfähige Person in einer Situation auf, in der die inneren Streitigkeiten einer Gemeinschaft ein solches Ausmaß erreicht hatten, das eine gewaltfreie Lösung zwischen den zerstrittenen Parteien kaum mehr zuließ. In der Regel war eine solche Tyrannis eine Regierungsform von beschränkter Dauer, eng an die jeweilige Situation gebunden und nach Lösung der Probleme überflüssig. Besonders die alte und wohlhabende Adelsschicht trat naturgemäß als Gegner der Tyrannis in Erscheinung, denn um die entstandenen Konflikte zu beheben, war es oft unabdingbar, dass der Tyrann ihre Privilegien einschränkte. Anders als in Griechenland kam es auf Sizilien jedoch häufig auch zu einer Vererbung der Tyrannis, also zu einer Art Königtum mit regelrechter Hofhaltung.

Die archaische Zeit der sizilischen Koloniestädte war geprägt von einer reichen Adelsgesellschaft, die nach Kräften ihren Wohlstand nach außen hin zeigte, sowie den Tyrannenhöfen, die zu Mittelpunkten von Kunst und Kultur wurden. Ihren Höhepunkt erreichte diese Entwicklung am Ende des 6. und zu Beginn des 5. Jh. v. Chr. an den Höfen des Theron von Akragas und des Gelon und Hieron von Syrakus. Nicht nur innerhalb Siziliens, auch in den großen Heiligtümern Griechenlands, allen voran Olympia und Delphi, demonstrierten diese Tyrannen die Macht und den Reichtum ihrer Städte durch großartige, prunkvolle Weihgeschenke. Die Geloer errichteten in Olympia ein großes, mit prachtvollen Dachverkleidungen aus Terrakotta versehenes Schatzhaus, ein Gebäude, das für die Magazinierung weiterer Weihgeschenke gedacht war; der Tyrann Polyzalos aus Gela stiftete das Standbild eines Wagenlenkers nebst Wagen und Viergespann aus Bronze nach Delphi, und die Akragantiner weihten eine bronzene Statuengruppe in Olympia.

Entstehen einer Tyrannis

Symptomatisch für das Entstehen einer Tyrannis in einer sizilischen Kolonie sind die Ereignisse in Akragas kurz nach der Stadtgründung (582/581 v. Chr.). Als es kurz nach der Landnahme während des Baus des Akropolistempels zu wiederholten Konflikten zwischen Siedlergruppen kam, schwang sich der Aristokrat Phalaris zum Tyrannen auf und schlichtete den Streit. In seiner Tyrannis betrieb Phalaris vor allem die Verbesserung der Infrastruktur und versuchte, die sozialen Spannungen zwischen einfachen Siedlern und der Aristokratie zu entschärfen.

Nicht nur große Tempel, die der Machtdemonstration einzelner Tyrannen und Städte dienten, entstanden im 6. Jh. v. Chr. auf Sizilien, sondern auch eine Reihe architektonisch unscheinbarer Heiligtümer, die breiten Schichten als Stätten der Kultausübung und als Orte zum Aufstellen von Devotionalien zur Verfügung standen. Ein Heiligtum war zunächst nichts weiter als eine Fläche, die aus dem Siedlungsgebiet herausgelöst wurde und der Kultpraxis diente. In der Regel markierte eine kleine Mauer die Grenze zwischen profanem Leben und dem Temenos, dem Kultareal. Zentrum des religiösen Geschehens war oft irgendein naturbelassener ›heiliger‹ Gegenstand wie ein Baum, ein Stein oder eine Quelle, manchmal auch ein ›uraltes‹ Kultbild oder ein Altar. Hierauf bezogen sich die Riten, also Gebete, Prozessionen oder Opfer. Ein Tempel dagegen war kein notwendiger Bestandteil für die Kultausübung in einem Heiligtum, und so mancher Tempel besaß überhaupt keinen Kult, war demzufolge auch kein Kultbau, sondern eher ein überdimensioniertes Weihgeschenk oder schlicht ein dekorativer Prunkbau.

Vor allem der **dorische Ringhallentempel,** später in Gestalt des Zeustempels von Olympia und des Parthenon auf der Athener Akropolis ein Inbegriff griechischer Kultur schlechthin, verdankt der außerordentlichen Bautätigkeit in den sizilischen Koloniestädten wesentliche Impulse seiner Entwicklung. Der dorische Ringhallentempel stellt sich im Prinzip als ein sehr einfaches Gebilde dar: Auf einem abgestuften Podest (Krepis) erhebt sich ein Kernbau (Cella), der von einem Kranz aus kannelierten und mit Kapitellen versehenen Säulen (Peristasis) umstanden ist. Auf den Kapitellen, bestehend aus einem Polster (Echinus) und einer Deckplatte (Abakus), lagert ein Gebälk aus Architrav, dem Fries mit Metopen und Triglyphen und darüber dem Geison. Ein Giebeldach überspannt mittels einer Holzkonstruktion sowohl den Säulenkranz als auch die Cella und verleiht dem ganzen Bau ein homogenes, hausartiges Aussehen. Eine Treppe, meist an der östlichen Schmalseite gelegen, führt zum Eingang des Gebäudes.

Wann und wo diese Form des dorischen Tempels entstand, ist unklar. Fest steht jedoch, dass die ersten Bauten dieser Art aus Holz bestanden und erst später in Stein umgesetzt wurden. Deutlich sichtbar ist der Übergang von einer Holz- zur Steinkonstruktion am ältesten erhaltenen dorischen Tempel, dem Heratempel in Olympia: Hier wurden die alten Holzsäulen nach und nach durch Steinsäulen ersetzt, was dem Bau ein sehr unregelmäßiges, heterogenes Aussehen verlieh. An vielen Stellen der Steinbauten erkennt man noch die Herkunft vom Holzbau: Metopen als ›Leerräume‹ und Triglyphen als ›Querbalkenlager‹, vor allem aber die ›Nägel‹ und ›Dübel‹ (Guttae) am Geison mit den Traufplatten und der Regula unterhalb der Triglyphen sind im Steinbau ein Anachronismus, ein funktionsloser, nur noch zitathafter Verweis auf die alten Holzkonstruktionen.

Alle Tempel Siziliens, sowohl die archaischen wie auch diejenigen aus klassischer Zeit, sind aus grobem Muschelkalk gebaut, der jeweils in unmittelbarer Nähe der Koloniestädte gebrochen wurde. Antike Steinbrüche kann der Reisende noch heute in der Nähe von Selinunt

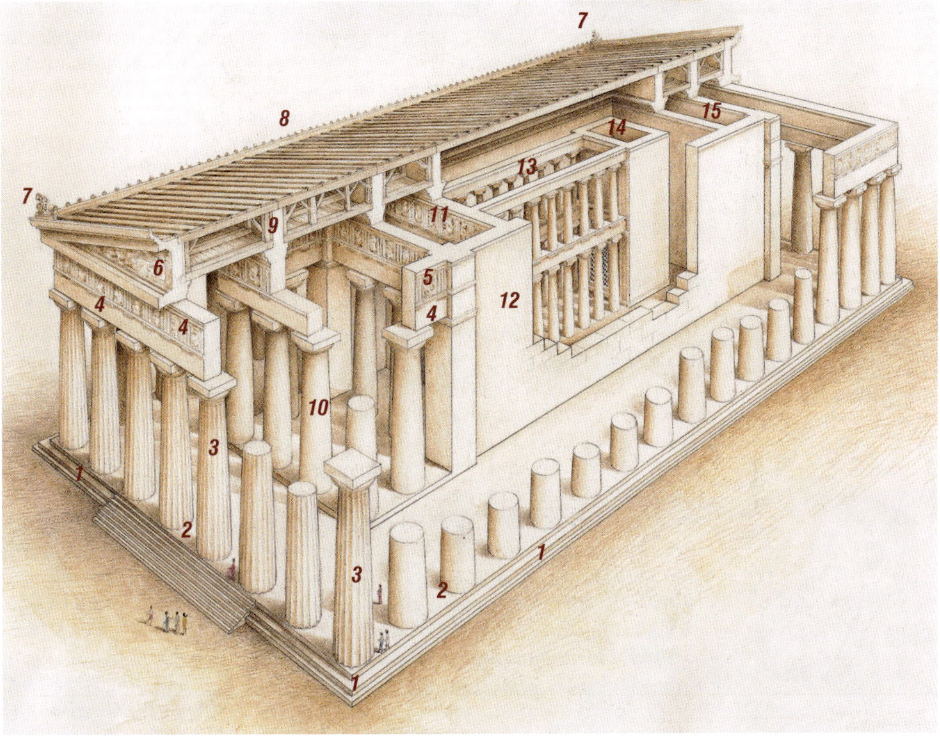

Selinunt, Idealtypische Rekonstruktion des Tempels G am Osthügel (6. Jh. v. Chr.)

1 Krepis (Sockel)
2 Stylobat (oberste Stufe des Fundaments, auf welche Wände und Säulen aufgesetzt sind)
3 Säulen der Peristasis (lediglich an der Vorderfront kanneliert)
4 Architrav
5 Metopen-Triglyphen Fries
6 Tympanon (meist mit Bauplastik geschmücktes Giebelfeld)
7 Akroter (ornamentale oder figürliche Bekrönung des Giebelfirstes)
8 Antefixe (auf den Dachziegeln angebrachte Terrakotta-Dekoration)
9 hölzernes Dachgestühl
10 vorgelagerte Säulenhalle
11 Pronaos (Vorhalle zur Cella)
12 äußere Cellawand
13 dreigeteilte Cella
14 Adyton (das ›Nichtbetretbare‹)
15 Opisthodom (›Hinterhalle‹)

oder bei Syrakus besuchen. Dieser Muschelkalk wurde später mit einer Stuckschicht versehen, die Teilen des Baus ein marmorartiges Aussehen verlieh. Bestimmte Bauglieder wie z. B. Kapitelle und Triglyphen wurden farbig gefasst, sodass die Tempel nicht nur weiß im Licht der Sonne glänzten, sondern ein für das heutige Auge ungewohntes Bild greller Buntheit boten. Oft hat man, besonders in archaischer Zeit, diese Farbigkeit durch bemalte Terrakottaverkleidungen in der Gebälk- und Giebelzone noch gesteigert.

Ausschnitt aus einem archaisch-frühklassischen Tempeldekor; im 19. Jh. entbrannte ein wissenschaftlicher Streit um die Farbigkeit griechischer Tempel

Die über 30 großen dorischen Ringhallentempel, die auf Sizilien im 6. und 5. Jh. v. Chr. entstanden, ermöglichen einen Nachvollzug der Form- und Proportionsentwicklung dieses Bautyps, wie dies selbst in Griechenland so nicht möglich ist. Zentren des archaischen Tempelbaus des 6. Jh. v. Chr. auf Sizilien waren in erster Linie Selinunt und Syrakus. Als um 570 v. Chr. in Syrakus mit dem Bau des Apollontempels (s. S. 129) und, etwa 10 Jahre später, mit dem des Olympischen Zeus (s. S. 144) begonnen wurde, gehörte man zu den Pionieren des dorischen Tempelbaus; vergleichbare Projekte entstanden zu dieser Zeit lediglich auf Korfu, in Olympia und Athen.

Vergleicht man sizilische Heiligtümer mit den großen Anlagen des griechischen Mutterlandes, so fallen deutliche Unterschiede auf. Die Heiligtümer von Delphi, Olympia, Isthmia und Nemea besaßen mit ihren Wettspielen und Orakeln überregionale Bedeutung. Sie waren Zentren der ganzen griechischen Welt. Hier wurden Kontakte zwischen den Stadtstaaten und nach auswärts geknüpft, hier trafen sich diplomatische Gesandtschaften, dies waren die Orte, wo Adelssippen, Tyrannen und ganze Bürgerschaften zu Repräsentatioszwecken aufwendige Weihgeschenken stifteten und dabei sicher sein konnten, dass dieses Tun von der Welt auch gebührend zur Kenntnis genommen wurde. Die sizilischen Heiligtümer hatten dagegen allenfalls lokale Bedeutung, und wenn ein Aristokrat oder Tyrann aus Selinunt oder Syrakus in der griechischen Welt von sich reden machen wollte, so musste er das in Griechenland selbst erreichen.

Noch ein zweiter Unterschied ist von Bedeutung. Nicht nur die großen griechischen Heiligtümer, sondern auch kleinere Lokalheiligtümer in Griechenland wie etwa die Athener Akropolis wiesen eine lange Tradition auf, waren über lange Ketten von Legenden ›bruchlos‹ mit der griechischen Mythologie verzahnt worden. Heilige Kultmale, oft als Relikte des Wirkens der Götter gedeutet, uralte ›vom Himmel gefallene‹ Kultbilder, aber auch die Überreste eines jahrhundertelangen Kultbetriebs bezeugten diese Tradition, die den Heiligtümern überhaupt erst Bedeutung verlieh.

Die sizilischen Anlagen waren demgegenüber traditionslose Neuschöpfungen, die schon deshalb niemals eine Gleichwertigkeit mit den mutterländischen Heiligtümern erreichen konnten. So fehlt den Bauten in diesen neuen Heiligtümern denn auch durchweg die Bezugnahme auf alte kultische Zentren. Sie wirkten vielmehr wie eine Ansammlung von architektonischen Versatzstücken, manchmal fast wie Konstrukte zur Kaschierung dieser Traditionslosigkeit. Die Tempel und Altäre waren weniger vom ›Geist alter Religion‹ durchzogen als vielmehr demonstrative, oft übersteigerte Zeichen für die Präsenz der griechischen Kultur in den neuerschlossenen Gebieten.

Wenn auch in bescheidenerem Maße, so waren die sizilischen Heiligtümer doch ebenfalls **Orte der Repräsentation.** Zahlreiche Weihgeschenke wurden von den wohlhabenden Adligen und auch von weniger begüterten Bürgern hier aufgestellt. Die allermeisten dieser Weihgeschenke, besonders aber die Statuen, die sich einst in großer Zahl in den Heiligtümern befunden haben müssen, sind heute verschollen: Sie wurden schon kurz nach der römischen Eroberung Siziliens im 3. Jh. v. Chr. geraubt und nach Italien verbracht, wo sie öffentliche Plätze und die Landvillen der römischen Oberschicht schmückten.

In größerer Zahl fanden sich bei Ausgrabungen in den Heiligtümern **Keramikgefäße** und fein gearbeitetes **Bronzegerät,** meist Gefäße, Statuetten und Spiegel. Gegenstände dieser Art dienten nicht nur als Weihgeschenke, sondern auch als Grabbeigaben. Als Grabstatuen wie auch als Weihgeschenke wurden die beiden Statuentypen verwendet, die im 6. Jh. v. Chr. die Prototypen der aristokratischen Selbstdarstellung bildeten: der Kouros als nacktes Abbild des ›idealen‹ jungen Mannes, der tatkräftig zu Sport, Jagd und Krieg bereit ist, und die Kore als Sinnbild der reich gekleideten jungen Aristokratin, die Prunkstück und Augenstern der Männerwelt war.

Aus Megara Hyblaea stammt der Torso eines um die Mitte des 6. Jh. v. Chr. entstandenen Kouros (Archäologisches Museum von Syrakus). Frontal ausgebildet und statisch in sich ruhend, beide Arme eng an den Körper gelegt, zeigt diese **Statue** aus griechischem Marmor den **Kourostypus,** wie er in ähnlicher Form hundertfach aus Heiligtümern Griechenlands bekannt ist. Eine Inschrift auf dem rechten Bein verleiht dem chiffrenhaften, typengebundenen Bildnis den Bezug auf ein Individuum: Der Arzt Sombrotidas, Sohn des Mandrokles, hat sich mit diesem Weihgeschenk ein Denkmal gesetzt. Ebenfalls den Kourostypus stellt der berühmte ›Torso von Grammichele‹ (Archäologisches Museum von Syrakus) dar, möglicherweise ein Importstück von den Ägäischen Inseln.

Erst im 5. Jh. v. Chr. weicht die frontale Statik der Kouroi einer zunehmenden Bewegung der Körper, wie dies etwa der Torso in Agrigent und die Bronzestatue aus Selinunt (Castelvetrano) zeigen. Hierin ist nicht allein eine formale Weiterentwicklung der Bildhauerei zu sehen. Der Zusammenbruch der überkommenen Adelswelt und das Entstehen neuer gesellschaftlicher Strukturen, nämlich der Demokratie, machte neue, andersartige Darstellungsformen notwendig. Fragmentarischer als der Kouros ist der Korentypus, sein weibliches Gegenstück, auf Sizilien überliefert. Ein Terrakottakopf aus Agrigent (Museum), an dem noch Spuren der Bemalung erhalten sind, stammt von solch einer stehenden, reich gewandeten Frauenfigur.

Von erheblicher Bedeutung war nicht nur in der archaischen Zeit, sondern auch in späteren Jahrhunderten die sizilische **Terrakottakunst.** Große Mengen von Tonstatuetten wurden auf Sizilien regelrecht industriell hergestellt. Dafür produzierte man mehrfach wiederverwendbare Matrizen, die dann mit Tonmasse gefüllt wurden; die so entstandenen Figuren wurden anschließend gebrannt. Eine ›Fabrik‹ für solche Erzeugnisse wurde in Agrigent gefunden, und zahlreiche weitere Fertigungsstätten müssen auf Sizilien existiert haben.

Neben der billigen, in Serien hergestellten Massenware finden sich aber auch größere, kunstvoll gearbeitete Tonskulpturen wie beispielsweise die thronende Göttin aus Grammichele (um 500 v. Chr., Archäologisches Museum Syrakus). Besonders aufwendig und damals weltbe-

rühmt waren die bunt bemalten sizilischen Architekturterrakotten und die tönernen Dachelemente; eindrucksvolle Beispiele sind die Tongebälke des Schatzhauses, das die Stadt Gela zu Beginn des 6. Jh. v. Chr. nach Olympia stiftete (Olympia, Museum), sowie das Gorgorelief aus Syrakus (um 560 v. Chr., Archäologisches Museum Syrakus).

Klassik

Nach dem Sieg über die Karthager bei Himera 480 v. Chr. wuchs der Reichtum der Städte durch die gewaltige Kriegsbeute beinahe ins Unermessliche und wurde nun bald im ganzen griechischen Kulturraum sprichwörtlich. Luxusgüter aller Herren Länder waren hier gegenwärtig und ermöglichten einen Lebensstandard, auf den selbst die Athener – in der Ära des Perikles Bewohner der mächtigsten griechischen Polis – mit einigem Neid blickten.

Das Glück dauerte jedoch nur kurze Zeit. Streitigkeiten zwischen den sizilischen Städten waren im 5. Jh. v. Chr. an der Tagesordnung, doch als im Zuge eines solchen Konfliktes die Segestaner sich an die ›Supermacht‹ Athen mit der Bitte um Hilfe wandten, geriet die Situation außer Kontrolle. Athen, das von 431–421 v. Chr. in der ersten Phase des Peloponnesischen Krieges gegen Sparta trotz größter Anstrengungen sieglos geblieben war, nutzte diesen Hilferuf, um militärische Stärke zu demonstrieren. Der Historiker Thukydides wies jedoch noch auf einen anderen Grund für Athens Engagement hin: »Der wahrste Grund war gewiss (Athens) Wunsch, das ganze Sizilien zu unterwerfen« (Thukydides VI 6).

Hauptgegner Athens auf Sizilien war Syrakus, das im **Peloponnesischen Krieg** bislang seine Mutterstadt Korinth massiv unterstützt hatte. Korinth wiederum war der mächtigste Verbündete Spartas, und so sahen die Athener nun eine Möglichkeit, den Krieg wieder aufzunehmen und das verhasste Sparta gewissermaßen durch eine Art Flankenangriff empfindlich zu schwächen. 415 v. Chr. sandte Athen ein großes Flottenkontingent unter Führung des Alkibiades nach Sizilien. Doch diese **Sizilische Expedition** endete im vollständigen Desaster. Nach fast zweijähriger Belagerung von Syrakus wurden die Athener, die seit 414 v. Chr. auch in Griechenland wieder Krieg gegen Sparta führten, vernichtend geschlagen; kaum ein Soldat gelangte zurück nach Athen.

Der Krieg gegen Athen hatte die sizilischen Stadtstaaten trotz des glanzvollen Sieges über Athen jedoch nicht nur militärisch geschwächt, sondern auch politisch tief gespalten in Anhänger Athens, Anhänger von Syrakus und neutrale Städte. In dieser instabilen Situation führten nun die Karthager einen Großangriff, dem die sizilischen Stadtstaaten unvorbereitet und machtlos gegenüberstanden. Selinunt und Himera wurden dem Erdboden gleichgemacht (409 v. Chr.), Akragas belagert, eingenommen und geplündert (406 v. Chr.). Auch Syrakus wurde belagert. Als es 404 v. Chr. zu einem Frieden zwischen Syrakus und den Karthagern kam, hatte sich die Lage auf Sizilien grundlegend verändert. Viele Städte waren zerstört, andere von ihren

◁ Mamorstatue eines jungen Mannes im Museum von Mozia: Diese griechische Statue des 5. Jh. v. Chr. besticht durch die herausragende Bearbeitung des transparenten Gewandes, das die Muskulatur des jungen Mannes perfekt durchscheinen lässt

Empedokles, Teisos und Gorgias

Im 5. Jh. v. Chr. entwickelten sich die reichen sizilischen Städte zu Zentren von Baukunst, Literatur, Philosophie und Wissenschaft. In Akragas wirkte mit Empedokles im Verständnis der Zeit ein Technit, d. h. ein Mann, der viele erstrebenswert und mustergültig angesehene Kunstfertigkeiten beherrschte: War er doch gleichermaßen Staatsmann und Philosoph, aber auch Arzt und Ingenieur.
Auf Sizilien wurde die Rhetorik als eigenständige Disziplin kultiviert: In Syrakus lebte Teisos, der Lehrer des berühmten Isokrates, und aus Leontinoi stammte Gorgias, Verfasser mehrerer Abhandlungen über die Rhetorik und Begründer des Sophismus.

Darstellung eines sterbenden Kriegers auf einer Metope vom Tempel F in Selinunt (5. Jh.; Arch. Regionalmuseum, Palermo)

Bewohnern verlassen. Der Glanz und der Reichtum vieler Koloniestädte war mit einem Schlag vergangen, allein Syrakus war in den Kriegswirren halbwegs unbeschadet geblieben.

Ein weiterer Unruhefaktor auf Sizilien war auch der sog. **Aufstand des Duketios,** der die Städte zwischen 466 und 446 v. Chr. erschütterte. Die historischen Fakten sind von antiken Schriftstellern zwar fast bis zur Unkenntlichkeit verklärt worden, dennoch aber steht fest, dass dies ein breit angelegter Aufstand der einheimischen Urbevölkerung gegen die Griechen war, nachdem diese begonnen hatten, auch das gesamte Inselinnere in Beschlag zu nehmen. Ziel des Aufstands war offenbar die Gründung eines eigenen Staates, in dem Sikuler und Sikaner gefahrlos und unbelästigt von den Griechen ihren eigenen Interessen nachgehen konnten. In mühevollen und für die Griechen verlustreichen Kriegen konnte dieser Aufstand schließlich nach 20 Jahren niedergeworfen werden.

Trotz der geschilderten Ereignisse war das 5. Jh. v. Chr. die größte **Blütezeit der sizilischen Stadtstaaten,** eine Zeit, die aber auch durch tiefgreifende Veränderungen in den Städten selbst geprägt war. Fast überall wurden die Tyrannen, die bis ins frühe 5. Jh. v. Chr. hinein die Städte regierten, vertrieben und Demokratien ins Leben gerufen. Ähnlich wie in Athen, der ›Mutterstadt‹ der griechischen Demokratie, lenkten nun nicht mehr einzelne Personen, sondern die Gruppe der Vollbürger die Geschicke der Polis. Zwar bildete diese Gruppe nur eine kleine Minderheit in den Städten, denn Sklaven, Frauen und Metöken, die zahlreichen freien Fremden ohne Bürgerrecht, waren von der Volksversammlung, dem obersten Beschlussorgan in der Demokratie, ausgeschlossen (und insofern hat dies auch wenig zu tun mit unserem heutigen Demokratiebegriff). Dennoch bewirkten diese Demokratien einen vorher nicht gekannten Pluralismus in der Meinungs- und Beschlussfassung und zwangen die Bürgerschaften immer wieder von neuem zu Konsens und Übereinkunft im Konflikt widerstreitender Interessen.

Das Leben in einem demokratisch ausgerichteten Stadtstaat spielte sich weitgehend in der Öffentlichkeit ab. Zentrum der Stadt war die Agora, der zumeist von Säulenhallen gerahmte Marktplatz. Hier trafen sich die Männer in Gruppen zu Gespräch und politischer Debatte und erledigten zudem die täglichen Einkäufe, denn auf der Agora betrieben die Händler ihre Marktstände. Zugleich bildete die Agora den politischen Mittelpunkt jeder Stadt. Hier standen die wichtigsten öffentlichen Gebäude, hier residierten die Verwaltungs- und Aufsichtsbehörden der Polis. Besonders in der Phase der Demokratie im 5. Jh. v. Chr. war die Agora der zentrale Ort für die öffentlichen Belange und wurde dementsprechend mit zahlreichen neuen Bauten ausgestaltet. Solche Platzanlagen sind auf Sizilien heute noch besonders gut sichtbar in Megara Hyblaea, Eloro, Morgantina und Syrakus.

Neben den Tempeln und Platzanlagen blieben vor allem die Theater auf Sizilien in großer Zahl als eindrucksvolle Ruinen erhalten. Ob in Syrakus, Morgantina und Herakleia Minoa oder in Eloro, Catania,

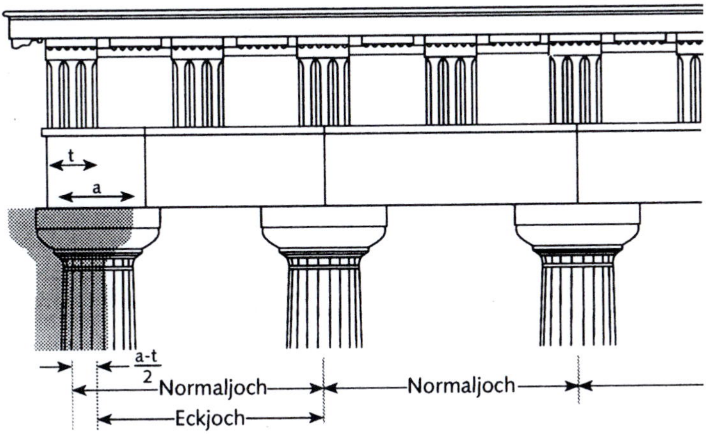

Dorischer Eckkonflikt

Im Steinbau dorischer Ordnung wird damit das Problem bezeichnet, eine gleichmäßige, um die Ecke biegende Abfolge von Triglyphen und Metopen im Gebälk über der Säulenstellung zu bewirken. In der kanonischen dorischen Baustruktur lagert jede zweite Triglyphe mittig über einer Säule. Dies wird in dem Moment an der Ecke unrealisierbar, wo die Tiefe des auf den Kapitellen lagernden Architravs (a) die Breite einer Triglyphe übersteigt, da dann entweder der Architrav nicht mehr zentriert auf der Deckplatte des Eckkapitells aufliegt oder aber die Mitte der Ecktriglyphe aus der Säulenachse nach außen rückt – ein Problem, das in der Holzbauweise, aus der sich die dorische Ordnung ursprünglich entwickelt hatte, wegen ihrer größeren statischen Flexibilität nicht auftrat.

Der Eckkonflikt war in der Antike ein bekanntes, diskutiertes und am Ende ungelöstes Architekturproblem, das nach einer Aussage des Architekten Vitruv letztlich den Verzicht auf die dorische Bauordnung begründet haben soll. Die Art der Behandlung des Eckkonfliktes gibt Aufschluss über die chronologische und formgeschichtliche Einordnung eines Tempels. Der Eckkonflikt wurde in hocharchaischen Bauten zunächst ignoriert, was zu einer optisch deutlich erfahrbaren Störung des Friesablaufes durch Verbreiterung der Eckmetopen führte. Als ›Lösung‹ wurde im späten 6 Jh. vor allem die Verengung (Kontraktion) des Eckjoches mit einer daraus unmittelbar folgenden Gleichmäßigkeit im Fries entwickelt, im Verlauf des 5. Jh. v. Chr. dann – vor allem auf Sizilien – vielfältige Kombinationen von Manipulationen der Friesmaße und der Säulenstellung, wobei der errechenbare ›Kontraktionsbetrag (= die Hälfte der Differenz von Architravtiefe [a] und Triglyphenbreite [t]) auf Jochkontraktionen und gestaffelte Maße von Triglyphe und Metope verteilt wurde.

Akrai, Segesta und Solus – in fast jeder Stadt finden sich mehr oder weniger gut erhaltene Reste griechischer Theater, die aus einem halbrunden, abgestuften, in einen Hang hineingebauten Zuschauerraum, einer Bühne und einem dahinter liegenden Bühnengebäude bestehen. Die meisten dieser Bauten stammen in ihrer heutigen Form aus dem

Der in den 1950er-Jahren teilweise wiederaufgerichtete Tempel E in Selinunt (5. Jh. v. Chr.) darf als Inbegriff des klassischen Tempels auf Sizilien gelten, denn Maßverhältnisse und Bauformen kopieren weitgehend den seinerzeit ›modernsten‹ dorischen Tempel, den Zeustempel von Olympia

4. und 3. Jh. v. Chr., gehen jedoch oft auf Anlagen aus dem 5. Jh. v. Chr. zurück, die zunächst als unspektakuläre Holz- oder Erdkonstruktionen ausgeführt waren und erst später in aufwendiger Steinbauweise renoviert wurden.

Ursprünglicher Zweck dieser Bauwerke waren erst in zweiter Linie die Aufführungen von Tragödien und Komödien. Ihre Hauptfunktion bestand vielmehr darin, dass in ihnen die Volksversammlung tagte. Die Versammlung der stimmberechtigten Vollbürger, das oberste Beschlussgremium der demokratischen Polis, trat regelmäßig zusammen, debattierte und entschied über alle anstehenden politischen Probleme, beschloss neue Bauvorhaben der Stadt und wählte Beamte und Ausschüsse.

Wie alle öffentlichen Bauprojekte sind auch die dorischen Ringhallentempel, die auf Sizilien im 5. Jh. v. Chr. entstanden, vor Baubeginn Gegenstand der Debatte in den jeweiligen Volksversammlungen gewesen. Nicht mehr die Tyrannen, sondern eben die Bürgerschaften der Polis mit ihren durchaus nicht einheitlichen Interessen gaben diese Bauten nunmehr in Auftrag. Aus Athen weiß man, dass neue Bauprojekte wie etwa der Parthenon auf der Akropolis heiß umstritten waren, dass sie bis in Details hinein von der Volksversammlung diskutiert und verändert wurden, und dass dabei die Architekten keineswegs freie Hand hatten, so zu bauen, wie sie es für richtig hielten, sondern einer strengen Kontrolle durch die Gremien unterlagen.

In Olympia war um 460 v. Chr. mit dem Zeustempel der bis dahin modernste dorische Tempel entstanden, ein Bauwerk, das auch später noch als beispielhaftes Vorbild des klassischen Tempels schlechthin gelten sollte. Sowohl im Grund- als auch im Aufriss war dieser Bau homogen und ausgewogen proportioniert. Die 6 × 13 Säulen wahrten ringsum den gleichen Abstand, nur an den Ecken waren die Joche, um einen regelmäßigen Friesablauf zu gewährleisten, kräftig kontrahiert (einfache Eckkontraktion). Im Innern der Cella erhob sich das gewaltige, aus Gold und Elfenbein bestehende Zeusbildnis, eines der sieben Weltwunder. Über Pronaos und Opisthodom waren je sechs Reliefmetopen angebracht, die die zwölf Taten des Herakles zeigten.

Etwa zur gleichen Zeit begannen die Selinuntiner mit dem Bau ihres Tempels E, des dritten und letzten Bauwerks der ›östlichen Tempelgruppe‹ (s. S. 216). Der stark zerstörte Bau – er wurde in den späten fünfziger Jahren des 20. Jh. teilweise wiederaufgerichtet – kopiert sehr weitgehend den Zeustempel von Olympia und zeigt, wie man nun begann, sich an mutterländischen Bauformen zu orientieren. So entspricht die kräftige, einfache Eckkontraktion dem Zeustempel ebenso wie der Säulenaufriss, die straffen Kapitelle und die Cella mit Pronaos und Opisthodom (allerdings wurde hier das übliche Adyton beibehalten). Und wie in Olympia, so befanden sich auch am Tempel E je sechs mit Szenen aus der Götterwelt skulptierte Metopen über Pronaos und Opisthodom.

Einen bemerkenswerten Sonderfall in der Geschichte des klassischen dorischen Tempelbaus auf Sizilien bilden die sechs Ringhallentempel, die zwischen 470 und 406 v. Chr. in Akragas entstanden. Allesamt in bescheidener Größe konzipiert, weisen der Tempel E (unter der Kirche S. Maria dei Greci gelegen), der Juno Lacinia-Tempel, der Concordiatempel, der Tempel L, der Dioskurentempel und der Vulcantempel als gemeinsames Merkmal eine Ringhalle mit 6 × 13 Säulen auf. Dieses Säulenverhältnis, das in Griechenland an klassischen Tempeln die Regel ist, findet sich – von ganz wenigen Ausnahmen abgesehen – in Westgriechenland allein an diesen sechs Bauten, während sonst ein Säulenverhältnis von 6 × 14 oder 6 × 15 in dieser Region üblich ist.

Die sechs **Tempel von Agrigent** bilden als Gruppe gewissermaßen einen Katalog zeitgenössischer ›Designmöglichkeiten‹ im Tempelbau. Obwohl in Auf- und Grundrissproportionen einander sehr ähnlich, unterscheiden sich ihre Baukonzepte doch deutlich voneinander: Die einfache Eckkontraktion (Tempel E, Vulcantempel und Dioskurentempel) begegnet hier ebenso wie die doppelte Eckkontraktion (Concordiatempel), sogar eine Kombination aus doppelter Eckkontraktion an den Langseiten und einfacher Eckkontraktion an den Frontseiten wurde hier erprobt (Tempel L), und schließlich findet sich ein altertümliches Baukonzept, bei dem beide Frontseiten unterschiedlich gestaltet wurden (Juno Lacinia-Tempel). Zahlreiche Variationen in Details der Grund- und Aufrisse erhärten die Vermutung, dass die selbstbewussten Agrigenter Bürger mit diesen Tempeln ihre Fähigkeit demonstriert haben, alle Finessen des dorischen Tempelbaus zu beherrschen. Wie auf einer Perlenkette aufgereiht standen die

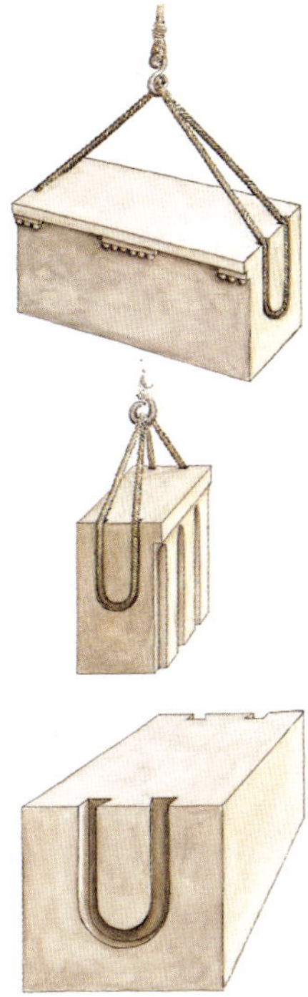

Ein Beispiel dafür, wie schwere Architekturteile (z. B. Architravblöcke) beim Tempelbau gehoben werden konnten

Unvollendet

Die nur grob behauenen, unkanneliert gebliebenen Säulentrommeln, stehen gelassenen Hebebossen sowie eine nicht abgearbeitete Schutzschicht (›Kantenschutz‹) an vielen Bauteilen sind nicht nur Indikatoren der Unfertigkeit des Tempels von Segesta, sondern lassen auch wichtige Rückschlüsse auf antike Bautechniken zu.

Tempel, deutlich auf Fernwirkung ausgerichtet, unmittelbar neben der Stadtmauer auf hoch gelegenem Gelände. Der Concordiatempel ist einer der besterhaltenen griechischen Tempel überhaupt. Er verdankt dies dem Umstand, dass er sehr früh, vermutlich schon im 6. Jh., in eine christliche Kirche umgewandelt wurde und so der Zerstörung durch Steinräuber entging.

Der letzte dorische Ringhallentempel Siziliens entstand um 424 v. Chr. im elymischen Segesta. Was heute noch aufrecht steht, ist allein eine offene Ringhalle ohne Dach mit 6 × 14 Säulen und doppelter Eckkontraktion, dem über den Säulen liegenden Gebälk (Architrav, Fries und Geison) sowie zwei fertigen Giebeln an den Frontseiten. Zahlreiche Details wie etwa die nicht abgearbeiteten Hebebossen an den Stylobatquadern und die nur ganz unten im Ansatz bearbeiteten, ansonsten unkannelierten Säulenschäfte zeigen, dass dieser Bau unfertig blieb. Seit Goethes Beschreibung des Bauwerks hat diese Unfertigkeit immer wieder zu Spekulationen über die fremdartigen Bräuche der Elymer Anlass gegeben, war man doch lange Zeit der Meinung, dieses so fragmentarisch erscheinende Gebäude sei in dieser Form vollendet und seine ungewöhnliche Gestalt ein Resultat eines besonderen, nichtgriechischen Kultverständnisses. Dies ist jedoch ein Irrtum, erwachsen nicht nur aus dem Grad der Unfertigkeit des Bauwerks, sondern zudem bestärkt durch den lange Zeit unbemerkt gebliebenen Sachverhalt, dass der Bau zu späteren Zeiten beraubt wurde: Fast jeder Stein, den man entfernen konnte, ohne die Statik des Ganzen zu beeinträchtigen, wurde herausgebrochen und für neue Bauten verwendet.

Der Tempel von Segesta sollte allem Anschein nach ein völlig normaler dorischer Tempel werden, musste jedoch, vielleicht in Folge der kriegerischen Ereignisse auf Sizilien am Ende des 5. Jh. v. Chr., unfertig liegengelassen werden. Der Bau sollte wohl nicht nur ein Dach, sondern auch eine Cella erhalten. Fundamentreste dieses Kernbaus, dessen Mauern ebenso wie zahlreiche Stylobatquader später entfernt wurden, haben sich bei Ausgrabungen im Tempelinnern gefunden. Bemerkenswert ist, dass man offenbar zunächst die Ringhalle und erst danach die Cella errichtet hat, ein eigentlich eher unpraktisches Verfahren, da alle Bauglieder für die Cella durch den Säulenkranz hindurch transportiert werden mussten.

Besonders die klassischen Tempel in Griechenland zeigen häufig sog. **Verfeinerungen in ihrer Baustruktur.** Ein Meisterwerk in dieser Hinsicht stellt der Parthenon auf der Athener Akropolis dar. Die Säulen verjüngen sich nicht linear gleichmäßig von unten nach oben, sondern sind im Umriss leicht flaschenhalsförmig geschwungen (Entasis); Säulen und Cellawände stehen nicht exakt lotrecht, sondern leicht zum Mittelpunkt des Gebäudes hin geneigt (Inklination); der Stylobat ist keine ebene, waagerechte Fläche, sondern wie ein riesiger Ausschnitt aus einer Kugel gewölbt (Kurvatur). Die sizilischen Tempel weisen, abgesehen von der Entasis, solche Verfeinerungen in der Regel nur teilweise auf.

Eine Ausnahme bildet hier allein der Tempel von Segesta, der einen beidseitig kurvierten Stylobat besitzt und aufgrund seiner Unfertigkeit zeigt, wie diese Kurvatur einst angefertigt wurde: Zunächst verlegte man den Stylobat waagerecht, dann wurden an Lang- und Schmalseiten leicht nach unten durchhängende Schnüre gespannt und die so entstandene ›negative‹ Kurve nach obenhin mit Messpunkten übertragen. Schließlich meißelte man den Stylobat entsprechend der übertragenen Kurve zurecht. Im Ergebnis ist der Stylobat des Tempels von Segesta am Mittelpunkt der Langseiten um 8,5 cm, am Mittelpunkt der Schmalseiten um 4,5 cm höher als an den Ecken. Diese Kurvatur lässt sich heute noch mit bloßem Auge gut erkennen.

Tempel von Segesta: Die Tatsache, dass der letzte dorische Ringhallentempel Siziliens unvollendet geblieben ist, gibt der Forschung bis heute Rätsel auf

Prunk, Luxus und Reichtum der sizilischen Koloniestädte wurden im 5. Jh. v. Chr. besonders auch durch die Münzprägung aller Welt demonstriert. Diese Münzen fanden im gesamten griechischen Kulturraum und auch darüber hinaus Verbreitung und konnten selbst Händlern in entlegenen Gebieten noch einen nachhaltigen Eindruck vom Wohlergehen dieser Städte vermitteln. Die Münzen aus massivem Silber schmückten auf beiden Seiten überaus fein gearbeitete wappenartige Bilder. Regelrechte Markenzeichen waren das Viergespann und der von Fischen umschwommene Arethusakopf auf den Münzen von Syrakus, der stierköpfige Flussgott auf denen von Gela, Krabbe und Adler auf den Münzen von Akragas sowie der opfernde Gott auf den Selinuntiner Geldstücken. Zusätzlich machte eine Inschrift dem Unkundigen klar, aus welcher Stadt das Geld stammte. Oft wurden die Münzen auch mit der Signatur des Stempelschneiders versehen.

Spätklassik und Hellenismus

Tyrannis

Die sog. späte griechische Tyrannis unterscheidet sich von der Tyrannis des 6. Jh. v. Chr. dadurch, dass sie nicht aus gesellschaftspolitischen Erwägungen innerhalb der Bürgerschaften entstand, sondern auf der puren Machtbesessenheit eines einzelnen Despoten und dessen Clan beruhte.

In den knapp 150 Jahren zwischen dem Zusammenbruch vieler Griechenstädte nach dem großen Karthagerkrieg am Ende des 5. Jh. v. Chr. und dem ersten Eingreifen der Römer bestimmte Syrakus im Wesentlichen die Ereignisse auf Sizilien. Während rings um Syrakus herum Zeichen des Verfalls und des Niedergangs das Bild prägten – viele sizilische Städte waren zerstört oder von ihren Bewohnern verlassen worden –, erlebte die Stadt in dieser Zeit ihre höchste Blüte. In Syrakus entstand erneut eine Tyrannis, diesmal nun tatsächlich in Form einer auf das Militär gestützten Despotie. Dionysios I., nicht erst seit Schillers »Bürgschaft« der Inbegriff des finsteren, arglistigen Wüterichs, regierte seit einem Umsturz 405 v. Chr. die Stadt mit harter Hand. Er schloss zunächst mit den Karthagern Frieden, um sie dann jedoch in einer Serie von Kriegen wieder auf den Westteil der Insel zurückzudrängen. Fortan war Syrakus die Hegemonialmacht auf Sizilien.

Nach dem Tod des Dionysios kam es auf ganz Sizilien, besonders aber in Syrakus zu verheerenden Bürgerkriegen, die das Land verwüsteten und ganze Städte entvölkerten. Auf einen Hilferuf aus Syrakus hin sandte Korinth 344 v. Chr. eine Armee unter Führung des Timoleon nach Sizilien, um dort ein geregeltes Leben wiederherzustellen. Die mühsam wiederhergestellten Verhältnisse waren jedoch nicht von Dauer. Nach Timoleons Tod 337 v. Chr. kam es erneut zu Bürgerkriegen und Revolten, bis Agathokles, der sich schon unter Timoleon als Feldherr einen Namen gemacht hatte, 316 v. Chr. nach langen Kämpfen einen blutigen Staatsstreich durchführte und ein brutales Militärregime in Syrakus errichtete. Seine Versuche, sich zum Herrscher über die gesamten griechisch beeinflussten Gebiete auf Si-

Im 4. Jh. v. Chr. begnügten sich die Künstler nicht mehr mit ausgewogenen, eher statischen Darstellungen, sondern bevorzugten bewegungsreiche Sujets, die mit feinen Pinselstrichen meisterhaft wiedergegeben werden. Der wilde Tanz der Mänaden eignet sich dafür vorzüglich; Begleiter der Mänaden sind nun nicht mehr Satyrn, sondern geflügelte Eroten. (Detail einer Vase aus dem Arch. Museum, Agrigent)

zilien und Süditalien zu machen, blieben allerdings erfolglos, und so versank die Region nach seinem Tod 289 v. Chr. erneut in Anarchie.

Im Gegensatz zu den übrigen Städten Siziliens blieb Syrakus in all diesen Wirren eine reiche, mächtige Stadt, in der eine rege Bautätigkeit herrschte. Neue Stadtteile wurden angelegt und mit großzügig geschnittenen Wohnhäusern bebaut, die Häfen instandgesetzt und erweitert, Stadtmauern repariert und vergrößert, die Wasserversorgung verbessert. Doch das ganze übrige Sizilien und damit letztlich auch Syrakus gerieten zusehends ins weltgeschichtliche Abseits.

Mit dem Entstehen des Alexanderreichs am Ende des 4. Jh. v. Chr., erst recht aber nach dessen Zerfall in mehrere große Flächenstaaten, hatte nicht nur die griechische Polisgesellschaft ihre Bedeutung eingebüßt, sondern war auch der Mittelpunkt der griechischen Welt weiter nach Osten gerückt, Griechenland selbst an die Peripherie gedrängt worden. Sizilien lag außerhalb dieser Entwicklung, war nicht Bestandteil der hellenistischen Staatenwelt. Mochte Syrakus auch eine reiche und bedeutende Großstadt sein, mit den Metropolen des makedonischen, ptolemäischen oder seleukidischen Reichs konnte man nicht konkurrieren. Waren bis um die Mitte des 4. Jh. v. Chr. die einheimischen Kulturen auf Sizilien und in Süditalien fast bis zur Unkenntlichkeit griechisch ›beeinflusst‹ worden, so kehrte sich dieses Verhältnis nun langsam um. Besonders in Süditalien kam es zu einer Renaissance der einheimischen Kulturen. Ein markantes Beispiel für diese Entwicklung bietet die sog. unteritalische Vasenmalerei mit ihren Zentren in Kampanien, Lukanien, Apulien und auf Sizilien. Chronologisch in der Nachfolge der vielgerühmten attischen Vasenmalerei stehend, wurden hier vorzugsweise aufwendige Prunkgefäße hergestellt, deren Formen, Farbgebungen und Dekorationsmotive eine erhebliche Eigenständigkeit und immer weniger Verbindungen zur ›reinen‹ griechischen Kunst dieser Zeit aufwiesen, allerdings viele Parallelen in den einheimischen Kulturkreisen haben.

Sizilien und das Römische Reich

Die andauernden Kriege und kleineren Konflikte zwischen den hellenistischen Staaten machten es Rom – das sich zunächst auf dem italienischen Festland etabliert hatte, aber bald schon eine ausgeprägte Expansionspolitik betrieb – leicht, im östlichen Mittelmeerraum Fuß zu fassen. Als der letzte pergamenische Herrscher 133 v. Chr. sein Reich den Römern vererbte, war ein wichtiger Grundstein für das entstehende Imperium Romanum gelegt. Sizilien, gewissermaßen vor der Haustür gelegen, hatte allerdings schon über 100 Jahre zuvor Bekanntschaft mit den Römern gemacht.

Träger des römischen Imperialismus war die Kriegsflotte, die allein in der karthagischen Flotte einen gleichwertigen Gegner im Mittelmeer fürchten musste. Wichtige Stützpunkte der Karthager lagen auf Sizilien, und so rückte die Insel während des Ersten Punischen Krie-

Vorratskammer Roms

Über die Bedeutung Siziliens für Rom gibt uns der Historiker und Geograf Strabon, ein Zeitgenosse des Augustus, Aufschluss: »Wozu brauche ich die von allen gepriesene Trefflichkeit (Siziliens) zu erwähnen, die (die Römer) der (Trefflichkeit) von Italien in nichts nachsetzen? Hinsichtlich des Getreides, des Honigs, des Safrans und einiger anderer Erzeugnisse aber kann man es wohl für noch vorzüglicher erklären. Dazu kommt noch die Nähe, denn die Insel ist gewissermaßen ein Teil Italiens und liefert Rom … alles leicht und ohne Mühe. Darum nennt man Sizilien denn auch die Vorratskammer Roms.«

ges (264–241 v. Chr.) in den Mittelpunkt des Geschehens. Nach heftigen, verlustreichen Kämpfen zu Wasser und zu Lande kam es zu einem Friedensschluss zwischen Römern und Karthagern, dessen wichtigstes Ergebnis der Rückzug der Karthager aus Sizilien war.

In der Folge dieser Ereignisse wurde Sizilien zur ersten Provinz des Römischen Reiches. Die römische Macht erstreckte sich jedoch nicht über ganz Sizilien. Den Ostteil der Insel beanspruchte das Königreich Hierons II., dessen Zentrum Syrakus war. Hieron, im Ersten Punischen Krieg ursprünglich mit Karthago verbündet, wechselte gerade noch rechtzeitig die Fronten, unterstützte die Römer und wurde von diesen nach Kriegsende als Verbündeter auf der Insel toleriert. Syrakus erlebte in dieser Zeit eine neue wirtschaftliche und kulturelle Blüte. Hieron selbst ließ sich u. a. durch den Bau eines riesigen, fast 200 m langen Opferaltars verewigen.

Nach dem Tod Hierons (215 v. Chr.) kam es in Syrakus zu einem politischen Kurswechsel; die Stadt unterstützte nun wieder Karthago, das seit 218 v. Chr. erneut mit Rom Krieg führte. Dieser Wechsel der Fronten sollte sich bitter rächen, denn Rom erwies sich als gnädig zu seinen Freunden, jedoch als unerbittlich gegenüber seinen Feinden. Die Belagerung, Eroberung und Zerstörung von Syrakus (213–212 v. Chr.) war nicht nur eines der Ereignisse, das den Römern den Ruf absoluter Kompromisslosigkeit in der Kriegsführung einbrachte, sondern auch eines der großen Themen der zeitgenössischen und späteren antiken Geschichtsschreibung. Diodor, Livius, Polybios und Plutarch haben in epischer Breite alle grausigen Details der Vorgänge notiert: Wie die Stadt, durch zahlreiche Erfindungen des Archimedes zunächst gut gerüstet, der Belagerung widerstand, wie die Römer dann jedoch die Mauern durchbrachen und die Soldateska mordend, vergewaltigend und plündernd über die Stadt herfiel, bis nur noch rauchende Trümmer blieben. Die ergreifenden, historisch allerdings nicht belegten Anekdoten über die Ermordung des Archimedes inmitten des Infernos – versonnen saß er vor einem mathematischen Problem, als ihn der tödliche Schwerthieb traf – wirken angesichts des tatsächlichen Blutbades fast wie ein melancholisches Rührstück.

Seit 212 v. Chr. war nunmehr ganz Sizilien römische Provinz. Rom errichtete im Laufe der Zeit einen gut funktionierenden Verwaltungsapparat. An der Spitze der Provinz stand ein aus Rom gesandter Prätor, dem auf Sizilien ausnahmsweise zwei Quästoren als Helfer und ›Kontrolleure‹ unterstellt waren (in allen anderen Prvoinzen gab es nur einen Quästor). Die Städte und Gemeinden Siziliens wurden, von wenigen Ausnahmen abgesehen, verpflichtet, Abgaben an Rom zu leisten. Gerade Sizilien war wegen seiner Fruchtbarkeit für die Versorgung der immer größer werdenden Metropole Rom von herausragender Bedeutung.

Wenn ein begüterter Römer als Prätor oder Statthalter in eine Provinz geschickt wurde, so war dies durchaus als Belohnung für vorhergehende politische oder militärische Verdienste gedacht, denn in ei-

Detail aus dem Mosaik der sog. Großen Jagd, Villa del Casale bei Piazza Armerina; bei den um 300 n. Chr. entstandenen römischen Mosaiken handelt es sich um den bislang größten zusammenhängenden Fundkomplex antiker Mosaiken überhaupt

nem gewissen Rahmen konnte und durfte sich der Gesandte Roms an dem ihm für eine begrenzte Zeit unterstellten Territorium bereichern. Das Ausplündern eroberter Gebiete hatte bei den Römern Tradition. Schon Marcellus, unter dessen Kommando Syrakus erstürmt worden war, vor allem aber der spätere Statthalter Verres, hatten gewaltige Mengen an Kunstschätzen aus der Stadt fortgeschleppt und nach Rom verbracht, wo die Beutestücke hinfort die Stadt zierten. Die Folgen solchen Kunstraubs sind heute noch auf Sizilien erkennbar: Statuen und andere kleinere, transportable Denkmäler aus der griechischen Epoche haben sich hier in nur sehr geringer Zahl gefunden.

Zu Zeiten des Imperium Romanum ging es im Vergleich zu anderen Provinzen auf Sizilien, wennschon nicht ohne Zwang der Obrigkeit, doch relativ ruhig zu, mit zwei großen Ausnahmen jedoch. Gegen Ende des 2. Jh. v. Chr. kam es infolge elementarer sozialer Missstände zu Aufruhr und Revolte. Sklaven und freie Bürger erhoben sich gegen die immer drückender werdenden Arbeitsbedingungen und Abgabelasten. In zwei ›Befriedungsaktionen‹ (135–131 und 104–101 v. Chr.) konnte Rom die Aufstände nur mit Mühe niederschlagen und am Ende mit einem neuen Agrargesetz die Ruhe wiederherstellen.

Zum letzten Mal für lange Zeit wurde Sizilien in den Auseinandersetzungen, die der Ermordung Caesars folgten, von Kriegshandlungen heimgesucht. In den inneren Wirren hatte sich Sextus Pompeius mit einem Teil der römischen Kriegsflotte der Inseln Korsika, Sardinien und Sizilien bemächtigt. Vor Mylae und Naulochos an der Nordostspitze Siziliens wurde seine Flotte 36 v. Chr. von Oktavian, der später unter dem Namen Augustus weltgeschichtliche Bedeutung erlangte, vernichtend geschlagen.

Ciceros »Reden gegen Verres«

Die »Reden gegen Verres« des römischen Schriftstellers und Politikers Cicero sind rhetorische Glanzstücke, die im zeitgenössischen Kontext mehr dessen eigene politische Ambitionen beleuchten als Aufschluss über Verres' ›Regelverstoß‹ geben. Zwar beutete Verres als Statthalter die Insel hemmungslos aus, doch darin allein lag noch kein unlauteres Tun. Hätte Verres die von ihm geraubten Kunstwerke nicht privat vereinnahmt, sondern sie in irgendeiner Form der Öffentlichkeit zur Verfügung gestellt, Cicero hätte keinen Skandal inszenieren können.

Kunst- und Bauwerke der Römer

Anders als das italienische Festland ist Sizilien relativ arm an römischen Kunstwerken, Tempeln oder prachtvollen öffentlichen Gebäuden. Die griechischen Stadtanlagen bestanden in ihrer Substanz weiter, wurden jedoch in römischer Zeit vielfach erneuert und ergänzt, sodass heute die römischen Bauphasen oft mit Griechischem vermengt und in ihrer Gestalt von älteren griechischen Strukturen geprägt sind. Allerdings entstanden in römischer Zeit auch Neubauten, z.B. zahlreiche Theater und Odeia. Im Gegensatz zu den griechischen Theatern, die in einen natürlichen Hang hineingebaut waren, sind die **römischen Theater** frei stehende Architekturen mit einer den Zuschauerraum von außen umgebenden, gegliederten Fassade.

Eine Ausnahme stellt das berühmte Theater von Taormina dar: Dieser in seiner heutigen Form rein römische Bau wurde in einen steilen Hang integriert (s. S. 98). Nicht nur vom Typus, sondern auch von seiner Zeitstellung her ist dieses Theater jedoch griechischer Natur. Der römische Neubau erhebt sich auf den Ruinen einer hellenistischen Anlage. Römische Odeia, kleine, theaterähnliche, aber überdachte Gebäude, die meist für musikalische Veranstaltungen und Lesungen genutzt wurden, finden sich auf Sizilien unter anderem in Catania, Taormina und Akrai.

Rekonstruktionszeichnung des Innern eines luxuriösen römischen Hauses

Ein markanter Bautyp der römischen Kultur ist das Amphitheater. Solche elliptischen Bauten mit ihren mehrstöckigen Außenfassaden und hoch aufsteigenden Zuschauerrängen im Innern dienten für Fechterspiele und Tierhetzen. Die meisten dieser Anlagen entstanden erst in den nachchristlichen Jahrhunderten der römischen Kaiserzeit, als die oft mehrtägigen Spiele in den Arenen zu einer festen Institution geworden waren. Das berühmteste und größte Amphitheater war und ist das Kolosseum in Rom, das im späten 1. Jh. n. Chr. entstand. Zwar gab es auch schon zuvor solche Arenen, doch waren diese ebenso wie die frühen römischen Theaterbauten meist Holzkonstruktionen, die nach Beendigung der Spiele wieder abgerissen wurden. Dem Staat und den Stadtverwaltungen galten die gewalttätigen Veranstaltungen in den Arenen lange Zeit als suspekt, da es dabei immer wieder zu Ausschreitungen und Aufruhr kam. Die steinernen Amphitheater wurden deshalb meist abseits der Zentren in den Außenbezirken der Städte errichtet.

Drei Amphitheater entstanden in der römischen Kaiserzeit auf Sizilien. Die Arena von Termini Imerese *(Himera)* ist heute fast ganz verschwunden. Ihr einstiger Grundriss zeichnet sich jedoch noch deutlich im Stadtbild ab, da die Bebauung dem Umriss der antiken Anlage über Jahrhunderte hinweg folgte (Via Anfiteatro und Via S. Marco). Besser erhalten sind dagegen die Amphitheater von Catania und Syrakus. Das Amphitheater von Syrakus, im 3. Jh. entstanden, war mit 140 × 120 m eines der größten in den Provinzen des Römischen Reiches, ließ sich jedoch nicht mit dem Kolosseum in Rom (190 × 155 m) vergleichen.

Über den prunkvollen und luxuriösen Lebensstil der römischen Oberschicht in der späten Kaiserzeit (3. und 4. Jh.) geben die großen, palastartigen **Villenanlagen** Aufschluss, die außerhalb der Städte überall im Reich in dieser Zeit erbaut wurden. Auch auf Sizilien trifft man auf die Überreste solcher Villen. Die am besten erhaltene ist zweifellos die Villa del Casale bei Piazza Armerina (s. S. 178). Um einen Peristylhof herum erstreckt sich der verschachtelte Gebäudekomplex mit Wohn- und Schlafräumen, Nymphäen, Bädern, Latrinen, Wirtschaftsgebäuden, weiteren säulenumstandenen Höfen und den Repräsentationsräumen. Die Fußböden in den Wohn- und Repräsentationsbereichen waren reich mit Mosaiken geschmückt, die Jagd- und Tierfangszenen, aber auch Szenen der Mythologie und des täglichen Lebens zeigen. Die gesamte Welt der großen Latifundien, die Ideale und Hierarchien, aber auch die Arbeiten und Vergnügungen in einer solchen Domäne finden sich in derartigen Mosaiken visualisiert.

Lange Zeit hat man aufgrund der prachtvollen Ausstattung der Villa bei Piazza Armerina angenommen, dass es sich hier um den Privatbesitz eines römischen Kaisers gehandelt haben müsse. Jedoch wurden in den letzten Jahren auf Sizilien drei weitere Villenanlagen aus dieser Zeit entdeckt (bei Eloro, bei Castroreale Terme und bei Patti Marina), die zwar allesamt weniger gut erhalten und bisher auch nur zu Teilen ausgegraben sind, der Anlage bei Piazza Armerina jedoch in Größe und Ausstattungsluxus einst in nichts nachstanden, ja sie z. T. sogar übertrafen. Und wenn man alle diese sizilischen Villen mit den riesigen kaiserlichen Palastvillen – z.B. mit den Galerius-Residenzen in Thessaloniki (Griechenland) und Gamzigrad (Serbien) – vergleicht, so wird deutlich, dass die sizilischen Anlagen bei allem Aufwand demgegenüber doch eher kleine und bescheidene Bauten waren, die vermutlich höheren Staatsbeamten, nicht aber den Kaisern selbst gehört haben.

Mittelalterliches Sizilien

von Helga Lehmkuhl

Byzantiner und Araber

Erste christliche Begräbnisse können bereits um das Jahr 200 datiert werden, und auch die Verehrung der hl. Agatha und des hl. Euplus in Catania sowie des hl. Marcian und der hl. Lucia in Syrakus, Märtyrern von der Mitte des 3. bis zum Anfang des 4. Jh., ist schon früh bezeugt. In den Katakomben, von denen die ausgedehntesten in Syrakus entstanden, besitzen wir die frühesten baulichen Zeugnisse dieser Zeit. Ebenso ›im Untergrund‹ verborgen, der politischen Situation der *Religio illicita,* der verbotenen Religion, angemessen, liegen die kleine Taufgrotte unter der Kirche S. Giovanni in Marsala oder die Krypta des hl. Marcian in Syrakus (s. S. 231 und S. 141).

Den endgültigen Durchbruch erfuhr die neue Religion, nachdem das **Toleranzedikt von Mailand** (313) dem Christentum völlige Gleichberechtigung und Religionsfreiheit gebracht hatte. Aus dieser Zeit bewahrt das Archäologische Museum von Syrakus den Marmorsarkophag der Adelfia auf (Mitte 4. Jh.), dessen spätantiker, skulpturaler Schmuck Szenen aus dem Alten und Neuen Testament darstellt. Die Christianisierung ging in den Städten schneller als auf dem Lande, am langsamsten im Landesinnern vonstatten. Zur Zeit Papst Gregors I. (590–604) bestanden jedenfalls schon mindestens zwölf Bistümer auf der Insel.

Dass sowohl aus dieser frühen als auch aus den beiden darauffolgenden Epochen keinerlei monumentale Architektur erhalten blieb, lässt sich aus den vandalischen, ostgotischen, byzantinischen, arabischen und normannischen Eroberungen und den daraus resultierenden Zerstörungswellen erklären. Auch die geringe Bevölkerungsdichte – Schätzungen reichen von 200 000 bis 800 000 gegenüber ca. 5 Mio. Menschen in den Blütezeiten der Antike – dürfte ein Grund sein. Heidnische Tempel wurden jedoch häufig in christliche Kirchen umgewandelt, so z. B. der Concordiatempel in Agrigent und, wohl das berühmteste Beispiel, der Athenatempel in Syrakus (s. S. 118). Die

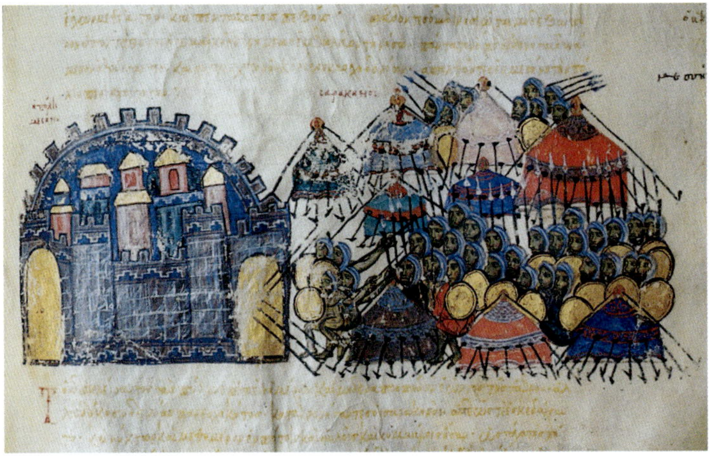

Belagerung von Messina durch die Sarazenen 842/843, byzantinische Buchmalerei aus der Chronik des Johannes Skylitzes (13. Jh.)

bislang ausgegrabenen Kirchen und Kapellen aus der Zeit bis zur arabischen Eroberung besitzen überaus bescheidene Maße und weisen im Grundriss entweder die westliche basilikale oder die byzantinische Kreuzform auf oder sind, wie die Höhlenkirchen im syrakusanischen Raum, schlichte rechteckige Räume.

Eindeutig byzantinischer Provenienz sind die Reste der in den Katakomben der hl. Lucia in Syrakus erhaltenen Fresken und der meist auf figürliche Darstellungen verzichtende Bauschmuck: Ein Wrack, das man 1960 im Golf von Noto fand, enthielt solche in Byzanz vorgefertigte Säulen und Kapitelle für eine komplette Basilika, die auf sizilischem Boden errichtet werden sollte. Die Felswohnungen und in den Stein gehauenen Kapellen von Pantalica zeugen von der Flucht der Bevölkerung aus den von sarazenischen Überfällen gefährdeten Städten ins Landesinnere.

Kunst und Wirtschaft unter den Arabern

Die muslimischen Eroberer und Siedler trafen also auf eine Griechisch sprechende, zur byzantinischen Kirche gehörende Bevölkerung. Die neuen Herren selbst stellten keine ethnisch geschlossene Gruppe dar, sondern repräsentieren als Ägypter, Araber, Berber aus Tunesien, Perser und Sudanesen die zahlreichen Völker des muslimischen Kulturkreises. Zwischen den Arabern und Berbern, von denen die ersteren vermutlich hauptsächlich um Palermo und die letzteren im Südwesten um Agrigent siedelten, brachen denn auch immer wieder Kämpfe aus.

Ihre christlichen und jüdischen Vasallen *(Dhimmis,* d. h. geschützte Minderheiten) mussten zwar höhere Steuern *(Jizya* oder *Kharaj)* als Muslime zahlen, doch scheinen diese immer noch unter denen der Byzantiner gelegen zu haben. Und obwohl zahlreiche Kirchen in Moscheen umgewandelt und den Nicht-Muslimen recht demütigende

Auflagen gemacht wurden – so mussten Juden und Christen auf Kleidung und Häusern Erkennungszeichen anbringen, durften keine Waffen tragen oder zu Pferde reiten, mussten Muslimen den Vortritt auf der Straße lassen etc. –, gestand man ihnen doch weitgehende Selbstständigkeit zu, das Leben nach den jeweiligen eigenen Gesetzen zu führen, sowie einen nahezu gleichberechtigten juristischen Status. Im Val di Mazara allerdings, wo zum Großteil christliche Sklaven ohne die Rechte der Dhimmis lebten, erfolgten die meisten Übertritte zum Islam.

Vor allem die Landwirtschaft erfreute sich wirksamer Förderung. Bewässerungssysteme überzogen bald das ganze Land, die hinderliche byzantinische Steuer auf Zugtiere wurde abgeschafft, die Steuergebung begünstigte die Bewirtschaftung bislang brach liegender Felder. Die Einführung neuer Kulturpflanzen wie Zuckerrohr, Zitrusfrüchte, Maulbeerbaum, Reis, Baumwolle, Papyrus, Melone und Dattelpalme, verbunden mit der Kenntnis ihrer Nutzung, verdanken die Sizilianer den Arabern. Die Fischerei wurde intensiviert – vermutlich brachten die Araber auch eine hoch entwickelte neue Form des Thunfischfangs nach Sizilien –, um den Ätna wurde Bergbau betrieben, andernorts Salz gewonnen. Die Sizilianer erlernten die Seidenherstellung und -weberei, und ganze Schiffsladungen von Holz aus den damals noch existierenden großen Wäldern der Insel wanderten ins holzarme Nordafrika. Die Weizenlatifundien aus spätantiker und byzantinischer Zeit verschwanden weitgehend; eine wachsende Zahl kleinerer landwirtschaftlicher Betriebe ersetzte sie – ein Prozess, der durch die arabische Vorliebe für intensive Garten- und Obstkulturen sowie durch die muslimische Realerbteilung begünstigt wurde.

Gegen Ende der fast zwei Jahrhunderte währenden muslimischen Herrschaft wird die arabische Bevölkerung, am dichtesten im Westen, im Val di Mazara siedelnd, auf ca. eine halbe Million geschätzt. Die zentrale Lage der Insel inmitten des arabischen Kulturkreises, der einen Großteil des Mittelmeers umfasste, sorgte denn auch für eine Blüte von Handel und Kultur. Dennoch ist von der arabischen Kunst neben geringen Resten (allein die Moscheegrundmauern bei S. Giovanni degli Eremiti, s. S. 270) nur erhalten geblieben, was später unter den Normannen entstand, obwohl uns die Quellen von einer Fülle von älteren Moscheen, Festungen und Schlössern berichten. »Eine ungeheuer große Zahl von Burgen, Dörfern und sarazenischen Palästen liegt in Schutt und Asche…«, heißt es in einem kirchlichen Dokument aus der Zeit nach der normannischen Eroberung.

Arabische Zierformen an einem Fenster von Sant' Orsola in Palermo

Zurück blieben lediglich sprachliche Spuren wie die Silben *Gibel* (›Berg‹) oder *Calta* (›Burg‹) in sizilianischen Ortsnamen, einige Hundert Lehnwörter aus dem Bereich des Handels, der Wasser- und Landwirtschaft, der Kleidung und des Gesetz- und Verwaltungswesens, nicht zuletzt aber auch die bis ins 19. Jh. bestehende Verwaltungsgliederung in drei Provinzen: Val di Mazara im Westen und Val di Noto im Südosten sowie das hauptsächlich von Griechen bewohnte Val di Demone im Nordosten.

Monarchia Sicula – das Normannenreich auf Sizilien

Die Normannen, die ab dem Jahre 1060 von ihren Besitzungen in Unteritalien aus die Eroberung Siziliens in Angriff nahmen, waren lateinische Christen mit einem Auftrag des Papstes, die Insel den heidnischen Sarazenen zu entreißen – und die Oberhoheit Roms in dieser Region griechisch-byzantinischen Christentums wiederherzustellen. Die Invasoren kamen zunächst nicht besonders zahlreich, stellten nur die Oberschicht der Ritter und Lehnsträger sowie der hohen kirchlichen Würdenträger. Erst später wurden dann vermehrt französische sowie lombardische und ligurische Siedler ins Land geholt, sodass man erst am Ende der staufischen Epoche von einem weitgehend latinisierten Sizilien ausgehen kann.

In den ersten Jahren der Eroberung jedoch waren die neuen Herren auf die muslimischen und griechischen Bauern, Handwerker, Verwaltungsbeamten und Soldaten dringend angewiesen. Die historische Leistung der Normannenherrscher bestand darin, dass sie eine den politischen Notwendigkeiten gehorchende kluge Toleranzpolitik gegenüber den vielfältigen religiösen und ethnischen Gruppierungen ihres jungen Reiches an den Tag legten. Dazu gehörte auch, dass sie die vorgefundenen, ihnen in bestimmten Bereichen eindeutig überlegenen Kulturen nicht zerstörten, sondern sich aus derem ›Kulturvorrat‹ gleichsam bedienten, Nützliches in ihren neuentstehenden Vielvölkerstaat integrierten und so eine im europäischen Mittelalter einzigartige – wenn auch vorübergehende – kulturell-politische Synthese schufen.

Araber und Juden mussten zwar, wie zuvor Juden und Christen unter muslimischer Herrschaft, eine Sondersteuer *(Jizya)* zahlen, doch durften sie ihre Religion frei ausüben und nach ihrer jeweiligen Rechtsprechung leben; vielen Muslimen beließen die Normannen ihr Land, häufig auch ihre Burgen und ihre Posten als Provinzemire. Die verfeinerte Eleganz der arabischen Kultur wirkte offenbar sehr anziehend auf die neuen Herren und Damen, denn letztere kleideten, parfümierten und verschleierten sich bald nach muslimischer Sitte und färbten ihre Hände mit Henna.

Die Sprachen des Hofs waren neben dem normannischen Französisch und Latein Griechisch und Arabisch sowie Hebräisch, und auch die Hofämter und -titel (wie die Männer, die diese Ämter innehatten) zeigten die für den Normannenstaat so charakteristische dreiteilige Kultursymbiose: In der *Curia regis,* dem hauptsächlichen Regierungsorgan der Normannenkönige, saß ein französischer Seneschall (Hausmeier, Truchsess) neben einem byzantinischen Protonotarius (Erster Notar) und Logotheten (hoher Beamter, Kanzler), und ihnen allen stand der ›Emir der Emire‹, latinisiert *Ammiratus,* vor, der mächtigste Mann nach dem König (erst im Laufe der Entwicklung wurde er auch Flottenkommandant, also nach unserem heutigen Verständnis ›Admiral‹). Am nachhaltigsten hatte sich der muslimische Einfluss

Roger I. und die lateinische Kirche

Gleichzeitig zum Investiturstreit, bei dem die Kirche in fast ganz Europa eine Einflussnahme der weltlichen Macht auf die Bischofswahl ablehnte, gelang Roger I. eine weitreichende Kontrolle der lateinischen Kirche in seinem Reich. 1088 erkannte er bei einem Zusammentreffen mit Urban II. in Troina zwar den Suprematieanspruch des Papstes an, behielt sich jedoch weitgehende Machtbefugnisse, wie die Einrichtung der Bistümer, die Auswahl der Bischöfe und die Gründung von Klöstern vor. Für die neu zu leistende monastische Durchdringung der Insel beriefen die Normannen vor allem Mönche des französischen Reformordens der Cluniazenser.

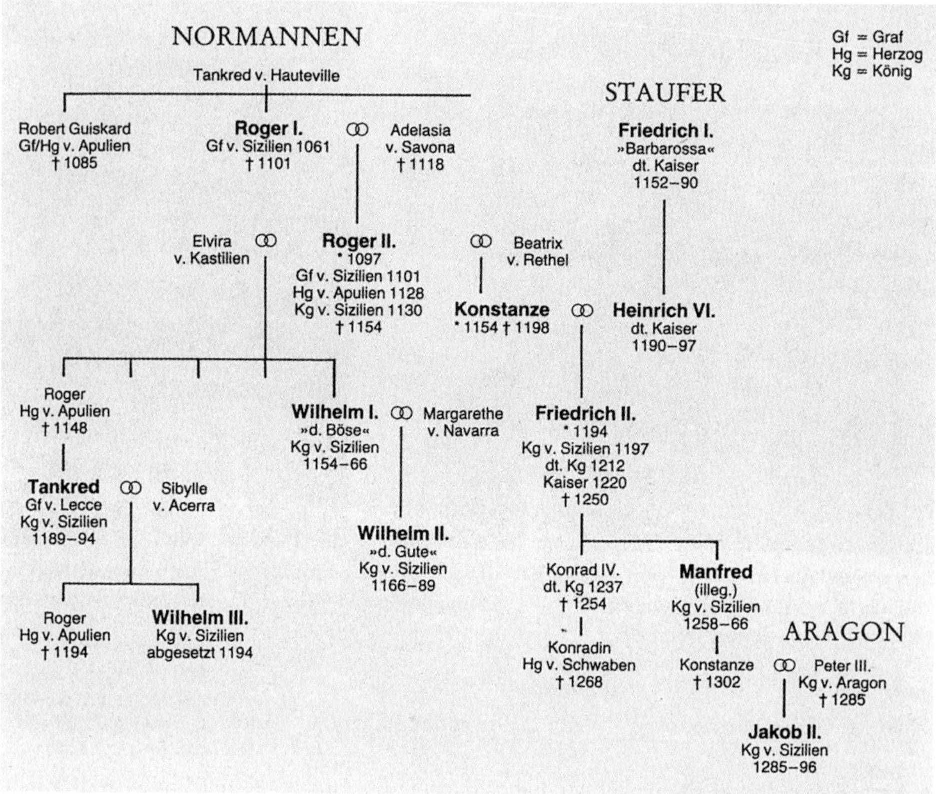

Genealogische Beziehungen der normannischen, staufischen und aragonesischen Herrscher auf Sizilien

in der aus arabischer Zeit stammenden, von den Normannen dann beinahe vollständig übernommenen Finanzverwaltung, dem Diwan, erhalten: Während der gesamten normannischen Epoche wurden beispielsweise Münzen mit kufischen Schriftzeichen geprägt: Nasir annasraniyya, »Verteidiger des Christentums«, ließ sich Roger II. auf seinen Münzen, ganz im Stile der fatimidischen Kalifen, nennen.

Diese **kulturübergreifende Toleranz** war in jener Zeit des Schismas, in der die Kluft zwischen lateinischen und griechischen Christen immer breiter wurde, gerade auch im Hinblick auf die beiden christlichen Konfessionen vonnöten. So wurden die griechischen Christen Siziliens zwar der schnell geschaffenen römisch-katholischen Verwaltungshierarchie – Erzbistum Palermo, französische Bischöfe in Troina, Mazara, Agrigent, Syrakus, Catania – unterstellt, doch taten sich die beiden Roger als Förderer der orthodoxen Kirche und Stifter zahlreicher Basilianerklöster, vor allem im überwiegend griechischen Val di Demone, hervor; die schönsten dieser normannischen Neustiftungen stehen heute in Itala und im Tal des Agrò.

Kulturelles Leben am Hof Rogers II.

Der blühende Handel, vor allem mit Weizen, erbrachte den Wohlstand, der den sizilianischen Königen die Grundlage, zum einen für ihre selbstsichere Politik, zum anderen für die Förderung der Künste und Wissenschaften, bot. Der Hof Rogers II. wurde zu einem Zentrum der Wissenschaften, wo sich die führenden Gelehrten, meist Griechen und Araber, versammelten. In dem »Buch König Rogers«, dem bedeutendsten geografischen Werk des Mittelalters, steht zu lesen: »Die Erde ist rund wie eine Kugel, und die Wasser hängen ihr an und werden festgehalten an ihr durch das natürliche Gleichgewicht.«

Im Gegensatz zum süditalienischen Herrschaftsbereich der Normannen, in dem die Barone weiterhin eine bedeutende Kraft blieben und nicht selten rebellierten, gelang es den beiden Roger, die Macht der Feudalherren auf Sizilien erheblich einzuschränken. Hier entstanden keine der Zentralgewalt gefährlichen großen Lehen, das Königtum hielt sich immer selbst im Besitz der großen Städte und strategisch wichtigen Regionen. Die für militärische Hilfe bei der Eroberung verliehenen Lehen waren zudem oft nicht erblich, und der Herrscher behielt sich immer die Regalien vor, königliche Hoheitsrechte wie Münzprägung, Burgenbau, Steuererhebung, oberste Gerichtsbarkeit etc.

Die für ein mittelalterliches Reich ungewöhnlich straffe Zentralisierung aller Herrschaftsbereiche in der Person des Königs erforderte einen zeremoniell-mystischen ›Überbau‹: Ihn fand Roger II. in der **byzantinischen Herrschafts- und Kaiseridee.** Der Fürst, der seine Macht hiernach von Gott selbst erhält, ist so nicht nur weltlicher Herr, sondern auch Priester, steht hoch und abgesondert über seinen Untertanen. Das strenge byzantinische Hofzeremoniell mit der *Proskynese* (Niederwerfen vor dem Herrscher oder religiösen Weihegegenstand) verstärkte diese ›Entrückung‹ des Königs in eine quasireligiöse Sphäre. (Daneben liebte Roger II. es, bei offiziellen Auftritten unter einem seidenen Baldachin zu erscheinen – ein von den fatimidischen Kalifen übernommener Brauch.)

Neben dieser Prunkentfaltung, die zur Verherrlichung und für alle sichtbaren Demonstration seiner Idee vom Königtum diente, legte Roger II. in seinem großen Gesetzgebungswerk, den Assisen von Ariano, diesen monarchischen, religiös überhöhten Absolutismus sozusagen ›verfassungsrechtlich‹ nieder. Die Beschlüsse, in denen wir auch die Grundsätze von Gleichberechtigung und Toleranz seinen Untertanen gegenüber finden, stützen sich weitgehend auf einen berühmten byzantinischen Vorgänger, das Corpus Iuris Civilis Kaiser Justinians I. (533/34).

Kunst- und Bauwerke der normannischen Kultursynthese

Den bedeutendsten und offenkundigsten Ausdruck fand die normannische Herrschaftsidee jedoch in der Kunst und hier vor allem in der Cappella Palatina, die man auf dem Hintergrund des politisch-religiösen Macht- und Prestigeanspruchs Rogers begreifen muss (s. S. 263). Die Worte des Bischofs Theophanes Kerameus anlässlich der Weihe der Kapelle zeigen jedenfalls, dass auch die Zeitgenossen diesen Anspruch begriffen: »In diesem Gotteshaus hat ein wahrhaft großer und königlicher Sinn ein ewiges Denkmal errichtet, gleichsam einen festen Grundstein seines Palastes, groß und glanzvoll ...«.

In der Wahl der Handwerker und Baumeister zeigt sich wiederum der bewusste Eklektizismus der Normannenherrscher: Ein ›Gerhard der Franke‹ ist durch eine Inschrift der Kirche bei Casalvecchio Siculo als vermutlich aus der Normandie stammender Baumeister ausge-

Krönungsmantel

Der in der Schatzkammer der Wiener Hofburg ausgestellte Krönungsmantel der Kaiser des Sacrum Romanum Imperium wurde 1133 von arabischen Künstlern in Palermo gewoben und reich bestickt.

wiesen, für die Mosaiken der großen Dome und der Palastkapelle wurden byzantinische Mosaizisten herangezogen, und für die Kapitelle des Kreuzgangs von Cefalù darf man wohl provenzalischen Einfluss veranschlagen. Das auffälligste Beispiel dieser organisierten Nachahmung ist die Verschleppung byzantinischer Seidenweber nach Palermo im Jahre 1147, wo sie für den Bedarf des Hofes produzieren mussten.

Den augenfälligsten Einfluss übten jedoch arabische Handwerker und Meister aus, denn aus dem muslimischen Kulturkreis stammen diejenigen Elemente, die der normannischen Kunst des 12. Jh. ihr unverwechselbares Gepräge verleihen, sie von den zeitgenössischen romanischen Denkmälern des übrigen Europa unterscheiden. (Tatsächlich tendieren jüngere Forschungen dazu, den arabisch-fatimidischen Aspekt immer stärker zu betonen.) Auf dem Sektor der Baukunst spiegelt sich dieser arabische Einfluss am reinsten in der Profanarchitektur wieder, wo die europäische Bautradition nichts aufzuweisen hatte, was auch nur annähernd den eleganten Baukonzepten und dem Luxus muslimischer Paläste gleichkam.

Die in der Phase der Eroberung um 1070/1080 errichteten militärischen Zweckbauten, z. B. die zum Schutz Catanias entstandenen Kastelle von Adrano und Paternò um den Ätna herum, lassen noch keinen arabischen Einfluss erkennen. Sie vertreten den Typus des rechteckigen, mehrstöckigen Donjons – ein aus der normannischen Heimat stammendes Baukonzept, dessen nüchterne und wenig luxuriöse Funktionalität einen sprechenden Gegensatz zu den späteren Lustschlössern arabischer Provenienz darstellt. Das Vorbild fatimidischer Wüstenschlösser, gekennzeichnet durch das harmonische Zusammenspiel von Gartenlandschaft, Wasserspielen – in der arabischen Wüste doppelt kostbar – und Architektur, sollte indes für die später entstandenen Paläste bestimmend werden. Nicht massive, zusammenhängende Gebäudekomplexe entstanden, sondern kleine, im Park verstreute Hallen und Pavillons wie die noch erhaltene Cubula (s. S. 272). Von vergleichbaren Bauten sind heute nur noch Zisa und Cuba, beide in Palermo unter Wilhelm I. bzw. II. entstanden, in Teilen erhalten. Das sog. ›Zimmer des Roger‹ im Normannenpalast ebendort vermittelt einen Eindruck von jenem verfeinerten Lebensgenuss, jener im übrigen Europa nicht bekannten diesseitsfreudigen Wohnkultur, die am Hofe der Könige von Sizilien herrschte. An den persisch-sassanidischen Tier- und mythologischen Motiven aus Samarra, die Eingang in die musivische Raumausschmückung gefunden haben, zeigt sich, dass auch die von den Normannen adaptierte arabische Kultur bereits ein Sammelbecken vieler Traditionen darstellte.

Auch in der **Sakralarchitektur** macht sich der arabische Einfluss bemerkbar, doch hatte er sich hier gegen zwei mächtige christliche Bautraditionen zu behaupten: die dreischiffige Basilika mit Querhaus lateinisch-westlicher und die Kreuzkuppelkirche byzantinisch-östlicher Provenienz, wie sie sich ja bereits vor der muslimischen Eroberung auf der Insel fanden. Die Normannenherrscher hatten die ho-

Kuppelmosaik der Cappella Palatina in Palermo: »Die Welt ist der Schemel meiner Füße«; umringt von acht Erzengeln schaut der Christus Pantokrator von der Kuppel herab auf seine Schöpfung. Vier Engel sind als Krieger gekleidet, wofür übrigens das normannische Hofzeremoniell ein aussagekräftiges Pendant im irdischen Bereich fand: Die normannischen Könige wurden stets von vier Leibwächtern und vier Höflingen begleitet.

hen kirchlichen Posten und die Domkapitel mit überwiegend französischen Klerikern besetzt sowie Benediktiner und Augustiner-Chorherren aus dem nördlichen Europa mit der Gründung lateinischer und Basilianer mit der Gründung griechischer Klöster beauftragt – und diese kirchliche Elite brachte naturgemäß ihre jeweiligen Bautraditionen mit.

Für die großen Dome in Catania, Cefalù, Messina, Palermo und Monreale wurde, schon wegen ihrer Funktion als Bischofskirchen, die eine Masse von Gläubigen aufnehmen mussten, der Grundriss der dreischiffigen Basilika gewählt. Doch auch kleinere Gotteshäuser wie S. Giovanni degli Eremiti und S. Cataldo in Palermo erhielten einen basilikalen Grundriss. Der Dom von Cefalù spiegelt mit seiner Zweiturmfassade, dem kreuzgewölbten Chor und dem Querschiff, der Außengliederung durch Rundbogenfriese und Lisenen und der Tierornamentik seiner Kapitelle diesen normannisch-romanischen Einfluss wohl am reinsten wider. Die Handwerker jedoch, die diese Bauten errichteten, waren Muslime. Ihrer guten Organisation in den einzelnen Bauhütten war es u. a. zu verdanken, dass die normannischen Kirchen jeweils in einer überraschend kurzen Bauzeit errichtet wurden: der Dom von Catania 1088–93, die Cappella Palatina 1131/32, die Martorana 1142/43 und der Dom von Palermo 1184; man vergleiche diese Zahlen mit den sich über Jahrhunderte hinziehenden Bauzeiten nordeuropäischer Kathedralen!

Hauptsächlich in der Val di Mazara und natürlich in Palermo, den am dichtesten muslimisch besiedelten Regionen, fand die Durchdringung abendländischer und arabischer Bauweisen statt. So lassen die frühen normannischen Kirchen in Castelvetrano und Mazara del Vallo oder auch S. Giovanni degli Eremiti, obwohl dem Typus der Kreuzkuppelkirche bzw. der Basilika verpflichtet, doch deutlich das Raumgefühl des fatimidischen Kubusbaus erkennen, der, gleichsam steingewordene Geometrie, aus Würfeln und Quadern zusammengesetzt ist. Arabisch sind an den Bauten des sog. normannisch-arabischen Stils auch die handwerklich perfekte, glatte Fugung der Mauerquadern, die elegante, rhythmische Wandgliederung, die Spitzbogen, die verschränkten Blendbogenfriese und die aus der persischen Architektur stammenden Trompen für die Eckenlösungen der Kuppeln, des weiteren die an Mauerkanten ein- und übereinander gestellten Säulen, Schmuckformen wie geometrische Vieleckornamente oder bekrönende Bänder mit kufischen Inschriften, die sog. Polsterquader sowie die Brunnenhäuser in den Kreuzgängen. Deutlich als islamisches Architekturelement sind auch die *Muqarnas* (Stalaktiten) zu erkennen, die die Innenräume der Cuba, der Zisa wie auch die Decke der Cappella Palatina schmücken. Was jedoch jedem Sizilienreisenden spontan als ›morgenländisch‹ erscheinen wird, sind die nackten, gestelzten Kuppeln, jene so fremdartig wirkenden (erst heute rötlich getönten), meist hintereinander gereihten und auf einem kubischen Unterbau aufsitzenden steinernen Halbkugeln.

Neuorientierung

Im Dom von Monreale versuchte Wilhelm II. noch einmal an die arabisch-normannischen Traditionen seiner Vorgänger anzuknüpfen, sodass man dieses Projekt zu Recht ein Vermächtnis der sizilisch-normannischen Dynastie genannt hat. Doch bereits der auf Kosten muslimischer Bauern und Grundbesitzer wachsende Landbesitz des benediktinischen Abts von Monreale indizierte den verstärkten Einfluss westlich-lateinischer Orden und die allmähliche Trennung Siziliens vom muslimisch-afrikanischen Kulturkreis.

König Wilhelm II. überreicht der Muttergottes ein Modell des Doms, Kapitell aus dem Kreuzgang von Monreale

In der Cappella Palatina, der Martorana und den Domen von Cefalù und Monreale befinden sich jene kompletten Mosaikausstattungen auf strahlend goldenem Grund, die zu den beeindruckendsten Erlebnissen einer sizilianischen Kunstreise gehören. Die Forschung ist sich darüber einig, dass erfahrene byzantinische Mosaizisten diese Meisterwerke geschaffen haben (mit Ausnahme der musivischen Ausstattung der Profanbauten und einiger ornamentaler Motive wie z. B. der Palmen oder der ineinander verschlungenen Arabesken in Cefalù). So kann beispielsweise nur eine vortrefflich organisierte Werkstatt in wenigen Jahren (ca. 1185–90/91) das Mammutwerk der Mosaiken von Monreale vollendet haben. Die **musivische Ikonografie** zeigt im Allgemeinen Christus, Maria und die himmlische Hierarchie im Presbyterium, Szenen aus dem Alten Testament im Langschiff (Beginn immer auf der rechten, südlichen Mittelschiffwand, fortlaufend über die Westwand, von Westen nach Osten auf der linken, nördlichen Mittelschiffwand, dann dieselbe Kreisbewegung noch einmal im darunter liegenden Register), den Engelschor in der Vierungskuppel sowie Szenen aus Christi Leben oder aus der Petrus- und Pauluslegende in den Seitenschiffen.

Der Dom von Cefalù, von Roger II. zur Grablege der Hautevilles bestimmt, und die Cappella Palatina, das *Summum opus* des normannisch-arabischen Stils, entstanden etwa zeitgleich (ab 1131) auf dem Höhepunkt der *Monarchia Sicula*. Doch was sich schon in den letzten, vermutlich geistig umnachteten Lebensjahren Rogers II. angekündigt hatte, als er den Admiral Philipp von Mahdia unter dem Vorwurf, sich zum Islam bekehrt zu haben, lebendig verbrennen ließ (1153), setzte sich unter seinen schwächeren und politisch nicht so glücklichen Nachfolgern dann endgültig durch: Adel, Palastcliquen und ehrgeizige, aus dem normannischen England stammende Prälaten wie Walter of the Mill und Richard Palmer gewannen an Macht, die Zentralgewalt wurde schwächer – und der religiöse Konsens, das Fundament des Normannenstaates, zerbrach.

Der letzte Sakralbau des reinen normannisch-arabischen Stils, S. Cataldo, wurde von Admiral Maio von Bari gestiftet, der das prominenteste Opfer jener zu einem antimuslimischen Pogrom ausufernden Adelsrevolte von 1160 werden sollte – eine Konstellation von hohem Symbolwert. Die normannisch-arabische Kunst, die ja in so einzigartiger Weise Ausdruck des sizilianischen Staates des 12. Jh. war, wurde neben dem Haupt dieses Staates, dem König, von seiner griechischen und arabischen Verwaltungs- und Regierungselite getragen. Mit der nach der Ermordung des höchsten Staatsdieners, des Großadmirals, einsetzenden Emigration der arabischen Intelligenz (der dann auch immer mehr muslimische Handwerker und Bauern folgen sollten) wurden die Monarchie und mit ihr auch die Kunst nach und nach ihrer Fundamente beraubt.

Trotz all der Pracht der normannisch-arabischen Kultur kann man sich des Eindrucks einer gewissen zerbrechlichen Künstlichkeit, die all diesen hybriden Schöpfungen anhängt, nicht erwehren. Diese aus-

Mosaikkunst

Die normannisch-byzantinische Mosaikkunst wird in drei, den jeweiligen Herrschern zugeordnete Phasen unterteilt. Die Errungenschaft der ersten Phase unter Roger II. bestand in der Anpassung der vorhandenen Bildprogramme an die zugleich längsgerichteten und zentral organisierten Bauwerke. Zur Zeit Wilhelms I. zeigte sich ein verstärktes Aufgreifen muslimischer Elemente, sodass dieser vom byzantinischen Formenkanon unabhängige Stil am ehesten als genuin sizilianisch betrachtet werden kann. Dem ständigen Zustrom von Künstlern aus Konstantinopel ist die Rückkehr zu den alten Normen und einem archaisierenden, hierarchischen Stil unter Wilhelm II. zuzuschreiben.

Arabischer Exodus

Die Klage des muslimischen Dichters Abd-al-Halim belegt den gesellschaftspolitischen Wandel, der für den arabischen Exodus verantwortlich war: »Ich liebte Sizilien in meiner frühen Jugend, die Insel schien mir ein Paradiesgarten zu sein. Doch ach, kaum gelangte ich in die reiferen Jahre, als das einstmals blühende Land sich in eine brennende Hölle verwandelte.«

schließlich dynastisch bestimmte und ganz bewusst ins Leben gerufene kulturelle Synthese hatte wohl auch zu wenig Zeit, um populär zu werden, sich nachhaltig im Bewusstsein des Volkes zu verankern. Wahrhaft zu einer neuen Einheit verschmolzen sind normannische, byzantinische und arabische Elemente in einigen wenigen Meisterwerken der Epoche, doch wuchsen die einzelnen ethnischen und religiösen Gruppen nie, modern gesprochen, zu einem ›Staatsvolk‹ zusammen, gewannen nie das Bewusstsein einer sizilianischen Identität. Und wahrscheinlich war eine solche auf Toleranz beruhende Synthese auch auf Dauer nicht haltbar in einer Zeit, in der die zentrifugalen Kräfte von Investiturstreit, feudaler Zersplitterung, Schisma und Kreuzzügen den mittelmeerischen und europäischen Raum zerrissen.

Staufer, Anjou und Aragonesen

Stupor mundi, »das Staunen der Welt«, nannten die Zeitgenossen den Staufer Friedrich II. Als tyrannischen ›Hammer der Welt‹, als neuen Antichristen beschimpften ihn seine Gegner (allen voran der Papst und seine Anhänger, mit dem Friedrich um die Herrschaft in Italien in permanenter Auseinandersetzung stand), als heilsbringenden Friedensfürsten und messianischen Kaiser – ganz im Sinne der normannischen Herrschaftsauffassung – vergötterten ihn seine Anhänger. Als der Kaiser 1235 ein zweites und letztes Mal nach Deutschland kam (um seinen aufständischen Sohn Heinrich zu bestrafen), wirkte er mit seinem prachtvoll-fremdländischen Gefolge, den Arabern und Äthiopiern, den vielen exotischen Tieren, auf die Deutschen wie ein morgenländischer Potentat. Und noch heute ist das Bild dieser schillernden Persönlichkeit auch in der historischen Forschung umstritten, werden Beurteilungen, die ihn als Vorläufer der Renaissance oder als großen Freigeist und Atheisten (so ein Urteil Friedrich Nietzsches) sehen, in ihrer Abhängigkeit von der zeitgenössischen klerikalen Propaganda erkannt. Sich selbst jedoch hat Friedrich immer als rechtgläubigen Christen bezeichnet, hat beispielsweise auch gegen Ketzer jederzeit effektiv und grausam durchgegriffen – bei dem oben erwähnten Streit mit seinem Sohn ging es u. a. um Ketzerverfolgung in Deutschland.

Nachdem er die deutsche Königswürde errungen und seine Herrschaft dort etabliert hatte, betrieb Friedrich energisch die Wiederherstellung der Zentralmacht in seinem Erbkönigreich Sizilien, immer unter Berufung auf die Gesetze und die Staatsform seiner normannischen Vorfahren. In den Assisen (Hoftagsbeschlüsse) von Capua aus dem Jahre 1220 widerrief er alle seit 1189, dem Todesjahr Wilhelms II., erteilten Privilegien, forderte die königlichen Rechte (Regalien) zurück, die Barone und Städte mittlerweile usurpiert hatten, ließ alle unautorisiert errichteten Burgen schleifen. Der Aufbau eines straffen Verwaltungsapparats, dessen Beamten an der eigens zu diesem Zweck gegründeten Universität von Neapel ihre Ausbildung erhielten, ermöglichte Friedrich die wirkungsvolle Kontrolle und die hohe Besteuerung des Landes.

In den **Konstitutionen von Melfi** von 1231, die gleichfalls nicht ohne ihren normannischen Vorläufer denkbar sind, ließ er das öffentliche, d. h. das Verwaltungs- und Beamtenrecht, das Straf-, Prozess- und Lehnsrecht für alle Bevölkerungsgruppen einheitlich niederlegen, ersetzte so das Personalitäts- durch das Territorialitätsprinzip und begründete damit seinen zentralisierten Einheitsstaat säkular – für seine Zeit erschreckend ›modern‹. (Diese Rechtskodifikation sollte im Königreich Sizilien bis zum Jahre 1819 in Kraft bleiben.) Juden und Muslime standen unter Königsschutz, erstere mussten sich durch eine bestimmte Kleidung kenntlich machen – hier wird deutlich, dass Bevölkerungsgruppen, die unter den Normannen noch gleichberechtigt, die Muslime in gewisser Weise sogar staatstragend gewesen waren, nunmehr auf den Status geschützter Minderheiten abgesunken waren.

Kunst und Wirtschaft unter Staufern und Aragonesen

Das Reglementierungsbemühen Friedrichs erstreckte sich, über dasjenige seiner normannischen Vorfahren hinausgehend, bis in private Bereiche seiner Untertanen; so wurden z. B. Fluchen, häufiger Tavernenbesuch und Ehebruch staatlicherseits geahndet. Auch der ökonomische Sektor erfuhr eine durchgreifende Reglementierung nach ›staatsmonopolistischen‹ und merkantilistischen Grundsätzen – so waren die Salzproduktion und der Bergbau königliche Monopole, und Seidenherstellung und -handel wurden mit drückenden Steuern belegt –, was sich für die freie Entwicklung der Wirtschaft als nicht eben zuträglich erweisen sollte. Friedrich selbst sah sich gern als Nachfahre der antiken Kaiser, und tatsächlich verweist ihn sein straffer, reglementierender Regierungsstil in die Nähe der – spätantiken – Caesaren. Ganze Bevölkerungsgruppen siedelte Friedrich um: Lombarden und Griechen wurden nach Sizilien ›importiert‹, an die 16 000 Muslime dafür ausgesiedelt und in einer Militärkolonie im unteritalienischen Lucera ›heimisch‹ gemacht. Der sizilianischen Wirtschaft versetzte er damit einen schweren Schlag, denn durch die Abwanderung der Muslime wurden Handel und Handwerk Kapital und Arbeitskräfte entzogen.

Dieser »erste moderne Mensch auf dem Thron« (Jacob Burckhardt) hat denn auch in Sizilien keine Kirchen- oder Klosterbauten initiiert. Seine architektonische Hinterlassenschaft besteht bezeichnenderweise aus militärischen Zweckbauten – Festungen, von denen aus er unbotmäßige Städte kontrollierte. Nach der Rebellion von Centuripe z. B. ließ Friedrich die Stadt zerstören, ihre Bewohner in den bedeutungsvoll *Augusta* genannten Ort transferieren und dort ein Kastell bauen.

Von französischen Baumeistern und Handwerkern errichtet, verraten diese Festungen wie das Castello Maniace in Syrakus, das

Friedrich II. und die Künste

Als »vir inquisitor et sapientiae amator« (›wissensdurstiger Mann und Freund der Weisheit‹) betrafen Friedrichs II. kulturelle Leistungen vor allem die Wissenschaften und die Literatur. Während er seine berühmten naturwissenschaftlichen Fragenkataloge muslimischen und jüdischen Gelehrten vorlegte, bildeten er und Mitglieder seines Hofes eine Dichterschule, die mit Gedichten in sizilianischer Volkssprache nach Motiven der französischen Troubadours den Grundstein für die erste italienische Kunstsprache legte. Darüber hinaus verfasste Friedrich II. ein naturkundliches Buch über die Falkenjagd.

Der Palazzo Mergulese Montalto in Syrakus stammt aus dem 14. Jh. und ist ein schönes Beispiel für den Chiaramonte-Stil

Castello di Lombardia in Enna oder das Castello Ursino in Catania den Einfluss der Kreuzfahrerburgen sowie islamischer Festungsbauten, die Friedrich während seines Kreuzzuges von 1228/29 kennengelernt hatte. Auch sollen zu jener Zeit noch arabische Festungen auf Sizilien selbst gestanden haben, und auch das Vorbild des Normannenpalastes, in dem Friedrich ja aufgewachsen war, dürfte von Bedeutung gewesen sein.

Die Kastelle in Sizilien bestehen aus einem klotzartigen Rechteck mit vier Türmen an den Ecken und manchmal Halbtürmen in der Mitte der Mauerseite und lassen ein Höchstmaß an mathematischer Regelmäßigkeit und geradliniger Übersichtlichkeit erkennen. Architektonischen Schmuck erhielten nur die Portale; im Innern macht sich mit den Kreuzrippengewölben ein steigender Einfluss aus Nordeuropa bemerkbar. Die sorgfältige Fugung des Quadermauerwerks lässt zwar noch einmal an Vorbilder der normannisch-arabischen Kunst Siziliens denken, im Allgemeinen jedoch zeigt die staufische Kunst vermehrt jene schon unter den letzten Normannenherrschern erkennbare Hinwendung zum abendländischen Kulturkreis.

Obwohl Friedrich Sizilien vor allen seinen anderen Ländern geliebt haben soll, weilte er zu Lebzeiten (er wurde auf seine Anweisung hin im Dom von Palermo bestattet) lieber in Apulien: Sizilien war nicht mehr ein unabhängiges Königreich, sondern Teil eines umfassenderen Herrschaftsgebiets. (Es sollte im Folgenden erst recht an die Peripherie der europäischen ›Bühne‹ geraten.) Sein ›moderner‹, Züge absolutistischer Herrschaftsausübung vorwegnehmender Beamten- und Fiskalstaat, der das Land denn auch hoffnungslos überforderte, ließ sich unter seinen Nachfolgern nicht durchhalten.

Am Südportikus des Doms von Palermo lassen sich sehr gut die Einflüsse der katalanischen Spätgotik (z. B. florale Motivik) ablesen

Die **Aragonesen,** von ihrem nicht enden wollenden Kampf gegen die Anjou in Unteritalien in Anspruch genommen, gaben dem Adel seine Rechte in breitestem Umfang zurück – die gegenläufige Entwicklung zur einstigen Zentralisierung der Macht in der Hand der normannischen und staufischen Könige setzte ein. Diese feudalen Herrschaftsstrukturen sollten auch in der Folgezeit – bis ins 19., ja 20. Jh. hinein – für Sizilien bestimmend bleiben; ihre ökonomische Basis bildete die auf riesigen Latifundien bis zur Erschöpfung der Böden betriebene Landwirtschaft, die durch Abholzung der Wälder zur Gewinnung immer neuer Ackerflächen für den monokulturellen Hartweizenanbau das Gesicht der Insel radikal veränderte, ihr ökologisches Gleichgewicht zerstörte – die Folgen dieses Raubbaus wie Erosion und Trockenheit prägen die Insel noch heute.

Angesichts dieser Entwicklung ist es nur zu verständlich, dass im 14. Jh. nun auch die Bautätigkeit auf die großen Feudalherren überging. Der nach der führenden Familie Chiaramonte benannte Stil lässt sich am schönsten am gleichnamigen Palazzo, der ersten ›Stadtburg‹ in Palermo, verfolgen (s. S. 277). Von diesen Festungen aus mit ihren fensterlosen, ganz den Geboten der Verteidigung gehorchenden Untergeschossen kontrollierten die Adelsgeschlechter die Geschicke der Stadt. In diesen spätgotischen Palastkuben wirkt der normannisch-arabische Stil spürbar nach, so auch in den verschränkten Blendbogenarkaden des Palazzo Sclafani (s. S. 260). Kennzeichnend ist hier die Betonung der Portale und Fenster durch exquisiten Bauschmuck, z. B. durch breite Bänder mit Zickzackornamenten – auch dies ein Erbe, das sich über die staufische bis zur normannischen Kunst zurückverfolgen lässt.

Kunst und Wirtschaft unter spanischer Herrschaft

Nach der spanischen Herrschaftsübernahme zu Beginn des 15. Jh. sollte Sizilien für die nächsten vier Jahrhunderte von insgesamt 78 Vizekönigen regiert werden – dieser Posten galt als einer der einträglichsten im spanischen Verwaltungsdienst. Die Vizekönige stützten sich, wie schon ihre aragonesischen Vorgänger, bei der Verwaltung der Insel größtenteils auf den Adel *(Titulados)* und beließen das Land ansonsten in seiner strukturellen Rückständigkeit. Die spezifisch spanische Form des Absolutismus, die sich keiner Form von Neuerung oder Verbesserung aufgeschlossen zeigte (**›Immobilismus‹**), führte dazu, dass Sizilien in der Folgezeit von allen sozialen und wirtschaftlichen Entwicklungen, die ins moderne Europa führten, ausgeschlossen blieb. Spaniens Interesse an Sizilien beruhte im großen und ganzen auf zwei Faktoren: der Einnahme von Steuern und dem strategischen Nutzen der Insel als mediterranes Bollwerk gegen die Türken.

In der Kunst Siziliens bürgerte sich als Folge der spanischen Herrschaft zunächst die **katalanische Spätgotik** ein, ein floraler, aufs äußerste verfeinerter Stil, an dem die himmelwärts strebenden gotischen Bogen, Fenster und Portale wie in die Breite heruntergedrückt erscheinen – es kündigt sich hier bereits das Formgefühl der Renaissance mit ihren vorwiegend kubischen, rechteckigen Strukturen an. Als Hauptwerk dieses Übergangsstils gilt der Südportikus am Dom von Palermo (um 1465). Am Portal des Palazzo Abatellis (1495; s. S. 275) zeigen die sich rechtwinklig schneidenden Stäbe der Torrahmung, dass hier im Vergleich zum oben genannten Portikus noch ein Schritt weiter in Richtung Renaissance erfolgt ist – eine Formentwicklung, die in etwa derjenigen der englischen Kunst vom Perpendicular zum Tudorstil vergleichbar erscheint.

Von Pest und Krieg und existentieller Verunsicherung spricht eindringlich das Fresko »Triumph des Todes«, ein wertvolles zeitgenössisches Dokument (Mitte 15. Jh., Palermo, Sizilianische Regionalgalerie): Der Knochenmann reitet Damen und Herren, Bauern, Bürger, kirchliche und weltliche Potentaten, die sich in ihren prunkvollen spätmittelalterlichen Gewändern probeweise dem neuen Lebensgenuss hinzugeben scheinen, gleichmacherisch in den Grund. Auch die misslungene perspektivische Darstellung der Brunnen verweist darauf, dass dieses Fresko – wie die gesamte sizilianische Kunst jener Jahrzehnte – an der Schwelle zur Renaissance steht. Eine weitere Eigenart der sizilianischen Kunstentwicklung, die ihr seit der Eingliederung in das spanische Reich eigen ist, tritt hier ebenfalls zutage: Alle Stile, die die Insel nun ergreifen werden, kommen von außerhalb, sind nicht mehr Ausdruck einer sizilianischen Identität wie zur Zeit der Normannen – und treffen in dieser Randzone Europas, die Sizilien nun darstellt, auch mit der entsprechenden Verspätung ein.

So brachten fremde Meister unter einem fremden Herrscher (Alfons V. von Aragon) die **italienische Renaissance** nach Sizilien. 1434

Stuck

Eine spezifisch sizilische Kunstform entstand auf skulpturalem Gebiet in der vollständigen plastischen Ausgestaltung kirchlicher Innenräume mit leicht formbarem Stuck. Pionier auf diesem Gebiet war Antonello Gagini, der mit dem Domchor von Palermo das Vorbild für die folgenden barocken Kirchenausstattungen schuf.

»Gleichmacherisch reitet der Knochenmann Damen und Herren, Bauern und Bürger in den Grund ...«, Detail des Freskos »Triumph des Todes« (Sizilianische Regionalgalerie Palermo)

gründete Alfons, der sich als Renaissancefürst, als Mäzen und Förderer des Humanismus sah, die erste sizilianische Universität von Catania. Die bedeutendsten Künstler der Renaissance in Sizilien, die Bildhauer Francesco Laurana (ca. 1440–1500) und die Mitglieder der Gagini-Künstlerfamilie, allen voran Antonello Gagini (1478–1536), waren oberitalienische ›Importe‹ (zum Vergleich ihrer Werke s. Abb. S. 276), und Antonello da Messina stammte zwar, wie sein Name zeigt, von der Insel, verbrachte jedoch den Großteil seines künstlerischen Lebens in Neapel, dem kulturellen und politischen Zentrum des aragonesischen Süditalien.

Der Manierismus indes fand nur wenig Verbreitung in Sizilien. Hauptwerke sind der Brunnen des florentinischen Bildhauers Francesco Camilliani (um 1540–86) auf der Piazza Pretoria in Palermo sowie Neptun- und Orionbrunnen Giovanni Montorsolis (1507–63) in Messina. Dieser ›Brunnenwettstreit‹ zwischen den beiden Städten, die Anspruch auf die Stellung als Hauptstadt, als *Caput regni,* erhoben, fand ihr Medium wohl nicht zufällig in jenem aufwendigen, auf Repräsentation und Machtdemonstration hin angelegten Stil. Montorsoli, ein Schüler Michelangelos, entwarf auch den sog. *Apostolato* im Messiner Dom, eine Komposition monumentaler Altäre mit den Statuen der Apostel, deren Originale jedoch im Bombenhagel von 1943 bis auf die Johannesfigur vernichtet wurden.

Sizilien im Zeitalter des Barock

von Helga Lehmkuhl

Eine kulturelle Blütezeit stellte in Sizilien nach den Höhepunkten der normannischen Zeit erst wieder der Barock dar, zu dem alle Bauten zu zählen sind, die vom ersten Viertel des 17. bis in das späte 18. Jh. hinein entstanden. Die Epoche war in wirtschaftlicher Hinsicht ganz durch die zuvor skizzierten Phänomene von Feudalismus und Immobilismus bestimmt. Das als Grundlage des ›Baubooms‹ benötigte Kapital konzentrierte sich in der Hand der landbesitzenden Aristokratie, der religiösen Orden und auch der lokalen Bruderschaften (die durch die Bauaufträge des Adels reich wurden), auf alle Fälle jedoch in den Städten.

Das von den abhängigen Bauern auf den Latifundien des Adels erwirtschaftete Geld wanderte in den Bau von Palästen und Kirchen und in die prunkvolle aristokratische Hofhaltung, nicht – etwa zur Verbesserung der ländlichen Infrastruktur oder Modernisierung der Betriebe – zurück aufs Land: Die Beschäftigung mit der Landwirtschaft, wie auch mit allen anderen Formen von Handel oder Gewerbe, widersprach dem Selbstverständnis des süditalienischen

Neugründungen von Städten

Adels. Dieser überließ seine Güter Verwaltern, die das Letzte aus den Bauern herauspressten; ein katastrophaler Niedergang auf dem Agrarsektor und eine völlige Verarmung des Bauernstandes waren die Folgen.

In der Verfilzung von Regierung, Adel, Grundherrschaft und hohem Klerus ist auch der Grund für jene spezifisch sizilianische, von Partikularinteressen geprägte Einstellung zum Staat zu suchen, die, von Gleichgültigkeit, Misstrauen und Abwehr gekennzeichnet, ihr Heil in ›privaten‹ Machtstrukturen zu verwirklichen sucht. Die Familie als Versorgungsinstitut, die Brigantenbanden, der örtliche Patron waren allemal näher als der anonyme Staat mit seinem schwerfälligen und nicht verhandlungsbereiten Bürokratieapparat. Lokale Selbsthilfeaktionen, Klientelismus, Vetternwirtschaft und Korruption kennzeichneten – und kennzeichnen auch heute noch in weiten Teilen – die politische Mentalität in Sizilien.

Der Adel jedoch, der noch zu Beginn der spanischen Herrschaft auf seinen Gütern gelebt hatte, zog nun in Scharen an den palermitanischen Hof der Vizekönige, ins Zentrum der Macht (**›Absentismus‹**). Prestigedenken, zähes Kleben an den Privilegien, eine ablehnende Haltung jeglichem Reformdenken gegenüber und eine selbst Zeitgenossen auffällige Prunksucht kennzeichnen die oberste gesellschaftliche Schicht jener Zeit. Die Vizekönige wussten aus der sprichwörtlichen Titelsucht des sizilianischen Adels klingende Münze zu schlagen: 1 Mio. Sizilianer ernährten gegen Ende des 18. Jh. 142 Prinzen, 1500 Herzöge und Barone und 788 *Marchesi*.

Stadtpaläste, Landvillen und ganze Städtegründungen, mit denen die einzelnen Adelsfamilien ihren Machtbereich erweitern und an Ansehen gewinnen konnten, gingen auf das Baukonto des sizilianischen Adels. 200 000 Scudi vermochte allein der Prinz von Palagonia für seine Villa in Bagheria aufzuwenden – 1754 hatte das Parlament eine gesamtsizilianische Abgabe von 80 000 Scudi an die Krone als zu hoch abgelehnt! Das Ende des Ancien Régime um die Wende zum 19. Jh., bedingt durch die Auswirkungen der Französischen Revolution, sah auch den Niedergang dieser Schicht, die ihre kostspielige Lebensführung mit völliger Verschuldung bezahlen musste.

Lähmende politische Situation

Das feudalistische spanische System verhinderte eine gesamtsizilianische Selbstverwaltung ebenso wie selbstständige Gemeinwesen. Das Parlament war eine Interessenvertretung der Aristokratie, die dem Vizekönig Steuern bewilligte, um als Gegenleistung Privilegien zu erlangen. Auch handelspolitisch gerieten die Sizilianer ins Abseits, da der nun transatlantisch geprägte Handel von Ausländern dominiert wurde.

Kunst und Architektur

Der Barock in Sizilien war anfangs stark vom römischen Stil geprägt, empfing seine ersten Anregungen von dort: So ist beispielsweise der spätmanieristische Bau von S. Caterina in Palermo (Ende des 16. Jh.) klar auf solche Vorbilder zurückzuführen. Als Bauherren traten hier vor allem die gegenreformatorischen Orden auf, u. a. die Jesuiten (deren Ankunft und Vertreibung von der Insel gleichsam die ›Eckdaten‹ des sizilianischen Spätmanierismus/Barock markieren: 1542 bzw. 1767), daneben Theatiner und Kapuziner. Aber auch ältere Orden wie die Dominikaner und Franziskaner bereicherten die barocke Kirchen-

Kunst der Gegenreformation

Das Rom der siegreichen Gegenreformation stellte die architektonischen Formen zur Verfügung, die in allen katholischen Ländern bereitwillig aufgenommen wurden.

Typen barocker Kirchenfassaden auf Sizilien (von links nach rechts): S. Bartolomeo in Scicli (um 1763), S. Giovanni Evangelista in Modica (um 1800)

landschaft Siziliens. Vor allem die Benediktiner wurden durch Beitritte der jüngeren Söhne der Adelsgeschlechter, die man, um eine Zersplitterung des Familienerbes zu verhindern, einer kirchlichen oder klösterlichen Laufbahn zuführte, reich und mächtig (die Abteien verlangten für die Aufnahme von Novizen einen hohen Betrag). Dasselbe gilt respektive auch für unverheiratete adlige Damen sowie die weiblichen Orden und Stifte.

Auf städtischer oder parochialer Ebene erwuchs zwischen den mannigfaltigen Bruderschaften religiöser und/oder berufsständischer Art ein regelrechter Wettstreit, der sich ebenfalls im Bau von Oratorien und Gotteshäusern niederschlug. Und schließlich ließen auch die Gemeinden selbst Kirchen ausführen, meist dem Schutzpatron der Stadt geweiht und im Zentrum des Wohngebiets liegend.

Drei Stil- und Entwicklungsstufen des sizilianischen Barock hat die – im Übrigen erst sehr spät einsetzende und noch nicht abgeschlossene – kunstgeschichtliche Forschung herausgestellt. Die erste, der sog. **lokale Stil,** zeichnet sich durch überschäumende Fantasie, große Detailfreude und eine sehr freie Gestaltung aus und wirkt oft unverhüllt provinziell, naiv, z. T. sogar etwas wild und barbarisch. Die ersten Gebäude in diesem Stil, dem am weitesten verbreiteten von den drei erwähnten, waren gleichzeitig auch die ersten barocken Schöpfungen in Sizilien überhaupt (etwa erstes Viertel 17. Jh.).

Gegen Ende des 17. Jh. traten dann sizilianische Baumeister auf den Plan, die ihre Ausbildung in Rom erhalten oder den römischen Barock durch Kupferstiche kennengelernt hatten. Vor allem Giacomo Amato (1643–1732) tat sich hier als Kulturvermittler hervor und brachte die Baukonzepte Carlo Fontanas, der für Sizilien besonders wichtig wurde, auf die Insel. Der Hauptvertreter des **›römischen Stils‹** wurde aber erst Giovanni Battista Vaccarini (1702–68), dessen Elefantenbrunnen mit dem Obelisken in Catania Berninis Elefanten vor S. Maria sopra Minerva in Rom imitiert. Vaccarinis recht akademisch-trockene Bauten in Catania lassen indes viel von jenem fantasievollen, für den sizilianischen Barock so eigentümlichen Schwung des ›lokalen Stils‹ vermissen (in letzterem entstanden denn auch während dieser und der nächsten Phase weiterhin zahlreiche, wenn auch kunstgeschichtlich weniger bedeutende Bauten).

Die Architekten dieser **dritten, quasi ›synthetisierenden‹ Stilstufe** nun brachten die beiden ersten Phasen der sizilianischen Barockentwicklung zur Synthese, vereinten lokale Traditionen, volkstümliche Phantasie und dekorative Fülle und trugen kenntnisreich zur Weiterentwicklung der großen Vorbilder bei. In der geschickten Ausnutzung des jeweiligen Geländes, in Detailreichtum und gestalterischer Präzision schufen sie einen spezifisch sizilianischen, die Bautraditionen des Landes aufgreifenden Stil. Die Höhepunkte dieser Entwicklung setzten Andrea Palma (1644–1730) mit der Fassade des Doms von Syrakus, Rosario Gagliardi (ca. 1700–70) mit seinen Kirchen in Noto, Ragusa und Modica sowie Tommaso Napoli (17./18. Jh.) mit seinen Villen in Bagheria.

S. Pietro in Modica (um 1720) und der Dom SS. Nicolà di Mira e Corrado in Noto (1700–70)

Stadtplanung und Profanarchitektur

Neue Stadtentwürfe

Die Erdbebenkatastrophe von 1693, die den Südosten Siziliens schwer getroffen hatte, zog eine intensive Bautätigkeit nach sich und ermöglichte außerordentliche urbanistische Lösungen in Catania, Augusta, Avola, Palazzolo Acreide, Modica, Ragusa, Ortygia (Syrakus) sowie vor allem in Noto.

Den für Sizilien vielleicht typischsten Ausdruck fand der Barock in den zahlreichen **Stadtneugründungen und -erweiterungen,** durch die in großangelegten Planungskonzepten ein neuer, nach utilitaristischen Gesichtspunkten gestalteter Lebensraum geschaffen wurde. Dies erstaunt zunächst angesichts des zuvor geschilderten ›Immobilismus‹, doch sollte nicht unterschlagen werden, dass zumindest Teile des Adels mit rationalistisch-aufklärerischem Gedankengut aus Nordeuropa vertraut waren und dies zur Steigerung ihrer Macht und ihres Ansehens einzusetzen wussten. Die neuen Zentren entstanden in Ebenen oder flachem Hügelland, da die ›moderne‹ Zeit nach leichteren Verbindungs- und Transportmöglichkeiten und nach mehr Raum verlangte. Die mittelalterlichen Städte mit ihrer einst für die Verteidigung günstigen Lage auf Berg- oder Felshöhen boten diese Entfaltungsmöglichkeiten nicht.

Die neu gegründeten Ortschaften und Städte kennzeichnet ein nach mathematisch-geometrischen Prinzipien regelmäßig gestaltetes System sich rechtwinklig kreuzender Straßen, das einerseits zukünftiges Wachstum nicht behinderte, andererseits aber am Kreuzungspunkt der Straßen ein repräsentatives Stadtzentrum erhielt, bezeichnet durch die Gemeindekirche, das Rathaus und den – in den meisten Fällen nur selten bewohnten – Palast der lokalen Adelsfamilie. Die Nähe der Wohnhäuser zu diesem Mittelpunkt städtischen Lebens wies auf die soziale Stellung der Bewohner hin, die also gestaffelt zum Stadtrand hin abnahm.

Das städtische Leben spielte sich größtenteils auf den eigens zu diesem Zweck konstruierten **Plätzen** ab: Hier fuhren die Adligen in ihren Kutschen auf und ab, hier versammelten sich die Bürger, hier

Rückfront der Villa Palagonia in Bagheria mit ihrer kunstvoll gestalteten Doppeltreppe zur Beletage

wurde der Markt abgehalten, hier wickelten sich die Höhepunkte der Prozessionen und kirchlichen Feste ab. Der Domplatz in Catania und die nach dem römischen Vorbild der Quattro Fontane erfolgte Anlage der Quattro Canti in Palermo dürfen als die großartigsten Beispiele dieses städtebaulichen Gestaltungswillens gelten. Einen weiteren kalkulierten Akzent setzten die zahlreichen Brunnen, die mit ihren sprudelnd-bewegten Wassern die stetige Veränderung und Vergänglichkeit des Lebens symbolisierten, ein im Barock – wie auch die Auffassung des Lebens als Bühne – weitverbreiteter Topos.

Ausdruck des adligen Repräsentationswillens, aber auch der Heranziehung der Adligen an den Hof waren die **Stadtpaläste,** am zahlreichsten natürlich in der Hauptstadt Palermo. Sie sind meist um einen von Arkaden gesäumten Innenhof herum angelegt. Das Untergeschoss wurde nicht bewohnt, es diente wirtschaftlichen Zwecken, das Mezzanin- oder Zwischengeschoss und kleinere Nebengebäude rund um den Hof waren für die Dienerschaft bestimmt, darüber lag dann der *Piano nobile,* das herrschaftliche Wohngeschoss.

Die mächtige Fassadenfront zur Straße hin, meist nur sparsam durch Pilaster gegliedert, erhielt ihre Hauptakzente durch die mit schmiedeeisernen Gittern, profilierten Giebeln und figürlichem Schmuck verzierten Fensterreihen sowie durch das besonders hervorgehobene Portal, über dem meist der typische ausladende, schmiedeeiserne Balkon entlanglief. Besonders in Palermo erfuhren die Treppenhäuser eine eingehende und prunkvolle Gestaltung, wofür der Palazzo Gangi-Valguarnera wohl das eleganteste Beispiel bietet (s. S. 275).

Während der heißen Sommermonate zogen sich die palermitanischen Adligen – wie lange vor ihnen schon die normannischen Könige – aufs Land zurück, und so ließen sie rund um die Hauptstadt **Villen** errichten: an der Piana dei Colli, am Fuße des Monte Pellegrino, oder in Bagherìa, wo die schönsten Landsitze entstanden. Da die Bautätigkeit erst mit dem Beginn des 18. Jh. einsetzte, im Vergleich zum übrigen Italien also wieder mit echt sizilianischer ›Verspätung‹, weisen die Villen die für den späten Barock typischen kurvierten und komplizierten Grundrisse auf. Das architektonische Spiel mit Schein und Illusion, wie wir es vollendet in der von Tommaso Napoli entworfenen Villa Palagonia, der berühmtesten und meistbesuchten der Villen, vorfinden, ist ebenfalls ein für den Barock typisches Element (s. S. 303).

Immer wird das Herrenhaus von einer Fülle von Nebengebäuden umgeben, was der Anlage einen eigentümlich verschlossenen, von der umgebenden Landschaft getrennten Charakter verleiht. Die Dächer der Nebengebäude trugen oft Terrassen, die in der Abendkühle des Sommers zum Aufenthalt einluden. Der *Piano nobile* war nur durch eine breit angelegte Freitreppe vor der Fassade zu erreichen, die, immer symmetrisch, also doppelläufig, Zugang zum Garten bot und in ihrem phantasievollen Gestaltungsreichtum den eigentlichen Akzent dieser Sommerpaläste setzt – die Villa Palagonia schuf hier den Prototyp. Außentreppen an Villen waren im übrigen Italien nicht gerade

Goethe auf Sizilien

Im Brief vom 9. April 1787 der »Italienischen Reise« gibt Goethe im Rahmen seiner berühmt gewordenen Beschreibung der Villa Palagonia eine treffende Charakterisierung des süditalienischen Villentyps.

verbreitet, und so darf man vor allem in dieser Hinsicht von einem spezifisch sizilianischen Beitrag zum europäischen Barock sprechen.

Sakralarchitektur

Was jedoch das Bild der sizilianischen Städte und Orte, für jeden Reisenden sofort sichtbar, prägt, sind die zahllosen barocken Kirchen, Klöster, Kapellen und Oratorien. Die geografische Umgebung, im hügeligen Südosten Siziliens z. B. die Hanglage der Städte, vermochte vor allem Rosario Gagliardi auf unnachahmliche Weise für seine sich steil über Freitreppen emportürmenden Kirchen zu nutzen (S. Giorgio in Ragusa und die gleichnamige Kirche in Modica). Innerhalb der auf größtmögliche Wirkung bedachten städtebaulichen Konzeptionen erfuhren naturgemäß der Außenbau und hier besonders Fassade und Kuppel (deren Höhe im Stadtbild Prestigewert besaß) höchste Aufmerksamkeit.

Eine interessante Kombination der **Doppelturmfassade** mit übereinander gestellten Säulenordnungen nach römischem Vorbild finden wir am Dom von Noto. Doch erst im 18. Jh. wurden die davor eher flachen Fassaden aufgebrochen, wurden mit Hilfe stark vortretender Säulen sowie gesprengter und gekröpfter Giebel dramatische Helldunkeleffekte und plastische Tiefenstaffelungen gesucht, wie es Andrea Palmas Fassade des Doms von Syrakus vollendet vorführt. Auch konvexe und konkave Fassaden traten in der Nachfolge Francesco Borrominis (1599–1667) mit der schon zuvor beobachteten Verspätung an sizilianischen Kirchenfassaden des 18. Jh. auf; in kühner Verbindung mit vorspringenden Säulenordnungen und den für Gagliardi typischen Voluten zeigen dies die beiden oben erwähnten Kirchen dieses Architekten.

Die Kirche von S. Sebastiano in Acireale, an deren Portal mit seiner reichen, aber flächigen Dekoration noch der Stil des 17. Jh. vor dem großen Erdbeben erkennbar ist, stellt in ihrer oberen Fassadenpartie das früheste Beispiel der **Einturmfassade** dar (s. S. 92). Die meist dreiteilige Fassade wird mit ihrer Mittelpartie durch ein Glockengeschoss mit Bogenöffnungen für den Klangaustritt überhöht – eine Variante, die sich auf dem italienischen Festland nicht findet und als typisch sizilianisch gelten darf. Vor allem die Kirchen im Südosten der Insel, und hier insbesondere diejenigen Rosario Gagliardis, weisen diese Fassadengestaltung auf (vgl. S. 59f. und S. 350, Fig. E).

Der **Grundriss** der meisten größeren Kirchen blieb der einer dreischiffigen Basilika, wobei in Sizilien – wohl eine Erinnerung an das normannische Erbe – die Arkaden auf Säulen statt auf den im übrigen Italien üblichen Pfeilern aufsetzten (z. B. S. Giuseppe dei Teatini in Palermo, s. S. 251). Die kleineren Gotteshäuser sowie diejenigen der weiblichen Orden waren dagegen meist einschiffige Saalkirchen, bei letzteren immer mit einer Nonnenempore im Westen, von der aus die Ordensschwestern sowohl am Gottesdienst teilnehmen als auch das Geschehen draußen beobachten konnten, ohne selbst gesehen zu

Giacomo Serpottas Meisterwerk im Oratorio del Rosario di S. Zita in Palermo ist eine stuckierte Darstellung der Seeschlacht von Lepanto. Unter dem Kommando Don Juan d'Austrias hatte die Flotte der europäischen Liga 1571 der türkischen Seemacht eine empfindliche Niederlage beigefügt. Zur Erinnerung an diesen Sieg stiftete der Papst 1572 das Rosenkranzfest, dem u. a. auch dieses Oratorium in Palermo gewidmet ist

werden (z. B. S. Caterina in Palermo, s. S. 252). Daneben fand auch der Zentralbau mit seinen spezifisch barocken Varianten als ovaler, achteckiger, kreuzförmiger etc. Grundriss Verwendung (z. B. Sant' Antonio Abbate in Ferla und S. Chiara in Noto, s. S. 149 und 154).

Die **Oratorien** der oft miteinander wetteifernden Bruderschaften in Palermo boten Giacomo Serpotta (1656–1732) aus der berühmten *Stuccatori*-Familie ein reiches Betätigungsfeld. Schwerelos wirkende plastische Vorhänge überziehen die Wände, gebildet von ornamentalem Rankenwerk, illusionären Draperien, allegorischen Figuren und christlichen Heiligen, Putten sowie in diesen überbordenden Dekor eingelassenen Reliefs mit szenischen Darstellungen. Serpottas Meisterwerk stellt das zur Kirche S. Zita gehörende Oratorio del Rosario dar.

Ausklang des Barock

In der auf die Jahrhunderte spanischer Herrschaft folgenden Zeit lassen sich auch Einflüsse aus dem west- und nordeuropäischen Barock ausmachen; so entstanden während der wenigen Jahre unter österreichischer Regierung Kirchen, die, wie die Chiesa di Montevergine in Noto (s. S. 156), Werke Fischer von Erlachs nachahmen. Im letzten Viertel des 18. Jh., als der Barock langsam ausklang, machten sich die Konzepte des **französischen Klassizismus** bemerkbar, als dessen wichtigster Repräsentant in Sizilien Giovanni Venanzio Marvuglia (1729–1814) gilt. Schon hier lässt sich jedoch feststellen, dass der von außen importierte Stil nicht mehr, wie der Barock, im Lande aufgegriffen und den lokalen Traditionen und Mentalitäten anverwandelt wird. Dies gilt ebenfalls für **Historismus** sowie **Jugendstil** und ihre Hauptvertreter, die Architekten Giovanni B. Basile (1825–91; Teatro Massimo, s. S. 283) bzw. seinen Sohn Ernesto (1857–1932).

Daten zur Geschichte

Vor- und Frühgeschichte

35 000–5000 v. Chr. Spätes Paläolithikum (Altsteinzeit): nichtsesshafte Sammler- und Jägerkulturen; Felsmalereien und Graffiti in den Grotten am Monte Pellegrino und auf Levanzo.

5000–3000 v. Chr. Neolithikum (Jungsteinzeit): Sesshaftigkeit, Ackerbau und Viehzucht; Stentinello-Kultur, erste bemalte ungebrannte Keramik.

3000–2000 v. Chr. Kupferzeit: erste Metallverarbeitung; u. a. ›Conca d'Oro‹-Kultur, Kulturen von Malpasso und Serraferlicchio.

2000–1000 v. Chr. Bronzezeit: dörfliche Ansiedlungen, Arbeitsteilung; u. a. Castelluccio-, Capo Graziano-, Thapsos-, Milazzese-, Pantalica-Kultur.

1000–750 v. Chr. Phönizische Handelsstützpunkte, Gründung von Motye und Panormos.

Griechen

ab 750 v. Chr. Griechische Kolonisation und erste Stadtgründungen.

570–550 v. Chr. Erste kriegerische Konflikte zwischen Phöniziern und Griechen; ab 550 v. Chr. geraten die phönizischen Siedlungen und Niederlassungen unter karthagischen Einfluss.

570–470 v. Chr. Archaische Epoche: Aufblühen der griechischen Städte, erste große Tempelbauten in Selinunt und Syrakus; Tyrannenzeit.

480 v. Chr. Erster großer Karthagerkrieg: Sieg der Griechen über die karthagisch-phönizischen Truppen in der Schlacht bei Himera.

470–405 v. Chr. Klassische Epoche: Vertreibung der Tyrannen und Entstehung von Demokratie in den meisten Städten; Blütezeit der griechischen Kunst und Kultur.

415–413 v. Chr. Sizilische Expedition Athens im Verlauf des Peloponnesischen Krieges, Vernichtung des athenischen Heeres und der Flotte vor Syrakus; Niederlage Athens 404 v. Chr.

Eine archaische und eine klassische Metope aus Selinunt im Vergleich; links: »Gespann des Sonnengottes« (Tempel C, 6. Jh.) sowie rechts: »Zeus entschleiert Hera« (Tempel E, 5. Jh.)

Zweiter großer Karthagerkrieg: Zerstörung von Selinunt und Himera (409/8 v. Chr.), Belagerung und Plünderung von Akragas (406 v. Chr.), Belagerung von Syrakus (405 v. Chr.)	409–405 v. Chr.
Dionysios I. Tyrann in Syrakus: Zurückdrängung der Karthager auf den Westteil Siziliens; blutige Militärherrschaft	405–367 v. Chr.
Revolten, Bürgerkriege und Gewaltherrschaft; weite Landstriche Siziliens werden entvölkert	367–344 v. Chr.
Korinth sendet Timoleon an der Spitze einer Flotte nach Sizilien, um die Ordnung wiederherzustellen; Vertreibung der Tyrannen, Frieden mit Karthago, Demokratie in Syrakus	344–337 v. Chr.
Erneute Bürgerkriege und Anarchie auf Sizilien; Entstehung des Alexanderreiches in Griechenland, Asien und Ägypten (Tod Alexanders des Großen 329 v. Chr.).	337–316 v. Chr.
Despotie des Agathokles in Syrakus.	316–289 v. Chr.
Krieg zwischen Karthago und Syrakus.	312–306 v. Chr.
Tod des Agathokles, Anarchie auf Sizilien.	289 v. Chr.

Römer

Königreich Hierons II. in Syrakus und Ostsizilien; ab 263 v. Chr.: Hieron II. mit Rom verbündet.	274–215 v. Chr.
Erster Punischer Krieg zwischen Karthago und Rom, es kommt zu heftigen Kriegshandlungen auf Sizilien; die Karthager verlassen Sizilien. 241 v. Chr. wird Sizilien zur ersten Provinz des Römischen Reiches; das Königreich Hierons II. im Ostteil der Insel bleibt zunächst bestehen.	264–241 v. Chr.
Einrichtung einer römischen Provinzialverwaltung; Sizilien wird von einem Prätor und zwei Quästoren regiert.	ab 227 v. Chr.
Im Verlauf des Zweiten Punischen Krieges verbünden sich nach dem Tod Hierons II. Syrakus und Karthago gegen Rom; nach der Niederlage von Syrakus ist ab 212 v. Chr. ganz Sizilien römische Provinz.	218–201 v. Chr.
Revolten und Aufstände gegen Rom (sog. Erster und Zweiter Sklavenkrieg).	135–101 v. Chr.
Verres ist Statthalter von Sizilien; Kunstraub und Unterschlagungen von Millionenbeträgen; Prozess des Cicero gegen Verres in Rom (70 v. Chr.).	73–71 v. Chr.
Nach den Wirren der Bürgerkriege Beginn der Regentschaft des Augustus; Ende der römischen Republik und Beginn der Kaiserzeit; unter Augustus erfolgt eine Neuordnung der Provinzen; Sizilien wird zu einer senatorischen Provinz und einem Proconsul unterstellt.	27 v. Chr.
Blütezeit des Imperium Romanum; zahlreiche Neu- und Umbauten in den sizilischen Städten (Theater, Odeia und Amphitheater).	27 v. Chr.–200 n. Chr.
Innere Wirren im Römischen Reich, permanente Kriege an allen Reichsgrenzen; Zeit der ›Soldatenkaiser‹; Sizilien ist in dieser Zeit eine der ruhigsten Provinzen des Reiches; wachsender Einfluss des Christentums.	222–283 n. Chr.
Sklavenaufstand auf Sizilien.	um 260

Byzantiner und Araber

468–476 Sizilien unter vandalischer Herrschaft.

476–535 Sizilien unter ostgotischer Herrschaft.

535 Belisar, der Feldherr des oströmischen Kaisers Justinian, erobert Sizilien zurück.

751 Die sizilianische Kirche wird dem Patriarchen in Konstantinopel unterstellt, der jedoch vorerst noch die Oberhoheit des Papstes in Rom anerkennt.

827 Der rebellierende byzantinische General Euphemius ruft die Aghlabiden ins Land; 10 000 Mann unter Asad Ibn al-Furat landen in Mazara und beginnen mit der systematischen Eroberung und Besiedlung der Insel von Westen nach Osten.

878 Mit der Eroberung und Zerstörung von Syrakus ist Sizilien fest in muslimischer Hand (die letzte Festung, Rometta, hält sich bis 965); Palermo (erobert 831) wird Hauptstadt.

948 Sizilien wird zum Emirat und erlangt weitgehende Unabhängigkeit.

ab 960 Die Kalbiten in Palermo sind die mächtigsten Emire der Insel (erster Kalbitengouverneur 947 Hasan Ibn Ali al-Kalbi); die Verlegung des Kalifats nach Kairo durch die Fatimiden (972) erhöht Siziliens Selbstständigkeit.

1038–1040 Bei der byzantinischen Rückeroberung unter Georg Maniakes betreten die drei ältesten Söhne des normannischen Adelsgeschlechts der Hautevilles erstmals sizilischen Boden; unter den arabischen Emiren herrscht Anarchie.

Monarchia Sicula – Das Normannenreich auf Sizilien

1030 Der Normanne Rainulf erhält Aversa zu Lehen, das erste normannische Territorium in Unteritalien; von den zwölf Söhnen des Provinzbarons Tankred aus dem normannischen Hauteville-la-Guichard werden besonders zwei wichtig: Robert Guiscard und der jüngste Sohn, Roger (geb. 1016), der Ahnherr des sizilianischen Königsgeschlechts der Hautevilles (beide kommen gegen 1046 nach Unteritalien).

1059 Synode von Melfi; die Normannen werden vom Papst mit süditalienischen Fürsten- und Herzogtümern belehnt.

1061 Die normannische Eroberung Siziliens beginnt mit der Einnahme von Messina; die arabischen Emire Ibn ath-Thumna im Südosten und Ibn Hawwas im Inselinnern bekämpfen sich gegenseitig; in dieser Situation bittet Ibn ath-Thumna Roger um Hilfe und bietet ihm dafür die Herrschaft über Sizilien an; Nachschubprobleme und ständige Rebellionen auf dem süditalienischen Festland zögern den Erfolg der Invasion heraus; ihre tatsächliche Führung fällt Roger zu.

1063 und 1068 Siege Rogers in den Schlachten von Cerami und Misilmeri brechen den sarazenischen Widerstand.

Georg von Antiochia kniet vor der Gottesmutter, Mosaik in der Martorana in Palermo: Der ›insektuöse‹ Körper des Großadmirals ist ungeschickten Restauratoren des 19. Jh. zu verdanken. Auf der Schriftrolle steht auf griechisch geschrieben: »Behüte, o Sohn, das Wort in allem, und vor aller Schuld Georg aller Fürsten Ersten, der mir diesen Tempel von Grund aus gebaut, und gib ihm die Erlassung der Sünden, denn wie Gott hast du Gewalt«

Robert Guiscard erobert Bari; Ende der byzantinischen Herrschaft in Unteritalien.	**1071**
Mit Noto ergibt sich die letzte sarazenische Bastion in Sizilien.	**1091**
Nach dem Tode Rogers führt seine Witwe Adelaide die Regentschaft, ab 1105 für Roger II. (geb. 1095).	**1101–12**
Volljährigkeit Graf Rogers II.; sein Admiral ist der griechisch-katholische Christodulos.	**1112**
Mit dem Tode seines Vetters Wilhelm wird Roger II. auch Herzog von Apulien.	**1127**
Papst Honorius II. belehnt Roger mit Apulien, Kalabrien und Sizilien.	**1128**
Gegenpapst Anaklet II. macht Roger zum König von Sizilien; er schwört dem Papst im Gegenzug den Lehnseid.	**1130**
Gesetzgebungswerk der Assisen von Ariano.	**1140**
Mit der Eroberung von Tripolis in Nordafrika wird Roger zum Herrn des zentralen Mittelmeers.	**1146**
Nach dem Tod dreier älterer Söhne Rogers wird Wilhelm zum Mitregenten gesalbt.	**1151**
Wilhelm I., ›der Böse‹ (geb. 1120).	**1154–66**
Regentschaft der Margarethe von Navarra; eine kirchliche Partei bildet sich unter Richard Palmer, Bischof von Syrakus, und Walter of	**1166–71**

the Mill, dem Erzbischof von Palermo (1169); Matthäus von Ajello ist Protonotarius.

1166–68 Margarethes Vetter Stephan du Perche regiert als Kanzler; er geht gegen Barone und korrupte Verwaltungsbeamte vor und muss fliehen.

1171–89 Wilhelm II., ›der Gute‹ (geb. 1153).

1185 Die Flottenexpedition gegen das byzantinische Griechenland (Admiral Tankred von Lecce) scheitert bei Thessaloniki.

1186 Heirat von Konstanze, einer nachgeborenen Tochter Rogers II., mit dem späteren deutschen Kaiser Heinrich VI.

1189 Antimuslimische Verfolgungen anlässlich der Thronwirren nach Wilhelms II. Tod führen zu einer arabischen Auswanderungswelle.

1190–94 Tankred von Lecce, der Neffe Wilhelms I., wird von einer ›sizilianischen Partei‹ in Palermo zum König gewählt; Walter of the Mill und die Barone befürworten die offizielle Erbin Konstanze (bzw. deren Mann Heinrich VI.).

1194–97 Heinrich VI.; er schickt Königin Sibylla und ihre Töchter gefangen nach Deutschland und lässt ihren Sohn, den minderjährigen Wilhelm III., töten. Heinrich betrachtet Sizilien nur als eine Provinz seines Kaiserreiches, beutet deren finanzielle Ressourcen aus und geht mit äußerster Brutalität gegen den lokalen Adel vor.

Staufer, Anjou und Aragonesen

1197 Das süditalienische Reich Heinrichs VI. bricht mit dessen Tod zusammen; erneute Verfolgung der Muslime.

1198 Die Regentin Konstanze bestimmt vor ihrem Tod Papst Innozenz III. zum Regenten des Königreichs Sizilien und zum Vormund ihres minderjährigen Sohnes Friedrich (geb. 1194, von 1198 an als Friedrich I. König Siziliens, regiert selbst ab 1208; 1212 deutscher König als Friedrich II., 1220 Kaiser, gest. 1250); im Lande herrscht Anarchie, im Landesinnern hat sich unter dem Muslim Mirabetto ein fast eigenständiger Herrschaftsbereich gebildet.

1220 Assisen von Capua; Friedrich etabliert im Folgenden wieder die Königsgewalt und schafft einen straff organisierten, zentralisierten Beamten- und Fiskalstaat unter Rückgriff auf die Gesetze seiner normannischen Vorfahren.

1231 Konstitutionen von Melfi (Liber Augustalis): eine der frühesten europäischen Rechtskodifikationen.

1250 Nach Friedrichs Tod folgen Anarchie und Bürgerkrieg; Landwirtschaft und Handel liegen zeitweise darnieder, die Bevölkerungszahl verringert sich drastisch; Manfred, ein illegitimer Sohn Friedrichs, 1250 von seinem Vater zum Statthalter von Sizilien ernannt, nimmt den staufischen Kampf gegen den Papst in Italien auf (Ghibellinen = staufische, kaiserliche, später adlige Partei; Guelfen = päpstliche, antikaiserliche, später Volkspartei).

1258 Manfred lässt sich in Palermo zum König krönen und macht den Königshof wieder zu einem kulturellen und gesellschaftlichen Zentrum.

Eine Darstellung der Geburt der Tochter Rogers II., Konstanze, ihrer Hochzeit mit Heinrich VI. sowie der gemeinsamen Abreise nach Deutschland (aus: Petrus de Ebulo, »Liber ad honorem Augusti«, 1195/96)

In der Schlacht von Benevent verliert Manfred Thron und Leben an **1266**
Karl von Anjou, den Bruder des französischen Königs, den der (französische) Papst Clemens IV. 1265 mit Sizilien belehnt hatte, um Manfred zu besiegen.

Karl von Anjou lässt den letzten Staufer, Konradin, der versucht hatte, **1268**
das Königreich des Südens für sein Haus zurückzugewinnen, in Neapel hinrichten; Karl verlegt die Hauptstadt nach Neapel – Sizilien gerät immer mehr an die Peripherie; seine Regierungszeit mit ihrem drückenden Fiskalismus wird von den Sizilianern als grausame Fremdherrschaft empfunden.

Die sog. Sizilianische Vesper – eine Revolte, an deren Anstiftung die **1282**
Aragonesen nicht ganz unbeteiligt waren – macht der Anjou-Herrschaft auf Sizilien ein Ende; die Aufständischen rufen König Peter III. von Aragon ins Land, der Manfreds Tochter Konstanze, die letzte staufische Erbin, geheiratet hatte; Peter verspricht, Sizilien als ein von Aragon unabhängiges Königreich zu führen; auf dem unteritalienischen Festland herrschen weiterhin die Anjou.

Peters jüngster Sohn usurpiert den Thron seines Bruders Jakob (Gia- **1296**
como) als Friedrich II.; der jahrzehntelange Krieg gegen die Anjou in Unteritalien führt zu einem Machtzuwachs für die großen Adelsfamilien, deren mächtigste die Familie Chiaramonte ist; die Latifundienstruktur verstärkt sich.

Pest und permanente Kriegszüge führen zum weiteren Niedergang **1347**
von Landwirtschaft und Handel; Schätzungen zufolge sinkt die Be-

»Grausame That an den Franzosen auf der Sicilianischen Vesper begangen«, Kupferstich von Matthäus Merian d. Ä. (aus: Johann Ludwig Gottfried, »Historische Chronica«, 1630)

völkerungszahl in den zwei Jahrhunderten nach der Herrschaft Friedrichs II. von Hohenstaufen um die Hälfte ab.

1372 Friedensschluss mit den Anjou von Neapel und dem Papsttum.

1409 Mit dem Aussterben der aragonesischen Seitenlinie in Sizilien verstärkt sich die Bindung der Insel an das spanische Aragon.

1458 Sizilien wird in Personalunion mit Aragon vereinigt.

1469 Die Heirat von Ferdinand II. von Aragon mit Isabella von Kastilien (›die katholischen Könige‹) legt den Grundstein für die Herausbildung des spanischen Staates.

ab ca. 1480 Nordafrikanische Piraten verheeren auf ihren Beutezügen (Sklavenhandel) die Küsten; die Bevölkerung zieht sich ins Landesinnere zurück; organisierte Banden verunsichern die Insel.

1487 Einführung der Inquisition (1481 in Spanien) durch die Spanier, die im Folgenden dafür sorgt, dass Sizilien religiös wie kulturell ›gut katholisch‹ bleibt; Verfolgung von konvertierten Juden und Muslimen sowie von Homosexuellen.

1492 Die Vertreibung der Juden bedeutet einen enormen Verlust von Handwerkern und Kapital, der u. a. für die permanente Schwäche der sizilianischen Wirtschaft verantwortlich ist.

Vom spanischen Weltreich bis heute

1516 Spanien – und damit Sizilien – fällt an Karl V. und wird Bestandteil seines Weltreichs.

1571 Don Giovanni d'Austria besiegt in der Seeschlacht von Lepanto die Türken; dieser für das Selbstbewusstsein der habsburgischen Monarchie so wichtige Sieg leitet den Niedergang der türkischen Vorherrschaft im Mittelmeer ein.

1575 Eine schwere Epidemie von Beulenpest sucht Sizilien heim.

ab ca. 1600 Der Adel gründet Hunderte von neuen Dörfern und Städten (z. B. Piana dei Greci, Pantelleria, Piana degli Albanesi etc.); viele Albaner und Griechen wandern auf der Flucht vor den Türken ein; die Landwirtschaft bleibt in ihrer Struktur jedoch rückständig.

In Palermo wird ein Volksaufstand gegen die hohen Brotpreise von **1647**
der spanischen Regierung niedergeschlagen.

Ein ›Jahrhundertausbruch‹ des Ätna vernichtet Catania. **1669**

Die Notablen von Messina rufen Ludwig XIV. von Frankreich ins **1674–78**
Land; die Rebellion wird aber von den Spaniern niedergeschlagen.

Ein großes Erdbeben vernichtet zahlreiche Städte im Südosten der **1693**
Insel: ca. 5 % der Bevölkerung kommen um; zahlreiche Städte werden neu wiederaufgebaut (s. auch Karte, S. 56)

Der Frieden von Utrecht beendet den Spanischen Erbfolgekrieg und **1713**
die Vorherrschaft Spaniens in Europa; Sizilien, Spielball der kontinentaleuropäischen Dynastien, fällt an Viktor Amadeus II. von Savoyen.

Österreich bekommt Sizilien im Austausch gegen Sardinien zuge- **1720**
sprochen.

Eine Sekundogenitur der spanischen Bourbonen erhält das König- **1735**
reich Neapel-Sizilien; dieser erste selbständige Staat der Neuzeit in Unteritalien zeigt, vor allem unter Vizekönig Domenico Caracciolo (1781–1786), positive Ansätze zur Modernisierung im Sinne des aufgeklärten Absolutismus; 1767 werden die Jesuiten ausgewiesen.

Die Inquisition wird abgeschafft. **1782**

Ein großes Erdbeben zerstört Messina. **1783**

Während der napoleonischen Herrschaft in Unteritalien (Murat ist **1806–15**
seit 1808 König von Neapel) bleibt die Insel mit Hilfe britischer Besatzungstruppen unter General Bentinck bourbonisch; König Ferdinand III. residiert derweil in Palermo

Eine auf britischen Druck erlassene Verfassung schafft den Feudalis- **1812**
mus ab; da die Lehen jedoch in Volleigentum umgewandelt werden und keine Landreform stattfindet, bleiben politische und ökonomische Machtstrukturen unangetastet

Auf dem Wiener Kongress wird die Bourbonenherrschaft restauriert: **1815**
das ›Königreich beider Sizilien‹ wird von Neapel aus regiert, sizilianische Flagge, Pressefreiheit und Verfassung werden abgeschafft; Neapel macht sich im Folgenden bei den Sizilianern verhasster, als es die Spanier jemals gewesen waren; die Insel verpasst den Anschluss an die im übrigen Europa voranschreitende Industrialisierung; eine Dauerkrise in der Landwirtschaft und die nur unzureichend betriebene Bodenreform führen zur Verarmung und leiten eine Radikalisierung der Bauern gegen die bourbonische Herrschaft ein; in den Freiräumen staatlicher Kontrolle und Verwicklungen gelingt es Briganten und lokalen Dons, ihre Macht auszubauen.

Eine verheerende Choleraepidemie fordert allein in Palermo 70 000 **1837**
Todesopfer.

Eine Revolution wird von den bourbonischen Truppen niederge- **1848**
schlagen; den gemäßigt-liberalen und bürgerlichen Kräften war die Kontrolle des radikalisierten Volkes im Verlaufe des Aufstandes entglitten; Messina wird dabei zu 90 % zerstört.

1860 Garibaldi landet mit Freiwilligen (»Zug der Tausend«) in Marsala und vertreibt die Bourbonen; er nutzt die Unzufriedenheit der Bauern geschickt für seinen Guerillakrieg gegen die Bourbonen; Sizilien fällt so eine Hebelwirkung bei der anschließenden Einigung Italiens zu.

1861 Sizilien wird Teil des neu gegründeten Königreichs Italien unter Viktor Emanuel II. von Piemont.

1866 Da auch die neue Regierung Sizilien vernachlässigt und keine Maßnahmen für einen wirtschaftlichen Aufschwung einleitet, kommt es zu einer erneuten Erhebung, die mit Waffengewalt unterdrückt wird; aufgrund der anarchischen Zustände bildet sich das Mafiasystem heraus.

1880 Eine umfassende Agrarkrise führt zum Zusammenbruch der Landwirtschaft.

1893 Die Landarbeiterunruhen können nur mit Mühe und Gewalt niedergeschlagen werden; die Flucht ins Ausland erscheint nun als einzige Rettungsmöglichkeit, und 1,5 Mio. Sizilianer wandern in die USA, nach Südamerika, Nordafrika und Australien aus.

1908 Ein Erdbeben macht Messina dem Erdboden gleich.

1922 Sizilien gehört zu den am wenigsten faschistisch durchsetzten Regionen Italiens; nach Mussolinis Machtergreifung bemühen sich jedoch vor allem die landbesitzenden Schichten, mit den Faschisten zusammenzuarbeiten; Maßnahmen wie die Trockenlegung der versumpften Ebene von Catania, die Einführung der widerstandsfähigen amerikanischen Rebe zum Aufstocken einheimischer Sorten, die Gründung der ersten landwirtschaftlichen Fakultät Italiens an der Universität von Catania, die Ausrottung der Malaria und das Versprechen einer Landverteilung an Kleinbauern scheinen einen Aufschwung in der Landwirtschaft einzuleiten, dessen Realisierung allerdings durch den Ausbruch des Zweiten Weltkriegs unterbrochen wird.

1943 Im Januar entstehen die ersten organisierten Gruppen, die sich für ein unabhängiges Sizilien einsetzen. Als die Alliierten nach schweren Bombardements im April des gleichen Jahres auf Sizilien landen, begegnen sie keinem Widerstand in der Bevölkerung. Vertreter der Unabhängigkeitsbewegung fordern von der ONU eine Volksabstimmung.

1945 Die EVIS wird geboren *(Esercito Volontario per l'Indipendenza della Sicilia)*. Nach wenigen Monaten werden die Anführer getötet oder eingekerkert.

1946 Sizilien erhält innerhalb der italienischen Republik den Status einer Region mit autonomer Verwaltung. Parteipolitisch gesehen ist es ab dann für beinahe ein halbes Jahrhundert fest in ›christlich-demokratischer Hand‹. Das Autonomiestatut wird nie voll angewandt und in seinen Paragrafen unauffällig immer wieder geschmälert.

1950 Die Einrichtung der Cassa del Mezzogiorno soll Industrie und Landwirtschaft in Sizilien (und im gesamten Mezzogiorno) fördern und das Nord-Süd-Gefälle abbauen helfen – mit nur geringem Erfolg; viele verlassen ihre Heimat, um als Gastarbeiter in anderen europäischen Ländern zu leben.

Landwirtschaftliche Reform und endgültige Aufhebung der Latifundien.	**1950–56**
Eine unkontrollierte Bauwelle setzt ein, die allenthalben riesige Miethausblocks entstehen lässt.	**1959–64**
Ein weiteres schweres Erdbeben sucht Westsizilien heim; schwächere Erdbeben betreffen den Osten und Südosten der Insel 1980 und 1990.	**1968**
Die Wirtschaft der Insel nimmt einen entscheidenden Aufschwung, die Gastarbeiter kehren zurück; die Infrastruktur Siziliens wird deutlich verbessert durch den forcierten Bau von Straßen, Autobahnen und Bewässerungsanlagen.	**seit 1970**
Im April wird der Abgeordnete Pio La Torre ermordet, der sich gegen die Installierung der Cruise Missile-Raketen in Comiso aufgelehnt hatte. Im September trifft das gleiche Schicksal den neuen Präfekt von Palermo, General Dalla Chiesa. Mit ihm kommen seine junge Frau und sein Leibwächter ums Leben.	**1982**
Trotz großer Proteste werden die ersten Cruise Missile-Raketen aufgestellt. Die Verhaftung und – mehr noch – die Aussagebereitschaft des Mafiabosses Tommaso Buscetta macht Schlagzeilen in der Weltpresse. Der folgende Mammutprozess beweist die Macht der mafiospolitischen Kräfte: er endet fast ausschließlich mit Freisprüchen	**1983**
Im Abstand weniger Monate müssen zwei der bekanntesten Staatsanwälte ihr Leben lassen: Giovanni Falcone und Paolo Borsellino. Beide sterben durch Dynamit und mit ihnen ihre Begleiter. Palermo trauert um seine Helden.	**1992**
Bei den Gemeindewahlen siegen in den zwei größten Städten der Insel außergewöhnliche Männer: Enzo Bianco in Catania und Leoluca Orlando in Palermo.	**1993**
Wiedereröffnung des Teatro Massimo in Palermo: Das einst weltberühmte Opernhaus war 23 Jahre lang geschlossen.	**1997**
Bei den Nationalwahlen siegt in Sizilien die ›Forza Italia‹.	**2001**
Die Mitte-Rechts-Koalition von Silvio Berlusconi setzt sich bei Kommunalwahlen in allen acht Provinzen Siziliens durch.	**2008**
Nach außergewöhnlich starken Regenfällen kommt es zu einem katastrophalen Erdrutsch an der Küste südlich von Messina.	**2009**
San Fratello, westlich von Messina, wird durch einen Erdrutsch teilweise zerstört. 84 % der Ortschaften um Messina liegen auf erdrutschgefährdetem Gebiet.	**2010**
Berlusconis Koalition verliert die Mehrheit im Abgeordnetenhaus. Skandale, anstehende Gerichtsverfahren, die Staatsverschuldung und die Eurokrise zwingen ihn zum Rücktritt. Der parteilose ehemaligen EU-Kommissar Mario Monti wird mit der Bildung einer neuen Regierung beauftragt.	**2011**
Bei den ersten Kommunalwahlen nach dem Rücktritt Berlusconis triumphiert in ganz Italien die linke Protestbewegung. Bürgermeister von Palermo wird mit über 70 % der Stimmen zum wiederholten Mal der Anti-Mafia-Politiker Leoluca Orlando.	**2012**
Das Archäologische Museum Antonio Salinas in Palermo wird nach Renovierungsarbeiten wiedereröffnet.	**2013**

Galerie berühmter Persönlichkeiten

Hl. Agatha († 251)

Agatha wurde als Tochter einer vornehmen Familie entweder in Palermo oder Catania geboren, und wegen ihrer Treue zum christlichen Glauben unter Decius zum Tode durch die Folter verurteilt. Der Legende nach kniff man ihr die Brüste mit Zangen ab und wälzte sie dann in mit Scherben vermischten glühenden Kohlen. Das tapfere Mädchen war schon zu Lebzeiten das ›Idol‹ vieler Zeitgenossen und wurde später Schutzpatronin von Catania.

Agathokles (360–289 v. Chr.)

Der in *Leontinoi* (Lentini) geborene Heerführer, seit 316 v. Chr. Alleinherrscher von Syrakus, gründete 313 v. Chr. im Rahmen des Kampfs gegen die Karthager den Sizilischen Städtebund, dem unter der Hegemonie von Syrakus die Griechenstädte in Autonomie angehörten. 311/10 griff er die Karthager in Nordafrika an, um sie zum Rückzug aus Sizilien zu zwingen. 304 v. Chr. unterwarf er alle nicht verbündeten Städte Siziliens und nahm als erster den Titel ›König von Sizilien‹ an. Sein Herrschaftsbereich erstreckte sich auch über Teile Süditaliens. Aus seiner Ehe mit der Tochter des Ptolemaios I. ging nur eine Tochter hervor, die er mit Pyrrhos, Neffe Alexanders des Großen, vermählte. In seinem Testament ›hinterließ‹ er sein Reich der Demokratie.

Antonello da Messina (ca. 1430–79)

Geboren in Messina, ist der einzige sizilianische Maler, dessen Werk in der Malerei seiner Zeit tiefe Spuren hinterlassen hat. Seine künstlerische Ausbildung erfuhr er in Neapel, wo er die altniederländische Malerei van Eycks studierte. Er verbindet die naturalistische Detailvorliebe der Niederländer mit einer Vereinfachung der Volumen und dem italienischen Sinn für die Perspektive. Antonello arbeitete auch in Venedig, wo er wichtige Anregungen empfing und selbst wieder auf die venezianische Malerei einwirkte.

Bei Antonello da Messinas »Porträt eines Unbekannten« (Museo Comunale Mandralisca, Cefalù) könnte es sich um ein Selbstbildnis handeln

Archimedes (287–12 v. Chr.)

Genialer Mathematiker und Physiker der Antike, dessen mathematische Werke noch im 16. und 17. Jh. in Europa bedeutenden Einfluss auf die Entwicklung der höheren Analyse ausübten. Als Sohn des Hofastronomen Phaidias in Syrakus geboren, kehrte er nach einer Studienzeit in Alexandria in seine Heimat zurück. Bei der Verteidigung seiner Stadt gegen die Römer um 212 v. Chr. kam er ums Leben. Seine tiefgreifenden Abhandlungen über Zylinder, Spiralen, halbregelmäßige Körper, Kugel, regelmäßiges Siebeneck u. a. weisen Methoden auf, die unserer heutigen Integralrechnung gleichwertig sind. Berühmt sind sein Hebelgesetz, das des hydrostatischen Auftriebs, die archimedische Schraube zur Wasserhebung und anderes mehr.

Vinzenzo Bellini (1801–35)

Bellini, einer der größten Musiker seines Jahrhunderts, wurde in Catania als Sohn eines Organisten geboren und starb in Frankreich. Seine musikalische Begabung zeigte sich schon im frühen Kindesalter. Nach seinem Studium in Neapel debütierte er 1827 mit »Der Pirat« an der Mailänder Scala. Es folgten »Die Fremde«, »Capuletti und Montecchi«, »Die Nachtwandlerin«, »Norma«, »Beatrice di Tenda«, »Die Puritaner«. Seine unvollendeten Werke sind unter dem Namen »Der Schwan« zusammengefasst – dem Beinamen, der dem Komponisten in seiner Heimatstadt gegeben worden war.

Vitaliano Brancati (1907–54)

Der Schriftsteller Vitaliano Brancati, Autor von Romanen und Theaterstücken, stammte aus Pachino. Seine bekanntesten Werke sind »Der schöne Antonio« und »Don Giovanni in Sizilien« und für das Theater »Die Gouvernante«.

Cagliostro (1743–95)

Der als Giuseppe Balsamo Geborene nannte sich Alessandro Graf von Cagliostro. Sein abenteuerliches Leben führte ihn von seiner Geburtsstadt Palermo aus in aller Herren Länder, sein Ruf als Magier und Wunderheiler öffnete ihm die Türen zu den fürstlichen Höfen, zumal er zu verstehen gab, kurz vor der Entdeckung der Goldherstellung zu stehen. Vom päpstlichen Gerichtshof der Freimaurerei beschuldigt, starb er hinter Gittern. Goethe beschreibt in der »Italienischen Reise« einen Besuch bei der Familie des damals Flüchtigen.

Charondas (ca. Ende des 6. Jh. v. Chr.)

Neben Drakon und Solon zählt Charondas zu den drei bedeutendsten Gesetzgebern der griechischen Antike, und sein Ruhm stand dem ihrigen in nichts nach. Die chalkidischen Gründungen Siziliens und Süditaliens folgten seinen Richtlinien, die vor allem in Katane und Rhegion Gesetzeskraft erlangten.

Francesco Crispi (1818–1901)

Crispi wurde in Ribera (Provinz Agrigent) geboren. Er bereitete in Sizilien das Terrain für die garibaldinische Expedition vor. Seine Karriere im italienischen Parlament gipfelte im Rang des Ministerpräsidenten. Er war für die blutige Niederschlagung der *Fasci Siciliani* verantwortlich, einer Organisation der Arbeiter gegen den Großgrundbesitz. König Umberto I. sagte über ihn: »Crispi ist ein Schwein, aber ein nützliches Schwein«.

Dionysios I. (ca. 430–367 v. Chr.)

Ab 405 v. Chr. war Dionysios Alleinherrscher von Syrakus. In den 38 Jahren seiner Regierungszeit unterwarf oder zerstörte er die Städte, die nicht mit Syrakus verbunden waren, wurde jedoch als Retter des Westgriechentums angesehen, da es ihm in harten Kämpfen gelang, die Karthager, die zu Beginn des 5. Jh. beinahe ganz Sizilien besetzt hielten, in den Westen der Insel zurückzudrängen. Sein Einflussgebiet dehnte sich schließlich über ganz Süditalien und Teile des Balkans aus, und an seiner Macht, die er uneingeschränkt ausübte, konnte sich nur noch der König von Persien messen. Den Künsten zugeneigt, verfasste er selbst literarische Werke, die allerdings nicht erhalten sind. Das mit ihm verbündete Athen verlieh ihm die Ehrenbürgerschaft, was wohl nicht uneigennützig geschah. Noch Polybios nennt ihn und Agathokles »die größten Staatsmänner aller Zeiten«. Zum Inbegriff des ›Tyrannen und Wüterichs‹ wurde er erst lange Zeit nach seinem Tod.

Empedokles (ca. 495–435 v. Chr.)

Philosoph, Arzt, Religionsgründer und Traumdeuter, in *Akragas* (Agrigent) geboren und wahrscheinlich im Exil auf der Peloponnes gestorben, auch wenn Legenden von einem freiwilligen Sprung in den Ätna oder einer Entführung mit feurigem Wagen berichten. Er befasste sich mit Astronomie, Kosmologie, Mathematik, Psychologie und Zoologie und gilt als Schöpfer der klassischen Lehre von den Elementen. Zu Lebzeiten wie ein Gott verehrt, beeinflusste er die Nachwelt; seine Gestalt und sein Werk faszinierten Dichter wie Goethe, Hölderlin und Brecht.

Epicharmos (550–460 v. Chr.)

Indem er die altdorische Volksposse zur Kunstform erhob, wurde der Syrakusaner Epicharmos zum Erfinder der Komödie. Berühmt waren seine Parodien der Götter und Helden, und sein Sentenzenreichtum brachte ihm den Ruhm eines Philosophen ein.

Friedrich II. von Aragon (1272–1337)

Als König Giacomo im Einverständnis mit dem Papst Sizilien Frankreich überlassen wollte, lehnte sich sein jüngerer Bruder und Vizekönig Friedrich gegen diese Entscheidung auf. 1297 vom sizilianischen Parlament zum König gewählt gelang es ihm nach langen Kriegsaktionen gegen Barcelona, gegen die Anjou, gegen das Papsttum, gegen die Gegner im eigenen Land eine Art Friedensvertrag mit Charles de Valois zu schließen, in dem festgelegt wurde, dass das Königreich nach seinem Tod an die Anjou fallen sollte. Er durfte sich ›König von Trinakria‹ nennen, während den Anjou der Titel ›König von Jerusalem und Sizilien‹ blieb.

Friedrich II. von Hohenstaufen (1194–1250)

Friedrich II. von Hohenstaufen, König von Sizilien, deutscher König sowie König von Jerusalem, ab 1220 Kaiser, wurde als Sohn der Thronerbin Konstanze von Hauteville und Heinrich VI., Kaiser des Heiligen Römischen Reichs, geboren. Da das Regnum als päpstlicher Vasallenstaat nicht Teil des *Sacrum Romanum Imperium* war, führte das Doppelerbe notgedrungen zu Konflikten: mit dem Papsttum, mit Norditalien, mit Sizilien, in geringeren Maßen auch mit Deutschland. In Sizilien regierte er als autokratischer Monarch. Seine Kriege gegen die Muslims sowie schließlich deren Umsiedlung und Entfernung von der Insel trugen zum Verfall der Landwirtschaft nicht unerheblich bei, die Kosten seiner Kriege in Norditalien ›trockneten‹ die Staatskassen aus, die allzu hohen Steuern zogen einen ökonomischen Verfall sowie die Entvölkerung des Landes nach sich. Unter seiner Regierung endete endgültig das unter den Normannenkönigen ermöglichte friedliche Zusammenleben von Christen, Juden und Muslimen, die sog. *convivencia*.

Friedrich II. kam den Apokalyptikern des 13. Jh. gelegen. Einige sahen in ihm das Instrument der Strafe Gottes, den Zerstörer einer allzu korrupten und weltlichen Kirche. Andere erhoben den Papst zum Antichrist und den Kaiser zum Verteidiger der Gerechten. Im Lauf der Zeit wurde er zum Inbegriff des Beschützers der Armen und Unterdrückten, und in der Volkslegende ersetzte er als Typus des messianischen Kaisers seinen Großvater Friedrich I., gen. Barbarossa, im Kyffhäuser. Die Humanisten des 16. Jh. sahen zwar nicht mehr das Weltende voraus, sondern nach Conrad Celtis ein tausendjähriges Reich unter der Führung des »Kaisers aus dem Schwarzwald«, dem neuen Friedrich, der sein Volk wieder zur Religion der Ahnen zurückführen würde. Im 20. Jh. war das historische Werk von Ernst Kantorowicz für die Rezeption im deutschsprachigen Raum bedeutsam, in dem Friedrich II. von Hohenstaufen im Geiste der George-Schule mythisch verklärt wurde, und – entgegen der Intention des Autors – erheblich zu Friedrichs II. Vereinnahmung in der NS-Propaganda beitrug.

Gorgias (wirkte ca. 485–380 v. Chr.)

Gorgias aus *Leontinoi* (Lentini) gilt als Vater der rhetorischen Kunstprosa, für die er, um die psychologische Wirkung der Rede zu erhöhen, eine poetische Ausdrucksweise forderte. Er verlangte inhaltlich und formal gleichgebaute, im Umfang einander genau entsprechende Satzglieder, die nach Möglichkeit in gegensätzlichen Beziehungen zueinander stehen und außerdem rhythmisch gestaltete Satzschlüsse aufweisen. 427 v. Chr. reiste Gorgias als Abgesandter seiner Heimatstadt nach Athen, wo er als Redner, aber auch als Redelehrer, begeisterten Anklang fand.

Giuseppe Tomasi di Lampedusa (1896–1957)

Herzog von Palma und Prinz von Lampedusa, erblickte das Licht der Welt in Palermo. Außer dem Jurastudium in Turin und dem Militärdienst als Unteroffizier während der zwei Weltkriege verlief sein gesamtes Leben in völliger Zurückgezogenheit; seine langen Auslandsaufenthalte (vor allem in London und Paris) dienten einzig der Pflege kultureller Interessen.

Lampedusas Roman »Der Leopard« darf als Spätform der maßgeblich von Giovanni Verga geprägten Stilrichtung des Verismo gelten. Bereits vier Jahre nach der Veröffentlichung des Romans kam Lucchino Viscontis kongeniale Verfilmung mit Burt Lancaster in die Kinos.

Seinen einzigen Roman »Der Leopard« (ital. »Il Gattopardo«, Der Gepard) bereitete Lampedusa 25 Jahre lang vor und brachte ihn 1955/56 in wenigen Wochen zu Papier. Die Herausgeber wiesen das Manuskript zurück: Es entsprach nicht damaligen Strömungen – Realismus und Neorealismus –, konnte nicht klar als historisches oder psychologisches Werk eingeordnet werden und vertrat keine sozialpolitische Meinung oder Kritik. Kurz nach Lampedusas Tod fiel sein Werk dem Schriftsteller Giorgio Bassani in die Hände, der sofort dessen Wert erkannte und es herausgeben ließ. »Der Leopard«, 1958 veröffentlicht, war sofort ein Erfolg. Zwei Jahre später war das Buch schon in den Literaturkanon der Schulen aufgenommen. 1961 erschienen als Sammlung einige Erzählungen des Dichters.

Hl. Lucia (ca. 283–304)

Lucia wurde in Syrakus geboren. Ihr Vorbild war die hl. Agatha, und wie diese starb sie schließlich für ihren Glauben. Von dem eigenen Verlobten angezeigt, erlitt sie den Märtyrertod während der letzten Christenverfolgung unter Diokletian.

Luigi Pirandello (1867–1936)

Der in Agrigent geborene Luigi Pirandello studierte Philologie in Bonn, wo er 1891 promovierte. Nach Italien zurückgekehrt, führte ihn ein sizilianischer Schriftsteller aus der Provinz Catania, Luigi Capuana, in die römische Theaterwelt ein, was ausschlaggebend werden sollte für sein gesamtes Leben. Für sein literarisches Werk, das neben den Dramen, die dem modernen Theater entscheidende Impulse gaben, Novellen und Romane umfasst, erhielt er 1934 den Nobelpreis für Literatur. Pirandello starb 1936 in Rom.

Salvatore Quasimodo (1901–68)

Der in Modica als Sohn eines Bahnhofwärters Geborene studierte erst in Messina, dann in Rom unter schwierigen Umständen Physik und Mathematik, belegte technische Kurse, lernte Griechisch und Latein und verdiente sich nebenbei seinen Lebensunterhalt. Seine große Liebe war jedoch die Poesie. 1930 veröffentlichte die florentinische Zeitschrift »Solaria« drei seiner Gedichte, und der Erfolg erlaubte ihm, sich mehr und mehr seiner Leidenschaft zu widmen. Anerkennung seines inzwischen internationalen Erfolges war 1959 die Verleihung des Nobelpreises. Seine Übersetzungen der griechischen und römischen Klassiker gelten als Meisterwerke.

Roger II. (1097–1154)

Als Sohn des normannischen Eroberers Roger I. und Adelaide von Savona in Sizilien geboren, war er von Kind auf von arabischen, byzantinischen und hebräischen Gelehrten umgeben. Unter seiner Regierung entwickelte sich Sizilien nicht nur zu einem bedeutenden Zentrum der Kultur, sondern erreichte auch seine größte politische Ausdehnung. Zu dem Reich gehörten ganz Süditalien sowie die afrikanische Nordküste. Das einzige was Roger fehlte war die Krone. Doch auch dieser Wunsch ging in Erfüllung: 1130 wurde ihm die Königswürde verliehen.

Christus krönt den Normannen Roger II., Mosaik in der Martorana in Palermo; die lateinische Inschrift »Rhogerius Rex« ist in griechischen Buchstaben geschrieben

Giovanni Verga (1840–1922)

Der Schriftsteller wurde in Catania geboren, wo er den größten Teil seines Lebens verbrachte und schließlich auch starb. Seinen ersten Roman schrieb er im Alter von 16 Jahren. Als Zwanzigjähriger kämpfte er begeistert mit den Truppen des Garibaldi, doch bald – enttäuscht und entsetzt über die garibaldinischen Repressalien – kaufte er sich vom Militärdienst frei. Der Schrecken des Bürgerkrieges zeigt sich in seinen folgenden Arbeiten, die, wie alle seine frühen Werke, stark romantisierend sind. Mit seinen späteren Werken wurde er zum größten Schriftsteller des italienischen Verismus. Seine bekanntesten Werke dürften »Mastro Don Gesualdo«, »Die Malavoglia« und »Cavalleria Rusticana« sein, letzteres wurde von ihm selbst zum Drama umgearbeitet und von Pietro Mascagni 1890 vertont.

Reiserouten auf Sizilien

Um den Ätna

Catania

Cityplan Catania S. 90, Taormina S. 99

Catania ★★
Besonders sehenswert: Badia di Sant' Agata, Castello Ursino, Domplatz und Dom, La Collegiata, Römisches Amphitheater, Römisches Theater und Odeion, S. Nicolò l'Arena

Catania ist heute die zweitgrößte Stadt Siziliens (293 500 Einw.) mit einer Tagesbevölkerung von ca. 1 Mio. Menschen. Lebhaft, chaotisch, liebenswürdig, phantasievoll, unberechenbar – dies alles trifft auf Catania zu. In vielen Bereichen die führende Stadt der Insel und vorrangig an Industrie und Handel interessiert, behandelt sie ihre Denkmäler recht stiefmütterlich. Im Stadtzentrum herrscht ein eleganter italienischer Spätbarock vor. Die Gebäude, aus Lavagestein und Kalkstein erbaut und von der Patina des Ätnastaubs überzogen, wirken dunkel, aber nicht düster. Der ›Berg‹, *la Montagna,* wie der Vulkan in Catania genannt wird, ist überall präsent.

Schon die erste vorgeschichtliche Ansiedlung, aus der sich dann später die griechische Stadt entwickeln sollte, lag auf einem aus elf verschiedenen Lavaschichten geformten Hügel. Im Laufe der historischen Zeit erreichte die Lava die Stadt noch viermal, dreimal wurde sie durch vulkanische Erdbeben zerstört. Das 17. Jh. war, was die Naturkatastrophen betrifft, das verheerendste: 1669 wurde die Stadt von einem 3 km breiten Lavastrom zwar mehr umflossen als begraben, da die Stadtmauern den Strom ableiteten, doch die Massen machten das umliegende Agrarland unbrauchbar und füllten die Hafenbucht auf, die bis dahin den Handel der Stadt gewährleistet hatte. 1693 widerstanden nur drei Gebäude, und auch diese nur partiell, dem großen Erdbeben: das Castello Ursino, die Apsiden des Doms und ein Teil des Rathauses. 16 000 Menschen verloren durch die Katastrophe ihr Leben, mehr als zwei Drittel der Bevölkerung. Die Überlebenden bauten die Stadt jedoch entschlossen wieder auf.

Servizio Turistico Regionale
Via Beato Bernardo 5
95124 Catania
Tel. 09 57 47 74 15

Ufficio Informazioni Turistiche
Via Vittorio Emanuele 172
95131 Catania
Tel. 09 57 42 55 73
Das Büro ist in Italien auch gebührenfrei zu erreichen: Tel. 800 84 10 42.

Geschichte

Die Geschichte Catanias beginnt mit dem 8. Jh. v. Chr., als Chalkidier eine sikulische Ansiedlung namens *Katane* (›Hügel‹) gewaltsam einnahmen (729 v. Chr.). Bei den sozialen und politischen Aufständen des 7. Jh. v. Chr. rettete sich die Stadt durch eine schriftlich niedergelegte Gesetzgebung vor einem Bürgerkrieg: der Kodex des Charondas, der in der Antike die gleiche Achtung genoss wie der des Solon oder des Lykurg und von Rhegion und anderen Städten übernommen wurde. Zu Beginn des 5. Jh. v. Chr. (476) konnten die Kataner den Angriff Hierons I. von Syrakus nicht abwehren: Sie wurden gemeinsam mit den besiegten Naxiern nach Leontinoi deportiert, Katane Syrakusanern und neuen Einwanderern aus der Peloponnes übergeben und unter dem Namen Ätna ein zweites Mal gegründet.

461 v. Chr. gelang den alten Einwohnern die Rückeroberung dieser neuen Stadt, der sie ihren ursprünglichen Namen wiedergaben. Bei Ausbruch der Kampfhandlungen zwischen Athen und Syrakus im Verlauf der Sizilischen Expedition verbündeten sich die Kataner mit

◁ Blick über Taormina und auf das Ätna-Massiv
◁◁ Castello di Venere in Erice

Goethe in Catania

In Catania wurde Goethe während seiner italienischen Reise vom Hausgeistlichen des Prinzen Biscari betreut. Der Prinz selbst erwies Goethe die Ehre, ihm persönlich seine Kunstsammlung, darunter als Besonderheit seine damals vielgerühmten Münzen, zu zeigen.

Athen, was eine spätere Bestrafung durch Dionysios I. von Syrakus zur Folge hatte, der die Einwohner in die Sklaverei verkaufte und die Stadt seinen Söldnern überließ. Als eine der ersten Städte fiel Katane 263 v. Chr. in die Hände der Römer und wurde zur Kolonie erklärt. Ihr Status verschlechterte sich noch weiter, nachdem sie im Bürgerkrieg zwischen Caesar und Pompeius auf seiten des Verlierers Pompeius gekämpft hatte.

Im Mittelalter nahm Catania wie alle Städte der ionischen Küste eine zweitrangige Stellung ein. Unter Friedrich II. von Hohenstaufen kam es zu einem Volksaufstand, der, wenngleich niedergeschlagen, doch den Bau der Zwingburg Ursino nach sich zog, um die rebellische Stadt und den Hafen unter Kontrolle zu halten. Einen Aufschwung sollte Catania erst wieder unter den Aragonesen erfahren, die es zeitweise sogar zum Sitz des Hofes machten und es 1434 unter der Regierung Alfons V. von Aragon, ›des Gutmütigen‹, unter den Städten der Insel besonders hervorhoben, indem sie das *Siculorum Gymnasium,* die erste – und für Jahrhunderte einzige – Universität Siziliens dort gründeten. Im 19. Jh. begann die Stadt rapide zu wachsen; erst seit wenigen Jahren steigt die Einwohnerzahl nicht mehr.

Domplatz und Dom

Der barocke Wiederaufbau Catanias erfolgte im großen und ganzen nach der mittelalterlichen Stadtanlage, nur wurden die Hauptstraßen breiter, die Nebenstraßen geradlinig angelegt, die freien Plätze erweitert und zu repräsentativen Zentren des städtischen Lebens gemacht. Zwei breite Straßenzüge, die sich auf dem Domplatz rechtwinklig schnitten, durchzogen die Stadt (heute Via Etnea und Via Vittorio Emanuele). Das Ziel, schnell wieder eine Stadt mit all ihren Funktionen entstehen zu lassen, gleichzeitig aber durch genügend freien Raum der Bevölkerung einen Fluchtweg bei einem neuen Erdbeben zu garantieren, wurde in einem halben Jahrhundert erreicht.

Ausgeschlossen von der Konzeption der Neustadt und in krassem Gegensatz zu ihr entstanden außerhalb des einstigen Mauerrings die engen, planlos wuchernden Viertel für die Ärmeren. Im Zentrum dagegen reihten sich die zwei-, höchstens dreistöckigen Wohnhäuser der Begüterten aneinander, im harmonischen Höhenverhältnis zur Breite der Straßen (19 m). Sie lagen weit genug auseinander, um viel Sonnenlicht einfallen zu lassen, wodurch der Kontrast zwischen dem schwarzen Lavagestein und dem weißen Kalkstein besonders zur Geltung kommt. Das historische Zentrum wurde 2002 zum Welterbe der Menschheit erklärt und ist in seinem Kern Fußgängerzone.

Auf der Mitte des **Domplatzes (1),** des traditionellen Zentrums Catanias, errichtete Giovanni Battista Vaccarini (1702–68) nach römischem Vorbild einen **Brunnen** mit dem Wahrzeichen der Stadt, dem Elefanten. (Vaccarini, der Hauptvertreter des römisch-barocken Stils, war 1730 vom Senat zum Stadtbaumeister ernannt worden). Auf dem

Rücken der antiken Skulptur aus schwarzem Lavagestein platzierte Vaccarini einen ägyptischen Obelisken, der wohl in römischer Zeit als Zielsäule im Amphitheater aufgestellt war. Die Hieroglyphen-Inschriften beziehen sich auf die Göttin Isis.

Den Abschluss des Platzes nach Norden bilden das Rathaus und der Palazzo degli Elefanti, nach Westen zu führt die auf der Domachse liegende Via Garibaldi zu einer Art Triumphbogen, der Porta Ferdinandea von 1768 (heute Porta Garibaldi), die einst die Innenstadt begrenzte. Die zum Meer hin ausgerichteten Fassaden des **Erzbischöflichen Palais (2)** und des reich verzierten Palazzo Biscari erreicht man entlang einer kurzen Straße außerhalb der einstigen Stadtmauern, auf der beide Gebäude errichtet sind.

Giovanni Battista Vaccarinis Elefantenbrunnen ziert die Mitte des Domplatzes

Der von der Formensprache des römischen Barock deutlich beeinflussten Fassade des Doms (1768 beendet) sind die Säulen in dezenter Schwingung vorgelagert. An der leichten Unausgeglichenheit der Konzeption, die nicht gerade eines der gelungensten Projekte Vaccarinis darstellt, mögen die Säulen schuld sein, die z. T. aus dem antiken Theater stammen und sich hier nicht völlig harmonisch einfügen.

Dom (3)

Um 1097 wurde der Dom als erster Normannendom Siziliens errichtet, eine Ecclesia munita, eine Wehrkirche also, die in ihrer lang gestreckten Form mit den vier Türmen an den Ecken einer arabischen Festung glich. Nachdem Erdbeben 1140 und 1169 die Stadt und auch den Dom schwer beschädigt hatten, wurde ein teilweiser Wiederaufbau erforderlich. Nach dem großen Erdbeben von 1693 erhielt der Dom durch den Architekten Girolamo Palazzotto (ca. 1686–1754) seine heutige barocke Gestalt, wobei jedoch die Baustrukturen und der Grundriss einer dreischiffigen Basilika mit Querschiff sowie – unter den barocken Dekorationen – die gesamte Ostpartie des Doms mit Querschiff und den drei halbrunden Apsiden erhalten blieben.

Dom
tgl. 7–12, 16–19 Uhr während der Messe nicht zu besichtigen

Die **Apsiden,** einst wie das Dach mit Zinnen und Verteidigungsgängen versehen, wurden durch Restaurationsarbeiten in den 1950er-Jahren von ihrem barocken Stuckschmuck befreit. Dieser einzige vollkommen intakt erhaltene Teil des ersten Baus stellt eines der interessantesten Objekte der arabisch beeinflussten Baukunst des sizilianischen Mittelalters dar – am beeindruckendsten ist der Blick auf den Außenbau. Die mittlere Apsis erhielt ein modernes Glasfenster, die Fresken jedoch stammen noch aus dem 16. Jh. An den Wänden des Querschiffs öffnen sich schmale Fenster, durch die das Licht einst auf die im Mauerwerk angebrachten mittelalterlichen Treppenrampen fiel, einen Bestandteil des Verteidigungssystems. An den Mauerkanten sind die für arabische Bauwerke typischen eingestellten Säulen zu sehen.

Dom, Grundriss: Die grauen Partien stammen noch aus der Zeit der Normannen

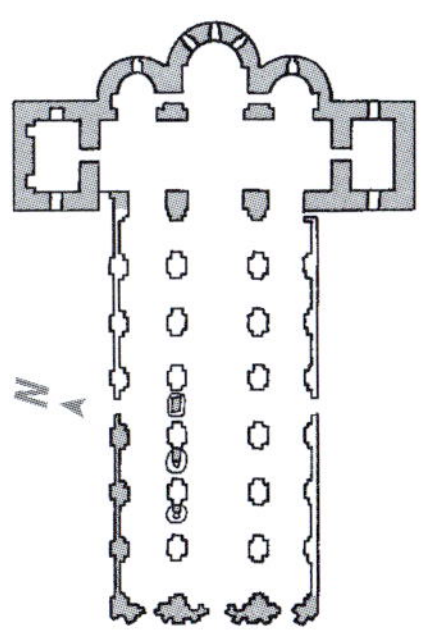

In der **Muttergotteskapelle,** der südlichen Verlängerung des Querschiffs (ursprünglich der untere Raum eines der vier Verteidigungstürme), enthält ein römischer Sarkophag des 3. Jh. aus Kleinasien die sterblichen Überreste einiger Angehöriger des aragonesischen Königs-

Melchior Giuseppe Benedetto Dusmet

Im Dom ruhen in einem Glassarkophag die sterblichen Überreste von Melchior Giuseppe Benedetto Dusmet (1818–94), der, aus einer adligen Familie stammend, 1840 in den Benediktinerorden eintrat, 1867 zum Erzbischof von Catania geweiht und 1889 zum Kardinal ernannt wurde. Bereits zu Lebzeiten als Heiliger verehrt, wurde er 1988 von Papst Johannes Paul II. selig gesprochen.

Museo Civico Belliniano

Piazza S. Francesco
tgl. 9–13 Uhr

hauses, u. a. Friedrichs II. († 1337) und Friedrichs III. († 1377). Die Kapelle der Apsis ist der Schutzpatronin Catanias, der hl. Agathe, gewidmet. In der Kreuzkapelle auf der gegenüberliegenden Seite, ursprünglich der untere Raum eines weiteren Turms, blieb noch das originale normannische Gewölbe erhalten. Nebenan in der Sakristei zeigt ein von einem Augenzeugen des Ätna-Ausbruchs von 1669 gemaltes Fresko die Stadt vor dem großen Erdbeben. Deutlich ist die Lage des Castello Ursino zu erkennen, das, von Laven umflossen, nun im Stadtinnern liegt.

Von der ersten Bauphase hat man im Mittelschiff, neben den ersten beiden Pfeilern links und dem zweiten Pfeiler rechts, die Basen der Säulen freigelegt, die einst die drei Schiffe trennten. In den Seitenschiffen stehen schöne **Intarsienaltäre,** die vor den leeren Wänden etwas verloren wirken. Die Gemälde darüber stammen vorwiegend aus dem 17. Jh. Am ersten Pfeiler rechts befindet sich das einfache **Grab des Komponisten Vincenzo Bellini** (1801–35; sein als Museum eingerichtetes Geburtshaus steht an der Piazza S. Francesco 3 in der Nähe des römischen Theaters; zu Bellini s. auch S. 75).

Auf der Nordseite des Doms, an der sich noch ein beim barocken Wiederaufbau übernommenes Renaissanceportal befindet, liegt ein weit gelungeneres Werk des Architekten Vaccarini: die 1735 begonnene, erst 1767 vollendete **Badia di Sant'Agata (4).** Die unteren, konvex geschwungenen Formen des Bauwerks verkehren sich im oberen Teil in ihr Gegenteil, um die Baumassen auszugleichen. Die Kuppel harmonisiert optisch die umliegenden Gebäude; sie selbst ist mittels starker Rippen, die von der Laterne bis zur Trommel verlaufen, in die Architektur der Kirche eingebunden. In dem schneeweißen Innenraum, ein Zentralbau mit vier Kreuzarmen, bilden der schöne zweifarbige Fußboden und die etwas plumpen gelblichen Marmoraltäre

Dom (rechts) und Badia di Sant'Agata (links)

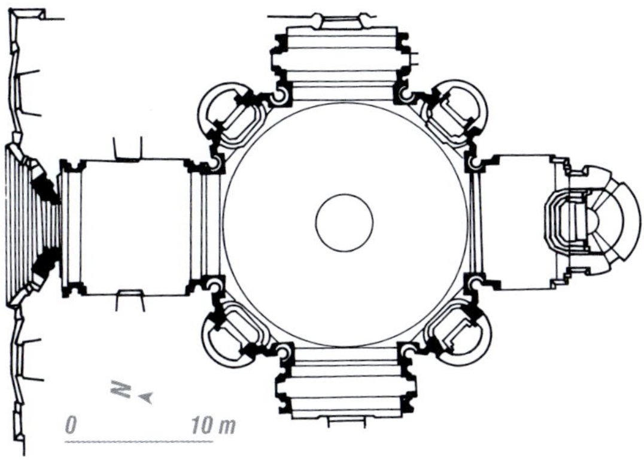

Catania, Badia di Sant'Agata, Grundriss

die einzigen farblichen Nuancen. Wenige Meter weiter die Via Vittorio Emanuele in Richtung Meer treffen wir auf die Kirche **S. Placido (5),** ein Werk Stefano Ittars (1769), mit ihrer schmalen, tief einwärts schwingenden Fassade.

Piazza Mazzini

Die einst elegante **Piazza Mazzini (6)** mit ihren Bogengängen – die Säulen gehörten zu einer römischen Basilika – war in der Stadtplanung nach dem spanischen Modell der Plaza Major als Marktplatz vorgesehen. Von den ursprünglich identischen vier Eckgebäuden wurde nur der Palast im Nordosten im Laufe der Zeit nicht umgestaltet.

Castello Ursino

Quadratisch, mit vier Rundtürmen an den Ecken, je einem halbrunden Turm (nur zwei erhalten) in der Mitte der Seitenmauern, einem einfachen Spitzbogenportal an der Frontseite und 2 m starken Mauern thronte das **Kastell (7)** als unzerstörbares Bollwerk auf einem 17m aus dem Meer ragenden Felsen am Ende der Hafenbucht. Friedrich II. von Hohenstaufen hatte es ab 1239 als Zwingburg gegen das rebellische Catania errichten lassen, und wie die schönsten seiner Burgen war auch dieser Bau von der strengen, stereometrischen Bauweise der Araber (Omaijaden) bestimmt.

Im 14. Jh. machten die aragonesischen Könige die Festung zeitweise zu ihrer Residenz, im 16. Jh. wurde sie unter der Herrschaft der spanischen Vizekönige mit weiteren Befestigungsanlagen versehen und verändert, sodass sie dem neuen Renaissancegeschmack entsprach. 1669 umflossen die Laven das Gebäude, füllten den Fallgraben auf und begruben beinahe alle später hinzugebauten Anlagen. Auch die

Castello Ursino
Mo–Sa 9–12.30, 14.30–18.30, So 9–13 Uhr

Castello Ursino: Ein mächtiger Lavastrom des großen Ätna-Ausbruchs von 1669 trennte das Kastell von seiner direkten Lage am alten Hafen

Erdbeben von 1693 und 1818 fügten der Festung Schaden zu. Nach Ausbesserungsarbeiten im 19. Jh. fungierte sie als Gefängnis. 1934 begann die Restaurierung, bei der zwei Stilepochen herausgeschält wurden: Mittelalter und Renaissance. Die Burg wurde zum Sitz des **Städtischen Museums** mit einer reichhaltigen Antikensammlung und Pinakothek. Einige Räume sind wechselnden Ausstellungen zeitgenössischer Kunst vorbehalten. Archäologische Ausgrabungen beweisen, dass schon in der Vorgeschichte eine Festung existierte.

Die Übergabe der Kunstsammlung des Prinzen Biscari an die Stadt führte 1927 dazu, dass man das Castello Ursino als Sitz des Städtischen Museums wählte. Die Gemäldesammlung umfasst eine kleine Gruppe von Gemälden im byzantinischen Stil sowie Werke von sizilianischen Meistern. Herausragend sind die »Jungfrau mit dem Kind« von Antonello de Saliba und »S. Giacomo« von Bernardino Nigro, dessen Stil die catanesische Malerei des späten 16. Jh. beherrschte.

Römisches Theater

Teatro Greco-Romano und Odeion
tgl. 9 Uhr bis 2 Std. Stunden vor Sonnenuntergang

Das **Theater (8),** in dem 7000 Zuschauer Platz fanden, liegt am Hang des Hügels, auf dem einst die Akropolis stand. Es nimmt möglicherweise den Platz eines älteren griechischen Theaters ein, doch sind die Baustrukturen im Wesentlichen römisch. Auf einen letzten Umbau scheint das dritte, breitere Ambulacrum (Wandelgang) zurückzugehen, als der Bau, ähnlich wie das Theater von Taormina, mit einem oberen Portikus umgeben wurde. In dem unteren Ambulacrum zeigt der wasserresistente Wandverputz, dass man die Orchestra für Wasserspiele überfluten konnte. Der Fußbodenbelag der Orchestra und die Verkleidung des Bühnengebäudes bestanden aus Marmor. Neben dem Theater liegt das kleinere **Odeion,** das 1300 Zuschauern Platz bot.

Piazza Università und La Collegiata

Der großzügig angelegte, quadratische Platz der **Universität (9)** gibt nach Norden zu den Blick auf den Ätna frei. Die Adelspaläste mit ihrer Betonung des zentralen Portals sind Werke Vaccarinis, desgleichen der Innenhof der Universität, der sich durch seine eleganten, rundumlaufenden und doppelgeschossigen Loggien sowie durch den schmuckreichen Fußboden auszeichnet. Auf der linken Seite der Via Etnea, unmittelbar hinter dem Universitätsplatz, erhebt sich die Kirche **La Collegiata (10).** Ihre Fassade (1768) ist ein Werk Stefano Ittars, des bedeutendsten Architekten Catanias nach Vaccarini. Der konvex eingeschwungene Mittelteil der Fassade, der auf das Vorbild Borrominis zurückgehen dürfte, wird von dem typisch sizilianischen Glockengeschoss überhöht.

Via Crociferi

Die elegante, lebendige Via Crociferi, Hauptgeschäftsstraße und Fußgängerzone, ist seit jeher Treffpunkt der Catanesen. Diese in etwa parallel zur Via Etnea verlaufende kleine Straße wurde als einzige der Stadt seit ihrer Entstehungszeit im 18. Jh. keinerlei Veränderungen unterworfen. Ihren Namen verdankt sie dem Krankenpflegeorden der Crociferi. Die Konventsgebäude der religiösen Orden, die dazugehörigen Kirchen und die Paläste der Via Crociferi versuchen in ihren Fassaden, mit Hilfe von Treppen oder Vorhallen die beträchtlichen Höhenunterschiede auszugleichen. Von den Bauten verdienen besonders das **Jesuitenkolleg (11,** heute *Istituto Statale d'Arte,* sehenswerter Innenhof) mit der dazugehörigen Kirche **S. Francesco Borgia** (wechselnde Ausstellungen), **S. Giuliano (12,** Architekt: Vaccarini) und **S. Benedetto (13)** Beachtung.

Piazza Stesicoro

Die **Piazza Stesicoro (14)** wird auf der rechten Seite dominiert vom Denkmal Vincenzo Bellinis, umgeben von den Allegorien seiner berühmtesten Werke: Norma, die Piraten, die Nachtwandlerin, der Schwan. Auf der linken Seite liegt unter dem Straßenniveau der frei gelegte Teil des **römischen Amphitheaters.** Die wenigen Reste zeigen eine für die Bauzeit (wahrscheinlich 2. Jh.) einzigartige Kombination von Baumaterialien: Dunkler Basalt, weißer Kalkstein und rote Ziegel verleihen dem Mauerwerk eine ungewohnte Farbigkeit. Das Amphitheater war mit 71 x 51 m vergleichsweise großzügig bemessen; ca. 16 000 Menschen fanden auf seinen Sitzbänken Platz. Das **Teatro Massimo Bellini** (aktuelles Programm unter teatromassimobellini.it) wurde 1890 mit der »Norma« eröffnet (Architekt Carl Spada, sein Vorbild war die Pariser Oper). 1200 Zuschauer passen ins Teatro, das

Anfiteatro Romano

Di–Sa 9–13.30, 14.30 Uhr bis 2 Std. vor Sonnenuntergang

Catania

1 Domplatz/ Vaccarini-Brunnen
2 Erzbischöfliches Palais
3 Dom
4 Badia di Sant' Agata
5 S. Placido
6 Piazza Mazzini
7 Castello Ursino (Städt. Museum)
8 Römisches Theater
9 Piazza Università
10 La Collegiata
11 S. Francesco Borgia (Kunstinstitut)
12 S. Giuliano
13 S. Benedetto
14 Piazza Stesicoro
15 S. Nicolò l'Arena
16 Geburtshaus von V. Bellini
17 S. Francesco und Immacolata
18 Konvent der Crociferi
19 Villa Cerami
20 Sant' Agata al Carcere (Portal des mittelalterlichen Domes)
21 Villa Bellini (Stadtpark)
22 Santissime Carmine
23 S. Michele Arcangelo
24 Palazzo Manganelli
25 Teatro M. Bellini
26 Palazzo Cutelli
27 Palazzo Guttadauro di Reburdone
28 Palazzo Biscari
29 Palazzo degli Elefanti (Rathaus)
30 Römische Thermen (Terme dell'Indirizzo)

sich durch eine hervorragende Akustik auszeichnet. **Ciminiere** (Schornsteine) heißt das moderne Kongress-, Handels- und Kulturzentrum, bei dessen Bau die Ruinen der ehemaligen Schwefelraffinerien geschickt in die moderne Struktur aus Glas und Eisen eingefügt wurden (25 000 m²). Es beherbergt mehrere Museen, darunter, das Museum der Landung der Alliierten auf Sizilien.

Benediktinerkloster S. Nicolò l'Arena

1558 erhielten die Mönche des Benediktinerklosters von S. Nicolò l'Arena die Erlaubnis, den Ort an den Hängen des Ätna zu verlassen und ein neues Ordensgebäude in Catania zu errichten, wo die Gefahr der Vulkanausbrüche geringer erschienen. Dieses **neue Kloster (15),** reich an Landbesitz, sollte bald das größte und prächtigste

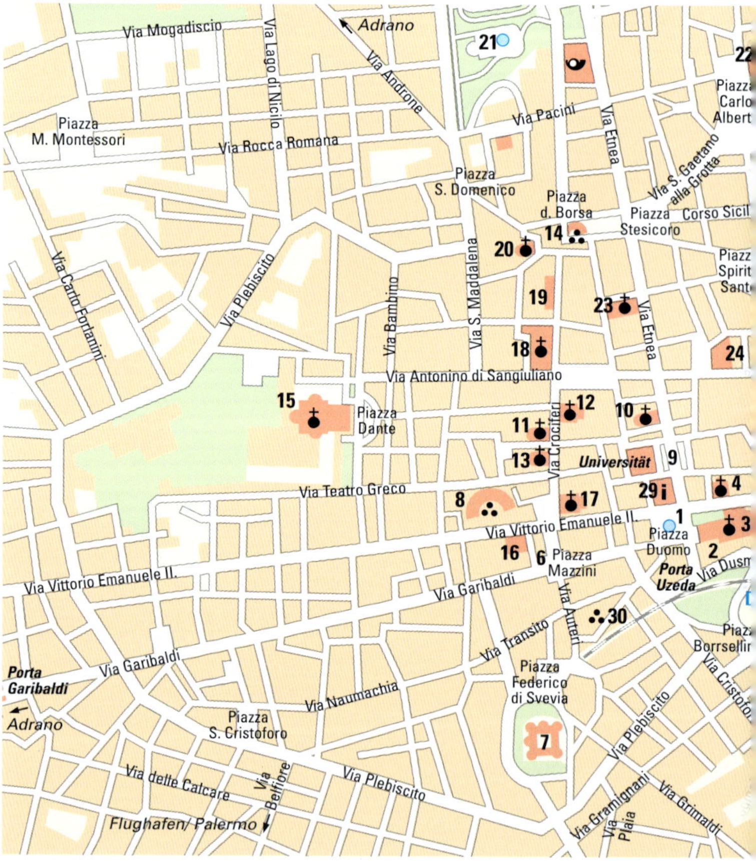

Gebäude der Stadt werden, sodass es Reisende des 18. Jh. mit einem Königspalast verglichen. Bei dem Ätna-Ausbruch von 1669 wurde seine Kirche z. T. zerstört und danach nach Zeichnungen von G. B. Contini neu errichtet, doch um 1693 fiel auch diese samt Kloster dem Erdbeben zum Opfer. Daraufhin wurde 1703 mit einem noch größeren und reicheren Neubau begonnen, der nach Mafra (Portugal) der größte religiöse Komplex Europas wurde. Der ehemalige Konvent ist nun Sitz der philosophischen und literaturwissenschaftlichen Fakultäten der Universität und zur Besichtigung zugelassen. Vom Turm aus überblickt man ganz Catania und sein Hinterland. Das ursprüngliche barocke Hauptportal wurde Ende des 18. Jh. durch das heutige neoklassizistische ersetzt. Beeindruckend ist die reich ausgestattete **Bibliothek,** ein Werk Vaccarinis. Eines ihrer Glanzstücke ist eine mit Miniaturen aus der Schule der Cavallini illustrierte Bibel des 14. Jh.

S. Nicolò l'Arena
Mo–Sa 9–13 Uhr

Monastero (Kloster)
Mo–Fr 9–17,
Sa/So 9–12 Uhr

Tipp
Alle Sehenswürdigkeiten Catanias zu beschreiben, würde den Umfang leider sprengen. Unter Zuhilfenahme des Stadtplans sollte man aber unbedingt die zahlreichen Barockpaläste (z. B. Palazzo Biscari, 28) sowie zwei weitere Kirchen aufsuchen: S. Giuliano (12) wurde von Vaccarini erbaut und birgt ausgezeichnete Malereien; Sant'Agata al Carcere (20) ist Catanias Stadtpatronin geweiht, die hier um 251 eingekerkert gewesen sein soll.

Castello Normanno

Botanischer Garten
Museo Civico
Aci Castello
tgl. 9–13, 15 Uhr bis 1 Std. vor Sonnenuntergang

Servizio Turistico

Via Oreste Scionti 15
95024 Acireale
Tel. 095 89 19 99, 095 89 21 29
www.acireale turismo.it

Biblioteca e Pinacoteca Zelantea

Via Marchese di Sangiuliano 17
Acireale
Di–Fr 10–13, 15.30–18.15, Sa 10–13 Uhr

Castello Normanno

Paternò
Besichtigung nur auf Anfrage beim Kulturverein: www.paternesi.com

Castello Normanno
Museo Archeologico

Adrano
Di–Sa 9–13, 16–19, So 9–13 Uhr

Castello Normanno

Motta Sant' Anastasia
Mo–Fr 9–13 Uhr

Museo Civico

Via SS. Crocifisso 2
Centuripe
Di–So 9–19 Uhr

Abstecher an den Rand des Ätna

Der Fels von **Aci Castello** (18000 Einw.), auf dem sich die Ruinen der mittelalterlichen Festung erheben, ist eines der schönsten existierenden Beispiele für eine sehr seltene vulkanische Felsstruktur, bei der sich durch Glasschichten getrennte Prismen strahlenförmig nach außen hin erweitern – die Folge vulkanischer Ausbrüche unter dem Meeresspiegel. Als die normannische Festung darauf errichtet wurde (nach 1076), war der Fels noch eine Insel. Heute ist er jedoch mit dem Festland verbunden, da sich die Küste seit dem Mittelalter um 17 m gehoben hat.

Dicht an der Küste erheben sich bei **Acitrezza** aus dem Meer Klippen vulkanischen Ursprungs, die der Legende nach der zornige, geblendete Polyphem vom Ätna aus in die Richtung der Stimme des Odysseus schleuderte – in der Hoffnung, wenigstens die Schiffe der fliehenden Griechen zerschmettern zu können. Auf dem benachbarten Eiland werden naturwissenschaftliche Studien durchgeführt.

Das *Xinophia* der Griechen und *Acis* der Römer, das mehrfach durch Erdbeben und Lavaströme zerstörte **Acireale** (53 100 Einw.) besitzt heute keine Denkmäler aus der Antike mehr. Die heutige Lage der Stadt geht auf das 14. Jh. zurück, die meisten Gebäude datieren jedoch auf die Zeit nach dem Erdbeben von 1693, als sie zerstört und im Barockstil neu errichtet wurde. Municipio und die Kirche S. Sebastiano stammen noch aus der Zeit vor dem Erdbeben und zeichnen sich durch reiche Flächendekorationen um die Portale herum aus, was als charakteristisch für den Stil des 17. Jh. im Südosten Siziliens gelten darf. In dem bekannten Thermalbadeort verdient ferner die Biblioteca e Pinacoteca Zelantea Beachtung.

Paternò wurde in der Nähe der antiken Stadt *Hybla Gaelatis* von den Normannen wieder gegründet. Die gut erhaltene Burg inmitten der 49500-Einwohner-Stadt, von Roger I. 1073 errichtet und um 1300 modernisiert, kann besichtigt werden.

Nach Diodor entstand **Adrano** (36800 Einw.) an den Hängen des Ätna nahe dem Heiligtum des lokalen Gottes Adrano in der Regierungszeit Dionysios I. Wahrscheinlich wurde damals ein in der Nähe liegender sikulischer Ort aufgegeben (4,5 km entfernt im Gebiet von Mendolito), an dessen Stadttor eine Inschrift in sikulischer Sprache entdeckt wurde; sie stellt zusammen mit anderen hier gefundenen Inschriften (Museum von Adrano und Archäologisches Museum von Syrakus) das längste in dieser Sprache erhaltene Dokument dar. Die normannische Burg, die Roger I. im Zuge der normannischen Eroberung um 1070/1080 erbaute (heutige Bausubstanz weitgehend aus dem 14. Jh.), beherbergt ein bemerkenswertes Archäologisches Museum mit dem Schwerpunkt auf prähistorischen Funden.

Die Burgen von Adrano, Paternò und der Turm von **Motta Sant' Anastasia** dienten den normannischen Eroberern zur Kontrolle Catanias und des Hinterlandes entlang des Flusstals des Simeto.

Der Ponte dei Saraceni bei Adrano stammt vermutlich aus nach-arabischer Zeit

Der 5 km nordwestlich von Adrano gelegene **Ponte dei Saraceni,** eine Brücke über den Simeto, entstand vermutlich erst im 14. Jh.

Das antike sikulische Zentrum *Kentoripa* und heutige **Centuripe,** begann sich ab dem 5. Jh. v. Chr. zu hellenisieren. Zur römischen Zeit erlebte es als verbündete Stadt seine Glanzzeit, bis es von Oktavian zerstört wurde und seine Bedeutung verlor. Nach dem Aufstand gegen Friedrich II., an dem Centuripe teilnahm, wurden seine Einwohner zur Strafe deportiert, und die Stadt hörte auf zu existieren. 300 Jahre später wurde sie neu gegründet (heute 5700 Einw.). Im Stadtgebiet verstreut sind Reste aus der römischen Epoche zu entdecken, in der Umgebung blieben zahlreiche vorgeschichtliche Gräber erhalten. Centuripe war in hellenistischer Zeit ein Produktionszentrum von Frauenfigürchen aus Ton und eigenartigen bunten Vasen, deren Dekor Ausschnitte aus größeren Wandgemälden wiederzugeben scheint (3.–1. Jh. v. Chr., Beispiele im Archäologischen Museum der Stadt).

Ätna

Ätna ★

Der Name ist aus dem sanskritischen *Aid-na,* ›die Brennende‹ abgeleitet und lässt auf die indogermanische Abstammung der Urbevölkerung Siziliens schließen. Der Ätna ist der jüngste Berg, der auf der Insel entstand. Sizilien besteht aus Kalkstein, formte sich also in den Tiefen des Meeres, aus dem es sich dann vor Jahrmillionen emporhob. Ungefähr zwischen Taormina und Catania war eine weite Meeresbucht übrig geblieben, in der sich erst vor etwa 1 Mio. Jahren vulkanische Tätigkeiten unter dem Meeresspiegel bemerkbar machten.

Servizio Turistico Regionale
Via Martiri d'Ungheria 36/38
95030 Nicolosi
Tel. 095 91 15 05

Vor rund 600 000 Jahren bildete sich ein Vulkan, der im Laufe einiger hunderttausend Jahre zu einer Höhe von über 4000 m aufstieg; Erdbewegungen, die ihn regelrecht nach oben drückten, unterstütz-

Im Jahre 1802 bestieg der deutsche Italienreisende Johann Gottfried Seume den Ätna und war überwältigt vom Krater: »Hier standen und saßen und lagen wir, halb in dem Qualm des aufsteigenden Rauchdampfes eingehüllt, und keiner sprach ein Wort, und jeder staunte in den furchtbaren Schlund hinab, aus welchem es in dunklen und weißlichen Wolken dumpf und wütend heraufτobte.«
»Spaziergang nach Syrakus im Jahre 1802«

Aufstiege zum Ätna-Gipfel

Von der Südseite führt über Nicolosi oder Zafferana eine Asphaltstraße bis zu einer Höhe von ca. 2000 m. Wenn das Wetter es erlaubt, erreicht man den Südostkrater auf 2700 m Höhe per Seilbahn oder per Jeep im Dauerverkehr. Von der Nordseite führt eine Asphaltstraße über Linguaglossa auf eine Höhe von 1500 m, ab da geht es bis zur Hauptkratergruppe nur noch per Jeep weiter.

ten sein ›Wachstum‹. Durch seine Tätigkeit höhlte sich sein Inneres mehr und mehr aus, was schließlich zum Einsturz der Kraterwände führte, sodass nur der untere Teil bis zu einer Höhe von rund 2000 m erhalten blieb. Der Krater füllte sich mit dem eingestürzten Material. Durch dieses bahnte sich ein neuer Eruptionskanal seinen Weg an die Oberfläche, und so erwuchs aus der Hochebene ein kleinerer Kegel.

In diese Entwicklungsstufe fällt die älteste Beschreibung des Berges durch Plinius den Älteren. Der kleine Kegel entwickelte sich in den nicht ganz 2000 Jahren, die uns von Plinius Beschreibung trennen, zu dem derzeitigen Hauptkraterkegel. Heute ist der Ätna, der direkt vom Meeresspiegel bis zu 3354 m aufsteigt, der größte Vulkan Europas. Mit einer Basisfläche von 1750 km^2, einem Basisumfang von 212 km und einem Durchmesser von 42 km, seinen Tälern und Bergen stellt er eigentlich mehr einen Gebirgszug mit der höchsten Erhebung bei der mittleren Kratergruppe dar. Diese besteht aus drei Öffnungen des Hauptkraters – Urkrater, Krater von 1964 und Bocca Nuova –, dem Nordost- (höchster Punkt) und dem Südostkrater.

Ein Ausbruch des Vulkans erfolgt immer dann, wenn der Druck, den die Ränder der Kontinente auf die glühende Masse des Erdinnern ausüben, ansteigt, und diese sich einen Ausweg suchen muss. Diesen Ausweg stellt der Vulkan dar, in dem die Masse, meist zunächst im Hauptkanal, in die Höhe gepresst wird. Leichter als die übrigen Bestandteile, lösen sich die Gase von der Masse, steigen schneller empor und explodieren, sobald sie die Oberfläche erreicht haben. Dabei werden Lavafetzen Hunderte oder Tausende von Metern mit in die Luft geschleudert, je nach der Stärke der Explosionen. Diese Phase der Entgasung beginnt oft beim Hauptkrater oder einem seiner zwei tätigsten Nebenkrater, dem Nordostkrater von 1911 oder dem Südostkrater von 1979.

Oft ist der Druck zu stark für die Enge des Kanals, und es kommt zu einer Art ›Rohrbruch‹, d. h. der Berg reißt auf, und aus dem Spalt dringen die Laven hervor. Diese Spalten können eine Länge von mehreren Kilometern erreichen. Dicht bei diesem sog. Lavamund findet durchschnittlich eine weitere Entgasung statt, und die durch die Explosionen herausgeschleuderten Lapilli (nussgroße Lavabröckchen) häufen neue Kraterkegel auf. Diese Nebenkrater erlöschen nach einem einmaligen Ausbruch, da die Lava in dem Kanal erstarrt und einen Pfropfen bildet, für dessen Entfernung der Berg mehr Energie aufwenden müsste als für die Bildung neuer Ausbruchsstellen.

Eine Fahrt auf den Ätna ist gleichzeitig eine durch die diversen Vegetationsgürtel Siziliens. Am Fuß des Berges bis zu einer Höhe von 500 m überwiegen die Pflanzen, die ein warmes Klima bevorzugen. Von 500–800 m ü. d. M. liegen Obstgärten mit Früchten, die auch in nördlichen Ländern gedeihen; über 800 m beginnt das sog. Waldgebiet, das sich, je nach der Seite des Berges und des Alters der Lavaströme, mehr oder weniger dicht bis zu 2000 m Höhe erstreckt; weiter oben gedeiht nur noch Gebüsch. Mit steigender Höhe erreichen die z. T. dornigen Pflanzen schließlich nur noch die Höhe von Moos-

kissen. Über 2500 m beginnt die schwarze Wüste des Ätna, ohne jeglichen Pflanzenwuchs mit Ausnahme einer Lichenenart, die an den Hängen des Hauptkraters wächst, aber kaum zu erkennen ist.

Der Ätna bildet das wasserreichste Gebiet der Insel. Da der Berg alle anderen überragt, ist er ein ausgesprochener ›Wolkenfänger‹ (170 cm Niederschlag im Jahr, im Vergleich zu 30–50 cm der Südküste). Das Wasser sickert durch das durchlässige vulkanische Gestein und kommt in Form von Quellen dort an die Oberfläche, wo es auf undurchdringliche Lehmschichten stößt. Das reichliche Wasser und die überaus fruchtbare Lavaerde machen den Ätna zu einem Paradies der Pflanzenwelt. Er wurde 1987 zum Naturpark erklärt, und ein Programm sieht auch das Wiederaussetzen von Wild in den Wäldern vor.

Die ›moderne‹ Tätigkeit des Berges währt seit ungefähr 8000 Jahren. Dass die vulkanischen Phänomene von den antiken Völkern mit der Götterwelt in Verbindung gebracht wurden, ist leicht verständlich. Der griechische Mythos versetzte das Ungeheuer Typhoeus auf den Ätna, den Letztgeborenen der Titanen, ein furchterregendes, geflügeltes Wesen mit glühenden Augen und giftigem Atem. Zeus begrub ihn dem Mythos zufolge nach hartem Kampf unter dem Ätna, und jedes Mal, wenn er in seinen Fesseln aufstöhnt und versucht, die Last des Berges von sich zu wälzen, erzittert die Erde – und der Ätna bricht aus. Eines Tages, so sagt man, soll es dem Typhoeus allerdings gelin-

Mit 3323 m ü. M. ist der Ätna der höchste und zugleich aktivste Vulkan Europas

Jüngste Ausbrüche des Ätna

2010 bricht ein neuer Krater am bestehenden Südostkrater auf, es kommt mehrfach zu explosiven Aschefreisetzungen. Der Kegel des neuen Kraters wächst 2011 während mehrerer eruptiver Phasen weiter an. Zum Jahreswechsel setzt eine Explosion in der Bocca Nova vor allem altes Material frei, das als Ascheregen auf Catania und Umgebung niedergeht.

gen, sich zu befreien: Dann wird sich der Vulkan in zwei Teile spalten und die ganze Insel unter seinen Laven begraben.

Später verlegte der Mythos auch den Sitz des Feuer- und Schmiedegottes Hephaistos auf den Ätna: Dort schmiedete er die Blitze des Zeus, wobei ihm die Zyklopen halfen, Riesen mit einem einzigen Auge auf der Stirn, die Söhne des Meeresgottes Poseidon. Hephaistos, der hässlichste der Götter, war mit der schönsten Göttin verheiratet, mit Aphrodite. Jedes Mal, wenn er einen Seitensprung seiner nicht allzu treuen Gattin vermutete, schürte er das Feuer zu heftig.

Reisen & Genießen

Hotels und Restaurants

Das komplett renovierte Luxushotel aus den 1950er-Jahren im lebendigen Zentrum Catanias bietet edles Flair und einen beeindruckenden Blick über die Dächer der Stadt vom Fitnessclub aus. Im Restaurant Le Zagare kreative Küche mit Zutaten der Region (auch für Gäste von außen).
Excelsior Grand Hotel*****
Piazza Verga 39, 95129 Catania
Tel. 09 57 47 61 11
www.hotelexcelsiorcatania.com

Zentral liegt auch diese schmucke Villa: Fresken und Stuckarbeiten des sizilianischen Barock zieren einige der mit antiken Möbeln eingerichteten 12 Zimmer, im Sommer auf Wunsch Frühstück im Garten.
La Vecchia Palma***
Via Etnea 668, 95128 Catania
Tel. 095 43 20 25
www.lavecchiapalma.com

Das mediterrane Hotel an der felsigen Riviera dei Ciclopi lockt mit zum Meer geöffneten Terrassen, Privatstrand, Tauchschule, Spa und Thermalbad.
Grand Hotel Baia Verde**-****
Via Angelo Musco 8/10,
95020 Aci Castello-Cannizzaro
Tel. 095 49 15 22
www.baiaverde.it

Unweit des Teatro Massimo traditionelle Kost nach Art der catanesischen Hausfrau mit besonders frischen Zutaten der Saison. Das preiswerte Mittagsmenü beinhaltet sowohl Fisch als auch Fleisch.
Trattoria Casalinga
Via Biondi 19, 95131 Catania
Tel. 095 31 13 19
www.daninotrattoriacasalinga.it
So geschl.

Vielfach ausgezeichnet ist dieser Klassiker unter den Restaurants Catanias mit mittlerem Preisniveau und angenehmem Ambiente. Besondere Spezialität des Hauses sind gefüllte *calamari,* wozu ein kräftiger Weißwein vom Ätna sehr gut schmeckt.
La Siciliana
Viale Marco Polo 52A, 95126 Catania
Tel. 095 37 64 00
www.lasiciliana.it
So abends und Mo geschl.

Im Herzen von Acitrezza mit Blick auf den kleinen Fischereihafen der ideale Ort, um zu angemessenen Preisen beim Sonnenuntergang frischen Fisch zu genießen:
Da Federico
Via Provinciale 115, 95021 Acitrezza
Tel. 095 27 63 64
www.trattoriadafederico.it
Mo geschl.

Taormina und Umgebung

Cityplan Taormina S. 99

Taormina

Taormina ★★

Das Landschaftsbild, das sich von Taormina (11 100 Einw.) aus bietet, ist in seiner Schönheit schwer zu übertreffen: Zur einen Seite des Felsvorsprungs, auf dem das Städtchen liegt, erstreckt sich das blaue Meer; auf der abwechslungsreichen Küstenlinie dominiert das **Kap von S. Alessio,** das ›Silberkap‹ Homers, ehe sich diese in der Meerenge von Messina verliert, wo sie sich mit der des gegenüberliegenden Festlands zu vereinigen scheint. Zur anderen Seite hin dehnt sich das offene Meer, und von der buchtenreichen Küste erhebt sich das reine Profil des Ätna zu majestätischer Größe. Im Hinterland bilden die hintereinander aufgereihten Kalkfelsen der Monti Peloritani die Kulisse, wobei auf dem ersten eine Burgruine und ein verlassenes Kloster, auf dem nächsten ein Dorf das Bild beleben.

Servizio Turistico Regionale
Palazzo Corvaja
Piazza Santa Caterina
98039 Taormina
Tel. 094 22 32 43, 094 22 32 44

Reste von Stadtmauern und -toren, einige Paläste und Kirchen aus dem späten Mittelalter, im sog. arabisch-normannisch-taorminensischen Stil errichtet, verleihen der Innenstadt ihren besonders malerischen Charakter. Ende des 19. Jahrhunderts entdeckte der Baron von Gloeden das Städtchen, und, begeistert von der Umgebung und den Einwohnern, hielt er alles fotografisch fest. Diese Bilder, die zweifellos zu den schönsten in der Geschichte der Fotografie zählen, stellte er in Paris aus und erweckte so Interesse für Taormina, das bald dank seines milden Klimas zum beliebtesten Winteraufenthaltsort des europäischen Adels wurde. Dieser Elitetourismus hielt sich bis zur Nachkriegszeit, danach änderten sich die sozialen Verhältnisse und somit auch der Tourismus, und die Hauptbesucherzeit verschob sich allmählich auf die Sommermonate.

Wilhelm von Gloeden

Der deutsche Baron kam 1878 nach Sizilien, um eine Lungenkrankheit auszukurieren. Hier war es ihm – anders als im wilhelminischen Deutschland – möglich, nackte Jünglinge in antiken Posen zu fotografieren. Diese Kunstfotografien machten ihn und Taormina, wo er 1931 starb, berühmt.

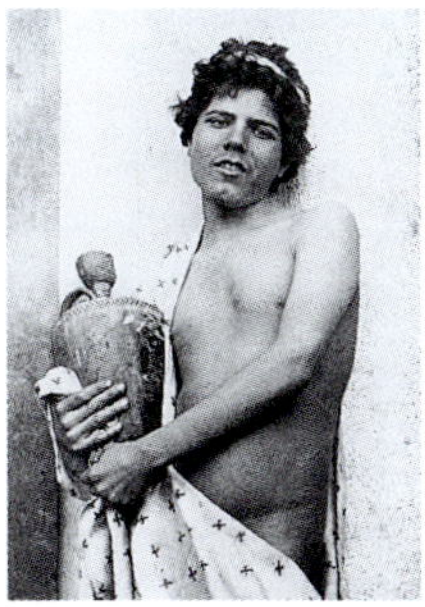

Geschichte

Der Ursprung der Stadt reicht bis tief in die Vorgeschichte zurück. In der späten Bronzezeit wählte eine Gruppe der einwandernden Sikuler den 200 m hohen Fels als Sitz für ihren neuen Wohnort. Als die Griechen im 8. Jh. v. Chr. in der Nähe ihre erste Siedlung, Naxos, anlegten, wurden sie von den Bewohnern der inzwischen befestigten Stadt toleriert. Das Einvernehmen zwischen den beiden Städten bestand noch Ende des 5. Jh. v. Chr., als Naxos durch Dionysios von Syrakus zerstört wurde und die Sikuler den Flüchtenden Asyl gewährten. Fünf Jahrzehnte danach stieg in der von den Griechen *Tauromenion* genannten Stadt der erste unter ihnen zum Herrscher auf: Andromachos, der Vater des Historikers Timaios (358 v. Chr.). Neben Enna galt Tauromenion als uneinnehmbare Inselfeste.

Von den Römern wurde die Stadt mit Wasserreservoirs versehen, die ihr eine zweijährige Unabhängigkeit von der Außenwelt garantierten; einer dieser Behälter ist heute noch in Gebrauch, ein zweiter fiel den

Prähistorische Nekropole

In Taormina gehen die meisten erhaltenen Zeugnisse auf die römische Zeit und das späte Mittelalter zurück. Bis vor wenigen Jahren blieb noch eine prähistorische Nekropole erhalten, die ›dank‹ moderner Bautätigkeit inzwischen bis auf wenige Felsgräber zerstört ist (Funde in den Archäologischen Museen von Syrakus und Palermo).

Bomben des letzten Krieges zum Opfer. Während der Sklavenkriege kämpften die Einwohner auf der Seite der Rebellen und konnten erst nach langem Widerstand ausgehungert werden. Während des Machtkampfes zwischen Oktavian und Sextus Pompeius nahm Tauromenion für den letzteren Partei (36 v. Chr.). Nach seinem Sieg bestrafte Oktavian die Stadt, indem er sie von einer privilegierten *Civitas foederata* zur Kolonie herabsetzte und die Bewohner deportierte.

Erst zur byzantinischen Zeit sollte sie wieder eine gewisse Bedeutung erlangen, als sie als einzige Stadt an der Ostküste den Angriffen der Araber widerstand und nach dem Fall von Syrakus das Zentrum des byzantinischen Sizilien bildete. 902 erlag auch sie den neuen Eroberern. 60 Jahre später kam es zu einem Aufstand gegen die muslimische Herrschaft, der als Folge die Namensänderung in Al-Moetia brachte. Nach einem zweiten Aufstand 969 wurde die Zerstörung der rebellischen Stadt beschlossen. Unter dem Namen Tambermin blieb nur die Festung zur Rückendeckung des Hafens von Naxos bestehen. Ab dem 13. Jh. bildete sich ein neues Wohnzentrum, zu dem große Klostergründungen den Anstoß gaben.

Unter der spanischen Vorherrschaft wurde die Stadt ihrer zugehörigen Ländereien beraubt, und ein Aufstand (1674–78) gegen die Regierung führte zu weiteren Verschlechterungen, die eine rapide Bevölkerungsverminderung zur Folge hatten. Da die ehemalige Straße Messina–Syrakus Taormina in den Handelsverkehr einbezog, besaß die inzwischen zum Dorf gewordene ehemalige Stadt noch eine Überlebensmöglichkeit. Diese wurde ihr aber dann im Laufe des 18. Jh. auch noch genommen, als sich die Straße zur Küste hin verlagerte und das Dorf so endgültig vom modernen Leben abgeschnitten war.

Stadtbesichtigung

Die Hauptattraktion Taorminas ist zweifellos das **antike Theater (1).** Schon Goethe zeigte sich von diesem landschaftlich so außerordentlich reizvoll gelegenen Bauwerk entzückt, und unzählige Gemälde und Stiche aus dem 18. und 19. Jh. haben es zu einer der bekanntesten antiken Ruinen Siziliens werden lassen. Wie alle griechischen Theaterbauten ist es in einen natürlichen Hang eingebettet (vgl. z. B. das griechisches Theater von Syrakus, S. 132) und nicht, wie im römischen Kulturkreis üblich, als eine freistehende Architektur mit einer das Gebäude umgebenden Außenfassade gestaltet worden.

Tatsächlich handelt es sich hier jedoch um eine ausnahmslos römische Theaterarchitektur, die Anfang oder Mitte des 2. Jh. v. Chr. ein kleineres, griechisches Theater ersetzte. Ein zweiter Umbau zu römischer Zeit, ungefähr 300 Jahre später, führte zu einer Erweiterung des Zuschauerraums nach oben hin, indem ein doppelter Portikus errichtet wurde, auf dessen Dach Holzsitze Platz für das Volk boten. Mit einem Durchmesser der Cavea von 109 m war das Theater von Taormina nach dem griechischen Theater in Syrakus das zweitgrößte auf Sizilien, in seiner Zuschauerkapazität überstieg es dieses sogar.

Teatro Greco-Romano

tgl. 9 Uhr bis 1 Std. vor Sonnenuntergang
Veranstaltungen und Konzerte werden von Taormina Arte organisiert, das Programm ist im Servizio Turistico oder unter www.taormina-arte.com erhältlich.

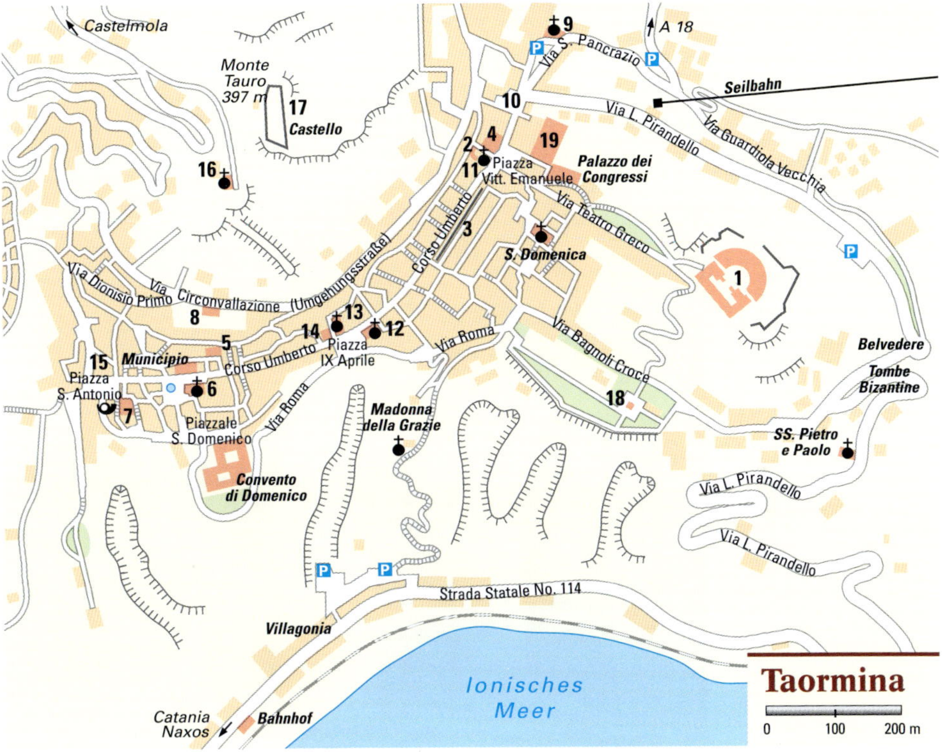

Taormina

1 Antikes Theater
2 Odeion
3 ›Naumachie‹
4 Palazzo Corvaja (Touristeninfo)
5 Palazzo Vecchio
6 Dom S. Nicolò
7 Palazzo dei Duchi di S. Stefano
8 Badia Vecchia
9 S. Pancrazio
10 Porta Messina
11 S. Caterina
12 Sant'Agostino
13 S. Giuseppe
14 Stadttor/Uhrturm
15 Porta Catania
16 Madonna della Rocca
17 Festung
18 Stadtpark
19 Antike Münzprägestätte

Vor der Cavea lag das langrechteckige, von Seitentürmen flankierte Bühnengebäude, das zum Zuschauerhalbrund hin eine typisch römische Schaufassade mit zweigeschossiger Säulenstellung und Nischen aufwies. Teile des Bühnengebäudes wurden im 19. Jh. restauriert. In den Nischen standen einst Statuen, von denen sich einige Reste erhalten haben: der Kopf einer Augustusstatue sowie Fragmente eines Artemis- und eines Aphroditebildnisses.

Die baulichen Besonderheiten, die der heutige Zustand der Orchestra (Durchmesser: 35 m) aufweist, sind Resultate von Umbauten im 2. Jh. Bis dahin als Theater, also für Schauspielaufführungen genutzt, wurde das Gebäude nun in eine Arena, in eine Art Amphitheater, umgewandelt, wo nun ausschließlich Gladiatorenkämpfe und

Blick über die römische Schaufassade des antiken Theaters von Taormina auf den Ätna. In den Sommermonaten wird der grandiose Bau für Theater-, Opern- und Ballettaufführungen sowie für Filmfestspiele und Konzerte genutzt

Tierhetzen stattfanden. Das 2 m tiefe rechteckige Becken im Zentrum der Orchestra/Arena diente blutigen Wasserkämpfen. Durch den niedrigen, nach oben abgeschlossenen Gang, der um die Orchestra läuft, wurden die Tiere in die Arena eingelassen. Auf seinem durch ein Gitter geschützten Dach befanden sich Ehrenplätze für angesehene Persönlichkeiten. Wie viele römische Theater und Amphitheater ließ sich auch dieses mit Sonnensegeln *(Velum)* überspannen, um dem Publikum Schutz vor der Mittagshitze zu geben.

Das kleinere, einst überdachte Theater, das **Odeion (2),** wurde zur Kaiserzeit errichtet und benutzt. Als Bühnengebäude diente ihm die Längsseite eines griechischen Tempels. Die Cavea war in fünf Cunei eingeteilt, von denen die unteren Sitzreihen freigelegt sind. Links von den Bankreihen kann man noch einen der Umkleideräume erkennen sowie die Stützmauer, auf der die Holzbühne auflag.

Als ›**Naumachie**‹ **(3)** wird eine 122 m lange Blendfassade mit abwechselnd großen Bogennischen und höher gelegenen rechteckigen Nischen aus der Kaiserzeit bezeichnet, die man anfänglich für den Abschluss eines großen Beckens für Wasserschlachten gehalten hat und die so ihren Namen bekam. Sie war aber wohl nur eine Stützmauer für den dahinterliegenden Hügel und lag im Bereich des Gymnasiums.

Der mittelalterliche **Palazzo Corvaja (4)** liegt am Anfang der Hauptstraße, des Corso Umberto, in jenem Gebiet, in welchem sich ehemals die Agora und später das Forum befanden. Zum Platz hin erhebt sich die Seitenwand aus dem 15. Jh., und aus derselben Zeit stammen das niedrige Eingangstor und das dreibogige Fenster darüber. Eine Wand des Innenhofs wird von einem arabischen Wehrturm gebildet, um den sich das Gebäude entwickelte (einziges er-

Odeion

tgl. 9 Uhr bis 1 Std. vor Sonnenuntergang

Museo di Arti e Tradizioni Popolari

im 1. OG des Palazzo Corvaja
Tel. 09 42 62 01 98
Di–So 9–13, 16–20 Uhr

Taormina, Domplatz und Dom S. Nicoló aus dem 15. Jh.

haltenes Beispiel eines arabischen Festungsturms in Europa). Im 13. Jh. wurde der linke Flügel an den Turm angebaut, im 14. Jh. die Außentreppe angelegt. An der Balustrade des Treppenabsatzes gibt ein Relief diejenigen Themen wieder, die wie keine anderen die Ikonografie des späten Mittelalters beherrschten: die Verführung Adams durch Eva, die Vertreibung aus dem Paradies und die Verdammung zur Arbeit.

Kurz vor dem Dom, auf der Höhe einer breiten Treppenrampe, steht der älteste Palast von Taormina, der **Palazzo Vecchio (5,** auch: *Palazzo Ciampoli,* heute Hotel) aus dem 13. Jh., der im 15./16. Jh. Veränderungen erfuhr. Der **Dom S. Nicolò (6)** wurde im 15. Jh. errichtet und durch Restaurierungsarbeiten im 20. Jh. teils wieder auf seine ursprünglichen Formen zurückgeführt. Auf das Ende des 15. Jh. geht das schön gearbeitete Seitenportal zurück, der Innenraum ist der gewohnte basilikale. Die bemerkenswertesten Werke der Innenausstattung sind die Gemälde des Antonino Giuffrè (Verkündigung; hl. Joseph und Zacharias) von 1463 und ein Polyptychon des Antonello de Saliba von 1504.

Palazzo S. Stefano
Fondazione Mazzullo
Di–Sa 9.30–12.30, 16.30–19.30 Uhr

Badia Vecchia
seit 2009 wegen Restaurierungsarbeiten geschl., die archäologische Sammlung ist im Palazzo S. Stefano ausgestellt.

Schöne Beispiele der Baukunst des 14. Jh. stellen der **Palazzo S. Stefano (7)** und die **Badia Vecchia (8)** dar. In Ersterem wird eine Sammlung von Werken des zeitgenössischen, vor einigen Jahren verstorbenen Bildhauers Giuseppe Mazzullo aufbewahrt, dessen Geburtsort, Francavilla, nicht weit entfernt von Taormina liegt. Im zweiten ist 1995 ein kleines Museum eröffnet worden, in dem archäologische Fundstücke aus Privatbesitz und neuere Funde ausgestellt sind, die zum größten Teil der Begeisterung von Amateurarchäologen zu verdanken sind.

Naxos

Das moderne Naxos mit seinen viel besuchten Stränden, 12 km entfernt von Taormina an der Küste gelegen, ist ein typisches, nur in der Saison touristisches Zentrum. Die Ausgrabungen des antiken Naxos, der ersten griechischen Siedlung in Sizilien (735 v. Chr.), liegen heute leider durch eine Schutzmauer aus dem 19. Jh. vom Meer getrennt, was es doch erheblich erschwert, einen Eindruck von der Lage der antiken Stadt zu gewinnen.

In den allerersten Jahren nach der Ankunft der Griechen in Sizilien und der Gründung von Naxos müssen den ersten Siedlern aus Euböa laufend weitere, auch aus anderen Gegenden Griechenlands stammende Einwanderungsverbände gefolgt sein; anders ist der Ausdehnungsdrang der Naxier nicht zu erklären, der in wenigen Jahren zu den Gründungen von Leontinoi und Kallipolis (Thuk. VI 3.3 und Strabon 272) und gleichzeitig, wie archäologische Ausgrabungen vermuten lassen, zum Bau von den Rückenfestungen im Hinterland, die dem heutigen Castiglione *(Kallipolis?)* und Castelmola entsprechen, führte. Während des von Hippokrates von Gela geführten Expansionskrieges zu Beginn des 5. Jh. v. Chr. wurde Naxos angegriffen, entging aber einer Zerstörung (Herodot VII 154).

476 v. Chr. unterlag die Stadt Hieron I. von Syrakus, der die Einwohner zusammen mit denen von Katane gewaltsam nach Leontinoi umsiedelte und die Stadt ›neu‹ gründete, indem er dem Stadtbild einen ›modernen‹ Aspekt gab und 460 v. Chr. (Diodor XI 49) neue Kolonisten ansiedelte. Nach dem Ende der Dynastie der Deinomeniden kehrten die alten Einwohner wieder in ihre Stadt zurück, wo ihnen ein beinahe dreißigjähriger Frieden vergönnt war, nur unterbrochen von einem Angriff seitens der mit Syrakus verbündeten Stadt Messana (Zankle) während der Ersten Sizilischen Expedition. Bei der Zweiten Sizilischen Expedition Athens unterstützten die Naxier das Heer des Nikias, und das wiederum galt Dionysios I. als Vorwand, 403 v. Chr. Naxos anzugreifen und die Stadt dem Erdboden gleich zu machen. Die Überlebenden fanden zunächst Zuflucht bei den befreundeten Sikulern, Naxos hingegen hörte auf, als Stadt zu existieren.

Servizio Turistico Regionale

Lungomare Tysandros 54
98030 Giardini Naxos
Tel. 094 25 10 10
www.strgiardini.it
für Naxos und die umliegenden Orte

Parco e Museo Archeologico

Lungomare Schisò
tgl. 9 Uhr bis 1 Std. vor Sonnenuntergang

Besichtigung

Reste eines Wohnhauses aus der ersten Phase, identisch mit den Beispielen aus der frühen Periode von Megara Hyblaea und Ortygia, zeigen einen quadratischen Wohnraum (4 × 4 m) mit einer gemauerten Bank an einer der Innenwände. Die Häuser nahmen schon im 7. Jh. v. Chr. größere Dimensionen an, und bei archäologischen Untersuchungen kamen Reste des erst im 4. Jh. üblichen **Pastas-Typs** zum Vorschein, für diese Zeit also sehr ungewöhnlich (Wohnhäuser, deren Räume auf einen quer angelegten, offenen Korridor, Pastas, ausgerichtet sind).

Eine auf dem antiken Stadtgebiet von Naxos gefundene Münze aus Syrakus (Arch. Museum Naxos)

Die ersten kleinen Holzheiligtümer mit Terrakottaschmuck wurden schon bald von dem sich ausdehnenden Stadtgebiet überbaut, lediglich der **Sakralbezirk der Aphrodite** wurde beibehalten und erhielt gegen Ende des Jahrhunderts eine neue Einfassungsmauer mit zwei kleinen Propyläen. Die feine Steinbearbeitung dieser Mauer stellt ein einmaliges Beispiel aus der archaischen Zeit in Sizilien dar. Im Innern des Temenos sind noch die Grundmauern eines kleinen Bauwerks aus dem 7. Jh. v. Chr. zu erkennen, über die sich die Mauern eines neuen, großen Gebäudes vom Ende des 6. Jh. v. Chr. lagern (16 × 38 m). Der mit drei Stufen versehene Altar an dessen Ostseite und die Brennöfen zur Herstellung tönerner Kultgegenstände scheinen von dem ursprünglichen Heiligtum in das neue übernommen worden zu sein. Mehrere verstreut in diesem Bezirk stehende Steinblöcke waren Basen von Votivstatuen. Die anderen Grundmauern zeigen die Lage von kleineren Sakralbauten, die zu dem heiligen Bezirk gehörten. Nichts lässt auf die Gottheiten schließen, denen sie geweiht waren.

Ende des 6. Jh. v. Chr. wurde das Stadtgebiet mit einem Verteidigungsring aus großen Basaltsteinblöcken umgeben. Für die klassische Stadt, die Hieron I. erbauen ließ, wurden diese Mauer und der Temenos übernommen, die archaischen Wohnhäuser dagegen eingeebnet. Die Nord-Süd-Orientierung der alten Stadt wurde mittels dreier breiter Straßen aus gestampfter Erde in Ost-West-Richtung verlagert; sie verliefen im Abstand von 150 m parallel zueinander *(Platai* = Straßen A, B, C; Breite: A 9,50 m; B und C 6,80 m) und waren von 1,20 m breiten Abflussrinnen flankiert.

Hippodamisches Straßensystem

Zurückgehend auf demokratische Ideen und Stadtplanungen des Architekten Hippodamos von Milet, bezeichnet das ›hippodamische Straßensystem‹ ein urbanistisches Idealschema, das im 5. Jh. v. Chr. in der gesamten griechischen Welt weite Verbreitung fand. Es besteht in einer in sich geschlossenen Stadtorganisation mit einem Rastersystem aus parallel verlaufenden Hauptachsen und einander rechtwinklig kreuzenden Straßen.

Alle 39 m wurden die Hauptstraßen von 5 m breiten Straßen im rechten Winkel durchkreuzt und – bis jetzt bei keiner anderen Stadt gefunden – an allen Schnittpunkten gleich große, rechteckige, in identischer Technik ausgeführte Basen angebracht, deren Zweck unbekannt ist (Altäre?). Sondagen haben gezeigt, dass auf jeder Insula mehrere Wohnhäuser unterschiedlicher Größe standen. In der Regel waren die Mauern der unteren Stockwerke aus Stein errichtet, die der oberen dagegen in Fachwerk.

Ein kleines, übersichtlich eingerichtetes **Museum** zeigt Funde aus der Frühzeit des ehemaligen Stadtgebiets: Seit dem Neolithikum bewohnt (Keramik aus der Stentinello-Kultur, 4. Jt. v. Chr., und der Diana-Kultur, 3. Jt. v. Chr.), entstand dort in der mittleren Bronzezeit ein Wohnort und Handelszentrum, das vor allem mit Mykene regen Austausch hatte (Thapsos-Kultur, ab 1400 v. Chr.) und während der griechischen Epoche von Anfang an ein gutes Verhältnis zu Euböa pflegte. Wie stark die griechische Kultur auf die hier ansässigen Sikuler wirkte, zeigen einige Vasen, die in der nahen Nekropole von Cocolonazzo bei Taormina gefunden wurden. Aus der geschichtlichen Zeit (ab 8. Jh. v. Chr.) sind einige Dekorfragmente mit Lotosblüten und Palmetten aus dem frühen 5. Jh. v. Chr. besonders interessant, da sie in der gleichen Zeit entstanden, als sich die ionische Stilrichtung ebenso in Agrigent wie Selinunt bemerkbar machte.

Alcantara und SS. Pietro e Paolo

SS. Pietro e Paolo ★★

Den Fluss Alcantara in der Nähe von Taormina überspannte schon in römischer Zeit eine Brücke, die in der Antike als die schönste aller Brücken galt; nur eine Inschrift und die Grundpfeiler haben sich davon erhalten. Die Araber nannten den Fluss daher einfach ›die Brücke‹, *al-Cantara.* Bei **Francavilla** schneidet sich das Flussbett 25 m tief in einen vorgeschichtlichen Lavastrom ein und formt so die **Schluchten des Alcantara,** deren Wände aus Säulenbasalt bestehen.

Casalvecchio Siculo

In der Nähe von Casalvecchio Siculo (1000 Einw., 400 m ü. d. M.) liegt eines der komplexesten sizilianischen Baudenkmäler des Mittelalters, die ehemalige Basilianerkirche SS. Pietro e Paolo (Von der Küstenstraße aus leicht zu errreichen; Abzweigung bei Santa Teresa Riva). Das Dorf selbst scheint in der Spätantike entstanden zu sein. An dem kleinen zentralen Platz, von dem aus sich eine schöne Aussicht über die Meerenge, Berge und Täler bis zum Ätna bietet, steht die barocke Hauptkirche. Eines ihrer Weihwasserbecken stützt sich auf ein Kapitell, das einst zu der normannischen Kirche gehörte.

Die normannische Kirche **SS. Pietro e Paolo** liegt außerhalb des Wohnorts im Tal der Fiumara di Forza d'Agrò (diese Fiumara oder Torrente sind keine eigentlichen Flüsschen, d. h. sie führen kein Quell-,

Die Basilianerkirche SS. Pietro e Paolo bei Casalvecchio Siculo mit ihren ineinander verschränkten Blendbogenarkaden (links), Blick in die Kuppel (S. 106): Selbst ohne jeglichen Schmuck bleibt den mittelalterlichen Kirchen noch ihre Mystik erhalten, die immer wieder die gleiche Lehre verbreitet: Gott ist Licht und die Quelle jeglicher Erleuchtung, Schöpfer aller Dinge und des Alls. Die Kuppel repräsentiert das Himmelsgewölbe, das darin zweimal eingeschriebene Achteck die Perfektion der Schöpfung. Der gezielte Lichteinfall erleuchtet die Kuppel und macht sie zur eigentlichen Lichtquelle, darunter bricht sich das Licht effektvoll an den Muqarnas

Blick ins Gewölbe von SS. Pietro e Paolo

sondern nur Regenwasser). Eine Inschrift auf dem Architrav des Hauptportals besagt, dass das Gotteshaus im Auftrag des Katechumenen Theosteriktos vom Baumeister ›Gerhard dem Franken‹ 1172 wiederaufgebaut wurde; Roger II. hatte es 1116 errichten lassen. Am Außenbau der Kirche erzielen streifenweise angewandte rote Ziegel, schwarzes Lavagestein und hellerer Sand- und Kalkstein einen malerischen Farbeffekt. Ineinander verschränkte Blendbogen auf hohen Lisenen und der bekrönende Zinnenkranz verleihen dem Bau zusätzliche Akzente.

Hohe Spitzbogen auf monolithischen Säulen trennen die drei Schiffe voneinander. Die beiden Kuppeln, die jeweils auf der Achse des Mittelschiffs aufsitzen, weisen unterschiedliche Formen auf: Die erste, auf einer hohen Trommel, ist in Segmente aufgeteilt, diejenige vor der Apsis ruht auf einer achteckigen Trommel. Zwischen den beiden Treppentürmen an der Frontseite, von denen nur noch das untere Geschoss erhalten blieb, liegt ein Narthex mit hohem Spitzbogen, dessen oberer Teil jedoch eingestürzt ist. Die mittlere der drei Apsiden ist nach außen rechteckig ummauert und strebt steil und festungsartig in die Höhe.

Forza d'Agro, Savoca und Itala

Wenige Kilometer von Taormina entfernt liegt auf einem Bergkamm (420 m ü. d. M.) malerisch das noch ganz mittelalterlich wirkende Dorf **Forza d'Agro** mit ca. 900 Einwohnern. Die ersten Dokumente über den Ort stammen von 1117, als Roger II. ihn dem Besitz des Basili-

Itala, S. Pietro

anerklosters SS. Pietro e Paolo überließ. Im 15. Jh. wurde dort eine Festung errichtet, die ein Großteil des Wohngebiets umschloss. Sie liegt heute in Ruinen, und innerhalb des ehemaligen Mauerrings breitet sich jetzt der Friedhof aus.

Es scheint, dass **Savoca** das Überbleibsel eines einstmals größeren Wohnortes ist, den die Normannen mit einer Festung versahen (1800 Einw., 303 m ü. d. M.). Die Lage eignete sich vorzüglich zur Verteidigung der Küste. Alles deutet darauf hin, dass der Ort im 14. Jh. beinahe aufgegeben war, und dass er erst unter den Aragonesen wieder aufblühte. Auf das 15. Jh. gehen auch die ältesten Kirchen zurück. Eher eine Kuriosität: in der Krypta des Kapuzinerklosters stehen noch einige Mumien verstorbener Landadeliger, die ein Witzbold vor einigen Jahren mit Spray grün einfärbte.

Auf einem Hügel bei dem ursprünglich arabischen Dorf **Itala** (1700 Einw., 210 m ü. d. M.) steht noch eine weitere ehemalige Basilianerkirche, S. Pietro geweiht. Ihre Bauzeit fällt in das letzte Viertel des 11. Jh., und der mündlichen Überlieferung nach soll sie Graf Roger I. nach seinem Sieg über die Araber errichtet haben lassen. Es handelt sich um eine der typisch basilikalen Bauten, dessen Zentrum von einer Kuppel überspannt wird. Besonders schön ist die reich gegliederte Nordseite mit verschränkten Blendbogenarkaden aus normannischer Zeit.

S. Pietro
Itala
nur So 11 Uhr zur Messe geöffnet

Zwischen Ätna und Monti Nebrodi

Randazzo

Die Stadt (11 200 Einw.) an den Hängen des Ätna besaß Bedeutung unter den Staufern und den Aragonesen und war einst eine Sommerresidenz des Adels. Bis Anfang des 20. Jahrhunderts sprach die Bevölkerung noch die drei verschiedenen Sprachen, die sich aus der byzantinischen Gründungszeit erhalten hatten – je nach Stadtviertel vom Griechischen, Lateinischen und Lombardischen abgeleitet. Randazzo besaß drei Kathedralen: **S. Nicolò di Bari, S. Martino** und **S. Maria;** die letztere, 1217–39 entstanden, ist heute die Hauptkirche, doch auch die anderen beiden verdienen Beachtung. Mit der Hölle von Randazzo, dem Bombenangriff der Alliierten, endete am 13. August 1943 für Sizilien der Zweite Weltkrieg. Danach waren 85% des Städtchens zerstört. Das **Castello Svevo** beherbergt nach seiner Restaurierung das **Archäologische Museum.**

Museo Archeologico Paolo Vagliasindi und Museo dei Pupi Siciliani
Castello Svevo
Randazzo
Di–So 9.30–12.45, 15.30–18.45 Uhr
Ticket gilt auch für das Museo Civico, Corso Umberto I.

Castello Ducea di Nelson
S. Maria di Maniace
tgl. 9–13, 14.30–17 (im Sommer bis 19) Uhr
An das Castello sind ein Nelson-Museum und ein Skulpturengarten angeschlossen.

S. Maria di Maniace

13 km von **Bronte** (19 400 Einw.) liegt die ehemalige **Benediktinerabtei S. Maria di Maniace,** auch *Castello* genannt. 1174 in dem Tal errichtet, wo 1040 der byzantinische General Georg Maniakes über

die Sarazenen siegte, wurde sie 1799 von Ferdinand I. zusammen mit dem Herzogtum Bronte dem Admiral Nelson geschenkt und schließlich 1981 von dessen Erben an die Gemeinde Bronte verkauft. Die kleine Kirche mit ihrem Spitzbogenportal aus Marmor, dessen Säulen figürliche Kapitelle tragen, bietet ein schönes Beispiel spätnormannischer Architektur. Die aus deren Blütezeit stammende Holzdecke ist zum Großteil noch im Original erhalten, der Flügelaltar aus dem 13. Jh. ist eine sizilianische Arbeit. Das byzantinische Bild der Muttergottes mit Kind soll Maniakes einer Legende zufolge aus Konstantinopel mitgebracht haben.

An die Abtei schließt sich ein kleiner **englischer Friedhof** an, hier liegt der schottische Dichter William Sharp begraben († 1905).

Troina

Das Städtchen (9700 Einw.) liegt abgeschieden im Innern der Insel, 1121 m ü. d. M. inmitten einer fruchtbaren Landschaft. Seit dem 11. Jh. gibt es schriftliche Aufzeichnungen über die Stadt, die bei der normannischen Eroberung ab 1062 als Militärbasis eine wichtige Rolle spielte. Zwischen 1078 und 1080 ließ Graf Roger einen Dom errichten, gründete sein erstes Basilianerkloster **(S. Michele,** südöstlich des Wohnorts) und richtete dort auch die erste Diözese auf der Insel ein (1082). Die schmale Hauptstraße führt am Kamm des Berges durch das mittelalterliche Zentrum. Die ehemals **normannische Hauptkirche** wurde im 15. und nochmals im 18. Jh. umgebaut, doch am Turm sind noch deutlich die normannischen Bauformen zu erkennen. Mit ihren dicht aneinandergebauten Häusern schmiegt sich die Stadt eng an den Berghang.

In der Nähe von Troina, doch niedriger (949 m ü. d. M.), liegt der **Stausee von Ancipa** mit einem beeindruckenden, 120 m hohen Deich *(Dica di S. Teodoro)* und einer Wasserfläche von 51 km^2. Das Wasser stürzt in einem 2 km langen Rohr 410 m in die Tiefe und wird in dem Kraftwerk von Troina genutzt.

Nicosia

In byzantinischer Zeit, im 7./8. Jh., entstand Nicosia an der Verbindungsstraße Messina–Palermo (heute 14 500 Einw.). Unter den Normannen wurde die **Burg** der Stadt erneuert und Einwanderer vom Kontinent dort angesiedelt. Der **Dom** bewahrt aus seiner Erbauungszeit (14. Jh.) den imposanten Turm mit Fenstern unter einfachen, doppelten und dreifachen Bogen in drei Ordnungen sowie das Portal, das allerdings im 18. Jh. durch Hinzufügung allegorischer Figuren der Tugenden ›bereichert‹ wurde. Am Eingang des Glockenturms der Kirche **S. Salvatore** sind auf einer gemauerten Steintafel die Daten der Schwalbenrückkehr für die Jahre 1737–58 und 1837–45 registriert.

Sperlinga

Die **Festung** findet in den Quellen ab dem 11. Jh. Erwähnung. Unter Friedrich II. von Hohenstaufen gehörte sie zum Kronbesitz, während der Sizilianischen Vesper blieb sie das letzte Bollwerk der Anjous – daher die Inschrift über der zweiten Tür: *Quod Siculis placuit sola Sperlinga negavit* (Nur Sperlinga sagt nein zu dem, was die Sizilianer beschließen). Ende des 16. Jh. wurde die Festung in eine Adelsresidenz umgewandelt und der Ort gegründet. Die Festung und z. T. auch die kleine Ortschaft (900 Einw.) bestehen aus einer pittoresken Mischung aus in den Fels geschlagenen Räumen und Korridoren und in Mauerwerk hinzugefügten Wänden.

Wer bis hierher gekommen ist, kann nun über **Calascibetta** (s. S. 170) weiter ins Landesinnere vorstoßen oder über Gangi und Geraci bequem die Nordküste erreichen.

Castello
Sperlinga
www.castellodisperlinga.it
tgl 9–13, 14–18 (Winter), 9.30– 13.30, 15.30–19 Uhr (Sommer)
In den ehemaligen Felswohnungen gibt es eine Ausstellung zum bäuerlichen Leben zu sehen.

Reisen & Genießen

Hotels und Restaurants

Eine atemberaubende Aussicht auf die Küste und bis zum Ätna hat man aus den romantischen Zimmern der eleganten Villa im sizilianischen Stil. Durch eine Treppe ist das oberhalb Taorminas gelegene Hotel mit dem Zentrum verbunden – alternativ steht der Shuttlebus des Hotels zur Verfügung.

Villa Ducale****
Via Leonardo da Vinci 60, 98039 Taormina
Tel. 094 22 81 53
www.villaducale.com

Direkt in der Altstadt wurde ein ehemaliges Keramikatelier in ein außergewöhnlich dekoriertes *art hotel* umgewandelt:

Vello d'Oro***
Via Tommaso Fazzello 2, 98039 Taormina
Tel. 094 22 37 88
www.hotelvellodoro.com

Die individuell gestalteten Zimmer dieses kleinen Strandhotels in der Bucht von Giardini Naxos machen Lust auf Sommer und Meer. Im Restaurant auf der Dachterrasse wird regionale Küche serviert.

Palladio***
Via IV Novembre 269,
98035 Giardini Naxos
Tel. 094 25 22 67
www.hotelpalladiogiardini.com

Im Saal und auf der großzügigen Terrasse genießt man das Panorama und den freundlichen Service. Nicht nur frischer Fisch zu moderaten Preisen steht auf der Karte.

Da Lorenzo
Via Roma 1, 98039 Taormina
Tel. 094 22 34 80
ristorantedalorenzo@alice.it
Mi geschl.

Ein Ausflug ins Landesinnere lohnt sich vor allem zur Pilzsaison in dieses Agriturismo, wenn frische Spezialitäten von den Hängen des Ätna auf der Karte stehen.

Trattoria Veneziano
Contrada Arena
SS 120, km 187, 95036 Randazzo
Tel. 09 57 99 13 53
www.ristoranteveneziano.it
Mo geschl.

Um die Monti Iblei

Syrakus (Siracusa)

Cityplan Syrakus
S. 123,
Noto S. 153,
Ragusa S. 162

Syrakus ★★
Besonders sehenswert: Apollon- und Artemistempel, Archäologischer Park, Archäologisches Museum, Arethusaquelle, Dom, Fort Euryalos, Katakomben, Regionalgalerie, Tempel des Olympischen Zeus

Zur Zeit des Nymphodoros von Syrakus (3. Jh. v. Chr.), eines hellenistischen Reiseschriftstellers, muss Syrakus mit seinen gewaltigen, 27km langen Mauern einen überwältigenden Eindruck geboten haben. Die Gesamteinwohnerzahl soll die Million überstiegen haben – heute ist Syrakus eine Stadt von 123 900 Einwohnern. Das nahe Meer sorgt mit einer steten frischen Brise für ein angenehmes Klima; reizend ist die Insel Ortygia, die heutige Altstadt, mit ihren engen und doch lichten Gassen, den barocken Fassaden und dem Dom. Im krassen Gegensatz dazu steht die wahllos hochgezogene, charakterlose Neustadt. Trotz ihrer Geschichte, der bedeutenden Baudenkmäler und ihrer für Sizilien so günstigen Lage war die Stadt hauptsächlich ein Ziel der Tagesbesucher, bis gründliche Renovierungen, sei es der Denkmäler, sei es des Hotelwesens, sie in den letzten Jahren wieder zu einem beliebten Urlaubsort werden ließen.

Geschichte

Ufficio Turismo
Via Roma 31
96100 Siracusa
Tel. 800 05 55 00
(innerhalb Italiens gebührenfrei)

Servizio Turistico Regionale
Via Maestranza 33
96100 Siracusa
Tel. 09 31 46 42 55
für die Provinz Syrakus

Um 735 v. Chr. legte eine Gruppe korinthischer Auswanderer unter der Führung des Archias bei der kleinen Insel an, die den nördlichen Abschluss der großen Hafenbucht bildet und sie von der Bucht des kleinen Hafens trennt. Auf der Insel lag eine Ortschaft aus Rundhütten, deren Einwohner von den Griechen im Kampf besiegt und vertrieben wurden (der Ort war bereits seit dem 14. Jh. v. Chr. bewohnt). Die griechischen Siedler leiteten den Namen ihrer neuen Stadt von dem eines nahe gelegenen Sumpfes ab, der in der Sprache der Urbevölkerung Syrakka hieß. Dem Inselchen hingegen gaben sie den antiken Namen von Delos, dem Geburtsort der göttlichen Zwillinge Artemis und Apollon: *Ortygia* (›Wachtelinsel‹).

Die Ansiedlung wuchs unglaublich schnell. Nach zwei Jahren dehnte sie sich schon auf das nahe Festland aus, und nach nur 70 Jahren war sie ökonomisch und politisch so weit aufgestiegen, dass sie eigene Pflanzstädte gründen konnte. Die erste war *Akrai* (664 v. Chr.), gleich darauf entstand *Kasmenai* (644 v. Chr.), 599 v. Chr. folgte *Kamarina.* Alle drei garantierten die Kontrolle der Südostküste und lagen an strategisch wichtigen Punkten für die Kämpfe mit der Urbevölkerung, mit der Syrakus in ständigem Unfrieden lebte. Die besiegten Sikuler stellten nicht nur für mindestens zwei Generationen die Frauen für die Einwanderer, sondern auch die nötigen Arbeitskräfte für den Stadtstaat, die *Kyllyrioi.*

Deren soziale Stellung dürfte in etwa der der Heloten in Sparta entsprochen haben, d. h. sie waren praktisch Sklaven, durften aber heiraten und nicht außer Landes verkauft werden. Zu dieser naturgemäß rebellischen Gruppe gesellten sich die ständig nachrückenden Zuwanderer aus dem griechischen Mutterland, die als Zugezogene, als

◁ Blick von Ragusa auf Ragusa Ibla

Metoiken, keine politischen Rechte besaßen, aber lautstark danach verlangten. Zwischen diesen Schichten und den Aristokraten, den Gamaroi (wörtlich: »die sich das Land verteilten«), kam es zu häufigen inneren Streitigkeiten, die oft in Bürgerkriege ausarteten und eigentlich nur während der Regierungszeiten der Tyrannen mit Geschick oder Gewalt unterdrückt werden konnten.

485 v. Chr. gelang es dem Volk, verbündet mit den Kyllyrioi, die Gamaroi zu vertreiben, und diese flüchteten nach Kasmenai. Unter der Führung des aus Gela zu Hilfe gerufenen Gelon gelang es ihnen aber, in die Stadt zurückzukehren. Gelon, der aus einem alten Priestergeschlecht der chthonischen Gottheiten stammte und Heerführer des Tyrannen Hippokrates von Gela gewesen war, hatte nach dessen Tod die Regierung übernommen und überließ sie nun, nach seinem Sieg über das syrakusanische Volk, seinem jüngeren Bruder Hieron.

Zur eigenen Basis erwählte Gelon die neu eroberte Stadt. Um sie zur bevölkerungsreichsten und mächtigsten Stadt zu machen, stellte er eine mächtige Flotte und ein starkes Heer auf, ließ Festungen errichten und übersiedelte mehr als die Hälfte der Einwohner von Gela an seinen neuen Wohnsitz. Auch zerstörte er Kamarina, transferierte dessen Bevölkerung nach Syrakus und nutzte einen unklugen Angriff der Oligarchen von Megara Hyblaea dazu, sich das Territorium der Stadt einzuverleiben und auch deren Bürger nach Syrakus zu bringen.

Der Sieg über die karthagisch-phönizischen Truppen in der Schlacht bei Himera 480 v. Chr. brachte Syrakus und Akragas ungeheuren Reichtum: zum einen an Sklaven, zum anderen durch die Kriegsentschädigung, zu deren Zahlung Karthago verpflichtet wurde. Die politische Allianz, die Gelon schon zu seiner Regierungszeit in Gela mit dem zweitgrößten Stadtstaat Siziliens geschlossen und durch verzweigte Eheverbindungen zu einer dynastischen gemacht hatte, hatte sich bewährt. Mit der Beute ließ Gelon die Tempel der Demeter und Kore in dem neuen Viertel der Neapolis sowie den dorischen Athenatempel in Ortygia bauen, errichtete zusammen mit Theron, dem Tyrannen von Akragas, einen dorischen Tempel in Himera und sandte ein reiches Weihgeschenk nach Delphi.

Gelon

Innerhalb weniger Jahre war Gelon der mächtigste Mann Griechenlands. Der Sieg gegen den Karthager Hamilkar in der Schlacht von Himera 480 v. Chr. ließ ihn zudem zu einem Heroen werden, der die Insel vor »der schweren Knechtschaft Joch« gerettet habe, wie Pindar die Bedrohung durch die Karthager in seiner »Ersten Pythischen Ode« (1,75) nannte.

Die Regierungszeit Gelons war die ›Goldene Zeit‹ von Syrakus. Als er 478 v. Chr. starb, gab ihm das Volk das Grabgeleit. Die Stadt fiel anschließend, gemäß seinem Willen, an seinen Bruder Hieron, Gela dagegen mit Demarete, der Frau Gelons und Tochter Therons, an den anderen Bruder Polyzalos. Hieron I. galt als Mäzen der sportlichen Wettkämpfe, versammelte an seinem Hof die bekanntesten Künstler und Dichter seiner Zeit und machte Syrakus zum kulturellen Mittelpunkt Westgriechenlands.

Nach Hierons Tod (467 v. Chr.) ging die Regierung von Syrakus an den jüngsten der Deinomeniden-Dynastie, an Thrasybulos, über. Dieser zeigte sich jedoch seiner Aufgabe nicht gewachsen und wurde vom Volk vertrieben, das nun ein demokratisches Regierungssystem einführte, wie es zu jener Zeit in beinahe allen sizilischen Stadtstaaten und auf dem griechischen Mutterland existierte. Um eine neue

Tyrannis zu verhüten, wurde von Athen das Gesetz des *Ostrakismos* übernommen, das in Syrakus *Petalismos* genannt wurde, da die Stimmen nicht auf Tonscherben, sondern auf Olivenblätter geschrieben wurden *(Ostraka* = Tonscherben, *Petala* = Blütenblätter).

Um 460/450 v. Chr. zeigte Athen erstmalig Interesse an Sizilien und schloss mit mehreren Städten Abkommen gegen Syrakus. Der Hilferuf der mit Athen verbündeten Stadt Segesta verschaffte Athen schließlich den Vorwand, Syrakus herauszufordern: 416 v. Chr. griff so der Peloponnesische Krieg auf Sizilien über. Doch eine zu geringe Zahl an Verbündeten sowie der Ausbruch einer Seuche ließ die Sizilische Expedition für Athen zu einem Fiasko werden und beschleunigte letztendlich Athens Niederlage im Peloponnesischen Krieg.

406 v. Chr. trat der Kampf gegen die Karthager um die Vorherrschaft auf Sizilien in die entscheidende Phase: In beinahe aussichtsloser militärischer Lage vertraute sich Syrakus jenem Mann an, der später zum Symbol des Tyrannen schlechthin werden sollte: Dionysios I.

»Zu Dionys, dem Tyrannen, schlich …«

Historisches Vorbild für den Tyrannen, der in Schillers Ballade »Die Bürgschaft« ermordet werden soll und den unbedingte Treue dem Freund gegenüber zur Mildtätigkeit führt, war Dionysios I., von 405–367 v. Chr. Herrscher von Syrakus.

Der politische Erfolg schien Dionysios allerdings recht zu geben. Seinen Anstrengungen war es schließlich zu verdanken, dass Sizilien nicht karthagisch wurde, sondern dem griechischen, ›westlichen‹ Kulturkreis letztlich erhalten blieb. In der Antike scheint die Beurteilung des Tyrannen jedenfalls nicht einheitlich gewesen zu sein. So lässt der Geschichtsschreiber Polybios Scipio Africanus auf die Frage nach dem »fähigsten und vernünftig-mutigsten unter den Menschen« die Sizilianer Agathokles und Dionysios nennen (Polybios III 35).

Dionysios nun schloss zunächst Frieden mit den Karthagern und begann, die Stadt zu befestigen. Der Mauerring wurde verstärkt und an strategisch günstiger Stelle das Fort Euryalos erbaut (s. S. 144). Die Insel Ortygia wurde zur Privatresidenz des Tyrannen und seiner Söldner erklärt und für die Bevölkerung gesperrt. Nach dem Tod des Dionysios (367 v. Chr.) litt Syrakus an den wechselvollen Machtkämpfen

Der um 570 v. Chr. erbaute dorische Apollon- und Artemistempel

Platon in Syrakus

388/387 v. Chr. lud Dion Platon nach Syrakus ein mit dem Versprechen, dass hier seine schriftlich dargelegte Utopie eines Idealstaates im Entstehen sei, doch die Besichtigung der Verhältnisse scheint selbst den einer Diktatur keineswegs abgeneigten Philosophen nachdenklich gestimmt zu haben …

zwischen Dionysios II. und Dion, bis schließlich Korinth 344 v. Chr. ein Expeditionsheer unter der Leitung des überzeugten Demokraten Timoleon entsandte. Innerhalb von sechs Jahren gelang es Timoleon, die Insel von allen Tyrannen zu befreien, Dionysios II. ins Exil nach Korinth zu schicken sowie die Karthager zu besiegen (341 v. Chr.) und zum Friedensschluss zu zwingen. Diese mussten die Unabhängigkeit der sizilischen Griechenstädte anerkennen, welche Timoleon 337 v. Chr. zu einem föderativen Bund zusammenschloss.

Um das durch die langwierigen Kriege verödete Land wieder zu bevölkern, holte Timoleon aus dem griechischen Osten und vom italischen Festland neue Siedler – Plutarch spricht von 60 000 – und nahm eine neue Landverteilung vor. Gela und Akragas, die verlassen lagen, wurden wieder zu Städten, sogar Megara Hyblaea, das seit der Zerstörung durch Gelon faktisch nicht mehr bestand, wurde neu gegründet. Segesta, Morgantina und Lipari erwachten zu neuem Leben, Minoa entstand ein zweites Mal mit dem Beinamen Herakleia, und auch kleinere Orte wurden wieder besiedelt. 338 oder 337 v. Chr. zog Timoleon sich aus dem öffentlichen Leben zurück und starb schließlich hochverehrt als einfacher Bürger in Syrakus.

Als Sieger im Kampf um die Nachfolge Timoleons ging der in der antiken Literatur viel geschmähte Agathokles hervor: 317 v. Chr. drang Agathokles mit seinem Heer in Syrakus ein und stürzte in einem Staatsstreich die Regierung. Nach Diodor sollen in den zwei darauffolgenden Tagen über 4000 Adlige, »deren einzige Schuld darin bestand, besser geboren zu sein als die anderen«, von dem wütenden Volk niedergemetzelt und weitere 6000 ins Exil geschickt worden sein.

Daraufhin berief Agathokles die Volksversammlung ein und präsentierte sich geschickt in ziviler Aufmachung, um öffentlich sein Amt niederzulegen. Doch das Volk wies – wie zu erwarten – den Antrag zurück und ernannte ihn zum alleinigen Befehlshaber mit absoluter Gewalt. Die von ihm vorgenommene Landneuverteilung und der Erlass der Schulden erhoben Agathokles zum Idol der Massen, steigerten aber auch die Wirtschaftskraft des Landes erheblich. Er war der erste Herrscher, der sich ohne Leibwache zu den Versammlungen begab, da »das Volk sein bester Wächter war« (Diodor).

Erst nach etlichen Kämpfen mit den Karthagern und den mit diesen verbündeten sizilianischen Städten und dem Friedensschluss von 306 v. Chr. war die Macht des Agathokles endgültig gesichert; 304 v. Chr. konnte eine friedvolle Regierung beginnen, unter der Sizilien wieder zum Reichtum vergangener Zeiten zurückkehrte. Im Stil der hellenistischen Monarchien, die sich im östlichen Mittelmeerraum und in Ägypten gebildet hatten, nahm er den Titel eines ›Königs von Sizilien‹ an, vermählte sich in dritter Ehe mit der Tochter des hellenistischen Herrschers Ptolemaios und verheiratete seine einzige Tochter mit Pyrrhos von Epiros. Agathokles starb 289 v. Chr. im Alter von 72 Jahren. In seinem Testament übergab er die Stadt Syrakus der Demokratie.

Nach einem Zwischenspiel des gegen die Karthager zu Hilfe gerufenen Pyrrhos reorganisierte Hieron II., ein ehemaliger Offizier des

Pyrrhos, das Heer, stellte den Söldnern auch Bürger der Stadt an die Seite und verstärkte so die innere Sicherheit. Mit den Karthagern kam er auf friedliche Weise zu einem Ausgleich. Die Insel Ortygia wurde sein persönlicher Wohnsitz. Für seine Untertanen und zu Ehren der Götter ließ er im Stadtgebiet prächtige öffentliche Gebäude errichten. Sein Reich war in erster Linie ein Handelsreich, von dessen Wohlstand das gesamte Volk profitiert zu haben scheint.

Im Ersten Punischen Krieg war Hieron II. zunächst mit den Karthagern verbündet (264 v. Chr.), doch merkte er bald, dass er auf das falsche Ross gesetzt hatte, und unterzeichnete einen Vertrag mit den Römern (263 v. Chr.), denen er bis zu seinem Tod 48 Jahre lang treu blieb. Er lieferte dem römischen Heer Weizen, und aufgrund dieser Hilfe ersparte er seiner Stadt die Schrecken des ganzen Ersten und der ersten Jahre des Zweiten Punischen Krieges. Er starb im Alter von 92 Jahren nach 54jähriger Regierungszeit.

212 v. Chr. fiel das reiche Syrakus dann doch nach zweijähriger Belagerung dem Römer Marcellus in die Hände. Die darauffolgende Plünderung der Stadt und die ersten Abtransporte von Kunstwerken nach Rom erweckten bei den Römern erstmals das Interesse an griechischer Kunst und den Wunsch, diese zu besitzen. Unter Augustus wurde das inzwischen menschenleere Syrakus wieder besiedelt, erreichte aber nie mehr auch nur annähernd seine frühere Größe. Nach dem Toleranzedikt von Mailand im Jahre 313 wurde die Stadt zum Bischofssitz erhoben. 535 von Belisar erobert, gehörte sie hinfort zum Byzantinischen Reich, war für wenige Jahre unter Kaiser Konstans II. sogar dessen Hauptstadt (663–668).

827 wurde Syrakus das erste Mal unter Asad Ibn al-Furat von den Arabern belagert, 878 von ihnen erobert. Für zwei Jahrhunderte war Syrakus wieder ein blühendes Handelszentrum, auch wenn sein Rang als führende sizilische Stadt an Palermo übergegangen war. Im Jahre 1040 eroberte der byzantinische Feldherr Georg Maniakes die Stadt kurzfristig für das Ostreich zurück. Seit der Zeit der Normannen wurde sie in ihrer Entwicklung immer mehr von anderen Zentren überflügelt. Das Wohngebiet beschränkte sich schließlich nur noch auf die Insel Ortygia. Das Schicksal von Syrakus gleicht in der Neuzeit dem der anderen sizilianischen Städte: Im 19. Jh. begann es wieder, sich etwas auszudehnen, und im 20. Jh. erfuhr es einen ökonomischen Aufstieg, der zwar noch andauert, der Stadt jedoch nichts von ihrem alten Glanz zurückzugeben vermochte.

Ortygia

Arethusaquelle (1)

Genau wie in der Antike die Ströme in Gestalt von Flussgöttern verehrt wurden, wurde auch jeder Bach, See oder Teich, jede Quelle in Gestalt der Nymphen personifiziert und genoss kultische Verehrung.

Dem Mythos zufolge lebten die Nymphen entweder in den Tiefen des Wassers oder in einer Grotte, dicht bei der Quelle, die sie beschützten. Sie galten als hilfsbereit und als wahre Künstlerinnen im Spinnen und Weben, sollten Krankheiten heilen und ewig jung bleiben, auch wenn sie nicht unsterblich waren (Plutarch legt ihr Durchschnittsalter auf 9620 Jahre fest!).

Die Nymphe Arethusa genoss in Syrakus große Verehrung, denn nur dank der mit ihr verbundenen Quelle hatte die Stadt entstehen können, da sie die Insel Ortygia mit dem nötigen Trinkwasser versorgte. Auf den syrakusanischen Münzen war ihr Bild wiedergegeben – diese Münzen gelten als die kunstvollsten der Antike.

Arethusa hatte, so erzählt der Mythos, einst bei Olympia gelebt, doch um der stürmischen Werbung des Jägers Alpheios, eines Sohnes des Okeanos und der Tethys, zu entfliehen, vertraute sie sich dem Meer an und schwamm nach Ortygia, wobei besagter Alpheios ihr jedoch folgte. In ihrer Not rief sie die jungfräuliche Göttin Artemis um Beistand an, und diese verwandelte Arethusa in eine klare Quelle, die an der Stelle entsprang, wo die Nymphe zuerst den Fuß an Land gesetzt hatte. Doch Alpheios gab immer noch nicht auf. Er kehrte ins

Die Arethusaquelle auf Ortygia – allabendlich Treffpunkt der Syrakusaner

arkadische Bergland zurück und verwandelte sich nun seinerseits in einen Fluss. Innerhalb von sieben Jahren gelang es ihm, durch das Meer – jedoch ohne sich mit diesem zu vermischen – Ortygia zu erreichen, wo er sich dann endlich mit Arethusa vereinigen konnte. Während der Feste, die in Olympia zu Ehren des Alpheios stattfanden, sollen sich die Wasser der Arethusaquelle auf Ortygia vom Blut der Opferstiere rot gefärbt haben, und ein goldener Becher, dem Fluss als Weihgabe dargebracht, soll hier tänzelnd wieder ans Licht gekommen sein.

Auch die Nymphe der **Kyanequelle (2;** auf dem Festland) erfreute sich mythologischer Berühmtheit: Sie hatte sich Hades in den Weg geworfen, um den Raub der Persephone zu verhindern, doch Hades zerteilte sie mit dem Schwert. Zweigeteilt versuchte sie dennoch, dem Entführer in die Unterwelt zu folgen, und wurde von den Göttern daraufhin in Anerkennung ihres Mutes in einen zweigegabelten Fluss verwandelt, der aus eben dem Abgrund entspringt, welcher dem Hades Einlass ins Innere der Erde gewährt hatte. Die Syrakusaner feierten die Nymphe einmal im Jahr und opferten ihr zu der Gelegenheit einen Ochsen, der in die Quelle geworfen wurde. An beiden Quellen wächst Papyrus, für den Syrakus berühmt ist.

Museo del Papiro
Via Teocrito 66
Di–So 9–13 Uhr
www.museopapiro.it

Im Papyrusmuseum wird die Geschichte der Papyrusverarbeitung veranschaulicht und die jüngeren Besucher dürfen sogar selbst tätig werden.

Domplatz

Der Domplatz liegt auf der höchsten Erhebung von Ortygia in einem Gebiet, das auch in der Vergangenheit sakralen Zwecken diente. Die archäologischen Funde reichen bis in die späte Bronzezeit (1200 v. Chr.) zurück, als im Süden Siziliens ein kleines Reich mit der Hauptstadt *Hybla* (Pantalica?) entstanden war, das auf dem Inselchen einen Handelsstützpunkt angelegt hatte. Über den Spuren der Sikuler wurden die der Griechen, beginnend in der allerersten Siedlungszeit, gefunden. Auf das 7. Jh. v. Chr. gehen die **Fundamente eines Athenaheiligtums** zurück, das aus einem einfachen, langgestreckten Megaron und einem ihm vorgelagerten Altar bestand.

Im 6. Jh. v. Chr. wurde am gleichen Platz der Göttin ein neues, größeres Heiligtum errichtet, dessen Überreste (teilweise in den Kellerräumen des Rathauses zu besichtigen) in der Beweisführung für den Typ des großen archaischen **ionischen Tempels** im griechischen Westen eine wichtige Rolle spielen. Zwar blieb nicht sehr viel erhalten, doch immerhin genug, um hinreichende Informationen über die Größe, Charakteristik und Geschichte des Gebäudes zu geben.

Es sollte ein großer Peripteros mit sechs Säulen an den Frontseiten und wahrscheinlich 14 an den Längsseiten werden. Der Bau wurde indes nie ganz fertiggestellt, da 50 Jahre nach Baubeginn, 480 v. Chr. unter der Regierung Gelons, daneben mit der Errichtung des großen dorischen Siegestempels begonnen wurde, unmittelbar nach der Schlacht bei Himera. Die Breite betrug 24 m am Stereobat und 22 m am Stylobat; die genaue Länge ist nicht bekannt, da die Ostseite noch nicht freigelegt wurde. Es gelang, ein Kapitell und den unteren Teil ei-

Die Domfassade des Andrea Palma zählt zu den schönsten Beispielen barocker Baukunst auf Sizilien

ner Säule zu rekonstruieren: Torus (Wulst) und Trochilus (Hohlkehle) der Basis weisen Horizontalkanneluren auf, die untere Trommel war vorstehend und glatt und sollte wahrscheinlich mit einem Relief wie dem des Artemisions von Ephesos verziert werden. Die Kanneluren der oberen Trommeln waren ionisch, d. h. sie endeten in einem Steg und liefen nicht spitz zu. Die Ausführung wurde jedoch nicht ganz beendet. Die enormen Kapitelle ähneln denen der ionischen Tempel von Didyma, Samos, Sardes und Ephesos und gehören auch in dieselbe Zeit wie diese. Der Säulendurchmesser an der Basis betrug 1,70 m, ihre Höhe, Kapitell inbegriffen, 12,50 m. Der unfertige Tempel stand bis ins 1. Jh. v. Chr., danach trug man das Material zu anderen Zwecken ab.

Der **dorische Tempel** ist einer jener drei ›Siegestempel‹, die nach der Schlacht von Himera (480 v. Chr.) errichtet wurden – die anderen beiden waren das Olympieion von Akragas und der dorische Tempel in Himera. Das heutige im Dom ›eingemauerte‹ Bauwerk wurde als drittes Heiligtum der Göttin Athena im heiligen Gebiet parallel zu dem ionischen aufgeführt, dessen Maße er in etwa aufnahm. Auch er war ein Peripteros Hexastylos, besaß also sechs Säulen an den Schmalseiten, dazu 14 an den Längsseiten, Säulen mit einem Durchmesser von ca. 2 und einer Höhe von 8,20 m, die auf einem Stylobat mit dreistufiger Krepis aufstanden. Die Cella hatte Pronaos und Opisthodomos in antis.

Auf dem Dach stand die Statue der Göttin, deren Schwert und Schild golden im Sonnenlicht glänzten und den Seeleuten wie ein Leuchtturm den Weg in den Hafen wiesen. Im Innern der Cella befand sich laut Cicero ein Wandgemälde, das die Schlacht des Agathokles gegen die Karthager darstellte (s. S. 114; da es sich um eine hellenistische Malerei handelte, können wir sie uns vielleicht wie die berühmte ›Alexanderschlacht‹ vorstellen, die durch eine römische Kopie aus Pompeji erhalten ist). Am oberen Rand lief ein Fries von Medaillons entlang; unter den insgesamt 27 Bildern befanden sich die Porträts der insgesamt 19 syrakusanischen Herrscher.

Unter den Römern blieb der Tempel zwar der Athena in der *Interpretatio romana* entsprechenden Göttin Minerva geweiht, doch wurde er mit der Zeit all seiner Schätze und Kunstwerke beraubt. Es ist nicht sicher, wann er in eine christliche Kirche umgewandelt wurde. Dokumentiert ist erst die Erhebung zur Kathedrale durch den Bischof Zosimus im 7. Jh., da die alte Kirche, die diesen Titel zuvor trug, durch die Verkleinerung der Stadt nunmehr außerhalb des Wohngebietes lag.

Dom (3)

Der Umbau der frühchristlichen Kirche prägt bis in die heutige Zeit die **Struktur** des Doms: Der Eingang wurde auf die Westseite verlegt (bei den griechischen Tempeln lag er dagegen immer im Osten). Die freien Räume zwischen den Säulen mauerte man zu und ließ in jedem nur ein Fenster, entfernte die Querwand zwischen Pronaos und Cella, schnitt aus den Cellawänden der Längsseiten je acht Bogen heraus und verband diese Wände durch ein Tonnengewölbe mit den Säulenwänden, sodass ein dreischiffiger Innenraum entstand. Das Opisthodom übernahm wahrscheinlich die Funktion eines Narthex.

Zur Normannenzeit erhielt der Dom eine neue Fassade, die Cellawände wurden durch einen Aufbau mit Fenstern erhöht, um dem Mittelschiff mehr Licht zu geben, und die Rückwand wurde mit drei Apsiden abgeschlossen (es ist nicht sicher, ob diese schon früher bestanden). Ein Erdbeben zerstörte 1542 das Dach und führte zur Verschiebung der Säulen an der Nordwand. Diese erhielt daraufhin eine Verstärkungsmauer und ein neues Seitenportal. Das Erdbeben von 1693 brachte die normannische Fassade und zwei der Apsiden zum Einsturz. Auf den Wiederaufbau von 1728–57 geht das jetzige Aussehen der Kathedrale und auch des Platzes zurück, in dessen Gesamtbild sie sich so meisterhaft einfügt.

Zur spanischen Zeit, im 17. Jh., war Syrakus eine Militärbasis und wurde erst Ende des Jahrhunderts wieder einer zivilen Administration übergeben, die dann den Wiederaufbau der vom Erdbeben verwüsteten Stadt übernahm. Die Verantwortung für die Arbeiten vertraute man einem fähigen Baumeister an: Luciano Caracciolo. Unter seiner Leitung wurde das griechische Straßensystem reaktiviert, das Neue respektvoll dem Altbestehenden angepasst. Der Domplatz, der seinen für die alten Sakralbereiche typischen irregulären Plan beibehielt, bekam trotzdem einen ausgesprochen barocken Charakter. Die ›moderne‹ **Fassade** des Doms versteckte das Alte, ließ es dabei jedoch unberührt und verband den spätmanieristischen Bischofspalast mit dem schon barocken Senatspalast. An einer Seite schloss den Platz nun der neu erbaute Palazzo Beneventano del Bosco ab, auf der anderen die Kirche S. Lucia alla Badia mit dem umlaufenden Balkon.

Bei dem Wettbewerb der Architekten, das schwierige Problem der neuen Domfassade als harmonische Ergänzung zur Konzeption des Platzes zu lösen, siegte der Entwurf des gebürtigen Palermitaners Andrea Palma (Fassade errichtet 1728–54; Abb. S. 124). Das Resultat wurde ein Meisterwerk. Die syntaktische Strenge, mit der die aus einzelnen Säulen bestehenden vorgebauten Ordnungen übereinandergesetzt sind, die schwungvollen elliptischen Voluten mit den Akanthusblättern, die den Körper der Seitenschiffe mit dem des mittleren Schiffs verbinden, das Spiel der Licht- und Schattenwirkung, erzeugt durch die vor- und zurücktretenden Säulensockel und das bewegte Gesims sowie nicht zuletzt die Säulen selbst und der reiche, elegante Dekor machen es zu einem der schönsten Beispiele barocker Baukunst. Die Statuen, Werke von Ignazio Marabitti (1753/54), stellen den hl. Marcian, den ersten Bischof der Stadt, die hl. Lucia, die Beschützerin von Syrakus, Maria (in der Nische über dem Portal) sowie zu seiten der Freitreppe Petrus und Paulus dar.

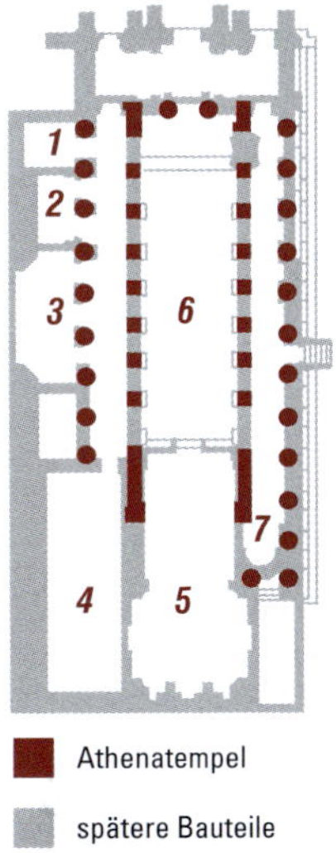

Dom, Grundriss

1 Baptisterium
2 Kapelle der hl. Lucia
3 Sakramentskapelle
4 Kreuzkapelle
5 Presbyterium
6 Mittelschiff (einstige Cella des Athenatempels)
7 byzantinische Apsis

Dom
tgl. 7.30–19.30 Uhr
während der Messe nicht zu besichtigen

Der Dom zu Syrakus repräsentiert sichtbar die Kontinuität von antiken zu christlichen Heiligtümern: Blick durch ein von Säulen des dorischen Tempels gestütztes Seitenschiff ▷

Das Gegengewicht zu den reichen, schmiedeeisernen Gittern der drei Torbogen des Atriums bilden die zwei großen, mit Reben umrankten und in sich gedrehten Säulen, die den mittleren Eingang zur Kirche flankieren. (Man glaubte, dass diese Art Säulen im Tempel Salomons in Jerusalem gestanden hätten. Sie wurden das erste Mal beim Grab des hl. Petrus in Rom gebraucht und danach gern aufgrund ihrer Symbolik verwendet.) Der kurze, breite Raum wird weiterhin belebt durch die Fenster über den Seitenportalen sowie durch die Statuen der heiligen Dominikaner Ludwig Bertrandus und Vincenzo Ferreri in den tiefen Nischen.

Im **Innern** der dreischiffigen Basilika treten die dorischen Säulen mit den reinen Kapitellen deutlich aus den Seitenwänden hervor. An der Südseite tritt dies verstärkt zutage, da im Lauf der Jahrhunderte die Wände zwischen den Säulen wieder aufgebrochen wurden, um die Seitenkapellen einzufügen. Die erste dient dabei als **Baptisterium.** Die große **Alabastervase,** die als Taufbecken benutzt wird, stammt aus dem Athenatempel und wurde im 7. Jh. vom alten Dom S. Giovanni über den Katakomben des hl. Johannes des Evangelisten (s. S. 140), in dem sie bereits dem gleichen Zweck diente, zu dem neuen Bischofssitz gebracht. Ihr Sockel mit den sieben Bronzelöwen ist eine Arbeit des 13. Jh. Die **Mosaiken** an der Wand blieben als einziger Rest des musivischen Schmucks, der im 12. Jh. die Hauptapsis und den Bischofsstuhl bedeckte, erhalten.

Die folgende **Kapelle der hl. Lucia** wurde im 18. Jh. gebaut, die schönen Eisengitter von Pietro Spagnuolo stammen von 1605. Der Voraltar (1781) besteht aus Silber, dem den Jungfrauen heiligen Metall (Lunarsymbolik), aus demselben Material ist auch die Statue der Heiligen (Pietro Rizzo, 1599); sie wird in dem geschlossenen Schrein (1610) über dem Altar aufbewahrt und nur zweimal im Jahr zu den Festen der Schutzpatronin der Öffentlichkeit gezeigt. Ignazio Marabitti werden die zwei marmornen Medaillons der hl. Lucia und des hl. Eustachius zugeschrieben.

Die **Sakramentskapelle** (1651–53) ist ein Werk des Giovanni Vermexio, des Architekten des Senatspalastes. Die architektonische Wandbekleidung besteht aus korinthischen Säulen und Lisenen auf hohem Sockel. Die Fresken des Gewölbes, Szenen aus dem Alten Testament, malte Agostino Scilla (1657), den Voraltar mit seinem Relief, dem »Letzten Abendmahl«, schuf Filippo della Valle (1762), das Tabernakel Luigi Vanvitelli (1752). Die Marmorbalustrade stammt von Ignazio Marabitti und Giovanni Battista Marino (1746); das Schmiedeeisengitter von Domenico Ruggeri wurde 1811 angebracht.

Am Ende des Seitenschiffs liegt die sog. **Kreuzkapelle,** die im 17. Jh. an der Stelle der durch das Erdbeben zerstörten Apsis gebaut wurde und als Grablege der Bischöfe gedacht war. Die Gemälde der Seitenaltäre erinnern an die zwei heiligen Bischöfe der Stadt, den hl. Marcian und den hl. Zosimus. Das Bildnis des hl. Zosimus auf Goldgrund gilt als ein Werk des Antonello da Messina, das des hl. Marcian wurde von einem unbekannten Künstler Anfang des 16. Jh. geschaffen.

Syrakus
1 Arethusaquelle
2 Kyanequelle
3 Dom
4 Erzbischofspalast
5 Rathaus (Municipio)
6 Palazzo Beneventano del Bosco
7 S. Lucia alla Badia
8 Regionalgalerie
9 Castello Maniace
10 Apollon- und Artemistempel
11 S. Pietro
12 Archäologischer Park
13 Archäologisches Museum
14 Katakomben des hl. Johannes des Evangelisten
15 Katakomben von Vignia Cassia/ Katakomben von S. Maria del Gesù/ Katakomben von S. Diego
16 S. Lucia
17 Demeter- und Koreheiligtum
18 Römisches Gymnasium
19 Tempel des Olympischen Zeus
20 Fort Euryalos

Der **Altartisch des barocken Hauptaltars** besteht aus einem Monolith, dem ehemaligen Türsturz des Tempeltors. Das Altargemälde mit der Geburt Mariae wird Agostino Scilla zugeschrieben (1653). Der Chor war schon nach einem Erdbeben von 1542 errichtet worden, musste aber nach dem großen Erdbeben von 1693 renoviert werden. Er wurde von Corrado Mazza (gestorben 1770) aus Noto beendet, die Kuppel nach dem Entwurf des Luciano Alì (gestorben 1782), des Architekten des Palazzo Beneventano, gebaut. Das hölzerne Chorgestühl stammt aus dem 17. Jh., die zwei Bronzekandelaber entstanden, wie die Sängertribüne im Hintergrund, zu Beginn des 16. Jh.

Das **Mittelschiff** bildet die ehemalige Cella des griechischen Tempels, das Hauptportal flankieren die Säulen, die ehemals zwischen den Anten das Opisthodom begrenzten. Die normannische Erhöhung des Mittelschiffs ist deutlich erkennbar. Unter ihrem Aufsatz läuft eine Inschrift entlang, die darauf hinweist, dass die Kirche von Syrakus nach Antiochia die ›erste Tochter der wahren Religion‹ sei. (Es steht fest, dass bereits im Jahr 42 in Syrakus eine christliche Gemeinde bestand; ferner darf als wahrscheinlich gelten, dass sich Paulus während seines unfreiwilligen Aufenthalts in der Stadt mit den Christen in Verbindung setzte, ein Besuch des Petrus jedoch, von dem die syrakusische Tradition berichtet, ist anzuzweifeln.) Die Freibalkendecke stammt aus dem 16. Jh., die zwei Kanzeln sind neoromanisch (1926).

Das **nördliche Seitenschiff** schließt als einziges noch mit der byzantinischen Apsis ab. Die einstige Länge der Cellawand ist hier deutlich zu erkennen, da an dieser Seite die Antensteine noch sichtbar sind.

In der **Apsis** steht die Statue der »Schneemadonna« von Antonello Gagini (1512). Die Statuen an der Wand des Schiffs kommen aus der Werkstatt der Gagini: von Antonello stammt die »Hl. Lucia« mit Szenen aus ihrem Leben am Sockel (1526), vom Vater Domenico die »Muttergottes mit Kind«, von einem Schüler die ›hl. Katharina‹.

Durch den Seitenausgang kommt man zur **Nordseite der Kirche,** an der sich die verschiedenen Phasen der Baugeschichte gut ablesen lassen: die Stufen des griechischen Stylobats, die dorischen Kapitelle, das Gebälk mit teilweise erhaltenen Triglyphen des Tempels, die Füllwände aus der Zeit des ersten Umbaus, die mittelalterlichen Zinnen und das hohe normannische Mittelschiff, die Stützwand und das Portal aus der Renaissance und schließlich der barocke Vorbau.

Rund um den Dom

Den spätmanieristischen **Erzbischofspalast (4,** *Arcivescovado)* ließ Erzbischof Giovanni Torres 1618 von Andrea Vermexio neu an der Stelle des vorherigen mittelalterlichen Gebäudes errichten. Auf den Bau des 17. Jh. gehen allerdings nur die zwei unteren Stockwerke zurück, das obere ist eine Zufügung des 18. Jh.

Catania
20
Catania
Necropoli Grotticelle
Latomia Intagliatella
Tomba di Archimede
Latomia di S. Venera
Viale Rizzo
Latomia d. Paradiso
12
Teatro Greco
NEAPOLI
Viale Augusto
Viale Cavallari
Viale Rizzo
Tecnoparco Archimede
Ara di Ierone II.
Anfiteatro Romano
Viale Teracati
14
13
15
TICHE
Via Tica
Via Augusto von
Via Bassa Acradina
Latomia d. Cappuccini
Piazza Cappuccini
Viale Teocrito
Viale Teocrito
Madonna della Lacrime
Via Torino
Riviera Dionisio il Grande
17
16
Via Gorizzia
Via Bignami
Pza. d. Vittoria
Via G. Di Natale
Viale Luigi Cadorna
Via Bainsizza
Viale Piave
Via Monte Grappa
Piazza S. Lucia
Viale Paolo Orsi
19
ACRADINA
Corso Gelone
Via Mons. Carabelli
Via Re Ierone I.
Corso Timoleonte
Via Mosco
Via Trapani
Via V. Statella
Palazzolo Acreide
2
Piazza della Repubblica
Viala Ermocrate
Piazza Euripide
Bahnhof
Via Crispi
Via Catania
Viale A. Diaz
Via d. Arsenale
Porto Piccolo
Ionisches Meer
Via Colomba
Canale Regina
18
Via Elorina
Piazza Marconi
Corso Umberto I.
Viale Reg. Margherita
Piazza Lepanto
Via Malta
Via Elorina
Piazza Posta
Darsena
Via Trento
Ponte Nuovo
Piazza Pancali
Lungomare di Levante
10
Via Resalibera
Darsena
11
Via XX Settembre
Via Savoia
Corso Matteotti
Via Mirabella
Via Vittorio Veneto
Via Cavour
Foro Italico
Piazza Archimede
Noto
2
Porto Grande
6
5
ORTIGIA
3
Via Roma
Piazza Duomo
4
7
Via Nizza
Ionisches Meer
8
Via Capodieci
1
Via Cast.
9
Syrakus
0
200
400 m

GENTIUM
HOSPITI
SUO
ECCLESIA
SYRACUSANA

◁ Dom und Domplatz: das historische Zentrum von Ortygia

Giovanni Vermexio

... schuf in Syrakus außerdem die Kirche S. Filippo (Via Vittorio Veneto), die Sakramentskapelle des Doms sowie die oktogonale Grabkapelle S. Lucia.

Das **Rathaus (5),** der ehemalige Senatspalast, wurde 1629–33 von Giovanni Vermexio erbaut, dem Sohn Andrea Vermexios. Doch griff der Sohn in der Komposition nicht auf den Formenkanon des Manierismus, sondern auf den geschlossenen kubischen Bau der Renaissance zurück, auf dessen Grundlage er einige barocke Elemente wie z. B. den umlaufenden Balkon auf dem Gebälk des ersten Geschosses aufsetzte. Die Nischen der oberen Etage waren für Statuen der spanischen Könige gedacht.

Der **Palazzo Beneventano del Bosco (6),** einst Kommende des Ordens der Malteserritter, wurde auf Strukturen des 15. Jh. von dem lokalen Baumeister Luciano Alì zwischen 1779 und 1788 geschaffen. Das Resultat ist wohl eines der harmonischsten Gebäude von Syrakus. Seitlich nur wenig vorspringende Pilaster fassen die Fassade ein. In ihrem Zentrum befindet sich ein Balkon, der die gesamte Vorderansicht beherrscht und die anderen Bauelemente zu einer stilvollen Einheit verbindet: angefangen mit den das Portal flankierenden und den Balkon tragenden Säulen, über das mit Lisenen gerahmte mittlere Fenster mit dem schwungvollen Giebel, dem aus dem oberen Gesims aufsteigenden Tympanon bis zur Krönung im Dachgeschoss. Originell sind die ungewöhnlich hohen Giebelfelder über den Fenstern mit abwechselnd runden und glockenförmigen Umrissen.

Im Innenhof mit dem berühmten Treppenhaus besteht die Front aus sechs gleichmäßigen, geschickt übereinandergesetzten Rechtekken, die Fenster und Portale architektonisch rahmen. Die leicht zur Fassade gedrehten Doppelsäulen mit ihren vorspringenden Sockeln und dem demzufolge sehr bewegten Gesims verleihen der Wand eine ausgeglichene Plastizität, verbinden das lichte obere Geschoss mit dem unteren und untermalen den gespannten Rhythmus seiner drei Torbogen.

S. Lucia alla Badia (7)

Die Kirche S. Lucia alla Badia wurde 1695–1707 von Stadtbaumeister Luciano Caracciolo errichtet. Die hohe, flache Fassade besitzt zwei Geschosse, deren Trennung der schön gearbeitete, schmiedeeiserne Balkon, der auf dem Gebälk des unteren Geschosses ruht, betont; von hier aus konnten die zisterziensischen Auftraggeberinnen Prozessionen auf der Straße gut beobachten. Nach oben schließt eine doppelte Bekrönung die Fassade ab. Die Schlichtheit des Kompositionsschemas mit den kaum vortretenden Lisenen erfährt durch das reich geschmückte Portal einen starken Gegenakzent. Die freistehenden, gewundenen Säulen des Eingangs tragen einen aufgebrochenen Giebel, der überaus fein ausgeführte Dekor erinnert an den portugiesischen Platereskenstil.

S. Lucia alla Badia

Di–So 11–14, 17–19 Uhr

Heute wird hier das Gemälde »Tod der hl. Lucia« von Caravaggio (eig. Michelangelo Merisi, 1573–1619) ausgestellt, das ursprünglich für die Kirche S. Lucia fuori le mura (s. S. 142), wo der Legende nach das Martyrium der Heiligen stattfand, geschaffen wurde. Sein Malstil verschaffte Caravaggio schon zu Lebzeiten Bewunderer wie auch leidenschaftliche Gegner. Selbst seine religiösen Darstellungen sind oft von naturnaher Sachlichkeit, er verwendet aus dem Alltagsleben gegriffene Modelle ohne jede Idealisierung. Mit Vorliebe sucht er neuartige, psychologisch oft kühne Interpretationen traditioneller Bildthemen. In einem detailarmen, entleerten Bildraum erzielt er so mit scharfem, schräg einfallendem und unnatürlich erscheinendem Licht dramatische Wirkungen – ein Stilmittel, das Generationen von Künstlern in Europa stark beeinflussen sollte.

Antonello da Messina

Dem Maler gelang es, die stoffliche und detailreiche Wiedergabe der Realität in der niederländischen Malschule eines Rogier van der Weyden oder Jan van Eyck mit den perspektivischen Kompositionen Norditaliens zu verbinden. Dieser italienisch-flämische Zusammenschluss verbreitet sich in der Folge in ganz Italien.

Regionalgalerie (8)

Neben der Kirche des hl. Benedikt mit ihrer zwischen zwei kräftigen Eckpfeilern eingeschlossenen Renaissancefassade liegt das ehemalige Benediktinerkloster mit der 2009 neu gestalteten Regionalgalerie *(Galleria Regionale di Palazzo Bellomo)*. Der Komplex setzt sich aus zwei verschiedenen Bauten zusammen: Der **Palazzo Parisio,** der Urkern des Klosters, entstand im 13. Jh.; seine blockhafte Fassade erhielt im 15. Jh. im Wohngeschoss vier Fenster mit den für die katalanische Spätgotik so typischen zierlichen Säulchen. Der rückwärtige, über einen Innenhof zu erreichende **Palazzo Bellomo,** der einstige Wohnsitz der gleichnamigen Adelsfamilie, stammt von 1365, wurde jedoch ebenfalls im 15. Jh. verändert. Die Benediktiner erwarben ihn 1725 und gliederten ihn ihrem Kloster an.

Die Kunstgalerie enthält Sammlungen sakraler und profaner Gegenstände aus dem Mittelalter und jüngeren Zeiten sowie Statuen und Gemälde derselben Epochen. Interessant sind hier vor allem Krippen und Krippenfiguren aus dem 18.–20. Jh., Altarschmuck und sakrale Objekte sowie die kleinen Tonfigürchen aus Caltagirone, die realistische Szenen aus dem Volksleben wiedergeben.

Unter den Malereien der Pinakothek (Mittelalter bis 19. Jh.) gebührt der Verkündigung des Antonello da Messina ein Sonderplatz.

Antonello da Messina zählt zu den ersten italienischen Künstlern, die sich von der byzantinischen Symbolik wie auch der spätmittelalterlichen Ikonografie lösten. Durch die Anwendung der neu entdeckten Gesetze der Perspektive sowie der Beschränkung auf die Kombination idealer Volumen, besonders bei der menschlichen Gestalt, erzielte er eine vorher unbekannte Plastizität. Zu Füßen der Jungfrau sind eine blaue sizilisch-arabische Keramik und ein türkischer Teppich zu erkennen. Häufige ›Restaurierungen‹ fügten dem Gemälde nicht wiedergutzumachende Schäden zu. Die bisher letzte Restaurierung von 1940 brachte jedoch auch einige Details wie die kleine Figur des Auftraggebers (hinter der rechten Säule) zutage, von der ein Stück Nacken, der Körper und die Andeutung eines Arms zum Vorschein kamen. Den Auftrag hatte Antonello Ende August 1474 erhalten, im Vertrag wurde der November als Abgabetermin festgelegt und genau bestimmt, was auf dem Bild zu erscheinen hatte. Diese kurze Frist und die Restriktionen ließen den Künstler auf schon bestehende Vorbilder zurückgreifen – in der Komposition findet sich

Galleria Regionale di Palazzo Bellomo

Via Giuseppe Maria Capodieci 14
Di–Sa 9–19,
So 9–13 Uhr

Castello Maniace
Di–Sa 9.30–13.30 Uhr

das Echo der Verkündigung des Meisters von Aix oder des Triptychon Lomellino, Jan van Eyck zugeschrieben.

Castello Maniace (9)

Die Festung ist ein Schmuckstück staufischer Baukunst. Sie wurde auf der äußersten Spitze der Insel Ortygia während der Regierungszeit des Staufers Friedrich II. 1232–40 errichtet, um den Eingang des großen Hafens zu kontrollieren. Der Name leitet sich von Georg Maniakes her, einem byzantinischen Heerführer zu Beginn des 11. Jh., dem es gelungen war, die Rivalitäten der arabischen Potentaten auszunutzen, sodass er kurzfristig Syrakus hatte einnehmen können (1038). Kurz darauf war er jedoch in Ungnade gefallen, seine Eroberungen wieder verlorengegangen – und auch von dem von ihm er-

Der Apollon- und Artemistempel ist der vermutlich älteste dorische Ringhallentempel Siziliens

richteten Vorgängerkastell blieb nichts erhalten. Als Verteidigungsanlage scheint sie erst zur Zeit der Aragonesen umgebaut worden zu sein, wie die Ergebnisse neuer Ausgrabungen ans Tageslicht brachten. Ursprünglich handelte es sich um eine riesige Säulenhalle, die wohl nur für repräsentative Zwecke gedacht war. Nach außen wirkte der Bau mit seinen vier Ecktürmen zwar festungsgleich, doch wären die harmonisch eingefügten Schießscharten nicht zu nutzen gewesen. Den Innenraum teilten die Säulen in 25 gleichmäßige Quadrate, bei denen das mittlere besonders hervorgehoben wurde. Die fantasiereichen, kunstvollen Kapitelle waren in feinster Steinmetzarbeit ausgeführt, das tiefe Portal mit prunkvollen Skulpturen versehen und von zwei antiken hellenistischen Widdern flankiert (Museum Palermo). Es gab Sanitäranlagen, doch keine Wohn-, Küchen- und Vorratsräume, keine Stallungen, Waffenlager oder Unterkünfte für Soldaten. Die erste Bauzeit fällt in die Zeitspanne zwischen 1232 und 1240. Einen nicht wieder gut zu machenden Schaden erlitt die Maniace Festung 1704, als das Munitionslager von einem Blitz getroffen wurde und explodierte.

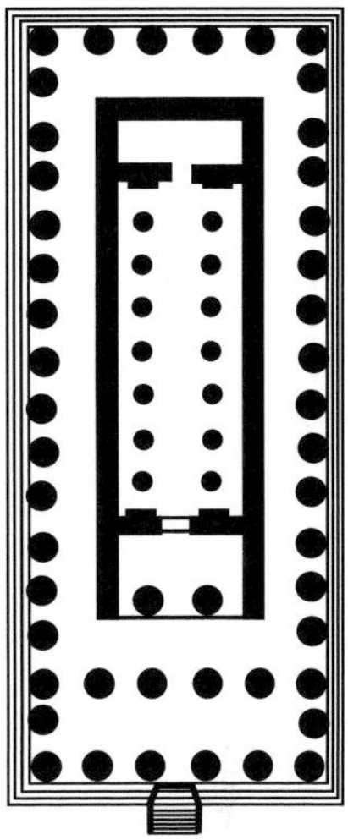

Grundriss des Apollon- und Artemistempels

Apollon- und Artemistempel (10)

Der Tempel an der Piazza Pancali wurde 1860 im Innern einer spanischen Kaserne des 16. Jh. gefunden und 1939–1942 ausgegraben. In der byzantinischen Epoche war er in eine christliche Kirche umgewandelt worden, auf welchen Umbau auch die Stufen des Eingangs an der Frontseite und der Einschnitt für das Taufbecken gleich nördlich davon zurückgehen. Der Zwischenraum der Antenwände und der Säulen des Pronaos wurde mit Steinblöcken ausgefüllt, in der Mitte jedoch ein hoher Zugang offengelassen und so ein Narthex geschaffen, während die Säulenreihen an der Frontseite als Portikus dienten. Die Araber verwandelten diese Kirche in eine Moschee (Inschriften an den Cellawänden), die darauffolgende christliche Regierung baute sie, auf erhöhtem Bodenniveau, wieder zu einer Basilika um (SS. Salvatore).

Von dieser blieben der in die Cellawand geschnittene **spitzbogige Eingang,** der das damalige Straßenniveau bezeichnet, und der Maueraufbau mit dem Ansatz zum Gewölbe erhalten. Nach dem Verfall der Kirche wurden ihre Reste in den Kasernenbau eingeschlossen. Der Zweck der **Aufreihung der Steinblöcke** an der Nordseite ist unbekannt. Auf der Süd- und Westseite sind noch **Reste der Temenosmauer** zu erkennen, das durch ein quadratisches Mauerwerk unterbrochen wird und vielleicht das Fundament des Glockenturms der Basilika bildete.

Der Tempel besaß ursprünglich eine Länge von 58,10 m und eine Breite von 24,50 m, sechs Säulen an den Schmal- und 17 an den Längsseiten. Zusammen mit dem Tempel von Kerkyra (Korfu), der zur gleichen Zeit oder wenig früher entstand, steht er am Beginn der Entwicklung des großen dorischen, gänzlich aus Stein gebauten Peripteraltempels (s. a. S. 22). Er weist einige typische Merkmale auf, die den Tempelbaustil der *Megale Hellas* (›Groß-Griechenland‹) von dem des griechischen Mutterlandes unterscheiden.

Als archaischer Tempel besitzt er eine lange, schmale Cella, die, um das Problem der Überdachung des weiten Raums zu lösen, durch zwei Reihen von Säulen in drei Schiffe geteilt (erstes Beispiel in der griechischen Architektur) und, vom **Adyton** – dem ›Unbetretbaren‹, das nur dem Priester zugänglich war – durch eine Quermauer getrennt, durch eine Tür mit ihm verbunden war. Das leicht erhöhte, nach hinten hin abgeschlossene Adyton stellt ein Charakteristikum dar, das auch noch viele spätere sizilische Tempel beibehalten sollten. Die Front wurde hervorgehoben, ihre Wichtigkeit durch eine doppelte Säulenstellung zusätzlich unterstrichen.

Die monolithischen **Säulen der Peristase,** noch mit flachen Kanneluren und ohne Entasis, stehen sehr dicht nebeneinander. Der Abstand betrug nicht einmal den Durchmesser einer Säule, sodass sich die weitausladenden archaischen Kapitelle am Abakus beinahe berühren und eine durch die gedrängte Folge der Triglyphen bedingte eigenartige Form der Metopen entstand. Die Säulen befanden sich

1 S. Nicolò dei Cordari
2 Altar Hierons II.
3 griechisches Theater
4 Heiligtum des Apollon Temenites
5 ›Gräberstraße‹
6 Nymphäum
7 spanische Wassermühle
8 ›Ohr des Dionysios‹
9 Seilergrotte
10 römisches Amphitheater
11 Nekropole Grotticelle und ›Grab des Archimedes‹
12 geradlinige Cavea
13 Ausgrabungen (nicht zu besichtigen)
14 Katakomben des hl. Johannes des Evangelisten
15 Archäologisches Museum
16 Kirche der weinenden Muttergottes
17 Demeter- und Koreheiligtum

Archäolog. Park, Syrakus

noch nicht in gleicher Linie mit den Anten der Cellawände, und der hohe Architrav (2,15 m) steht auch noch in keinem ausgewogenen Verhältnis zu ihnen. Der obere Teil des Tempels war mit polychromen Tonplatten verkleidet, doch zumindest der Mittelakroter bestand aus Stein (die Reste sind im Archäologischen Museum ausgestellt, ebenfalls ein Modell und ein Querschnitt des Tempels). Der Tempel weist auf der oberen Krepisstufe der Ostfront eine bemerkenswerte Inschrift auf, vielleicht eine Architektensignatur.

Athens Angriff

415 v. Chr. folgten die Athener dem Rat des Alkibiades und wagten den Angriff auf Syrakus, der in einem grausamen Gemetzel enden sollte: 7000 von ehemals 40 000 Mann fielen als Gefangene in die Hände der Syrakusaner und wurden in die Steinbrüche (Latomien) der Stadt geworfen.

S. Pietro (11)

Die Kirche des hl. Peter liegt nicht weit vom Apollon- und Artemistempel entfernt in der Straße, die auch den Namen des Heiligen trägt. Der Legende nach soll der Bischof Germanus in der zweiten Hälfte des 4. Jh. auf Ortygia vier Kirchen, u. a. eben auch S. Pietro, errichten lassen haben. Das reich verzierte **Portal** stammt aus dem 14. Jh. Im Innern sind die Reste der ersten Kirche, einer kleinen Basilika, noch gut zu erkennen. Enge, hohe Bogen teilen den Innenraum in drei Schiffe, von denen nur das mittlere von einer Apsis abgeschlossen war. Die Bogenform des Kircheninnern spiegelt sich in den äußeren Blendarkaden wider.

Im 7. und 8. Jh. wurde die Kirche radikal verändert und die **Fassade** in den Osten anstatt gen Westen verlegt; doch kehrte sie wieder an die ursprüngliche Seite zurück, als im 14. Jh. die Kirche im damals modernen Stil der spanischen Gotik umgewandelt wurde. Die Bogen aus dieser Zeit wirken imposant und doch zart.

Auf dem Festland

Archäologischer Park (12)

Der *Parco monumentale della Neapoli* umfasst das griechische Theater mit dem benachbarten Heiligtum des Apollon Temenites, das römische Amphitheater, den Altar Hierons II., die Latomia del Paradiso (Latomia ist ein antiker Steinbruch) mit dem ›Ohr des Dionysios‹ und der Seilergrotte, die Latomia Intagliatella und die Latomia di S. Venera sowie die Nekropole ›Grotticelle‹ mit dem sog. ›Grab des Archimedes‹. Der Park wurde in den 1950er-Jahren eröffnet, ist aber meist nur in seinen wichtigsten Teilen zugänglich.

Rechts am Eingang des Parks liegt die kleine, oft übersehene Kirche der Seiler, **S. Nicolò dei Cordari** aus dem 11. Jh. Original aus der Bauzeit stammen die Seitenwände und die Apsis mit drei schmalen Fenstern. Unter der Kirche befindet sich ein großes, rechteckiges Becken: der einstige Wasserbehälter zum Fluten des Amphitheaters, zu dem das Wasser mittels eines Kanals geleitet wurde. Das Bassin (20 × 7 m) ist durch 14 Pfeiler in drei Schiffe geteilt; die Römer bauten es aus einem Teil der zu der Latomia del Paradiso führenden griechi-

Parco Monumentale della Neapoli

tgl. 9 Uhr bis 2 Std. vor Sonnenuntergang, Nov.–März So nur 9–13 Uhr

Altar Hierons II. (Rekonstruktion des Zustands im 3. Jh. v. Chr.)

1 Eigentlicher Altar
2 Straße
3 Wasserbecken
4 Pinienbäume
5 Portikus
6 Propyläen

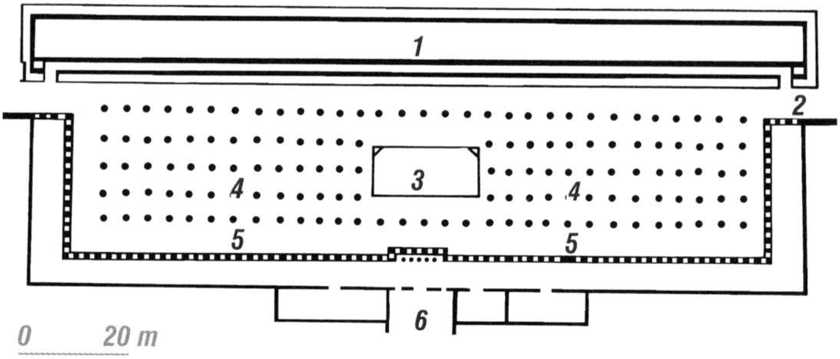

schen Zugangsstraße, deren Wände ehemals dicht mit Votivtafeln behangen waren; von diesen blieben jedoch nur die flachen, rechteckigen Befestigungsnischen erhalten.

Die Besichtigung beginnt obligatorisch beim Eingang zu dem griechischen Theater und der **Latomia del Paradiso.** Auf dem Weg dorthin bietet sich nach rechts ein schöner Blick auf die letzteren: Der ehemalige Steinbruch präsentiert sich heute als ein 20 bis 45 m tief liegender Garten – einst war er nicht zum Himmel hin offen, sondern unterirdisch. Die Griechen holten ihr Baumaterial aus der Tiefe, da das Gestein in den unteren Schichten kompakter ist und Kalkstein sich außerdem in feuchtem Zustand sehr leicht bearbeiten lässt. So entstanden riesige Grotten, deren Gewölbe mit stehengelassenen Pfeilern gestützt wurden, jedoch im Verlauf der Zeit einstürzten. Einige der Abstützpfeiler befinden sich noch an Ort und Stelle, und auf der Höhe des einen kann man Reste eines Bauernhauses aus dem 16. Jh. erkennen. Bis dahin muss die Latomia also noch überdacht gewesen sein, womöglich bis zu dem starken Erdbeben von 1542.

Stieropfer

Der riesige Altar Hierons II. diente als Opferstätte beim Fest des Zeus Eleutherios, zu dessen Ehren jährlich 450 Ochsen geopfert wurden. Auf einer Plattform aus Quadersteinen standen drei Altäre in Form von Stufenpyramiden, auf denen Opferfeuer loderten. Die Opferstiere wurden über zwei an der Westseite angelegte Rampen auf die Plattform gebracht.

Zur Linken sieht man den riesigen **Altar Hierons II.** Nur sein direkt aus dem Felsen gearbeiteter Teil blieb erhalten. Wie die meisten Denkmäler von Syrakus lieferte auch er im 16. Jh. das Baumaterial zu den spanischen Festungsanlagen. Die große technische Fähigkeiten verlangende Art des Bauens oder besser ›Herausbauens‹ aus dem Felsen war in der hellenistischen Epoche, zu deren Mammutbauten dieser Altar, der größte Opferaltar der Antike, zählt, sehr beliebt. Genau ein Stadion lang (198 × 22,80 m), wurde er zwischen 241 und 215 v. Chr. errichtet.

Der Altar grenzte an einen heiligen Bezirk, der, mehreren Votivdepots nach zu urteilen, schon vor der Errichtung des Altars bestand. Im 1. Jh. v. Chr. wurde er mit einem Portikus umgeben, an dessen Westseite ein doppeltes Propylon die Verbindung mit der Umgebung herstellte. Im Innern des Bezirks wurden fünf Reihen der dem Zeus heiligen Pinien gepflanzt und im Zentrum ein rechteckiges, mit Drainagen versehenes und mit Stuck verputztes Bassin angelegt. In seiner Mitte stand eine Zeusstatue, deren Sockel erhalten ist. An den Ecken führten Stufen ins Wasser. (Das Gelände ist nicht zugänglich, aber gut von der Zugangsstraße des Theaters her zu überblicken.)

»Sterben möchte ich nicht, aber tot sein – meinetwegen«
Epicharmos, Komödiendichter des 6./5. Jh. v. Chr. in Syrakus

Wir betreten nun das **griechische Theater.** Syrakus, Athen und später auch Alexandria waren die berühmtesten Theaterzentren der griechischen Welt. Die Existenz eines Theaters ist seit dem 5. Jh. v. Chr. belegt, und der Mimus Sophron, ebenfalls ein Bürger der Stadt, nennt sogar den Namen des Architekten: Demokopos, der den Spitznamen *Myrilla* erhielt, weil er zur Eröffnung unter dem Publikum Parfumfläschchen *(Myroi)* verteilen ließ. Vielleicht handelte es sich bei diesem ersten Theater um die **geradlinige Cavea,** die in den fünfziger Jahren nicht weit entfernt von dem hellenistischen Theater gefunden wurde (von der Straße G. E. Rizzo gut zu sehen), aber sicher nicht um das große Theater, das als Beispiel der Vollendung der griechischen Theaterarchitektur gilt.

Das Theater ist das flachste aller griechischen Theater. Der Höhenunterschied zwischen Orchestra und oberer Stufenreihe der Cavea beträgt nur 19,10 m, der Durchmesser dagegen 138,60 m. Die zwei kantigen Felsblöcke bildeten den unteren Teil der Paraskenia. Sie sind Bestandteil des ehemaligen Hügels, aus dem das Theater ›herausgeschält‹ wurde: An ihrer Höhe lässt sich abschätzen, welch immense Abtragungsarbeit geleistet wurde. Vor dem Bühnengebäude, das wohl drei Stockwerke besaß, lag die heb- und senkbare Holzbühne, darunter verlief der tiefe, enge und kanalähnliche Quergang. Dieser diente zur Unterbringung von Theatermaschinen, die zum Heben der Kulissen und für bewegliche szenische Effekte nötig waren. Vor der eigentlichen Bühne konnte eine zweite, schmale Holzbühne mit vorgelagerten Stufen aufgerichtet werden.

Die Orchestra war durch zwei Passagen *(Paradoi)* von außen her zugänglich. Die Cavea ist in neun Sektoren *(Cunei)* unterteilt. Jeder war einem Mitglied der Herrscherfamilie gewidmet, der zentrale Sek-

Das griechische Theater in den Zeitläuften

In der Regierungszeit Hierons II. um 230 v. Chr. errichtet, wurde das Theater in römischer Zeit erst in eine Arena, später in ein Odeon verwandelt. In der Spätantike und in byzantinischer Zeit diente es den Christen als Beerdigungsstätte. Im 16. Jh. wurde es als Steinbruch und als Standort von Wassermühlen genutzt. Über 300 Jahre floss das Wasser über die Steinreihen und spülte sie aus.

Blick über das griechische Theater auf den Stadtteil Acradina und das Ionische Meer

An der Via Paolo Orsi

Parallel zu der heutigen Via Paolo Orsi sind noch ein Stück der gepflasterten römischen Straße, die Grundmauern hellenistischer Häuser und, an der Kreuzung zur Via Cavallari, die Pfeilerreste eines Ehrenbogens aus der Zeit des Augustus zu sehen.

tor blieb Zeus vorbehalten. An der Wand des Quergangs *(Diazoma)* sind einige der eingemeißelten Widmungsinschriften noch deutlich zu lesen. Über der Cavea lag eine große Terrasse, die gegen Norden und Westen von Säulenhallen abgeschlossen war, die dem Publikum Schutz vor Regen boten.

Die römischen Umbauten waren erheblich: Das Bühnengebäude wurde zurückgesetzt, nach außen hin erhielt es einen großen Portikus *(Porticus post scaenam)*. Die 17. Sitzreihe wurde entfernt, in der Mitte des Auditoriums ein Raum für die Plätze hoher Persönlichkeiten freigeschlagen, die unteren zwölf Sitzreihen wurden neu und weniger breit gestaltet, indem man auf die Trennung der leicht erhöhten Sitzflächen vom dahinterliegenden niedrigen Rand zum Aufstellen der Füße verzichtete. So gelang eine weitere Vergrößerung von 2,55 m im Umkreis der Orchestra, die nun einer Arena glich. Ein hohes Gitter umschloss die Arena, um die Zuschauer während der Spiele vor den wilden Tieren zu schützen. Ein Teil der äußeren Sektoren des Zuschauerraums fiel den Eingängen für Gladiatoren und Tiere zum Opfer.

Nachdem die Römer im 3. Jh. ihr Amphitheater errichtet hatten, wurde das ehemalige griechische Theater wieder für Schau- und Hörspiele genutzt und die Arena/Orchestra mit einem mehrfarbigen Marmorfußboden versehen. Die unteren Sitzreihen erhielten eine Marmorverkleidung.

Westlich vom Theater liegen die Reste des **Heiligtums des Apollon Temenites** vom Ende des 7. Jh. v. Chr. Der ihm angeschlossene kleine heilige Bezirk wurde beim Bau des Theaters diagonal von einer Mauer durchschnitten. Weiter nördlich befindet sich einer der zwei oberen Zugänge, die **›Gräberstraße‹**, die tief in den Felsen eingeschnitten ist (die Gräberstraße ist wegen Grabungen zeitweise geschlossen). Sie hat eine Länge von 150 m, und ihre Wände waren mit Bildern der Ahnen- und Heldenkulte regelrecht übersät. In der letzten Kurve (links) blieben zwei kleine Reliefs erhalten, Triptolemos in einem von Drachen gezogenen Wagen und die reitenden Dioskuren.

›Ohr des Dionysios‹

Die mehr oder weniger tiefen Grotten sind christliche Grabkammern, teils in Kreuzform angelegt. Die einzige griechische Grotte stellt ein Nymphaion oder Musaion dar, ein Brunnen, der einst mit den Statuen der Musen geschmückt war; drei der Statuen wurden gefunden. Das Wasser wurde von einer in der Antike besonders verehrten Quelle in der Nähe von Pantalica hergeleitet. Die Felswand zierte einst ein dorischer Fries, die Treppe rechts neben dem Musaion war Teil des zweiten oberen Zugangs. Eine der **spanischen Wassermühlen** wurde als geschichtliches Beweisstück stehen gelassen. Die tiefen Rillen und das abfallende Gelände mit den tiefen Radspuren sind Zeugnisse des 16. Jh.

Im Nordwestwinkel der Latomia del Paradiso öffnet sich das **›Ohr des Dionysios‹**, eine künstliche Grotte von 65 m Länge, 5–11 m Breite und 23 m Höhe, die sich nach oben hin beinahe zu einem Spitzbogen verjüngt. Sie folgt in leicht S-förmigen Windungen dem Lauf einer

Nekropole Grotticelle mit dem ›Grab des Archimedes‹

ehemaligen Wasserleitung. Ihren Namen erhielt die Grotte durch die leicht an die Öffnung des menschlichen Ohres erinnernde Form des Eingangs und durch das akustische Phänomen, dass jedes Geräusch um das Zweiundvierzigfache verstärkt wird. Einer Legende nach habe der Tyrann Dionysios die Grotte bauen lassen, um sie als Kerker zu benutzen und ungesehen an der Öffnung, die am Ende der Grotte oben links liegt, die Gefangenen belauschen zu können. Jüngere Ausgrabungen brachten Spuren eines Demeterheiligtums auf dem Plateau über der Grotte ans Licht, und die Theorie, dass das Phänomen der Lautverstärkung zu zeremoniell-religiösen Zwecken genutzt wurde, ist wohl wahrscheinlicher als die der Belauschung von Gefangenen durch den Tyrann Dionysios. Auf eine sakrale Funktion der Grotte deuten auch kürzlich entdeckte Reste eines monumentalen Eingangs.

Die malerische **Seilergrotte,** in der noch Spuren des antiken Steinabbaus zu sehen sind, befindet sich ganz in der Nähe. Jahrhundertelang übten Seiler ihren Beruf in der Grotte aus, da die hohe Luftfeuchtigkeit die Hanfverarbeitung erleichterte.

Die Sarkophage an der Zugangsstraße zum **römischen Amphitheater** stammen aus den Nekropolen von Syrakus und Megara Hyblaea (4./3. Jh. v. Chr.). Das römische Amphitheater, im 3. Jh. erbaut, war eines der größten des Imperium Romanum: Seine Ellipse misst 140 × 119 m. Die eigentliche Arena (70 × 40 m) umgibt ein Sockel, unter dem ein gewölbter, 1,60 m hoher Gang entlangläuft, durch den Gladiatoren und Tiere in die Arena gelangten. Die Sitzplätze auf dem Dach des Ganges waren den wichtigsten Persönlichkeiten vorbehalten und mit einer Balustrade gegen die Tiere geschützt. Von dieser Ba-

Seilergrotte

Seit 1987 ist die Grotte wegen Steinschlaggefahr nicht mehr zugänglich; aus demselben Grund bleibt auch der Durchgang zur Latomia Intagliatella geschlossen, von der aus eine weitere Verbindung zur Latomia di S. Venera besteht.

Nekropole und ›Grab des Archimedes‹

nicht zugänglich, von den Straßen aus jedoch gut sichtbar

Tecnoparco Archimede

Di–So 9–17 Uhr (März–Sept.), sonst Anmeldung unter Tel. 39 36 25 29 63

Museo Archeologico Regionale Paolo Orsi

Viale Teocrito 66 Di–Sa 9–18, So 9–13 Uhr

Il Medagliere

Di–Sa 9.30–13, Mi 9.30–17 Uhr

August Graf von Platen

Im Park der Villa Landolina liegt der 1796 in Ansbach geborene und 1835 in Syrakus gestorbene August Graf von Platen begraben. 1826 war der unter seinen homoerotischen Neigungen leidende Dichter nach Italien in die freiwillige Verbannung gegangen. Neben Lyrik und Theaterstücken verfasste Platen auch historische Abhandlungen. Dieses Interesse teilte er mit dem Altertumsforscher Landolina, auf dessen Anwesen er schließlich seine letzte Ruhe fand.

lustrade haben sich einige abgerundete Schlusssteine erhalten, auf denen die eingemeißelten Namen der Platzbesitzer zu lesen sind. Die Funktion des Beckens im Zentrum der Arena, zu dem zwei Kanäle führen, ist ungewiss.

Über der Latomia di S. Venera liegt die **Nekropole Grotticelle,** die sich, vom Krankenhaus ausgehend, längs des ganzen Hügels bis zum griechischen Theater hinzieht. Sie diente ab dem 7. und während des 6. Jh. v. Chr. den Griechen und später den Römern als Beerdigungsstätte. Dicht bei der Straße liegt das **›Grab des Archimedes‹,** das in Wirklichkeit ein römisches Columbarium aus der Zeit zwischen dem ersten vor- und dem zweiten nachchristlichen Jahrhundert darstellt. An den Innenwänden sieht man in zwei horizontalen Reihen die Nischen für die Aschenurnen.

Unmittelbar neben dem Archäologischen Park lädt der **Tecnoparco Archimede** zum Betrachten und Ausprobieren verschiedener Erfindungen des Archimedes ein. Auf dieser Zeitreise in das Syrakus des 3. Jh. v. Chr. wird der Besucher spielerisch mit den Theorien des genialen Mathematikers und Physikers vertraut. Im Mittelpunkt stehen Archimedes' Verdienste während der Verteidigung der Stadt Syrakus gegen die römische Belagerung im Zweiten Punischen Krieg, die dank seiner Erfindungen drei Jahre lang abgewehrt werden konnte, ihn aber dennoch später das Leben kostete.

Archäologisches Museum (13)

Das **Museo Archeologico Regionale Paolo Orsi** liegt im Park der **Villa Landolina.** Im Untergeschoss befindet sich unter dem Titel »Il Medagliere« die äußerst reich bestückte numismatische Sammlung der Stadt Syrakus. Von den ersten Münzen aus dem 7. Jh. v. Chr., dem Übergang vom Tausch- zum Münzhandel, über späteren Produktionen aus den Zechen der griechischen Kolonien bis hin zu den repräsentativen Münzen der aragonesischen und bourbonischen Herrscher sind zahlreiche seltene Exponate zu bewundern.

Die Sammlung im Erdgeschoss ist thematisch in drei Sektoren unterteilt: **Sektor A** beginnt mit einer grafischen Dokumentation der geomorphologischen Entstehung Siziliens und der stratigrafischen Abfolge der Fauna der Insel während des Quartärs. Aus sizilianischen Grotten stammen die Zähne und Knochenreste längst ausgestorbener Dickhäuter, die in Erdschichten gefunden wurden, welche noch keine Spuren menschlicher Existenz enthalten. Der ausgestellte Schädel eines Zwergelefanten mit der tiefen zentralen Nasenhöhle lässt eine Theorie glaubhaft erscheinen, nach der die Griechen diese Knochen als Überreste großer, menschenähnlicher Wesen mit einem Auge auf der Stirn betrachtet haben und so der Mythos der Zyklopen entstanden sei.

Die ersten Zeugnisse menschlichen Daseins fallen in das mittlere Paläolithikum. Die ›Neolithische Revolution‹ setzte in Sizilien mit der Kultur von Stentinello ein. Während dieser ersten Agrarkultur tauchten um 5000 v. Chr. erstmalig keramische Erzeugnisse auf, im

Vergleich zum übrigen Mittelmeerraum also relativ spät. Auf künstlerischem wie technischem Gebiet stellte die Stentinello-Kultur im Rahmen der übrigen Mittelmeerkulturen die fortschrittlichste dar, und sie wurde nach Sizilien auch in ihrer bereits voll entwickelten Form eingeführt: Die Dekoration, oft sehr fein eingeritzt, andere Male nur durch Eindrücken der Fingernägel oder durch die wie ein Rollsiegel benutzte Kardiummuschel erzielt, wurde vor dem Brennen ausgeführt, die Einkerbungen wurden dann nach dem Brennen des Öfteren mit einer weißen Masse ausgefüllt.

Die Kultur von Castelluccio (19.–15. Jh. v. Chr., frühe Bronzezeit) gehört in den Kreis von Malta, Troja II und III sowie Lerna. Neu ist hier die Monumentalisierung der Gräber: Die Grabkammern wurden in den Fels gemeißelt und mit schweren Steinplatten verschlossen; zwei Beispiele solcher Türen sind ausgestellt.

Für die nun folgende Kultur von Thapsos (15.–13. Jh. v. Chr., mittlere Bronzezeit) sind neben den hochfüßigen Leuchtern die eindrucksvollen hochstieligen Becken typisch, mit einem flachen, zungenförmigen Henkel versehen, der weit über den Rand hinausragt; der Nutzen dieser Gefäße ist unbekannt.

In Ostsizilien entstand als mächtigste Stadt Pantalica *(Hybla)*, die der letzten eigenständigen Kultur den Namen gab (13.–7. Jh. v. Chr.). Danach beginnt die Epoche der griechischen Kolonisation. Die Herstellung der Keramik wurde durch die Erfindung der Töpferscheibe perfektioniert; die mattrote Farbe schimmert in einem warmen Ton. Metallarbeiten sind jetzt sehr häufig vertreten, da das Metall inzwischen zum Allgemeingut geworden war: Aus einem Stück mit dem Griff gegossene Handspiegel und Messer finden sich nun in jedem Grab.

Der **Sektor B** präsentiert die griechischen Kolonien in der ionisch-dorischen Trennung, die ersten werden durch Naxos, Leontinoi und Katane, die letzteren werden durch Megara Hyblaea und Syrakus vertreten.

Die Fundstücke aus Naxos beschränken sich auf Totenbeigaben und archaische Terrakotten aus dem Wohnviertel. Interessant sind die Reste eines Frieses, an dem die antike Bemalung noch gut zu erkennen ist. Die Stirnziegel aus Ton waren die wichtigsten handwerklichen Produkte der Stadt. Das wichtigste Stück aus der Sammlung von Leontinoi stellt zweifelsohne der herrliche spätarchaische Kouros vom Beginn des 5. Jh. v. Chr. dar.

Megara Hyblaea erfuhr von der Glanzzeit seiner Gründung im 8. Jh. bis zu seiner ersten Zerstörung 483 v. Chr. eine ausführliche Dokumentierung. Von dort stammen die aufschlussreichsten Beispiele archaischer Skulptur, die man bis heute in Sizilien gefunden hat. Der Marmorkouros, datiert um 560/50 v. Chr., wurde von dem Arzt Sombrotidas, dem Sohn des Mandrokles, als Gedenkstatue errichtet, wie die Inschrift auf dem rechten Oberschenkel besagt. Ein Glanzstück des Museums ist die in den Nekropolen der Stadt gefundene Statue aus bemaltem Kalkstein (6. Jh. v. Chr.), die eine Muttergöttin beim Stil-

Kultur von Thapsos

Die Grabbeigaben der Kultur von Thapsos waren besonders reichhaltig. Die Funde umfassen neben Keramik Gegenstände aus Knochen, Glaspaste sowie, etwas seltener, Silber und Gold. Die Kultur von Thapsos endete im Zuge der großen Völkerwanderungen, die antike Quellen als ›Invasion der Seevölker‹ bezeichnen.

Kourotrophos

Die Darstellung der im vorgriechischen Sizilien verehrten Muttergottheit mit den Zwillingen im Archäologischen Museum ist auch ein Meisterwerk der Restauration: Die Statue wurde aus mehr als 2000 Teilen wieder zusammengefügt.

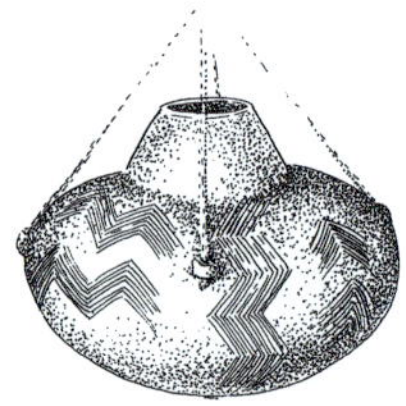

1

2

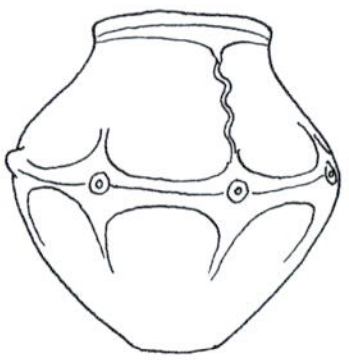

3

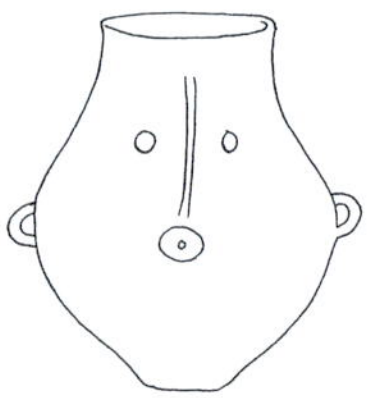

4

5

len von Zwillingen darstellt (Kourotrophos); sie gilt als Abbild der ›Urmutter‹, die die vorgeschichtlichen Völker Siziliens verehrten.

Die ausgestellten Grabbeigaben der Nekropolen sowie Keramikfunde aus dem Wohngebiet und den Sakralbezirken bieten einen ausgezeichneten Überblick über die einheimische Produktion und die importierten Waren aus Korinth, Argos, Rhodos, Athen, Lakonien und Ionien.

Die Dokumentation zu Syrakus beginnt mit den Funden von der Insel Ortygia. Die meisten ausgestellten Stücke kamen bei Ausgrabungen in den sakralen Bezirken des Athenaion und des Apollonion zutage. Im antiken Stadtteil Acradina in der Nähe des Demeter- und Koreheiligtums wurden die Reliefs und Statuenfragmente gefunden, die über die Bildhauerkunst der archaischen und klassischen Zeit Aufschluss geben. Die vielen reizenden Tonfigürchen, Weihgaben an Demeter und Kore, mit den Attributen der Göttin – Ferkel, Fackel, Ährenbündel oder auch Brote – wurden zum Teil am Originalort im naheliegenden Heiligtum gefunden.

Die Ausgrabungen der ältesten und bekanntesten syrakusanischen Nekropole, Contrada Fusco, brachten einen besonderen Reichtum an Vasen zum Vorschein. Die Sammlung ist für die Kenntnis der griechischen Keramik aufschlussreich, da sie lückenlos die Entwicklung von den letzten Jahrzehnten des 8. Jh. v. Chr. bis hin zur hellenistischen Epoche dokumentiert (Vitrinen 188–206). Die in chronologischer Folge aufgereihten Grabausstattungen enthalten zahlreiche Variationen importierter Waren: Von Syrien bis Ägypten, von Zypern bis Griechenland, von Rhodos bis Etrurien sind alle damaligen Produktionszentren vertreten; die Waren aus der Mutterstadt Korinth überwiegen allerdings quantitativ. Man beachte die kleinen hocharchaischen Aryballoi (Parfumbehälter, 725–700 v. Chr., Vitrine 188) und das kleine Bronzepferd aus derselben Zeit. Seltenheitswert besitzt das protokorinthische Balsamgefäß in Form einer liegenden Löwin in der Vitrine 190.

Von hoher Qualität sind die korinthischen und protokorinthischen Vasen, die zwei Terrakottastirnziegel in Form von Mädchenköpfen sowie die attisch-rotfigurige, vom Maler Polygnotos signierte Pelike

Keramik im Archäologischen Museum von Syrakus

1 Typische Formen der Stentinello-Kultur, mit vor dem Brennen eingeritztem Dekor und abstrahierten ›Augenmotiven‹, die vor allem in der Umgebung des Ätna natürlich wiedergegeben und mit Wimpern versehen wurden (5. Jt. v. Chr.)

2 Capri-Kultur mit dem typischen ›Flammenmuster‹ auf hellem Grund, rot mit schwarzer Umrandung (5. Jt. v. Chr.)

3 Typische halslose Formen der Kultur von S. Cono-Piano Notaro, mit sparsamen Verzierungen; häufig gefunden wurden Schöpftassen mit hohen Henkeln (Anfang des 3. Jt. v. Chr.)

4 Conzo-Kultur (Anfang des 3. Jt. v. Chr.)

5 Serraferlicchio-Kultur: runde Formen mit gemalten Zierstreifen, die sich zum Boden hin verjüngen (3. Jt. v. Chr.)

(Vitrine 205). Die großen, im orientalischen Stil bemalten Kratere sind syrakusanische Arbeiten.

Nach den Grabbeigaben folgen Exponate von den Tempeln: Die tönernen architektonischen Teile vom Dekor des ältesten Tempels, des Apollonions, leiten die Ausstellung ein, und zwei Modelle des Heiligtums geben über die Besonderheiten des archaischen Gebäudes Aufschluss. Es folgen die Modellrekonstruktionen des ionischen und des dorischen Athenatempels, die den Unterschied der beiden Ordnungen auf einen Blick fassbar machen, sowie Teile des Tempeldekors, u. a. eine Terrakottagorgone.

Der Sektor B schließt mit den Ausstellungsstücken der außerstädtischen Tempel und Heiligtümer der Stadt Syrakus.

Sektor C enthält Material aus Eloro, den drei Subkolonien Akrai, Kasmenai, Kamarina und zahlreichen vorgeschichtlichen Siedlungen aus dem Hinterland der drei östlichen Provinzen, das deren Hellenisierung dokumentiert; außerdem die Funde der durch Paolo Orsi ausgeführten Ausgrabungen von Agrigent und Gela.

Die griechische Präsenz in Eloro, einem Vorposten der Stadt Syrakus, ist seit dem 8. Jh. v. Chr. gesichert. Einige der Funde stammen aus dem Wohnviertel der Stadt, doch bei den meisten handelt es sich um Votivgaben aus den zwei Heiligtümern der Demeter und Kore (Vitrine 226). Unter den Exponaten aus Akrai befinden sich die oberen Teile zweier thronender (jetzt kopfloser) Statuen aus Kalkstein; sie zeigen klare früharchaische Stilelemente im Aufbau, in der Behandlung der Haare und des Faltenwurfs (Ende 7.–Anfang 6. Jh. v. Chr.).

Dem frühen ionischen Schema entspricht die in schlichten Formen gehaltene sitzende Göttin von Kasmenai aus der Mitte des 7. Jh. v. Chr. Ein Kalksteinrelief (570–560 v. Chr.) zeigt eine Kore mit einer Taube in der Hand. Beachtenswert ist auch die Matrize eines weiblichen Gesichts für eine Statue vom Ende des 7. Jh. v. Chr. (Vitrine 231). Aus Kamarina stammt die Reiterfigur in der Mitte des Raums; der Akroter war Teil der Giebeldekoration eines Tempels aus dem 6. Jh. v. Chr. Zu einer attischen flachen, in Relief ausgebildeten Marmorstele aus der Zeit um 460–450 v. Chr. gehörte der Kopf eines Kriegers.

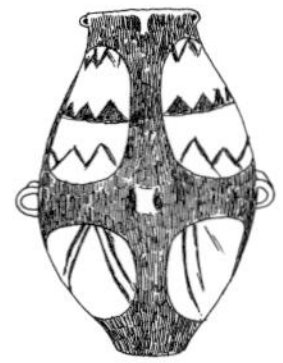
6

7

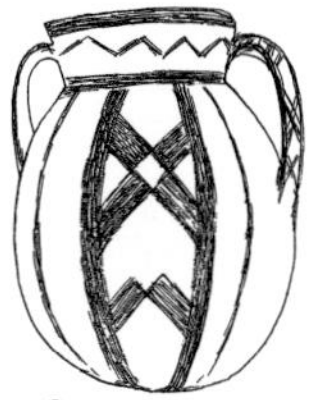
8

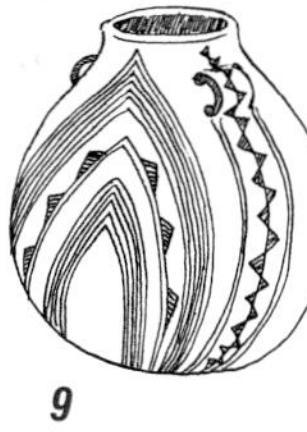
9

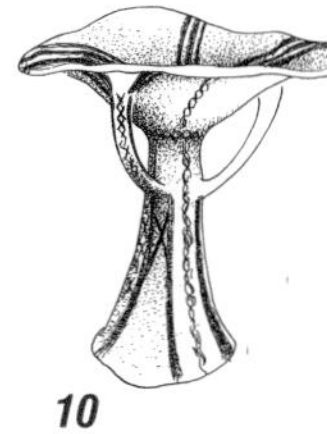
10

6 Bemalte Vase der Chiusazza-Kultur
7 Capaci-Kultur: runde, halslose Form mit geometrischer Bemalung
8 Sant'Ippolito-Kultur: Die Gefäße sind sparsam mit geometrischen Linien verziert; für die eigenartige, häufig gefundene Form des Beckens gibt es noch keine sichere Erklärung
9 Mit der Castelluccio-Kultur wird eine exaktere Datierung möglich: Sie erstreckt sich über eine Spanne von 1800–1400 v. Chr.; auffällig sind die hohen, oft ausladenden Ränder der immer bemalten Keramik im Osten Siziliens (auf den Liparischen Inseln setzt ungefähr gleichzeitig die Kultur von Capo Graziano ein)
10 Zur gleichen Zeit besteht im Nordwesten die sog. Naro-Kultur mit Gefäßen auf hohem Sockel (Formenverwandtschaft mit der Kultur von Thapsos und der des Milazzese)

›Venus Landolina‹

Für den französischen Novellisten Guy de Maupassant war die Marmorstatue der Venus Landolina die Verkörperung des verführerisch Weiblichen schlechthin: »Das ist die Frau, so wie sie ist, wie man sie liebt, wie man sie begehrt, wie man sie umarmen möchte.«
aus: »Au soleil«, 1884

Eine bedeutende Fundgruppe stammt aus Grammichele. Aus einem Heiligtum des 6.–5. Jh. v. Chr. kommt, außer den Votivgaben, eine thronende weibliche Figur, die grob gearbeitet und auf kindlich anmutende Weise den Typus einer sitzenden Göttin aus dem 6. Jh. v. Chr. wiedergibt. Sie steht in krassem Gegensatz zu der etwa gleichzeitigen sitzenden Kore (oder Demeter) mit dem zart angedeuteten ionischen Faltenwurf des Gewandes und dem geheimnisvoll lächelnden Gesicht. Wenige Jahre jünger ist der wertvolle Torso, die Arbeit eines griechischen Künstlers um 500 v. Chr.

Interessant sind auch die Funde von S. Mauro und von Francavilla, einem wenig bekannten Zentrum. Die kleinen, sorgfältig ausgeführten Ton-Pinakes bilden hier einen Schwerpunkt; solche Bildchen – sie waren bunt bemalt, wie sich anhand der Farbspuren noch gut erkennen lässt – dienten nicht nur als Weihgaben, sondern schmückten auch die Wände der Wohnungen. Typisch für die Magna Graecia waren sie meist mit dem Kult der Demeter und Kore verbunden und galten vermutlich als glückbringend im Eheleben. In Centuripe wurde der herrliche Hausaltar in Hochrelief aus dem 6. Jh. v. Chr. gefunden. Die ausdrucksvolle kleine Bronze, die einen opfernden Jüngling darstellt, gilt als Werk aus dem Umkreis des Pythagoras aus Rhegion (Fundort Adrano). Gela und Agrigent sind mit Terrakottafragmenten der oberen Tempeldekorationen und Funden aus den Nekropolen vertreten, darunter eine weitere Pelike mit der Signatur des Malers Polygnotos (Vitrine 300). Den Abschluss bildet eine wirkliche Rarität: drei kleine Holzfigürchen (Xoana) im früharchaischen Stil.

Sektor D im Obergeschoss ist der spätgriechischen und römischen Zeit vorbehalten. Modernes Lehrmaterial erlaubt, sich Fundstücke aufzurufen und sie auf dem Bildschirm in ihre einstige Umgebung einzureihen. Die berühmtesten Exponate sind zweifellos die Venus Landolina (oder Venus Anadyomene) und der Sarkophag der Adelfia. Bei der Venus handelt es sich um eine römische Kopie eines beliebten Typus aus dem 2. Jh. v. Chr. Der Sarkophag des 4. Jh. ist ein Meisterwerk seiner Epoche. In drei Reihen werden Episoden aus dem neuen wie aus dem alten Testament wiedergegeben, in der zentralen Muschel die Verstorbene und ihr Gemahl, Graf Valerio.

Katakomben von Syrakus

Der Name ›Katakomben‹ geht auf eine alte Flurbezeichnung zurück und wird das erste Mal in einem Dokument des 9. Jh. für eine Begräbnisstätte an der Via Appia, ad catacumbas, gebraucht. Heute bezeichnet dieser Begriff unterirdische Begräbnisstätten, insbesondere die der frühen Christen. Diese Art der Bestattung, die auch Beispiele in älteren Religionen kennt, kam neben der herkömmlichen Erdbestattung in der zweiten Hälfte des 1. Jh. in Gebrauch. Zu Beginn wurden diese Friedhöfe gemeinsam mit den Juden benutzt, und hin und wieder wurde auch Andersgläubigen die Beerdigung gestattet. Erst später, im 6. Jh., setzte eine strenge Konfessionstrennung ein.

Catacombe di S. Giovanni

tgl. 9.30–12.30, 14.30–17.30 Uhr Führung im Preis inbegriffen

Die **Katakomben des hl. Johannes des Evangelisten (14)** gruppieren sich um die Begräbnisstätte des ersten Bischofs von Syrakus, Marcian, der Mitte des 3. Jh. den Märtyrertod erlitt und dessen Grabmal bald ein Ort der Verehrung wurde. Im 4. Jh. wurde darüber der erste Dom von Syrakus, eine Basilika, errichtet und die vorherige Kultstätte als Krypta in den Bau einbezogen. Ungefähr gleichzeitig begann der Bau der Grabanlagen (315), der bis zum Ende des folgenden Jahrhunderts fortdauerte. Die Funktion als Dom verlor die Kirche im 7. Jh. Das erste Gebäude, S. Giovanni gewidmet, wurde bei der Einnahme von Syrakus durch die Araber vernichtet; an seiner Stelle entstand 200 Jahre später, zur Zeit der Normannen, ein neues Gotteshaus, das jedoch einem Erdbeben zum Opfer fiel. Von diesem Bau ist noch die Fassade mit der schönen Rosette erhalten, die jetzt die Seitenwand des Kirchleins bildet, das die Gläubigen nach der Katastrophe auf den Resten des mittelalterlichen Heiligtums errichteten. Bei der Gelegenheit wurde auch die Ausrichtung des Gebäudes verändert und unter Wiederverwendung des mittelalterlichen Materials ein Portikus gebaut (stark restauriert und z. T. in modernen Zeiten vergrößert). Die letzte, endgültige Zerstörung war eine Folge der napoleonischen Kriege.

Innerhalb der Kirchenruinen blieben vom ersten Dom noch die Apsis aus fein gearbeiteten Quadersteinen und Teile der Säulen des Mittelschiffs erhalten. Die Sockelform erinnert an die dorischer Kapitelle – vielleicht wurden Bauteile des nahe liegenden Demeterheiligtums wiederverwendet.

Eine Treppe führt hinunter zur Krypta des hl. Marcian, ohne Zweifel eine der ältesten christlichen Kultstätten. Der ursprüngliche Eingang zum Grabmal lag bei der kleinen Treppe, an der eine einzelne Säule steht, die als Säule des Martyriums des Heiligen gilt. Seine Gebeine wurden im 6. Jh. in eine andere Nische umgebettet, in der ein grober Steinaltar jene Stelle markiert, an der der hl. Paulus gepredigt haben soll. In der Mitte befinden sich vier Pfeiler aus der Normannenzeit, als die Kultstätte in etwa den Grundriss eines griechischen Kreuzes erhielt und die Pfeiler die ehemaligen Säulen ersetzten, die, als Füllmaterial verwendet, im Gemäuer noch zu sehen sind. Die Kapitelle stellen die Symbole der vier Evangelisten dar. An den Wänden befinden sich Spuren von Fresken, die vom 5. bis ins 17. Jh. reichen.

Die Katakomben des hl. Johannes sind in Syrakus die jüngsten. Bei ihrem Bau wurde eine griechische Wasserleitung zum Hauptgang erweitert, von dem die Nebengalerien abzweigen; diese wiederum führen zu fünf Rotunden, Plätzen mit Lichtschacht, die während der Bauarbeiten zum Entfernen des Materials und anschließend zur Licht- und Luftzufuhr dienten. Wände und Fußböden sind mit Tausenden von Gräbern übersät, darunter viele unter Bogennischen (Arkosolien) befindliche Familien- und Gemeinschaftsgräber der ›Berufsgenossenschaften‹, oft bis zu zwanzigfach hintereinander gereiht. Doch fehlen auch die individuellen Grabnischen und Familienkapellen nicht.

Vom ehemaligen Wandschmuck zeugen nur mehr sehr blasse Spuren. Wo christliche Symbole zu erkennen waren, wurden sie in unse-

Katakomben als Wohnstatt?

Seit ihrer Entdeckung im späten Mittelalter entstand der romantische Glaube, die Katakomben wären Wohnstätten der Christen in der Zeit der Verfolgung gewesen. Dagegen handelte es sich um eine frühchristliche Bestattungspraxis nach festem Muster. Die einbalsamierten Toten wurden in Grabnischen eingemauert, bevorzugt in der Nähe von Märtyrern oder von als heilig betrachteten Verstorbenen, um deren Fürsprache beim Jüngsten Gericht zu erwirken.

rer Zeit grob nachgezogen, um sie deutlicher hervorzuheben. Im Zweiten Weltkrieg dienten die Katakomben als Luftschutzkeller. Heute sind die Katakomben des hl. Johannes die einzigen von Syrakus, die der Besucher ohne Schwierigkeiten besuchen kann.

Die **Katakomben von Vignia Cassia (15)** wurden 256 begonnen und 275 erweitert; viele der originalen Malereien sind erhalten, die Gänge mit den noch älteren Katakomben von S. Maria del Gesù verbunden; sie alle, wie auch die Katakomben von S. Diego), stehen dem Publikum nicht offen – nur für Studienzwecke wird eine Sondergenehmigung zur Besichtigung erteilt.

S. Lucia (16)

Die erste Kirche S. Lucia wurde im 6. Jh. an dem Ort errichtet, an dem die Heilige zu Beginn des 4. Jh. der Legende nach den Märtyrertod erlitt. Im 12. Jh. erneuerten die Normannen den alten Bau. Von dieser zweiten Kirche sind noch die Apsiden, die unteren zwei Ordnungen des Glockenturms und das Portal erhalten; die Rosette darüber stammt aus dem 14. Jh. In der ersten Hälfte des 17. Jh. erfuhr der Bau eine Modernisierung, nach dem großen Erdbeben von 1693 musste er wiederhergestellt werden. Damals erhielt er den Portikus an rechter Seite und Vorderfront. Das Innere teilen Pfeiler in drei Schiffe. Im 17. und 18. Jh. wurde es dem jeweiligen Zeitstil angepasst. Die bemalte Freibalkendecke geht auf das 14. Jh. zurück. Das Kreuz aus der Pisaner Schule über dem Triumphbogen stammt vom 13. Jh., das aus Holz bemalte Kreuz am vorderen Ende des linken Schiffs aus dem 15. Jh. Die Säule am rechten Pfeiler des Presbyteriums soll an dem Ort gestanden haben, wo das heilige Mädchen getötet wurde.

Rechts vom Presbyterium führt eine Treppe zur **Grabkapelle,** einen halb in die Erde eingelassenen, achteckigen Bau des Giovanni Vermexio aus der ersten Hälfte des 17. Jh. Die Grabnische der Heiligen ist leer, denn ihr Körper wurde von dem byzantinischen Heerführer Georg Maniakes nach Konstantinopel gesandt, nachdem er das Grab hatte öffnen lassen und ihn unverwest vorgefunden hatte. 1204 wurde er von dort durch venezianische Kreuzritter nach Venedig verschleppt. Die Statue unter dem Altar ist ein Werk von Gregorio Tedeschi (1634).

Unter der Kirche und dem ehemaligen Kloster erstrecken sich die **Katakomben der hl. Lucia,** deren Nutzung gegen 220 begann. Die größten Anlagen dieser Art auf Sizilien, noch nicht ganz freigelegt, besitzen einen überaus komplexen dreistöckigen Aufbau. Einige kostbare byzantinische Fresken blieben erhalten, doch können die Katakomben leider nicht besichtigt werden.

Grabkapelle der hl. Lucia, Grundriss

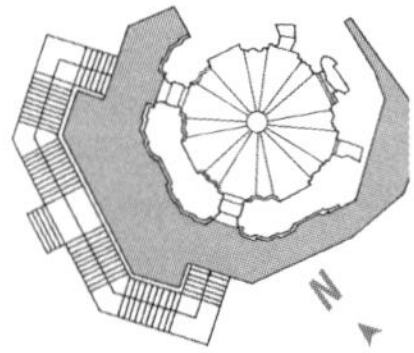

Demeter- und Koreheiligtum (17)

Südlich der modernen Kirche der Weinenden Madonna (Piazza della Vittoria) wurde bei Bauarbeiten ein antikes Wohngebiet freigelegt, das vom 6. Jh. v. Chr. bis in byzantinische Zeit besiedelt war und in dem sich ein Stück einer antiken Straße in Ost-West-Richtung erhalten hat. Diese Straße bildete vom 5. Jh. v. Chr. bis zum 3. Jh. n. Chr. die Hauptverkehrsader des Stadtteils *Acradina.* Zwei übereinanderliegende Schichten der gleichen Straße sind zu erkennen: die untere aus Kalkstein mit tiefen Fahrspuren und eine in späterer Zeit angebrachte Pflasterung zur Erneuerung der abgenutzten Oberfläche.

In diesem Gebiet wurden auch die Überreste gefunden, die die Existenz des aus schriftlichen Quellen bekannten Demeter- und Koreheiligtums bezeugen, das vom 5.–4. Jh. v. Chr. bestand, bis es schließlich von dem Karthager Himilkon ausgeraubt und danach aufgegeben wurde. Die Einschnitte im Felsboden zur Verankerung der Fundamente lassen den ehemaligen Tempel in seinen Maßen 10 × 18 m erkennen sowie einen Altar, der nahe östlich des Gebäudes stand. Nördlich davon wurde ein Votivschrein entdeckt, in dem Tausende von Weihgaben, meist weibliche Tonfigürchen mit den Symbolen der Göttinnen, dem Ferkel und der Fackel, aufbewahrt waren. Einige davon lagen noch in situ.

An der äußersten östlichen Seite des Gebietes wurde ein **Brunnen** ausgegraben, der sich an die östliche Umfassungsmauer des Heiligtums anlehnte. Von ihm sind noch ein Becken von 11,50 × 3,20 m und das dahinterliegende Wasserreservoir erhalten. Der Brunnen (5. Jh. v. Chr.) war von der Straße aus erreichbar. Davor lag ein **Portikus,** von dem noch ein Teil des Bodenbelags aus Kalksteinblöcken sichtbar ist. Während des 3. Jh. v. Chr. schlug man zur Verschönerung in die dahinterliegende Wand eine Nische und stellte in sie eine Statue aus Kalkstein. Im Archäologischen Museum kann man die einzelnen Stationen der Ausgrabungen anhand einer fotografischen Dokumentation nachvollziehen und die Funde besichtigen.

In der Nähe von San Giovanni befindet sich, hoch in den Himmel aufragend, der jüngste Kirchenbau von Syrakus: Die Wallfahrtskirche der Weinenden Madonna wurde in den 1980er-Jahren erbaut, um ein in den 1950er-Jahren Tränen absonderndes und Wunder bewirkendes Abbild der Muttergottes aufzunehmen.

Römisches Gymnasium (18)

Ungefähr 250 m hinter dem Bahnhof, an der Straße nach Noto (Statale 115, die antike ›Elorina‹), liegt das sog. Römische Gymnasium, das eigentlich ein römisches Theater war. Die falsche Bezeichnung ist auf schriftliche Quellen über ein griechisches Gymnasium und das Grab Timoleons in der Nähe der Agora zurückzuführen.

Die Ausgrabungen bestehen aus einem quadratischen Platz, der an drei Seiten von einem Portikus eingefasst war, an dessen Ostflanke ursprünglich ein Eingangspropylon existierte; heute liegt der Zugang an der Südostecke. Von der Süd- und Ostseite des **Portikus** stehen nur noch einige Grundmauern, zum Norden hin ist er besser erhalten. An der Nordwestecke führten Stufen zum Platz hinunter.

Das Theater schloss die Westseite ab. Von seiner **Cavea** blieben nur die unteren Sitzreihen erhalten. Die Orchestra steht ständig unter Wasser, da Grundwasser- und Meeresspiegel seit der Antike gestiegen sind. Die Bühne ruhte einst auf einem Podium mit frontalen Bogen, das sich an die Westseite eines Tempels anlehnte, der das Bühnengebäude vertrat.

Ginnasio Romano
tgl. 9–13 Uhr

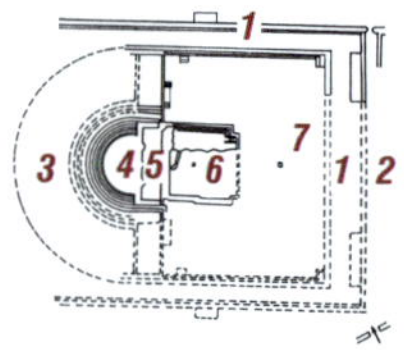

›Römisches Gymnasium‹, Grundriss
1 Portikus
2 ursprüngliches Eingangspropylon
3 Cavea
4 Orchestra
5 Bühne
6 Tempel (Peripteros)
7 Altar

Der **Tempel,** ein Peripteros, bestand aus Marmor und stand auf einem hohen Podium, in dessen Innerem sich ein Raum mit Kassettendecke befand; Fragmente davon sind erhalten. In dem Gebiet wurden einige Marmorstatuen gefunden, darunter auch eine weibliche Gewandstatue aus flavischer Zeit (2. Jh.), aus der auch der Baukomplex insgesamt stammt. Es ist indes fraglich, ob er die Stelle des griechischen Gymnasiums einnahm.

Tempel des Olympischen Zeus (19)

Südlich der Kyanequelle und außerhalb der Stadt steht dieser Tempel leicht erhöht über dem Lysimeleia, dem Sumpfgebiet, von dem aus Syrakus in der Antike so oft belagert wurde. Von dem ehemals prachtvollen Gebäude blieben nur der **Stylobat** und zwei **monolithische Säulen** erhalten. Es wurde kurz nach dem Apollontempel auf Ortygia im frühen 6. Jh. v. Chr. errichtet und hat mit diesem viel gemeinsam: die lange, schmale Cella, das Adyton, die doppelte Säulenreihe an der Front sowie die nah beieinander stehenden Säulen.

Fort Euryalos (20)

Tempels des Olympischen Zeus, Grundriss: Nur die beiden schwarzen Säulen sind noch vorhanden

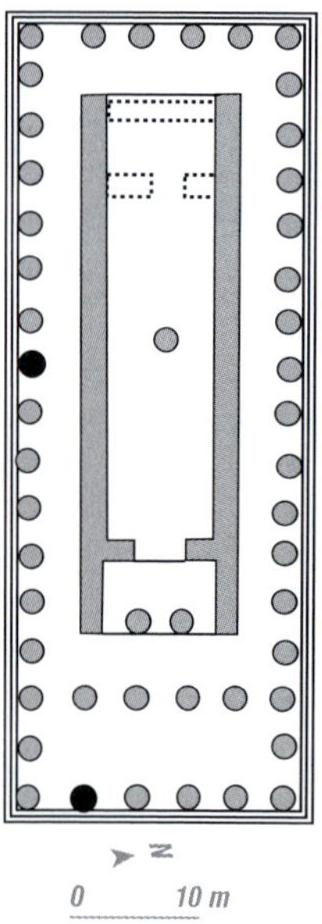

Innerhalb von sechs Jahren soll Fort Euryalos unter Dionysios errichtet worden sein. Als das Bollwerk im Jahre 212 v. Chr. durch Verrat in die Hände der Römer fiel, soll auch Archimedes in den Mauern des Forts den Tod gefunden haben. Im 9. Jh. diente es der Stadt ein letztes Mal zur Verteidigung gegen den Ansturm der Araber.

Der einzige ebenerdige **Zugang** (Westseite) war durch drei tiefe, senkrecht in den Fels geschlagene Gräben geschützt, um einen Frontalangriff mit Kriegsmaschinen unmöglich zu machen. Der erste (in der Nähe des Wärterhauses) verläuft geradlinig, hat eine Breite von 6 m und eine Tiefe von 4,80 m. Gen Osten liegt der zweite, spitz gewinkelt, 22 m breit und 150 m lang. Dahinter erhob sich wie der Bug eines Schiffes das mächtige Bauwerk eines Vorpostens. Teile des Materials stürzten mit der Zeit in diesen Graben. Zwischen dem Vorposten und dem Hauptgebäude liegt der dritte und wichtigste Fallgraben. Seine Breite beträgt 17, seine Tiefe 9 m. Er verbindet das gesamte Verteidigungssystem der Festung. Von ihm aus zweigt ein komplexes Netz von Durchgängen und Tunneln ab, das sich über 480 m erstreckt. Die lange, in den Fels gehauene Treppe führte zu dem Innern des Vorpostens, die vier unterirdischen Räume dienten als Waffenlager und zur Aufbewahrung von Kriegsmaschinen. Im südlichen Teil des Grabens stehen noch die drei robusten Pfeiler der Fallbrücke, die eine direkte Verbindung zum Kern der Festung herstellte.

Hinter den elf Öffnungen an der Ostseite liegt eine Galerie, von der aus weitere unterirdische Gänge zu einem vierten Fallgraben, ins Festungsinnere, zu dem außerhalb der Mauern liegenden Geheimausgang und zu einem Vorposten beim nördlichen Stadttor führten. Verschiedene Schächte lassen erkennen, dass an mehreren Stellen gleich-

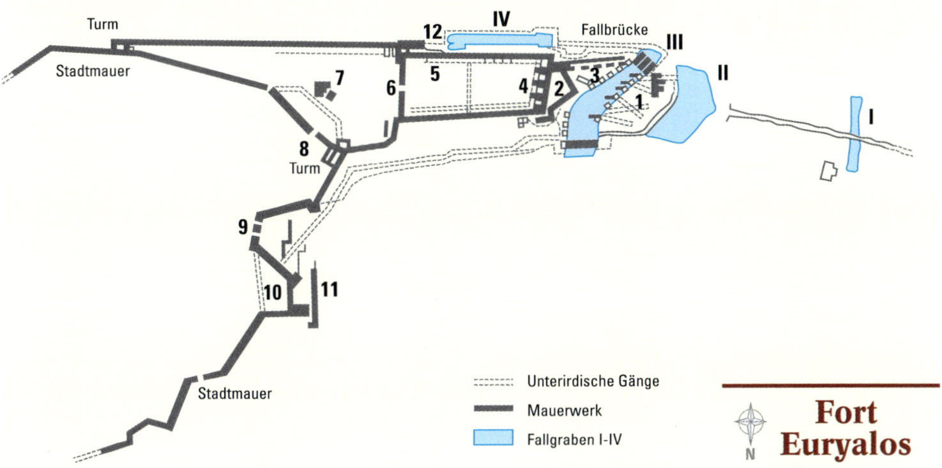

Fort Euryalos

1 Vorfestung
2 ursprüngl. bugförmiger Vorbau
3 Verbindungsgang von der Brücke zu den Türmen (nach der Zerstörung des bugförmigen Vorbaus errichtet)
4 Türme (Plattformen für Katapulte)
5 byzantinische Räume
6 Mauer mit Eingang aus byzantinischer Zeit
7 Zisterne
8 Originaleingang
9 doppelter Eingang zur Stadt, mit Türmen und zangenförmigem Mauerwerk befestigt (skäisches Tor)
10 Befestigungsanlagen
11 Sperrmauern vor dem Stadttor
12 ehemals überdachter Gang, zum IV. und von dort zum III. Fallgraben führend, von dort Treppe zur Vorfestung

zeitig mit den Arbeiten für die Gänge begonnen wurde. Nach der Fertigstellung wurden die Schachtöffnungen mit schweren Platten abgedeckt.

Ursprünglich erhob sich die Festung hinter dem dritten Graben. Sie besaß die gleiche Bugform wie der Vorposten. Der vordere Teil wurde jedoch während eines Umbaus in antiker Zeit niedergerissen, möglicherweise, als man dahinter die fünf mächtigen quadratischen Türme errichtete (Höhe je 15 m), die eine Mauer miteinander verband. Ihren oberen Abschluss bildeten Zinnen und dorische Wasserspeier (Löwenköpfe; s. auch S. 113). Wahrscheinlich dienten die Türme als Plattformen für Katapulte.

Die heute sichtbare Festung besteht aus zwei Teilen, einem rechteckigen und einem trapezförmigen. Die Trennung der beiden Teile geht auf byzantinische Zeit zurück, als der Bau verkleinert und nur noch der rechteckige Teil benutzt wurde. In dem trapezförmigen Teil befinden sich drei große Zisternen, die im Falle einer Belagerung die Wasserversorgung sicherstellten. An der längsten Seite ermöglichte ein Tor den Zugang zur Stadt. Beim Südostturm vereinigten sich die Mauern der Epipolis mit denen der Festung.

Castello Eurialo

Mo–Sa 9 Uhr bis 2 Std. vor Sonnenuntergang, So 9–13 Uhr
Den Schildern zum Stadtteil Belvedere folgen

Dort wo die Nordmauern abzweigen, liegt der **besterhaltene Turm** mit seinen kompliziert angelegten Innenräumen. Wenig davon entfernt öffnete sich einst ein großes skäisches Stadttor mit schützenden Türmen und in Zangenform zurücktretenden Mauern, wenig nördlich davon sorgte ein vorspringendes Mauerwerk für zusätzliche Sicherheit. Zwei dem Tor vorgelagerte Mauern schlossen einen massierten Angriff aus und verbargen es gleichzeitig so, dass es aus der Entfernung nicht zu erkennen war. Die Straße Richtung Syrakus führt zu den Dionysiosmauern und durchquert sie durch eines der Tore.

Reisen & Genießen

Hotels und Restaurants

Hier ist nach gründlicher Renovierung ein ansprechender Stilmix gelungen, der die rustikalen Materialen des barocken Stadtpalastes in ein zeitgemäßes Ambiente einbindet. Kreativität und mediterraner Genuss bestimmen auch die Küche des Hotelrestaurants. Das elegante Haus mit 30 Zimmern verfügt über einen direkten Zugang zum Badestrand von Ortygia.

Algilà Ortigia Charme Hotel****-*
Via Vittorio Veneto 93, 96100 Siracusa
Tel. 09 31 46 51 86
www.algila.it

In dem umgebauten antiken Palast eines Salzhändlers erwartet ein schickes Bed & Breakfast seine Besucher. Die individuelle Ausstattung der sechs geräumigen Zimmer nimmt Bezug auf Themen wie Meer, Salz und Strand. Das gelungene Konzept wird durch die Lage in unmittelbarer Nähe zur Arethusaquelle und dem dort pulsierenden Leben komplettiert.

Palazzo del Sale***
Via Santa Teresa 25, 96100 Siracusa
Tel. 093 16 59 58
www.palazzodelsale.com

Eine exklusive Adresse für junge und frische Küchenideen mit einer bemerkenswerten Auswahl vor allem regionaler Weine findet sich in der Altstadt. Der ambitionierte Koch Giovanni Guarneri empfiehlt das kreative Menü auf Fischbasis.

Don Camillo
Via Maestranza 96, 96100 Siracusa
Tel. 093 16 71 33
www.ristorantedoncamillosiracusa.it
So geschl.

Die Lage im 1. Stock, der Beletage eines Adelspalastes aus dem 19. Jh., ermöglicht die einmalige Aussicht auf den zentralen Platz von Ortigia. Zur barocken Kulisse wird sizilianische Küche elegant verfeinert.

Ottocento
Via Roma 5, 96100 Siracusa
Tel. 09 31 48 30 03
www.ottocentoristorante.com
Di geschl.

In einer Seitengasse hinter der Porta Marina liegt versteckt eine kleine preiswerte Trattoria. Die Auswahl ist reichlich, die Bedienung freundlich und abends gibt es zur Abwechslung auch Pizza.

Giove
Via Ruggero Settimo,
Ronco dei Cassari 4, 96100 Siracusa
Tel. 09 31 46 45 24
www.ristorantegiove.com

Abstecher in die Umgebung

Thapsos

Heute wird die Halbinsel, die der am weitesten verbreiteten Kultur der Bronzezeit den Namen gab, *Magnisi* genannt. Magnisi ist vom Bahnhof Prioli-Mellilli aus, der Küste folgend, zu erreichen. Spuren der Siedlung, die über die gesamte Bronzezeit hinweg bis zum Beginn der Eisenzeit bestand, wurden freigelegt und lassen so die unterschiedlichen Formen der Wohnhäuser dieses Zeitraums erkennen. Weiterhin sind eine Straße und Reste der Befestigungsmauer mit halbrunden Türmen auszumachen. Interesse verdient auch die Nekropole mit diversen in den Fels geschlagenen Gräbertypen.

Megara Hyblaea

Umgeben von dem Industriegebiet Syrakus-Augusta liegen die Ruinen der griechischen Koloniestadt Megara Hyblaea. Der flache und fruchtbare, aber recht enge Küstenstreifen an der Mündung des Flüsschens Cantara war schon in neolithischer Zeit besiedelt. Um 750 oder 730 v. Chr. gründeten griechische Auswanderer aus Megara, einer Stadt nahe Korinth, hier eine Kolonie, die zu den ältesten Gründungen auf Sizilien zählt und maßgeblich an der Entstehung von Selinunt in der Mitte des 7. Jh. v. Chr. beteiligt war.

Epicharmos
Megara Hyblaea ist der Geburtsort des Komödiendichters Epicharmos (um 550–460 v. Chr.), der unter Hieron I. in Syrakus wirkte.

Die Stadt wuchs schnell, geriet aber bald in Konkurrenz zu Syrakus und schließlich gänzlich in Abhängigkeit von diesem mächtigen Nachbarn. Als Gelon von Gela auch in Syrakus die Herrschaft übernahm, zerstörten die Syrakusaner Megara Hyblaea und siedelten die Bewohner nach Syrakus um (s. a. S. 112). Fast 150 Jahre blieb das Terrain unbewohnt, bis in der Zeit des Timoleon um 340 v. Chr. die Stadt neu gegründet und wieder aufgebaut wurde. 263 v. Chr. wurde Megara Hyblaea Bestandteil des syrakusanischen Königreiches unter Hieron II. und 214 v. Chr. vom römischen Heer des Marcellus, das kurz darauf auch Syrakus einnahm, zerstört.

Danach wurde der Ort, von einzelnen ländlichen Gehöften einmal abgesehen, nicht mehr besiedelt, ein für archäologische Ausgrabungen außerordentlich günstiger Umstand. Seit 1948 fanden in Megara Hyblaea großflächige Ausgrabungskampagnen unter französischer Leitung statt, die den Ort heute zu einer der am besten erforschten griechischen Siedlungen auf Sizilien machen. In fast einzigartiger Weise wurden hier weite Teile der antiken Stadtstruktur freigelegt.

Zona Archeologica di Megara Hyblaea
Contrada Megara Giannalena
tgl. 9–18 Uhr
Die Nekropolen sind nur vormittags zu besichtigen.

Megara Hyblaea war von einem großen Mauerring umschlossen, der in der Zeit unmittelbar nach der Koloniegründung entstand. Ebenfalls in diese erste Siedlungsphase der Stadt gehört die großflächige **Agora** (80 × 60 m). An drei Seiten rahmten Bauten diese Platzanlage ein, die westliche Grenze markierte eine große, die Stadt von Süden nach Norden durchquerende Hauptstraße. Auf der archaischen Agora fanden sich u. a. die **Reste eines kleinen Tempelbaus,** ein **Heroon**

Detail des Hauptportals von S. Sebastiano in Ferla: Auch Kirchen kleinerer Ortschaften überraschen mit fein ausgeführten Steinmetzarbeiten. Typisch für Darstellungen des hl. Sebastian ist die hingebungsvolle Haltung, mit der er sein Martyrium erduldet.

Gorgias von Leontinoi

Aus Lentini stammte der Begründer der antiken Rhetorik, Gorgias von Leontinoi, der 427 v. Chr. nach Athen ging, wo die Rhetorik im Zuge der demokratischen Gerichtsbarkeit zu höchster Vollendung geführt wurde.

Museo Archeologico
Via Museo 1
Lentini
Di–Sa 9–18,
So 9–13 Uhr
Ausgrabungsgelände z. Zt. geschl.

und ein **Prytaneion** (Ratsgebäude). Die archaische Stadt besaß ein Netz regelmäßiger Straßen (3–5 m breit), die die ganze Stadt wie ein Gittermuster durchzogen. Die von den Straßen ausgegrenzten Areale (Insulae) waren mit mehrräumigen Wohnhäusern dicht bebaut. Megara Hyblaea bietet eines der ältesten bekannten Beispiele für einen solchen regelmäßigen Stadtplan. (Im 5. Jh. v. Chr. systematisierte Hippodamos von Milet diese Art der Stadtplanung.)

Die hellenistische Stadtanlage orientierte sich weitgehend an diesen älteren Strukturen, war aber wesentlich kleiner dimensioniert. Ein Mauerring umschloss nunmehr nur noch den besiedelten Stadtkern, und die neue Agora erreichte kaum die halbe Größe der alten Anlage. Zahlreiche Architekturfragmente stammen von heute nicht mehr lokalisierbaren Tempeln und Heiligtümern. Vor den Stadtmauern erstreckten sich große Nekropolen.

Augusta

Zur Verteidigung der Südostküste gründete Friedrich II. auf einem dicht an der Küste gelegenen Inselchen die Stadt Augusta (34 500 Einw.) und versah sie mit einem imposanten **Festungsgebäude.** In den spanisch-französischen Kriegen von 1676 wurde die mittelalterliche Stadt verwüstet. Die wiederaufgebaute Stadt fiel dem Erdbeben von 1693 zum Opfer. Erneut aufgebaut wurde sie nach dem Entwurf des Militärarchitekten Carlos de Grunenbergh, der das schon von Friedrich II. verwendete geradlinige Straßensystem wieder aufnahm. Bis heute führt der Weg nach Augusta durch die Porta Spagnola, die 1681 als Teil der spanischen Befestigungsanlage errichtet wurde.

Lentini

Die Stadt wurde 729 v. Chr. unter dem Namen *Leontinoi* gegründet. Ihre strategisch günstige Position auf zwei sich gegenüber liegenden Anhöhen schloss das fruchtbare Tal ein, in dem ein Flusslauf außerdem eine Anbindung an das Meer sicherte. Nach einer wechselhaften Geschichte begann ihr Niedergang 214 v. Chr. mit der Einnahme durch die Römer, und erst im frühen Mittelalter erlebte sie wieder einen Aufschwung. Der **Archäologische Park** umschließt die Reste der antiken Stadt und ihrer Befestigungsanlagen, das Archäologische Museum gibt weiteren Aufschluss über die Vergangenheit.

Der gesamte Stadtkomplex war von einer Mauer umgeben und konnte nur durch zwei Tore erreicht werden. Eines davon wurde bei Grabungen wieder freigelegt und aus der Nähe stammt ein Großteil der im Museum zu sehenden Funde.

In der Umgebung befinden sich höchst interessante **Höhlenkirchen** aus dem 7. Jh. und aus normannischer Zeit (auch Wohnungen, Nekropolen usw.). Bei einer der normannischen Kirchen, S. Lucia, wurde die gleiche Maßeinheit wie bei SS. Trinità di Delia in Castelvetrano benutzt.

Barocker Süden

Ferla

Der Name stammt von *Fiera* (›Markt‹), denn der Ursprung des Städtchens lag in seiner Bedeutung als Handelsumschlagplatz an der Straße nach Caltagirone. Ab dem 12. Jh. wird der Ort in den Dokumenten als Gemeinde genannt. Heute ist er ein typisches Bauernstädtchen von rund 2600 Einwohnern mit ausnehmend barockem Charakter, der auf den Wiederaufbau nach dem Erdbeben von 1693 zurückzuführen ist. Als interessanteste der vielen Kirchen darf die des hl. Antonius gelten, die auf dem Platz bei der Abzweigung nach Pantalica liegt. **S. Antonio Abbate** ist eines der seltenen Beispiele einer zweitürmigen Pfarrkirche. Der obere Teil des linken Kuppelturms stürzte leider bei dem Erdbeben von 1908 ein. Die Plastizität der zweigeschossigen Fassade, die in all ihren drei Partien konkav geschwungen ist, verstärken tiefe Nischen und vorgelagerte Säulen. Das Kircheninnere zeigt einen oktogonalen kuppelüberwölbten Zentralbau mit vier gleich langen Kreuzarmen und Altarräumen.

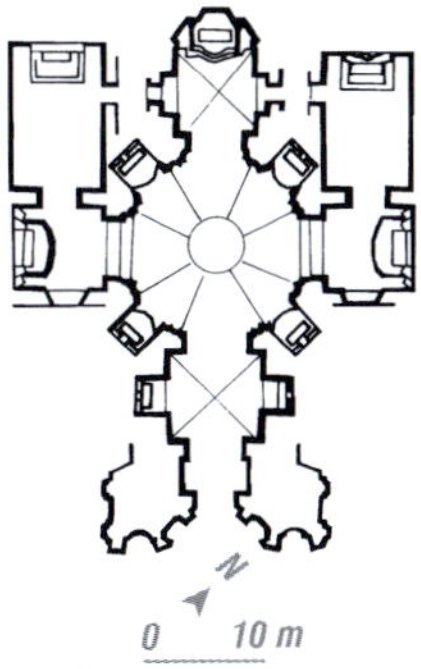

Ferla, Sant'Antonio Abbate, Grundriss

S. Sebastiano, eine dreischiffige Pfeilerbasilika mit Vierungskuppel, besitzt ein schönes barockes Portal. In der zentralen Nische steht der Namenspatron der Kirche zwischen zwei Heiligen und zwei römischen Legionären. Auch diese Kirche wurde, wie die gesamte Stadt, nach dem Erdbeben von 1693 neu erbaut.

Pantalica

Pantalica – in mittelalterlichen Dokumenten *Pantegra, Pantarga, Buntariga, Panterica* – ist die Bezeichnung für ein Hochplateau im Südosten Siziliens, auf dem vermutlich die Hauptstadt eines kleinen sikanischen Reiches lag. Es fällt ringsum steil zu den schluchtartigen Tälern der Flüsse Calcinara und Anapo ab und ist nur über einen schmalen Berggrat zugänglich. An den Hängen öffnen sich wie Bienenwaben Tausende von **Grabkammern,** aus einer Zeitspanne vom 12.–7. Jh. v. Chr., d. h. von der Gründung bis zur Aufgabe der Stadt. Die Art der in den Gräbern gefundenen Keramik gibt einer vorgeschichtlichen Kultur den Namen, der Kultur von Pantalica, deren schönste Beispiele im Museum von Syrakus ausgestellt sind.

In dem ehemaligen Wohngebiet blieben nur die Grundmauern eines Palastes *(Anaktoron)* erhalten – genug jedoch, um daraus abzulesen, dass in dieser späten Epoche noch immer auf die mykenische Bauweise zurückgegriffen wurde und das Gebäude ein Herrscherpalast war: In einem der Räume wurden noch Spuren von Metallverarbeitung gefunden, welche, wie in vielen vorgeschichtlichen Kulturen, der Kontrolle des Herrschers unterlag, da damit auch die Waffenherstellung verbunden war.

Necropoli Rupestre di Pantalica und Wanderweg durch das Tal des Anapo (sentiero naturalistico Valle d'Anapo)

tgl. 9 Uhr bis 1 Std. vor Sonnenuntergang
Schildern Richtung Valle dell'Anapo folgen, Eingänge bei Ferla und Sortino

Schmuckformen des fantasiereichen, ›lokalen Barockstils‹ der Kirche des San Sebastiano, Palazzolo Acreide

Dieser Palast wurde noch im frühen Mittelalter genutzt, als sich um Pantalica drei christliche Gemeinden angesiedelt hatten. Die Christen lebten in geräumigen Wohngrotten, die z. T. durch Vergrößerungen und neue Verbindungen der antiken Grabkammern gewonnen wurden. Der Typus der Felsenwohnung wurde von Afrika nach Europa gebracht, fand im gesamten Mittelmeerraum Verbreitung und hielt sich hier bis ins späte Mittelalter hinein. Zuerst lediglich für Klosterbauten und Einsiedlerklausen verwendet, wurde das System in Sizilien ab dem 7. Jh. immer häufiger auch bei kompletten Profansiedlungen übernommen. Die Anwendung fällt zeitlich mit der byzantinischen Herrschaft zusammen, während der die Stadtflucht einsetzte, da das Land oft die einzige Überlebensmöglichkeit bot. Die so erbauten Dörfer hatten hingegen nichts Primitives an sich, waren großzügig angelegt und besaßen Kirchen- und Versammlungsräume; die Wohnungen bestanden aus mehreren Zimmern. Bemerkenswert ist bei der kleinen **Kirche des hl. Micidiarius** z. B. die doppelte Neigung der Decke, die an eine Holzkonstruktion erinnert und sonst nur in den Felsenkirchen Apuliens vorkommt. Alle Wege auf dem Plateau sind gut ausgeschildert.

Auch ein Ausflug durch das **Anapo-Tal,** dessen Eingang kurz vor der Straßenabzweigung nach Ferla liegt, lohnt sich. Kleinbusse der Forstverwaltung stehen dort zur Verfügung. Die für den Durchgangsverkehr gesperrte Straße führt etwa 10 km durch das landschaftlich reizvolle Tal (Naturschutzgebiet), folgt dem Lauf einer alten Schmalspurbahn und durchquert enge, in den Fels geschlagene Tunnel. Zu beiden Seiten erheben sich senkrecht die Felswände, übersät mit den leeren Grabkammern. (Ausgeschilderte Wanderwege, auch von Sortino aus zu erreichen.)

Palazzolo Acreide

Das antike, von Syrakus aus gegründete *Akrai* (664 v. Chr.) sicherte nicht nur der Mutterstadt den Handel mit dem Binnenland, sondern fungierte auch als wichtiger Kontrollposten der sog. Selinuntina, der Straße, die Syrakus mit den Städten der Südküste verband. Die Stadt bestand noch in der Spätantike, im Mittelalter jedoch nicht mehr. Im 12. Jh. erwähnen die Quellen den Bau einer Burg, um die sich dann später eine neue Ortschaft entwickelte.

Area Archeologica di Akrai
Colle dell' Acromonte
tgl. 9 Uhr bis 1 Std. vor Sonnenuntergang (im Winter So nur 9–14 Uhr)

Nach dem Erdbeben von 1693 wurde auch Palazzolo Acreide (heute 9100 Einw.) im Barockstil wiederaufgebaut. Besonders sehenswert ist die Fassade von **S. Paolo,** Vincenzo Sinatra zugeschrieben, die die charakteristische Einturmfassade, plastisch vortretende Säulen sowie reichen Skulpturenschmuck aufweist. An den **Adelspalästen** fallen die lang gezogenen Balkone mit ihren fantasievollen, oft skurrilen Konsolen ins Auge.

Das antike Akrai erstreckte sich über eine Fläche von 36 ha. Die Hauptstraße, die es in Ost-West-Richtung in einer Breite von 4 m

Das Theater des antiken Akrai zählt zu den besterhaltenen auf Sizilien

Durchschnitt, wurde ergraben; auf sie stießen die engen, sehr unregelmäßigen Seitengassen. Das mit 600 Sitzplätzen überraschend kleine **Theater** aus dem 3. Jh. v. Chr. ist gut erhalten (mit einem Teil des Bodenbelags der Orchestra). Interesse verdienen auch die **antiken Steinbrüche,** die in griechischer Zeit für den Heroenkult genutzt wurden (Nischen für Votivtafeln). Über den Latomien hat sich die Basis des Aphroditeheiligtums erhalten, eines Tempels dorischer Ordnung, dessen architektonische Elemente jedoch starken ionischen Einfluss aufweisen (Archäologisches Museum von Syrakus und **Antiquarium von Akrai).**

Östlich des Hügels liegen die sog. **Feralitempel,** zwei große Nischen, die dem Totenkult dienten. Da sie meist geschlossen sind, sollte man das Aufsichtspersonal von vornherein um Begleitung bitten. Von dort aus führt ein lohnender Spaziergang von 10 Min. in ein kleines Tal, **Valletta** genannt, in dem sich die Santoni befinden, große, roh gearbeitete Figuren, die mit dem Kult der Kybele in Verbindung stehen (3. Jh. v. Chr.). Sie waren einst mit Stuck überzogen, bemalt und mit Metallornamenten geschmückt. Die meisten stellen die Göttin sitzend und ihre Attribute in den Händen haltend dar.

Buccheri

Das heutige Buccheri (2100 Einw.) in den Hybläischen Bergen wurde in einem Tal neu errichtet, nachdem die ehemals am Berggipfel gelegene Stadt bei dem großen Erdbeben Ende des 17. Jh. zerstört worden war. An den mittelalterlichen Wohnort erinnern nur noch die Burgruinen. Im Stadtzentrum überwiegen die barocken Gebäude. Die gegen Ende des 18. Jh. errichtete Kirche **Sant'Antonio Abbate,** über einer hohen Treppenrampe thronend, vertritt mit ihrer reich geschmückten Turmfassade, die durch übereinander angeordnete Säulen eine stark nach oben strebende Bewegung erhält, und dem dreischiffigen basilikalen Innenraum einen in Sizilien weit verbreiteten Typus.

Noto

1 Kirche und ehem. Kloster der Kapuziner
2 Porta Reale
3 ehem. Kloster der Franziskaner/ S. Francesco
4 ehem. Kloster der Benediktiner SS. Salvatore (Stadtmuseum)
5 ehem. Kloster der Benediktinerinnen/S. Chiara
6 Palazzo Ducezio (Rathaus)
7 Dom SS. Nicolò e Corrado
8 Bischofspalast/SS. Salvatore
9 Palazzo Nicolaci Villadorata
10 Chiesa di Montevergine
11 S. Carlo al Corso
12 ehem. Kloster der Dominikaner/ S. Domenico
13 Theater
14 S. Michele
15 Chiesa del Carmine
16 Chiesa del Crocifisso

Noto

Noto

Die Stadt Noto (24 000 Einw.) wurde 1989 vom Europarat zur Europäischen **Hauptstadt des sizilianischen Barock** ernannt und 2002 schließlich von der UNESCO zum Welterbe erklärt. Schon vor diesen Ereignissen waren die ersten warnenden Stimmen über die Vernachlässigung und den beklagenswerten Zustand der historischen Bausubstanz aufgekommen. Diskussionen und ehrgeizige Projekte zogen sich über Jahre hin, während derer in einer Gewitternacht des Jahres 1990 ein Teil des Jesuitenpalastes einstürzte, im gleichen Jahr ein Erdbeben die Strukturen schwächte und 1996 schließlich das Dach und die Kuppel des Domes einstürzten. Sofort zusammengestellte Kontrollkommissionen ließen vorsichtshalber weitere Denkmäler wegen Einsturzgefahr schließen und Stützvorrichtungen aus Eisen und Holz anbringen, die Straßen und Fassaden versperrten. Jegliche Hoffnung für die Stadt schien verloren. Dagegen setzten um 2000 massive Renovierungsarbeiten ein. Im Jahr 2007 konnte nicht nur der Dom wiedereröffnet werden, sondern auch weitere Denkmäler, sodass die aus ockerfarbigem Sandstein errichtete Stadt in der historischen Atmosphäre nun wieder golden im Sonnenlicht leuchtet.

Nach dem großen Erdbeben von 1693, das die ursprüngliche Stadt, das sikulische *Neaiton* und römische *Netum,* dem Erdboden gleich gemacht hatte, wurde 16 km entfernt – auf Befehl der Regierung, aber gegen den Widerstand des Volkes, eines Großteils des Adels und des Klerus – das neue Noto aufgebaut. Der Widerstand erklärt die lange Zeitspanne des Wiederaufbaus, der sich über beinahe das ganze 18. Jh. hinzog. Schließlich entstand das neue Noto nach einem Entwurf des Gelehrten Giovanni Battista Landolina. An der neuen Gestaltung wirkten maßgeblich die Architekten Rosario Gagliardi, Vincenzo Sinatra und Paolo Labisi mit.

Den modernen Bauideen entsprechend gab Landolina der Stadt ein geometrisch regelmäßiges Straßensystem mit drei parallel zueinander und waagerecht am Hang entlang laufenden Längs- und mehreren schmaleren Querstraßen, die diese im rechten Winkel schneiden. Die ehemaligen Stufenrampen wurden im 19. Jh. entfernt und durch ein gleichmäßiges Straßengefälle ersetzt. Dabei achtete man allerdings kaum auf die Eingänge der Gebäude, sodass manche Tore entschieden über dem Straßenniveau zu liegen kamen.

Außerhalb der Porta Reale liegt ein kleiner **Park,** an dessen Rand eine von weither sichtbare moderne Bronzestatue des heiligen Einsiedlers Corrado Confalonieri steht; der Schutzpatron der Stadt lebte und starb in einer Grotte in der Nähe des alten Noto (1284–1351). Links davon liegen **Kirche und ehemaliges Kloster der Kapuziner (1;** 1703–43), heute Eigentum der Stigmatenbrüder, in dem noch eine »Ecce Homo«-Statue (14. Jh.) aus dem alten Noto aufbewahrt wird. Das ehemalige Refektorium birgt interessante Fresken eines unbekannten Meisters aus dem 18. Jh.

Noto ★★

Besonders sehenswert:
Chiesa del Carmine,
Chiesa del Crocifisso,
Dom,
Palazzo Ducezio,
Palazzo Nicolaci,
SS. Salvatore,
S. Chiara,
S. Domenico

Azienda Autonoma Provinciale Turistica

Piazzale XVI Maggio
96017 Noto
Tel. 09 31 83 67 44,
09 31 57 37 79
www.pronoto.it

Archäologischer Spaziergang

Die eindrucksvollen Ruinen des antiken Noto können bei einem archäologischen Spaziergang von ca. 45 Min. in der landschaftlich schönen Schlucht Cava di Carosello besichtigt werden. Schildern nach Noto Antica folgen

Städtebauliches Gesamtkunstwerk

In Noto wurde die Hügellage dazu eingesetzt, um die an großzügigen Straßen und Plätzen gelegenen Kirchen wie auf einer weiträumigen Theaterbühne zu platzieren. Diese typisch barocke Szenografie, in der die Architektur die Bühne für das städtische Leben abgibt, führte zu einem städtebaulichen Gesamtkunstwerk, dessen Struktur – bei aller Verweltlichung – von der Transzendenz der kirchlichen Lehre dominiert wird.

Die **Porta Reale (2)**, das Stadttor, wurde 1838 zu Ehren Ferdinands II. von Bourbon errichtet (Architekt Orazio Angelini). Links im Garten sieht man Porträtbüsten einiger Persönlichkeiten der Stadt, Werke des zeitgenössischen Bildhauers Giuseppe Pirrone. Kurz hinter dem Tor, am ersten Platz, liegt hoch über einer Treppenrampe, angeschlossen an das ehemalige Kloster der Franziskaner, die Kirche **S. Francesco (3),** Immacolata, »die Unbefleckte«, genannt (Architekt Vincenzo Sinatra). Der einschiffige Bau mit der flachen Fassade stellt einen Rückgriff auf einen veralteten Typus dar, bei dem sich der Säulendekor ausschließlich auf die Mitte konzentrierte und dessen Kompositionsschema auf etwas steif wirkenden, übereinandergesetzten Lisenen beruhte. Wie bei den meisten Ordenskirchen ist das Innere in schlichtem Weiß gehalten. Der sparsame Stuckdekor an den Wänden tendiert zum Rokoko (1750, Gioacchino Gianforma).

Benediktinerkloster SS. Salvatore (4)

Überquert man die folgende Seitenstraße, kommt man zum Benediktinerkloster SS. Salvatore. Aufgrund seiner langen Entstehungszeit weist der ausgedehnte Bau Stilmerkmale auf, die vom Barock bis zum Klassizismus im Innern der Kirche reichen (1707–91, Architekten unbekannt). Doppelte, flache Pilaster umschließen im ersten Stock elegante Fenster, deren reicher Dekor an den portugiesischen Platereskenstil erinnert. Gleich darauf folgt ein vorspringender Baukörper mit geschwungener Vorderfront, der die Schlüsselfunktion in der Baukonzeption einnimmt: Mächtig erhebt er sich wie ein Turm über die Gebäude und Kuppeln der Umgebung und lässt keinen Zweifel an der Überlegenheit dieses Klosters gegenüber den anderen Orden aufkommen, was sich auch in dem reichen Steindekor und den schmiedeeisernen Gittern manifestiert.

Im ersten Stockwerk hat man das kleine, aber eindrucksvolle **Stadtmuseum** *(Museo Civico;* Zugang Corso Vittorio Emanuele) untergebracht. Es enthält einige Originalzeichnungen von Architekten, die am Wiederaufbau der Stadt beteiligt waren, Teile des architektonischen Schmucks von Gebäuden des alten Noto sowie verschiedene archäologische Funde aus der Umgebung, vor allem die Reste des außerhalb der Stadt gelegenen Demeter- und Koreheiligtums von Eloro.

Notos Kirchen

sind von 16 bis 18.30 Uhr zur Besichtigung geöffnet.

Museo Civico

im Monastero SS. Salvatore tgl. 9–13, 15.30–19.30 Uhr

Benediktinerinnenkloster und S. Chiara (5)

Auf der gegenüberliegenden Seite beherbergt das ehemalige Kloster der Benediktinerinnen heute eine Schule. Seine der hl. Klara geweihte Kirche wurde nach einem Entwurf von Rosario Gagliardi 1717–30 errichtet. Die Fassade von **S. Chiara** ist leider nicht mehr in ihrer ursprünglichen Ausgeglichenheit zu bewundern, da der Haupteingang heute 2 m über dem Straßenniveau liegt und die Treppenrampe fehlt. Die Kirche ist durch das ehemalige Seitenportal zugänglich. Das Innere mit ovalem, zentralbauförmigem Grundriss, bei dem der Längsachse das größte Gewicht zufällt, stellt eines der interessantesten Beispiele der Raumlösungen Gagliardis dar. Es wird von einem rechteckigen Presbyterium abgeschlossen, und das Atrium löste das Problem, den Ordensschwestern einen gleichzeitig hervorgehobenen und abgeschlossenen Platz während der religiösen Zeremonien zu bieten; durch die vergitterten Fenster konnten sie die Straße gut überschauen. Die Wände sind mit Freisäulen geschmückt, die den Lichteinfall brechen und so einen beeindruckenden Helldunkeleffekt entstehen lassen. Der Wille Gagliardis, mit den herkömmlichen Regeln zu brechen, zeigt sich auch an den Kapitellen der Säulen, deren Voluten in umgekehrter Richtung angebracht sind. Am zweiten Altar links findet man eine Muttergottes mit Kind von Antonello Gagini. Dank Privatinitiativen ist die Kirche dem Publikum zugänglich. Der Aufstieg in den oberen Bereich ist lohnend, da er unterschiedliche Perspektiven auf die Innen- und Außenräume eröffnet und schließlich die Sicht über die ganze Stadt erlaubt.

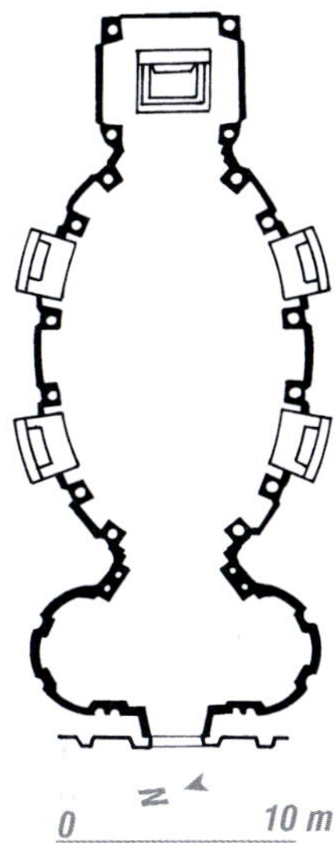

S. Chiara, Grundriss

Palazzo Ducezio (6)

Etwas weiter folgt der zentrale Platz mit dem **Rathaus,** dem Palazzo Ducezio, das 1746 nach einem Entwurf von Vincenzo Sinatra errichtet wurde. Der obere Stock, ein moderner Aufbau von 1951, stört die ursprünglichen Proportionen erheblich. Es handelte sich vormals um ein harmonisches, einstöckiges Gebäude ohne Innenhof, auf drei Seiten von einem durchgehenden Portikus umgeben, der auch den vorderen, konvexen Teil umschließt und an den Ecken den konkaven Linien des Palastes folgt. Das Innere enthält eine Reihe funktional angelegter Räume mit unterschiedlichen Grundrissen (rund, oval etc.). Der Spiegelsaal und sein Mobiliar sind noch intakt erhalten und (außer Montag) zur Besichtigung freigegeben. Die Decke ist mit Fresken und Stuckarbeiten geschmückt, und große Spiegel erwecken den Eindruck eines sich tief ausdehnenden Raumes.

Palazzo Ducezio
tgl. 9–13, 15 Uhr bis 1 Std. vor Sonnenuntergang

Dom und Bischofspalast

Dem Rathaus gegenüber, auf der Höhe einer breiten Treppenrampe, liegt dominierend der **Dom SS. Nicolò e Corrado (7;** erbaut 1700–70). Die Domfassade wird seitlich von zwei niedrigen Türmen gerahmt, die nicht die Höhe des Mittelschiffs überragen, und zeigt kontinentale Einflüsse in der geradlinigen Komposition der zwei übereinandergesetzten Ordnungen und der Säulenkonzentration in der Mitte, die mit einem aufgesprungenen Giebel abschließt. Beim Wiederaufbau der eingestürzten Kuppel und des Dachs wandte man diesmal die Techniken des 18. Jh. an, da eine Restauration in den 1950er- Jahren Originalstrukturen durch Elemente aus Zement ersetzt hatte, deren großes Gewicht wohl nicht ganz unschuldig an dem Einsturz war. Die Kuppelfresken malte 2009 der russische Künstler Oleg Supereko.

Dach und Kuppel des Doms SS. Nicolò e Corrado waren 1996 eingestürzt und wurden bis 2007 neu errichtet

Rechts vom Dom folgt der **Bischofspalast (8)** aus dem 19. Jh., die rechte Platzseite begrenzt die Fassade der Kirche SS. Salvatore (1791–1801, Architekt Antonio Mazza), die zu dem zuvor beschriebenen gleichnamigen Kloster gehört. An ihrer Fassade wird der Übergang vom Barock zum Klassizismus deutlich. Im auf elliptischem Grundriss konzipierten Innenraum sieht man Gewölbefresken von Antonio Mazza, an den Altären Bilder von Giuseppe Velazquez (1808) und rechts vom Hauptaltar in einer Nische einen Silberschrein (1662) mit den Reliquien des hl. Restitutus (zur Besichtigung der Kirche an der Tür links neben dem Portal schellen).

Auf dem Weg zur Chiesa del Carmine

In der Salita Nicolaci liegt der **Palazzo Nicolaci Villadorata (9;** Architekt Paolo Labisi). Dieses wohl auffälligste Gebäude der Stadt, nicht unbedingt ein architektonisches Kunstwerk, belebt die ganze Straße mit einer Reihe skurriler Balkone, an denen das typisch Fratzenhafte, Groteske, mit dem der Barock oft zu schockieren versuchte, eher ironisch heiter wirkt. Das ansteigende Straßenniveau, die horizontalen Markierungslinien der Gebäude sowie der Abschluss durch die konkave Fassade der **Chiesa di Montevergine (10;** Architekt Rosario Gagliardi) tragen dazu bei, der Salita Nicolaci die Wirkung einer Theaterkulisse zu verleihen. Im Palazzo Nicolaci Villadorata befindet sich die Städtische Bibliothek, die 80 000 Bände wertvoller Miniaturen und Manuskripte aufbewahrt.

Wieder an der Hauptstraße folgt nun die Kirche des ehemaligen Jesuitenkollegs, **S. Carlo al Corso (11),** vielleicht von Rosario Gagliardi entworfen (1736–46). Die konkave Fassade mit drei Säulenordnungen ist elegant in den Baukomplex des Klosters eingefügt, der sich bis zur Piazza XXIV Maggio erstreckt. Die kontinuierlichen horizontalen Linien sind Kirche und Klostergebäuden gemeinsam, die

Groteske und mythologische Figuren zieren den Palazzo Villadorata. Die Konsolen beherrschen die Fassade völlig und keine entbehrt einer gewissen Ironie: So karikieren die Löwen z. B. die Adelsklasse

leicht unterschiedlichen vertikalen heben die Konventsfassade diskret hervor. Im dreischiffigen Innenraum mit dem rechteckigen Querschiff wurden einige eigenwillige architektonische Lösungen angewandt, um das Aufsetzen der unregelmäßig oktogonalen Kuppel zu ermöglichen. Fresken schmücken, typisch für die Jesuitenkirchen, die Decke des Mittelschiffs. Die 1998 abgeschlossenen Restaurierungsarbeiten beeinträchtigen erheblich die einstige Atmosphäre des Innenraums. Eine recht enge Treppe führt auf den in die Fassade eingegliederten Glockenturm, von wo aus die Stadt zu überschauen ist.

Etwas zurückgelegen und erhöht über der Piazza XXIV Maggio erhebt sich imposant die Kirche S. Domenico und das ehemalige **Kloster der Dominikaner (12;** 1703–27, heute Handelsschule; Portal von Vincenzo Sinatra). Bei der Kirche gelang es dem Architekten Rosario Gagliardi vorzüglich, den ihm zur Verfügung stehenden engen Raum zu nutzen und von außen die Form des Innenraums deutlich zu machen. Mit der stark vorgewölbten Fassade und der halbkreisförmig angelegten Treppenrampe erzielt er eine starke optische Erweiterung, zu der außerdem an den Inversionspunkten der Kurven die frei in zwei Ordnungen übereinanderstehenden Doppelsäulen beitragen. Der Innenraum stellt eine sehr eigenartige Verschmelzung eines Longitudinal- und eines Zentralbaus dar. Durch die Abkantungen der zentralen Stützen (Pfeiler) ergibt sich das unregelmäßige Achteck, auf dem die Kuppel ruht. Der Zentralzone sind auf den Achsen und auf den Diagonalen rechteckige Räume hinzugefügt, sodass das Schema eines verlängerten griechischen Kreuzes entsteht (die Kirche wird nur zu besonderen Anlässen geöffnet).

Gegenüber beschließt den Platz das **Theater (13),** das der Adel der Stadt in der zweiten Hälfte des 19. Jh. nur für sich selbst errichten ließ. Die Kirche **S. Michele (14;** 18. Jh.) liegt am Ende der Hauptstraße.

Chiesa del Carmine (15)

Die Kirche und auch der Komplex des Karmeliterklosters wurden nach dem Entwurf Rosario Gagliardis errichtet – ausgenommen allerdings die **Kirchenfassade,** die Fra Alberto Maria di San Giovanni Battista zugeschrieben wird (Erbauer der Chiesa del Carmine in Scicli) und nicht mit den Ideen des Gagliardis übereinstimmt. Sie ist nicht konvex – was dem Innenraum entsprechen würde – sondern konkav und zeigt gewisse Schwächen im Aufbau; so dringt z. B. das runde Tympanon der ersten Ordnung in das Fenster der zweiten Ordnung ein.

Der Innenraum dagegen ist das Resultat der schöpferischen Reife des Architekten (einzige Dokumente der Bauzeit: die Bezahlung des Daches 1770). Das längliche Achteck des Grundrisses erinnert noch an den Longitudinalbau, doch werden diesem erstmals seitlich tiefe, zylindrische Baukörper zugefügt, die in den Raum eindringen und die vorher üblichen Nischen ersetzen. In dem **Deckenfresko** wird eine damals sehr aktuelle theologische Streitfrage ausgetragen: Der Triumphwagen der Muttergottes mit Kind zerquetscht einen Mann, der eine Fahne mit der Aufschrift *Mater non Virgo* (»Mutter, nicht Jungfrau«) trägt. Vier ›rechtgläubige‹ Ordensbrüder, die u. a. Tafeln mit der Aufschrift *Mater et Virgo* (»Mutter und Jungfrau«) tragen, bringen andere, nur mit einem Lendenschurz Bekleidete zu Fall, die ihre unterschiedliche Meinung zur Schau tragen.

Chiesa del Crocifisso (16)

Die Chiesa del Crocifisso gilt als das erste architektonische Werk Rosario Gagliardis (1715) und zeigt sich noch sehr traditionsgebunden. Die **Fassade,** in zwei Ordnungen, wurde am oberen Abschluss nie ganz fertiggestellt. Die zwei Löwen, die das große Portal flankieren, stammen noch aus dem alten Noto. Den basilikalen Innenraum teilen wuchtige Pfeiler in drei Schiffe. Die Schwere der Pfeiler könnte auf ein Gesetz zurückgehen, das für den Aufbau des neuen Noto starke, erdbebensichere Baustrukturen bestimmte. Die mit Stuckarbeiten und Malereien geschmückte Cappella Landolina links im Querschiff stammt erst von 1787. Die Kirche beherbergt das einzige signierte Werk des Francesco Laurana in Sizilien, die sog. Schneemadonna.

Entlang der Küste nach Modica

Avola

Nach dem Erdbeben von 1693 wurde auch Avola in 9 km Entfernung neu errichtet (31 800 Einw.). Das originale, strenge Straßensystem, gebildet aus einem perfekten Sechseck, in das ein gleicharmiges Kreuz mit jeweils einem Platz am Ende der Arme und einem quadratischen, zentralen Platz eingeschlossen war, ist noch gut zu erkennen. Mehrere, Anfang des 20. Jh. errichtete Jugendstilgebäude geben der Stadt ihren eigenen Charakter. Rund 12 km entfernt, in der Nähe von Avola antica, erlaubt ein Aussichtsplatz den Blick (und den Zugang) zu der 200–250 m tiefen Schlucht **Cave grande del Cassibile** (10 km lang, Naturschutzgebiet), durch die sich malerisch der Fluss schlängelt und in deren steile Felswände Tausende vorgeschichtliche Grabkammern und Wohnhäuser aus der byzantinischen Epoche geschlagen sind.

Eloro

Ende des 8. Jh. v. Chr. wurde Eloro als südlicher Vorposten der Stadt Syrakus gegründet. Nie ein bedeutendes Zentrum, gehörte es seit 263 v. Chr. zur Mutterstadt. 214 v. Chr. übernahmen es die Römer. Teile des Ortes, seiner Verteidigungsmauern und Reste des Theaters haben Ausgrabungen wieder ans Tageslicht gebracht (derzeit geschl.). Eine Strecke der berühmten *Elorina* scheint einst die Hauptstraße von Eloro gebildet zu haben. Votivgaben des hiesigen Demeter- und Koreheiligtums kamen ins Museo Civico von Noto.

In der Nähe (Weg ausgeschildert) liegt die römische **Villa del Tellaro,** die 1971 bei Grabungen unter der Struktur eines Gutshauses aus dem 7./8. Jh. entdeckt wurde und seit 2008 zu besichtigen ist. Bislang konnten insgesamt 3000 m² des Geländes freigelegt werden. Vom mittelalterlichen Gutshof sind mehrere landwirtschaftliche Gebäude und das zweigeschossige Wohnhaus erhalten. Die römische Villa war wie auch die Villen von Patti Marina und Piazza Armerina Mittelpunkt weitläufiger Ländereien und somit unabhängig von anderen Zentren. In ihrem Inneren wurden Bodenmosaiken von ausgezeichneter Qualität sichtbar.

Zona Archeologica und Villa del Tellaro

Contrada Caddeddi
Noto
Mo–Sa 9 Uhr bis 2 Std. vor Sonnenuntergang
Die Seite www.villaromanadeltellaro.com informiert über den Fortschritt der Restaurierungsarbeiten.

Ispica

Das ehemalige *Ispra,* danach *Ispicae Fundus,* im Mittelalter *Spaccaforno,* trägt seinen heutigen Namen erst seit 1935 (heute 15 200 Einw.). Das Erdbeben von 1693 zerstörte die alte Stadt, deren Reste auf dem der Stadt gegenüberliegenden Hügel zu besichtigen sind. 2 km südlich befinden sich die **Katakomben des hl. Markus** aus dem 4. Jh. (Länge: 40 m). **Cava d'Ispica** wird das Tal des gleichnamigen Flusses genannt (13 km), das seit der Vorgeschichte jahrhundertelang als Beerdigungsstätte diente und **Felsengräber** der Frühzeit bis hin zu christlichen Katakomben aufweist. In byzantinischer Zeit wurde die Gräber- in eine Wohnstadt umfunktioniert, von der noch Wohn- und Versammlungsräume, Kirchen usw. erhalten sind.

Cava d'Ispica

S.P. Modica–Cava Ispica
tgl. 9–18.30 (Nov.–März bis 13.15) Uhr

Scicli

Bis zum 14. Jh. wenig mehr als eine am Berg gelegene **Festung,** von der aus das Hochland des Landesinnern kontrolliert werden konnte, dehnte sich Scicli danach langsam in Richtung Tal aus und ist heute eine Stadt mit rund 26 600 Einwohnern, voller interessanter **Barockbauten,** die alle nach dem großen Erdbeben errichtet wurden: so z. B. Chiesa Madre, Chiesa del Carmine, S. Bartolomeo. Unter den Adelspalästen fällt besonders der Palazzo Beneventano wegen seiner bizarren Fassadengestaltung mit den skurrilen Köpfen ins Auge.

Fassadendetail am Palazzo Beneventano in Scicli: Fratzenhafte und groteske Darstellungen waren im Barock weit verbreitet

Modica

Reizvoll schmiegt sich Modica (55 200 Einw.) an einen Gebirgshang. Aufgrund der strategisch bedeutenden Lage war der Ort ungefähr seit der Bronzezeit bewohnt, und ab dem 3. Jh. v. Chr. ist ein hellenistisches *Motyka* durch schriftliche Quellen belegt. Zur Zeit der Araber war Modica ein blühendes landwirtschaftliches Zentrum, unter den Normannen war es Königsstadt. Zerstört durch das verheerende Erdbeben von 1693 wurde die Stadt im Barockstil wieder aufgebaut, wozu die zahlreichen religiösen Orden, die sich hier niedergelassen hatten, nicht unmaßgeblich beitrugen.

Ufficio Turistico Comunale

Corso Umberto I. 141
97015 Modica
Tel. 09 32 75 92 04

Blick auf die Oberstadt von Modica mit dem Castello dei Conti

In den verwinkelten Gassen der Altstadt befindet sich Modicas wohl älteste Kirche. Nachdem die **Höhlenkirche San Nicolò Inferiore** im 19. Jh. von modernen Bauwerken verdeckt worden war, wurde sie 1997 wiederentdeckt. Das ca. 45 m² große Kirchenschiff stammt aus dem 12. Jh, in der nach Nordosten ausgerichteten Apsis finden sich Fresken mit Darstellungen byzantinischer Ikonen, im Zentrum die Figur des Christus Pantokrator.

In einem kleinen Garten des **Palazzo De Leva** aus dem 19. Jh. liegt versteckt ein Kirchenportal aus der Zeit um 1400, dessen elegante, breitflächige Rahmung mit dem Zickzackmotiv im Chiaramontestil an arabisch-normannische Verzierungen erinnert.

Die Sakramentskapelle der Kirche **S. Maria di Betlemme** aus dem 15./16. Jh. ist – typisch für diese Epoche – eine Mischung von spätgotischen Bauelementen mit solchen der Renaissance prägt.

Modicas barocke Kirchen nutzten die Hanglage für dramatische Prospekte über breiten Freitreppen: **S. Pietro,** eine dreischiffige Säulenbasilika, erhebt sich über einer solchen statuengeschmückten Treppenanlage. Die Fassade präsentiert sich flach, nicht eingeschwungen, schön verziert mit den rustizierten Pilastern, den gesprengten Portalgiebeln und den verspielt wirkenden Voluten aus Rankenwerk.

Das Glanzstück Modicas, die Kirche **S. Giorgio,** thront ebenfalls über einer imposanten Treppenanlage, die die ganze Breite der Fassade einnimmt. Bereits im 12. Jh. stand hier eine Kirche, die nach einem Erdbeben im Jahre 1613 von dem Vorgängerbau des heutigen Gotteshauses, gestiftet vom Grafen Cabrera, ersetzt wurde (1643). Mit Beiträgen des städtischen Senats und frommer Bürger wurde der heutige Bau nach dem großen Erdbeben von 1693 finanziert und 1738 eingeweiht. Die imposante Fassade mit ihrem halbrund vortretenden, dreigeschossigen Glockenturm, einem Paradebeispiel für die sizilianische

Modicas Kirchen

öffnen Mo–Sa 9–12.30, 15.30–19 und So 9–12.30 Uhr. Während der Messe sind touristische Besuche nicht zugelassen.

Chiesa Rupestre di San Nicolò Inferiore

Via Grimaldi 89
Di, Mi, Do, Sa, So 10–13, Sa und So auch 16–19 (Winter) bzw. 17–20 Uhr (Sommer)

Form der Einturmfassade, lässt sich durch Stilvergleiche mit der gleichnamigen Kirche in Ragusa Ibla dem genialen Rosario Gagliardi zuschreiben. Noch ›turmartiger‹ als in Ragusa Ibla hat Gagliardi hier den Mittelteil gestaltet, der sich hoch über den unteren Teil der Fassade erhebt. Die vertikale Gliederung durch plastisch vortretende Vollsäulen lässt den fünfschiffigen Innenraum schon von außen erkennen. Im geraden Chorabschluss, der wie große Teile der Baustrukturen im Innern noch auf den Vorgänger zurückgehen dürfte, befindet sich ein großes Altarretabel von Bernardo Nigro (1573).

S. Giovanni Evangelista, die letzte im Trio der ›Treppenkirchen‹ Modicas, besitzt im Vergleich mit S. Giorgio eine steife, akademisch wirkende Fassade mit konkavem Mittelteil; sie wurde erst gegen 1800 nach Entwürfen von Salvatore Rizza gebaut.

Modica: Die vermutlich von Rosario Gagliardi konzipierte und 1738 geweihte Kirche S. Giorgio ist ein mustergültiges Beispiel einer Einturmfassade

Ragusa und Ragusa Ibla

Die hiesige Umgebung war schon im 3. Jt. v. Chr. bewohnt, im 9. und 8. Jh. v. Chr. bestanden mehrere kleine Ortschaften (Gräber aus diesen Epochen sind erhalten). Zur Zeit der griechischen Kolonisation machten die Einheimischen Hybla Heraia zu ihrem Bollwerk und zum Zentrum für Kontakte mit den neuen griechischen Stadtstaaten. Unter den Römern geriet der Ort in völlige Vergessenheit und erreichte erst wieder in byzantinischer Zeit dank seiner strategischen Lage eine gewisse Bedeutung, die unter den Arabern noch wuchs. Die Normannen siedelten zur Verstärkung Kolonisten aus Cosenza in der Stadt an.

Nach dem Erdbeben von 1693 brach zwischen den Einwohnern ein Streit über den Ort des Wiederaufbaus aus, den die einen traditionsgetreu auf dem seit langem bewohnten Felsen, die anderen dagegen in einer offeneren, für den Handel günstigeren Position sehen wollten. Da sie sich nicht einigen konnten, entstanden auf zwei durch eine tiefe Senke geteilten Berghängen das ›moderne‹ Ragusa und das ›alte‹ Ragusa Ibla, die jedoch heute zu einer einzigen Stadt zusammengewachsen sind (73 700 Einwohner).

In beiden Stadtteilen finden sich ausgezeichnete Beispiele des sizilianischen Barock, so in Ragusa die **Kathedrale S. Giovanni (1),** eine dreischiffige Basilika mit Querschiff und Stuckdekorationen, 1706–1760 erbaut. Das **Museo Archeologico Ibleo (2)** birgt eine reiche Sammlung archäologischer Exponate von prähistorischer bis byzantinischer Zeit, u. a. die Ausgrabungsfunde von Kamarina (s. S. 163). Zahlreiche barocke Adelspaläste schmücken das Stadtbild, meist zweigeschossig, mit zentralem Portal und schönen schmiedeeisernen Gittern. **S. Maria delle Scale (3),** ursprünglich eine Zisterzienserkirche des 14. Jh., wurde ebenfalls nach dem Erdbeben von 1693 in barocken Formen wiederaufgebaut; gleichwohl bewahrt sie in ihrem Innern noch einige spätgotische Bauelemente.

In Ragusa Ibla reiht sich ebenfalls eine barocke Kirche an die andere, doch alle dominiert die Chiesa Matrice, **S. Giorgio (4),** deren

Ufficio Turistico Comunale

Piazza San Giovanni
97100 Ragusa
Tel. 09 32 68 47 80

Museo Archeologico Ibleo

Via Natalelli
tgl. 9–13.30, 16.30–19.30 Uhr

Fassade von 1744/75 zu den Hauptwerken von Rosario Gagliardi gehört. Über einer breiten Freitreppe erhebt sich imposant das dreigeschossige, konvex vorschwingende Mittelteil mit dem integrierten Glockenturm, und die gestaffelten und vortretenden Säulenstellungen steigern die Plastizität der Fassade. Die 43 m hohe, stadtbeherrschende Kuppel wurde erst 1820 hinzugefügt.

An die Zeit vor dem Erdbeben erinnert nur das Portal der alten Georgskirche, **S. Giorgio Vecchio (5;** 15. Jh.), unweit des Stadtparks.

»Der Leopard«

Eines der aufsehenerregendsten Werke der italienischen Literaturgeschichte, »Der Leopard« von Giuseppe Tomasi di Lampedusa (1896–1957), hat Donnafugata als Schauplatz. 1955/56 entstanden, schildert der Roman das Schicksal einer aristokratischen Familie zur Zeit Garibaldis. Der Palazzo Donnafugata war jedoch nur eines der Vorbilder für die Darstellung einer pompösen Adelskultur im Niedergang.

In Ragusas Umgebung

Donnafugata

Ca. 30 km südwestlich von Ragusa Ibla liegt dieser **Palast,** den Baron Corrado Arezzo zu Beginn des 19. Jh. ganz im historisierenden Geschmack der Epoche, ausführen ließ. Den Palast im Stil der venezianischen Neorenaissance umgibt ein **Park** mit Pavillons, Irrgärten und mechanischen Figuren, die den Gast erschrecken oder in Staunen versetzen sollen. Die Anlage befand sich in einem beklagenswerten Zustand, bis sie von der Provinz erstanden wurde, und nun, restauriert, den Luxus ihrer Epoche lebendig werden lässt. Der Name ist eine Verballhornung aus dem Arabischen und bedeutet soviel wie ›Schön-‹ oder ›Heilbrunn‹.

Ragusa und Ragusa Ibla

Am Stadtplan von Ragusa und Ragusa Ibla lässt sich sehr gut das verwinkelte, mittelalterliche Stadtbild von dem geometrisch geordneten Straßensystem des 17. Jh. unterscheiden.

1 *Kathedrale S. Giovanni*
2 *Museo Archeologico Ibleo*
3 *S. Maria delle Scale*
4 *S. Giorgio*
5 *S. Giorgio Vecchio*

Kamarina

Oft wird mit dem Namen Kamarina (Camarina) nur das Feriendorf des Club Mediterranée an der Südküste Siziliens bezeichnet. Dieser Name ist von einer antiken Stadt übernommen, die ganz in der Nähe lag und – Höhepunkt der syrakusanischen Ausdehnung im 6. Jh. v. Chr. – als dritte und letzte der Tochterstädte gegründet worden war. Das ehemalige Stadtgebiet erstreckte sich über zwei Hügel zwischen den Flüssen Hipparis und Oanis (den heutigen Ipparo und Rifriscolaro) auf rund 190 ha. Seine 7 km langen Befestigungsmauern sind, wie auch verschiedene Teile des Wohngebiets, an mehreren Stellen freigelegt worden.

Die Ausgrabungen sind zurzeit nicht zu besichtigen, obwohl die Anlage der ehemaligen Stadt gut zu erkennen ist. Dicht bei dem **Athenatempel** steht ein altes Bauernhaus, heute das **Archäologische Museum,** das die neueren Funde ausstellt (die älteren befinden sich im Museum von Syrakus). Vom ringhallenlosen Tempel selbst und seiner Cella in antis mit Adyton blieben kaum die Grundmauern, ein kleiner Trakt der südlichen Cellawand und Reste des Temenos erhalten. Die freigelegten **Wohnhäuser** können auf Anfrage beim Museum besichtigt werden.

Castello Donnafugata

Ragusa
Di–So 9–13, Mi, Fr, Sa 14.45–17.30 Uhr

Museo Archeologico Regionale di Camarina

S.P. 102, km 1
Contrada Cammarana
Mo–Sa 9–14, 15–19, So 9–14 Uhr

Vittoria

Die Stadt wurde 1607 von der Gräfin Vittoria Colonna gegründet und entwickelte sich schnell zu einem Agrarzentrum von Bedeutung. Auch

An der Piazza del Popolo in Vittoria liegen das klassizistische Gemeindetheater (1869–77) und die barocke Kirche S. Maria delle Grazie (1754).

das Erdbeben unterbrach das unglaublich schnelle Wachstum keineswegs, nur verlagerte sich das Zentrum zu der heutigen Piazza del Popolo, die von den ehemaligen Residenzen des niederen Landadels umstanden ist.

Die Weinberge der Umgebung sind heute beinahe völlig durch ausgedehnte Treibhauskulturen für Frühgemüse und -obst ersetzt, dank deren die Stadt (63 300 Einwohner) einen unglaublichen ökonomischen Aufschwung erfuhr, sodass sie heute zu den wohlhabendsten Orten der Insel zählt.

Comiso

Am Fuß der Hybläischen Berge liegt Comiso (30 600 Einwohner), das durch die Einrichtung einer amerikanischen Militärbasis für Cruise Missiles, die sich gegen diese Stationierung bildenden Bürgerinitiativen und die Ermordung des Politikers La Torre, des schärfsten Widersachers dieses Projekts, auch außerhalb Italiens bekannt wurde. Die Strukturen der inzwischen wieder aufgegebenen Basis wurden zum Bau eines neuen Flughafens genutzt.

Bereits seit dem 2. Jh. besiedelt, wurde die Stadt unter Gaspare II. Naselli prächtig ausgebaut und mit einer Vielzahl von Privilegien ausgestattet. Bei dem Erdbeben von 1693 schwer mitgenommen, erhielt Comiso bei dem folgenden Wiederaufbau sein heutiges barockes Gesicht. Die Stadt besitzt eine große Zahl barocker Kirchen, unter denen die **Chiesa Madre** und **SS. Annunziata** mit ihren massigen Fassaden hervorstechen. Letztere zeigt, wie lange barocke Stil- und Bauformen in Sizilien lebendig blieben: Die Kuppel, inspiriert von derjenigen S. Giorgios in Ragusa, entstand erst 1877–85. Von Interesse ist auch das sog. Schloss der Naselli, das seit byzantinischer Zeit immer wieder modernisiert und umgebaut wurde, hauptsächlich jedoch aus dem 14. Jh. stammt.

10 km von Comiso entfernt, an den Hängen des **Monte Tabuto,** liegen enge Stollen zum Abbau des Feuersteins (17. und 16. Jh. v. Chr., Kultur von Castelluccio), der ein wichtiges Export- und Handelsgut darstellte. Später wurden die engen Höhlen als Beerdigungsstätten genutzt. Der damalige Wohnort befand sich auf dem gegenüberliegenden Hügel, dem Monte Sallia. An seinen Hängen sieht man ebenfalls zahlreiche **Grabkammern** der gleichen Epoche.

Reisen & Genießen

Hotels und Restaurants

In einem Adelspalast des 15. Jh. im Herzen von Modica wird liebevoll dieses Hotel mit zehn ruhigen Zimmern geführt. In seinem Inneren wurde eine 5000 Jahre alte Grotte entdeckt. Es handelt sich wohl um einen der ersten bewohnten Orte von Modica.
De Mohac***
Via Campailla 15, 97015 Modica
Tel. 09 32 75 41 30
www.hoteldemohac.it

Im spätbarocken Juwel des Hotels Palazzo Failla präsentiert sich charmant die fantasievolle Küche des jungen Kochs Accursio Craparo, die hervorragende Zutaten in sinnliche Erlebnisse verwandelt.
La Gazza Ladra
Via Blandini 11, Modica
Tel. 09 32 75 56 55
www.ristorantegazzaladra.it
So abends und Mo geschl.

Die Sicht auf die Kuppel des Doms und die hübsch eingerichteten hellen Zimmer sprechen für dieses B&B in Ragusa Ibla. Auf Wunsch wird das reichhaltige Frühstück im Innenhof unter Orangenbäumen serviert.
Caelum Hyblae****
Salita Specula 11, 97100 Ragusa Ibla
Tel. 09 32 24 54 83, 32 90 72 60 15
www.bbcaelumhyblae.it

Das Gewölbe geht in eine Grotte über, das Ambiente ist leicht und elegant. Angeschlossen ein kleines stilvolles Hotel (***-*).
Locanda Don Serafino
Via Giovanni Ottaviano, Ragusa Ibla
Tel. 09 32 24 87 78
www.locandadonserafino.it
Di geschl.

Am Fuße der Altstadt von Ragusa beeindrucken in einem klassizistischen Stadtpalast die Räume durch nüchterne Eleganz und wunderschöne Majolikaböden.
De Stefano Palace Hotel***-*
Via De Stefano 15, 97100 Ragusa
Tel. 09 32 68 28 72
www.destefanopalacehotel.it

In diesem Familienbetrieb bestimmen frische Zutaten der Saison das erschwingliche Menü. Zu den Spezialitäten zählen mit Ricotta gefüllte handgemachte Ravioli und Spaghetti mit Schwertfisch und Minze.
Trattoria del Crocifisso
Via Principe Umberto 46/48, Noto
Tel. 09 31 57 11 51
www.ilcrocifisso.it; Mi geschl.

Monte Erei und Südküste

Enna und Umgebung

Cityplan Enna S. 168,
Agrigent S. 197

Enna

Im geografischen Zentrum Siziliens liegt Enna, von hier aus bietet sich an klaren Tagen ein überragender Blick auf die drei Spitzen der *Trinakria,* der ›Dreieckigen‹: In der Ferne sind der Ätna, die Liparischen Inseln, die Seen und Flüsse der Insel auszumachen – den malerischen Vordergrund bildet das Städtchen Calascibetta. Goethe präsentierte sich Enna allerdings nicht von der besten Seite, als er hier bei schlechtem Wetter in einem unwirtlichen Zimmer Station machte.

Die Stadt thront auf einem beinahe 1000 m hohen Felsplateau, hat ca. 27 900 Einwohner und kann sich auch nicht vergrößern, da der Felsen ringsum steil abfällt. Die alten Gebäude mussten immer wieder abgerissen werden, um neuen Platz zu schaffen, und so besitzt die Stadt, verglichen mit ihrer langen Geschichte, relativ wenige Denkmäler aus früheren Epochen. Am Fuß des Felsens wächst eine neue Stadt mit Universität: *Enna Bassa.*

Der Ursprung der Stadt reicht in prähistorische Zeiten zurück. Mit dem Wachstum der umliegenden griechischen Stadtstaaten nahm auch Enna deren Lebensweise an und prägte ab dem 5. Jh. v. Chr. eigene Münzen. Dionysios und Agathokles verleibten die Stadt gewaltsam ihren Reichen ein. Im Ersten Punischen Krieg verbündete sie sich mit Rom, aber auf den bloßen Verdacht der Karthagerfreundlichkeit hin metzelten die Bundesgenossen in einer Nacht sämtliche Einwohner nieder. Ein paar Jahrzehnte später nahm unter den verzweifelten Sklaven aus der Umgebung – ebenfalls in einer Nacht – die erste Revolte gegen die Landbesitzer ihren Anfang. Den Sklaven gelang es, die unverteidigte Stadt zu überwältigen und sie unter der Regierung ihres gewählten Königs Antiochos, eines syrischen Sklaven (Eunos), vier Jahre lang gegen die Römer zu halten (135–32 v. Chr.). Sie fiel schließlich durch Verrat eines der Rebellen – wer sein Leben nicht selbst beendete, wurde getötet. Antiochos gelang es, mit etwa 1000 Mann zu fliehen, doch wurde auch er später gefangengenommen. Über seine Behandlung weichen die Beschreibungen sehr voneinander ab.

Vor dem **Castello di Lombardia (1)** ist dem Sklavenkönig Eunos in modernen Zeiten ein Denkmal gesetzt worden. Diese einst sehr große Burg wurde von Friedrich II. von Hohenstaufen zur Militärfestung erweitert. Friedrich II. von Aragon, der Enna vor allen anderen Städten liebte, ließ die Festung zum Königssitz ausbauen. Von den ehemals 20 Türmen sind nur sechs mehr oder weniger gut erhalten geblieben. Von dem besterhaltenen aus, der **Torre Pisana (2),** kann man am anderen Ende der Stadt einen weiteren achteckigen, von einer Mauer umgebenen Turm sehen, den **Wohnturm Friedrichs II. (3).** Er steht genau an der Stelle, die seit altersher als Umbelicus Siciliae, als Nabel Siziliens, galt. Es scheint, dass Friedrich II. von Hohenstaufen ihn aus diesem Grunde dort errichten ließ.

Servizio Turistico Regionale

Piazza Napoleone Colajanni 6
94100 Enna
Tel. 09 35 50 08 75
www.ennaturismo.info
für die Provinz Enna

Castello di Lombardia und Torre Pisana

tgl. 8–20 Uhr

Torre Federico II.

Mo–Sa 8–18,
So 9–13 Uhr

◁ *Selinunt, Tempel E*

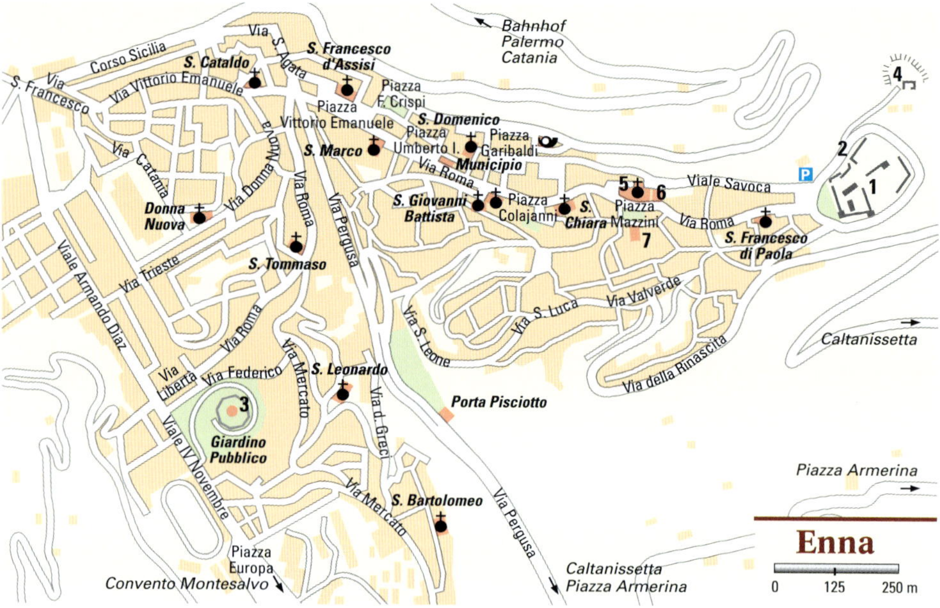

Enna

1 Castello di Lombardia
2 Torre Pisana
3 Wohnturm Friedrichs II.
4 Demeterfelsen
5 Dom
6 Museo Alessi
7 Archäologisches Museum

Ein unterirdischer Gang von 1 km Länge (nicht zugänglich) verband den Wohnturm mit der Festung. Im Innern ist der 24 m hohe Turm in drei übereinanderliegende Säle geteilt. Zu den oberen führt eine in die Wand integrierte Wendeltreppe. Die Dachbedeckung fehlt, die unteren Räume sind von einem Schirmrippengewölbe überspannt.

Am Fuße der Festung – und vielleicht ehemals in ihre Anlagen einbezogen – liegt der sog. **Demeterfelsen (4),** auf dem das Heiligtum der Göttin stand. Nichts davon blieb erhalten. Mit viel Mühe haben Archäologen die Spuren der Grundmauern des Heiligtums unter denen späterer Bautätigkeiten aus den Rinnen im Fels herausgelesen. Aus den Beschreibungen Ciceros geht hervor, dass vor dem Tempel drei große Statuen standen: die der Demeter, der Persephone und des Triptolemus. Sie wurden von Verres geraubt, was einen Aufstand der Einwohner zur Folge hatte, der aber nichts einbrachte.

Dom (5)

Dom

tgl. 9.30–13, 15.30–20 Uhr

Der Dom wurde 1307 von Eleonora, der Frau Friedrichs II. von Aragon, gegründet. 1446 fiel er einem schweren Brand zum Opfer und wurde nur langsam wieder aufgebaut. Im **Tympanon des Seitenportals** (16. Jh.) ist ein Relief angebracht, das von einem Kirchlein des 15. Jh. stammt, welches ehemals in einem der Innenhöfe des Kastells stand. Die barocke **Fassade** entstand in den ersten Jahren des 18. Jh., ein Prototyp jener sizilianischen Turmfassaden, bei denen der Glockenturm in den oberen Teil eingegliedert ist und der dann in Südostsizilien weiterentwickelt wurde. Die Fassade schuf so einen Ausgleich zu den Massen der noch mittelalterlichen, polygonalen Apsiden. Die Verbindung stellt der Renaissanceteil (die Seitenwände des Langhauses) des Gebäudes her, dem seine beherrschende Funktion gelassen wird. In Form und Dimension passt sich die Fassade dem Platz an, sodass sie erst gemeinsam mit den umstehenden Gebäuden ihren vollen Effekt erzielt.

Das Innere mit seiner schön gearbeiteten **Holzkassettendecke** im Mittelschiff ist vom Stil des 16. Jh. geprägt. Die ungewöhnlich dicken Säulen aus schwarzem Basalt, die Kapitelle und Basen wurden von Steinmetzen aus den besten sizilianischen Schulen gearbeitet. Unter den Gemälden befinden sich auch einige des Guglielmo Borremans (1670–1744). Die linke Apsis wurde in jüngeren Zeiten wieder auf ihre einfache, mittelalterliche Form zurückgeführt und zeigt nun ihr ursprüngliches Kreuzrippengewölbe. Die rechte dagegen ist mit reichen Malereien und Stuckarbeiten aus dem 18. Jh. geschmückt und mit prunkvollen Marmorintarsien verkleidet. Beim Altar steht in einer Nische die Statue der ›Madonna della Visitazione‹, der Schutzpatronin von Enna; das Werk wurde im Jahre 1412 von Venedig gekauft (Prozession am 2. Juli).

Blick in das Mittelschiff des Doms von Enna; besonders zu beachten ist die hervorragend gearbeitete Holzkassettendecke aus dem 16. Jh.

Museo Archeologico Regionale
Piazza Mazzini 1
Enna
Tel. 09 35 52 81 00
Mo–Fr 9–13 Uhr, jedes 1. und 3. Wochenende im Monat auch Sa/So

Hinter den Apsiden liegt der Eingang zum **Museo Alessi (6),** in dem u. a. der Domschatz mit sehr schönen Silberarbeiten aufbewahrt wird. Die numismatische Sammlung enthält mehr als 2000 sikulisch-punische und sikulisch-griechische, an die 2000 römische und weitere Münzen ab der byzantinischen Zeit (z. Zt. geschl.).

Das **Archäologische Museum (7;** *Museo Archeologico Regionale)* im jüngst renovierten Palazzo Varisano zeigt in zehn Sälen Gegenstände von der Kupferzeit bis zum 6. Jh. v. Chr. aus der Umgebung von Enna. Oft handelt es sich um Grabfunde. Besonders interessant sind eine Dokumentation über die Stadt, die Vasensammlung und die Funde aus der Umgebung des Sees von Peragusa, die dessen antike Nutzung als Kultstätte beweisen.

Calascibetta

Das Städtchen mit 4700 Einwohnern thront auf einem Felsrücken, der sich direkt gegenüber von Enna erstreckt. Dieser diente in der Geschichte den jeweiligen Angreifern – Griechen, Römern, Byzantinern oder Arabern – als Basis, um das als uneinnehmbar geltende Enna zu belagern. Zur Zeit der normannischen Eroberung scheint auf dem Fels eine arabische Burg gestanden zu haben, die von Graf Roger eingenommen werden konnte. Er verstärkte ihre Verteidigungsanlagen und folgte dem Beispiel der früheren Feldherren, als er versuchte, Enna auszuhungern.

Einige Kilometer von Calascibetta entfernt befinden sich zwei frei zugängliche **Nekropolen:** diejenige von **Realmese** (5 km nordöstlich) aus dem 8. und 7. Jh. v. Chr. und die von **Malpasso** (östlich von Realmese) aus der frühen Bronzezeit (2. Jt. v. Chr.).

In eindrucksvoller Landschaft thront Calascibetta auf einem Felsrücken

Caltanissetta

Die Provinzhauptstadt (60200 Einw.), ein Zentrum des Handels mit Weizen und Mineralsalz, ist für ihre Karwochenprozession berühmt. Das **Museum** wurde 2006 unter der Planung von Franco Minissi, Architekt des Museums Orsi in Syrakus, neu gestaltet. Auf polygonalem Grundriss werden in fünf Sektoren Fundstücke von Grabungen in der Provinz von Caltanissetta didaktisch aufbereitet. Die wichtigsten Kirchen sind der **Dom** (1570–1622) und die einstige Jesuitenkirche **Sant'Agata** mit einem ausnehmend schönen Voraltar in Intarsienarbeit, auf dem Vögel, jeder mit seinem Namen versehen, abgebildet sind.

2 km außerhalb der Stadt liegt die Normannenkirche **Badia di S. Spirito** (1153) mit einem für die Immersionstaufe (altchristliche Form des Untertauchens des Täuflings) bestimmten Taufbecken aus der Erbauungszeit, Fresken aus dem 15. Jh., Gemälden aus dem 15. und 17. Jh. und einem Pantokrator in der Apsis, ebenfalls aus dem 17. Jh.

5 km außerhalb entfernt befindet sich das **archäologische Gebiet von Sabucina,** dessen Ausgrabungen verschiedene Phasen eines sikulischen Zentrums dokumentieren: 1. Grottengräber aus der Bronzezeit (12.–10. Jh. v. Chr.), Reste gleichaltriger Rundhütten sowie ein Brennofen; 2. nach Zerstörung ein Wiederaufbau der Ortschaft mit rechteckigen Gebäuden (8./7. Jh. v. Chr.), die ihrerseits in der Mitte des 5. Jh. v. Chr. verwüstet wurden; 3. der folgende hellenistisch beeinflusste Wiederaufbau mit einem Mauerring sowie halbrunden und quadratischen Türmen, aber, für das Zeitalter ungewöhnlich, unregelmäßigem Straßensystem; 4. Ende des 5. Jh. v. Chr. wurde die Stadt verlassen, um Mitte des 4. Jh. v. Chr. noch einmal zu entstehen und schließlich gegen Ende des Jahrhunderts endgültig aufgegeben zu werden.

Museo Archeologico
Via Napoleone Colajanni 1
Contrada Santo Spirito
Caltanissetta
Tel. 093 42 59 36
tgl. 9–13 und 15.30–19 Uhr

Zona Archeologica di Sambucina
Contrada Sambucina
tgl. 9–13 und 15.30–19 Uhr

Zona Archeologica di Morgantina
Contrada Morgantina
Aidone
tgl. 9 Uhr bis 1 Std. vor Sonnenuntergang

Morgantina

Morgantina ★

Jahrhundertelang fanden die Bauern auf den Feldern hier Münzen, Tonfiguren und Keramikscherben; seit drei Jahrhunderten suchten Historiker und Archäologen nach dem antiken Zentrum Morgantina, doch erst 1955 konnte die Stadt identifiziert werden, als während der ersten offiziellen Ausgrabungen Inschriften mit ihrem Namen ans Tageslicht kamen. Seitdem finden periodische Ausgrabungen statt, die inzwischen soweit fortgeschritten sind, dass ein klares Bild von dieser antiken Provinzstadt gewonnen werden kann.

Geschichte

Die Erdschichten von Morgantina bestätigen eine vorgeschichtliche Besiedlung ab dem 13. Jh. v. Chr. Zu Beginn der Eisenzeit nahm ein ausonisches Volk aus der Gegend des heutigen Taranto (Tarent), wo es ungefähr ein Jahrhundert zuvor aufgetaucht war, ein sikulisches Zentrum ein. Ihr Anführer und König war Morges: Nach ihm benannten sie den Ort *Morgantina* (um 1035 v. Chr.). Bald vermischten sich Neuankömmlinge und Besiegte und gaben die eigene Kultur beinahe völlig auf. Im 8. Jh. v. Chr. gelangten Einwanderer aus dem Westen Siziliens zu gewissem Einfluss, ein Jahrhundert später wurden enge Beziehungen zu den chalkidischen Städten der Ostküste angebahnt.

Es vergingen nur wenige Jahre, bis sich die ersten Griechen in der Stadt niederließen, wobei die Griechen an dem Berghang und die ursprünglichen Einwohner am Fuße desselben lebten. Um 500 v. Chr. verschwanden beide Siedlungsgruppen: Brandspuren und Zerstörungen finden sich an allen Gebäuden und an der Keramik. Wahrscheinlich fiel die Stadt Hippokrates, dem Tyrannen von Gela, zum Opfer, der zu dieser Zeit sein Reich bis nach Messina ausdehnte.

Kurz darauf wurde Morgantina erneut besiedelt. Die neue Stadt zeigte einen rein dorischen Charakter und stand unter der Vorherrschaft von Syrakus, wo inzwischen Gelon die Macht übernommen hatte. Gegen 460 v. Chr. sammelten sich in Sizilien unter dem sikulischen König Duketios (geboren in *Neaiton* = Noto) die vorgriechischen Völker ein letztes Mal, um gegen die griechische Vorherrschaft zu kämpfen (s. S. 28). Morgantina wurde als eine der ersten Städte von den ›Freiheitskämpfern‹ eingenommen. Rund zehn Jahre konnten sie sich halten, doch dann erlitt die Armee des Duketios bei Nomas (bis jetzt noch nicht identifiziert) eine Niederlage, und Duketios selbst wurde nach Korinth ins Exil gesandt.

Im folgenden Jahrhundert wurde ganz Sizilien durch dauernde Kleinkriege verwüstet und entvölkert, so auch Morgantina. Erst dank der Friedenspolitik des Timoleon (s. S. 114) und des Zustroms neuer Kolonisten vergrößerte sich die Stadt rapide, sodass der alte Mauerring erweitert werden musste. Zur Regierungszeit des Agathokles wurde im Stadtinnern das hügelige Gelände durch terrassenförmig angelegte Bauten ausgenutzt; im Umkreis der Agora, die dadurch einen monumentalen Charakter erhielt, konzentrierten sich alle öffentlichen Gebäude.

264 v. Chr. brach der Erste Punische Krieg aus. In Morgantina versuchten die Einwohner zunächst, sich durch Verstärkung der Befestigungsanlagen gegen die Gefahr zu schützen, doch zwischen dem Ende des Ersten und dem Beginn des Zweiten Punischen Krieges (241–218) nahmen die Römer die Stadt ein. Antirömisch und karthagerfreundlich eingestellt, versuchte sie in der Folgezeit verzweifelt, sich von der Fremdherrschaft zu befreien (214 v. Chr.), wurde aber nach anfänglichen Erfolgen drei Jahre später von den Römern zurückerobert und iberischen Söldnern zur Plünderung überlassen.

Während des Zweiten Sklavenkriegs (104–101 v. Chr.) wurde das Zentrum von den Rebellen unter ihrem Anführer Salvius belagert. Auf das Versprechen der Römer hin, ihnen die Freiheit zu geben, entschieden sich die morgantinischen Sklaven dazu, die Stadt und ihre Herren zu verteidigen. Erst als das Versprechen nach dem römischen Sieg für nichtig erklärt wurde, schlossen sich die Sklaven in ihrer Verbitterung den Aufständischen an. Im Lauf der Kämpfe und später, bei der endgültigen Unterdrückung des Aufstands, erlitt die Stadt schwere Schäden. Den Rest gaben ihr die Beutezüge des Verres (73–71 v. Chr.). Um 25 v. Chr. zählte Strabon die Stadt Morgantina bereits nicht mehr zu den Zentren Siziliens. Im 5.–6. Jh. entstand auf dem Hügel der ehemaligen Akropolis ein Benediktinerkloster, in dem Leo I. studierte, ehe er Papst wurde.

Besichtigung

Der Rundgang beginnt am ehemaligen **Wohnviertel des Westhügels,** von dem mehrere Wohnhäuser und ein Teil des Straßensystems freigelegt wurden. Letzteres, im Schachbrettsystem angelegt, besaß Decumanes in einer Breite von 6,40 m und Cardines von 6 m sowie Insulae von rund 120 × 40 m. Das sog. **Haus der tuskanischen Kapitelle (2;** 1. Jh. v. Chr.) hat als Atriumhaus einen typisch italischen Charakter. Ihm angebaut ist ein weiteres, mit einem Peristyl von zwölf Säulen und sehr hübsch verzierten Fußböden versehen. Ein luxuriöses Wohnhaus, die sog. **Casa Pappalardo (4)** aus dem 3. Jh. v. Chr., besitzt ein schönes Peristyl und Bodenmosaiken. In dem sog. **Haus der Goldmünzen (6)** wurde ein Schatz von 44 Goldmünzen entdeckt (4./3. Jh. v. Chr.). In Richtung der kleinen Ebene sind weitere Steinmauern zu erkennen, bei denen es sich hauptsächlich um die Reste zweier Heiligtümer handelt: Das eine war Demeter und Kore in ihrer Eigenschaft als Herrscherinnen über Leben und Tod gewidmet, das andere der Aphrodite. Von den Badeanlagen, die diesem angeschlossen waren, sind u. a. die Wasserrohre und das Heizungssystem gut erhalten. Auch das sog. **Haus mit Bogenzisterne (9;** 3. Jh. v. Chr.), das zwei Peristyle umschließt, enthält bemerkenswerte farbige Mosaikböden.

Das **Theater (11)** wurde im 3. Jh. v. Chr. anstelle einer vorher bestehenden Holztribüne errichtet. Zu deren Bau war der Hügelhang schon mit Sand, Tonerde und Steinen aufgefüllt worden, um das nötige Gefälle zu erzielen. Die etwas mehr als halbrunde Cavea ist in sechs *Cunei* unterteilt. Nur in ihrem unteren Teil waren 16 Sitzreihen aus Kalkstein angebracht, im oberen wurde sie mit gestampfter Tonerde vollendet und wahrscheinlich mit Holzbänken versehen. An der Vorderfront eines Sitzes des dritten Keils von rechts ist eine 20 cm hohe Inschrift von Archeleos, dem Sohn des Euklides, an Dionysos zu lesen. Die Orchestra besaß einen aus Steinen, Sand und Lehm gestampften Bodenbelag. Die Basis des Dionysosaltars ist noch erhalten. Von der Bühne, den Proskenien und dem Bühnengebäude sind nur noch die Grundmauern kenntlich. Die Kapazität des Theaters wird auf 5000 Zuschauer geschätzt, davon fanden 2000 Platz auf den Steinbänken.

Die Agora öffnete sich auf eine der breiten Straßen hin, die in Nord-Süd-Richtung die Stadt in regelmäßigen Abständen durchzogen. Die Nordseite des Platzes nahm das 92 m lange **Gymnasion (16)** ein. An der Ost- und Westseite wurde die Agora jeweils von einem Portikus begrenzt, und im Süden bildeten die Mauern eines Sakralbezirks und des Theaters den Abschluss. Zwei **Getreidemühlen (17)** weisen darauf hin, dass Morgantina in erster Linie ein Agrarzentrum war. Die Mauerreste in der Mitte des Platzes gehen auf spätere Zeiten zurück, als gegen 200 v. Chr. eine streng symmetrische Markthalle, das **Macellum (18)**, entstand, von deren Innenhof ein älterer kleiner Rundtempel eingeschlossen wurde. Den mittleren Teil der Vorderfront des Gymnasions nahm eine Rennbahn ein, deren Länge – ein halbes Stadion – genau der Hälfte der vorgeschriebenen Strecke bei Wettläufen entspricht. Daneben liegen Umkleide-, Wasch- und Gymnastikräume. Die vortretenden Seitenflügel dienten als Bibliotheken, Aufenthaltsräume, Studien- und Musikzimmer. Zum Platz hin war dem Gymnasion ein **Portikus (19)** vorgelagert. Im 2. Jh. v. Chr. gestalteten die Römer das Gebäude um. Während der Niedergangszeit der Stadt war nur noch ein Teil davon in Gebrauch – als Werkstatt zur Herstellung von Tonröhren. In der Nähe des Gymnasions lag das **Bouleuterion (14)**, kenntlich an dem Raum mit der gerundeten, erhöhten Basis. Von den Römern zerstört, wurden die Reste des Gebäudes in den Bau zweier Tavernen einbezogen, von denen u. a. in einem Raum noch die an den Wänden entlanglaufende Sitzbank und der untere Teil des langen Tisches erhalten sind.

An dem kleinen Platz zwischen Bouleuterion und Gymnasion liegt zur Agora hin ein Gebäude, das wahrscheinlich als **Münzprägestelle (15)** diente. Der **westliche Portikus (12)** war in seiner ganzen Länge von Geschäftsräumen flankiert. Der **östliche Portikus (26)** lag eingeschlossen zwischen einem Brunnenhaus (mit doppeltem Becken) und dem **Prytaneion (28).** Seine Rückwand fungierte als Stütze für den dahinter liegenden Hügel, und seine Vorderfront öffnete sich auf eine der Hauptverkehrsadern der Stadt. Die Eigenart der morgantinischen Agora liegt in ihrer Aufteilung auf unterschiedliche Niveaus, in obere und untere Agora. Zu der unteren, entschieden kleineren, führte eine trapezförmige, caveaähnliche Treppe. Etwas höher befand sich eine zweite, abgewinkelte Stufenrampe. Sie grenzt an die Straße, kommt aber links vom Eingang des Prytaneions zu liegen, sodass sie dieses freiließ und dadurch den Durchgang und die Sicht von dem Gebäude auf die untere Agora erlaubte. Es scheint, dass diese Anlage für Volksversammlungen benutzt wurde, also einem **Ekklesiasterion (21)** entsprach. In der Mitte lag ein erhöhtes Podium, von wo aus der Sprecher von allen gesehen und gehört werden konnte. Der angrenzende **Sakralbezirk (22)** war den chthonischen Gottheiten geweiht. Er besteht aus einem rechteckigen und einem trapezförmigen Temenos, in denen sich die Räumlichkeiten um je einen Innenhof herum ordnen. In einem sind ein großer Rundaltar und eine Tholos mit Altar zu erkennen und, mit der Längsseite an die Mauer gelehnt, ein kleines Hei-

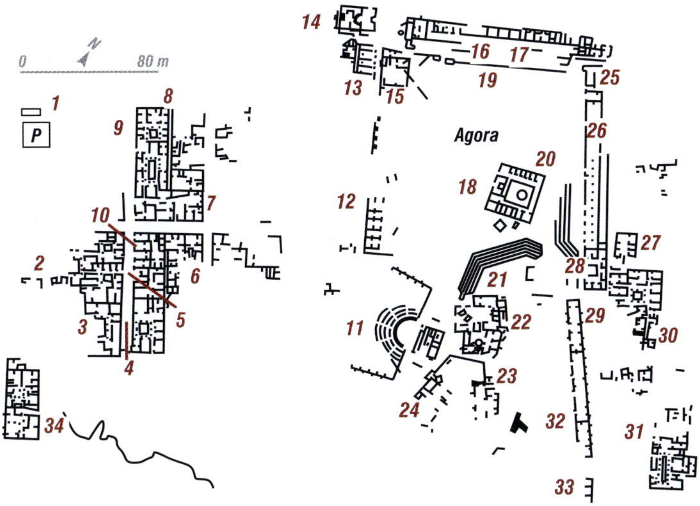

Morgantina, Lageplan

1 Eingang und Biglietteria
2 ›Haus der tuskanischen Kapitelle‹
3 südwestliches Haus
4 Casa Pappalardo
5 Kelterwerk
6 ›Haus der Goldmünzen‹
7 südöstliches Haus
8 ›Haus mit den Stirnziegeln‹
9 ›Haus mit Bogenzisterne‹
10 Geschäftshaus
11 Theater
12 westlicher Portikus
13 nordwestliche Geschäfte
14 Bouleuterion
15 nordwestliche Gebäude (Münzprägestelle?)
16 Gymnasion
17 Getreidemühlen
18 Macellum
19 nördlicher Portikus
20 älterer Rundtempel
21 Treppenrampe/Ekklesiasterion
22 chthonisches Heiligtum
23 kleiner Kornspeicher
24 Brunnenhaus
25 Brunnenhaus
26 östlicher Portikus
27 Geschäfte
28 Prytaneion
29 kleine Bäckerei
30 ›Haus mit dorischem Kapitell‹
31 ›Haus des Ganymed‹
32 öffentlicher Kornspeicher
33 große Bäckerei
34 ›Haus des Magistrats‹

ligtum mit Adyton und Altar. Die Archäologen fanden hier zehn beschriebene Täfelchen in deren Aufschriften die Namen Gaia und Hermes erwähnt werden (Gaia, die Erdmutter, und Hermes in der Form des Hermes Psychopompos, des Begleiters der Seelen ins Jenseits).Weiter südöstlich, nahe der Stadtmauern, wurden die überaus spärlichen Reste eines Demeter- und Koreheiligtums entdeckt, das mit den Mysterien in Verbindung stand. Weitere Grundmauern in der Nähe der Agora gehören zu dem **städtischen Kornspeicher (32)** und den **Bäckereien (33).** Links von der Treppenstraße, die in das Wohngebiet des Osthügels führt, erhob sich das **Prytaneion (28;** 12 × 21 m). An drei Seiten gruppieren sich verschiedene Räume um einen Innenhof. Der repräsentative Saal lag dem Eingang gegenüber. Im zweiten Raum rechts sind noch Weinmischgefäße aus Stein erhalten. Treppen führten in das obere Geschoss.

Die Anlage der Räume im sog. **Haus mit dorischem Kapitell (30)** lässt sich noch gut erkennen. Den Mittelpunkt bildet ein Peristyl, und der Treppenabsatz deutet auf mindestens ein weiteres Stockwerk hin. Die Fußböden bestehen aus dem typischen Tonscherbenmosaik, das mit seinen farblich verschiedenen Mustern einem Teppich ähnelt. Bei der Tür eines der Gästezimmer – mit Bad – ist der Willkommensgruß an den eintretenden Gast zu lesen. Das sog. **Haus des Ganymed (31)** zeigt deutlich die verschlechterten ökonomischen Verhältnisse der Stadt nach der endgültigen römischen Eroberung. Das Wohnhaus wurde mittels einer Quermauer durch das Peristyl zweigeteilt. In der Mitte eines der Zimmer befindet sich ein kleines figürliches Bodenmosaik, das älteste bis jetzt entdeckte in *Opus tessellatum* (s. S. 179). Es stellt den Raub des Ganymed dar, den der verliebte Zeus, verwandelt in einen Adler, zu sich auf den Olymp holt. Nach Osten hin liegt der Hügel der ehemaligen Akropolis.

Aidone

Das kleine Städtchen von etwa 5100 Einwohnern entstand zu Beginn des 12. Jh. im Umkreis einer arabischen Burg. Es bewahrt teilweise noch die engen Gassen seiner Frühzeit sowie einige alte Kirchen, etwa **S. Maria,** gestiftet 1134 von Adelaide, der Mutter König Rogers II., mit einem schönen Glockenturm und weiteren mittelalterlichen Baustrukturen. An der Hauptkirche **S. Lorenzo,** nach dem Erdbeben von 1693 wiedererrichtet, sieht man links neben dem Hauptportal die eingeritzten Maße von Elle und Spanne.

Archäologisches Museum

Besonders interessant ist Aidone wegen seines Archäologische Museums. In den 1990er-Jahren tauchten in Amerika einige illegal gekaufte Funde aus Morgantina auf. Es handelt sich um einen **Silberschatz,** bestehend aus 15 fein gearbeiteten Gefäßen, die im Metropolitan Museum New York ausgestellt wurden, und eine 2,20 m große weibliche Statue, die im Getty Museum Los Angeles zu sehen war. Nach langen Verhandlungen wurde entschieden, dass diese Schätze zurückgegeben werden müssen. 2009 wurde der Silberschatz überführt und kann nun im Museum von Aidone bewundert werden. Ebenso die beeindruckende Statue, die **›Venus von Morgantina‹,** die seit 2011 Höhepunkt der Ausstellung ist. Einem Schüler des Phidias zugeschrieben, wird sie zwischen 425 und 400 v. Chr. datiert. Das bewegte Gewand schmiegt sich eng an ihren Körper, ähnlich wie bei der Nike von Samothrake. Gesicht und unbeklei-

Museo Archeologico
Largo Torres Trupia
Aidone
tgl. 9–19 Uhr

dete Gliedmaßen sind aus Marmor, der Rest aus sizilianischem Kalkstein gearbeitet. An der Kleidung wurden Farbspuren entdeckt.

Der Eingang befindet sich bei der ehemaligen Franziskanerkirche, die, restauriert, heute als Konferenzsaal dient. Durch einen Flügel des Kreuzgangs erreicht man den ersten Saal, in dem **vorgeschichtliche Funde** einen guten Überblick über die Kulturen von Castelluccio (Mitte 2. Jt. v. Chr.) und Cassibile (Eisenzeit, 10./9. Jh. v. Chr.) vermitteln.

Eine Wendeltreppe führt in den ersten Stock, wo in einem Saal Materialien aus der rein morgetischen Stadt (Ende 2. Jt.–750 v. Chr.), aus der griechisch-morgetischen und der Zeit des Duketios im 5. Jh. gesammelt sind. Vom Beginn des 5. Jh. stammt ein Werk des Euthymides, ein eleganter rotfigürlicher Krater, auf dem Herakles im Kampf gegen die Amazonen wiedergegeben ist.

Durch einen Korridor, auf den hin sich kleine Räume mit **numismatischen Sammlungen** öffnen, erreicht man den Saal der Serra Orlando, der die Entwicklungsgeschichte der Stadt von der Klassik über den Hellenismus bis zur römischen Zeit anhand von archäologischen Funden dokumentiert. Beachtenswert unter den Tonfiguren: eine kleine Aphrodite aus dem 1. Jh. v. Chr., im sog. Haus der tuskanischen Kapitelle gefunden; eine liegende weibliche Figur aus der zweiten Hälfte des 1. Jh. v. Chr.; ein polychromes Figürchen des Hades aus dem 3. Jh. v. Chr.; aus der gleichen Periode drei Statuetten von Frauen mit Umhang und ein kleines Männerköpfchen, das sog. Porträt des Agathokles. Interessant ist auch die Dokumentation über die innerhalb und außerhalb der Stadtgrenzen gelegenen Heiligtümer. Die dort gefundenen Tonfigürchen datieren beinahe alle aus frühhellenistischer Zeit, darunter befinden sich verschiedene weibliche Büsten vor der Wende vom 4. zum 3. Jh. v. Chr., die zumeist Persephone darstellen.

Über den Chor der Kirche führt der Weg zurück zur Treppe. Im Erdgeschoss, in dem ausgemalten ehemaligen **Refektorium,** steht eine Modellplastik von Morgantina. In den beiden folgenden Räumen erzählen Ackerbau- und Haushaltsgeräte vom täglichen Leben und den sozialen Verhältnissen der Einwohner des antiken Morgantina.

Piazza Armerina

Das 21 000 Einwohner zählende Städtchen Piazza Armerina ist eine pittoreske Bergstadt (697 ü. d. M.), die schon seit dem 6. Jh. v. Chr. besiedelt war. Den Gipfel des Berges krönt der **Dom SS. Assunta.** Angeschlossen an die frühbarocke Fassade ist ein Turm mit Blendbogen im Stil der katalanischen Spätgotik, Rest einer älteren Konstruktion (Turm 1420, Dom 1604 begonnen). Der Innenraum entspricht einer dreischiffigen Pfeilerbasilika mit Querschiff und Vierungskuppel. Die linke Apsis wird von einem sehr schönen Osterkreuz auf Goldgrund eingenommen, ein Werk des sog. unbekannten Meisers von Piazza Armerina aus dem 15. Jh.

Piazza Armerina ★★

Servizio Turistico Regionale

Via Generale Muscarà
94015 Piazza Armerina
Tel. 09 35 68 02 01, 09 35 68 13 10

Der kleinen **Chiesa del Carmine** angeschlossen ist ein reizender Renaissancekreuzgang aus dem 16. Jh.

Etwas außerhalb der Stadt stiftete Simon, der Graf von Butera und Neffe Graf Rogers I., im Jahre 1096 die Kirche **Sant'Andrea.** In ihrem Innern finden sich sehenswerte Fresken des 12.–15. Jh., hierunter auch eine sog. Gregorsmesse, den auferstandenen Christus als Schmerzensmann darstellend, umgeben von Details der Passion; im unteren Bildregister zelebriert Papst Pius II. (1458–64) im Kreise seiner Kardinäle das Abendmahl.

Villa del Casale

Die Hauptattraktion von Piazza Armerina ist die römische Villa del Casale, 6 km südlich der Stadt. Seit den ersten Ausgrabungen 1929 weckte sie lebhaftes Interesse, da gut erhaltene Mosaikfußböden zum Vorschein kamen. So wurden 1935–39 weitere Grabungsarbeiten unternommen, die nach einer 11-jährigen Unterbrechung erst 1950–56 weitergeführt werden konnten. Bis dahin waren 42 Räume und 6000 m² Mosaikfußboden freigelegt. Die Forschungsarbeiten sind danach wieder aufgenommen worden und sind noch nicht abgeschlossen. Dabei hofft man auch, die alte Streitfrage klären zu können, ob es sich bei dem ›Jagdschlösschen‹ um eine kaiserliche Sommerresidenz handelte oder ob es das Anwesen eines wohlhabenden Patriziers war.

Sicher ist, dass um 300 n. Chr. ein kleineres älteres Landhaus zu diesem luxuriösen Landsitz umgebaut wurde, der ungefähr 150 Jahre seinen Zweck erfüllte, bis er während der Vandaleneinfälle der Plünderung zum Opfer fiel. Von Byzantinern, Arabern und Normannen wieder genutzt (von letzteren als Kaserne), wurde die Villa schließlich bei einer Überschwemmung mit einer Schlammschicht zugedeckt.

Die Villa Casale liegt am Fuß des Monte Mangone am Hang eines Tals, das sich nach Süden hin öffnet. Eine Allee verband sie mit Philosophiana, einem (damals) wichtigen Straßenkreuzpunkt. Wie alle römischen Bauten ist die Anlage nur aus großer Entfernung zu überschauen. Die Römer legten keinen Wert auf große Fassaden, noch darauf, dass Gebäude von außen her abschätzbar waren. Im Gegenteil, die meisten sind labyrinthähnlich angelegt, und enthüllen sich dem Betrachter nur beim Hindurchgehen. Dabei bieten sie dann freilich immer neue Überraschungen. Da Landvillen nie mehrstöckig waren, versuchte man mittels unterschiedlicher Bodenniveaus die Struktur aufzulockern, und dazu eignete sich vorzüglich die Lage an einem Hügelhang. Auch waren Pflanzen und Brunnen bei einem solchen Komplex unentbehrlich und wurden in die Architektur mit einbezogen. Die **Überdachungen** der Räume waren abhängig von ihrem jeweiligen Grundriss: Quadratische Räume erhielten Kreuzgewölbe, rechteckige zylindrische Tonnengewölbe; runde Räume wurden mit einer Kuppel überdacht, in vielteilig polygonalen Räumen entsprach die Anzahl der Kuppelsegmente derjenigen der Wände.

Museo Regionale e Zona Archeologica della Villa Imperiale del Casale

Contrada Casale
www.villaromanadelcasale.it
tgl. 9–19 (Sommer), 9–17 Uhr (Winter)
Forschungssarbeiten schränken die Besichtigung zeitweise ein.

Das Stadtbild Piazza Armerinas dominiert der im frühen 17. Jh. auf einem Hügel errichtete Dom Santissima Assunta

Bodenmosaiken einer römischen Villa

Als Fußbodenbelag waren Mosaiken in einer römischen Villa obligatorisch. Dafür war eine gründliche Vorbereitung notwendig, die der römische Architekt Vitruv, ein Zeitgenosse des Augustus, in seinen Büchern sehr genau beschrieben hat. Zunächst wurde der Boden gestampft und geebnet, dann eine dreifach geschichtete, sich nach oben hin verfeinernde Unterlage aus Mörtel aufgebracht. Die untere und obere Schicht wurde mit wasserbindendem Kalk versetzt, die mittlere Schicht diente der exakten Nivellierung. Der so vorbereitete Boden wurde anschließend mit einer Lage Gips überzogen, auf den man die Umrisse des gewünschten Dekors mit Schablonen auftrug. Stück für Stück wurde dann der Gips entfernt und in die entstandenen Lücken ein sehr feiner, fest abbindender Mörtel eingefügt, in den dann die einzelnen Mosaiksteinchen, z. T. auch farbige Glasierungen, eingedrückt wurden. Anschließend schliff und ölte man den Boden.

Mit Ausnahme der repräsentativen Basilika, deren Fußboden mit Marmorintarsien *(Opus sectile)* ausgelegt war, sind alle Fußbodendekorationen in *Opus tessellatum* ausgeführt. Der gesamte Mosaikdekor der Villa Casale lässt sich in drei Hauptgruppen gliedern: Neben z. T. groß angelegten, figürlich szenischen Darstellungen finden sich emblematische Motive, z. B. die Rundmedaillons im großen Peristyl, und schließlich Räume mit rein ornamentaler Dekoration. Die figürlich-szenischen Darstellungen wiederum lassen sich unterteilen in mythologische Bildmotive und Szenen aus dem täglichen Leben.

Wie in vielen anderen spätantiken Mosaiken, so überwiegen auch in der Villa del Casale die **Alltagsszenen.** Ausschnitte des Weltbilds der spätantiken Oberschicht werden hier gewissermaßen programmatisch vor Augen gestellt. Da die Villa eine Sommerresidenz ohne landwirtschaftlichen Betrieb war, dominiert in diesen Bildern der

Aspekt der Freizeit und Vergnügung: Zirkusveranstaltungen, Fischfang und Jagd waren Bereiche, in denen sich die römische Oberschicht standesgemäß engagieren konnte, und auch die mythologischen Szenen liegen nicht auf einer vom täglichen Leben getrennten Ebene. Interessant sind auch die im Mosaikdekor eingefügten Hinweise auf jene Erlösungskulte, die in den ersten nachchristlichen Jahrhunderten in der römischen Welt ›in Mode‹ waren. So findet sich in einer erotischen Szene eine Isislampe und im Orpheussaal ein Phönix, das Symbol der Wiederauferstehung. Hieraus wird man schließen dürfen, dass der Hausherr zumindest kein Anhänger der christlichen Religion war.

Oft richtet sich der Mosaikdekor nach der Funktion der Räume, in denen er sich befindet. So begegnen etwa in den Thermen Szenen aus dem römischen Badewesen, die mit mythologischen Meeresgestalten verknüpft sind. Das Schlafzimmer *(Cubiculum)* zieren erotische Motive, und die Kinderzimmer zeigen Kinder, die im Spiel den Tätigkeiten der Erwachsenen nacheifern.

Stil und Technik der Mosaiken weisen sehr starke Unterschiede auf. Neben überaus plastischen, fast wie gemalt wirkenden Bildern mit dezenter Farbgebung finden sich kolossale, größer gearbeitete Figuren mit markierten Umrisslinien, kräftigen Farben und kontrastreichen Licht- und Schattengebungen. Immer wieder begegnen aber auch fehlerhafte Fußstellungen und Handhaltungen, ungelöste Probleme der Perspektive sowie grob und summarisch, fast linearschematisch wiedergegebene Figuren. Man hat mehrfach versucht, diese Unterschiede auf das ungleiche Können verschiedener Handwerkergruppen zurückzuführen. Fest steht indes nur, dass viele Hände an der Entstehung der Mosaiken beteiligt waren.

Besichtigung

Vor dem Haupteingang liegt ein rechteckiger **Hof (1).** Der Eingang ähnelt einem Triumphbogen. An den Zwischenpfeilern der drei Bogen waren innen und außen Brunnen angebracht, ein dritter Brunnen befand sich in der Mitte des **Innenhofs (2).** Diesen umgab auf drei Seiten ein Portikus, dessen Überdachung aus einem Spalier mit Kletterpflanzen bestand; die Säulen weisen ionische Kapitelle auf. Der Hof gab Zugang zu den sanitären Anlagen, einem kleinen schattigen, unbedachten Raum und zum Hauptkomplex des Gebäudes. Seitlich von dessen erhöhtem Eingang war eine Wartebank angebracht.

Am Boden des folgenden **Vestibüls (3)** gibt ein angrenzendes zentrales Mosaik (Emblema) eine Begrüßungsszene wieder, durch die dem Eintretenden Frieden und Glück gewünscht wird (Fackeln und Ölzweige in den Händen der Jünglinge). Zur gegenüberliegenden Seite schaut man direkt in das **Lararium (4),** das in keinem römischen Patrizierhause fehlen durfte, und in dem die täglichen Opfer für die Hausgötter, die Laren, dargebracht wurden. Es lag gewöhnlich in der Nähe der Küche oder, wie in der Villa, direkt am Eingang. Die Säulen des großen **Peristyls (5)** mit den korinthischen Kapitellen sind durch niedrige

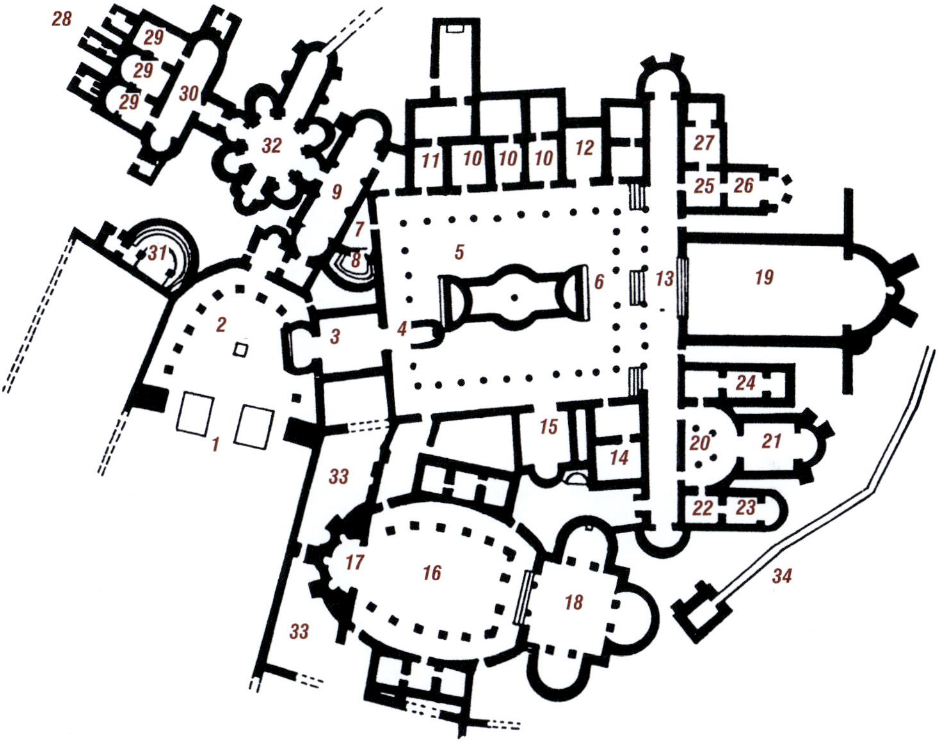

Villa del Casale, Grundriss

1 Hof
2 Innenhof
3 Vestibül
4 Lararium (Altar für Hausgötter)
5 großes Peristyl mit Wasserbecken
6 ›musivischer Teppich‹ des Wandelgangs
7 kleiner Innenhof
8 Damenlatrinen
9 Gymnastiksaal
10 Gästezimmer
11 Bäckerei aus normannischer Zeit
12 Mosaik der sog. Kleinen Jagd
13 Ambulacrum/ Mosaik der sog. Großen Jagd
14 Mosaik mit Ball spielenden Mädchen
15 ›Orpheussaal‹
16 Xystus (Gartenanlage)
17 Nymphaion (geweihte Brunnenanlage)
18 Triclinium (Speisesaal)
19 Basilika (Empfangsraum)
20 halbkreisförmiges Atrium
21 Aufenthaltsraum mit Apsis
22 Vorraum
23 Schulraum
24 Cubiculum (Schlafraum)
25 Vestibül
26 Studierzimmer
27 Schlafzimmer
28 Praefurnia (Heizungsanlage)
29 Caldarium (Warmwasserbäder)
30 Tepidarium (Lauwarmbad)
31 Männerlatrinen
32 Frigidarium (Kaltbad)
33 Küchen und Diensträume
34 Aquädukt mit Zisterne

Mäuerchen *(Plutei)* in Form von Delfinen verbunden. Im Innern, das ehemals noch einen Ziergarten einschloss, liegt ein großes längliches, dreigeteiltes Wasserbecken, bei dem das Wasser vom zentralen Bassin in die kleineren an seinem Rand floss. In der Mitte stand eine Statue, von der aber nur noch der Sockel erhalten blieb; die jetzige wurde dort willkürlich aufgestellt.

Die Mosaiken des Wandelgangs zeigen in Medaillons gefasste Tierköpfe. An der dem Eingang gegenüberliegenden Front, deren Bedeutung durch eine doppelte Säulenreihe betont wird, führen drei Treppen zu dem höher gelegenen Bereich, der dem Hausherren und seiner engsten Familie vorbehalten war und, durch die direkte Nähe zur Basilika, sozusagen das Private mit dem Repräsentativen verband. Vor der mittleren Stufenordnung ist ein **›musivischer Teppich‹ (6)** gelegt. Zur linken Seite des Portikus liegen die Gästezimmer (s. u.), zur Seite des Vestibüls hin schließt sich ein kleiner **Innenhof (7)** an, in dem sich die **Damenlatrinen (8)** befanden. Die Sitzöffnungen weisen alle einen Einschnitt zum Einführen des Schwammes auf, der, an einem Stiel befestigt, in dem rechteckigen Becken in fließendem Wasser aufbewahrt wurde und zum Reinigen diente.

Vom kleinen Hof aus lässt sich ein Blick in den **Gymnastiksaal (9)** werfen, dessen Mosaiken ein Pferderennen im Circus Maximus wiedergeben, kenntlich an dem Oblisken, der einen Löwen reitenden Kybele und der geflügelten Victoria. Rechts sieht man die sog. Carceres, in denen die Quadrigen auf das Startsignal warteten. Die Wagenlenker tragen Kleidung in den Farben der teilnehmenden Fraktionen: Grün *(prasina)*, Rot (russata), Weiß *(albata)* und Blau *(veneta)*. Eine Tribüne mit den Schiedsrichtern und die Verleihung der Siegerpalme vervollständigen das Bild. Vor dem Zugang zur Palaestra, in einem kleinen Korridor, ist die Hausfrau mit ihren Kindern dargestellt, die sich zum Bad begeben, begleitet von zwei Sklavinnen, von denen eine frische Kleidung und die andere die Öle und Balsame für das Bad trägt.

Die nun folgenden Räume dienten als **Gästezimmer (10)** – in dem ersten war zur Normannenzeit die **Bäckerei (11)** untergebracht; von daher rührt die Vertiefung für den Ofen im Boden. Einige Zimmer sind mit rein ornamentalen, andere mit figürlichen Mosaiken ausgelegt. In einem erblickt der Besucher fischende Putten vor dem Hintergrund einer Landvilla. Das Zimmer mit dem offenen, von Säulen flankierten Eingang – und dem Mosaik der sog. **Kleinen Jagd (12)** – fungierte entweder als Speisezimmer oder als Aufenthaltsraum für die Gäste; es ließ den Blick zum Garten offen.

Jagdmotive

Das dominierende Thema der Mosaiken ist die Jagd. Das Mosaik der sog. Kleinen Jagd schildert verschiedene Momente eines der Jagd gewidmeten Tages: das Opfer an die Jagdgöttin Diana, das Gelage mit den ersten Beutetieren und die Jagd selbst. Gewissermaßen als ›Memento mori‹ werden in der letzten Episode die Gefahren der Jagd aufgezeigt.

Das große, erhöht liegende **Ambulacrum mit dem Mosaik der sog. Großen Jagd (13)** dient den dahinterliegenden herrschaftlichen Räumen als Vestibül und gleichzeitig der Basilika als Entlastungskorridor. Der Mosaikschmuck stellt hier Fang und Transport der für die Zirkusspiele bestimmten Tiere dar. Die fernen Länder, in denen diese Jagd stattfindet, sind in den Apsiden durch die Personifikation der Provinzen bezeichnet: Asien und Afrika. Die ›Erzählung‹ beginnt links: eine Falle mit Köder, Raubtiere, die andere angreifen, von Menschen gefangene Tiere, die gefesselt oder in Holzkäfigen von Sklaven auf die Schiffe geladen werden, Aufseher, die die Arbeit durch Peitschenhiebe beschleunigen, Entladen der Schiffe unter Oberaufsicht einer von Leibwächtern umgebenen hohen Persönlichkeit, in der wohl der Hausherr in seiner Mansio zu erkennen ist, weitere Tiere und schließlich, symbolisch wiedergegeben durch den Greif, der in seinen Klauen einen

Die linke Abbildung zeigt den Jagdherrn aus dem Mosaik der sog. Großen Jagd und die rechte ein Detail aus dem Mosaik der sog. Kleinen Jagd.

Menschen im Käfig hält, die Moral – der Mensch, der sich alles untertan macht, ist am Ende selbst nur ein Gefangener höherer Mächte.

Einer der zwei folgenden Gasträume erhielt in späteren Zeiten (6.–7. Jh.) eine neue **musivische Dekoration mit Ball spielenden Mädchen (14)** samt »Ehrung der Siegerin«, die aufgrund der leichten Kleidung der Sportlerinnen wohl zum bekanntesten Mosaik der Villa avancierte. Eine Art Keller mit Wasserleitungen trennt die vorherigen Räume von dem nächsten, dem **›Orpheussaal‹ (15).** Dieser liegt genau der ›Kleinen Jagd‹ gegenüber, und genau wie bei jener bestehen Zweifel über den ehemaligen Nutzen: Sommertriclinium, Musik- oder Lesesaal oder Aufenthaltsraum für heiße Tage, da ein Brunnen in der Mitte für Erfrischung sorgte? Der Mosaikschmuck scheint auf die Musik hinzuweisen, symbolisiert durch Orpheus, dessen Stimme die Macht besaß, die wilden Tiere anzulocken und selbst die Bäume dazu zu bringen, ihre Wurzeln auszureißen, um ihm zu lauschen. Durch den Phönix in der linken oberen Ecke wird zudem der Bezug zum orpheischen Kult hergestellt.

An das Hauptgebäude schließt sich als zweiter Komplex der elliptische **Xystus (16)** an (eine der Halle vorgelagerte Gartenanlage). Die Einfassungsmauer der Schmalseite mit den drei großen Wandnischen bildete den Kern eines **Nymphaions (17).** Drei Brunnen zierten den Garten, der von einem (ehemals überdachten) Pfeilerportikus umgeben war. Während den Bodenbelag des Gartens geometrische Motive zieren, sind im Wandelgang Tierbüsten umschlungen von Akanthusblättern wiedergegeben.

Die Halle liegt einige Stufen höher. Wahrscheinlich handelt es sich um das große **Triclinium (18;** Speisesaal). Die erhöhte Lage, die drei Apsiden und nicht zuletzt die Motivwahl der Mosaiken geben dem Saal einen gewissen festlichen Charakter. In dem Quadrat in der Mitte sind die zwölf Taten des Herakles dargestellt, in der einen Apsis die Apotheose des Helden, in der nächsten die an seinen Giftpfeilen sterbenden Giganten, bei deren Aufstand gegen die Götter Herakles an der Seite der Olympier kämpfte. Die Mosaiken der dritten Apsis behandeln einen selteneren Mythos: Um sie den Nachstellungen des wilden Edonerkönigs Lykurgos zu entziehen, wird die Mänade Ambrosia von Gaia in eine Rebe verwandelt, noch bevor Dionysos, zu dessen Gefolge sie gehört, mit seinen wilden Tieren ihr zu Hilfe eilen kann.

Den herrschaftlichen Teil der Villa erreicht man nur von außen. Die **Basilika (19;** *Basilica centenaria,* d. h. 100 Fuß, also etwa 29 m lang), die dem in der römischen Spätantike weitverbreiteten Typus des Empfangssalons entsprach, stellte einst den gesellschaftlich-repräsentativen Mittelpunkt der Villa dar. Rechts liegen die Gemächer der Hausfrau und der Kinder, links davon die privaten Räume des Hausherrn. Die ersten fasst ein halbkreisförmiges **Atrium (20)** mit Portikus und Brunnen zu einer geschlossenen architektonischen Einheit zusammen. Den Mittelpunkt bildet ein großer **Aufenthaltsraum mit Apsis (21),** dessen musivischer Dekor, die Geschichte des Arion, eine Huldigung an die Musik darstellt.

Rechts des Raums liegen zwei miteinander verbundene Zimmer: Im **Vorraum (22)** ist ein Kinder-Wagenrennen abgebildet, bei dem die Pferde durch Riesenvögel ersetzt sind. Im hinteren Raum, mit einiger Sicherheit der **Schulraum (23),** ist zeilenweise der Unterricht dokumentiert. Links des Atriums bilden die gleichfalls miteinander verbundenen Zimmer ein **Cubiculum (24),** ein kleines Gemach mit Schlafraum. Im Mosaik des ersten Raums stehen sich Eros und Pan im Kampf gegenüber; Wetten sind abgeschlossen worden, denn auf einem Tisch stehen außer der Vase mit Palmzweigen auch zwei Geldsäcke – die enthaltene Summe steht darauf geschrieben!

Auf dem weiteren Weg zu den drei privaten Räumen des Hausherrn kann man durch ein Fenster einen Blick in die Basilika werfen. Der erste Privatraum, das **Vestibül (25;** Vorhalle), besitzt ein Mosaik, auf dem Polyphem (neben dem einen Auge auf der Stirn haben die Mosaisten ihm noch zwei normale Augen gelassen!) versucht, aus den Eingeweiden eines Schafs die Zukunft zu lesen – deutliche Anspielung auf ein Theaterstück.

Es folgen ein **Studierzimmer (26)** mit apsidialem Abschluss und Mosaiken, die die Früchte der Jahreszeiten wiedergeben, sowie schließlich das **Schlafzimmer mit Vorraum (27),** auf dessen Boden sich eine kleine erotische Szene befindet: Die Liebenden werden von den Allegorien der vier Jahreszeiten beschützt, die andeuten, dass ihnen ihre Freude das ganze Jahr über gegönnt wird; die Lampe in der Hand des Mannes deutet auf den Isiskult hin; in den Winkeln zeigt das Mosaik Fruchtbarkeitssymbole. An der Wand sind noch deutlich die Spuren der ehemaligen Malerei zu erkennen.

Der Weg führt an den drei **Praefurnia (28)** vorbei, Öfen, in denen Heißluft für die Caldarien, die Warmbäder, erzeugt wurde. Die Tonröhren dienten zum Transport der Heißluft durch die Wände; die warme Luft strömte ebenfalls unter den Fußböden dahin, und da die

Arion und der musikliebende Delfin

Die Geschichte des griechischen Sängers Arion (um 600 v. Chr.) symbolisiert die Macht der Musik. Während einer Seereise sollte er ausgeraubt werden: ihm wurde aber zugestanden, vor dem Tode noch einmal singen zu dürfen. Anschließend stürzte Arion sich in die Fluten, doch ein von seinem Gesang entzückter, hilfsbereiter Delfin rettete ihn und brachte ihn sicher an Land, woraufhin der musikliebende Delfin in den Sternenhimmel aufgenommen wurde.

Kinder, Vorsicht!

Im Vorraum zum Cubiculum sind Kinder dargestellt, die den Erwachsenen spielerisch nacheifern und eine Jagd inszenieren; die Warnung vor den Gefahren eines solchen Spiels ist durch kleine Unfälle unmissverständlich angedeutet. Dort, wo die Schlafstätten standen, wird den Kindern ›bildlich‹ angeraten, lieber Obst und Blumen zu pflücken! Außerhalb der Wohnräume liegt ein kleines achteckiges Gebäude: die Kinderlatrine.

Umringt von einem Lorbeerkranz umarmt sich ein Liebespaar. Das herabgleitende Gewand entblößt etwas die weiblichen Reize – noch in den 1950er-Jahren war dies Grund genug, diesen Teil des Mosaiks schamhaft zu verhüllen. Die Laterne, die der Liebhaber in der Hand hält, verweist auf die Mysterien der Liebesgöttin Isis

Pavimentation verlorenging, ist das Heizungssystem – wie in vielen vergleichbaren römischen Ruinen – sichtbar. Drei solche parallel liegenden Räume bilden das **Caldarium (29),** zwei sind mit Apsiden abgeschlossen, einer ist rechteckig. Quer dazu liegt das **Tepidarium (30),** das Lauwarmbad, mit seitlich angebrachten eigenen Heizöfen. Ehemals gelangte man von dort aus durch einen kleinen Massagesaal zum Frigidarium (s. u.).

Gegenüber dem Bad befinden sich die **Männerlatrinen (31)** mit halbkreisförmigem Grundriss. Latrinen waren in der Antike keine intimen Orte, sondern Treffpunkte, in denen man oft wichtige Gespräche führte oder einfach nur plauderte. Unter der durchgehenden Sitzbank (nicht erhalten) sorgte ein tiefer Kanal mit ständig fließendem Wasser für die nötige Hygiene, und eine schmale Rinne bot mit fließendem, warmem Wasser die Möglichkeit zum Eintauchen der Füße, was als Hilfe für eine bessere Verdauung galt. Der mit geometrischen Motiven ausgelegte Korridor war zum offenen Innenhof hin mit Säulen begrenzt, von denen die Basen noch erhalten blieben. Die Säulen bestanden aus einem Holzstamm, der mit Rundziegeln verkleidet war. Verputzt, bemalt und mit Kapitell versehen, unterschieden sie sich kaum von denjenigen aus massivem Stein.

Ein Fenster gewährt einen Blick in den Massageraum, ein zweites bildet heute den Eingang zum **Frigidarium (32).** Dieses hat einen oktogonalen Grundriss und, wie in allen Räumen, steht die Motivik der Bodendekoration mit der Nutzung in Zusammenhang: Hier deuten Nereiden, Tritonen und fischende Putten auf das Wasser. An vier Seiten öffnen sich in der Diagonalen vier tiefe Nischen – die Umkleideräume mit Umkleideszenen. An zwei Seiten liegen sich die Kaltwasserbecken gegenüber, eines zum Schwimmen geeignet, das andere mit Sitzbank für Nichtschwimmer. An den anderen beiden Seiten befinden sich die Eingänge zum Massageraum und zum Gymnastiksaal. Gymnastische Übungen zur Auflockerung der Muskeln gehörten unverzichtbar zur Badezeremonie. Wer altersmäßig oder aus anderen Gründen nicht dazu fähig war, ließ sich massieren, um die Durchblutung zu fördern.

Hinter dem (Fenster-)Ausgang, links in einer vertieften Ecke, sind noch deutlich Motive der Außendekoration zu erkennen: geometrische, an Sonnenräder erinnernde farbige Sternformen – die Häuser waren innen wie außen verputzt und mit farbigem Dekor versehen. An der rechten Seite dagegen sieht man die aufgemalte Sockeleinteilung, wo abwechselnd grüne und rote Farbschichten Marmorplatten vortäuschen. Von dort gelangt man durch einen kleinen Raum wieder in den gepflasterten Innenhof.

Reisen & Genießen

Hotels und Restaurants

Wenige Meter von Ennas Dom bietet dieses Hotel unter familiärer Leitung allen nötigen Komfort und eine Panoramaterrasse:
Grande Albergo Sicilia***
Piazza Colaianni 7, 94100 Enna
Tel. 09 35 50 08 50
www.hotelsiciliaenna.it

In der historischen Altstadt von Piazza Armerina geräumige komfortable Zimmer in angenehmer Atmosphäre:
Gangi***
Viale Generale Ciancio 68/70,
94015 Piazza Armerina
Tel. 09 35 68 27 37
www.hotelgangi.it

Am höchsten Punkt von San Michele di Ganzaria (20 km von Piazza Armerina) befindet sich ein hübsches Hotel; beeindruckendes Bergpanorama und hervorragendes rustikales Restaurant.
Pomara***
Via Vittorio Veneto 84
95040 San Michele di Ganzaria
Tel. 09 33 97 69 76, 09 33 97 81 43
www.hotelpomara.com

Nach der Besichtigung der Villa del Casale kann man sich in der Nähe in einer stillgelegten Wassermühle zu moderaten Preisen mit genuiner sizilianischer Kost stärken:
Trattoria La Ruota
Contrada Casale Ovest, km 3,5,
94015 Piazza Armerina
Tel. 09 35 68 05 42
www.trattorialaruota.it
abends geschl.

Piazza Armerinas bekanntestes Restaurnat liegt vor dem Ortseingang in einem früheren Bahnwärterhäuschen; anspruchsvolle traditionelle Küche in zeitgenössischer Zubereitung und stimmigem Ambiente.
Al Fogher
Contrada Bellia
SS 117bis Nord, km 3,
94015 Piazza Armerina
Tel. 09 35 68 41 23
www.alfogher.net
So abends und Mo geschl.

Auf dem Weg an die Südküste und nach Agrigent

Caltagirone

Seit der Vorgeschichte bewohnt, ist dieser Ort das bekannteste Keramikzentrum Siziliens (39 600 Einw.). Der höher gelegene Stadtteil ist mit dem unteren durch eine **Treppenrampe** (1608; s. Abb. S. 188) verbunden; ihre Stufen sind mit traditionellen Keramikkacheln verkleidet. Das Keramikmuseum der Stadt ist nach Faenza das größte seiner Art in ganz Italien. Unter den Barockkirchen verdienen der **Dom,** die Jesuitenkirche **Chiesa del Gesù** und **S. Giacomo** Beachtung. Der einstöckige, lang gestreckte **Palazzo della Corte Capitaniale** mit seiner Schaufassade aus reich verzierten Portalen und Fenstern entstand um das Jahr 1600.

Grammichele

Im Rahmen des Wiederaufbaus nach dem großen Erdbeben des Jahres 1693 ließ der Prinz von Butera nach Zeichnungen des Architekten Michele la Ferla an der Stelle des zerstörten Dorfes Ochiola Grammichele erbauen. Die Kleinstadt (heute 13 400 Einw.) erhielt einen perfekten geometrischen Straßenplan mit dem Sechseck als Grundelement. Interessanterweise bildet der **Palast des Prinzen von Butera** einen der äußeren Straßenabschlüsse und lag nicht, wie gewöhnlich, im Zentrum der Stadt. Dieses blieb den öffentlichen Gebäuden vorbehalten.

Mazzarino

Die Kleinstadt Mazzarino ist ein typisches Agrarzentrum im Landesinnern (12 000 Einw.). Den ehemaligen Landesherren, den Branciforte, wurde 1507 unter der Regierung Ferdinands des Katholischen der Grafentitel verliehen, und damit begann für die Stadt eine kulturelle Blütezeit, von der zahlreiche Kirchen- und Klosterbauten zeugen.

Etwa 12 km von Mazzarino entfernt, lag in einer Gegend, die bis heute **Sophiana** genannt wird, zu römischer und byzantinischer Zeit eine Ortschaft mit dem Namen *Philosophiana,* bekannt als *Statio* auf der antiken Straße von Catania nach Agrigent. Von dort aus zweigte eine Allee ab, die zu der Villa del Casale (s. S. 178) führte. Bei Ausgrabungen in Statio entdeckte man Reste des Wohnorts, eines kleinen Thermengebäudes sowie einer dreischiffigen byzantinischen Basilika.

Servizio Turistico Regionale

Via Volta Libertini 4
95041 Caltagirone
Tel. 093 35 38 09
für Caltagirone und die umliegenden Orte

Museo Regionale della Ceramica

Via Giardino Pubblico
Caltagirone
tgl. 9–18.30 Uhr

Area Archeologica di Sophiana

Contrada Sophiana (S.P. 25 – Ponte Porcaria)
93013 Mazzarino
Besichtigung nur auf Anfrage bei der Associazione Gruppi Archeologici d'Italia in Piazza Armerina

Butera

Das Städtchen mit ca. 5000 Einwohnern liegt etwa 400 m ü. d. M. auf einem Felsrücken. Der Blick reicht gen Süden über eine Ebene bis zur Küste, in die anderen Richtungen auf die Eräischen Berge, den Ätna und die Madonien. Diese Lage bot ideale Voraussetzungen für eine Niederlassung in der Bronzezeit. Eine vorgeschichtliche Siedlung konnte durch die Entdeckung einer nördlich des Wohnorts gelegenen **Nekropole,** die jahrhundertelang bis in die späthellenistische Epoche ununterbrochen genutzt wurde, bewiesen werden (Funde im Museum von Gela).

Sicher ist, dass die Stadt um die Mitte des 9. Jh. von den Arabern eingenommen und mit Festungsanlagen versehen wurde und dass sie 200 Jahre später dem Angriff der Normannen verzweifelt Widerstand leistete, ehe sie von Graf Roger nach langer Belagerung bezwungen werden konnte. Die rebellierenden Barone des Aufstands von 1161 hatten hier ihre Hochburg, was Buteras Zerstörung durch Wilhelm I. zur Folge hatte. Sein Nachfolger Wilhelm II. ließ sie wieder aufbauen und dabei die alte Festung reparieren und vergrößern. Trotz späterer Modernisierungen sind die **Burg** und der wuchtige, eckige Wehrturm mit Zwillingsfenstern bis heute ein imposantes Denkmal. Von den Befestigungsmauern blieb die Südmauer erhalten, die sich über dem Abgrund erhebt (Nekropole und Burg sind frei zugänglich).

Älter als die Burg ist die urbanistische Anlage der engen Gassen und verwinkelten Innenhöfe des alten Viertels, die auf arabischen Ursprung zurückgeht.

Caltagirone: Die 1608 von dem Architekten Giuseppe Giacalone entworfene Treppe verbindet über fast 150 Stufen Unter- und Oberstadt miteinander. Die Keramiken mit ihren oft traditionellen Motiven sind zum großen Teil neueren Datums

Gela

Seit der Mitte der Kupferzeit wohnten Menschen auf dem Hügel, auf dem die heutige Stadt liegt (77 100 Einw.). Aus vorgeschichtlicher Zeit stammen die **Nekropolen des Piano Notaro** und die des **Molino a Vento.** Als dorische Kolonie wurde Gela 689 v. Chr. gegründet, und ca. 100 Jahre später rief eine Gruppe der Bürger die Stadt Agrigent ins Leben. In griechischer Zeit war Gela einer der wichtigsten Stadtstaaten und einer der ersten, die es sich erlauben konnten, ein eigenes Schatzhaus in Olympia zu errichten. Gela versuchte auch als erster Stadtstaat, unter dem Tyrannen Hippokrates alle anderen Städte Siziliens zu unterwerfen, um einen Großstaat zu bilden.

424 v. Chr. versammelten sich alle Vertreter der sikeliotischen Staaten in Gela, um offiziell ihre politische Unabhängigkeit vom Mutterland zu erklären. Somit waren sie von der Verpflichtung befreit, im Peloponnesischen Krieg Partei für die Mutterstadt ergreifen zu müssen. Die Karthager zerstörten die Stadt 405 v. Chr. und erlaubten den Einwohnern nur, sie ohne Befestigungsmauern wiederaufzubauen. Dieses Verbot dauerte an, bis Timoleon die Karthager besiegt hatte (338 v. Chr.). Später nahm Agathokles die Stadt ein und übergab sie seinen Söldnern, den sog. Mamertinern. Daraufhin zogen die Einwohner aus und ließen sich in *Licata* nieder.

Zur römischen Zeit war der Hügel nur sporadisch bewohnt, und in der Spätantike lag er schließlich völlig verlassen. Friedrich II. von Hohenstaufen gründete 1230 am Ort der archaischen Stadt ein neues Zentrum, das *Terranova,* ›neue Erde‹, genannt wurde. Erst unter Mussolini nahm die Stadt ihren alten Namen wieder an.

In Gela wurde eine Strecke der **antiken Stadtmauer** ausgegraben (300 m, archäologisches Gebiet des Capo Soprano, 4. Jh. v. Chr.), die in der oberen Partie aus ungebrannten Lehmziegeln besteht. Höchst interessant und sehr reich bestückt ist das **Archäologische Museum.** In seiner Nähe liegt das **Ausgrabungsgebiet,** in dem sowohl der Beweis für die von Thukydides genannte protoarchaische Siedlung *(Lindioi)* als auch Reste der griechischen Akropolis gefunden wurden. Aus den Nekropolen der Stadt stammen äußerst bemerkenswerte griechische Vasen, die aber leider über verschiedene Museen in aller Welt verstreut sind.

Servizio Turistico Regionale
Viale Mediterraneo 3
93012 Gela
Tel. 09 33 91 37 88
für Gela und die umliegenden Orte

Antiquarium Iconografico e Mura Timoleontee di Capo Soprano
Contrada Scavone
Gela
tgl. 9 Uhr bis 1 Std. vor Sonnenuntergang

Museo Archeologico
Corso Vittorio Emanuele 1
tgl. 9–18 Uhr

Zona Archeologica Acropoli (Molino a Vento)
tgl. 9 Uhr bis 1 Std. vor Sonnenuntergang

Falconara

An der Südküste zwischen Gela und Licata liegt direkt am Meer inmitten eines Palmengartens das Kastell Falconara. Im 15. Jh. als Burg gebaut, wurde es immer wieder modernisiert und seiner jeweils neuen Bestimmung angepasst. Eigentlich ist es einer der zahlreichen Festungsbauten, die ab dem 14. Jh. von der Aristokratie überall errichtet wurden, um ihre Macht auszuüben oder auch um ihre persönliche Sicherheit zu gewährleisten. Nur ist es immer in privater Hand geblie-

Kastell Falconara bei Licata

ben und genutzt worden, während die meisten anderen dem Verfall preisgegeben wurden (heute wird im Kastell von Falconara ein Hotel betrieben, das vor allem für Bankette und Hochzeiten gemietet wird).

Agrigent (Agrigento)

Agrigent ★★

Das *Akragas* der Griechen und *Agrigentum* der Römer ist heute eine typische sizilianische Provinzhauptstadt von ca. 59 200 Einwohnern. Obwohl Scharen von Touristen alljährlich die antiken Tempel und die Stadtanlage aus dem 6. und 5. Jh. v. Chr. besuchen, bietet Agrigent dem Reisenden wenig Komfort. Die modernen Hotels liegen vom Zentrum weit entfernt. Dennoch täuscht der erste Eindruck, hier eine Stadt mit baulichem Wildwuchs und wenig Charme vor sich zu haben, das historische Zentrum hat durchaus seinen Reiz.

Geschichte

Servizio Turistico Regionale
Via Empedocle 72
92100 Agrigento
Tel. 092 22 03 91
für die Provinz Agrigento

Als um 582/80 v. Chr. Kolonisten aus Rhodos und der Nachbarstadt Gela unter der Führung der Oikisten Aristonos und Pystillos auf den zwei großflächigen Hügeln nahe der Südküste die letzte große Koloniestadt des antiken Sizilien gründeten, müssen die Griechen den Bewohnern der Umgebung schon ein wohlbekanntes Volk gewesen sein. Seit 150 Jahren bestanden die Städte an der Ostküste, seit einem Jahrhundert das nur 80 km entfernte Gela und – etwas jünger – im Westen die Stadt Selinunt. Enge Handelsverbindungen waren zur Gewohnheit geworden.

Der von den Griechen für die Stadtanlage gewählte Ort stellte eine natürliche Festung dar: ein an drei Seiten steil ansteigendes Plateau, in sicherem Abstand zum Meer gelegen, mit einer schützenden Hügelkette im Rücken. Die Flüsse Hypsas und Akragas umflossen das Gebiet, vereinigten sich kurz vor dem Meer und mündeten in eine Bucht, die für einen Hafen ideale Voraussetzungen bot (heute versandet und besiedelt – San Leone).

Das gesamte Stadtgebiet wurde bald nach der Koloniegründung mit einer Mauer versehen. Das enorme Ausmaß des ummauerten Terrains wird noch heute deutlich: im Norden der Akropolishügel, im Süden des Plateaus der steil abfallende Hang, auf dessen Kamm sich die antiken Tempel wie an einer Kette aufgezogen aneinanderreihen. Das von der Mauer eingefasste Areal maß insgesamt 2,2 × 1,6 km.

Unter der Regentschaft des Tyrannen Phalaris, der seit ca. 570 v. Chr. in der Stadt über lange Jahre hinweg herrschte, kam es zu einem schnellen wirtschaftlichen Aufschwung. Ein weites landwirtschaftliches Umland wurde gewonnen und mit Forts gegen Übergriffe gesichert; es garantierte fortan den Wohlstand der Stadt. Neben dem Anbau von Weizen, Oliven und Mandelbäumen bildete, wie Pindar in seinen späteren Oden ausdrücklich vermerkt, die Schafzucht eine Stütze der Wirtschaft; außerdem wurden Bodenschätze wie Schwefel und Steinsalz gewonnen.

Unter der Herrschaft Therons, des zweiten prominenten Tyrannen der Stadt, stieg Akragas am Beginn des 5. Jh. v. Chr. neben Syrakus zur zweitmächtigsten Polis Siziliens auf. Der militärische Sieg des verbündeten Gelon von Syrakus 480 v. Chr. bei Himera brachte der Stadt als Beute unermessliche Schätze und 25 000 Sklaven, obwohl ihr Heer erst nach beendigter Schlacht an der Nordküste angekommen war. Das Lösegeld für die Gefangenen brachte weiteren Reichtum, ca. 2000 scheint die Stadt als eigene Sklaven behalten zu haben, und ein Teil eben dieser waren es, die den riesigen Siegestempel des Olympischen Zeus erbauen mussten und in Gestalt dieses Bauwerks so – wider Willen – der Unterlegenheit Karthagos gegenüber dem Akragas des Theron Ausdruck verliehen.

Das 5. Jh. v. Chr. markiert die Blütezeit der Stadt Akragas. Enormer Reichtum, nicht nur aus der Kriegsbeute, sondern auch aus Handel und einer florierenden Landwirtschaft erworben, begründete den Wohlstand, auf den selbst reiche Städte in Griechenland mit Neid blickten. Kunst und Philosophie waren hier zu Hause, zahlreiche Tempel und Heiligtümer wurden erbaut. Doch diese Blüte endete abrupt: In den letzten Jahren des 5. Jh. v. Chr. kam es erneut zum Krieg mit den Karthagern, die 406 v. Chr. die Stadt eroberten und die Einwohner vertrieben.

Jahrzehntelang blieb der Ort nun unbewohnt, und erst unter Timoleon entstand hier im 4. Jh. v. Chr. erneut eine Siedlung, die sich allerdings mit dem Prunk der einstigen Stadt kaum mehr vergleichen konnte. In den Punischen Kriegen wurde Akragas zu einem Spielball der Mächte: Zunächst mit Karthago verbündet, wurde die Stadt 262

Phalaris-Mythos

Die Wahrheit des späteren Phalaris-Mythos, der von einem Bronzestier erzählt, in welchem der Tyrann seine Feinde lebendig geschmort haben soll, wird heute stark angezweifelt, da die Technik des Bronzegusses zu seiner Zeit noch nicht so weit entwickelt war und die Geschichte gut in die römische Propaganda gegen die Karthager passt. Es könnte sein, dass Phalaris ein Karthager war, denn sein Name ist nicht griechisch, und die in der frühen Zeit enge Verbindung vieler sikeliotischer Städte mit den Karthagern ist bekannt. Seine Politik legte auf alle Fälle den Grundstein für den späteren Reichtum der Stadt. Wie alle frühen Tyrannen vertrat er die Interessen des Volkes, dessen Anführer er war, was ihn bei der landbesitzenden Adelsklasse besonders verhasst machte. Dass er der Tradition nach am Ende gesteinigt wurde, könnte einen Aufstand eben dieser Klasse verbergen.

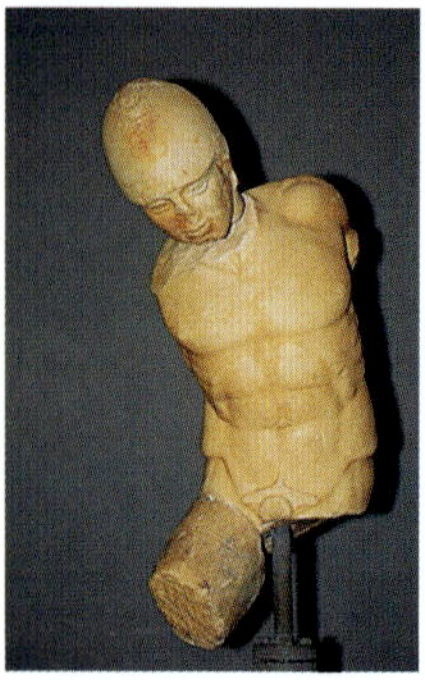

Knieender Krieger; eine Skulptur, die vermutlich vom Giebelschmuck des Olympieions (5. Jh. v. Chr.) stammt (einzige bei den Tempeln gefundene Skulptur)

v. Chr. von den Römern erobert, wenig später aber von den Karthagern zurückgewonnen. 210 v. Chr. fiel Akragas endgültig unter römische Herrschaft und wurde für die nächsten Jahrhunderte zu einer tributpflichtigen Civitas, zu einer Stadt ohne größere Bedeutung also. In byzantinischer Zeit schmolz der Ort zu einem kleinen Dorf zusammen, das von den Arabern 827 eingenommen wurde. Kerkent oder Gergent (Ort der Riesen), wie der Ort jetzt hieß, wuchs schnell und wurde zum Zentrum der arabisch-berberischen Besiedlung Siziliens.

Der normannische König Roger II. erklärte Gergent zum Bischofssitz. Ihre neugewonnene ökonomische Bedeutung, die wesentlich auf dem Handel mit Afrika und auf der Landwirtschaft beruhte, verlor die Stadt erst 1245 mit der Ausweisung der Araber durch Friedrich II. von Hohenstaufen. In den folgenden Jahrhunderten schrumpfte Gergent zu einer kleinen Provinzgemeinde. Zu Beginn des 20. Jh. wurde es, wie alle Orte Süditaliens, stark vom Auswanderungsstrom in Mitleidenschaft gezogen. Unter Mussolini nahm Girgenti, wie der Ort seit einiger Zeit hieß, den latinisierten Namen Agrigento an.

Archäologischer Bezirk

›Tal der Tempel‹

Südlich des modernen Agrigent, entlang der antiken Stadtmauer, erstreckt sich das ›Tal der Tempel‹, ein etwas missverständlicher Begriff, denn die meisten Tempel stehen, deutlich auf Fernwirkung zum Meer hin postiert, hoch auf dem Kamm der Hügelkette unmittelbar hinter der Stadtmauer, jedoch entschieden niedriger als die Stadt. Vom östlichsten Tempel, dem sog. Juno-Lacinia-Tempel, ist es möglich, nicht nur das ganze einstige Territorium der Stadt zu überblicken, sondern auch die Aufreihung der Tempel entlang der Stadtmauer nachzuvollziehen.

Valle dei Templi
Casa Sanfilippo
Via Panoramica dei Templi
www.lavalledeitempli.it
tgl. 8.30–19 Uhr, Juli–Sept. außerdem ab 19.30 Uhr geöffnet, wenn der Sonnenuntergang die Tempel in ein malerisches Licht taucht.

Der **Juno-Lacinia-Tempel (1;** Tempel D) wurde um die Mitte des 5. Jh. v. Chr. erbaut; der moderne Name dieses Bauwerks ist willkürlich gewählt. Es handelt sich um einen Peripteraltempel mit 6 × 13 Säulen, Pronaos und *Opisthodom in antis,* der sich auf einer vierstufigen Krepis erhebt. Baugeschichtlich gesehen ist der Juno-Lacinia-Tempel der unmittelbare Vorläuferbau des Concordiatempels, überrascht jedoch durch seine ungewöhnlichen architektonischen Lösungen. Der Stylobat ist exakt wie 4 : 9 proportioniert, die Ringhallenfronten sind unterschiedlich gestaltet: Die westliche Front und die Langseiten weisen eine einfache Eckkontraktion auf, während die Eingangsfront in altertümlicher Weise ohne Eckkontraktion, aber mit einem verbreiteten Mitteljoch geformt ist. Mit 38,10 × 16,91 m ist der Bau fast exakt so groß wie der Concordiatempel.

In nachantiker Zeit verfiel der Tempel D und wurde als Baumaterial ausgeschlachtet. Dennoch standen einige Säulen bis in das 18. Jh.

aufrecht und wurden nach einem Erdbeben um 1785 wiederaufgebaut. Im Zuge der ›Ruinenromantik‹ des 18. und 19. Jh. wurde der Juno-Lacinia-Tempel zu einem der bekanntesten antiken Bauwerke Siziliens. Bedeutende Künstler des 19. Jh., darunter auch Caspar David Friedrich, haben diesen Tempel gemalt oder gezeichnet.

Die Eingangstufen nehmen die ganze Breite der Ostfront ein. In einigem Abstand vor dieser Treppe liegt quer zum Tempel der Opferaltar, der mit etwa 29,30 × 10 m fast die Maße der Tempelcella wiederholt. Hinter dem Bau liegt eine antike **Zisterne,** neben ihr die Straße, die durch eines der ehemaligen Stadttore führte. Der Teil der massiven **Stadtmauer** zwischen Juno- und Concordiatempel wurde im 4.–5. Jh. bei der Erweiterung der frühchristlichen Katakomben als Begräbnisstätte genutzt.

Zwischen der Rückseite des Tempels und einem ehemaligen Stadttor liegen ein antiker Brunnen und, wenige Schritte entfernt, zwei aus dem Felsboden geschlagene, kommunizierende Becken, die zum Stampfen der Trauben dienten. Bei den weiteren Vertiefungen im Boden, direkt neben den Spuren der antiken Straße, handelt es sich um christliche Gräber.

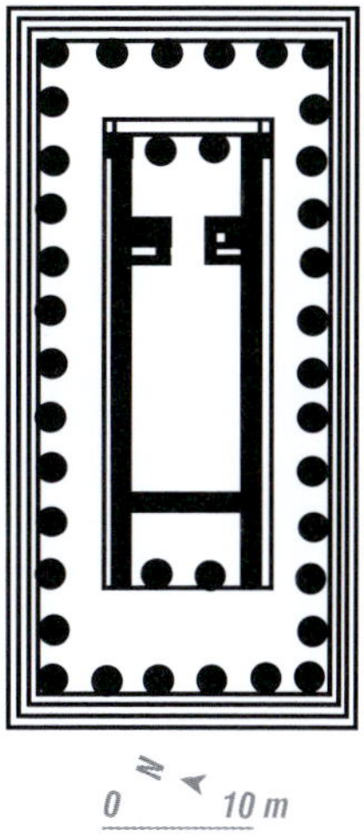

Juno-Lacinia-Tempel (Tempel D), Grundriss

Der **Concordiatempel (2;** Tempel F) wurde im Anschluss an den Juno Lacinia-Tempel um 430 v. Chr. erbaut. Die Benennung geht auf eine in der Nähe gefundene römische Inschrift zurück, die etwas über die Concordia, die ›Eintracht‹ unter den Akragantinern, berichtet, jedoch mit dem Tempel selbst in keinerlei Beziehung steht.

Dieser Tempel gilt als der besterhaltene dorische Tempel überhaupt. Wohl schon im 6. Jh., wurde er in eine christliche Kirche umgewandelt und entging somit der Zerstörung und der Nutzung als ›Steinbruch‹. Bei dieser Änderung wurde nicht nur der Eingang nach Westen verlegt, sondern auch die Wand zwischen Cella und Opisthodom

Der um 430 v. Chr. errichtete Concordiatempel (Tempel F) gilt als der am besten erhaltene dorische Tempel überhaupt

Ursprüngliches Inventar des Heraklestempels

Laut Cicero beherbergte der Heraklestempel bedeutende Kunstwerke aus dem 5. Jh. v. Chr., darunter ein bronzenes Kunstbild des athenischen Bildhauers Myron sowie ein Gemälde des berühmten Malers Zeuxis aus Herakleia.

zur Vergrößerung des Innenraums entfernt – der Tempel wurde so zur christlichen Basilika. Als 1785 die Reste der anderen agrigentinischen Tempel wieder aufgerichtet wurden, befreite man den Tempel von den Strukturen der Kirche. Es blieben nur die Bogen in den Cellawänden. In die starke Trennmauer zwischen Pronaos und Naos sind Wendeltreppen eingemeißelt, die einzig erhaltenen in einem dorischen Tempel. Ihre Funktion ist ungewiss.

Wie der Juno-Lacinia-Tempel ist auch der Concordiatempel von bescheidener Größe (39,42 × 16,92 m) und weist eine Ringhalle von 6 × 13 Säulen auf – ein Säulenverhältnis, das auf Sizilien nur in Agrigent überwiegt, während sonst ein lang gestreckter Grundriss mit 6 × 14 oder 6 × 15 Säulen vorherrscht. An allen vier Ringhallenecken zeigt der Concordiatempel eine doppelte Eckkontraktion (s. S. 29). Nicht nur im Grundriss sind die Proportionen des Bauwerks präzise aufeinander abgestimmt (Cella 1:3, Ringhalle 2:5, Stylobat 3:7), sondern auch der Aufriss zeigt eine ausgewogene, klassische Gliederung. Metopen und Giebelfelder waren einst mit Malereien versehen. Von dem Altar sind keine Spuren gefunden worden.

Der **Heraklestempel (3;** Tempel A) ist der größte und auch älteste dorische Ringhallentempel der Stadt. Er entstand zu Beginn des 5. Jh. v. Chr. unter der Regentschaft Therons, doch haben Grabungen die Existenz eines früheren Tempels (6. Jh. v. Chr.) an dieser Stelle nachgewiesen. Die Benennung kann sich auf eine diesbezügliche Beschreibung von Cicero stützen. Mit 67 × 25 m übertrifft dieser Tempel die meisten sizilianischen Bauten an Größe. Aus baugeschichtlicher Sicht steht der Heraklestempel am Übergang zur Klassik: Die klar gegliederte, erstmals mit einer leichten Eckkontraktion versehene Ringhalle (6 × 15 Säulen) umschließt eine Cella, die auf das bislang in der Region übliche Adyton verzichtet und, wie im späteren klassischen Tempelbau üblich, aus Pronaos, Kultraum und rückwärtig offenem Opisthodom besteht.

Grundriss des Heraklestempels (Tempel A; die Grundmauern innerhalb der Cella stammen von einem Umbau in römischer Zeit)

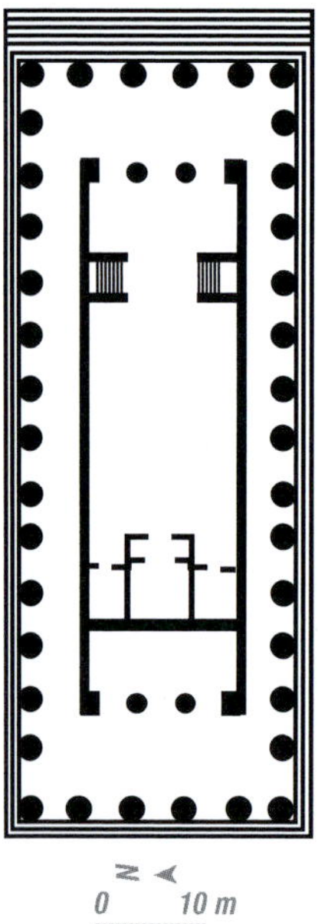

Dass einige Säulen des Heraklestempels heute aufrecht stehen, ist das Resultat einer 1924 durchgeführten Restaurierung. In einigem Abstand von der Ostfront des Tempels finden sich die Reste eines großen Opferaltars, der in hellenistischer Zeit durch eine straßenähnliche Konstruktion vom Tempel abgetrennt wurde. Zahlreiche Bauglieder des Tempels liegen verstreut in seiner unmittelbaren Umgebung, darunter auch Kapitellfragmente, die noch Reste des Marmorstucks, mit dem einst der ganze Bau überzogen war, aufweisen.

Im Anschluss an den Heraklestempel erstreckt sich nach Norden und Westen das Areal, das einst den Mittelpunkt der antiken Stadt bildete. Unmittelbar hinter dem Heraklestempel erhob sich die *Porta Aurea* (das ›goldene Tor‹), das Haupttor der Stadt. Der tiefe Einschnitt in den Fels, durch den die heutige Straße führt, geht auf die byzantinische Epoche zurück. Außerhalb der Mauern, am Fuße des Hanges, erstreckten sich Nekropolen.

Das noch erhaltene turmartige Gebäude mit seinen markanten Halbsäulen, das **›Grabmal des Theron‹ (4),** wie es der Volksmund genannt hat, stammt aus römischer Zeit (um 70 v. Chr.) und war vermutlich ein Heroon, ein ›Erinnerungsbau‹ für einen prominenten Bürger der Stadt, der fern der Heimat verstorben war.

In etwas weiterer Entfernung von der Stadt findet man, umgeben von Feldern, die Ruine des **Asklepiostempels (5;** Tempel H), einen Tempel in antis, aus dem 5. Jh. v. Chr.

Westlich der *Porta Aurea,* im Stadtgebiet unmittelbar vor der Südmauer, liegen die Trümmermassen des riesigen **Tempels des Olympischen Zeus (6;** Tempel B). Nicht nur seine gigantische Größe (56,30 × 113,50 m im Fundament), sondern auch sein ungewöhnlicher architektonischer Aufbau machen dieses Bauwerk zu einem exzeptionellen Sonderfall der griechischen Baugeschichte. Es ist nicht auszuschließen, dass die größten Stadtstaaten Siziliens am Höhepunkt ihrer politischen und ökonomischen Macht versuchten, auch zu unabhängigen religiösen Zentren aufzusteigen. Denn es ist auffallend, dass die zwei gigantischen Tempel Siziliens – der Tempel G von Selinunt und das Olympieion von Agrigent – in den basischen Strukturen Gemeinsamkeiten mit dem Apollonion zu Didyma aufweisen. Darüber hinaus konnten vor einiger Zeit auf einem Plateau in der Nähe des Zeustempels Sportanlagen der antiken Stadt festgestellt werden, die in ihren Ausmaßen die von Olympia bei weitem übertreffen.

In seiner Größe erinnert der Zeustempel an ionische Mammutbauten. Auch andere Merkmale lassen ionischen Einfluss erkennen. Wie bei den ionischen Hoftempeln war die Cella nicht überdacht, sondern zum Himmel hin offen. Die Verwendung von Pfeilern und Pilastern an Stelle von Säulen macht ihn zu einem Unikum unter den dorischen Tempeln und verweist auf den karthagischen Bereich. Auch die Zahl der Säulen (oder Halbsäulen) ist ungewöhnlich: sieben an den Schmalseiten, genau die doppelte Zahl an den Langseiten. Mit den Telamonen oder Atlanten wurde hier erstmals die menschliche Figur als tragendes Bauglied integriert. Ein Abdruck des Steinriesen liegt im Zentrum der ehemaligen Cella. Dass diese Atlantenfiguren karthagische Gesichtszüge aufweisen, ist sicher kein Zufall. Für den Bau, mit dem gleich nach dem Sieg über die Karthager bei Himera (480 v. Chr.) begonnen wurde, setzten die Agrigentiner Kriegsgefangene als Arbeitskräfte ein. Doch noch ehe der Tempel vollendet werden konnte, rächten sich die Karthager für ihre Niederlage, und sobald 406 v. Chr. Akragas in ihre Hände fiel, zerstörten sie als erstes dieses Denkmal ihrer Schande.

Die Freiräume der Ringhalle waren in etwa bis zur halben Höhe mit einer Mauer geschlossen. Nach außen hin Halbsäulen, doch nach innen waren sie Pilaster. Pilaster und Pfeiler, durch Mauertrakte miteinander verbunden, umgaben die Cella. Diese wirkte eher wie ein großer Innenhof. Es ist noch nicht hinreichend geklärt, ob die Atlanten zwischen den Halbsäulen nach außen gewandt, oder zwischen den Pfeilern dem Innenraum zugewandt standen, auch wenn die meisten Archäologen für die erste Lösung plädieren. Vor der Ostseite lag der mit seinen 54,50 m Länge und 17,50 m Breite ebenfalls giganti-

Grundriss des Tempels des Olympischen Zeus (Tempel B), von Größe und Aufbau her ein Sonderfall in der Geschichte griechischen Tempelbaus

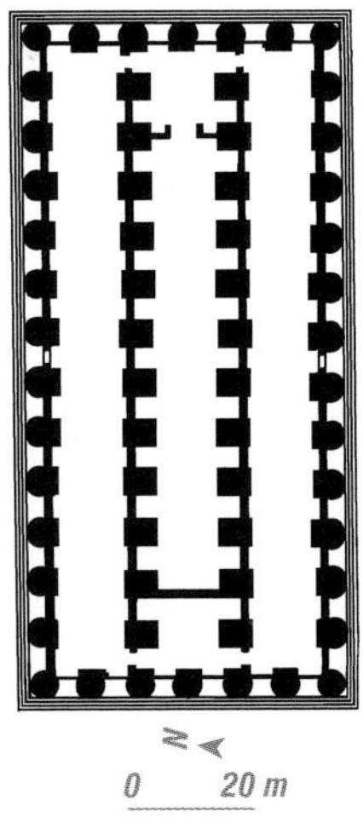

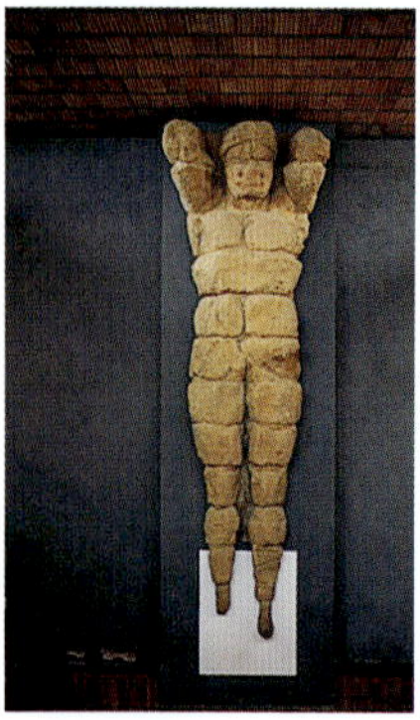

Die Telamonen am Olympieion waren die ersten tragenden Bauglieder in menschlicher Gestalt an einem Tempel (Agrigent, Archäologisches Museum)

sche Opferaltar. Von dem einst größten Tempel Siziliens sind beinahe nur die Grundmauern erhalten. Da er mit relativ kleinen Quadersteinen gebaut war, eignete sich das Material ausgezeichnet zur Wiederverwertung.

Von dem Bereich des Zeustempels ehemals durch eine Prozessionsstraße getrennt erstreckt sich das **Sakralgebiet der chthonischen Gottheiten (7;** Gottheiten der Erde und der Unterwelt). Es war ein von einer Temenosmauer umschlossenes Gebiet, das im 6. Jh. v. Chr. angelegt, und im 5. Jh. v. Chr. wesentlich erweitert wurde. Welchem Zweck und welchen Kulten die vielen kleinen Gebäude und Heiligtümer hier dienten, lässt sich heute nicht mehr feststellen. Den Mittelpunkt bildeten zwei große Altäre, der eine kreisrund, der andere quadratisch.

Um die Mitte des 5. Jh. v. Chr. erhielt der Kultbezirk zwei dorische Peripteroi, der eine heute als Dioskurentempel, der andere nur mit dem Buchstaben L bezeichnet. Beide hatten die für Agrigent kanonische Zahl der Säulen: 6 × 13, und beide hatten bescheidene Ausmaße. Ein kleiner Teil des sog. **Dioskurentempels** (einstmals 31 × 13,40 m, mit einfacher Eckkontraktion) wurde im 19. Jh. so malerisch wieder aufgerichtet, dass er noch heute das meist fotografierte Denkmal Siziliens ist. Da sich an der Rekonstruktion bunt hellenistische mit klassischen Elementen mischen, sind die Fachleute von dem Resultat weniger begeistert. Einberechnet, dass der Tempel auch zu Zeiten der Römer ausgebessert wurde, ist es heute fast unmöglich, Herkunft und Entstehungszeit der einzelnen Bauglieder zu bestimmen.

Etwa zeitgleich mit dem sog. Dioskurentempel entstand in direkter Nachbarschaft der **Tempel L,** in den Abmessungen (17,20 m × 38,80 m) etwas größer als sein Nachbar. Die Ringhalle dieses Tempels war an den Schmalseiten mit einer einfachen, an den Langseiten jedoch mit einer doppelten Eckkontraktion versehen. Von dem Tempel L liegen heute nur noch wenige Steine der Nordostecke in antiker Position. Doch der noch vorhandene Fundamenteinschnitt im Felsboden sowie zahlreiche fragmentierte Bauteile erlauben eine fast vollständige Rekonstruktion dieses Bauwerks.

Vor den Ostseiten beider Tempel liegen ihre Altäre. Welchen Gottheiten diese beiden Bauten einst geweiht waren, ist unbekannt – die Bezeichnung ›Dioskurentempel‹ für den Tempel I ist erneut völlig willkürlich gewählt.

An der Westseite des Heiligtums der chthonischen Gottheiten fällt das Gelände steil ab. Diese Senke ist nur z. T. natürlichen Ursprungs. Hier befand sich einst ein großer, künstlich angelegter Süßwassersee, der das Trinkwasserreservoir der Stadt bildete; ein verzweigtes Kanalsystem versorgte es mit Regenwasser. Erbaut wurde diese Anlage vermutlich in der Regentschaft des Theron zu Beginn des 5. Jh. v. Chr.

Jenseits dieser Senke, hoch auf einem Plateau in der äußersten Südwestecke des Stadtgebiets gelegen, markieren zwei noch aufrecht stehende Säulenreste die Ruine eines weiteren dorischen Ringhallentempels, des **Hephaistostempels (8;** Tempel G). Dieser Tempel ist der letzte, der in der Stadt errichtet wurde, doch nahm er einen älteren ar-

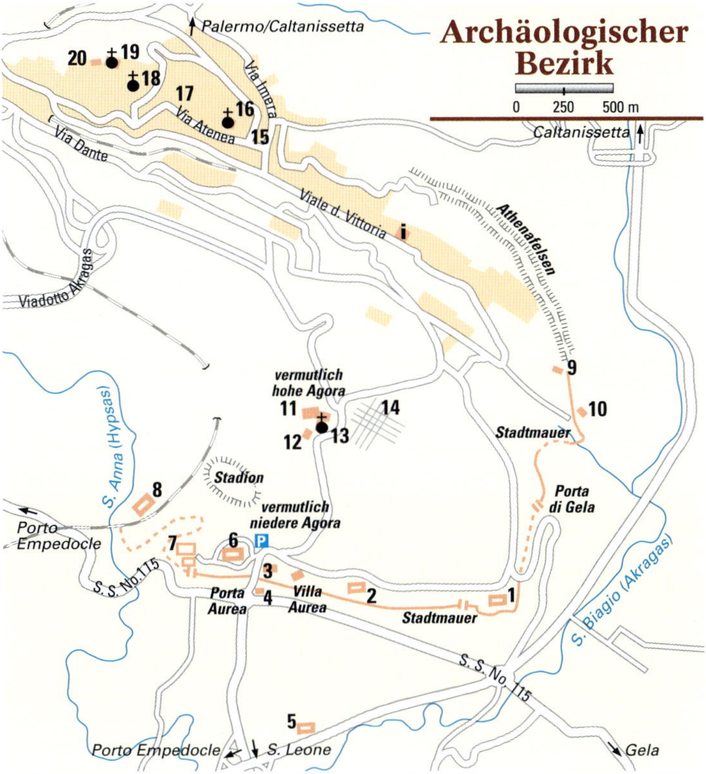

Archäologischer Bezirk von Agrigent und Detail-Cityplan Agrigent

1 Juno Lacinia-Tempel (Tempel D)
2 Concordiatempel (Tempel F)
3 Heraklestempel (Tempel A)
4 sog. ›Grabmal des Theron‹
5 Asklepiostempel (Tempel H)
6 Tempel des Olympischen Zeus (Tempel B)
7 Heiligtum der chthonischen Gottheiten/ Dioskurentempel (Tempel I und Tempel L)
8 Hephaistostempel (Tempel G)
9 S. Biagio
10 Felsheiligtum der Demeter
11 Archäologisches Museum
12 Ekklesiasterion (›Oratorium des Phalais‹)
13 S. Nicola
14 Hellinistisch-römisches Stadtviertel
15 Porta Atenea
16 S. Spirito
17 Piazza del Purgatorio
18 S. Maria dei Greci
19 Dom
20 Diözesanmuseum

chaischen Megarontempel teilweise in seine Baukonstruktion auf. Der Umbau war, wie viele Details am Stufenbau und an den Säulentrommeln zeigen, noch nicht abgeschlossen, als die Karthager 406 v. Chr. die Stadt eroberten. Der Tempel besaß ebenfalls eine Ringhalle mit 6 × 13 Säulen und einfacher Eckkontraktion; mit 17 × 35,20 m im Stylobat war auch er eher klein. Auch vom Hephaistostempel blieb nur wenig erhalten, genug jedoch, um – wie beim Tempel L – genaue Rückschlüsse auf das einstige Aussehen des Bauwerks zu gewinnen.

S. Biagio und Felsheiligtum der Demeter

Das antike Akragas nahm eine Fläche von ca. 1817 ha ein und dehnte sich über zwei Hügel aus. Das östliche Stadtgebiet schloss den sog. Athenafelsen ein, den höchsten Gipfel innerhalb der Stadtmauern (351 m ü. d. M.). Am Fuß des Felsens steht ein halbzerfallenes normannisches Kirchlein, **S. Biagio (9).** Es wurde auf den Ruinen eines griechischen Tempels (Tempel C) gebaut, von dem es den Raum der Cella einnimmt. Hinter der Apsis, wo ehemals der Pronaos lag, sind die Steine der Grundmauern und die Basen der Anten zu sehen. Der antike Bau stammt aus der Zeit zwischen 480 und 460 v. Chr. und war vermutlich der Demeter und Kore geweiht. Mit einer Länge von 30,20 m und einer Breite von 13,30 m war er für einen Antentempel ohne Ringhalle außergewöhnlich groß. In der Nähe wurden eine Votivtafel und Fragmente mit Wasserspeiern in Form von Löwenköpfen entdeckt, zum Berg hin zwei Rundaltäre freigelegt.

Demeter und Persephone

Zu den Mythen, die die Griechen nach Sizilien brachten und dorthin zu verlegen suchten, zählten auch die um Demeter und ihre Tochter Persephone (auch ›Kore‹ genannt). Hades raubt Kore als Braut in die Unterwelt, und Demeter als Fruchtbarkeitsgöttin straft die Erde sechs Jahre lang mit dem Ausbleiben der Ernte. Als Kore wiedergefunden wird, kommt unter Vermittlung von Zeus ein Kompromiss zustande. Zwei Drittel des Jahres darf Kore bei ihrer Mutter verbringen, den Rest bei ihrem Mann

Das **Felsheiligtum der Demeter (10)** lag außerhalb der Stadtmauern. Es wurde 1926 entdeckt und schließlich Ende der dreißiger Jahre freigelegt. Seine Entstehungszeit wird auf das 7. Jh. v. Chr. angesetzt, also vor der Gründung der Stadt. Es handelt sich demnach um eine der wenigen bekannten Kultstätten der Sikaner. Da in allen Kulturen Grotten, unterirdische Gänge und Quellen mit dem Glauben an Wiedergeburt verbunden sind und die Griechen die hier verehrte Gottheit mit Demeter gleichsetzten, darf angenommen werden, dass auch in vorgriechischer Zeit hier eine Göttin verehrt wurde.

Das vorgriechische Heiligtum besteht aus drei in den Felsen getriebenen Gängen. Die rechte Galerie führt zu einer Quelle, deren Wasser in einem Tonrohr mit ovalen Kontrollöffnungen abgeleitet wird. Die zwei weiteren Korridore mit Längen von 20 und 25 m treffen in einer Grotte aufeinander. Der mittlere Gang enthielt zahlreiche Öllämpchen, Tonfiguren und Büsten der Demeter und Kore.

Vor dem Felsheiligtum liegt ein **kleines griechisches Gebäude** (12,32 × 3,02 m) mit sich eigenartig verjüngenden Wänden, die in der Bauweise archaische Formen aufweisen. Dieser Bau wurde in hellenistischer und wohl auch römischer Zeit des öfteren verändert. In einer Art trapezförmigem Pronaos befinden sich miteinander in Verbindung stehende Becken, in die das Wasser der Quelle geleitet wurde. An den Felsen lassen sich noch Vertiefungen zum Anbringen der Pinakes erkennen.

Archäologisches Museum (11)

Museo Regionale Archeologico
(und angrenzendes Ausgrabungsgebiet)
Contrada S. Nicola
Mo 9–13, Di–Sa 9–19 Uhr

Das *Museo Archeologico Regionale,* eines der schönsten Siziliens, wurde 1968 eröffnet; nur Funde der Umgebung werden, hauptsächlich chronologisch geordnet, ausgestellt, um das Verständnis für Geschichte und Entwicklung der antiken Stadt zu erleichtern. Der moderne Bau schließt Teile eines mittelalterlichen Zisterzienserklosters ein, von dem an der Ostwand des Museumsgebäudes ein Fenster mit Zickzackornamenten erhalten ist. Der Eingang des Museums führt durch den **alten Kreuzgang.** An einer seiner Seiten sind eine Reihe antiker Sitzbänke aufgestellt, die bei Ausgrabungen in der vermutlichen Agora zum Vorschein kamen. Die Inschriften beziehen sich auf Herakles und Hermes.

Im ersten Raum vermittelt ein topografisches Modell einen Überblick über das antike Stadtgebiet und die wichtigsten Orte, an denen archäologische Ausgrabungen stattfanden. In einer Reihe übersichtlich geordneter Vitrinen wird die vorgeschichtliche Zeit der Umgebung Agrigents mit Keramik vom Chalkolitikum (2600 v. Chr.) bis zu der letzten rein sizilischen Kultur, der **Kultur von Malpasso** (8. Jh. v. Chr.), dokumentiert. Sehr selten sind Funde wie das goldene Schälchen mit den im Flachrelief gearbeiteten Stiermotiven und die zwei ebenfalls goldenen Siegelringe. Ausgestellt sind Kopien des **Goldschatzes von Sant'Angelo Muxaro,** die Originale befinden sich im Britischen Museum in London. Eine kleine mykenische Amphore dokumentiert die Handelsverbindungen im 2. Jt. v. Chr.

Kopie eines goldenen Tellers aus dem Goldschatz von Sant'Angelo Muxaro: Stierabbildungen der Vor- und Frühgeschichte scheinen immer in Bezug zu einer Mondgottheit zu stehen. Dass das auch bei dieser Schale zutrifft, beweist der kleine eingehämmerte Halbmond.
Die Ausstellungsstücke des Goldschatzes von Sant'Angelo Muxaro sind allesamt Repliken. Die hier anzutreffende Art der Tierwiedergabe findet keine Parallelen in anderen Kulturen desselben Zeitraums (ca. 9. Jh. v. Chr.)

Die sich im rechten Winkel anschließende Vitrinenreihe enthält Material des 7. Jh. v. Chr., als sich der Einfluss der ersten sikeliotischen Städte bereits bei der Urbevölkerung bemerkbar machte; doch bezeugen die Funde andererseits auch ein langsames Vordringen der Griechen von Gela aus in Richtung Agrigent. Es folgen importierte korinthische Väschen, nachgeahmte Ware sowie kleine **Tonfigürchen der thronenden Demeter,** die die Griechen mit einer einheimischen Gottheit gleichsetzten.

Auf dem Boden einer Schale findet sich die älteste Abbildung der Triquetra, der ›Dreibeinigen‹, die das Symbol der Insel ist. Die Griechen glaubten, Sizilien sei eine schwimmende Insel, was durch die Darstellung sehr gut zum Ausdruck kommt. Kleine, grobe Tonscheiben (neben der Schale) mit eingeritzten magischen Formeln und Symbolen, hier dem Hakenkreuz, wurden zum Abschrecken böser Geister aufgehängt. Am Ende dieser Reihe befinden sich einige der überaus seltenen einheimischen **Götzenköpfchen;** an ihnen fallen die aufgesetzten, vorstehenden Augen und die scharfen Nasen auf, die den Gesichtern etwas Vogelartiges verleihen.

Einige Stufen höher beginnt die hervorragende, streng chronologisch aufgebaute **Sammlung attischer Vasen** mit Krateren aus der Mitte des 6. Jh. v. Chr. Der Dekor ist in Felder eingeteilt, die den Eindruck von Metopen erwecken, die Komposition nicht der Vasenform angepasst, sondern in einem rechteckigen Raum angesiedelt.

Attische Lekythos mit Darstellung der Athena und einer Quadriga (520–500 v. Chr.)

Der Unterschied zwischen der attisch-schwarzfigurigen und der orientalisch beeinflussten Vasenmalerei ist an einem Kolonettenkrater (um 550 v. Chr.) sehr deutlich zu erkennen: Auf seiner einen Seite werden zwei einen Stier tötende Löwen wiedergegeben, die korinthischen Arbeiten ähneln. Die andere Seite zeigt den auf einem Maulesel reitenden Hephaistos, von einer Mänade geführt und einem Satyrn gefolgt. Trotz einer gewissen Symmetrie ist die Zeichnung rhythmisiert, sind die Figuren in ihren Bewegungen ausdrucksstark wiedergegeben. Eine große Amphora mit Athena und Quadriga (um 520–500 v. Chr.) erzielt durch die hintereinander gereihten Pferde des Vierergespanns, durch ihre unterschiedliche Kopfhaltung und ihre in Pseudoperspektive angeordneten Beine eine Raumtiefe, die die verdeckt dahinter stehende Figur der Isis (?) noch steigert. Auf der anderen Seite sind der musizierende Apollon, Artemis und Latona abgebildet.

An der Sammlung attischer Vasen lässt sich die künstlerische Entwicklung des 5. Jh. v. Chr. leicht nachvollziehen: Die ersten perspektivisch korrekten Verkürzungen tauchen auf, die Augen werden naturalistisch – nicht mehr in der Vorderansicht, sondern im Profil – eingezeichnet. Ein Vordergrund wird geschaffen, oft, indem eine der Figuren einen Fuß auf einen Stein stellt oder halbverdeckt hinter einem Felsen auftaucht.

Interessant ist der **seltene weiß grundige Kelchkrater,** der eine Szene aus der »Andromeda« des Sophokles mit dem Schauspieler Euaion in der Rolle des Perseus wiedergibt. Er wird dem sog. Phialemaler zugeschrieben (um 430 v. Chr.). Leider ging jedoch der Großteil der weißen Grundierung und somit auch der Farben verloren. Die Linienführung in der Umrisszeichnung ist delikat und gekonnt, das klassische Profil des Perseus erhält durch die bis an die Wimpern hochgezogene Pupille eine vorher unbekannte Lebendigkeit. Ein Felsblock deutet zaghaft die Landschaft an und bildet gleichzeitig den Vordergrund. In der gleichen Vitrine befindet sich ein zweites Meisterwerk

Scherbe mit der Darstellung einer Frau beim Bade (4.–3. Jh. v. Chr.): Eine junge Frau wird bei der Körperpflege gezeigt. Vordergründig handelt es sich um eine Alltagsszene, doch der lustig zuschauende Silen (Satyr) verweist auf die Welt des Dionysos und somit auch auf das Reich der Toten

griechischer Vasenmalerei: An einem rotfigürlichen Krater wird realistisch eine Opferszene für Apollo beschrieben.

Die Sammlung attischer Vasen endet mit **Darstellungen von Trinkgelagen,** bei denen sich die angeheiterten Gäste bei einem beliebten Gesellschaftsspiel, dem *Kottabos,* amüsieren oder sich singend und tanzend auf den Heimweg begeben. Keine opfernden, sondern sich vergnügende Menschen stellen den Höhepunkt dieser Säkularisierungstendenz dar. Die folgenden Vasen sind, Konsequenz der Niederlage Athens im Peloponnesischen Krieg und des damit verbundenen Verbots von Keramikexporten, italischen und sizilischen Ursprungs.

Ein großer **apulischer Obstteller** zeigt Silene mit dem emporsteigenden Pferdegespann, dem aufgehenden Mond. Den Rand schmücken Rebenranken, Weiß und Gelb sind reichlich verwendet. Die Zeichnung beruht nicht mehr auf einer durchlaufenden Linie, vielmehr werden mit schnellen, kurzen Strichen die Darstellungen ›impressionistisch‹ skizziert. Die drei folgenden Vitrinen zeigen zur Vervollständigung der Übersicht Arbeiten der größten italischen Schulen, vertreten durch Kampanien, Apulien und Lukanien. Den Abschluss der griechischen Vasenmalerei bilden einige schwarzgrundige **Vasen im Gnathiastil.**

Am Ende der Vasensammlung befindet sich das größte Fragment einer skulpturalen Komposition, ein kniender Krieger (s. Abb. S. 192); höchstwahrscheinlich stammt er vom Giebelschmuck des Olympieions. Als Übergang zu den Funden des Tempelgebiets sind die Exemplare verschiedener dorischer Löwenkopf-Wasserspeier an den Wänden angebracht. Unter den folgenden Votivgaben (Öllämpchen, Tierfiguren, Väschen, Gorgonen usw.) überwiegen die Tonfigürchen weiblicher Gottheiten, während des 6. Jh. v. Chr. alle in der peloponnesischen und rhodischen Stilrichtung gefertigt, am Ende des Jahrhunderts auch mit ionischen Einflüssen. Büsten aus dem Bereich der chthonischen Gottheiten zeigen die Unterweltsgöttin mit der typischen Kopfbedeckung, dem *Kalathos.*

Das beste Beispiel für das Interesse an ionischen Werken, das sich gegen Ende des 6. Jh. v. Chr. bemerkbar machte, bietet der **Kopf eines Kouros** mit den typischen geschwungenen Augenbrauen, den in Rollen gelegten Stirnlocken und den langen, aus kleinen Kugeln zusammengesetzten Haaren (um 520 v. Chr.; vgl. den benachbarten Kopf in dorischer Ausführung aus dem gleichen Zeitraum). Ein offener, tiefer gelegener Saal ist dem Tempel des Olympischen Zeus gewidmet.

Da von den Skulpturen, an denen das antike Akragas so reich gewesen sein soll, nichts übrig blieb, kommt dem gefundenen **marmornen Epheben** besondere Bedeutung zu (480/470 v. Chr.). An ihm fallen eine gewisse Unausgeglichenheit zwischen Kopf und Körper sowie seine recht zierlichen Gliedmaßen auf. Merkmale, die in verstärktem Maße auch den Bronzeepheben von Selinunt kennzeichnen (s. S. 229).

Nach einigen wenigen römischen Bildwerken gelangt man zu den **Fundstücken der Nekropolen.** Eine fotografische Dokumentation gibt Aufschluss über die Fundstellen. Ein seltenes Stück stellt der rö-

Rotfigurige Vasenmalerei

Im Bereich der Keramikbearbeitung ersetzte im Verlauf des 6. und 5. Jh. v. Chr. die rotfigurige die schwarzfigurige Technik, wodurch eine naturalistischere Wiedergabe möglich wurde. Denn die Figuren wurden nun nicht mehr in die Farbe geritzt, sondern ausgespart. Umriss- und Innenlinien wurden weicher und feiner.

mische **Kindersarkophag aus Alabaster** dar. An drei Seiten wird in schöner Reliefarbeit über das Leben des Kindes erzählt, die vordere Ansicht zeigt noch einmal die Hoffnung der besorgten Eltern am Krankenbett des Kleinen, wohl während des letzten Arztbesuchs. Die letzten zwei Sarkophage der Ausstellung fand man in christlichen Grabstätten. Der Dekor des einen, bei dem sich christliche Symbole und Mythen mit heidnischen mischen, beweist, dass in einer frühen Zeit die gleichen Werkstätten ohne Unterschied für Auftraggeber aller Religionen arbeiteten.

In den nächsten Sälen finden sich neben Keramik aus der Prähistorie der Provinz Agrigent seltene **frühgeschichtliche Handwerkszeuge** aus Metall sowie Haushaltsartikel, die durch die Schönheit der Ausführung begeistern (so z. B. die pfannenähnliche Schale aus Bronze, deren Stiel eine Kourosfigur im strengen Stil formt). Der folgende Saal ist der Mutterstadt Gela gewidmet. Das beeindruckende Exemplar eines **Volutenkraters des sog. Niobidenmalers** (um 460 v. Chr.) zeigt auf dem Hals eine Kentauromachie. Der Kampf der Griechen mit den Amazonen umzieht als Fries das ganze Gefäß. Kentauromachie und Amazonomachie waren im 5. Jh. äußerst beliebte Bildthemen. Die Fertigkeit des Vasenmalers bestand auch darin, ein bekanntes Gemälde in eine Zeichnung umzusetzen, ohne dass sie durch die völlig andere Technik an Ausdruckskraft, Plastizität oder Wiedergabe des Raums verlor. Der Niobidenmaler war hierin Meister: Obwohl die Figuren der Helden in der Tradition der Vasenmalerei alle auf einer Ebene angeordnet sind, büßen sie nichts von ihrer Lebendigkeit ein. Der Rhythmus der sich kreuzenden Beine wird nur an einer Stelle unterbrochen, an der einer der Krieger den Fuß auf einen Felsblock stellt und so die verschiedenen Bodenlinien des Originals verrät. Die in Perspektive gezeichneten Schilde, der leicht angedeutete Faltenwurf oder das Muster der Beinkleider der Amazonen stellen die Figur plastisch in den Raum. Die unterschiedliche Kleidung eines jeden trägt zur Individualisierung der Helden bei, ihre Körper wirken lebendig. In den Gesichtern spiegelt sich ihr Seelenzustand wider – in den leeren Augen der frontal wiedergegebenen, fallenden Amazone steht der Tod. Die letzten zwei Räume des Museums enthalten Funde aus der Provinz.

Ekklesiasterion, S. Nicola und antikes Stadtviertel

Die Ausgrabungen im Umkreis des Museums bewiesen bis jetzt, dass das Gebiet seit der archaischen Zeit bewohnt war und dass spätestens nach der Neugründung hier das Verwaltungsgebiet der Stadt lag. Neue Auswertungen rechtfertigen eine frühere Datierung der wichtigsten Bauten, vor allem des **Ekklesiasterions (12).** Dieses war ein kreisförmiger, theaterähnlich angelegter Raum, der mit 19 Reihen aus dem Fels herausgemeißelten Sitzbänken ungefähr 3000 Menschen Platz bot. In der Mitte befand sich ein rundes Podium für den Sprecher. Ähnliche Bauten sind u. a. in Metapont sowie in Paestum identifiziert und gesi-

Die eigentümlich offenen Rundbauten, Ekklesiasteria genannt, wurden von Archäologen als Beispiele demokratischer Bauvorhaben interpretiert, da sie den Bürgern als Versammlungsstätte und Abstimmungsort gedient haben sollen. Beim Ekklesiasterion von Agrigent lassen sich noch gut die herausgemeißelten Steinbänke erkennen

chert auf das 6. Jh. v. Chr. datiert worden. Bislang war für das Ekklesiasterion von Agrigent das 4.–3. Jh. v. Chr. veranschlagt worden.

Im 1. Jh. v. Chr., zur Zeit der römischen Herrschaft, wurde das Ekklesiasterion aufgegeben, da eine politisch bestimmende Bürgerversammlung nicht mehr existierte. Auf höherem Niveau entstand auf seinen Resten ein Tempelchen mit vorgelagertem Opferaltar. Diesem gegenüber lag eine kleine Exedra mit einer Bank, von der aus die wichtigsten Persönlichkeiten dem Opfer sitzend beiwohnen konnten. Der Tempel stand erhöht auf einem Podium von 1,60 m Höhe. An der Ostseite ermöglichte eine Stufenrampe den Zugang. Vier ionische Säulen bildeten die Vorderfront des Tempels, dahinter lagen ein 2,50 m tiefer Pronaos und schließlich die beinahe quadratische, mit einem Kreuzgewölbe überdachte Cella (6 × 5,30 m).

Das Fenster an der Westseite stammt aus dem Mittelalter, als der ehemalige Tempel, der ab dem 1. Jh. einer römischen Matrone als Grabmal gedient hatte, in ein Oratorium umgewandelt und in den Komplex des Zisterzienserklosters integriert wurde. Die Bezeichnung **›Oratorium des Phalaris‹** verdankt das Gebäude einer mündlichen Überlieferung, die einen Palast des Phalaris nennt. Die unteren Quadersteinreihen der Nordwand der benachbarten Kirche scheinen auf ein antikes Gebäude zurückzugehen.

Die massive Kirche **S. Nicola (13)** errichteten die Zisterzienser im 13. Jh. Die ungewöhnlichen Formen reflektieren Strukturen antiker Gebäude, die damals noch reichlich in der Umgebung standen. Zwei mächtige Pfeiler, eigentlich die Anten der verlängerten Seitenwände, bestimmen den Charakter der Fassade. Die Wand dazwischen wird beinahe in der ganzen Breite von dem flachen, arabisch beeinflussten Spitzbogenportal und seinem schlichten, harmonischen Gewände eingenommen. Die hölzernen Türflügel, in grober Schnitzarbeit ge-

An den Kanten des Sarkophags der Phädra gehen die Szenen derart geschickt ineinander über, dass ein und dieselbe Figur zwei unterschiedliche seelische Zustände verkörpert. Der an der Frontseite rechts stehende Jüngling drückt mit einer typischen Geste die Ratlosigkeit aus, die die Botschaft der Sklavin in ihm ausgelöst hat, indem er den Arm quer über den Kopf wirft. Von der Schmalseite her gesehen, sieht man nur den Hinterkopf mit der greifenden Hand, und diese Geste steht für den Ausdruck tiefsten Schmerzes. Der Umhang, der an der Frontseite lose über die Schulter zu hängen scheint, umhüllt ihn eng wie ein Trauermantel an der Schmalseite

fertigt (1531), fügen sich hervorragend in das Gesamtbild ein. Ein weit vorspringendes Gesims bildet den Abschluss. Der obere Teil der Fassade wurde nie fertiggestellt.

Der einschiffige Kirchenraum strahlt Ruhe und Geborgenheit aus. Nach oben hin schließt ein eigenartig vorstehendes Kranzgesims, auf dem das Tonnengewölbe aufsitzt, die schlichten Steinwände ab. Vier Rundbogen öffnen sich in der rechten Wand zu ebenso vielen Kapellen. Ein großes Weihwasserbecken aus weißem Marmor wird von einer in Relief gearbeiteten Hand gehalten (1529). Den einzigen Schmuck der gerade abschließenden Chorwand bilden Blendarkaden, die Fresken in den Bogen stammen erst aus dem 16. Jh. In der zweiten Kapelle wird der Sarkophag der Phädra aufbewahrt (›provisorisch‹ – seit 1966 – bis zur Wiedereröffnung des Diözesanmuseums). Die zeitliche Einordnung des Reliefs ist umstritten, doch mit größter Wahrscheinlichkeit gehört der Sarkophag in das 3. Jh. n. Chr.

Die Vorderfront ist ganz der männlichen Schönheit gewidmet: Hippolytos steht, umringt von seinen Freunden, in der Mitte des Bildes; Hunde, Pferde und Waffen zeigen die Vorbereitung zur Jagd. Neben der Zentralfigur erscheint klein und unscheinbar die Sklavin, die versteckt die Liebesbotschaft überreicht. Einige Merkmale sind unverkennbar römisch: Die Köpfe sind für die Körperproportionen kaum merklich zu groß, der Halsansatz ist hart. Die Sklavin wird, um ihren niedrigen gesellschaftlichen Status wiederzugeben, kleiner als die anderen Figuren dargestellt. Auf der rechten Schmalseite wird die ohnmächtig zusammengebrochene Phädra, auf der nicht vollendeten Rückseite die jungen Männer auf der Wildschweinjagd und auf der linken Schmalseite schließlich der von seinen Pferden zu Tode geschleifte Hippolytos gezeigt.

In der dritten Kapelle befindet sich ein Holzkreuz aus dem 16. Jh., das den italienischen Literaturnobelpreisträger Luigi Pirandello zu seinem Drama »Der Herr des Schiffes« inspirierte. In der vierten Kapelle steht eine marmorne Muttergottesstatue aus der gaginischen Schule des 16. Jh. (Kirche meist nur vormittags geöffnet). Südlich von dem für die Abhaltung von Volksversammlungen konzipierten Ekklesiasterion erstreckte sich der Sitz der *Boulé* (Rat), das **Bouleuterion.**

Das **freigelegte Stadtgebiet (14)** nimmt eine Fläche von ca. 10 000 m^2 ein. Von der 406 v. Chr. zerstörten Anlage wurde ein Teil der Bauten sowie das hippodamische Straßensystem in Grundzügen übernommen. Die heute sichtbaren Reste gehen auf die Zeit zurück, als die Stadt durch den korinthischen Feldherrn Timoleon ein zweites Mal gegründet wurde. Dieses Wohnviertel behielt seine Funktion bis zum Einfall der Vandalen im 4./5. Jh.

In dem Gebiet lassen sich vier Cardines erkennen, die im gleichen Abstand in Nord-Süd-Richtung verlaufen und sich im Norden mit einem rechtwinklig dazu angelegten Decumanus treffen (heute von der modernen Straße überbaut). In den durch das Straßengitter entstandenen Insulae sind die verschiedenen Gebäudetypen vom hellenistischen Wohnhaus mit Peristyl bis zum italischen Typus des Atriumhauses zu erkennen. Einige Bodenmosaiken aus dem 1. und 2. Jh. befinden sich noch an Ort und Stelle, andere im Museum.

Phädra-Mythos

Der in S. Nicola provisorisch ausgestellte Sarkophag der Phädra schildert auf vier Seiten die tragische Liebe der Phädra, zweiter Gattin des Königs Theseus, zu ihrem Stiefsohn Hippolytos. Dieser liebt nur die Jagd und weist sie zurück. Aus Furcht vor Aufdeckung verleumdet ihn Phädra bei Theseus. So stiftet Theseus Poseidon zur Rache an, der Hippolytos – von seinen Pferden zu Tode geschleift – zum Opfer fällt. Phädra endet durch Selbstmord. Der Stoff fand mehrmalige dramatische Bearbeitung, bekannt ist u. a. die von Euripides (428 v. Chr.).

Modernes Agrigent

Die heutige Stadt Agrigent erstreckt sich auf einem der Hügel des antiken Akragas. An der Stelle, wo ehemals das mittelalterliche Stadttor lag, steht nun eines aus dem 19. Jh., die sog. **Porta Atenea (15).** Dahinter beginnt die Hauptstraße, die Via Atenea, die das Zentrum der heutigen Stadt bildet. Von ihr führt eine Nebenstraße, die Salita Santo Spirito, zu einem ehemaligen Zisterzienserkloster und der Kirche **S. Spirito (16)** aus dem 13. Jh. Die Fassade bewahrt noch das Portal und die Rosette aus ihrer Entstehungszeit, der Rest geht auf einen Umbau des 17. Jh. zurück.

Das einschiffige Innere ist mit reichen weißen Stuckarbeiten versehen, die mit größter Wahrscheinlichkeit Giacomo Serpotta (1656–1732) zugeschrieben werden können: Den Hintergrund des Presbyteriums schmückt der »Triumph des hl. Geistes« mit zwei Benediktinerheiligen und Engeln als Adoranten. An den Wänden sind die großen Hochreliefs »Geburt«, »Epiphanie«, »Darbringung im Tempel« und »Flucht nach Ägypten« zu sehen, zwischen den Fenstern elegante »Allegorien der Tugenden«. Die »Madonna mit Kind« an der linken Seitenwand gehört der Schule der Gagini an.

Das **Kloster** befindet sich heute im Besitz der Gemeinde. Sein Kreuzgang ist gut erhalten, den Eingang zum Ordenssaal bildet ein imponierendes Spitzbogenportal, flankiert von Fenstern. Im Saal selbst bestimmen Rundbogen die Strukturen. Ein zweites Portal mit

Monastero S. Spirito Museo Civico

Via S. Spirito
tgl. 8.30–18 Uhr

Moderne Literaten

In Agrigent wurde der in Bonn promovierte Literaturwissenschaftler und spätere Nobelpreisträger Luigi Pirandello (1867–1936) geboren.
Aus der Provinz Agrigent stammt Leonardo Sciascia (1922–89): Wie kein anderer zeitgenössischer Autor hat er sich in seinem Werk mit den historischen Wurzeln der politischen Misere Siziliens beschäftigt.

Spitzbogen leitet in das alte Refektorium über. Im oberen Stockwerk ist das **städtische Museum** eingerichtet worden.

In einer Ecke der kleinen **Piazza del Purgatorio (17),** unter einem steinernen Löwen, liegt der Haupteingang zu den antiken Galerien, die zur Wassergewinnung im 5. Jh. v. Chr. angelegt wurden (nicht zugänglich). In den erforschten Gängen haben sich große Becken und Leitungen erhalten, manche der Tunnel stürzten jedoch teilweise ein. Bis 1988 lief aus dem einzigen noch funktionierenden Brunnen stetig Wasser, danach wurde er periodisch gesperrt. Agrigent leidet auch heute noch unter Wassermangel, strenge Rationierung des Wassers ist in den Sommermonaten keine Seltenheit.

Kurz hinter der neogotischen Handelskammer beginnt auf der rechten Seite, bei der Via Bac Bac, durch die verwinkelten Treppengassen der Altstadt der Aufstieg zu der kleinen Kirche **S. Maria dei Greci (18).** Das schöne Portal aus dem 13. Jh. liegt inmitten der Pflanzen des kleinen, ihm vorgelagerten Hofs. Von diesem führt links eine schmale Tür in einen dunklen Korridor, in dem 22 m der Krepis mit sechs der unteren Säulentrommeln vom Tempel E zu sehen sind, auf dessen Resten im Mittelalter die griechischen Christen ihre Hauptkirche errichteten. Es handelt sich um einen Teil der Langseite eines dorischen Tempels, der um 460 v. Chr. mit der für Agrigent üblichen kanonischen Formel von 13 × 6 Säulen errichtet wurde.

Die Apsiden der dreischiffigen Kirche weisen die für das sizilianische Mittelalter typische flache Rundung auf. Die Freibalkendecke, an der noch schwache Farbspuren zu erkennen sind, stammt aus dem 14. Jh. An der rechten Wand haben sich Freskenfragmente aus dem 13. Jh. erhalten (Kirche vormittags meist geöffnet).

Dom (19)

Auf der höchsten Erhebung der mittelalterlichen Stadt liegt der Dom. Die Annahme, dass er die Stelle des einstigen Zeustempels einnimmt, wird durch keinerlei archäologische Funde gestützt. Am Ende des 11. Jh. errichtet, im Laufe der Zeit mehrfach umgebaut sowie schließlich durch einschneidende Restaurierungsarbeiten (beendet 1980) soweit wie möglich wieder auf seine mittelalterlichen Formen zurückgeführt, präsentiert er sich heute als ein Mischprodukt der verschiedensten Epochen.

Seitlich, nach Süden hin, wurde ihm während des 15. Jh. ein mächtiger **Glockenturm** im Stil der katalanischen Spätgotik hinzugefügt, der allerdings nie vollendet wurde. Der untere Teil weist zwei Ordnungen von Blendbogen auf, darüber liegt vor einem großen Rundbogenausgang ein imposanter Balkon mit Einlegearbeiten in Zickzackmotiven. Trotz der starken Korrosion des Gesteins sind die beachtlichen Reliefarbeiten in den unteren Blendbogen in ihrer Vielfalt noch zu erkennen. Die Fenster der Südwand gehen auf den ersten Bau des Doms zurück. Eine großzügige **Treppenrampe** betont die Fassade noch zusätzlich.

Dom

jeweils 30 Min. vor der Messe zur Besichtigung geöffnet

Die nahezu vollständig bemalte Freibalkendecke von 1518 zählt zu den Hauptsehenswürdigkeiten des Doms von Agrigent

Der dreischiffige **Innenraum** weist die Form eines lateinischen Kreuzes auf. Hohe Rundbogen, die auf achteckigen Pfeilern ruhen, trennen die Schiffe voneinander. Die rechte Pfeilerreihe wurde von den späteren Zusätzen befreit und so auf ihr mittelalterliches Aussehen zurückgeführt, die linke dagegen mit den Änderungen des 16. Jh. belassen. Malereien mit Figuren von Heiligen und Bischöfen sowie Wappen des agrigentinischen Adels vom 16. Jh. an zieren die schöne Freibalkendecke von 1518. Die Fenster in diesem vorderen Teil der Kirche gehören dem Mittelalter an. Den zweiten, etwas erhöht liegenden Abschnitt des Mittelschiffs überspannt eine Kassettendecke, wohl aus dem Jahre 1682. Im rechten Flügel des Querschiffs öffnet sich mit einem fein gearbeiteten gotischen Portal die Kapelle des hl. Gerlandus mit dem, was nach zwei Diebstählen von seinem Reliquienschrein noch übrig blieb (Schrein von Michele Ricca, 1639). Die Reliefs sind original, die kleine Statue des Heiligen ist indes eine moderne Kopie.

In der rechten Apsis befindet sich eine Statue der Madonna mit Kind von Stefano Martino (1495). Das **Presbyterium** schmücken barocke Stuckarbeiten und Fresken; die vorgetäuschte Kuppel gehört der gleichen Zeit an. Auf der Achse der Apsis stehend, kann der Besucher deutlich jedes Wort hören, das an dem 85 m entfernten Ausgang gesprochen wird. Diese ›Flüstergalerie‹ funktioniert jedoch nicht in umgekehrter Richtung. An den Wänden des Querschiffs sind im Rahmen der Restaurierung Fenster aus den verschiedenen Bauepochen freigelegt worden, einige halb verdeckt von den Umbauten der darauffolgenden Jahrhunderte. Im linken Schiff umgibt ein gotischer Bogen den Zugang zu einer **Grabkapelle,** die heute als Baptisterium dient; das Grabmal (1493) ist ein Werk Andrea Mancinos und Giovanni Gaginis. Die Grabdenkmäler des 18./19. Jh. sind im 20. Jh. in Reih und Glied an der linken Wand aufgestellt worden. Die Sakristei beherbergt verschiedene Gemälde, unter denen das bemerkenswerteste, eine »Madonna mit Kind«, Guido Reni zugeschrieben wird.

Reisen & Genießen

Hotel

Einen guten Ausgangspunkt, um die Stadt zu besichtigen, bildet dieses charmante Hotel im sizilianischen Stil. Die Zimmer sind traditionell eingerichtet und lassen keinen Komfort vermissen.

Antica Foresteria Catalana***
Piazza Lena 5
92100 Agrigento
Tel. 092 22 04 35
www.albergoanticaforesteriacatalana.com

Restaurants

In hübschem Ambiente und mit Blick auf das Tal der Tempel speist man in der

Trattoria dei Templi
Via dei Templi 15
92100 Agrigento
Tel. 09 22 40 31 10
www.trattoriadeitempli.com
Juli–Okt. So, Nov.–Mai Fr geschl.

In San Leone, dem Badeort Agrigents, befindet sich ein ganz besonderes Restaurant. Hier stehen nämlich die Gerichte auf der Karte, von denen Andrea Camilleri in seinen Romanen den Kommissar Montalbano schwärmen lässt.

Leone d’Oro
Viale Emporium 102
92100 Agrigento-San Leone
Tel. 09 22 41 44 00
leonedoroag@gmail.com
Mo geschl.

Von Agrigent nach Selinunt

Mussomeli

Dank ihres Wasserreichtums und ihres fruchtbaren Bodens war die Umgebung von Mussomeli (11 000 Einw.) seit der frühen Bronzezeit ununterbrochen bewohnt. Die jetzige Ortschaft wurde in der zweiten Hälfte des 14. Jh. von Manfred III. Chiaramonte unter dem Namen *Manfreda* gegründet, doch schon im folgenden Jahrhundert setzte sich der heutige Name durch, der zweifelsohne auf eine arabische Benennung zurückgeht. Unter Graf Cesare Lanza gewann die Stadt ab der Mitte des 16. Jh. als Residenzstadt Bedeutung, was die Ansiedlung zahlreicher religiöser Orden und den Bau von Kirchen und Adelspalästen zur Folge hatte.

Abgesehen von den planlos errichteten modernen Gebäuden am Stadtrand bewahrt Mussomeli vor allem in seiner **Altstadt** eine eigene, anziehende Atmosphäre. Absolut lohnend ist der Besuch der 2 km östlich der Stadt liegenden **Burg Manfreds III.,** ein wahrer Adlerhorst auf steil emporragendem Felsen. Die gotische Kapelle scheint älter als die Burg zu sein, davon zeugen Baustrukturen von Vorgängerbauten.

Castello Manfredo III

Di–So 9.30–12, 15.30–18 Uhr, Nov.–April nur vormittags

Zona Archeologica di Sant'Angelo Muxaro

tgl. 9–19 Uhr (im Winter bis 1 Std. vor Sonnenuntergang)

Sant'Angelo Muxaro

Am linken Ufer des Platani, auf der Spitze eines felsigen Hügels, liegt das heutige Sant'Angelo Muxaro (1500 Einw.). Die letzten Nachrichten über eine ältere Stadt, die auf dem nahen Felsen Monte Castello lag, stammen aus dem 15. Jh. Es gibt noch einen dritten Gipfel, Pizzo dell'Aquila (Adlerspitze). Alle drei bieten eine weite Sicht über das mitt-

Bei Mussomeli ragt die Burg Manfreds III. steil auf einem Felsrücken empor

lere Flusstal und bilden zusammen eine natürliche Festung. In dieser günstigen Lage entwickelte sich in vorgeschichtlicher Zeit ein einflussreiches Zentrum, das einer Kultur den Namen gibt. Eine Gleichsetzung mit dem mythischen *Kamikos* ist wahrscheinlich, jedoch nicht sicher.

Die ehemalige Siedlung wurde noch nicht lokalisiert, dagegen an den Hängen des gipshaltigen Hügels, auf dem das jetzige Dorf liegt, eine besonders reiche **Nekropole** mit Grottengräbern entdeckt. Die ältesten, am unteren Teil des Hügels, gehen, nach den Bronzegegenständen unter den Grabbeigaben zu urteilen, auf das 9. Jh. v. Chr. zurück. Die höher gelegenen Gräber sind jünger und auch größer, manche unter ihnen erreichen monumentale Ausmaße. Sie besitzen einen runden Grundriss und ein Kuppelgewölbe. In der Form erinnern sie an die mykenischen Tholoi. Das ›**Prinzengrab**‹, so genannt wegen seines Umfangs, hat einen Durchmesser von 8,80 m und eine Höhe von 3,50 m. Die Grabbeigaben bestanden hauptsächlich aus einheimischer Ware und wenigen eingeführten Vasen des 8.–5. Jh. v. Chr. Ein zu Beginn des 20. Jh. gefundener Goldschatz verschwand zum größten Teil im Dunkeln, nur eine Schale und zwei Siegelringe sind noch vorhanden (Kopien im Archäologischen Museum Agrigent, s. S. 199).

Herakleia Minoa

***Herakleia Minoa* ★**

Die Stadt *Minoa* wurde von Selinunt aus im 6. Jh. v. Chr. gegründet. Höchstwahrscheinlich lag an demselben Ort Jahrhunderte vorher ein mykenischer Handelsstützpunkt, doch der Mythos verbindet ihn mit dem minoischen Kreta: Daidalos soll auf seiner Flucht vor dem kretischen König Minos an Siziliens Südküste gelandet sein. Dort wurde er von König Kokalos aus *Kamikos,* dem heutigen Sant'Angelo Muxaro oder Caltabellotta, freundlich aufgenommen. Zum Dank baute er ihm eine uneinnehmbare Festung. Er entdeckte auch die wohltätige Auswirkung warmer Quellen auf die menschliche Gesundheit und richtete dem Kokalos in Sciacca, wo solche Quellen reichlich vorhanden sind, die ersten Thermen der Welt ein.

Doch Minos verließ Kreta, um seinen illustren Gefangenen wieder zurückzuholen. Kokalos empfing ihn, wie es sich für einen König geziemt, und ließ ihn von seinen eigenen Töchtern in die Thermen begleiten. Die Mädchen taten wie befohlen und zeigten Minos zuletzt noch eine Grotte, aus der heiße Dämpfe traten, welche, kurz eingeatmet, balsamisch wirken, länger eingeatmet dagegen zum Tode führen. Sie gaben ihm höflich den Vortritt – und schlossen die Tür hinter ihm. Minos wurde, wie der Mythos weiter berichtet, in Sizilien beerdigt, in der Nähe eines schneeweißen Kaps mit wunderbarer Sicht auf das Meer. Von da an hieß dieser Ort Minoa, ›dem Minos gehörend‹.

Den Beinamen *Herakleia* erhielt die Stadt Minoa erst, als sie von den Herakliden, neuen Kolonisten aus Sparta, wiederbesiedelt wurde. Zeit ihres Bestehens war sie ein Spielball der größeren Stadtstaaten in deren Machtkampf: im 5. Jh. v. Chr. zwischen Akragas und Selinunt, nach deren Zerstörung zwischen Karthago und Syrakus. Während des Zweiten Sklavenkriegs war sie das Operationszentrum des Salvius und wurde nach der Unterdrückung des Aufstands folglich bestraft. Die letzten historischen Nachrichten sind die von den Plünderungen des Verres. Danach scheinen die Bewohner die Stadt aufgegeben zu haben.

Im Laufe der Jahrhunderte stürzte ein Teil des ehemals bewohnten Gebiets durch einen Erdrutsch ab. Die ersten Ausgrabungen 1907 konnten ein Stück der **Stadtmauer** freilegen und die Existenz eines **Theaters** bestätigen; weitere Grabungen (ab 1951) förderten letzteres nebst einem davorliegenden **Stadtviertel,** weiteren Teilen der Mauer mit den Resten von Türmen und Toren sowie der Nekropole zutage. Beim Eingang zum archäologischen Gebiet liegt ein kleines, interessantes **Antiquarium,** in dem Dokumente der Ausgrabungen und deren Resultate ausgestellt sind.

Zona Archeologica und Antiquarium di Eraclea Minoa

Contrada Minoa
Mo–Sa 9–19 Uhr (im Winter bis 1 Std. vor Sonnenuntergang)

Castello Incantato

Via Filippo Bentivegna 16
April–Sept. Di–So 10–12, 16–20, Okt.–Mai 9–13, 15–17 Uhr

Servizio Turistico Regionale

Corso Vittorio Emanuele 84
92019 Sciacca
Tel. 09 25 22 744, 09 25 21 182
www.servizioturisticoregionalesciacca.it

Sciacca

Das bekannteste Thermalbad der Insel (41 100 Einw.) wurde einst von den Römern *Thermae Selinuntinae* genannt. Während der arabischen Zeit stieg Sciacca (as-Saqah) zum wichtigen Agrar- und Handelszentrum auf, von Roger I. wurde es befestigt. Die Neubauten liegen beinahe alle am Stadtrand, und so bewahrt das Zentrum noch seine historische Atmosphäre.

Besondere Erwähnung verdient der **Palazzo Steripinto** von 1501, der Elemente der florentinischen Frührenaissance wie die diamantiert zugespitzte Rustikaquaderung mit solchen der sizilianisch-katalanischen Spätgotik verbindet. Auch die Kirche **S. Margherita** (1342, 1595 erneuert) weist mit ihrem Seitenportal von 1468, dessen Skulpturenschmuck Francesco Laurana zugeschrieben wird, diesen Übergangsstil auf (die Kirche wird nur zu besonderen Veranstaltungen geöffnet). Der **Dom,** 1656 im Barockstil erneuert, bewahrt neben seinem mittelalterlichen Grundriss noch die Apsiden aus der normannischen Bauzeit (1108).

Ungefähr 2 km östlich befindet sich das sog. **Castello Incantato,** wo der Art-Brut-Künstler Filippo Bentivegna (1888–1967) am Hang eines Olivenhains skurrile Köpfe aus Stein und Olivenholz unter freiem Himmel aufgerichtet hat.

Vom Gipfel des Monte Kronio bietet sich ein überwältigender Ausblick. Im Hotel der Thermen befindet sich der Zugang zu den sog. **Stufe di San Calogero,** den mythischen Grotten des Daidalos, in denen Minos den Tod fand. Ab 5000 v. Chr. waren diese Grotten bewohnt. Gegen 2000 v. Chr. mussten sie verlassen werden, da sich heiße Dampfquellen bildeten. Seit der griechischen Epoche werden sie bis heute für gesundheitliche Zwecke genutzt Nebenan in der Franziskanerkirche liegt der Zugang zu der Grotte, in der der hl. Calogero gelebt haben soll und dessen Namen sie trägt (ggf. nach dem Schlüssel fragen).

Castello Incantato, der Skulpturengarten von Filippo Bentivegna bei Sciacca

Caltabellotta

Caltabellotta ★

Pro Loco
Via Madrice 3
92010 Caltabellotta
Tel. 09 25 95 14 04
www.proloco caltabellotta.it

Qal'at al-Balluth, ›Festung der Eichen‹, wurde dieser antike Ort von den Arabern genannt. Er liegt dicht an der Küste, 949 m ü. d. M., und bietet an manchen Stellen eine buchstäblich atemberaubende Sicht über die Küstenlinie und das Landesinnere. Die Lage der Stadt und die Felsen des Berggipfels bilden eine kaum einnehmbare natürliche Festung. Die ältesten Felsgräber stammen aus dem 2. Jt. v. Chr. Danach war der Ort ununterbrochen bewohnt bis zum heutigen Tage. In der Umgebung treten überall Spuren der Vergangenheit zutage, uralte Wege, Bruchstücke von Gegenständen, Reste antiker Mauern; bis in die Täler hinunter stellen in den Fels geschlagene Grottengräber keine Seltenheit dar. Noch nicht alle davon wurden erforscht. In der Nähe des heutigen Stadtgebietes sind in den letzten Jahren Ausgrabungen in zwei vorgeschichtlichen Nekropolen unternommen worden, die Auswertung der Ergebnisse ist bisher jedoch noch nicht abgeschlossen.

Im Zweiten Sklavenkrieg erwies sich die Stadt für die Römer als uneinnehmbar. Die letzten überlebenden 1000 Sklaven kapitulierten auf das Versprechen der Straffreiheit hin, und als dies nicht eingehalten wurde, zogen sie den Freitod einem Leben als Gladiatoren vor.

1090 befand sich die Burg im Besitz der Normannen – es ist nicht klar, ob erobert oder von den Arabern übergeben. Roger I. ließ die Festung erneuern, und ein Jahrhundert später sollte sie Königin Sibylla, Witwe des letzten Königs von Sizilien aus normannischer Linie, mit ihren Kindern als Zufluchtsort vor dem herannahenden Heinrich VI. von Hohenstaufen dienen. Versprechungen und vage Anspielungen auf ihre verwandtschaftlichen Beziehungen verleiteten Sibylla, die Einladung an den Hof von Palermo anzunehmen und den sicheren Schutz der Festung zu verlassen. Damit besiegelte sie ihr Schicksal und das ihrer Kinder.

Ein drittes Mal ging Caltabellotta in die Geschichte ein, als 1302 in einem Friedensvertrag zwischen Friedrich II. von Aragon und Karl von Valois, dem Erben Karls von Anjou, ersterer als rechtmäßiger König der Insel Sizilien anerkannt wurde. Die Vereinbarung entpuppte sich jedoch als Scheinfrieden, denn die Zwistigkeiten zwischen Anjou und Aragon fanden noch längst kein Ende. Im 17. Jh. wurde Caltabellotta seiner umfangreichen Ländereien zugunsten von Sciacca beraubt. In der ersten Hälfte des 20. Jh. verließen viele Einwohner die Stadt; seitdem ist Caltabellotta ein bescheidenes Landstädtchen von nur mehr 4000 Einwohnern.

Stadtbesichtigung

Die Chiesa del Carmine mit ihrer modernen Fassade birgt u.a. eine Muttergottesstatue von Antonello Gagini (1534). Das ehemalige Karmeliterkloster wird heute als Schule genutzt. In dem Fels unter der Kirche **S. Maria delle Pietà** befindet sich eine sechsräumige künstliche Grotte, die in byzantinischer Zeit als Wohnung diente (die ohne erkennbare Ordnung in den Fels gearbeiteten prähistorischen Grabkammern in der Umgebung waren wahrscheinlich ebenfalls bewohnt). Diese Kirche errichteten der Legende nach die Frauen des Dorfes in mühevoller Arbeit, um Gottes Schutz für ihre Männer zu erflehen, die in die Volksaufstände des Revolutionsjahrs 1848 verwickelt waren; hierzu schleppten sie jeden Abend nach der täglichen Feldarbeit einen Eimer Baumaterial und einen Eimer Wasser auf den Felsen.

Die Kirche **SS. Salvatore** besitzt ein schönes ovales Portal im Chiaramontestil des 14. Jh. Die Hauptkirche geht in ihrer heutigen Form auf das 13. Jh. zurück, soll aber bereits von Roger I. Ende des 11. Jh. errichtet worden sein. Im Innern befinden sich einige schöne Statuen aus dem 16. Jh.: die »Madonna della Catena« von Giacomo Gagini (1534), der »Hl. Benedikt« aus der Schule der Gagini und die »Madonna col Bambino« von Fazio Gagini (1545). Bei dem Erdbeben von 1968 stürzte der im 17. Jh. hinzugefügte Teil des Gebäudes ein, die mittelalterlichen Strukturen dagegen widerstanden den seismischen Stößen (die Kirche wird wegen ihres schlechten Zustandes nur zu den großen Kirchenfesten geöffnet). Neben der Kirche steht ein grober, quadratischer **Glockenturm,** der wahrscheinlich Teil einer Festungsanlage war. Von dem Felsen hinter der Kirche bietet sich ein hervorragender Ausblick, desgleichen vom linken Rand des Plateaus vor der Kirche. Links der Kirche bis zur Spitze des Felsens hinauf sieht man überall Reste antiker Verteidigungsanlagen, deren Ursprung jedoch unbekannt ist.

Am steilen Hang des Monte Castello erheben sich die Ruinen der normannischen Festung. An einem der Türme ist noch ein niedriges Spitzbogenportal erhalten. Der Felsgipfel war in die Anlage miteinbezogen.

Auf einem Nebenhügel liegt das **Kloster des hl. Pellegrinus,** das der Eremit Stefano di Montalbano im 18. Jh. errichten ließ und das nach Jahren des Verfalls derzeit restauriert wird. Ihm angeschlossen ist eine kleine Kirche aus dem 17. Jh. mit einem schönen Barockportal und einem fein ausgearbeiteten Wappen. Unter dieser Kirche liegen übereinander zwei Grotten, die dem hl. Pellegrinus, dem sagenhaften ersten Bischof der Stadt, der Legende nach als Einsiedelei dienten. In der oberen Grotte hält sich die Temperatur das ganze Jahr über auf 18 °C, die untere ist noch kälter. Auf einem tiefer gelegenen Plateau stehen die Reste des Benediktinerklosters, das bis zum 12. Jh. von Karmelitern bewohnt und danach aufgegeben wurde (Schlüssel für alle Kirchen der Stadt sind beim Pfarrer erhältlich, Kontakt über den Pro Loco).

Der arabische Geograf Al-Idrisi im 12. Jh. über Caltabellotta:

»Qal'at al-Balluth, eine stark gebaute Burg, [liegt] auf dem Gipfel eines schwer erklimmbaren Berges, umgeben von fruchtbaren Feldern und Dörfern, wo reichlich verschiedenartige Früchte mit einem ausgezeichneten Geschmack wachsen. Das Land wird durch das Wasser von Quellen bewässert und von Flüssen, die Getreidemühlen antreiben. Ehemals lebte dort eine zahlreiche Bevölkerung, die verließ aber den Ort und ging nach Sciacca. In Qal'at al-Balluth blieb nichts anderes als eine schwache Garnison zur Verteidigung der Burg, die 12 Meilen vom Meer liegt, 9 Meilen von Sciacca und einen guten Tagesmarsch von Agrigent.«

Burgio und Sambuca

Seit dem 16. Jh. ist **Burgio** (2800 Einw.) ein Zentrum der Keramikherstellung. Die Erzeugnisse sind oft noch sehr traditionsgebunden.

Zona Archeologica di Monte Adranone
Mo–Sa 9 Uhr bis 1 Std. vor Sonnenuntergang
Die Funde werden im Antiquarium von Sambuca ausgestellt:
Corso Umberto I. Sambuca di Sicilia
tgl. 9–13, 16–19 Uhr

Es werden stets drei Farben verwendet: Gelb, Blau und Grün. Seit 400 Jahren besitzt Burgio eine Glockengießerei, heute die einzige Siziliens. S. Maria di Rifesi, ein kleines Kirchlein von 1170, das als einziges Gebäude seiner Zeit an den Außenwänden fortlaufende runde Blendbögen aufweist, ist in einem ca. 90-minütigen Fußmarsch gen Süden (8 km in Richtung Villafranca Sicula) zu erreichen.

Von allen sizilianischen Städten besitzt **Sambuca** (6300 Einw.) die am besten erhaltene arabische Straßenanlage, ein enges Gassenlabyrinth mit den typischen Innenhöfen. 7 km entfernt befinden sich die archäologischen Ausgrabungen von **Monte Adranone,** einer im 6. Jh. v. Chr. von den Selinuntinern gegründeten Ortschaft, die ihren Ausgang von einem prähistorischen Dorf nahm. Die sikanisch-hellenische Stadt wurde Ende des 5. Jh. v. Chr. zerstört, mit punischen Stilmerkmalen wiederaufgebaut und 250/40 v. Chr. definitiv vernichtet.

Selinunt (Selinunte)

Selinunt ★★

Zona Archeologica und Antiquarium di Selinunte
Via Selinunte Castelvetrano
tgl. 9 Uhr bis 1 Std. vor Sonnenuntergang

Die Ausgrabungen der antiken Stadt liegen dicht bei dem modernen Fischerdorf **Marinella.** Drei Bereiche, der Osthügel, die Akropolis und das Sakralgebiet der Malophoros, sind für Besucher interessant. Ihren Namen verdankt die Stadt dem wilden Sellerie, der ehemals reichlich in den Tälern der Umgebung wuchs, heute aber nur noch sehr selten vorkommt. Diese immergrüne Pflanze war dem Apollon heilig, und ihr Blatt ist auf einigen selinuntinischen Münzen abgebildet.

Geschichte

Um 628 v. Chr. (nach anderen Quellen 650 v. Chr.) baten die Einwohner der sikeliotischen Stadt *Megara Hyblaea* die Mutterstadt Megara, ihnen einen Städtegründer zu senden, der sie in den Westen der Insel führen könne, wo sie eine zweite Stadt anzulegen gedachten. Megara sandte daraufhin Pamillos. Gemeinsam mit ihm verließ eine Gruppe von Bürgern die Stadt, die selbst erst ein Jahrhundert alt war, um sich fern der anderen griechischen Städte Siziliens im Hoheitsgebiet der Karthager anzusiedeln. Nichts deutet darauf hin, dass diese etwas dagegen einzuwenden gehabt hätten. Auch sind keine Anzeichen von Widerwillen oder Widerstand seitens der Sikaner und Elymer bekannt – eher lassen bestimmte Einzelheiten an ein Einvernehmen aller Beteiligten denken.

Das Stadtgebiet von Selinunt war, typisch für die westlichen Neugründungen, durch geradlinige Straßen in regelmäßige Flächen geteilt worden, die sowohl das Sakralgebiet als auch dasjenige der öffentlichen Plätze mit einbezogen – ein System, das vor allem den phönizischen Städten eigen war. Ebenso war eine sich verjüngende Bogenform wie bei den Eingängen der Stadtmauer in ähnlicher Weise schon früher in Tiryns angewandt worden. Eine zweite Form, der Rundbogen, war vor Selinunt und der Euryalosfestung in Syrakus auf Sizilien nur in Erice und Segesta üblich, beides Städte, die zum Reich der Elymer gehörten, welche dem Mythos zufolge aus Kleinasien eingewandert waren.

Perseus tötet Medusa, die das aus ihrem Blut entsprungene Pegasuspferdchen im Arm hält; Metope vom Tempel C (6. Jh.; alle Metopen befinden sich heute im Archäologischen Regionalmuseum in Palermo)

Karthago und Selinunt

Den Karthagern standen die griechischen Interessen nicht im Wege: Die Gier nach Land war ihnen fremd, landwirtschaftliche Produkte erzeugten sie für ihren Bedarf genügend in Nordafrika; der Westen Siziliens war ihnen zwar als Handelsstützpunkt unentbehrlich, aber nur, weil er an einer für sie sehr wichtigen Handelsroute lag, die nach Sardinien und Südspanien führte, wo sich die großen Metallvorkommen befanden. Selinunt konnte sich also ungestört entfalten. Weiter westlich, beim heutigen Mazara, wo eine größere Bucht den Schiffen Schutz bot, baute es seine Handelsniederlassung auf, und sobald das griechische *Akragas* gegründet wurde (582 v. Chr.), dehnten die Selinuntiner ihren Bereich bis zum Fluss *Halykos* aus, um die Grenzen zwischen den beiden Reichen festzulegen.

Über einen etwaigen Widerstand der Sikaner, in deren Land sie dabei eindrangen, gibt es keine Nachricht. Mit dem vermehrten Besitztum wuchs der Wille zur Macht, und 580 v. Chr., zu der Zeit, als die Selinuntiner ihren ersten großen Tempel errichteten, führten sie auch ihren ersten Aggressionskrieg gegen die angrenzenden Segestaner. Sie wurden besiegt, da die Karthager den elymischen Segestanern beistanden, doch sollte dies nicht der einzige Kampf zwischen den beiden Stadtstaaten bleiben. Die Wirtschaft Selinunts kann allerdings nicht sehr unter der Niederlage gelitten haben, denn ohne Unterbrechung wurden die großen Heiligtümer weitergebaut, sodass heute die Ruinen der antiken Stadt nicht nur ein Beweis für deren Wohlstand sind, sondern darüber hinaus ein gültiges Dokument für die Entwicklungsstufen des dorischen Tempels.

Das blühende Selinunt wurde 409 v. Chr. von Hannibal, dem Sohn des Giskon, zerstört. Der eigentliche Grund des unerwarteten Angriffs der Karthager auf die befreundete Stadt war schon der Antike unerklärlich, und bis heute können darüber nur Theorien aufgestellt werden. Bei dem großen Angriff der Karthager auf die gesamte griechische Welt Siziliens 480 v. Chr. war Selinunt jedenfalls noch mit ihnen verbündet gewesen. Hannibal ließ die Mauern schleifen, 16 000 Bürger auf der Agora hinrichten und 5400 als Sklaven verkaufen; 3000 gelang es, nach Syrakus zu entkommen.

Herakles und die Kerkopen; Metope vom Tempel C (6. Jh.)

Hannibal gab dem im Exil lebenden Syrakusaner Hermokrates zwei Jahre später die Erlaubnis, den verödeten Ort wieder zu bewohnen, allerdings ohne die Mauern wiederaufzurichten. Kurze Zeit später fiel das Selinunt dieser zweiten Epoche unter die Herrschaft Dionysios I., wurde aber von ihm 392 v. Chr. an die Karthager abgetreten und über-

Herakles tötet eine Amazone; Metope vom Tempel E (5. Jh.): Der Wandel im griechischen Denken vom 6. zum 5. Jh. spiegelt sich auch in der Kunst wider. In der noch intakten Götterwelt der Archaik stehen die Ewigen oft im Hintergrund des Geschehens und schauen den Betrachter gebieterisch an. Sie sind die Personifikation der Macht und des Gesetzes. Mit der Klassik werden Götter und Helden vermenschlicht. Die Darstellung im Relief löst den direkten Kontakt zum Betrachter auf, die Götter beginnen ihre Autorität einzubüßen

Aktaion wird von seinen Hunden zerfleischt; Metope vom Tempel E (5. Jh.)

lebte weitere 150 Jahre als kleine, unbedeutende Ortschaft, die diese dann endgültig 250 v. Chr. aufgaben und zerstörten, um sie nicht den Römern in die Hände fallen zu lassen.

Dort, wo das antike Selinunt gelegen hatte, entstanden zu byzantinischer Zeit eine Festung und ein kleines Bauerndorf. Der arabische Geograf Ibn Gubayr nannte den Ort *Rahl'-al-'Asnam*, »Ort der Säulen«. Über das Erdbeben, das zu der endgültigen Zerstörung der antiken Bauten führte, gibt es keine schriftlichen Quellen, doch muss es im Mittelalter stattgefunden haben, denn die Säulen der Tempel wurden über den byzantinischen Bauernhäusern liegend gefunden. Wanderdünen bedeckten alle Ruinen, sodass zwar die Erinnerung an die antike Stadt fortbestand, das Wissen um ihren Standort jedoch verlorenging. Erst im 16. Jh. gelang es dem sizilianischen Gelehrten Tommaso Fazello, den einstigen Ort wiederzufinden. Bei den nun folgenden Ausgrabungen wurden die ersten Tempelgebäude freigelegt – schon Ende des 18. Jh. zählten die Ruinen der alten Stadt zu den beliebtesten Zielen europäischer Reisender.

Die Ausgrabungstätigkeiten wurden im 19. Jh. intensiv wiederaufgenommen. Als 1824 von den Archäologen Hittorf und Zanth der Tempel B wiederentdeckt wurde, fanden sie an diesem noch in kräftigen Farben gemalte Details, die allen bisherigen Vorstellungen – Tempel seien gänzlich weiß – widersprachen und zu heftigen Kontroversen führten. Heute ist das Gebiet von Selinunt zum archäologischen Park erklärt worden und soll systematisch erforscht und zum einmaligen Dokument einer vollständigen griechischen Stadt werden.

Besichtigung

Tempel des Osthügels

Die drei erhaltenen Bauten waren gewiss nicht die einzigen in diesem Gebiet. Bis jetzt konnten indes weder eine Einfassungsmauer des Tempelbezirks noch die Altäre der drei existierenden Heiligtümer gefunden werden. Moderne Bautätigkeit hat viele Spuren sicherlich unwiederbringlich zerstört, allerdings erhofft man sich von den noch nicht abgeschlossenen geophysischen Untersuchungen weitere Einsichten.

Der südlichste, der **Tempel E (1)**, ist der jüngste dieser östlichen Tempelgruppe. Er entstand kurz nach der Schlacht von Himera, wohl zwischen 470 und 450 v. Chr. Der mit seinen Stylobatmaßen von 67,80 × 25,30 m zweitgrößte Tempel der Stadt wurde 1956 wiederaufgebaut. Das Gebäude bietet gleichsam ein Musterbeispiel eines klassischen Tempels. Seine Ringhalle von 6×15 Säulen umschließt eine Cella mit Opisthodom und Pronaos in antis, deren Längswände auf der Achse der zweiten Säule der Schmalseite präzise eingefluchtet sind. Grund- und Aufriss waren mit den 10,15 m hohen Säulen ausgewogen proportioniert. Der selinuntinischen Tradition folgend wurde das archaische Adyton beibehalten.

Seitlich neben der achtstufigen Treppenrampe, die an der Ostfront zum Eingang führt, sind zwei Sockel erhalten, die der Form nach zu urteilen liegende Figuren trugen, wahrscheinlich Tiere oder Sphingen. Der Pronaos lag erhöht, vom Säulengang durch ein Gitter getrennt. Seine zwei Eingangssäulen weisen weniger Kanneluren auf als die der Peristase (18 und 20). Der noch einmal um einige Stufen höher liegende Naos ging in das Adyton über, das sich auf einem wiederum höheren Niveau befand, sodass der Weg zum Allerheiligsten, in dem die Kultstatue aufbewahrt wurde, ein ständiges Emporsteigen erforderte – der Unterschied betrug insgesamt 1,30 m. Der im Adyton aufgestellte quadratische Stein könnte der Statue als Sockel gedient haben. Eine kleine, in der Nähe des Tempels gefundene Weihgabe mit der Widmung an Hera lässt vermuten, dass ihr das Heiligtum geweiht war. Eine zweite Theorie schreibt es dem Dionysos zu.

Die fünf gefundenen Metopen des Frieses über Pronaos und Opisthodom bestanden aus Tuffsteinreliefs. Sie zählen zu den schönsten erhaltenen Werken des ›strengen Stils‹ (Regionalmuseum von Palermo). Den äußeren Metopenfries schmückten Malereien.

An einigen architektonischen Fragmenten waren die Farben noch sehr gut erhalten: Triglyphen – blau, Regula – rot, Mutuli – blau, untere Geisonplatte – zinnoberrot usw. Zwei vortrefflich erhaltene Palmetten wirken wie ein stark abstrahiertes, gemaltes Gorgonenhaupt. Tönerne Dachplatten und die dazu gehörigen Verbindungsziegel zeigten die Technik der Dachbedeckung und deren dekora-tiven Aspekt. Die Bleiklammern in T- oder Z-Form zur Verbindung der Quadersteine wurden ebenfalls gefunden.

Die Grundmauern zwischen Tempel E und dem folgenden Tempel F gehören zu einem byzantinischen Bauernhaus, das bei einem Erdbeben von den fallenden Säulen des Tempels zerstört wurde.

Ansicht und Grundriss von Tempel E, Musterbeispiel eines klassischen Tempels auf Sizilien

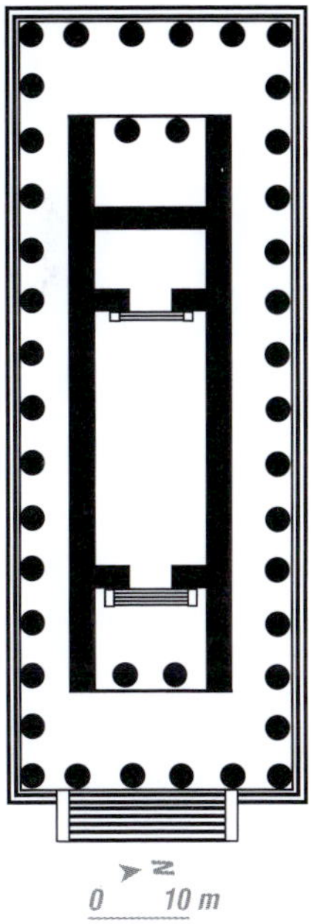

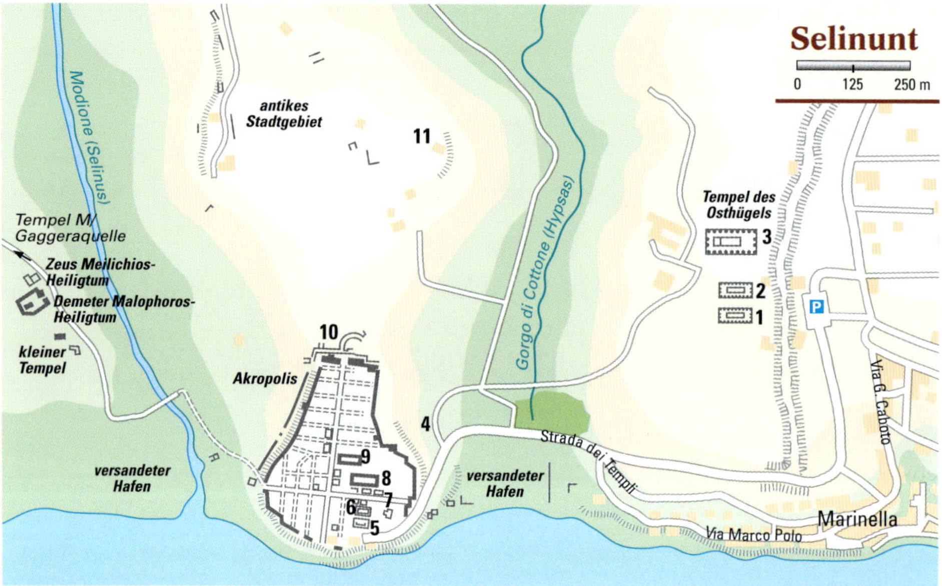

Selinunt

1 Tempel E
2 Tempel F
3 Tempel G
4 Stadtmauer
5 Tempel O
6 Tempel A
7 Tempel B
8 Tempel C
9 Tempel D
10 Verteidigungsanlagen
11 Anlage mit halbrundem Turm

Der archaische **Tempel F (2;** um 530 v. Chr.), der älteste der erhaltenen Sakralgebäude des Osthügels, ist eine recht eigenwillige Peripteralkonstruktion mit 6 × 14 Säulen, in der Substanz ähnlich dem Tempel C der Akropolis und den frühen Heiligtümern von Syrakus. Sie alle haben die Betonung der Vorderfront durch eine doppelte Säulenreihe gemein, die auf der Achse der dritten Säule der Längsseiten liegt. Durch dieses ›Überspringen‹ einer Reihe von Säulen entstand vor dem eigentlichen Heiligtum, der Cella, eine ausgedehnte Halle. Von den syrakusanischen archaischen Tempeln unterscheiden sich die beiden selinuntinischen durch das Fehlen der zwei Säulen und der Anten des Pronaos, dessen Eingang bei ihnen von starken Quermauern flankiert ist.

Wie bei den meisten archaischen Tempeln liegen auch beim Tempel F die Längswände der Cella noch nicht auf der Achse der zweiten Säule der Vorderfront – wie später bei den klassischen –, sondern auf der Mitte des Interkolumniums zwischen zweiter und dritter Säule. Dadurch wird die Cella dieses Tempels, der mit Stylobatabmessungen von 61,80 × 24,40 m doch recht großzügig proportioniert ist, sehr schmal und langgestreckt. Ein Opisthodom existiert noch nicht, die Cella bzw. das in Selinunt übliche Adyton wird an der Rückseite von einer glatten Mauer abgeschlossen. Die Säulen beim Tempel F wirken außergewöhnlich leicht. Sie weisen noch keine En-tasis auf und enden mit einem flachen, weitausladenden Echinus. Ihre Kanneluren sind nicht sehr tief, die Kanten der Hohlkehlen sind – als einziges Beispiel in Sizilien – nicht scharf, sondern bilden schmale Bänder.

Als ebenfalls ungewöhnlich dürfen die weiten Säulenabstände und vor allem die sie verschließende, 4,50 m hohe Mauer gelten, in der sich an der Vorderfront zwischen den Säulen fünf Tore öffneten. Ringsum waren an den zugemauerten Interkolumnien Türen vorgetäuscht, die in allem den vorderen, wirklichen Eingängen glichen. Die Betonung der Stirnseite verstärkten die reliefierten Metopen. (Die Fragmente von zwei 1823 gefundenen Metopen befinden sich heute im Regionalmuseum von Palermo.) Architrav und Fries sind relativ schmal. Alle diese Einzelheiten lassen leichte ionische Tendenzen erkennen, die in dem nebenan liegenden Tempel G noch verstärkt hervortreten.

Im Fußboden sind noch die halbkreisförmigen Schienen zum Öffnen des Cellatores zu sehen. Mit größter Wahrscheinlichkeit war der Tempel der Athena geweiht.

Der gewaltige **Tempel G (3),** der letzte der Dreiergruppe, ist mit seinen Stylobatabmessungen von 50,10 × 110,10 m und einer Ringhalle von 8 × 17 Säulen (Säulenhöhe 14,70 m, Säulendurchmesser 3,26 m) der größte dorische Ringhallentempel, der je gebaut wurde – das noch etwas größere Olympieion in Akragas war kein eigentlicher Ringhallentempel. Er wurde kurz nach der Fertigstellung des Tempels F begonnen, doch zog sich seine Bauzeit wie bei den großen Heiligtümern des griechischen Ostens über eine Spanne von einem halben Jahrhundert hin (520–470 v. Chr.).

Der Bau ist nicht nur, was seine Größe anbetrifft, deutlich von den ionischen Riesentempeln Kleinasiens beeinflusst, die im 6. Jh. v. Chr. in Ephesos, Didyma und auf Samos entstanden. Diese Tempel waren Dipteroi, also Bauten mit zwei ineinanderliegenden Säulenkränzen. Als markantes Kennzeichen wiesen sie wie Tempel G acht Frontsäulen auf, im dorischen Tempelbau eine seltene Erscheinung. Der fehlende zweite Säulenkranz des Tempels G findet sich nur in der inneren Säulenstellung vor dem Pronaos angedeutet – der Tempel G wird deshalb als Pseudodipteros bezeichnet. Auch der zwei Joch tiefe Abstand der Ringhalle von der Cella, der diese zu einem eigenständigen Gebäude innerhalb des Tempels werden lässt, hat ostgriechische Vorbilder. Der älteste Teil des Gebäudes, die Vorderfront, ähnelt derjenigen des Tempels F.

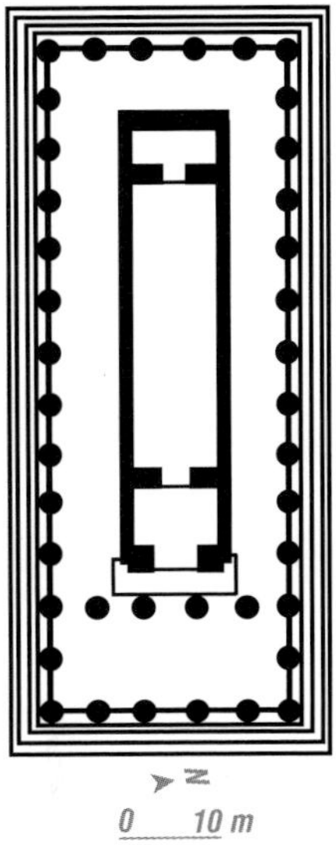

Tempel F, Grundriss (Bisher sind die Tempel nur mit Buchstaben benannt, denn obwohl die in Selinunt verehrten Götter wie Zeus, Herakles, Demeter, Persephone und Apoll durch eine Inschrift von Tempel G bekannt sind, konnten die Heiligtümer den Gottheiten noch nicht sicher zugeordnet werden)

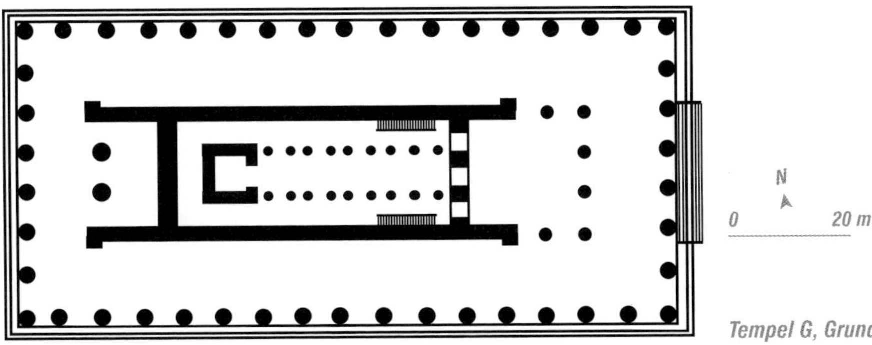

Tempel G, Grundriss

Zeichnung einer Tetragramme aus Selinunt (5. Jh. v. Chr.): Dargestellt ist der Flussgott Selinus während eines Opfers. Symbolisiert der Stier die Kraft des Wassers, der Hahn die Gesundheit und die Pflanze den Namen der Stadt, so besagt die Darstellung Folgendes: Der Flussgott ist unentbehrlich für die Stadt, denn seine Wasser verbürgen Gesundheit und Stärke

Drei vergitterte Tore, je eines pro Schiff, schlossen die Cella ab. Die Schiffe wurden, ähnlich wie in Ephesos oder Milet, durch zwei doppelstöckige Reihen von je zehn monolithischen Säulen getrennt; an ihrem Ende lag eine kleine Kapelle, gleichsam ein ›Haus im Haus‹. Auf der Höhe der ersten Reihe lief über den Seitenschiffen eine Galerie entlang, zu der beidseitig Stufenrampen führten. Es ist nicht sicher, ob das Mittelschiff zum Himmel hin offen war, wie früher angenommen wurde; bei jüngeren Untersuchungen scheint der Ansatz für das Dach gefunden worden zu sein.

An den Kapitellen kann man die Veränderung der Form von der archaischen zur klassischen Zeit sehr gut verfolgen: Archaisch flach und weit ausladend an der Frontseite, werden sie an den Langseiten immer voller, um an der Westseite die runde Form des klassischen Kapitells anzunehmen. Der Tempel war einst in kräftigen Farben bemalt, wovon Spuren gefunden wurden. Allerdings sind manche Feinarbeiten nie vollendet worden: So weisen nur die älteren Säulen an der Vorderfront schon die Kannelierung auf. Dass in einem Steinbruch (Cave di Cusa, s. S. 227) gleich große Säulentrommeln wie die des Tempels gefunden wurden, beweist nicht, dass dieser nie vollendet wurde, da sie ja bei ihm nicht fehlen.

Eine Inschrift, im Adyton des Tempels gefunden, nennt außerdem ein goldenes Weihgeschenk, das die Selinuntiner im Apollonheiligtum aufstellen ließen, nur ist nicht sicher, in welchem. Wahrscheinlich handelte es sich um das panhellenische Heiligtum in Delphi, wo die Stadt Selinunt ein Schatzhaus besaß. Tempel G scheint entweder Apollon oder Zeus geweiht gewesen zu sein.

Akropolis

Vom Osthügel aus ist das Gelände jenseits des Flusstals gut zu überblicken. Die Akropolis befand sich auf einem Plateau, dessen Südseite aus dem Meer aufstieg und das im Osten und Westen die Flüsschen *Hypsas* und *Selinus* begrenzten (heute Gorgo Cottone und Modione). Bei ihren Mündungen schnitten nun versandete Buchten in das Land ein, die sich vortrefflich als kleine Häfen eigneten. Bei der Mündung des Gorgo Cottone, den man auf dem Weg zur Akropolis überquert, sieht man, halbverdeckt von Sand, noch einige Steine des antiken Anlegestegs und Reste der Magazine.

Auf der Anhöhe, wo einst das Stadttor lag, ist die **Stadtmauer (4)** der jüngeren Stadt zu erkennen. Die älteren Mauern, die das gesamte Stadtareal umschlossen, wurden 409 v. Chr. zerstört. Dahinter sieht man eine in Stufen errichtete zweite Mauer, die die Erdaufschüttungen, durch die das Stadtgelände vergrößert wurde, stützte.

Am Rand des Südhangs befand sich in der Antike ein Leuchtturm (heute steht an dieser Stelle ein Haus). Nicht weit davon entfernt beginnt die 8 m breite Hauptstraße, die geradlinig das Stadtgebiet bis zum Nordtor durchschneidet. Sie wird neben weiteren, schmaleren Querstraßen von einer ebenfalls fast 9 m breiten Straße gekreuzt, die

die beiden Häfen miteinander verband und vom südwestlichen zum südöstlichen Stadttor führte. Schon im späten 7. Jh. v. Chr. hatte die Stadt dieses regelmäßige Straßennetz erhalten, das dem Ort urbane Strukturen verlieh. Im Südosten wurde etwa ein Drittel der Akropolisfläche aus dem Siedlungsgebiet ausgegrenzt und für Heiligtümer reserviert. Im 5. Jh. v. Chr. wurden diese von einer niedrigen Temenosmauer umgeben, die, wie in griechischen Städten üblich, die Trennung von Siedlungs- und Sakralgebiet unterstrich.

Die Bezeichnung **Tempel O (5)** steht für eine Plattform, die vielleicht nie die Basis eines Tempels werden sollte. Jedenfalls sind nicht einmal, wie bei einem Tempelbau üblich, die geplanten Standorte für Säulen darauf angegeben. Südöstlich davon lagen mehrere kleine Kapellen, darunter auch eine phönizische. In byzantinischer Zeit war die Plattform Teil der Festung; die ausgehöhlte Vertiefung gehörte zu einem Backofen aus eben dieser Zeit.

Stark unter Steinraub litt der nahe Tempel A (6), ein Ringhallentempel mit 6 × 14 Säulen und Stylobatabmessungen von 40,30 × 16,13 m, wie Tempel O südlich der großen Querstraße gelegen. Er besaß Pronaos und Opisthodomos in antis mit je zwei Mittelsäulen. Cella und Adyton lagen jeweils um eine Stufe erhöht. Innerhalb der Quermauern an beiden Seiten des Eingangs befanden sich steinerne Wendeltreppen, und die Decke der Cella war mit verzierten Platten verkleidet. Außer dem Beibehalten des Adytons weicht der um 480–470 v. Chr. errichtete Tempel in nichts von einem klassischen dorischen Tempel ab. Am Fußboden vor dem Pronaos des Tempels A sind die Symbole des Baal-Hadad (Stierkopf) und der Tanit wiedergegeben. Der Bodenbelag geht auf die Zeit nach 409 v. Chr. zurück. Westlich dieser zwei griechischen Anlagen befinden sich die Reste eines karthagischen Sakralgebietes. Es bestand aus einem rechteckigen, von einer Mauer umgebenen Hof, an dessen Nordseite ein Gebäude mit zwei vortretenden Seitenflügeln und einem kleinen Bezirk zur Aufbewahrung von Urnen lag.

Deutlich dichter bebaut und von komplizierterer Struktur war der Sakralbezirk nördlich der Querstraße. An seine Südmauer angelehnt finden sich **Reste eines großen Opferaltars,** der vermutlich älter ist als das Straßensystem von Selinunt und bei der Anlage der großen Querstraße z. T. abgetragen werden musste. Daneben ist die neunstufige Rampe des **Tempels B (7)** zu erkennen, eines kleinen hellenistischen Heiligtums (8,40 × 4,60 m) aus dem 4.–3. Jh. v. Chr. mit vier vorgelagerten dorischen Säulen, einem Pronaos und einer quadratischen Cella; der Sockel der Kultstatue steht noch an Ort und Stelle.

Neben dem großen Tempel C lag ein kleines **archaisches Heiligtum** (17,65 × 5,50 m; um 580 v. Chr.) in der alten Form des Megarons, dem ringhallenlosen Vorläufer des dorischen Tempels. Der erste Raum zeigt in der Mitte noch den Ansatz zweier quadratischer Pfeiler, die das spitze Dach stützten. Der zweite Raum hatte die Funktion eines Adytons. Ein dritter kleiner Raum wurde später angefügt, steht aber nicht mit den älteren in Verbindung.

Der Tempel C war der erste große Ringhallentempel der Selinunter im 6. Jh.

An der Stelle eines nebenanliegenden zweiten Megarons errichteten die Selinuntiner 570–560 v. Chr. ihren ersten großen Ringhallentempel, den heutigen **Tempel C (8).** Seine 6 × 17 Säulen, die sich ohne Entasis kontinuierlich verjüngen, erreichen eine Höhe von 8,65 m. Die Ecksäulen sind stärker als die anderen Säulen (Durchmesser 1,95 zu 1,77 m), Eck- und Fassadensäulen weisen jeweils 20 gegenüber sonst 16 Kanneluren auf. Mit 63,70 × 24 m im Stylobat ist Tempel C der größte auf der Akropolis. Tempel C ist um weniges jünger als die archaischen Tempel von Syrakus und ihnen im Plan sehr ähnlich – es fehlen nur die zwei Säulen am Eingang zum Pronaos. In seinem Aufbau zeigt er jedoch bereits eine weitaus größere Ausgeglichenheit der Proportionen als jene. Die Säulenabstände sind entschieden breiter, die Säulen höher und mit mehr Kanneluren versehen, Architrav und Fries leichter, und die Raumeinteilung der Triglyphen und Metopen ist im Gegensatz zu Syrakus harmonisch und gut proportioniert. Reliefmetopen waren an der Fassade angebracht, ein reicher Dekor verzierter Tonplatten schmückte den Giebel, der im Zentrum in einer

grandiosen Darstellung des Gorgonenhauptes gipfelte (drei Metopen, Reste der Gorgone und der Terrakottaverkleidung sind im Regionalmuseum von Palermo zu sehen). Teile des Tempels wurden 1925/27 in sehr anfechtbarer Weise wieder aufgerichtet.

Dem Heiligtum scheint das städtische Verwaltungsarchiv angeschlossen gewesen zu sein. In seinem Bereich, westlich an die Hauptstraße grenzend, befindet sich eine Reihe kleiner, teils miteinander verbundener Räume, in denen Bruchstücke von Schreibtäfelchen und Hunderte von Tonsiegeln gefunden wurden; sie alle zeigen Darstellungen des Herakles. Den großen freien Platz östlich des Tempels begrenzte zum Hügelende hin ein Portikus (57 m lang, 2,80 m breit). Zwischen diesem und dem Heiligtum lag der Opferaltar.

Ähnliche Gestaltungsprinzipien wie Tempel C weist auch der nördlich von ihm liegende **Tempel D (9;** um 540 v. Chr.) auf, allerdings deuten einige Strukturen bereits auf eine Loslösung von archaischen Bautraditionen. Mit einer Ringhalle von 6 × 13 Säulen stellt dieser Tempel eine absolute Ausnahme unter den westgriechischen Tempeln und einen kühnen Vorgriff auf klassische Gestaltungsmuster dar. Da die Stylobatproportion von 56 × 24 m ungefähr der des Tempels C entspricht, die Längsseiten jedoch jeweils vier Säulen weniger besitzen, kam es zu ungewöhnlich weiten Säulenabständen, und in dieser weiten und lichten Ringhalle lag erneut eine sehr langgestreckte Cella mit Pronaos und Adyton. Der Verzicht auf die tiefe Vorhalle mit doppelter Säulenstellung, wie sie bei Tempel C begegnet, half bei der Kaschierung dieses Entwurfproblems und rückt den Tempel näher an die klassische Form heran. Die Säulen haben eine leichte Entasis und steigern ihre Eleganz durch eine größere Zahl von Kanneluren als die beim Tempel C (25 bzw. 16 an den dem Pronaos vorgelagerten Säulen). Die Veränderung der Kapitelle wirkt dagegen weniger glücklich, die geschwungene Linie ist dabei verlorengegangen, und so hält hier das Resultat den Vergleich mit Tempel C nicht aus. Die Westfront des Tempels grenzte an die Nord-Süd-Hauptstraße, der Altar lag im Osten. Der Fußboden der Cella und des Säulengangs der Tempel C und D weist runde oder quadratische Vertiefungen auf, vermutlich zum Befestigen von Statuen oder Weihegeschenken.

Nicht weit entfernt vom Nordostwinkel des Tempels D blieb die Basis eines kleinen archaischen Heiligtums mit seinem Opferaltar erhalten. Diesem sog. **›Tempel der kleinen Metopen‹** (Tempel Y, 15,20 × 5,40 m) werden, ohne es sicher beweisen zu können, die sechs kleinen Metopen im Regionalmuseum von Palermo zugeschrieben. Das Gewirr von Grundmauern östlich der Tempel geht hauptsächlich auf Bauten aus der zweiten Epoche von Selinunt zurück, als hier der Markt eingerichtet wurde.

Bei den **Wohnhäusern** liegen die Gebäude aus den verschiedenen Epochen der Stadtgeschichte über- und nebeneinander. Zur Glanzzeit der Stadt lag die Asty – die eigentliche Wohnstadt – auf einem nördlich gelegenen Plateau, nur in der zweiten Epoche beschränkte sie sich auf den sog. Akropolishügel. Ab Mitte des 6. Jh. v. Chr. waren

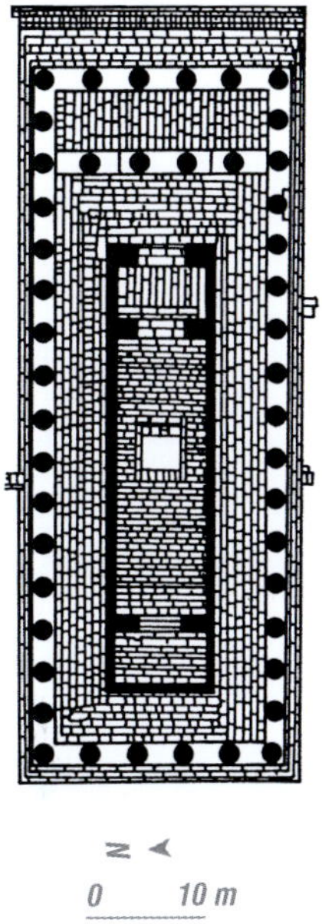

Tempel C, Grundriss

Phönizisches

Die ältesten Heiligtümer von Selinunt waren Gottheiten geweiht, die auch bei den Phöniziern Verehrung genossen. Die auf einer Metope des ›Tempels der Kleinen Metopen‹ wiedergegebene Europa war eine phönizische Königstochter, der auf einer Metope des Tempels C dargestellte Herakles entspricht dem phönizischen Gott Melkarth.

Idealtypische Rekonstruktion eines Tempels (die Zeichnung der Kapitelle am Echinus wurde dem Siegestempel von Himera entlehnt); der Tempel war über und über mit kräftigen Farben bemalt (Zeichnung von Jasmin Carnabuci). Im 19. Jh. war die Frage der Farbigkeit der griechischen Tempel in der gelehrten Welt heftig umstritten. Es war u. a. der aus Köln stammende Architekt Jacob Ignaz Hittorf (1792–1867), der sich durch seinen Einsatz für die Theorie von der Polychromie der antiken Architektur als Archäologe einen Namen machte. Er verfasste mehrere bedeutende Schriften zu antiken wie modernen Bauwerken Siziliens und setzte als königlicher Architekt in Paris seine Erkenntnisse auch in der zeitgenössischen Baupraxis um

die älteren, aus Lehm, Holz und Fachwerk errichteten Häuser durch geräumigere Steinbauten ersetzt worden, die sich um einen Innenhof gruppierten und mindestens zwei Stockwerke besaßen; die unteren, zur Straße hin gelegenen Räume wurden oft als Geschäfte vermietet. Die Reste dieser Häuser erkennt man an den sorgfältig bearbeiteten Tuffsteinquadern.

Bei dem Wiederaufbau nach der Zerstörung 409 v. Chr. wurden die noch verwendbaren Überreste der alten Gebäude in die neuen integriert oder lieferten das dafür nötige Baumaterial. Die Bautechnik war nun phönizisch, d. h. große, senkrecht stehende Steine (Orthostaten) bildeten das Skelett der Wände, während die Zwischenräume mit kleinen Steinen aufgefüllt wurden. Die Fassaden erreichten nur eine Breite von 4–9 m, die Türen von etwa 1 m.

Befestigungsanlagen

Die ursprüngliche, aus großen Tuffsteinquadern errichtete Stadtmauer, 10 m hoch und an ihrem oberen Rand 2,50 breit, war von außen mit Verstärkungskonstruktionen und an allen Eingängen mit Türmen versehen und umschloss das gesamte Wohngebiet, Akropolis und Asty. Bei der Akropolis blieben einige Abschnitte mehr oder weniger gut erhalten. Dort wurden später die alten Anlagen mit jeglichem zur Verfügung stehenden Material ausgebessert; darunter wurden auch zwei archaische Metopen entdeckt, die sich jetzt in Palermo befinden. Mehrere Zugänge wurden vermauert. An der am meisten gefährdeten Nordseite entstanden die mächtigsten **Verteidigungsanlagen (10):** beim Stadttor wurde die Schutzmauer auf einer Länge von 22 m durch einen 2 m starken Anbau verstärkt, der beidseitig symmetrisch mit einem quadratischen Turm endete.

Das Tor selbst wurde dabei von 9,10 m auf 2,85 m verengt. Ihm vorgelagert, entstanden auf unterschiedlichem Niveau zwei lang gestreckte Plätze, durch ein dreistöckiges Bauwerk getrennt und von zwei mächtigen Türmen im Norden und Westen geschützt. Der tiefer gelegene, ausgeschachtete Platz (Höhenunterschied 5 m) diente wohl als Sammelplatz für herausstürmende oder sich zurückziehende Truppen, denn die weiteren Anlagen sind auf seinen Schutz hin ausgerichtet: Zwölf Bogeneingänge öffnen sich auf den unteren Stock der Anlage, die von den drei oberen Stockwerken aus verteidigt werden konnten. Die dahinter liegenden parallelen Gänge standen mit dem Westturm in Verbindung, der obere Teil des hohen Gebäudes dagegen mit dem Nordturm. Weitere Konstruktionen an den übrigen Seiten des Platzes hatten die Aufgabe, Massenanstürme zu erschweren und eventuelle Rückzüge zu decken. Die aufgereiht liegenden Halbsäulen gehörten zum ›Tempel der kleinen Metopen‹. Erst in der zweiten Epoche der Stadtgeschichte (nach 409 v. Chr.) wurden diese Säulen halbiert, um als ›feuersichere‹ Balken in der Festungsanlage verbaut zu werden.

An Nord- und Ostseite wurde, der Stadtmauer vorgelagert, eine zweite, niedrigere Mauer errichtet, die heimliche Truppenverschiebungen ermöglichte. Dicht beim Westturm konnte die Stadt durch einen unterirdischen Ausgang verlassen werden. Diese Verteidigungsbauten wurden wahrscheinlich während der kurzen Oberherrschaft des Dionysios von Syrakus errichtet (397–392 v. Chr.).

Demeter Malophoros-Heiligtum

Das westliche Sakralgebiet mit dem Heiligtum der *Malophoros* (›die Granatapfeltragende‹) ist Demeter als Göttin der Unterwelt gewidmet. An keinem anderen Ort kann man die Verschmelzung phönizischer und griechischer Mythen deutlicher erkennen als in diesem Sakralbezirk an der ehemaligen Flussmündung; die ehemals tiefe Bucht ist indes heute versandet. An dergleichen Plätzen pflegten die Phönizier Memmonia anzulegen – Kultstätten, in denen der sich auflösende Fluss, der über den Regen wieder zur Quelle und somit zum Fluss wird, den Zyklus von Vergehen und Werden versinnbildlichte. Ein ähnlicher Symbolgehalt liegt dem Malophoroskult zugrunde, in dem Demeter als Spenderin von Leben und Tod, als große Urmutter, verehrt wurde. Eine vergleichbare Funktion besaßen auch die thrakische Unterwelts- und Mondgöttin Hekate, deren Name ebenfalls auf einer Inschrift in diesem Sakralbezirk zutage kam, und Aphrodite in Verbindung mit Adonis, von der Hunderte Terrakottendarstellungen gefunden wurden.

Schon während die Siedler ihre ersten Wohnhäuser bauten, errichteten sie ein kleines Megaronheiligtum jenseits der Selinus-Mündung. An der Wende vom 7. zum 6. Jh. v. Chr. wurde dieses erste Heiligtum vergrößert. Andere waren in seiner nahen Umgebung entstanden, und im 5. Jh. v. Chr. wurde das Gebiet mit einer Mauer umschlossen, und der Temenos der Malophoros erhielt einen monumentalen Eingang

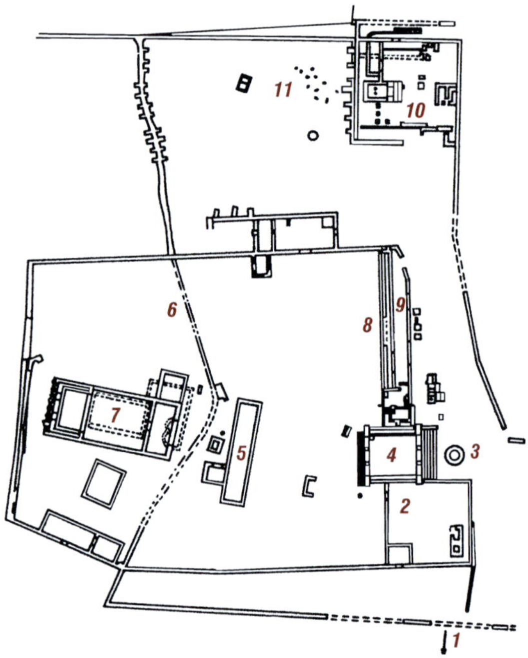

Demeter-Malophoros-Heiligtum, Grundriss

1 *kleiner Tempel mit Basis für Bethel*
2 *Temenos der Hekate*
3 *Steinkreis*
4 *Propylon (Torbau)*
5 *Altar*
6 *steinerne Rinne*
7 *Demeter Malophoros-Tempel*
8 *Doppelportikus*
9 *Korridor*
10 *sog. Heiligtum des Zeus Meilichios*
11 *Urnenfeld mit Bethelsteinen*

(Propylon). Kurz vor den Mauern des heiligen Bezirks steht ein **kleiner Tempel (1)** mit vorgelagertem Altar, Pronaos, Naos und Adyton. Im letzteren blieb die Basis erhalten, die noch die Vertiefungen zum Verankern der drei Bethel aufweist – drei abgestumpfte konische Säulen, die für die Phönizier die magische Quelle allen Lebens versinnbildlichen *(beth-el* = »Haus Gottes«).

Angeschlossen an den Temenos der Malophoros, mit diesem zwar verbunden, aber mit eigenen Eingängen versehen, liegt ein quadratischer Sakralbezirk mit einem sehr kleinen, ebenfalls quadratischen Heiligtum und verhältnismäßig großen Wasserbecken. Allem Anschein nach war er für den **Kult der Hekate (2)** bestimmt. Hinter diesem und vor dem Propylon ist ein **Kreis aus Steinen (3)** erhalten, der entweder als Imitation des eleusinischen Brunnens oder als Sockel für ein Abbild der dreigesichtigen Hekate betrachtet wird. Vom **Propylon (4)** sind die Stufenrampen, Ansätze der Säulen und die Sitzbänke des Innenraums erhalten. Von hier aus führte eine von Zypressen und Pinien beschattete Straße zum Tempel der Malophoros. Auf dem freien Platz sind verschiedene archaische Altäre auszumachen. Vor dem Tempel liegt der große **Altar (5),** flach und ohne Stufen. In einer steinernen **Rinne (6)** wurde das Wasser einer als heilig betrachteten Quelle an dem Altar vorbeigeleitet.

Trotz mehrerer Umwandlungen blieb die sehr archaische Form des **Demeter-Malophoros-Tempels (7)** unverändert. Er besteht aus ei-

Darstellung einer thronenden Göttin aus dem Heiligtum der Demeter Malophoros im ›strengen Stil‹ (5. Jh. v. Chr.; das Vorbild der Zeichnung befindet sich im Archäologischen Regionalmuseum, Palermo)

nem Pronaos, Cella und Adyton, ohne erhöhte Basis oder Säulen. Das mit einer Nische versehene Adyton überdachte ein Tonnengewölbe (der Ansatz ist noch erkennbar), Cella und Pronaos dagegen eine flache Decke. Die Wände waren mit Stuck überzogen, den Außendekor bildeten verzierte Tonplatten.

An der Ostseite befand sich ein **Doppelportikus (8)** mit innen und außen entlanglaufenden Sitzbänken. Dahinter lag, allerdings nur von außerhalb des Temenos zu betreten, ein langer **Korridor (9),** der zu zwei Räumen unbekannter Funktion führte.

Nach Norden hin liegt ein weiteres ummauertes Gebiet, in dessen Nordostecke ein quadratischer Temenos (17 × 17 m) das sog. **Heiligtum des Zeus Meilichios (10)** umschließt. Zeus Meilichios scheint eine Gleichsetzung mit Baal-Hadad, dem Vater Aleyins (Adonis), zu sein, der im Mythos durch seinen Aufenthalt in der Unterwelt mit Persephone in Zusammenhang stand. Außer einem kleinen, völlig ungriechischen Tempel (5,20 × 3 m, mit zwei monolithischen Säulen) im Innenraum enthält das Heiligtum Altäre und Räume unbekannter Funktion. An Nord- und Südseite verlief je ein Portikus.

In dem **Urnenfeld (11)** westlich dieses Bezirks wurden Grabstelen gefunden (Nationalmuseum Palermo), deren Art in der Antike keine Parallelen findet und die wohl auf einen alten, vorgriechischen Brauch zurückzuführen sind, der von den neuen Siedlern übernommen wurde. In dem Gelände befinden sich wiederum drei Bethelsteine.

Steinbrüche (Cave di Cusa)

Das meiste Baumaterial gewannen die Selinuntiner in einem nur 5 km entfernten Steinbruch, den sog. Latomien. Für den Bau ihres größten Tempels holten sie das Gestein aus den 13 km entfernten ›Cave di Cusa‹ (Richtung Campobello di Mazara), deren Steinqualität kompakter und deren Farbe heller war. Dort sind einige der Trommeln von den Maßen des Tempels G in den verschiedenen Arbeitsphasen stehengeblieben, andere, gespaltene auf dem Gelände verstreut. Anfang des 20. Jahrhunderts sollen einige noch auf der antiken Zufahrtsstraße nach Selinunt gelegen haben.

Bei einer Gruppe sind zwei schon vollständig isolierte Säulentrommeln neben einer dritten im Anfangsstadium zu sehen. Die Arbeit wurde von oben her begonnen. Der Arbeitsverlauf lässt sich gut nachvollziehen: Mit zwei parallel verlaufenden Rillen wurde die Trommel für ungefähr 40 cm freigelegt, dann konnten der dazwischen stehengebliebene Fels abgeschlagen und die Rillen vertieft werden. Stand die ganze Trommel frei, ließ sie sich leicht mit einer Bandsäge vom Fels trennen. Kalkstein lässt sich mit Wasser- und Sandzufuhr leicht sägen, auch mit weniger hartem Material. Kanäle für die Wasserzufuhr kann man in dem Fels gut erkennen. Bei genauerer Beobachtung sieht man, dass jeder Kreis wie in einem Quadrat steht, d. h. es sind im Gestein deutlich rechtwinklige Vertiefungen auszumachen, die eventuell zum Aufstellen einer Maschine gedient haben könnten.

Cave di Cusa

S. P. Tre Fontane
Campobello di Mazara
tgl. 9–14 Uhr

Arbeitsweisen der Steinmetze

Allein der 200 Jahre jüngere Steinbruch bei Ephesos in Kleinasien demonstriert den Arbeitsvorgang auf gleiche Weise, allerdings sind dort die Trommeln senkrecht aus dem Fels geschlagen worden, während in Selinunt von Anfang an auf die Verjüngung der Säulen geachtet wurde.

Westküste

Über Castelvetrano nach Trapani

Cityplan Trapani
s. S. 237

Castelvetrano

SS. Trinità di Delia ★★

Das Kirchlein der **SS. Trinità di Delia,** der ›Allerheiligsten Dreifaltigkeit‹, 3,5 km westlich von Castelvetrano (ca. 30 700 Einw.) gelegen, ist eines der frühesten von den Normannen errichteten Gotteshäuser (Ende 11. bis Anfang 12. Jh.). Wenige Grundmauern eines Klosters beweisen, dass die Kirche einst zu einem größeren Komplex gehörte. Das nach geometrischen Prinzipien gestaltete Äußere wirkt sehr kompakt und trotzdem leicht. Dank der leicht vertieft liegenden Fensterumrahmungen konzentriert sich der Lichteinfall auf den glatten Wänden, die von keinem Helldunkeleffekt unterbrochen werden. Die nach oben strebende Komposition der kubusförmigen Elemente wird von einer zentralen, sphärischen Kuppel überwölbt.

Auch im Innenraum bildet die Kuppel den Mittelpunkt, sie ist die vertikale Achse, um die sich geometrische Volumina hierarchisch im perfekten Verhältnis zueinander ordnen: mathematische Berechnung und Transformation der Wirklichkeit, ganz im Sinne des arabischen Symbolismus. Der Grundriss ist der einer byzantinischen Kreuzkuppelkirche.

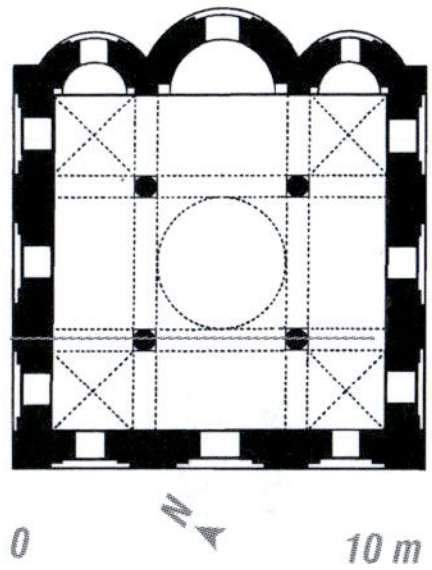

Castelvetrano, SS. Trinità di Delia, Grundriss

In **S. Domenico** und in der **Kathedrale** im Ort selbst sind vor allem die Arbeiten von Antonino Ferraro (1523–1609) sehenswert, die Vollplastik und Stuckreliefs, Malerei und architektonische Rahmung zu einem manieristischen Gesamtkunstwerk vereinen.

Das kleine **Museum** in der Via Garibaldi birgt seit 1997 den berühmten Bronzeepheben von Selinunt. Diese Plastik eines jungen Mannes aus der Zeit um 470 v. Chr. zählt zu den wenigen erhaltenen Großbronzen (ab 40 cm Höhe) aus klassischer Zeit. Da in der Legierung des Metalls zwischen Ober- und Unterkörper ein Unterschied besteht, wird angenommen, dass die Figur aus zwei beschädigten zusammengesetzt wurde.

Museo Civico
Via Giuseppe Garibaldi 50
Castelvetrano
Mo–Sa 9–13, 15–18.30, So 9–13 Uhr

Mazara del Vallo

Eine zweite, allerdings nicht ganz so gut erhaltene und etwas spätere kleine Kirche (1124) aus der Normannenzeit findet sich in Mazara del Vallo: **S. Nicolò.** Auch dieses Gotteshaus lässt den Einfluss des fatimidischen Kubusbaus mit drei flachen Apsiden und einer Kuppel erkennen. Der obere Bereich und die Kuppel sind eine moderne Nachempfindung aus verputztem Zement.

S. Nicolò liegt, erhöht und etwas zurückgesetzt, direkt an der Hafenstraße. Unter dem Vorplatz der kleinen Kirche sind die **Reste des antiken Hafens** zu sehen. Mazara selbst, eine überwiegend barock geprägte, angenehme Kleinstadt von ca. 51 500 Einwohnern, war einer der phönizischen Handelsplätze, ehe es im 6. Jh. v. Chr. von den

Pro Loco Mazara del Vallo
Via XX Settembre 5
91026 Mazara del Vallo
Tel. 09 23 94 46 10

◁ Tempel von Segesta

Selinuntinern zu ihrem großen Handelshafen ausgebaut wurde. Nach der Zerstörung von Selinunt übernahmen die Karthager die Stadt und hielten sie 200 Jahre lang bis zu ihrer Niederlage gegen die Römer. Eine Glanzzeit erfuhr Mazara während der arabischen Epoche, auf die auch das Straßennetz der inneren Altstadt zurückgeht.

Roger I. hielt hier das erste Parlament auf sizilianischem Boden ab und errichtete 1093 ein Bistum, ehe er die Stadt seiner Tochter als Mitgift gab. Von seinem Kastell blieben im **Giardino Pubblico** nur geringe Reste erhalten.

Auch an mehreren Kirchen sind noch Baustrukturen aus der Normannenzeit erkennbar; so stammen die Apsiden der **Kathedrale** aus der ersten Bauzeit (1093). Mazara besitzt die größte Fischfangflotte Italiens, und die heimkehrenden oder dicht gedrängt im Hafen ankernden Kutter bieten ein beeindruckendes Schauspiel. Interessant sind auch der Fischmarkt, auf dem die Ware versteigert wird, und, sobald ein Schiff vom Fang zurückkehrt, die Anfahrt der Kühlwagen, die die Fische sofort an ihre Bestimmungsorte in ganz Italien transportieren – nur 40 % werden auf Sizilien selbst verbraucht.

Dem Kapitän einer der Fischerkutter, Capitano Ciccio, ist ein außergewöhnlicher Fund zu verdanken: 1997 fand er in seinen Netzen neben den Fischen ein bronzenes Bein, ein Jahr später die dazugehörige Statue. Bei der letzten Bergung ging allerdings der zweite Arm verloren. Aus beinahe 500 m Meerestiefe wurde 1997/98 ein Meisterwerk hellenistischer Epoche geborgen, das nun in dem kleinen **Museum der Kirche des hl. Egidio** (Altstadtzentrum) aufbewahrt ist: Die überlebensgroße Bronzestatue eines tanzenden Satyrs, oder besser, eines Satyrs in Ekstase, wahrscheinlich die schon in der Antike berühmte Statue des Praxiteles, die den kultischen ekstatischen Tanz zu Ehren des Dionysios wiedergab. Selbst die starken Verstümmelungen können die Lebendigkeit der Figur mit ihren kraftvollen Bewegungen, den flatternden Haaren und den Elfenbeinaugen nicht beeinträchtigen.

Museo del Satiro
Chiesa di Sant' Egidio
Piazza Plebiscito
Mazara del Vallo
tgl. 9–18 Uhr

Pro Loco Marsala
Via XI Maggio 100
91025 Marsala
Tel. 09 23 99 33 38, 09 23 71 40 97

Museo degli Arazzi della Matrice (Gobelinmuseum)
Via Garraffa 57
Marsala
tgl. 9.30–13 Uhr

Museo Archeologico Baglio Anselmi
Via Boeo
Marsala
Mo 9–13, Di–So 9–19 Uhr

S. Giovanni Battista
Die Kirche ist geschl., zur Besichtigung kann man sich an das Personal des Archäologischen Museums wenden.

Marsala

Als einer der ersten unter den phönizischen Handelsstützpunkten entwickelte sich Marsala während der Zeit zur Stadt, als im östlichen Sizilien die Griechen ihre Siedlungen anlegten. Nachdem Dionysios I. das nahe liegende *Motye* zerstört hatte (397 v. Chr.), stieg die vormals kleine Ortschaft zum Bollwerk gegen die griechische Expansion auf. Die Einwohner waren karthagischer, sikanischer und elymischer Herkunft, und daher mag der antike Name *Lilybaeum* (›Ort der Stotterer‹) rühren, den die Araber durch *Marsa Ali* (›Hafen Allahs‹) ersetzten. Um 350 v. Chr. wurde Lilybaeum mit mächtigen, 6 m starken, im perfekten Quadrat angelegten Mauern umgeben, die ein Jahrhundert später dem Ansturm der Römer zehn Jahre lang widerstanden, ehe die Stadt 241 v. Chr. dann doch von ihnen eingenommen wurde. Sie blieb auch später der Haupthafen für die Verbindungen mit Afrika und verlor diese Rolle erst, als die Spanier im 16. Jh. unter Karl V. den Hafen aufschütten ließen, um den afrikanischen Piraten die Landungsmöglichkeit an der Südküste zu nehmen.

Im 18. Jh., der Zeit des britischen Protektorats, bauten die Briten John Woodhouse, Benjamin Ingham und Roger Whitaker mit dem Sizilianer Florio eine Weinindustrie auf, um mit portweinähnlichen Produkten (Marsala-Wein) das Monopol Portugals auf dem Weltmarkt zu brechen. Am 11. Mai 1860 landete Garibaldi mit seiner Armee der ›Tausend‹ in Marsala. Dank der im Hafen liegenden Flotte des Weinproduzenten und Handelsgiganten Vincenzo Florio verlief die Landung reibungslos, da die Briten aus Angst, die Schiffe zu beschädigen, keine Kanonen zur Verteidigung einsetzten.

Phönizische Ädikula im Archäologischen Museum von Marsala; ähnlich wie bei etruskischen oder griechischen Grabverzierungen wird hier der Verstorbene auf einer Kline beim Abendmahl gezeigt

Außer schönen Barock- und Renaissancegebäuden, die das Bild der Innenstadt prägen, bietet Marsala (82 800 Einw.) Ausgrabungen aus der römischen Epoche sowie ein kleines **Gobelinmuseum** *(Museo degli Arazzi)* und ein ebenfalls kleines **Archäologisches Museum** mit Funden aus der Umgebung. Das berühmteste Exponat, ein erst in den siebziger Jahren gehobenes karthagisches Schiff aus dem 3. Jh. v. Chr., wird indes auf den nicht speziell am Schiffbau interessierten Besucher eher enttäuschend wirken. Die Karthager stellten ihre Schiffe aus vorgearbeiteten Fertigteilen her, konnten also Material für eine ganze Flotte in kleinen Lagerräumen aufbewahren und auf engstem Raum innerhalb kurzer Zeit Hunderte von Schiffen vom Stapel lassen.

Neben dem Museum liegt die Kirche **S. Giovanni Battista.** Sie wurde über einer Grotte errichtet, in der die Lilybetana, die Sibylle von Lilybaeum, einst ihre Orakelsprüche verkündet haben soll. Ihr steinernes Lager und ein Kanal, durch den ihre Stimme an die Oberfläche drang, sind noch erhalten. In dem Felsboden der Grotte befindet sich in Höhe des Meeresspiegels ein kleiner Süßwasserbrunnen, dessen Wasser ständig ein regelmäßiges Niveau hält und der antiken Legende nach jeden, der von ihm trank, dazu befähigte, die Wahrheit zu erkennen. Von den ersten Christen wurde der Brunnen als Taufquelle genutzt und die Grotte entsprechend umgeändert. Die noch Ungetauften stiegen über eine dunkle Treppenrampe hinab, um dann als Christen über einen zweiten, in den Fels geschlagenen Ausgang wieder ans Licht zu kommen.

Mozia ★★

Mozia (Motye)

Tipp

Motorboote bringen die Besucher von der Küste zur Insel. Die Fahrt durch das Naturschutzgebiet Riserva dello Stagnone und die Salinen ist ein eindrucksvolles Naturerlebnis.

Wohl um das Jahr 1000 v. Chr. legten die Phönizier auf dem heute **S. Pantaleo** genannten Inselchen an der Westküste Siziliens einen ihrer Handelsstützpunkte an und gaben ihm den Namen einer Nymphe: Motye. Ihr verdankten sie der Legende zufolge die Kunst der feinen Wollverarbeitung und Färbung, eine Gabe, die Städte wie Byblos und Tyros berühmt gemacht hatte. Die Lage der Insel entspricht ganz den Voraussetzungen für eine phönizische Niederlassung. Diese

Windmühle auf dem Festland gegenüber von Mozia (Motye); von Birgi bis Trapani erstrecken sich große Salinenflächen, die der Salzgewinnung durch Verdunstung dienen

Auf Mozia wurden in den Urnen von Frauen sehr häufig weibliche Tonmasken gefunden (6. Jh. v. Chr.; Museum von Mozia).

wurden entweder auf einem ins Meer ragenden Kap oder – vorzugsweise – auf einer geschützt in einer Bucht liegenden Insel angelegt. Die weite Bucht garantierte Ankerplätze zu Genüge, das seichte Wasser schützte vor Unwettern und eignete sich vortrefflich für die damaligen Schiffe mit ihrem geringen Tiefgang.

Anfangs handelte es sich wirklich nur um einen Stützpunkt, doch langsam entwickelte sich im 9. Jh. v. Chr. daraus ein Wohnort und im 7. Jh. v. Chr. gar eine Stadt. Spezielle Befestigungen wurden erst im 6. Jh. v. Chr. nötig, als die Gefahr des Freiheitsverlustes durch die immer mächtiger werdenden griechischen Städte stieg.

Zu Beginn des 4. Jh. v. Chr. konkretisierte sich diese Drohung: Dionysios I. von Syrakus war es gelungen, das Vertrauen der Karthago tributpflichtigen Städte zu gewinnen und sie in seinem Machtkampf um die Vorherrschaft auf Sizilien als Verbündete zu gewinnen. Soldaten aus Kamarina, Gela, Akragas, Himera und Selinunt nahmen 397 v. Chr. an der Expedition teil, die zur Zerstörung von Motye führte. Zwei Jahre darauf eroberten die Karthager Motye zurück und siedelten die wenigen überlebenden Einwohner nach Lilybaeum, dem heutigen Marsala, um. Im 19. Jh. war das Inselchen Eigentum des John Whitaker, welcher auch die ersten Ausgrabungen unternehmen ließ und später den Besitz als Stiftung Sizilien übergab.

Zona Archeologica di Motye

Öffnungszeiten des Museums sind an den Bootsverkehr gebunden, die Ausgrabungen auch in der Mittagspause des Museums zu besichtigen.

Fondazione Whitaker

*www.fondazione whitaker.it
tgl. 9.30–18.30 (April–Okt.) sonst 9–15.30 Uhr*

Besichtigung

Die Insel unterteilt sich in einen Wirtschafts- und einen Siedlungsbereich, das Sakralgebiet und die Nekropolen. Im Süden befanden sich die Schiffswerften, Dockanlagen, Ankerplätze, die Lagerhäuser und Wirtschaftsbetriebe, z. B. ausgedehnte Färbereien. Bemerkenswert ist ein künstliches Wasserbecken (Kothon), das durch einen Kanal mit dem Meer in Verbindung stand. Im Norden erstreckte sich eine große Nekropole mit Hunderten von Gräbern, aus der Vasen und andere Grabbeigaben, vor allem aber zahllose reliefierte Grabsteine stammen; eine zweite Nekropole liegt der Insel gegenüber auf dem Festland. Die eigentliche Stadtanlage befand sich im Zentrum der Insel und war dicht bebaut; Reste von Häusern und Straßen sind erhalten, auch ein Heiligtum wurde gefunden.

Die Besichtigung der Insel beginnt man am besten am **Museum (3)**, das im Gebäude der Delia Whitaker eingerichtet ist. Das meiste Material besteht aus Fundstücken von der Insel Mozia selbst, vorwiegend aus der Nekropole der antiken Stadt Motye: punische und griechische Vasen, Parfumväschen aus farbigem Glas, Schmuck und Anhänger aus Glaspaste, Stelen aus dem Tophet, weibliche Tonmasken und eine der typischen punischen Totenmasken mit dem grinsenden Gesicht. Da kaum Großplastiken aus der phönizisch-punischen Kultur erhalten blieben, ist die syrisch-phönizische Skulpturengruppe zweier Löwen, die einen Stier anfallen, von besonderem Interesse. Sie zierte das Nordtor der Stadt. Waffen aus Eisen oder Bronze, Arbeitsgeräte und Haushaltsgegenstände zeigen, wie weit im Altertum die Produkte verschiedener Kulturen gleichzeitig in Gebrauch waren.

Wirklich einzigartig ist die 1979 gefundene Marmorstatue eines jungen Mannes in langem, anschmiegsamem Plisseegewand, ohne Zweifel ein griechisches Werk aus der ersten Hälfte des 5. Jh. v. Chr. (Abb. S. 26). Die Transparenz des Gewebes wird meisterhaft wiedergegeben, sodass die Verschleierung die athletische Muskulatur des jungen Mannes noch hervorhebt und ihr eine ungemeine Lebendigkeit verleiht,

Mozia

1 Bootsanleger
2 ehem. Museum
3 Häuser der Familie Whitaker (Museum)
4 Griechisches Haus mit Mosaiken
5 Reste der antiken Stadtmauer
6 Nordtor
7 Kultstätte (Baal Hammon geweiht?)
8 Kasematten
9 Südtor
10 Kothon
11 Tophet
12 älteste Nekropole
13 antikes ›Industriegebiet‹
14 antikes Wohngebiet
15 Haus der Amphoren
16 im Meer versunkene Straße

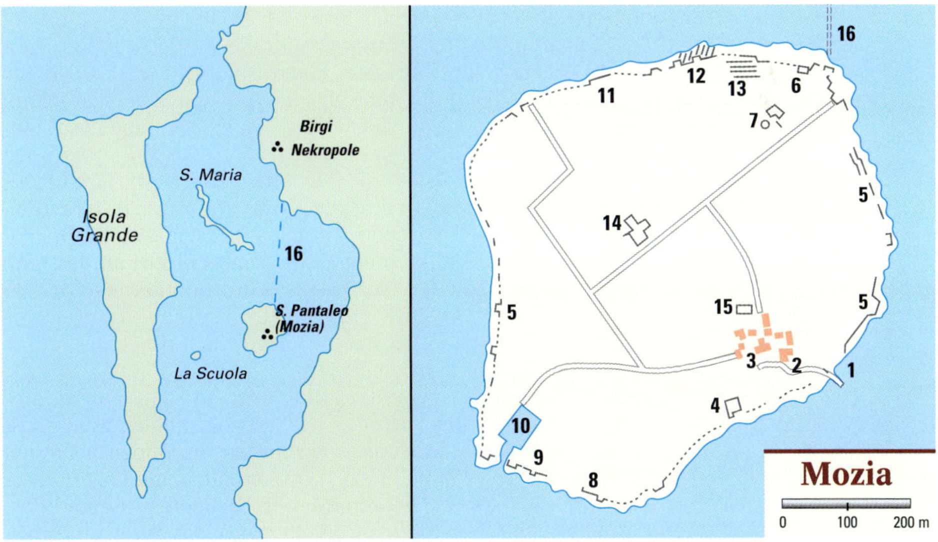

Zeichnung einer Grabstele mit Bethelstein (Ende des 6. Jh. v. Chr., Museum von Mozia)

die durch den leicht in das Fleisch eingedrückten Daumen gleichsam greifbar wird. Der Armansatz an der Schulter lässt die ursprüngliche Stellung der fehlenden Arme erkennen: die linke Hand ruhte auf der Hüfte, der rechte Arm war erhoben und stützte sich auf einen Stab oder eine Lanze. Für das Gewand – unter der Brust durch ein breites Band gegürtet – findet sich kein Gegenstück in griechischen Kleidungsdarstellungen. Die Skulptur wurde neben einer späteren Töpferwerkstätte gefunden und war zur Kalkgewinnung bestimmt – viele antike Kunstwerke aus Marmor endeten auf diese Weise.

Außerhalb der Museumsgebäude sind außer einigen Rundzinnen der Stadtmauer diverse Sarkophage und Grabstelen mit dem Symbol der Tanit oder des Baal-Hammon aufgestellt. Wenig entfernt liegen Teile eines Portikusfußbodens in Mosaik aus rundlichen Flusssteinen sowie die Basen dorischer Säulen eines Peristyls: **Reste eines griechischen Hauses (4),** das auf den Grundmauern eines karthagischen Wohngebäudes errichtet wurde. Die Mosaiken weisen das beliebte orientalische Motiv angreifender Raubtiere sowie Fabelwesen auf.

Die Insel mit einer Größe von 45 ha wurde vollständig von den antiken **Befestigungsmauern (5)** umfasst (2375 m), von denen Reste erhalten blieben. Einige kurze Strecken ausgenommen, die in griechischer Bautechnik aus Tuffsteinquadern errichtet waren, setzte sie sich aus unbehauenen und unterschiedlich großen lokalen Kalksteinblöcken zusammen und war durch rechteckige Türme verstärkt. Von den vermutlich vier Stadttoren wurden vom Ost- und Westtor kaum mehr als Spuren gefunden, während Nord- und Südtor relativ gut erhalten sind. Beide waren zwischen zwei quadratischen Türmen postiert.

Dem interessanten **Nordtor (6)** war eine kleine **Kultstätte (7)** mit dorischen Säulen vorgelagert: Von diesem ausgehend führte eine gepflasterte Straße quer durch das Meer zur Küste des Festlands, wo sich der (jüngere) Friedhof befand. Die Straße wurde im 6. Jh. v. Chr. gebaut und lag 80–90 cm über dem Meeresspiegel – heute ist sie unter Wasser gesunken und nur mit Mühe auszumachen, denn die Westküste Siziliens sinkt langsam, aber stetig. Noch zu Anfang des 20. Jh. konnten Eselskarren die Straße befahren.

Kurz vor dem Südtor liegen die sog. **Kasematten (8),** Räume, die außen an die Mauer angebaut und von einem Wehrturm begrenzt waren und vermutlich militärischen Zwecken dienten. Das **Südtor (9)** unterscheidet sich hinsichtlich der Bautechnik mit kleinen Quadersteinen vom Nordtor. In der Nähe liegt der **Kothon (10;** 51 × 37 m). Die Theorie, dass es sich dabei um einen der für die Karthager typischen Binnenhafen gehandelt habe, scheint dank jüngerer Ausgrabungen widerlegt. Es wurden Beweise eines dem Becken angeschlossenen Heiligtums gefunden, und eine kultische Nutzung ist wahrscheinlich, da es einst von einer jetzt versiegten Süßwasserquelle gespeist wurde und vom Meer abgetrennt war.

Im **Tophet (11)** wurden mehr als 1000 Stelen gefunden, die aus einer Zeit vom 7.–3. Jh. v. Chr. stammen. In dem Bezirk stand eine Kapelle mit griechischen Säulen und einem kleinen Altar im Innenraum. Dicht beim Tophet liegt die älteste **Nekropole (12;** 8./7. Jh. v. Chr.); später wurden die Toten auf dem Festland beigesetzt. Die bevorzugte Bestattungsart war die der Einäscherung. Bisher sind mehrere hundert Gräber freigelegt worden. Sie bestanden aus einer Art quadratischer Kiste aus Steinplatten und beherbergten je zwei oder drei der typisch punisch-phönizischen Tonvasen, von denen eine die Asche des Verstorbenen und die anderen kleine Gefäße oder ähnliche Gegenstände enthielten (im Museum zu besichtigen).

Im Rücken der Nekropole befindet sich das sog. **antike ›Industriegebiet‹ (13),** eine Zone von rund 500 m^2, quadratisch und auf allen Seiten von niedrigen Mauern begrenzt. Ehemals lagen dort Gerbereien und Färbereien für Leder und Webmaterial, wie aus den reichlichen Resten von Schalentieren, vor allem der Purpurschnecke, zu schließen ist. Der Boden ist übersät mit zum größten Teil elliptischen, ungefähr 2 m tiefen Löchern, direkt in den Stein geschlagen und mit rohem Ton verkleidet. Verstreut dazwischen sieht man einige kleine Vertiefungen und Reste von zwei ovalen Hochöfen.

Trapani

Geschichte

Der ursprüngliche Name scheint *Drapano* oder *Drepano* gewesen zu sein, was die Griechen als *Drepanon* (›Sichel‹) übersetzten. Die Bezeichnung galt in der vor- und frühgeschichtlichen Epoche nur für das Hafengebiet der auf dem Berg liegenden Stadt Erice. Erst nachdem Hamilkar 260 v. Chr. die Einwohner von Erice dorthin übergesiedelt hatte, um sie besser gegen die Römer verteidigen zu können, entwickelte es sich zur eigenständigen Stadt. Für kurze Zeit wurde diese im 1. Punischen Krieg einer der wichtigsten karthagischen Stützpunkte bis sie, nach der Seeschlacht bei den Ägadischen Inseln um 241 v. Chr. den siegreichen Römern in die Hände fiel und jegliche Bedeutung verlor. Erst unter den Arabern sollte der Ort wieder als Handelszentrum aufblühen und im 13. und 14. Jh. unter dem Schutz der Aragonesen zu beachtlichem Reichtum geraten. Zur Regierungszeit Karls V. stieg Trapani zum wichtigsten Hafen Westsiziliens auf, vor allem, nachdem der König den Hafen von Marsala hatte sperren lassen. Auf seinen Befehl wurde das damalige Stadtgebiet von Trapani mittels eines schiffbaren Kanals vom Festland getrennt und lag somit lange Zeit auf einer Insel. Erst Ende des 19. Jh. wurde dieser Kanal wieder entfernt, da das Wohngebiet sich langsam auf das Festland zu verlagern begann, wo sich schließlich das Zentrum der modernen Stadt entwickelte (heute 70 500 Einw.).

Am Stadtgrundriss lassen sich die verschiedenen geschichtlichen Phasen gut ablesen: im Kern der Altstadt die verwinkelten und oft blinden Gassen der arabischen Gründung, westlich davon die Zufü-

Ufficio Informazioni ed Accoglienza Turistica

Piazza Saturno
91100 Trapani
Tel: 09 23 54 45 33
Stadt Trapani und nähere Umgebung

Azienda Provinciale per il Turismo

Via S. Francesco d'Assisi 25/27
91100 Trapani
Tel. 09 23 54 55 11
www.apt.trapani.it
für die Provinz Trapani

Karfreitagsprozession
Berühmt ist Trapanis Karfreitagsprozession, bei der ab 16.30 Uhr zwanzig Stunden lang im Schein von Öllaternen, begleitet von düsteren Trauermärschen, die Geschichte vom Leiden und Sterben Christi vergegenwärtigt wird: Bruderschaften und Gilden tragen zwanzig, jeweils zwischen 500 und 900 kg schwere Figurengruppen (Originale aus dem 16. und 17. Jh.) durch die Straßen, ein Ritual, das zum spanischen Erbe zählt.

gungen des 14. und 15. Jh. mit geradlinigen Straßen, östlich bis zur äußeren Spitze der Halbinsel die Erweiterung des 19. Jh. mit streng orthogonalem System und schließlich zum Binnenland hin die Neustadt, die vor allem in den letzten 60 Jahren heranwuchs.

Hafen und Dienstleistungssektor sind heute die Haupteinnahmequellen Trapanis. Das ehemals berühmte Handwerk der Korallenverarbeitung wird kaum noch ausgeübt; der Thunfischfang ist beinahe ausgestorben. Der Salzgewinnung drohte das gleiche Schicksal, und sie konnte nur dank staatlicher Hilfe gerettet werden. In den letzten Jahren sind mehrere der schon verfallenen Salinen mit ihren charakteristischen Windmühlen wieder restauriert und aktiviert worden.

Stadtbesichtigung

Santuario dell'Annunziata (1)

Inmitten der Neustadt, aber 3 km vom Kern der Altstadt entfernt, liegt das bedeutendste Denkmal Trapanis: der Komplex des ehemaligen Karmeliterklosters mit der Kirche der Verkündigung, Santuario dell' Annunziata. Der ursprünglich mittelalterliche Bau (1332) wurde in späteren Jahrhunderten immer wieder erweitert, um endgültig gegen 1760 völlig erneuert zu werden. Aus dem 14. Jh. blieb nur die Kirchenfassade mit der sehr schönen Rosette und dem Portal erhalten. Die Ausgestaltung des Innenraums entspricht gänzlich der Instandsetzung des 18. Jh.

Auf der rechten Seite des Presbyteriums befindet sich die **Cappella dei Pescatori** (Kapelle der Fischer) von 1486, die heute als Baptisterium dient. Ihre gotisch-katalanische Kuppel wurde im 16. Jh. mit Fresken versehen, als zwischen 1514 und 1552 die gegenüberliegende **Cappella dei Marinai** (Kapelle der Seeleute) entstand. Die Ornamente der warmgelben Tuffsteinstrukturen bilden eine eigenartige Mischung aus orientalisch beeinflusster Gotik und Renaissance.

Hinter dem Hauptaltar liegt der Eingang zu der **Cappella della Madonna,** das eigentliche Heiligtum. Der große, reich verzierte Marmorbogen im Hintergrund ist ein Werk von Antonello, Antonio und Giacomo Gagini. Dagegen entstammt das **Gnadenbild der Madonna** der Werkstatt des Nino Pisano und wurde um 1350 in Pisa angefertigt. Die Schönheit der Figur, das edle feine Antlitz und besonders das geheimnisvolle Lächeln sollten späteren Bildhauergenerationen immer wieder als Vorbild dienen. Die Statue trägt den Beinamen *Madonna del tesoro*, Schatzmadonna, der auf den Brauch der Pilger zurückgeht, ihr als Gabe wertvolle Schmuckstücke zu Füßen zu legen.

In dem gleichfalls im 18. Jh. erneuerten Klostergebäude ist das **Museo Regionale Agostino Pepoli** eingerichtet. Außer den Sammlungen von Kunstwerken und archäologischen Funden birgt es eine interessante kunsthandwerkliche Abteilung, in der u.a. das ehemals

Santuario dell'Annunziata
Via Conte Pepoli 200
Mo–Sa 9–13.30, So 9–12.30 Uhr

Museo Regionale Agostino Pepoli
Via Conte Pepoli 200
Mo–Sa 9–13.30, 15–19.30, So 9–12.30 Uhr

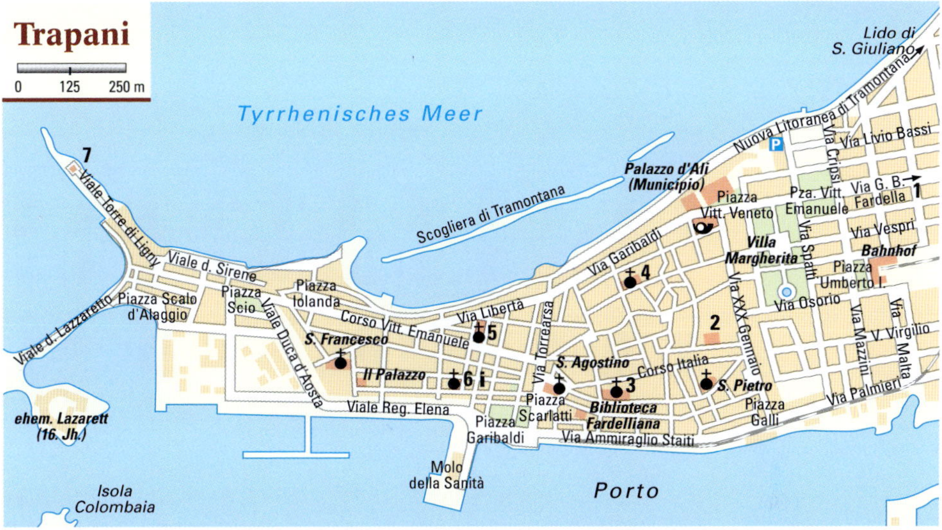

bekannteste Handwerk Trapanis, die Kunst der Korallenverarbeitung, mit einmaligen Stücken vertreten ist und auch der Schatz der Madonna ausgestellt wird.

Im 17. und 18. Jh. herrschte überall auf Sizilien eine frenetische Bautätigkeit, und so überwiegt der Barock auch im Bild der Altstadt von Trapani. Jedoch sind an vielen Gebäuden deutlich Spuren älterer Epochen erhalten. Im Zentrum des ehemaligen Judenviertels liegt der **Palazzo Ciambra** bzw. **Palazzo della Giudecca (2).** Obwohl beinahe völlig verfallen, ist er mit seiner diamantiert zugespitzten Rustikaquaderung der Fassade immer noch ein hervorragendes Beispiel für eine adlige Stadtburg im Stil der katalanischen Spätgotik.

Die Franziskanerkirche **S. Maria del Gesù (3)** stammt aus der ersten Hälfte des 16. Jh., kunstgeschichtlich gesehen also aus der Übergangszeit vom gotisch-katalanischen zum Renaissancestil. Beide Stilarten sind frei gemischt am Bau vertreten. Am Ende des rechten Seitenschiffs, in der Kapelle der Staiti, befindet sich auf dem Altar die ›Engelsmadonna‹, eine wertvolle glasierte Terracotta von Andrea della Robbia (1435–1525). Der schützende Marmorbaldachin wurde von Antonello Gagini hergestellt. Aus seiner Werkstatt stammt auch der Sarkophag des Jakob Staiti in der gleichen Kapelle.

Die **Dominikanerkirche (4)** bewahrt an der Fassade noch die Rosette des Originalbaus aus dem 14. Jh. Ansonsten unterlag auch sie einer radikalen Modernisierung im 17. und 18. Jh. In ihr fand Manfred, Sohn Friedrichs III. von Aragon, seine letzte Ruhestätte (1318). Den Altar einer barocken Seitenkapelle ziert noch ein mittelalterliches Holzkreuz, vom Ausdruck her ist es der auf Sizilien eher seltenen spanischen, schmerzhaft-gotischen Stilrichtung zuzurechnen.

Trapani

1 Santuario dell'Annunziata (Museo Regionale Pepoli)
2 Palazzo Ciambra (Palazza della Giudecca)
3 S. Maria del Gesù
4 S. Domenico
5 Dom S. Lorenzo
6 Chiesa del Purgatorio
7 Torre de Ligny

Das Postamt von Trapani ist ein wohlproportionierter Bau des Jugendstils

Der **Dom S. Lorenzo (5)** wurde 1635 an Stelle einer Kirche des frühen 14. Jh. errichtet, die einen Bau von 1129 ersetzt hatte, Sitz der Loge der Genuesen (das Wappen der Genuesen ist noch in der Kirche aufbewahrt, 2. Kapelle links). Das Barockportal wurde im 18. Jh. mit einem Portikus bereichert. Im Innern überwiegt der Barock. In der Fegefeuerkirche, **Chiesa del Purgatorio (6),** aus dem 17. Jh. werden die 20 Passionsgruppen der Karfreitagsprozession aufbewahrt. An der äußersten Spitze der Landzunge liegt der massive **Turm von Ligny (7),** der 1671 vermutlich nach dem Plan des Carlos de Grunenbergh auf Befehl des Vizekönigs Claudio Lamoraldo, Prinz von Ligny, errichtet wurde.

Torre di Ligny
Trapani
tgl. 9 Uhr bis 1 Std. vor Sonnenuntergang
Im Inneren Themenausstellung archäologischer Fundstücke aus der näheren Umgebung

Ägadische Inseln

Vor der Küste von Trapani, von dort auch mittels Fähren (im Sommer mehrmals täglich) zu erreichen, liegen die drei Ägadischen Inseln Favignana, Levanzo und Marettimo mit insgesamt 4300 Einwohnern. Die antiken *Aegates* waren alle seit prähistorischen Zeiten bewohnt – und damals noch nicht vom Festland Siziliens getrennt.

Auf der kleinsten der drei bislang wenig von Touristen besuchten Inseln, auf **Levanzo,** befindet sich die **Grotta del Genovese** mit prähistorischen Ritzungen und Zeichnungen. Die naturalistischen ›Graffiti‹ aus dem jüngeren Paläolithikum stellen Hirsche, Rinder und Pferde dar sowie eine Szene mit drei tanzenden menschlichen Figuren, die jedoch noch wenig Sinn für lebensechte Darstellung erkennen lässt (vgl. Abb. S. 12). Die gemalten anthropomorphen Figuren mit ihren schematisierten geometrischen Formen stammen vermutlich aus einer wesentlich späteren Epoche, aus der Bronzezeit. Die Grotte ist nur via Boot oder Eselsritt zu erreichen. Arabische Reisende nannten die Insel *Benth el Riah* (Tochter des Windes).

Grotta del Genovese
Levanzo
Die Grotte ist nur via Boot oder Jeep zu erreichen. Unter Tel. 09 23 92 40 32 kann man sich für die ca. zweistündige Exkursion anmelden.

Pantelleria

Mit 83 km² ist Pantelleria die größte ›Tochterinsel‹ Siziliens und mit 100 km auch die am weitesten entfernte; nur 70 km trennen Pantelleria von der afrikanischen Küste. Vulkanischen Ursprungs, ähnelt sie in etwa den Äolischen Inseln. Wie diese ragt sie steil aus dem Meer empor (höchste Erhebung 836 m), besitzt kein Quellwasser und wurde seit dem Neolithikum bewohnt. Seit der Vorgeschichte immer in Verbindung mit Sizilien, teilte die Insel dessen Schicksal auch zu geschichtlichen Zeiten. Ihre für die Kontrolle des Kanals von Sizilien strategisch wichtige Lage führte 1943 zu schweren Bombenangriffen, bei denen die Wohnorte bis zu 90 % zerstört wurden.

Die Insel ist reich an **archäologischen Funden** aus vorgeschichtlicher und geschichtlicher Zeit. Im Jahr 2003 wurden in einem Bereich der Akropolis, in dem wenig später ein Tempel identifiziert werden konnte, die drei bekannten römischen Porträts (Cäsar, Agrippina und Titus) entdeckt, die als die besterhaltenen überhaupt gelten.

Archäologischer Unterwasserpark

In 18–30 m Tiefe bietet der Unterwasserpark in der Bucht von Gadir auf Pantelleria Abenteuerlustigen ein beeindruckendes Taucherlebnis, bei dem die Fundstücke direkt vor Ort betrachtet werden können.

Erice

Erice ★

Im Rücken von Trapani erhebt sich der mythische Eryx, ein 800 m hoher Kalkfelsen, auf dessen Höhe einst eine der drei großen elymischen Städte lag: *Eryx,* das heutige Erice (die anderen zwei sind Segesta und Entella). Der griechische Mythos verlegt eine der Taten des Herakles auf diesen Berg: Der bärenstarke und kampfeslustige König Eryx, ein Sohn der Aphrodite, besaß eine schneeweiße Rinderherde, deren Leitstier glänzte wie der Morgenstern. Diesen Stier verlangte König Eurystheus von dem Helden, der ihm bekanntlich zur Buße zehn Jahre lang dienen musste. Herakles trug dem Eryx sein Anliegen vor, doch der König forderte ihn auf, das Tier in einem Zweikampf zu gewinnen. Herakles siegte, und so fiel ihm nach der Logik des Mythos auch das Herrscherrecht zu, das er sich für seine Erben vorbehielt.

Wie gut die Griechen diesen Mythos politisch zu nutzen verstanden, beweist die Tatsache, dass im 6. Jh. v. Chr. die dorischen Herakliden, die sich für Nachkommen des Herakles hielten, an der Küste landeten und ihr ›Anrecht‹ auf die Herrschaft geltend machten. Die elymischen Einwohner waren allerdings anderer Meinung, und in dem folgenden Kampf wurden die Griechen geschlagen. Auf der Flucht landeten sie auf den Äolischen Inseln und gründeten *Melegunis* (Lipari).

Auf dem Berg befand sich schon zu sikanischen Zeiten ein Heiligtum der ältesten Göttin des Mittelmeergebiets, von den Phöniziern als Astarte und den Griechen als Aphrodite verehrt. Die perfekt dreieckige Anlage der Stadt stand offenbar in Zusammenhang mit ihrem Kult, bei dem das Dreieck seit alters her eine symbolische Rolle gespielt zu haben scheint.

Servizio Turistico Regionale

Via Tommaso Guarrasi 1
91016 Erice
Tel. 09 23 86 93 88
für Erice und die umliegenden Orte

Blick auf den ›Venusberg‹ bei Erice

Aeneas auf Sizilien

Auf der Suche nach einer neuen Heimat kam dem Mythos des Vergil zufolge Aeneas samt Gefolgschaft auch an der Westspitze Siziliens vorbei. Im Anblick des seiner einstigen Geliebten, der Göttin Aphrodite, geweihten Heiligtums auf dem Berg Eryx starb Anchises, der inzwischen gelähmte Vater des Helden. Aeneas bestattete seinen Vater am Fuße des Felsens und traf bei dieser Gelgenheit ein letztes Mal auf seine göttliche Mutter. Er zog weiter und gründete später die Stadt Alba Longa, die älteste Hauptstadt des Latinerbundes (heute Castel Gandolfo).

Der Tempel, der in historischer Zeit den Platz des alten Heiligtums einnahm, war in der Antike weithin berühmt. Die Römer setzten sogar eine Garnison ein, um ihn zu bewachen, und bestimmten 17 der reichsten Städte Siziliens, für das Heiligtum der *Venus Erycina,* wie sie die Göttin nannten, zu sorgen. Eine Abbildung des Gebäudes auf einer Bronzemünze des Claudius zeigt einen Tempel mit fünf Säulen an der Frontseite. Reste des Tempels traten in den Ruinen der Normannenfestung zutage. Es handelt sich um einige wenige Teile kannelierter Säulen und Bruchstücke eines dorischen Frieses von einem Umbau aus römischer Zeit. Jüngere Untersuchungen konnten den genauen Platz des

Reisen & Genießen

Hotels und Restaurants

Hier hat man die Wahl zwischen einer Unterkunft in Bungalows im blühenden Garten um den Pool oder einem Hotelzimmer nach modernem Standard. Die restaurierte Villa liegt nur wenige Gehminuten vom Zentrum von Marsala entfernt und verfügt über ein gutes Restaurant.

Villa Favorita***
Via Favorita 27, 91025 Marsala
Tel. 09 23 98 91 00
www.villafavorita.com

Mitten im Naturschutzgebiet, umgeben von Salinen, befindet sich der Familienbetrieb. Die Trattoria bietet fangfrischen Fisch in Salzkruste. In den angrenzenden Räumen ist ein kleines Museum eingerichtet, das am Originalschauplatz die Geschichte der Salzgewinnung erzählt.

Museumsrestaurant Trattoria del Sale
Via Chiusa, 91027 Nubia-Paceco
Tel. 09 23 86 71 42
www.trattoriadelsale.com
www.museodelsale.it

Nah zu Trapanis Zentrum, dem Strand und dem Garten der Villa Margherita geht dieser Familienbetrieb mit der Zeit, hat erst kürzlich die Zimmer renoviert und bietet seinen Gästen allen nötigen Komfort.

Hotel Vittoria***
Via Crispi 4, 91100 Trapani
Tel. 09 23 87 30 44
www.hotelvittoriatrapani.it

In der Fußgängerzone von Trapani lädt das ›Ai Lumi‹ in der rustikalen Atmosphäre einer ehemaligen Stallung zur kulinarischen Entdeckungsreise in die von Meer und Bergwelt geprägte Umgebung ein; jung, modern und mit einer bepflanzten Terrasse, die *cigar-wine bar* nebenan und ein schönes B & B (***) gehören ebenfalls zum Haus.

Ai Lumi Tavernetta
Corso Vittorio Emanuele 75/77,
91100 Trapani
Tel. 09 23 87 24 18
www.ailumi.it
Di geschl., Reservierung empfohlen

Romantisch versteckt in einer der Gassen Erices, bietet dieses charakteristische Restaurant mit seiner stilechten Einrichtung innen und auf der Terrasse den stimmigen Rahmen für regionale Küche zu moderaten Preisen:

Monte San Giuliano
Vicolo San Rocco 7, 91016 Erice
Tel. 09 23 86 95 95
www.montesangiuliano.it
Mo geschl.

Tempels bestimmen. Geringe Grundmauerreste von umliegenden Gebäuden und der heilige Brunnen des Komplexes kamen zum Vorschein.

Der Felsen, auf dem sich das Heiligtum erhob, liegt getrennt vom Plateau der einstigen Akropolis – die Aussicht von seinem Standort ist atemberaubend. Doch schon die Auffahrt von Trapani nach Erice bietet bei jeder Kurve neue, unvergleichliche Ausblicke.

Das Dorf selbst, wenngleich in seinen mittelalterlichen Strukturen sehr malerisch, wird doch mehr und mehr verlassen. Die Einwohnerzahl ist auf weniger als 2000 geschmolzen – für moderne Ansprüche liegt es zu sehr abseits, für die meisten Urlauber zu weit vom Meer

Seilbahn Trapani–Erice

Tarife und Abfahrtszeiten der Seilbahn Trapani–Erice unter www.funiviaerice.it

Festung
März–Nov. tgl. 10 Uhr bis 1 Std. vor Sonnenuntergang, Nov.–März nur Sa, So, Fei 10–16 Uhr

entfernt. Auch darf das Klima für sizilianische Verhältnisse als äußerst kalt und rauh gelten. Als Kongresszentrum genießt Erice jedoch einen internationalen Ruf.

Die **Festung** wurde im 12. Jh. errichtet, als die Normannen die in der Spätantike verlassene Stadt unter dem Namen *Monte S. Giuliano* wieder ins Leben riefen. Der nicht restaurierte Teil zeigt eigenartigerweise die schwalbenschwanzartigen ›guelfischen‹ Zinnen, wogegen sonst im staufisch-kaisertreuen Sizilien die rechteckigen ›ghibellinischen‹ Zinnen vorherrschen. Eine kurze, leicht ansteigende Straße – sie ersetzt eine ehemalige Fallbrücke – führt zum Eingang, über dem das Wappen Karls V. prangt. Darüber befindet sich noch eine der alten Pechnasen. Der im 19. Jh. restaurierte Teil (im Park, das sog. Castello Pepoli) ist eher neu gebaut als ausgebessert worden und befindet sich auf dem Plateau der einstigen Akropolis.

Die **Hauptkirche** (1314) stellt eines der schönsten Beispiele des Chiaramontestils dar. Das Portal gehört dem Originalbau an, der vorgelagerte Portikus stammt von 1426, die verspielten Zinnen sind jünger, und die Rosette wurde erst um die Mitte des 20. Jh. zugefügt. Es scheint, dass der Campanile als Wachturm schon vor der Kirche bestand und dann in das Ensemble miteinbezogen wurde. Die wenigen schlichten Stufen, die zum Platz vor der Kirche führen, sind so geschickt angelegt, dass der Platz eine ganz eigene Perspektive erhält, die ihn harmonisch mit dem Kirchengebäude verbindet. Das Kircheninnere wurde im 19. Jahrhundert modernisiert und mit neogotischem Stuck ausgeschmückt.

Segesta

Segesta ★★

Seit einigen Jahren macht sich in der archäologischen Forschung ein besonderes Interesse für die Völker bemerkbar, die außerhalb oder am Rande der griechischen Staatengemeinschaften lebten. In Westsizilien gilt dieses vor allem den Elymern, die dem Mythos zufolge Nachkommen der Trojaner waren, welche nach der Zerstörung ihrer Heimatstadt auf der Suche nach einer neuen Niederlassungsmöglichkeit u. a. diese Küste Siziliens anliefen. Die sikanische Urbevölkerung bot ihnen an, bei ihnen zu verweilen. Ein Teil der Flüchtenden akzeptierte die Einladung, die übrigen zogen unter der Führung des Aeneas weiter und gründeten schließlich die Latinerstadt Alba Longa – so der Mythos.

Zona Archeologica di Segesta
Contrada Segesta Calatafimi tgl. 9–18 Uhr Im Souvenirshop sind Tickets für den Bus erhältlich, der die Besucher vom Parkplatz unterhalb des Tempels bis hoch zum Theater bringt.

Dass die Wurzeln der Elymer tatsächlich in Kleinasien lagen, bestätigen entsprechende Keramikfunde. Die Elymer bedienten sich einer Schrift, die Ähnlichkeiten mit der kretisch-minoischen Linearschrift B aufweist und bislang noch nicht entziffert werden konnte. Die wichtigsten elymischen Städte wurden Segesta (oder *Egesta)*, Erice und Entella, die so angelegt waren, dass jede für die anderen aus der Ferne sichtbar war. Es bestanden also Signalmöglichkeiten zwischen den drei Städten, und es scheint, dass bei der Wahl der Orte dieser Gesichtspunkt berücksichtigt wurde. Im Rahmen der mannig-

Der Tempel von Segesta zur Zeit Goethes auf einem Kupferstich von Claude L. Chatelet (aus: Richard de Saint-Non, »Voyage pittoresque«, 1785)

faltigen Konflikte auf Sizilien waren die Elymer immer um eine eigenständige Politik bemüht. Schon frühzeitig freundeten sie sich mit der griechischen Kultur an und übernahmen beispielsweise viele Kunst- und Bauformen, doch politisch waren die Elymer schwer einzuordnen. Aufgrund der Tatsache, dass die karthagischen Handelsstützpunkte in ihrem Siedlungsraum lagen, unterhielten sie traditionell gute Beziehungen zu Karthago. Das ursprünglich ebenfalls karthagerfreundliche, griechische Selinunt wurde jedoch zum wichtigsten Widersacher Segestas, als es begann, sich ein größeres Umland sichern zu wollen und somit Besitz und Freiheiten Segestas bedrohte. Der schwelende Konflikt zwischen diesen zwei Stadtstaaten war wohl der Grund für ein Bündnis der Segestaner mit Athen, das schließlich in der zweiten Hälfte des 5. Jh. v. Chr. den Anlass für die im Desaster endende Sizilische Expedition Athens bot.

Abwechselnd mit den Karthagern, mit Griechenstädten, dann wieder mit Karthagern und schließlich mit Rom verbündet, wurde Segesta von den jeweiligen Gegnern zwar mehrfach belagert und geplündert, doch allen politischen Wechselfällen zum Trotz konnte Segesta eine gewisse Eigenständigkeit offenbar bis in die spätantike Zeit bewahren. Als Wohnort ohne große Bedeutung existierte es noch im 15. Jh.

»Die Lage des Tempels ist sonderbar: am höchsten Ende eines weiten, langen Tals, auf einem isolierten Hügel, aber doch noch von Klippen umgeben, sieht er über viel Land in eine weite Ferne, aber nur ein Eckchen Meer.«
Johann Wolfgang von Goethe in einem Brief vom 20. April 1787

Tempel

Das Heiligtum liegt auf einem Hügel außerhalb des ehemaligen Stadtgebietes (Abb. S. 228). Wahrscheinlich um die Mitte der zweiten Hälfte des 5. Jh. begonnen, wurden die Bauarbeiten gegen Ende des Jahrhunderts eingestellt und nie wieder aufgenommen. Es fehlen noch Cella und Dach, aufgerichtet wurde nur die Ringhalle mit dem auf-

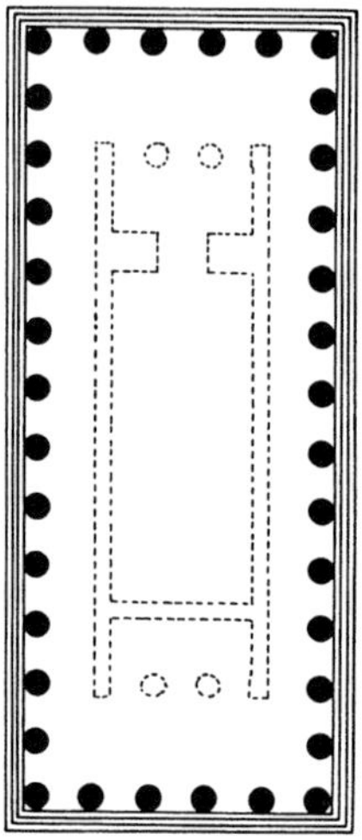

Tempel von Segesta, Grundriss nach D. Mertens: Die gestrichelten Strukturen im Innern geben den möglichen Grundriss der nicht mehr erkennbaren Cella wieder.

liegenden Gebälk und den Giebelfeldern. Die fehlenden Bauglieder scheinen hier nicht wie üblich dem Steinraub zum Opfer gefallen zu sein, da zum einen die Lage der vorhandenen Teile einer genauen Ordnung entspricht und zum anderen der nähere Umkreis keine Spuren späterer repräsentativer Gebäude aufweist. Es fällt auf, dass genau an den Schmalseiten der Raum zwischen den Säulen nicht ausgefüllt ist, sodass eventuelles Baumaterial noch leicht in den Innenraum gebracht werden konnte. Auch sind die Feinarbeiten am Bau nie begonnen worden. Alle Bauteile tragen noch die Ummantelung, d. h., sie sind durch eine ungefähr einen Zoll starke Steinschicht geschützt, die erst nach der Fertigstellung der Cella und des Fußbodens abgeschlagen werden sollte. An den Säulen fällt dieser Schutz besonders auf: Der geplante Umfang ist an den unteren und oberen Trommeln angegeben und auch der Abakus trägt noch seinen Kantenschutz. Die Säulen verjüngen sich durchlaufend nach oben. Ob sie bei der letzten Bauphase eine leichte Entasis erhalten sollten ist fraglich. Der Metopen-Triglyphenfries zieht sich gleichmäßig gegliedert um das Gebäude, doch sind alle Endjoche schmaler.

In seiner Konzeption bleibt der Tempel in der Tradition der sizilischen Tempel (Peripteros, 6 x 14 Säulen, langgestreckte Cella mit Opistodom und Pronaos in antis), auch wenn einige wenige Details an attische Bauten erinnern. Bemerkenswert ist die Kurvatur, die sich von der Base bis zum Gipfel durch die ganze Struktur fortsetzt und, beinahe unmerklich, die Harmonie steigert. Die Peristase ist mit Bleiplatten unterlegt. Der unfertige Zustand und die akkurate Ausführung der Arbeiten haben einige vorher offene Fragen über die Technik des

Rekonstruktion des Theaters von Segesta Mitte des 3. Jh. v. Chr. (Holzstich aus: Hermann Göll, »Die Künstler und Dichter des Alterthums«, Leipzig 1876)

Blick über das Theater von Segesta Richtung Monte Scorace

antiken Tempelbaus beantworten können, führten jedoch auch zu so manchen Spekulationen, welche durch keine schriftlichen Quellen oder archäologische Erkenntnisse zu belegen sind. Er gehört in die letzte Phase des klassischen dorischen Tempels. Danach ändern sich die sozial-politischen Verhältnisse, und die architektonischen Interessen verlagern sich auf den Bau von Befestigungsanlagen und repräsentativen öffentlichen Gebäuden.

Theater

Ein freigelegter Trakt der antiken Zugangsstraße führt zu dem wahrscheinlich gegen Mitte des 3. Jh. in rein griechischer Form errichteten Theater, das, wie die westliche Stützmauer zeigt, bewusst an einem Ort erbaut wurde, der seit der Vorgeschichte bereits als Kultstätte diente. Grabungen brachten diesbezügliches Material aus dem 10. und 9. Jh. v. Chr. ans Tageslicht, zum einen unter dem späteren Bühnengebäude, zum anderen in einer Grotte, deren Lage bei dem Bau des Theaters respektiert wurde. Auf einem Bergabsatz, etwas niedriger als das Theater gelegen, aber mit diesem durch einen antiken Fußweg verbunden, wurde ein ummauerter heiliger Bezirk (83 × 47 m) mit Grundmauern von zwei großen dorischen Tempeln (6. und 5. Jh. v. Chr.) gefunden.

Open Air

In den Sommermonaten ist das Theater Veranstaltungsort für Konzerte und stilechte Bühne für die Aufführung von griechischen Tragödien (Programm unter www.comune.calatafimisegesta.tp.it).

Alcamo, Deckenfresko des aus Flandern stammenden Malers Guglielmo (Willem) Borremans in S. Maria Assunta (1735–37)

Vom Theater blieben die unteren 20 Sitzreihen erhalten, und die Grundmauern des Bühnengebäudes. Seine Reste erlaubten eine theoretische Rekonstruktion, die als eine der ersten die Existenz eines Bühnengebäudes bei griechischen Theatern bewies. Auch hier waren, typisch für die hellenistischen Gebäude auf Sizilien, tragende Figuren angebracht, in diesem Falle Satyrn. Die Sitzreihen sind profiliert (einfachere Bauten hatten glatte Stufen), die des unteren Bereichs zum Diazoma hin mit Rückenlehnen versehen. Über dem zweiten befand sich, auf noch höherer Ebene, im Raum zwischen den zwei Eingängen, ein dritter mit Sitzbänken versehener Bereich (in arabischer Epoche als Friedhof genutzt). Obwohl heute die Stufenreihen in diesen letzteren Bezirken nicht mehr erhalten sind, ist die Akustik noch vortrefflich. Die Sicht öffnet sich auf den fernen ehemaligen Hafen der Stadt, den Golf von Castellamare.

Alcamo

Das heutige wichtige Agrarzentrum an der Nordküste in der Provinz Palermo hat sich im 14. Jh. unter den Ventimiglia aus der arabischen Station *Manzil Alqamah* auf dem Handelsweg Palermo–Syrakus entwickelt. Später ein Zentrum der religiösen Orden, besitzt es heute zahlreiche Kirchen und ehemalige Klostergebäude (45 800 Einw.).

Besonderes Interesse verdient die 1699 nach Entwürfen Angelo Italías errichtete Chiesa Matrice, **S. Maria Assunta:** Ursprünglich aus dem 14. Jh. stammend, wurde die dreischiffige Säulenbasilika mit Querschiff und einer schönen Vierungskuppel im Barock umgestaltet. Zu der kostbaren Ausstattung gehören Fresken von Guglielmo Borremans (1735–37) sowie ein Altarretabel von Antonello Gagini (1519). In der Kirche der Klarissinnen, **S. Chiara,** einem kuppelgewölbten Zentralbau (1721), sind zwei weibliche Tugendstatuen Giacomo Serpottas, »Caritas« (Nächstenliebe) und »Fortitudo« (Tapferkeit), recht bemerkenswert.

Gibellina Nuova

Nach dem Erdbeben 1968, das im sog. Tal des Belice mehrere Ortschaften mehr oder weniger stark beschädigte, wurde den Einwohnern des fast völlig zerstörten Bergdorfes Gibellina untersagt, ihre Häuser wieder aufzubauen. Zehn Jahre waren sie gezwungen, in ungesunden Wellblechbaracken zu leben, bis der Staat entschied, 28 km entfernt, dicht an der Autobahn, ein Gibellina Nuova zu errichten. An dem Wiederaufbau waren Architekten und Künstler ganz Italiens beteiligt (Pietro Gonzaga, Gino Severini, Fausta Melotti, Arnaldo Pomodoro, Ignazio Moncada u. a.). Das Resultat ist sehr umstritten.

Die neue Ortschaft mit ihren 4300 Einwohnern besitzt heute die meisten zeitgenössischen Kunstwerke unter allen italienischen Städten, mehrere Museen, darunter ein **ethnografisch-anthropologisches Museum** (derzeit geschl.) sowie ein **Museum zeitgenössischer Kunst,** einen botanischen Garten, einen Garten der Düfte usw., kurzum, es fehlt an nichts, um das Leben der Landbevölkerung auch in kultureller Hinsicht abwechslungsreich zu gestalten. Inzwischen stürzte jedoch die Kuppel der einst viel gepriesenden Hauptkirche in sich zusammen.

Auch die verlassene Ortschaft in den Bergen entging nicht dem Kunstrausch: Nach einem Projekt von Alberto Burri wurden die Ruinen mit weißem Zement eingegossen, und nur die tiefen Gräben des alten Straßensystems durchschneiden das kompakte Ensemble aus Zement. Nach der Meinung einiger Intellektueller sei der Ort in seiner Trostlosigkeit nun vorzüglich dafür geeignet, Theaterstücke, vornehmlich Tragödien, aufzuführen. Doch über die Jahre hinweg erwies sich die Initiative als wenig erfolgreich.

Museo Civico d'Arte Contemporanea
Viale Segesta
Gibellina Nuova
Di–Sa 9–13, 16–19 Uhr

Nordküste

Palermo

Cityplan Palermo s. Innenklappe hinten, Messina s. S. 324

Die Landeshauptstadt und größte Stadt der Insel (655 000 Einw.), besitzt auch deren wichtigsten Hafen. Von der riesigen Hafenbucht (96 ha) leitet sich der Name der Stadt ab, die von den Griechen als *Panormos,* ›All-Hafen‹, bezeichnet wurde. Ihr ursprünglicher Name scheint *Ziz* gewesen zu sein, ›die Blume‹, was ebenfalls ausgezeichnet passt, verfügt die Stadt doch über eine zauberhafte Lage inmitten einer Senke, umschlossen von hohen Bergen. Den Abschluss der Bucht bilden nach einer Seite der Monte Pellegrino und nach der anderen das Kap Zafferana. Im Sommer sorgen frische Meereswinde für Kühle, und die Berge schützen die Stadt gegen die rauheren Winterwinde.

Dieses Klima fördert die Vegetation; die üppigen Gärten sind beliebte Treffpunkte der Palermitaner. Der Botanische Garten ist eine Besichtigung wert, auch wenn er sich in den letzten Jahren nicht eben zu seinem Vorteil verändert hat. Zu Goethes Zeiten war der Garten gerade neu angelegt: Hier nahm die Idee des deutschen Dichters über die Urpflanze Gestalt an.

Palermo ★★

Besonders sehenswert: Archäologisches Nationalmuseum, Cappella Palatina, Cuba und Cubula, Dom, La Martorana, Normannenpalast, Palazzo Abatellis, Palazzo Chiaramonte, Quattro Canti, San Cataldo, San Giovanni degli Eremiti, San Giovanni dei Lebbrosi, Santo Spirito, Teatro Massimo, Zisa

Geschichte

Die Phönizier gründeten Palermo im 8. Jh. v. Chr., von Mauern umgeben wurde es im 5. Jh. v. Chr., doch Bedeutung erlangte die Stadt erst, nachdem die Araber sie 831 zur Hauptstadt ihres sizilischen Reichs gemacht hatten. Sie wurde eine blühende Wirtschaftsmetropole, deren Einwohnerzahl – etwa 300 000 – die jeder christlichen Stadt mit Ausnahme Konstantinopels übertraf. Arabische Besucher wie der Weltreisende Ibn Hauqal bewunderten die Schönheit der Stadt mit ihren zahlreichen Moscheen, Palästen, Basarstraßen sowie den Kranz der sie umgebenden Gartenanlagen und Obstgärten.

Inmitten dieser Orangenhaine und Lustschlösser, die ihm einen ersten Eindruck vom Luxus der arabischen Kultur vermittelt haben werden, schlug Roger I. im Winter 1071 sein Heerlager auf. Obwohl die Normannen Palermo schon zu Beginn des darauffolgenden Jahres eroberten, verlegte erst die Regentin Adelaide im ersten Jahrzehnt des 12. Jh. die Hauptstadt hierher. Unter der Monarchia Sicula entstanden die großen Denkmäler des arabisch-normannischen Stils, die auch heute noch die Hauptattraktion der an Sehenswürdigkeiten wahrlich nicht armen Stadt ausmachen.

1392 wurde Andrea Chiaramonte, der mächtige Feudalherr, auf Veranlassung des spanischen Generals Bernardo Cabrea auf dem Platz vor seinem Palast öffentlich enthauptet – ein Ereignis, das den Machtverlust der großen Adelsherren und das Erstarken der aragonesischen Zentralmacht ankündigte. Palermo zog in der Folgezeit als Sitz des spanischen Vizekönigs fast den gesamten sizilianischen Adel an, der

Ufficio Informazioni Turistiche
Piazza Castelnuovo 34
90141 Palermo
Tel. 09 16 05 83 51
www.palermotourism.com

Servizio Turistico Regionale
Villa Igiea
Salita Belmonte 1
90142 Palermo
Tel. 09 16 39 80 11
für die Provinz Palermo

◁ Blick aus dem Kreuzgang auf den Dom von Monreale

Goethe als Botaniker

Die vielen öffentlichen Gärten in Palermo beeindruckten Goethe während seiner Italienreise derart, dass er von dem Vorsatz abkam, sich seinem dichterischen Werk zu widmen, und sich der Botanik zuwandte. Unter der großen Anzahl von frei wachsenden Pflanzen wollte er die Urpflanze finden, letztlich vergeblich, weil seine botanische Terminologie der Vielfalt nicht gerecht wurde.

sich hier seine Paläste erbauen ließ, um dem Zentrum der Macht nahe zu sein. Die palermitanische Metropole jener Zeit bot ein typisches Beispiel für eine parasitäre Stadt, die jene von den Bauern auf dem Land erarbeiteten Geldmittel verschlang, ohne selbst produktiv tätig zu sein. Als Folge der in dieser Zeit vermehrt einsetzenden Landflucht entstand ein städtisches Proletariat, die Armenviertel wuchsen. Die Bevölkerungszahl, die während der staufischen Zeit rapide gesunken war, stieg langsam wieder an.

Daneben erstarkten die Gilden der kleinen Kaufleute und Handwerker, an deren Spitze jeweils ein Konsul stand. Ein solcher Repräsentant des palermitanischen ›Mittelstands‹, der Goldschmied D'Alesi, trat bei dem durch akute Lebensmittelknappheit hervorgerufenen Volksaufstand von 1647 als Führer hervor – mit seiner Hinrichtung brach die Rebellion in sich zusammen.

Schon durch die Stadterweiterungen des 16. Jh. unter den spanischen Vizekönigen hatte Palermo seine mittelalterlichen Grenzen überschritten und war bis ans Meer gewachsen. Im Laufe des 18. Jh. verdoppelte sich die Einwohnerzahl dann auf etwa 200 000. Im letzten Weltkrieg wurde die Stadt stark bombardiert. Die heutige Neustadt dehnt sich mit viel baulichem Wildwuchs in alle Himmelsrichtungen aus. Ihr Mittelpunkt liegt in der Verlängerung der Via Maqueda, dem Viale della Libertà und Umgebung. In den letzten zwanzig Jahren setzte der Auszug der Bevölkerung aus der mittlerweile zum Sanierungsgebiet gewordenen Altstadt ein, ein Prozess, der sich in den meisten Städten am Mittelmeer beobachten lässt. Die Statistik dokumentiert diese dramatische Entwicklung: Von den 120 000 Bewohnern Anfang der siebziger Jahre waren 1989 nur noch 15 000 in ihren alten Häusern geblieben!

Von den Quattro Canti zum Dom

Rund um die Quattro Canti (1)

Grundriss der Quattro Canti, 1608–20 von dem römischen Architekten Giulio Lasso geschaffen

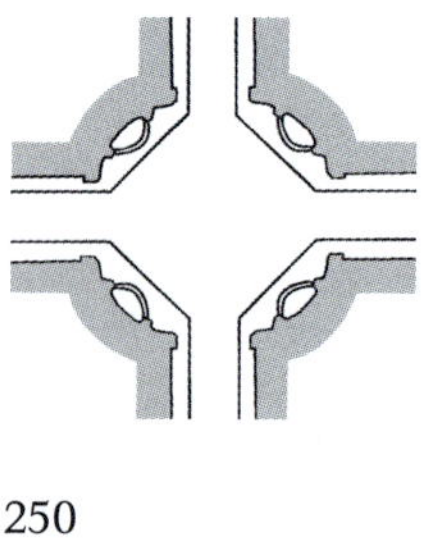

Im Laufe des 16. Jh. begannen die Palermitaner mit der systematischen Modernisierung der alten Stadt: Als erstes wurde die Hauptstraße, der ehemalige *Cassaro* (heute Corso Vittorio Emanuele), geradlinig bis zum Meer verlängert und verbreitert; kurz darauf ließ der Vizekönig Maqueda eine zweite große Verkehrsader anlegen (heute Via Maqueda), die den Cassaro auf halber Länge im rechten Winkel durchschnitt, sodass nun ein gleicharmiges Kreuz die Stadt in vier annähernd gleiche Viertel teilte. Um 1600 wurde der Schnittpunkt beider Straßen zu einem **achteckigen Platz** ausgebaut, dessen Seiten abwechselnd die offenen Straßenbreiten und vier ornamentale Fassaden bestimmen (Entwurf Giulio Lasso). Die Fassaden zieren auf Höhe des Erdgeschosses jeweils **Brunnen** mit den Allegorien der Jahreszeiten, im Zwischengeschoss Figuren der spanischen Könige (Karl V., Philipp II., III., IV.) sowie zuoberst die Statuen der Schutzheiligen der

Die Fontana Pretoria, 1554/55 für Florentiner Privatbesitz geschaffen, dominiert seit 1573 den gleichnamigen Platz. Goethe rechnete den auch unter Palermitanern lange Zeit umstrittenen Brunnen zu den »Vorfahren der Pallagonischen Raserei« (Brief vom 9. April 1787)

Stadtviertel: Ninfa, Agata, Oliva und Cristina. Die Bekrönung bilden die Wappen derjenigen Adelsfamilien, die traditionell die Vizekönige für Sizilien stellten.

An die Südseite lehnt sich die Theatinerkirche **S. Giuseppe (2)** an, von dem Theatiner Giacomo Besio entworfen und zwischen 1612 und 1645 fertiggestellt. Den reich geschmückten Innenraum teilen monolithische Marmorsäulen in drei Schiffe (Fresken u. a. Guglielmo Borremans; Stuckarbeiten u. a. Giuseppe Serpotta; Skulpturen u. a. Ignazio Marabitti). Unter der Theatinerkirche befindet sich ein zweites Gotteshaus, das der Kirche als Krypta dient, die Kirche Madonna della Provvidenza (Zugang links vom Haupteingang).

Zwischen der Theatinerkirche und der ihr seitlich gegenübergestellten Kirche der hl. Katherina öffnet sich die **Piazza Pretoria (3)**, volkstümlich Piazza Vergogna, ›Schamplatz‹, genannt – wegen der ›schamlosen‹, nackten Figuren. Der Platz wurde im 16. Jh. eingeebnet, um den manieristischen Brunnen aufzustellen, den die Stadt Palermo 1573 aufgekauft hatte und der von Francesco Camilliani ursprünglich für einen Privatgarten in Florenz geschaffen worden war (1554/55). Obschon kein Meisterwerk, gibt er doch dem Platz seine unverwechselbare Atmosphäre. Diesen umgeben an den anderen Seiten Gebäude des 18. Jh. sowie das Rathaus, der **Palazzo Senatorio (4,** auch ›Adlerpalast‹; alltags ist es meistens möglich, den Palast zu besichtigen, am Eingang fragen). Das rechteckige Rathausgebäude geht in seinem Ursprung auf das 15. Jh. zurück, wurde aber in den folgenden zwei Jahrhunderten vergrößert, erneuert und im 19. Jh. ein letztes Mal umgestaltet.

Infos unterwegs

In der Nähe fast aller größeren Sehenswürdigkeiten im Zentrum Palermos sind Informationsstände des kommunalen Tourismusbüros zu finden, die Stadtpläne und alle nötigen Informationen bereithalten. Der zentralste Stand befindet sich gegenüber dem Hauptbahnhof (Piazza Giulio Cesare).

1568 begannen die Dominikanerinnen mit dem Neubau der Kirche ihres enormen, mittelalterlichen Konvents (1310), **S. Caterina (5),** einem Gotteshaus, das in seiner Funktionalität vielen Frauenorden für ihre einschiffige Kirchen als Vorbild dienen sollte, von denen aber keine den reichen Marmordekor des hiesigen Innenraums erreichte (vom 15.–18. Jh. von den bekanntesten Künstlern der Insel ausgeführt). Die Fassade gehört noch der Spätrenaissance an. Im 18. Jh., nachdem die Theatinerkirche mit einer Kuppel versehen worden war, erhielt auch diese Kirche ihre Kuppel, um in der Rangordnung nicht hintanzustehen (die Kirche ist nur zu besonderen Anlässen geöffnet).

Die Anlage der **Piazza Bellini (6)** und deren Einreihung in das Straßensystem erforderte im 19. Jh. die Einebnung des Hügels. Die älteren Bauten mussten mittels Treppen von dem neuen Platz aus zugänglich gemacht werden.

La Martorana (7)

La Martorana
vorübergehend wegen Restaurierung geschl.

Im Atrium der Admiralskirche, *S. Maria dell'Ammiraglio)* hatte sich bis zum 13. Jh., als für den Gerichtshof ein eigenes Gebäude gebaut wurde, der sog. *Corte Pretoriana* versammelt. Hier hatte im Mittelalter das Zentrum der städtischen Macht – im Gegensatz zum Zentrum der Königsmacht im Normannenpalast – gelegen. Hier entschieden die Adeligen Siziliens, Peter von Aragon um Hilfe zu ersuchen. Im 15. Jh. wurde die normannische Kirche S. Maria dell'Ammiraglio dann dem Kloster der Eloisa Martorana angeschlossen und in den folgenden Jahrhunderten jeweils den neuen Bedürfnissen und Stilrichtungen angepasst. Die größte Veränderung erfuhr das Gebäude im 16. Jh., als die Zentralapsis niedergerissen und eine neue Fassade in Richtung von S. Caterina errichtet wurde; doch selbst dieser Eingriff konnte die perfekte Harmonie des Originalbaus nicht gänzlich zerstören.

Der **›Säulenturm‹** ist in den unteren zwei Stockwerken original erhalten, die oberen Partien entstanden im 14. Jh. Ursprünglich bildete eine Kuppel, die auf zwölf Säulen ruhte, den Abschluss des Turms.

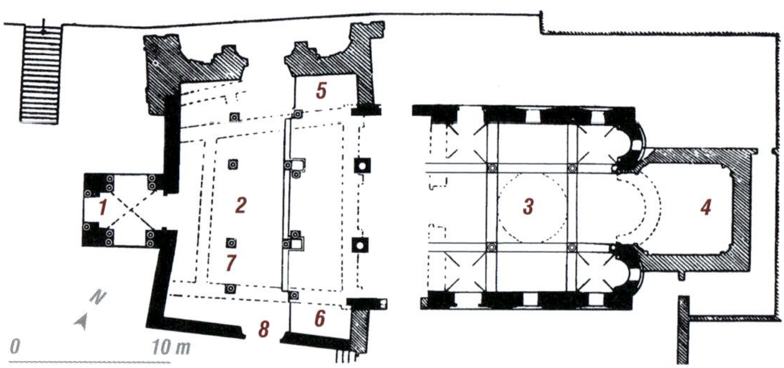

Martorana (S. Maria dell'Ammiraglio), Grundriss

1 Campanile
2 ehem. Normannenhof
3 Kuppel
4 Kapellenanbau des 17. Jh.
5 Rosenkranzkapelle
6 Kapelle des hl. Simon
7 Säulen mit arabischen Inschriften
8 Seitenausgang (arabische Holztür)

Durch den Eingang des Turms gelangte man in einen kleinen, mit Säulen umstandenen Innenhof, an dessen Seite sich der Narthex öffnete. Narthex, Innenhof und Westwand der Kirche fielen dem Umbau des 17. Jh. zum Opfer, als der Innenraum verlängert und – unter Wiederverwendung des alten Materials – in einen lang gestreckten Raum zusammengefasst wurde. Die ursprüngliche Kirche besaß einen ein griechisches Kreuz umreißenden, quadratischen Grundriss; an den Seitenwänden ist noch der Ansatz der früheren Stirnmauer zu sehen. Von den drei Apsiden aus dem 12. Jh. haben sich lediglich die zwei Seitenapsiden erhalten, auch der untere Dekor der Wände ging verloren.

Der Eingangsturm der Martorana ...
weist auf der Hälfte seiner Höhe einen klaren Stilbruch auf: Die beiden oberen Geschosse sind mehr als zwei Jahrhunderte später hinzugefügt worden.

Das Gebäude selbst, ein **Meisterwerk architektonischer Symbolik,** basiert auf Punkt, Kreis, Kreuz und Quadrat, den geometrischen Fundamentalsymbolen. Die über quadratischem Grundriss von vier Säulen getragene zentrale Kuppel steht beispielsweise für das alles überwölbende Firmament und die tragende Ebene. Für die Kabbalisten bedeutete der Kreis in einem Quadrat den ›Funken des göttlichen Feuers‹, der sich versteckt in der Materie befindet und diese mit dem ›Feuer des Lebens‹ beseelt. Die Zahl Vier verkörperte in dieser Zahlenmystik das Universum, und daher tragen hier vier Säulen das Kirchenzentrum.

Der **bildliche Schmuck** der Kirche folgt der griechisch-orthodoxen Liturgie. Ehemals war in der Hauptapsis die ›Betende Jungfrau‹ dargestellt, die durch ihre Geste die irdische Kirche der Gläubigen mit der himmlischen der Heiligen und Engel sowie Christus als Hohepriester verband. Im Zentrum der Kuppel thront Christus, und über seiner Aureole steht geschrieben: »Ich bin das Licht der Welt…«. Die vier Erzengel liegen anbetend zu Füßen Christi.

»Wir loben Dich, wir beten Dich an, wir danken Dir für Deine Macht und Herrlichkeit; Herr, König des Himmels, allmächtiger Vater, Jesus Christus und der Heilige Geist. Herr Gottes, Lamm Gottes, das du hinwegnimmst die Sünden der Welt.« Diese Worte stehen – heute nur noch schlecht lesbar – in kufischer Schrift auf dem runden Holzrand, der den Kreis um die Engel bildet. Während der Priester das Brot für die Segnung vorbereitete, murmelte er Namen von Heiligen, die in eben dieser liturgischen Reihenfolge an den Wänden der Martorana abgebildet sind: die Erzengel Michael und Gabriel, die schon anbetend in der Kuppel präsent sind, werden noch einmal, in vollem Galagewand, über dem Bema abgebildet; Johannes der Täufer fehlt auf den erhaltenen Mosaiken, befand sich aber aller Wahrscheinlichkeit nach neben dem Fenster der Hauptapsis; acht Propheten sind an der achteckigen Trommel der Kuppel zu sehen, die offenen Schriftrollen lesbar in der Hand haltend; in den Ecknischen, wo das Achteck ins Quadrat übergeht, sind die Evangelisten dargestellt; weitere acht Apostel sieht man in den Gewölben seitlich der Kuppeltrommel; es fehlen, wie so oft, Jakob der Ältere, Matthias und Judas Thaddäus. Die Nischen, mit Inschriften gerahmt, nennen den Anfang der Evangelien.

Kultursynthese
Aus der Herkunft ihres Begründers lässt sich der am byzantinischen Vorbild einer Kreuzkuppelkirche orientierte Bau von Santa Maria dell'Ammiraglio in Palermo erklären. Erbaut von Georg von Antiochia, einem Griechen aus Syrien und Großadmiral Rogers II., zeigte die Kuppel einst einen christlichen Hymnus in kufischer Schrift, aber griechischer Sprache – ein buchstäbliches Beispiel für die vollzogene Kultursynthese.

Die Darstellung der Geburt Christi in der Martorana zeigt einen pyramidalen Aufbau, der in einem Stern gipfelt. Sie enthält alle in der byzantinischen Ikonografie jener Zeit obligatorischen Bildelemente

Die drei großen ökumenischen Doktoren Basilius, Gregorius und Johannes nehmen, in Medaillons eingeschlossen, den Platz an der unteren Seite des Bogens ein, der dem Altar am nächsten liegt, weitere Kirchenväter und Hierarchen sind auf die restlichen Bogen verteilt. In 23 Medaillons sind Märtyrer abgebildet, darunter jedoch keine weiblichen. Die heiligen Konfessoren (Bekenner) und Theophoren (Gott-Träger) waren vielleicht an der heute zerstörten Westwand wiedergegeben. (Die Konfessoren fehlen in der Cappella Palatina, nicht jedoch in Monreale.) An der Nord- und Südwand, getrennt durch ein Fenster, standen Cosmas und Damian, im Medaillon die Pantelaimones und symmetrisch gegenüber Cyros, Johannes sowie im Kreis Hermolaos. Die Eltern Marias, Joachim und Anna, werden mit betend ausgebreiteten Händen in den Nischen der Seitenapsiden dargestellt. Die Bogen rahmen in großen Buchstaben weitere Worte der Liturgie.

Die Bildnisse der Gründer, mit deren Namen der Priester einst die Liturgie beschlossen haben wird, befinden sich nicht mehr an ihrem ursprünglichen Platz an der Westwand. Um sie bei dem Umbau zu retten, wurden sie in den ehemaligen Narthex verlegt, Georg von Antiochia, der Admiral Rogers II., links in die **Rosenkranzkapelle** und Roger selbst in die parallele **Kapelle des hl. Simon.** Georg wirft sich der Muttergottes, der die Kirche geweiht ist, zu Füßen – eine im Hofzeremoniell übliche Geste *(Proskynese).* Sein Gesicht in Dreiviertelansicht stellt ein echtes Porträt dar (Original, auch die Hände). Schlechte Restaurationen haben den originalen Körper des Admirals dermaßen verändert, dass er heute einem eigenartigen Insekt gleicht; ehemals war seine Haltung die typische halb kniende des Anbetenden (wie die der Erzengel).

Die rechte Hand Marias deutet in Richtung des Admirals, die linke hält die Spruchrolle mit ihren Worten. Von Georg ausgehend, über die Hände der Jungfrau hinweg, wird so ein Halbkreis zu Christus geschlagen, der durch seine erhobene Rechte zu verstehen gibt, dass er den Worten seiner Mutter, der Fürbitte für Georg, lauscht. Über Roger II., den Christus selbst krönt, stehen in lateinischer Sprache, aber griechischen Buchstaben die einfachen Worte »Rhogerius Rex«, König Roger (s. Abb. S. 79).

Unter den zwölf kirchlichen Festen wurde eine Auswahl von vier getroffen, die alle Maria geweiht sind, um den Jahreszyklus so aussagekräftig wie möglich wiederzugeben. Das erste, die ›Verkündigung‹, ist über dem die Kuppel stützenden Ostbogen angebracht, gegenüber an der Westarkade die **»Darbringung im Tempel«:** Das Kind streckt sich vom Arm der Mutter aus der Menschheit, vertreten durch den alten Simeon, entgegen, der schüchtern die Hände in einer Willkommensgeste öffnet. Im westlichen Gewölbe stehen sich ›Marientod‹ und **»Geburt Christi«** (s. Abb.) gegenüber.

Zwei der Säulen, die ehemals den offenen Vorhof zierten und nun das spätere Gewölbe stützen, tragen arabische Inschriften. Während an der linken (vom Eingang aus gesehen) nur die Worte ›Sieg, Eroberungen, Grandeur und viel Glück‹ eingemeißelt sind, werden an

»Das schönste Denkmal der Welt«

Der arabische Weltreisende Ibn Gubayr verfasste im 12. Jh. eine hymnische Beschreibung dieses Kirchenbaus: »Wir sahen dieses Gebäude – unmöglich, es mit Worten zu beschreiben. Es ist zweifellos das schönste Denkmal der Welt. Die inneren Wände sind alle vergoldet, mit bunten Marmorplatten verkleidet, die nie und nimmer ihresgleichen finden, ganz mit Goldmosaik ausgelegt und von grünen Ranken in Mosaik umgeben.«

der rechts vor den Stufen zum ehemaligen Nartex vorgelagerten Auszüge aus der XVI. und der IX. Sure des Koran zitiert. Das Seitenportal zur Rechten ist mit einer schön geschnitzten Holztür verschlossen, eines der wenigen Beispiele noch erhaltener arabischer Arbeiten. Außen ließ Georg nach islamischer Sitte, wichtige Gebäude mit einer Inschrift zu bekrönen, an sein Gotteshaus schreiben: »Ich biete Dir, oh jungfräuliche Mutter, diesen Tempel als kleine Gabe, ich, Dein Diener Georg, ein kleines Dankgeschenk mit großer Liebe – nicht nach Verdienst – da ich von Dir viele Wohltaten empfangen habe.«

Mit oder ohne Dekor vermittelt die gottbezogene Architektur über die Jahrhunderte hinweg ihre Botschaft: Sei es die Kuppel der Martorana (links), wo Christus wie in einem Mandala als einzige Wahrheit das Zentrum bildet, sei es die wenig später errichtete Kirche S. Cataldo (rechts), wo durch die im gesamten Bauwerk wiederkehrende Dreizahl der Schwerpunkt auf der göttlichen Dreieinigkeit ruht. Beide Kirchen gehen auf Stiftungen hoher Staatsbeamter zurück

S. Cataldo (7)

Vor der Kirche Georgs von Antiochia errichtete Maio von Bari, der Admiral Wilhelms I., 20 Jahre später diese dem apulischen Heiligen Cataldo geweihte Kirche, eines der letzten Sakralgebäude, das in Sizilien im sog. arabisch-normannischen Stil errichtet werden sollte (zwischen 1154 und 1160). Das Leben für die Muslime begann nunmehr immer schwieriger zu werden, ein Großteil der gebildeten Schicht hatte das Land bereits verlassen oder schickte sich an, dies zu tun.

Die Kirche entspricht dem **Typus des arabisch-normannischen Kubusbaus.** Hochgezogene konzentrische Blendarkaden dominie-

S. Cataldo
tgl. 9–14, März–Okt. auch 15.30–19 Uhr

Dom
www.cattedrale.palermo.it
tgl. 9–17.30 Uhr Kirchenschatz, Krypta und Kaisergräber: Mo–Sa 9.30–13.30 und 14.30–17.30 Uhr

ren den strengen Schmuck der Außenwände, der am oberen Rand durch den dekorativen Sims und das in Teilen erhaltene Band mit mittel-lateinischer Inschrift aufgelockert wird. Dies und die sorgfältige, elegante Fugung des Quadermauerwerks verraten deutlich den arabischen Einfluss. Drei Halbkugelkuppeln, erhöht aufgesetzt, bestimmen den Charakter des Gebäudes, drei Fenster schmücken seine Fassade.

Das Innere wird unter Verwendung antiker Säulen in drei Schiffe geteilt, über dem Zentrum erheben sich drei Kuppeln im Quadrat. Die Trompen bestehen aus gestuften Rundnischen. Fußboden und Altar sind noch original, die Wände, nie in Mosaik ausgeführt, zeigen den nackten Stein. Die Kirche gehört heute dem Orden der Ritter des Heiligen Grabes, deren Emblem an der Tür und im Fenster über dem Altar prangt.

Dom

Um einen neuen **Dom (8)** errichten zu lassen, ließ Erzbischof Walter of the Mill 1184 den alten zerstören, der ein Bestandteil der Großen Moschee von Palermo gewesen zu sein scheint. Diese Moschee nahm einen weit größeren Bereich ein als die heutige Kathedrale. Zu ihr gehörten außer den Gebetsräumen auch eine Medrese (Moscheehochschule), Bibliotheken, Bäder etc., die dem Neubau zum Opfer fielen. Die erste sichere Nachricht über eine ehemalige Kirche geht aus den Schriften des arabischen Weltreisenden Ibn Hauqal hervor, der im Jahre 997 Sizilien besuchte. 1072, nach der normannischen Eroberung von Palermo, wurde diese wieder dem christlichen Kult geweiht. Die Kathedrale des Walter of the Mill wurde innerhalb eines Jahres errichtet und auch geweiht. Diese kurze Bauzeit war dank des umfangreichen Baumaterials, das sich zur Wiederverwendung anbot, und vor allem dank gut organisierter maghrebinischer Arbeitskräfte möglich.

Obwohl in fast jedem Jahrhundert Teile hinzugefügt oder entfernt wurden, bleibt die Kathedrale von Palermo in ihrem Äußeren immer noch einer der bemerkenswertesten Sakralbauten Europas; eine wirklich katastrophale Wirkung – vor allen Dingen für den Innenraum – hatte erst der radikale Umbau von 1781–1801. Den Anstoß dazu gab das Fehlen einer großen Kuppel, was den Dom, im Vergleich zu den anderen Kirchen der Stadt, als minderwertig erscheinen ließ. Der Stadtrat beschloss, diesen Schönheitsfehler zu beheben, und berief Ferdinand Fuga, den Architekten der neapolitanischen Bourbonen, zum Dombaumeister. Ihm ›gelang‹ es, die Kathedrale so grundlegend zu verändern, dass viel von ihrem künstlerischen und historischen Wert unwiederbringlich verloren ging und die Domgeschichte heute nur noch mit Hilfe schriftlicher und grafischer Quellen zu rekonstruieren ist.

Städtebauliche Veränderungen
… ließen im 15. Jh. einen freien Platz vor der Südflanke des Doms entstehen. Durch die Anfügung des von der katalanischen Spätgotik beeinflussten Portikus gewann diese Seite die Bedeutung des Haupteingangs.

Fuga pfropfte der mittelalterlichen dreischiffigen Basilika die **klassizistische Kuppel** auf und ersetzte das Dach der Seitenschiffe durch eine Reihe von kleineren Kuppeln, die die dahinter liegenden Arkaden mit ihrem Intarsienschmuck verdecken. Aus den vergangenen Jahrhunderten blieben vom Äußeren der Kathedrale erhalten: der mächtige Westturm, die Spitzbogen, die diesen mit der Fassade verbinden, die Fassade mit ihren Treppentürmen und deren Glockenturmaufbauten, die Seitenwände des Mittelschiffs, die Apsiden mit den Treppentürmen und deren Glockenturmaufbauten nebst den Blendarkaden in Einlegearbeiten (1956–58 vom Verputz befreit und restauriert), die Nordwände der Seitenkapellen und der Sakristei sowie der Südportikus im Stil der katalanischen Gotik.

Der Dom, wie viele Sakralbauten des Mittelalters als Wehrkirche errichtet, war ein lang gestreckter Kubusbau mit zwei niedrigen seitlichen Baukörpern und vier Ecktürmchen, die jedoch nicht die Höhe des Daches überstiegen. Da der Bischof es nicht wagte, hier die klassische Form des Wehrdoms mit den zwei seitlichen Wehrtürmen anzuwenden – die als Symbol der königlichen Macht galten –, verfiel er auf die Lösung, der Kirche die blockartige Form einer arabischen Festung zu geben, die lediglich einen, dem Haupteingang vorgelagerten Turm erhielt. Dieser stand nur durch hohe Spitzbogenarkaden mit dem Dom und dessem komplizierten Verteidigungssystem in Verbindung, in das man über die Ecktürmchen gelangte und das über Gänge und Treppen bis zum Bischofspalast führte. Der **Wehrturm** bestand bis zu drei Vierteln seiner Höhe aus einem einzigen gemauerten Block und war nur in seiner oberen Partie Teil des Verteidigungssystems. Sein unterer Eingang mit Balkon stammt aus dem 17. Jh., der obere neugotische Aufsatz mit Türmen und Türmchen ist eine ›Verschönerung‹ des 19. Jh.

Ansicht des Doms von Südosten her

Dom, Grundriss
1 Südlicher Portikus
2 Säule mit Sure
3 Weihwasserbecken
4 Madonna des Francesco Laurana
5 Kaisergräber
6 Kapelle der hl. Rosalia
7 Schatzkammer (Eingang) und Krypta

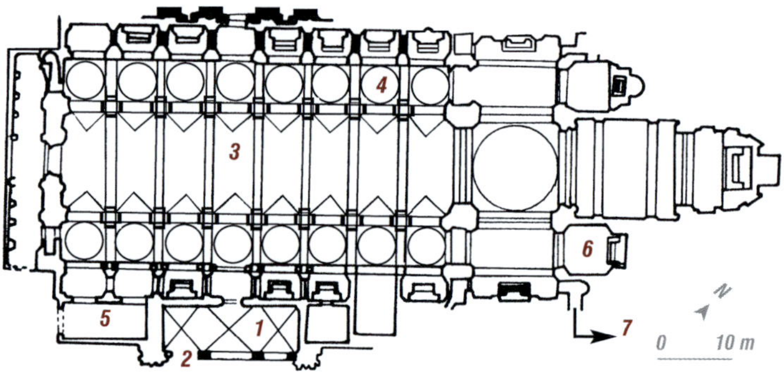

Ab dem 13. Jh. wurde mit dem **Bau der Seitenkapellen** begonnen. Im 14. Jh. machte sich in der Baukunst Siziliens – als Reflex der spanischen Gotik – ein Streben in die Höhe und im Dekor eine Suche nach plastischen Formen bemerkbar (im Gegensatz zur normannisch-arabischen Zeit, als der Schwerpunkt auf den prismengleichen flachen Wänden lag); so erhielten die Türme einen Aufbau, zur selben Zeit und von derselben Werkstatt wie die oberen Teile des Turms der Martorana ausgeführt. Der neue Zeitgeschmack manifestiert sich dabei in den Säulen und oft blinden Fenstern, die ihre eigentliche Funktion verloren haben und nur noch dazu dienen, einen dekorativen Licht-Schatten-Effekt zu erzielen.

Der Schmuck der Säulen und Fenster der Fassade zeigt das typische plastische Zickzackmotiv. Hauptportal und südliches Seitenportal aus der ersten Hälfte des 15. Jh. weisen Analogien auf, in denen sie sich der spanischen Spätgotik nähern. In der zweiten Jahrhunderthälfte ist diese schließlich vollständig im floralen katalanischen Stil an dem südlichen Portikus vertreten. In seinem Giebelfeld wird der thronende Christus zwischen den Figuren der Verkündigung wiedergegeben. Die feine Ausführung der Steinmetzarbeit entspricht spanischen Holzarbeiten des 15. Jh. und lässt sich mit dem Chorgestühl des Doms vergleichen. Im Verlauf von Restaurationsarbeiten wurde 1989 ein Teil des Originalportikus aus dem Mittelalter freigelegt, der einen arabeskenartigen farbigen Lebensbaum aufweist, in dem Christus und Maria das absolute Zentrum bilden. Dem Licht ausgesetzt, verblassten die Farben leider binnen kurzer Zeit. Die Torflügel des Eingangs (1432) gehören noch dem sizilianischen Kunsthandwerk an, das sich weitgehend auf die arabisch-normannische Formensprache stützte. Die Säulen des Portikus sind Spolien, die äußerste linke trägt im Relief einen Ausschnitt aus der siebten Sure des Korans.

Der **Innenraum** im Stil des klassizistisch beeinflussten Spätbarock steht in keinem harmonischen Verhältnis zum Außenbau. Beim Umbau erhielt der Dom die Form eines lateinischen Kreuzes mit der üblichen Kuppel über der Vierung. Die an die Pfeiler angelehnten Säulen stammen noch aus dem mittelalterlichen Bau; sie trugen einst, auf einem gemeinsamen Sockel in Vierergruppen gebündelt, hohe Spitzbogen. Die **Heiligenstatuen** an den Pfeilern, 1950 dort angebracht, gehörten zu einem Retabel, das im 16. Jh. die Wand hinter dem Altar schmückte. Dies Hauptwerk der Gagini war mit 38 Figuren das größte skulpturale Ensemble Italiens. Weitere Statuen des Retabels sind in den Nischen beim Chor aufgestellt, die restlichen auf andere Kirchen Palermos verteilt. Das **Weihwasserbecken** am vierten Pfeiler des nördlichen Seitenschiffs, lange zu Unrecht Domenico Gagini zugeschrieben, besticht durch seine feine Arbeit. Unter den übrigen Skulpturen des 15. und 16. Jh. ist die marmorne Muttergottes des Francesco Laurana die bemerkenswerteste.

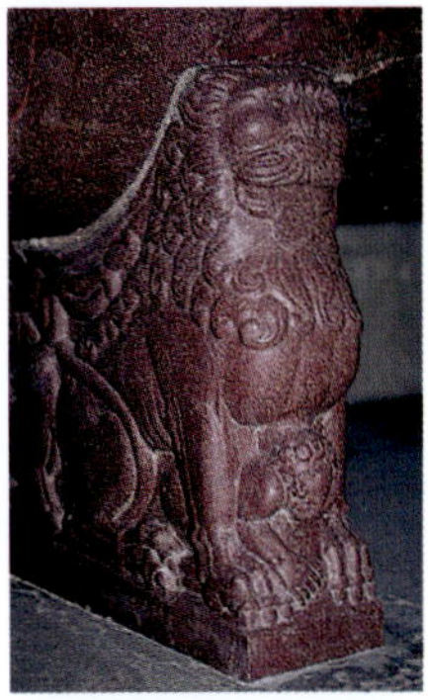

Detail vom Porphyrsarkophag Friedrichs II. In der komplexen Symbolik des Löwen vertritt dieser auch die königliche Macht und die Gerechtigkeit

Kaisergräber

Der Dom wird heute hauptsächlich wegen der Kaisergräber besichtigt, die seit Ende des 18. Jh. in der ersten Seitenkapelle rechts vom Haupteingang aufgestellt sind. Im Mittelalter war es ein Vorrecht der Mitglieder der Königsfamilie oder hoher kirchlicher Würdenträger, in der Kathedrale bestattet zu werden; zwei Räume zu Seiten der Hauptapsis dienten diesem Zweck. Beim Umbau wurden die als weniger wichtig erachteten Persönlichkeiten in die Krypta transferiert, darunter auch Walter of the Mill. Bei den beiden vorderen Gräbern handelt es sich um die **Sarkophage** Friedrichs II. und Heinrichs VI. von Hohenstaufen. In der hinteren Reihe befinden sich die letzten Ruhestätten Rogers II. und seiner Tochter Konstanze von Hauteville, der Frau Heinrichs VI. von Hohenstaufen und Mutter Friedrichs II.

Die Staufer liegen in den Porphyrsarkophagen, die Roger II. ursprünglich im Dom von Cefalù hatte aufstellen lassen – einen als Denkmal für die Dynastie, einen für sich selbst. Nach seinem Tode wurde er jedoch in Palermo beigesetzt, und so konnte Friedrich II. 1215 die Sarkophage hierher bringen lassen, wo er seinen Vater, Heinrich VI., in einen von ihnen umbetten ließ und den zweiten, ursprünglich für Roger II. gefertigten, für sich selbst bestimmte. Diesen Sarkophag, den ältesten der Grabdenkmäler, tragen Doppellöwen, die das bevorzugte Wappentier Rogers II. gewesen zu sein scheinen. Die Ikonografie ist die gleiche: Die Stilisierung der Muskeln, Gesichter, Tatzen und Mähnen, die verschlungenen Schweife, die eine Arabeske bilden, finden sich so auch auf der Decke der Palastkapelle. Unter den Löwen kauert jeweils ein Mensch, aber nicht angstvoll, sondern eher zufrieden unter dessen Schutz. Vertrauensvoll legt er den Arm auf die Tatze des Löwen. Diese Darstellung der menschlichen Figur besitzt ein Gegenstück an einem Kapitell von Cefalù, und Schüler desselben Meisters scheinen auch im Kreuzgang von Monreale tätig gewesen zu sein. Den Sarkophag **Heinrichs VI.** schmücken einfache Dreierlinien. Beide Sarkophage werden von säulengestützten Porphyrbaldachinen überdacht, deren Tympanonform eine bewusste Parallele zur Antike darstellt. Den Herrschaftsanspruch des sizilianischen Königshauses bezeugt auch der verwendete Stein, denn Porphyr galt seit der Antike als ›kaiserliches‹ Baumaterial.

Die Krone, die Friedrich II. seiner Frau Konstanze mit ins Grab gegeben hat; das mit Seide gefütterte Gewebe aus Metallfäden ist mit Perlen, Edel- und Halbedelsteinen sowie Email geschmückt

›Madonna von Gagini‹ in der Schatzkammer des Doms von Palermo

Die sterblichen Überreste **Rogers II.** und seiner jüngsten Tochter **Konstanze von Hauteville,** der Mutter Friedrichs II., ruhen in Porphyrsarkophagen mit von sechs Säulen getragenen Baldachinen, auch diese ein Herrschaftssymbol. Die Säulen des Grabmals von Roger II. und Säulen sowie Baldachin des Grabmals von Konstanze sind mit prachtvollen musivischen Ornamenten versehen. Der Sarkophag Rogers II., aus einfachen Porphyrplatten in Form eines Hauses zusammengesetzt und von vier knienden Trägerfiguren aus Kalkstein gestützt, ist eines der frühesten plastischen Werke der normannischen Kunst in Sizilien (um 1154).

An der linken Wand erinnert eine schlicht gearbeitete Grabplatte an **Wilhelm, den Grafen von Athen** und Sohn Friedrichs III. von Aragon († 1338), dessen Körper im Grab Friedrichs II. von Hohenstaufen gefunden wurde – zusammen mit dem Peters II. von Aragon, der in einen Sack mit Perlenstickerei gehüllt war († 1342).

Rechts an der Wand liegt, in einem antiken Sarkophag des 3. oder 4. Jh., **Konstanze von Aragon** bestattet, die erste Frau Friedrichs II. Die Inschrift auf dem Sarkophag ist die einzige originale der Gräber: »Im Leben war ich Siziliens Königin, jetzt, seitdem ich hier liege, bin ich, Friedrich, die Deine.«

Kapelle der hl. Rosalia und Schatzkammer

Die **Kapelle der hl. Rosalia,** der Schutzpatronin von Palermo (rechts neben dem Presbyterium), schmücken klassizistische Reliefs von Valerio Villareale. Am Altar werden in einer massiven Silberurne von 1631 die Reliquien der Heiligen aufbewahrt.

In der **Schatzkammer** (Eingang rechts neben der Kapelle der hl. Rosalia oder von außen durch eine Tür rechts neben dem Eingang) wird neben kirchlichen Gewändern die Kaiserkrone ausgestellt, die Konstanze von Aragon im Grab trug. Es handelt sich jedoch um diejenige des Königs, gefertigt nach dem Vorbild der oströmischen Kaiserkrone. Das helmförmige Diadem ist reich mit Perlenschnüren und Edelsteinen verziert und besitzt jene charakteristischen Pendilien (Seitengehänge), die wir von bildlichen Darstellungen der Normannenkönige kennen. Der Eingang der Schatzkammer führt auch zur **Krypta.**

Palazzo Sclafani

Der um 1330 von der mit den Chiaramontes konkurrierenden Familie Sclafani errichtete **Palazzo (9)** beeindruckt noch heute durch seine Fassade. Die ineinander verschränkten Blendbogenfriese, dekorativ mit schwarzem Tuffstein eingelegt, sowie die blockartige Form des Baus lassen an normannische Vorbilder denken. Die Wand des Arkadenhofs trug das Fresko »Triumph des Todes«, bevor es in die Regionalgalerie gelangte (s. S. 276 und Abb. S. 55).

Vom Normannenpalast zur Zisa

Normannenpalast (10)

Der normannische Königspalast steht auf der höchsten Erhebung des mittelalterlichen Stadtgebiets. Er begrenzt die Zone, in der im 8. Jh. v. Chr. der erste Kern der zukünftigen Stadt entstand, für die sich die Phönizier eine Halbinsel ausgesucht hatten (heute Villa Bonanno, ein 1905 angelegter Palmengarten). Sie wurde von zwei Flüssen am Ende einer tief eingeschnittenen Meeresbucht gebildet (Papireto und Oreto, in jüngerer Zeit umgeleitet), die sich bis zur heutigen Via Roma erstreckte.

Palazzo degli Normanni und Cappella Palatina

Mo–Sa 8.30–16.30, So 8.30–13 Uhr
Da der Palazzo degli Normanni Parlamentssitz ist, kann er außer Juli/Aug. Di, Mi und Do nur eingeschränkt besichtigt werden.

Die Araber nannten dieses Gebiet *al-Halqah,* ›Mauerring‹ (heute *Galca).* Es entwickelte sich schnell zum kulturellen und administrativen Zentrum der arabischen Hauptstadt Siziliens, die sich nun weit über ihre Grenzen hinaus ausdehnte. An Stelle einer Festung entstand im 9. Jh. al-Qasr, die Sommerresidenz des Emirs von Palermo. Diese machte Roger II. zu seinem Stadtsitz und baute sie zum Regierungspalast um, dessen Luxus und Schönheit selbst an dem wenig Erhaltenen noch beeindrucken. In Berichten arabischer Schriftsteller wird der Bau mit seinen vier gewaltigen und außen mit kufischen Inschriften verzierten Türmen, die zwischen sich die niedrigeren Gebäude einschlossen, eindrucksvoll beschrieben.

Ab Mitte des 13. Jh., parallel zum politischen Verfall der Insel, verwahrloste auch der Palast. Im 16. Jh., im Rahmen der urbanistischen Erneuerung Palermos, beschlossen die spanischen Vizekönige, ihn wieder als Residenz zu nutzen, und so begann ein durchgreifender Umbau des Gebäudes. Als erstes wurden drei Türme teils niedergerissen, teils inkludiert und neue Innenhöfe angelegt. 1616 erhielt der Palast noch eine neue, durchlaufende Fassade, die sich seitlich an einen noch bestehenden normannischen Turm, die **Torre Pisana,** anschließt, welcher sich mit dem ausgeglichenen, schlicht-eleganten Dekor seiner gestuften Blendarkaden von den anderen Baukörpern deutlich abhebt.

Mit dem Baukomplex verbunden ist die **Porta Nuova,** die 1583 anstelle eines älteren Stadttors errichtet wurde, um den Sieg Kaiser Karls V. in Tunesien (1535) zu feiern. In dem wuchtig-martialischen Untergeschoss wachsen die besiegten ›Mauren‹ als nackte Dreiviertelfiguren aus den manieristischen Pilastern heraus. Im Gegensatz dazu steht die obere Partie mit ihrer zierlichen Loggia und dem Pyramidendach mit dem Wappentier Palermos, dem Adler, die auf einen Umbau von 1669 zurückgeht.

1921 kaufte die Regierung den Palast auf, der nach den politischen Umwälzungen des 19. Jh. in Privatbesitz geraten und als Magazin benutzt worden war. Während der Arbeiten, die zunächst nur die Rettung der noch bestehenden normannischen Bausubstanz zum Ziel hatten, konnten in den folgenden Jahrzehnten mehrere der aus schriftlichen Quellen bekannten Einrichtungen identifiziert werden. So fand

›Zimmer des Roger‹

»Mehr als diese Prunksäle (des Normannenpalastes) reizt das zierliche, mit Mosaiken bedeckte Gemach Rogers. Man sieht dort Kämpfe der Cenaturen, Vögel und eine Jagd abgebildet, in sehr altertümlicher Weise. Warum dies Gemach Stanza di Ruggeri heißt, lässt sich freilich nicht sagen; die Mosaiken sind Werke des zwölften Jahrhunderts, aber die ursprüngliche Gestalt aller dieser Zimmer hat die größeste Umwandlung erlitten. Vergebens forscht man nach den Gemächern Friedrichs II., obwohl um der Ehre des Mannes willen eins nach ihm benannt wird. Und welcher Name zierte dieses Schloss mehr als der Friedrichs? Viele Fürsten aus den entlegensten Ländern, Saracenen, Normannen, Schwaben, Spanier, Anjous, Bourbonen haben von diesem Palast aus geherrscht und diese Räume mit Lust und Elend erfüllt; doch treten alle andern Erinnerungen hinter dem Gedanken zurück, dass in diesen Mauern jener große Kaiser seine Jugend verlebt hat.«
Ferdinand Gregorovius, 1853

man die **Schatzkammer** mit doppelten Türen, umliegenden Rundgängen für Wachen und in den Fußboden vermauerten Vasen, die Hunderte von Millionen Goldmünzen aufnehmen konnten, wieder. Ein 15 m hoher Saal – heute Büro des sizilianischen Regionalpräsidenten – mit bemerkenswerten Resten des musivischen Dekors (Jagdszenen), ein Raum mit intakter Stalaktitendecke, die Gefängnisse und andere Räume wurden wieder entdeckt. Über Jahrhunderte blieben nur die Palastkapelle und das sog. Zimmer des Roger beinahe unversehrt.

Besichtigungen führen in einen Teil des Gebäudes, der der Regionalregierung zur Verfügung steht. Zu den Räumen gehören außer dem ›Zimmer des Roger‹ der **Parlamentssaal** (1560/79, mit Fresken des Giuseppe Velazquez von 1799), der sog. **Saal der Vizekönige** mit den Portraits der Vizekönige sowie der sog. Speiseraum.

Der **›Speiseraum‹** war einst ein offenes Atrium. Baustruktur, Säulen und Spitzbogen sind typisch für das gesamte palermitanische Mittelalter, das keinen Unterschied zwischen sakraler und profaner Bauweise kannte. Die vier Seiten öffnen sich jeweils auf einen Eingang, von denen einer in das **›Zimmer des Roger‹** führt. Über einem hohen Marmorsockel mit reichen Kosmatenarbeiten sind die Wände in Goldgrundmosaik mit uralten persisch-sassanidischen Motiven verziert, die sich spiegelbildlich wiederholen. Trotz der strengen Symmetrie sind die Abbildungen von Spannung und Lebendigkeit durchflutet: Die Bäume scheinen wie von einer leichten Brise durchweht, die Jäger, Zentauren oder Tiere in der Bewegung eines Augenblicks festgehalten zu sein, ohne dass deswegen auf eine naturalistische Wiedergabe zurückgegriffen würde; nichts wirkt erstarrt oder statisch. Über das Kreuzgewölbe zieht sich ein Netz blühender Arabesken, die sich zu Kreisen ineinander verschlingen, in denen vier Löwen und andere Wappentiere mit ihren peitschenden, S-förmigen Schweifen die vibrierende Bewegung fortsetzen. Die Raumausstattung, zur Zeit Wilhelms I. um 1160 ausgeführt, ist das älteste nicht sakrale Beispiel ihrer Art in Europa.

Die Gruppe Würth erforscht in Zusammenarbeit mit dem Denkmalschutz seit 2004 den Normannenpalast. Dabei wird der beinahe unbekannten Unterkirche der Palastkapelle ein besonderes Interesse gewidmet. Es scheint, dass diese die eigentliche Privatkapelle der Könige war und die Palastkapelle hauptsächlich repräsentative Aufgaben erfüllte. Das vorläufige Endziel der Untersuchungen besteht in partieller Restauration und Konsolidierung und vor allem darin, die Oberkirche unter Einsatz moderner technischer Hilfsmittel vor den Konsequenzen des stetigen Besucherstroms zu schützen.

Cappella Palatina

Die Palastkapelle, entstanden zwischen 1130 und 1140, pries der begeisterte Guy de Maupassant als »das Schönste, was sich der menschliche Geist je erträumt und in Wirklichkeit umgesetzt hat, das Juwel aller Kirchen«. Auch der heutige Besucher wird diesem berühmten

Touristen des 19. Jahrhunderts beipflichten, denn selbst die nach dem 12. Jh. durchgeführten Veränderungen haben es nicht vermocht, das mittelalterliche Aussehen und die magische Anziehungskraft dieses ›Juwels‹ zu zerstören. So ließ beispielsweise der Bourbone Ferdinand IV. während seines Zwangsaufenthalts in Palermo Teile der Mosaiken entfernen, um einen bequemeren Zugang zur Palastkapelle zu erhalten. Die drei großen Kulturen, die das Reich Rogers II. bestimmten – der griechisch-christliche Osten, der lateinisch-christliche Westen und der Islam – verschmelzen in seiner Kapelle zu einem in jeder Hinsicht einzigartigen Kunstwerk.

Zwei diametral entgegengesetzte Baukonzeptionen sind hier zusammengefügt: das Presbyterium mit zentralem Grundriss, aus der östlichen Bautradition stammend und den Erfordernissen der griechischen Liturgie angepasst, und das dreigeteilte Langschiff westlicher, basilikaler Tradition, das den Abfolgen der lateinischen Liturgie entspricht.

In der östlichen Konzeption wird die Erlösungsgeschichte auf einer vertikalen Achse wiedergegeben, d. h. in einer vom Himmel zur Erde niedersteigenden Abfolge. An oberster Stelle, in der **Kuppel,** steht folglich Christus Pantokrator, den eine Inschrift (»Die Welt ist der Schemel meiner Füße«) als alleinigen Herrscher des Universums ausweist (s. Abb. S. 47). Um ihn, Zentrum und Pol des Lebensrades, gruppieren sich acht Engel (die den acht mittelalterlichen Himmelsrichtungen entsprechen) – die Acht bedeutete den mittelalterlichen Zahlenmystikern die universelle Zahl der Vollendung und der Auferstehung. Die Verbindung von dieser himmlischen Sphäre, symbolisiert durch den Kreis, zur irdischen Sphäre, symbolisiert durch das Quadrat, stellen wiederum acht Figuren her: die vier Evangelisten in den gestuften **Trompennischen** und David, Salomon, Zacharias und Johannes der Täufer, die sich zwischen den Evangelisten unter Blendarkaden gegenüberstehen.

Cappella Palatina im Normannenpalast, Grundriss

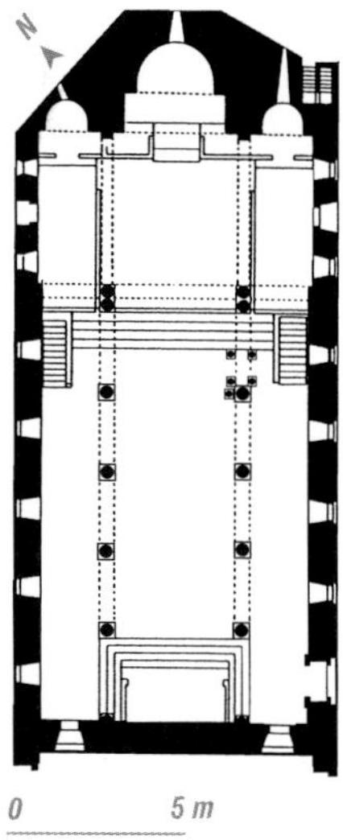

Über dem Bogen der **Mittelapsis,** unter David, ist die ›Verkündigung‹ zu sehen, in der Apsiswölbung Christus, und darunter befand sich ursprünglich die Hauptlichtquelle der Kirche, die Christus symbolisierte. Der so bewirkte Effekt ist kaum noch vorzustellen. Das Fenster wurde im 19. Jh. geschlossen und durch eine unpassende historistische Marienfigur ersetzt. Die ›Herabkunft des Heiligen Geistes‹ nimmt das **Gewölbe des Diakonikons** ein, und in der Apsisnische selbst weist der hl. Paulus als der Vertreter der Kirche den Weg zu dieser Erleuchtung. Die Darstellungen von Anna und Maria sind wiederum jüngeren Datums, ehemals war auch hier ein Fenster. An der Wand des Diakonikons sind – waagerecht und zeilenweise zu lesen – Szenen aus dem Leben Christi wiedergegeben, die auf seine Verherrlichung hindeuten: Geburt, Traum Josephs, Flucht aus Ägypten, Taufe, Verklärung auf dem Berg Tabor, Auferweckung des Lazarus und Einzug in Jerusalem.

An der gegenüberliegenden **Wand der Prothesis,** ursprünglich Petrus und erst später dem hl. Andreas geweiht, öffnete sich einst die

Cappella Palatina, Blick in die Hauptapsis mit Pantokrator und Muttergottes: Ende des 19. Jh. musste das Fenster der Hauptapsis dieser schwachen Darstellung der Muttergottes weichen. Damit ging ein für die Ausdrucksstärke des mittelalterlichen Bildprogramms wichtiger Lichteffekt verloren

Königstribüne. Der Spitzbogen im oberen Teil scheint original zu sein, auf die Gliederung der Wand und den Dekor des 12. Jh. lassen sich indes keine Schlüsse mehr ziehen. Im unteren Teil sind in symbolisch frontaler, altbyzantinischer Art die Patriarchen der Ostkirche abgebildet. Deutlich wird so die Rolle des Königs und der Kirche als Vermittler der göttlichen Weisheit hervorgehoben.

Den liturgischen Bedürfnissen der lateinischen Kirche kam die längsgerichtete Achse der drei Schiffe und der mittleren Apsis entgegen, auf der die Heilsgeschichte in zeitlich aufeinanderfolgenden Episoden von der Schöpfung bis zum Jüngsten Gericht erzählt wird. In einer Kreisbewegung verbindet sich die westliche mit der östlichen Konzeption und bezieht diese in die Erzählung mit ein.

Die horizontale Achse ist zeilenweise zu lesen, mit dem Rücken zur Westwand stehend. Von hier aus ist beinahe nichts von der Kuppel, den Seitenräumen und Seitenapsiden zu sehen. Der Blick wird vielmehr auf die **Zentralapsis,** ihren Bogen und auf einen Teil des Tambours gelenkt: auf David, die Verkündigung, Christus und die – ehemalige – Lichtquelle. Christus ist in seiner diakonischen Form mit dem geöffneten Buch wiedergegeben. Gut lesbar sind in Latein die Worte zu erkennen: »Ich bin das Licht der Welt, wer mir folgt, geht nicht im Dunkeln, sondern wandelt im Licht des Lebens.« Ein Vergleich der Christusdarstellung in der Apsis mit jener in der Kuppel zeigt, dass letztere als Modell diente, die Würde der Darstellung jedoch durch eine noch prächtigere Kleidung gesteigert wird. Die Form des Umhangs mit dem Stoffüberwurf neben der Hand stellt ein Unikum in der Ikonografie dar. Die fleischige, erhobene Hand verdankt sich einer Restaurierung sowie auch die fehlende Stirnlocke.

Als Verbindung zwischen Tambour und Apsisnische fungieren die Erzengel Gabriel und Michael. Am höchsten Punkt des Bogens wartet der vorbereitete – leere – Thron auf den Richter des Jüngsten Gerichts *(Etemasia)* inmitten eines von Ornamenten umgebenen Kreises, mit einem wertvollen Tuch bedeckt. Auf dem Tuch ruht das Buch mit sieben Siegeln, die Apokalypse. Darüber schwebt mit offenen Flügeln eine Taube, der Heilige Geist des Pfingstfestes. Auf dem Fußschemel steht ein Tablett mit den Nägeln der Passion; im Hintergrund verweist ein zweiarmiges Kreuz mit der Dornenkrone, an dessen Seiten die Lanze und der Stab mit dem Schwamm angelehnt sind, auf Christus.

Ausgehend von ›Christus als Schöpfer‹ in der Hauptapsis entwickelt sich der horizontale Zyklus in einer kreisenden Bewegung über Episoden des Alten Testaments längs der rechten (südlichen) **Seitenwand des Mittelschiffs,** kehrt über die linke (nördliche) zurück zu Christus und läuft, wieder von ihm ausgehend, doch diesmal als ›Fleisch gewordenes Wort‹ (Verkündigung), über die Apostel Petrus und Paulus an den niedrigeren Wänden der Seitenschiffe (von rechts nach links) zurück, um endgültig wieder zu Christus zu kommen.

In der oberen Zeile reicht die Erzählung vom ersten Schöpfungstag bis zu dem Moment, als Kain das Land der Gerechten verlässt, in der unteren vom Bau der Arche bis zu Jakobs Kampf mit dem Engel. Es fällt auf, dass alle jene Episoden des Alten Testaments ausgespart bleiben, die möglicherweise islamische Betrachter hätten verletzten können, z. B. die Mosesgeschichte oder der Auszug aus Ägypten.

An den **Wänden der Seitenschiffe** sind in einer einzigen Folge Szenen der Apostelgeschichte, die mit Petrus und Paulus in Verbindung stehen, aneinander gereiht – nicht chronologisch, sondern gemäß ihrer heilsgeschichtlichen Wertigkeit geordnet: Sie enden nicht mit dem Tod der Apostel, sondern mit dem Triumph des Christentums. Sie beginnen im rechten (südlichen) Seitenschiff mit Begebenheiten aus dem Leben des hl. Paulus. Die letzten Bilder betreffen bereits Petrus, was sich im linken (nördlichen) Seitenschiff fortsetzt. Szenen, an denen beide Apostel beteiligt sind, beschließen den Zyklus.

»Über das Deckengewölbe ist das Staunen kein Ende, es ist ein Wunder anzuschauen, ja nur davon zu hören. Mit zierlichem, buntem Schnitzwerk, im Muster eines Bienenkorbs ist es geschmückt, und wie es allenthalben von Gold blitzt, stellt es den nächtlichen Himmel dar, wenn aus klarer Luft das Heer der Sterne herniederfunkelt.«

Teofano Ceramei, Beschreibung der Eröffnungsnacht der Kapelle, 1142

Bildprogramm der Seitenschiffe

In den Seitenschiffen werden die Kraft der wahren Erkenntnis und des Gottvertrauens verherrlicht. Rechtes Schiff: »Nach seiner Erleuchtung gelingt Paulus die Flucht aus Damaskus«, »Petrus wird dank göttlicher Hilfe durch einen Engel aus dem Gefängnis befreit«; linkes Schiff: »Mit Gottes Hilfe erweckt Petrus Tabita von den Toten«, »Das Gebet der zwei Apostel bringt den Magier Simon zu Fall und zerschmettert ihn am Boden«, dies symbolisiert den Sieg der Erkenntnis über die Unwissenheit und den Aberglauben. Im Mosaikfeld »Petrus und Tabita« sticht übrigens eine für Sizilien untypische Kuppel ins Auge: Es ist die Kirche der S. Maria del Fiore in Florenz. Donatello Gagini fügte sie während seiner Restaurierung der Mosaiken hinzu, um Brunelleschi zu ehren.

Im **Presbyterium** sind nur die vier Patriarchen des Ostens dargestellt; im **Mittelschiff** dagegen, über den Säulen, vertreten acht heilige Bischöfe alle christlichen Länder des 4.–7. Jh. An den gleichen Stellen wie die Bischöfe stehen an den äußeren Wandseiten acht ganzfigurige heilige Frauen und darüber, in Medaillons, acht Büsten weiterer weiblicher Heiliger, die entweder mit Petrus oder mit Paulus in Verbindung stehen. An den Archivolten findet man in Tondi insgesamt 58 Märtyrer abgebildet.

Ein Teil des **Dekors der Südwände** ist zudem noch der Taufliturgie gewidmet. Ursprünglich stand ein – nicht erhaltenes – Taufbecken unter dem letzten Bogen des Mittelschiffs, dicht bei der Kanzel und dem Osterleuchter – die Taufnacht war einst die des Karsamstags. Es war bewusst unter dem Beginn der Schöpfungsgeschichte und der rettenden Arche (beide auf der südlichen Mittelschiffwand) platziert worden, da das Motiv des Wassers diese beiden Episoden mit dem Taufakt verband. Im Hintergrund fiel der Blick dann noch auf die Taufe des Saulus an der Südwand des rechten Seitenschiffs und die Taufe Christi an der Wand des Diakonikon. In der Schöpfungsszene erscheint der segnende Gott – hier nicht als alter Mann mit wallendem Bart, sondern wie Christus dargestellt – mit Nimbus inmitten eines Strahlenkranzes; zehn Wasserströme, vor ihnen der Heilige Geist als Taube, fließen zur Erde hernieder. Ein Fenster verbindet diese Darstellung mit der folgenden, die die Trennung von Wasser und Erde zeigt. Umschlossen von dem Kreis der primordialen Wasser und des Firmaments schwimmen die drei damals bekannten Kontinente Asien, Afrika und Europa.

An der reich verzierten **Kanzel** sind die vier Symbole der Evangelisten plastisch wiedergegeben – als Stütze des Buches am Lesepult dient der Adler, das Kennzeichen des Evangelisten Johannes. Die zwei vorderen der vier Kanzelsäulen, zwischen denen sich einst das Taufbecken befand, sind mit Zickzackkanneluren versehen und erinnern damit an das herabfließende Wasser des Schöpfungsmosaiks.

Neben der Kanzel befindet sich der sog. **Osterleuchter,** ein Mamorkandelaber von 4,50 m Höhe. Er soll ein Geschenk des Erzbischofs Ugo an Roger II. gewesen sein, als dieser zum Osterfest 1151 seinen Sohn Wilhelm zum Mitregenten erklärte. Über kein mittelalterliches Kunstwerk Siziliens wurde so oft diskutiert wie über dieses. Heute schreiben es die Forscher dem unbekannten ›Meister der Putten‹ zu, der verschiedene Kapitelle in den Kreuzgängen von Cefalù und Monreale angefertigt zu haben scheint. Die Basis zeigt vier Löwen, die jeder ein Opfer in den Tatzen halten. Darüber sind biblische Szenen, abwechselnd mit Kränzen aus Akanthusblättern, dargestellt. Den Mittelpunkt bildet ein thronender, von Engeln getragener Christus in einer Mandorla; vor ihm beugt sich eine menschliche Figur, die aus einem der Blätterkränze hervorwächst: Manche wollten darin die Abbildung des Königs sehen, doch scheint es sich eher um die eines Bischofs zu handeln. Der obere Abschnitt des Leuchters wurde von einem anderen Künstler gefertigt und ist etwas jüngeren Datums.

Die **Westwand der Kirche** präsentiert sich zweigeteilt. Der thronende Christus Pantokrator beherrscht die obere Hälfte, die untere nimmt der Königsthron ein. So wird auch hier, im ›lateinischen‹ Teil der Kirche, dem König die Funktion eines Vermittlers der göttlichen Weisheit zuerkannt – ganz im Einklang mit der Herrschaftsidee der Normannenkönige. In welchem Verhältnis der Thron zu der Tribüne an der Nordseite des Querschiffs und später zu der im 15. Jh. errichteten, seitlich im Mittelschiff angebrachten Vizekönigstribüne stand, ist unklar. Beim Anbringen der letzteren gingen einige der Originalmosaiken verloren.

Die Mosaiken der nördlichen Seitenwand des Mittelschiffs schildern Episoden aus der Apostelgeschichte

Cappella Palatina, Detail des Osterleuchters: Taufen wurden im Mittelalter am Karsamstag vorgenommen, und dieser Marmorkandelaber ist somit eigentlich ein Taufkerzenhalter. Es wird vermutet, dass Erzbischof Ugo dieses Kunstwerk König Roger II. übergab, als dieser seinen Sohn Wilhelm zum Mitregenten erklärte. Da sich die Ikonografie dieses Werkes in mehrfacher Hinsicht von sizilianischen Kunstschöpfungen desselben Zeitraums unterscheidet, gibt seine Herkunft bis heute Rätsel auf. Untypisch für Sizilien ist z. B. die Darstellung Christi in der Mandorla, des Weiteren ist seine Handstellung die des Richters. Der große Schnurrbart, der in Christusdarstellungen der Provence häufig vertreten ist, bildet auf Sizilien auch eine Ausnahme

Das Überraschendste in der Kapelle ist die **Decke.** Wie ein kostbarer Brokat überzieht der Bildschmuck sie mit dichten figürlichen Darstellungen. In kufischen Buchstaben laufen dekorativ um die achteckigen Sterne, milchig weiß in dem – heute kaum noch erkennbaren – Gold schimmernd, an die 30 immer aufs neue wiederholte Worte wie ›Glück‹, ›Seligkeit‹, ›Gelingen‹ und ›Ruhm‹. Die Buchstaben gleichen denen der gestickten Aufschrift am Krönungsmantel Rogers (Schatzkammer Wien), in der die »dauernden und ununterbrochenen Freuden des Tages und der Nacht« gerühmt werden, die das Hofleben in Palermo auszeichneten und die auch das Thema der Deckenmalerei darstellen – ein erstaunliches Thema für ein Gotteshaus, das darauf verweist, dass Profanes und Religiöses im Mittelalter noch nicht als getrennte Bereiche empfunden wurden, was zudem durch die quasireligiöse Stellung des Königs unterstrichen wurde.

Von den Buchstaben her zu urteilen, haben vier verschiedene Schulen an der Decke gearbeitet. Kein anderes auch nur annähernd gleichwertiges Werk ist von der Malerei der Fatimiden erhalten geblieben, und die seltenen, bis jetzt gefundenen Bruchstücke erlauben keine Vergleiche. Durch und durch islamisch ist jedenfalls die rein dekorative Natur der Malerei: Hier wird kein zusammenhängendes ikonografisches Programm wiedergegeben, sondern mit spielerischer Fabulierfreude Unterschiedlichstes nebeneinander gesetzt. Die Decke wird von Tausenden kleiner, ungefähr 2 cm dicker Holzteilchen gebildet, die, treppenartig übereinander aufsteigend, als facettierte Kegel wie Stalaktiten herunterhängen, Muscheln und Höhlungen formen und sich in einem komplizierten Linienspiel der seitlichen Wölbungen in der Mitte zu zwei Reihen von jeweils zehn achteckigen Sternen verbinden.

Untereinander sind die Einzelteile nur an einigen Stellen mittels Bronzedübeln verbunden: Die Decke hält sich durch den Druck des Schalenbaus größtenteils selbst in der Rundung, und nur ihr zentraler Teil erlangt an den Stirnseiten Halt durch zwölf Balken, die ihrerseits auf den umlaufenden Mauern ruhen. Bis in den kleinsten Winkel überzieht eine hauchdünne Gipsschicht das Holz, die den Wasserfarben als Untergrund dient. Die meisterhafte Ausführung der Decke weist auf eine lange Tradition im künstlerischen wie auch im handwerklichen Sinn hin. An den Decken der Seitenschiffe wiederholen sich die Motive in vereinfachter Weise.

Während eines Volksaufstands gegen die aragonesische Oberherrschaft im Jahre 1348 wurde der Palast in Brand gesteckt, sodass Restaurierungen unvermeidlich wurden. Ein zweites Mal erfolgten Ausbesserungsarbeiten im Jahr 1478 im Mittelschiff (Inschrift am Sims), 1482 am rechten und 1499 am linken Seitenschiff. Restauration hieß damals jedoch: freie Übermalung. Im letzten Moment ist es gelungen, mit modernen Mitteln dieses einzigartige Beispiel einer Kunstepoche zu retten und die Gefahr, dass es auf immer verloren ginge, zu dämmen. Im Januar 2008 wurde die Restauration der Decke abgeschlossen (ein Fernglas kann bei der Besichtigung sehr nützlich sein).

S. Giovanni degli Eremiti (11)

Kurz nach seiner Bestätigung als König von Sizilien durch Papst Innozenz II. gründete Roger II. das erste römisch-katholische Kloster auf der Insel: S. Giovanni degli Eremiti. Es entstand innerhalb des inneren Mauerrings von Palermo, neben dem Königspalast. Er stattete es mit reichen Ländereien aus und bestimmte, dass in seinem Garten die ungekrönten Mitglieder der königlichen Familie beerdigt werden sollten, was indes nie geschah. Allerdings übergab er es nicht einem der mächtigsten Orden der Zeit, den Zisterziensern oder den Cluniazensern, sondern wählte aus den Reihen der Benediktiner die asketische Gemeinschaft von Monte Vergine (bei Avellino) aus – deren Interessen nicht auf politischem, sondern auf geistigem Gebiet lagen – und übersiedelte diese in das neue Kloster.

Von dem Klosterkomplex haben sich bis zur heutigen Zeit nur die kleine Kirche und ein ebenso bescheidener, aber reizender und vielfotografierter Kreuzgang erhalten. Wahrscheinlich wurden für den Bau der Kirche Spolien einer Moschee verwendet, die ihrerseits auf den Resten eines christlichen Klosters gestanden hatten. Dieses wiederum scheint über einem noch älteren, dem Hermes geweihten heidnischen Heiligtum errichtet worden zu sein. In Anlehnung an arabische Bausymbolik wurden als fundamentale Architekturelemente Kubus und Kuppel gewählt, die die irdische und überirdische Realität versinnbildlichen sollten.

Das **Langschiff** der Kirche, die für den lateinischen Kult bestimmt war, teilt ein Rundbogen in zwei quadratische, jeweils von einer Kuppel überwölbte Joche. Auch die beiden kleineren Räume links und rechts des **Altarraums,** die dem Grundriss die Form eines T geben,

Cappella Palatina: Bei den Deckenmalereien (Detail) lässt sich der fatimidische Einfluss an der vollständigen Ornamentierung aller freien Flächen und an den weißen Punktlinien, die wie Perlenschnüre jede Darstellung rahmen, nachweisen. Die ornamentalen Motive entstammen der orientalischen Mystik (Persien) und verweisen auf geistige Erleuchtung und das verheißene Paradies

S. Giovanni degli Eremiti und Kreuzgang

Di–Sa 9–18.30, So/Mo 9–13 Uhr

Eindrucksvoll bezeugen die fünf maurischen Kuppeln von San Giovanni degli Eremiti die arabisch-normannische Kultursynthese des frühen 12. Jh.

S. Giovanni degli Eremiti, Grundriss

1 Sakristei (ehem. Vorraum der Moschee)
2 Freskenreste (›Himmelskönigin‹)
3 einstiger Portikus
4 Basen mittelalterlicher Pfeiler

Die quadratischen Strukturen im Süden der Basilika geben die Grundmauern der nicht mehr existierenden Moschee wieder.

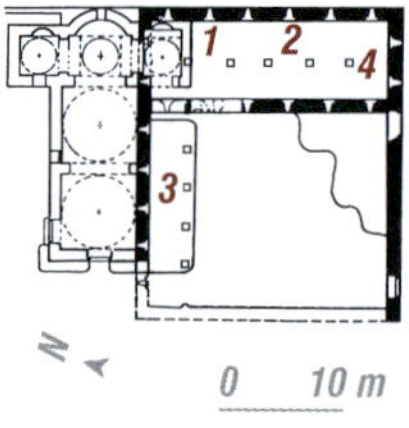

sind, wie der Altarraum selbst, überkuppelt. Über dem nördlichen Querarm erhebt sich der Turm mit seinen tief eingestellten Bogenfenstern, auch er von einer Kuppel bekrönt. Vom südlichen Querarm (z. Zt. Ausgrabungen) führt ein Durchgang in die Sakristei, in der auf Fußbodenhöhe die oberen Partien von Spitzbogenfenstern zu sehen sind, Reste der zuvor auf niedrigerem Niveau bestehenden Moschee. Ursprünglich überspannte ein Kreuzgewölbe die **Sakristei,** das in der Mitte auf einer Reihe von fünf Pfeilern ruhte. Die Ansätze des Gewölbes sowie vier der Pfeiler sind heute noch zu sehen, Spuren des einstigen Freskenschmucks lassen deutlich die thronende Muttergottes, flankiert von zwei Heiligen, erkennen.

In der Mitte des **Kreuzgangs,** von dem aus sich ein zauberhafter Blick auf die Kirche mit ihren hochgestellten, rötlichen Kuppeln ergibt, steht ein arabischer Brunnen. In der islamischen Kultur versinnbildlichte ein Brunnen inmitten eines quadratischen Innenhofs das irdische Paradies – in den Klöstern des übrigen Europa tauchen

Brunnen erst im 13. Jh. auf. Die leicht spitzbogigen Arkaden des Kreuzgangs ruhen auf schlanken, marmornen Doppelsäulen.

Neben S. Giovanni degli Eremiti liegt die barocke Kirche **S. Giorgio in Kemonia,** die dem ehemaligen Kloster von Monte Oliveto angeschlossen ist.

S. Giovanni dei Lebbrosi (12)

Die Kirche des hl. Johannes wird ihrer Lage wegen (Via Salvatore Cappello, links vom Corso dei Mille abzweigend, ca. 2 km von der Martorana entfernt: Buslinien 11/26/31) selten von Reisenden besucht, obwohl sie zu den ältesten Gebäuden der Normannenzeit zählt. Roger I. ließ sie 1071, also zur Zeit der Eroberung der Stadt, errichten. Sie lag außerhalb der mittelalterlichen Mauereinfassung und wurde einem arabischen Gebäude angeschlossen, dem **Kastell Jehia** (Johannes). Von diesem sind rechts der Kirche einige wenige Spuren zu sehen. 1150 richtete ein religiöser Orden neben der Kirche ein Hospital für Leprakranke ein, weil sich der abgelegene Ort dafür eignete.

Die Kirche bildet heute, umringt von Palmen, eine Insel inmitten moderner Bauten. Der **Turm** über dem kleinen Portikus wurde erst 1934 gebaut. Das **Kircheninnere** teilen Pfeiler in drei Schiffe; die drei Apsiden weisen jene flache Form arabischer Gebetsnischen (Mihrab) auf, die den frühen normannischen Kirchen Siziliens eigen ist. Über der erhöhten Vierung erhebt sich eine halbkugelförmige Kuppel. Verglichen mit den späteren Kirchen dieser Epoche besitzt S. Giovanni einen geradezu archaischen Charme. (Der Schlüssel ist im Gebäude gegenüber dem Haupteingang erhältlich.)

Sizilianische Vesper

Auf dem Platz vor der Kirche S. Spirito entlud sich am 31. März 1282 der Volkszorn gegen die Anjous in einem blutigen Handgemenge, das zum Fanal eines allgemeinen Aufstands, der Sizilianischen Vesper, wurde. Bekannt ist vor allem Giuseppe Verdis Adaption der historischen Überlieferung als Stoff für seine gleichnamige Oper. 1855, zur Zeit des Risorgimento, komponiert, wurde die »Sizilianische Vesper« als Befreiung Italiens von jeglicher Fremdherrschaft und als Vorläuferin der bevorstehenden nationalen Einheit interpretiert.

S. Spirito (13)

Inmitten des **Friedhofs Sant'Orsola,** der 1782 angelegt wurde, steht die Kirche S. Spirito, einst ein außerhalb der Stadtmauern gelegenes Heiligtum, das auch heute von S. Giovanni degli Eremiti einen 2 km langen Fußmarsch in südöstlicher Richtung erfordert (Viale del Vespro, Nähe Polyklinik). Der Erbauer des palermitanischen Doms, Walter of the Mill, ließ S. Spirito für Zisterziensermönche errichten – die erste Gründung dieses Ordens in Sizilien (Weihedatum 1179), und der Legende nach soll beim Ausschachten für die Grundmauern der Schatz gefunden worden sein, der dann den Dombau ermöglichte. Die für das 12. Jh. typischen klaren, geometrischen Architekturmassen werden hier durch einen hochangelegten, profilierten Bogenfries belebt, der sich an den Apsiden ineinander verflicht. Seinen Höhepunkt erreicht er in den leicht zugespitzten Fenstern der Apsiden, die dank einer Umrandung aus Polsterquadern stark hervorgehoben werden. Der Innenraum, zisterziensisch streng und einfach gehalten und von Pfeilern und Säulen in drei Schiffe geteilt, besitzt ein erhöhtes Presbyterium. An der Holzdecke kann man noch Spuren des einstigen Dekors erkennen.

S. Spirito, Grundriss

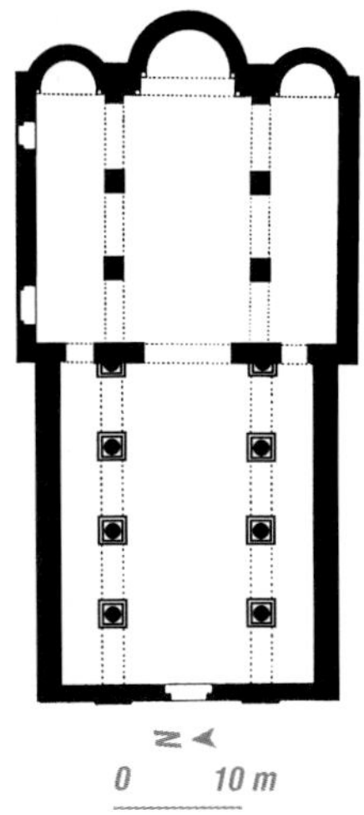

Cuba und Cubula

Cuba
Corso Calatafimi 100
Di–Sa 9–18.30,
So/Mo 9–13 Uhr

Inmitten eines ausgedehnten Gartens, ca. 1 km vom Regierungspalast entfernt, ließ Wilhelm II. 1180 einen Palast errichten, die **Cuba (14).** Mit Süßwasserfischen belebte künstliche und natürliche Wasserläufe sowie seltene Tiere und Pflanzen sollten dort die Atmosphäre eines Paradiesgartens schaffen. Die Cuba lag auf einem Inselchen inmitten eines künstlichen Sees, in dessen Wasser sich das Spiel der hohen Bogen, Blendarkaden und Nischen widerspiegelte.

Am oberen Rand des Gebäudes lief eine – heute nicht mehr vollständige – Inschrift entlang, in der u. a. in kufischen Lettern der König und das Baujahr des Palastes genannt werden. Wie alle Bauwerke des arabisch-normannischen Stils gruppierten sich auch die Bauelemente der Cuba um eine vertikale Achse, hier von einem großen, quadratischen Raum mit einem zentralen, unüberdachten Atrium gebildet, der die ganze Höhe des Gebäudes einnahm.

In einer Vertiefung an der Stirnseite des Atriums befand sich ein sternförmiges Becken, das zu einem Paradiesbrunnen gehörte, dessen Wasser wahrscheinlich aus zwei sich gegenüberliegenden Nischen quoll. Dem Eingang war ein Vestibül vorgelagert. Auf der rechten Seite des Atriums öffneten sich drei Spitzbogen auf einen großen, auf der linken Seite auf einen kreuzförmigen Saal und zwei kleinere Räume, deren Nischen und Ecken mit Muqarnas geschmückt waren. In deren reichem floralem Dekor mit verflochtenen Bändermotiven lässt sich ein Wandel des Zeitgeschmacks feststellen, der sich in etwas mehr als einem Jahrzehnt vollzogen hatte. Die wenig älteren Muqarnas der Zisa oder des Normannenpalastes sind rein geometrisch und typisch für die fatimidische Kunst, deren letzte Blüte gegen 1170 zu Ende ging; dagegen lassen sich in der Cuba Analogien zur almoravidischen Kunst (z. B. Moschee von Tlemcen/Marokko, 1038) erkennen. Die Überdachungen sind eingestürzt; wahrscheinlich bestanden sie, wie in den anderen Gebäuden, aus Gewölben. Im 14. Jh. muss der Ruf des Schlosses in Europa noch nicht ganz verblasst gewesen sein, da Boccaccio es im »Decamerone« zitiert. Im 16. Jh. war die Cuba als Lazarett eingerichtet, in bourbonischer Zeit Teil einer Kaserne. (Auch heute noch liegt die Cuba im Bereich einer Kaserne.)

Die genaue Bauzeit der **Cubula (15),** der ›kleinen Cuba‹, ist unbekannt (Via A. Zancla, im *Giardino di Villa Napoli,* derzeit wegen Restaurierung gesperrt). Als einzig erhaltener der einst den Garten der Könige schmückenden Pavillons, besitzt die Cubula die exakte Form eines Würfels und wird von einer halbkugelförmigen Kuppel überwölbt. An den vier Seiten öffnen sich ausgewogene Spitzbogen, deren elegante Umrandung einen zarten Licht-Schatten-Effekt erzeugt und dem kleinen Gebäude eine ausgesprochene Leichtigkeit verleiht. Das mittlere Band der leicht abgestuften Umrandung besteht aus den typischen Polsterquadern, die in spätnormannischer Zeit oft Eingänge und Fenster zierten (Dom, S. Spirito). In Kairo findet sich der gleiche Dekor an einem fatimidischen Tor, dem Bab al-Futuh von 1087.

Zisa (16)

Auch spätere Adaptionen und moderne Eingriffe haben diesen im Okzident einzigartigen Palast nicht vollends zerstören können. Die Zisa (von arab. *aziz* = »glanzvoll«; 16) zählt zu den schönsten Bauwerken, die aus der gesamten fatimidischen Epoche erhalten blieben. In überaus kurzer Zeit von Wilhelm I. errichtet (1165), war der Bau dieser königlichen Sommerresidenz bei seinem Tod 1166 beinahe vollendet; sein Sohn Wilhelm II. ließ die letzten Abschlussarbeiten im folgenden Jahr ausführen. Mitten im königlichen Park gelegen, spiegelte sich die Zisa ehemals in einem davor liegenden Wasserbecken. Sie ist ein hermetischer Kubusbau, nur an den Schmalseiten von je einem schlanken, quadratischen Turm unterbrochen. Drei große, symme-

Castello di Zisa
Di–Sa 9–18.30,
So/Mo 9–13 Uhr

Im 16. und 17. Jh. erfuhr die Zisa eingreifende Veränderungen, u. a. wurde der an der Außenwand verlaufende Fries einer Inschrift zerstört und durch Zinnen ersetzt. Mitte des 20. Jh. wurde der in Privatbesitz befindliche Bau schließlich vom Land angekauft und restauriert

Der Brunnensaal als prachtvollster Raum des Palastes erregte 1526 die Aufmerksamkeit des Architekten Leon Battista Alberti. Er bewunderte nicht nur die kunstvolle Ausgestaltung mit Marmor und Mosaiken und das durchdachte Kanalsystem, das über drei Becken in einen Fischteich vor dem Palast führte, sondern verriet auch eine weitere Verwendungsmöglichkeit: »Mit […] Genuss kann man sich in dieser märchenhaften Umgebung an dem frischen Wein laben, der in Gefäßen mit dem Fluss des Wassers angeschwemmt wird, und die, je nach Stärke der Strömung, in den Becken tänzelnd miteinander zu kämpfen scheinen«

trisch angelegte Eingänge, deren Spitzbogen auf Säulen ruhten, bildeten den einzigen Licht-Schatten-Effekt der Fassade. Ein schmaler Sims markiert das erste Stockwerk und setzte sich ununterbrochen um das Gebäude fort. Der Rhythmus steigerte sich in den eleganten **Blendarkaden des oberen Stocks** und den kufischen Lettern der **Inschrift,** die friesartig den oberen horizontalen Abschluss bildete.

Der Palast war als Wohnsitz für die heißen Sommermonate gedacht. Also liegt die Frontseite nach Nordosten, um die frischen Winde vom Meer her zu nutzen, die beim Eindringen in das Gebäude die nötige Luftfeuchtigkeit dank des davor liegenden Wasserbeckens mit sich brachten. Auch die Position der Fenster war ganz auf die Funktion der Frischluftzufuhr hin gewählt. Sechs verschiedene Räume erlauben den Bewohnern, sich je nach Witterung in den einen oder anderen zurückzuziehen. Streng getrennt von den privaten Gemächern lag im Zentrum der große Empfangssaal mit Vestibül. Er hat einen quadratischen Grundriss mit tiefen Nischen an drei Seiten (die vierte bildet der Eingang), deren Wölbungen mit *Muqarnas* geschmückt waren. In der Nische gegenüber dem Eingang befindet sich der Salsabil, der islamische Paradiesbrunnen. Außerhalb des Gebäudes sind inzwischen die zu dem Palast gehörigen Thermen, Wasserleitungen und die Hofkapelle identifiziert worden.

Hafenviertel

Palazzo Gangi-Valguarnera (17)

Dieser barocke, um die Mitte des 18. Jh. entstandene, leider nur von außen zu besichtigende Stadtpalast liegt in dem Stadtviertel östlich der Quattro Canti, das von den Hauptverkehrsadern der Via Vittorio Emanuele und der Via Roma begrenzt wird. Neben der im Stil des Rokoko gehaltenen Innenausstattung des Palazzo verdient vor allem die **Treppenhauskonstruktion** Beachtung. Zwei getrennte Treppen führen, jede um einen quadratischen Schacht angeordnet, in zahlreichen Wendungen in den Piano nobile. Luchino Visconti filmte in den Innenräumen die berühmte Ballszene des »Leoparden« (s. S. 78).

La Magione (SS. Trinità, 18)

Diese Tochtergründung von S. Spirito, die 1191 erstmals erwähnt wird, stiftete Matthäus von Ajello den Zisterziensern. Von Heinrich VI. dem Deutschen Orden übergeben, blieb sie bis zur Vertreibung des Ordens durch Innozenz VIII. im Jahre 1432 in dessen Besitz. Während des letzten Krieges erlitt das Gebäude schwere Schäden, sodass ein teilweiser Wiederaufbau unvermeidlich wurde. Die drei schön profilierten Eingänge mit der Umrandung aus Polsterquadern verleihen der **Fassade** einen stark rhythmisierten Charakter. Die Magione ist, trotz der Blockhaftigkeit der geometrisch gesehenen Baukörper im westlichen Teil und Querhaus, eine Basilika nordischen Typs: Der normannisch-arabische Stil ist nur noch in Anklängen auszumachen.

Den **Innenraum** gliedern Marmorsäulen in drei Schiffe. Die Freibalkendecke und der Fußboden sind erneuert worden, die Gräber am Boden stammen aus der Zeit der deutschen Ordensritter. Links von der Kirche liegt der (nicht mehr vollständig erhaltene) **Kreuzgang** mit seinen zierlichen Doppelsäulen und Spitzbogen. Die Kapitelle wurden von denselben Werkstätten ausgeführt, die in Monreale tätig waren. An den Innenwänden blieben noch bemerkenswerte Freskenreste erhalten.

Palazzo Abatellis (19)

Am Palazzo Abatellis, im Stil der katalanischen Spätgotik 1490–95 errichtet, machen sich bereits die Stilzüge der Renaissance bemerkbar. Die schweren Bombenschäden des letzten Krieges wurden durch die Restaurierung so weit wie möglich behoben, und seit 1954 beherbergt der ehemalige Wohnpalast die Sammlungen der **Sizilianischen Regionalgalerie** *(Galleria Regionale della Sicilia)*.

Der größte Teil der ausgestellten Werke gehört der Malerei und Plastik des 14.–16. Jh. an, es gibt jedoch auch ein grafisches Kabinett, dessen Bestände aus dem Nationalmuseum von Palermo stammen, und einige seltene Funde aus der normannischen Zeit.

Convento della Magione

Di–Sa 9–18.30, So/Mo 9–13 Uhr

Palazzo Abatellis

Via Alloro 4
Di–Fr 9–18.30, Sa/So 9–13 Uhr

In der Sizilianischen Regionalgalerie sind u. a. zwei bedeutende Werke sizilianischer Bildhauer zu sehen: Francesco Lauranas Büste der Eleonora von Aragon (links) sowie ein Jünglingskopf von Antonello Gagini (rechts)

2009 wurde das Museum nach umfangreichen Renovierungsarbeiten wiedereröffnet. Der Rundgang beginnt in einer ehemaligen Kapelle des 16. Jh., in der ein großartiges, aus dem Palazzo Sclafani stammendes Fresko angebracht ist. Geschaffen um die Mitte des 15. Jh., stellt es eine der beeindruckendsten Darstellungen des in dieser Zeit so beliebten Themas **»Triumph des Todes«** dar (s. Abb. S. 55). Unter den Krüppeln und Unglücklichen sieht man ein Porträt des unbekannten Meisters (wobei eine Mitarbeit Pisanellos angenommen wird) und seines Gehilfen. In Wim Wenders' Film »Palermo Shooting« kam der »Triumph des Todes« 2008 auf die Kinoleinwand. Das Erdgeschoss ist dem Kunsthandwerk und der Skulptur des 12.–16. Jh. vorbehalten. Unter den Plastiken befinden sich sehr schöne Arbeiten des Antonello Gagini und die in ihrer schlichten Eleganz bestechende Büste der Eleonora von Aragon, ein Meisterwerk des Francesco Laurana von 1471.

Die Pinakothek im 1. Obergeschoss zeigt **Werke des 13.–18. Jh.** Die »*Annunziata*« des Antonello da Messina (1473, Abb. Umschlagklappe vorn), ein kleines Gemälde von ungeheurer Ausdruckskraft, die einzig von dem schlichten Gesicht der Muttergottes und der leicht erhobenen, wie in der Luft schwebenden abwehrenden Hand ausgeht, gilt als Meisterwerk des sizilianischen Künstlers. Antonello werden auch die drei Holztafeln auf Goldgrund zugeschrieben, die Teil eines Polyptychons waren.

Das Zentrum des der **flämischen Malschule** gewidmeten Saals bildet das berühmte Malvagna-Triptychon des Jan Gossaert (Mabuse), ein Kleinod der Miniaturmalerei.

Die nach der Renovierung 2009 neu erschlossenen Säle beherbergen eine Sammlung von **sizilianischen Gemälden des 17. Jh.,** die zwischen Manierismus, Realismus und Klassizismus zu verorten sind, darunter Werke Pietro Novellis.

Galleria d'Arte Moderna

Via Sant'Anna 21
Tel. 09 18 43 16 05
www.galleriadartemodernapalermo.it
Di–So 9.30–18.30 Uhr

Galleria d'Arte Moderna (20)

2007 wurde die Galerie neuzeitlicher Kunst Sant'Anna eröffnet, deren Gemälde und Plastiken eine Zeitspanne vom Ende des 18. bis Anfang des 20. Jh. umfassen. Die Räumlichkeiten (3000 m²) sind die des ehemaligen Klosters Sant'Anna und hervorragend der neuen Funktion angepasst. Der Kern der Sammlung besteht aus den Werken der großen Nationalausstellung von 1891, der um gefeierte Kunstprodukte aus den Weltausstellungen und Nationalausstellungen des 19. und 20. Jh. erweitert wurde.

Palazzo Chiaramonte (Palazzo Steri, 21)

Dieser Palast, Prototyp der befestigten Stadthäuser der Aristokratie, ist ein Machtsymbol der einflussreichsten Adelsfamilie des spätmittelalterlichen Siziliens, der Chiaramonte, deren letzter Spross 1392 auf dem Platz vor dem Palast enthauptet wurde (in der Folgezeit war der Palast dann Sitz der Inquisition). Das Äußere des Gebäudes zeigt den typischen Aufbau dieser Art Paläste. Das untere Stockwerk besteht aus starken, geschlossenen Mauern, die oberen dagegen öffnen sich mit weiten Fenstern unter doppelten und dreifachen Bogen. Einen Einblick in die feudal-höfische Welt Siziliens im ausgehenden Mittelalter gibt die zauberhaft bemalte Holzdecke in der Sala Magna. Der Palazzo ist das beste Beispiel des Chiaramontestils.

Rund um S. Francesco d'Assisi

Das heutige **Franziskuskirche (22)** wurde 1255–77 auf zwei Vorgängerbauten errichtet. Das gotische Portal (1302), von einer freskengeschmückten Blendloggia überstanden, zeigt in seiner Einfassung eine entwickelte Form des zur normannischen Zeit geprägten Typus (Cefalù, Monreale). Die Rosette wurde nach dem Vorbild von S. Agostino rekonstruiert.

Der Innenraum wird durch spätromanische Rundpfeiler und hohe Spitzbogen in drei Schiffe geteilt. Während des Krieges wurde das Gebäude schwer beschädigt, und die darauf folgenden Restaurationsarbeiten haben so weit wie möglich die ursprünglichen Formen des 13. Jh. wiederhergestellt. Am reichen Innendekor – u. a. Stuck- und Intarsienarbeiten sowie plastische Werke – wirkten die besten sizilianischen Künstler vom 15. Jh. an mit.

Das **Oratorium S. Lorenzo (23)** direkt neben S. Francesco, ein einfacher Rechteckbau mit quadratischem Chor, besticht durch die von Giacomo Serpotta ausgeführten Stuckdekorationen (ab 1699). Das Bildprogramm konzentriert sich thematisch auf die beiden Kirchenpatrone, den hl. Laurentius und den hl. Franziskus. Serpotta wechselte hier die lebensgroßen Figuren, Allegorien der Tugenden, mit kleinformatigen, figurenreichen Tafeln ab, eine auf Antonello Gagini zurückgehende Gestaltungsform, von diesem erstmalig in der Chorpartie des palermitanischen Doms angewandt.

Auf älteren Strukturen wurde der **Palazzo Mirto (24)** im 18. Jh. erneuert und bis in das 20. Jh. von dem Prinzen Lanza-Filangeri bewohnt, dessen letzte direkte Erbin ihn mitsamt den Einrichtungen 1982 der Stadt Palermo überließ (Via Merlo 2).

Palazzo Chiaramonte

Di–Sa 9–13, 14.30–18.30 Uhr
nur mit Führung

Oratorio di San Lorenzo

Via dell'Immacolatella
tgl. 10–18 Uhr

Palazzo Mirto

Via Merlo 2
Di–Fr 9–18.30, Sa/So 9–13 Uhr

Oratorio dei Banchi (25)

Im späten 16. Jh. errichteten die Mönche der Heiligen Kreuz Bruderschaft, nach ihrer Gewandfarbe auch die Weißen (i Bianchi) genannt, auf der Struktur der Kirche Madonna della Vittoria einen Orden, in dem sie ihrer Aufgabe nachkam, den zum Tod Verurteilten vor der Vollstreckung ihrer Strafe den rechten Weg zu weisen. Die Ordensgebäude wurden bei einem Brand zerstört, im 18. Jh. wieder aufgebaut und in der Folge prunkvoll ausgestattet. Eine doppelläufige Freitreppe von 1744 führt an der Schauseite in den Prunksaal im Obergeschoss, dessen Wandmalereien von Künstlern des 18. und 19. Jh. stammen. Den Boden bedecken die lokaltypischen Majoliken mit einer Mosesdarstellung im Zentrum. Der angrenzende Saal und eigentlicher Versammlungsort der Mönchen ist vollständig mit Trompe-l'œil-Malereien (1776) von Gaspare Fumagalli ausgestaltet. Neben der Originalausstattung werden Gemälde, Skulpturen und Einrichtung aus den Beständen des Palazzo Abatellis gezeigt, die die Kunstproduktion im barocken Palermo repräsentieren.

S. Domenico (26) und Oratorio del Rosario (27)

Tommaso Napoli, selbst Dominikaner, entwarf 1726 die Doppelturmfassade dieser **Ordenskirche,** die die Piazza S. Domenico mit der ebenfalls von ihm entworfenen Mariensäule dominiert. Im Innern der dreischiffigen Säulenbasilika des 17. Jh. haben die Grabdenkmäler und Epitaphe berühmter Sizilianer Platz gefunden.

Das **Oratorium der Rosenkranzbrüderschaft,** selbst ein schlichter einschiffiger Saal aus dem 16. Jh., wurde wiederum von Giacomo Serpotta, selbst ein Mitglied der Brüderschaft, mit reichem Stuckschmuck ausgestattet (1710–17). Seine Statuen und die ovalen Reliefs an den oberen Wandpartien geben thematisch, wie auch die Gemälde, die sich im Übrigen vor den Stuckarbeiten bereits an Ort und Stelle befanden, die Mysterien des Rosenkranzes wieder. Das Altarbild, ein Hauptwerk des flämischen Malers Anton van Dyck, zeigt den hl. Dominikus, der, umgeben von den Schutzpatroninnen Palermos, aus Marias Hand den Rosenkranz empfängt (1624).

Oratorio dei Bianchi
Piazzetta dei Bianchi
Di–Fr 9–12.30 Uhr

Oratorio del Rosario
Via dei Bambinai
Mo–Sa 9–13 Uhr

Oratorio di S. Cita
Via Valverde 3
Mo–Sa 9–13 Uhr

S. Cita und Oratorio di S. Cita (28)

Trotz der Bombenzerstörung birgt die kleiner als vorher wieder aufgebaute **Kirche der hl. Cita** noch einige Schätze aus ihrer glanzvollen Vergangenheit. Doch berühmter als die Kirche selbst ist das ihr angeschlossene **Oratorium,** von der 1570 gegründeten Kompanie des allerheiligsten Rosenkranzes als neuer Versammlungsraum 1686 eröffnet. Diese Kongregation war besonders verdienten, ehrenwerten Personen und Kaufleuten vorbehalten, deren Vermögen und Einkünfte eine besonders reiche Ausführung erlaubten. Serpotta schuf hier ein Meisterwerk. Zwischen den etwas überlebensgroßen Statuen der Allegorien sind unter den Fenstern sog. *teatrini,* winzige Theaterbühnen, auf denen in *tutto tondo* ausgeführte Personen die Mysterien des Rosenkranzes aufführen: die Freudenreichen an der linken, die Schmerzhaften an der rechten Wand. An der Gegenwand des Presbyteriums, zwischen den zwei kanonischen Eingängen, öffnen Putten einen kunstvoll geschaffenen Vorhang und geben den Blick frei auf die Seeschlacht von Lepanto (1571), die, wie man glaubte, nur dank des Eingreifens der Muttergottes siegreich hatte entschieden werden können.

Convento dei Cappuccini (29)

Die unterirdischen Gänge des Kapuzinerklosters bergen ca. 8000 mehr oder weniger zerfallene Gerippe. Teils stehen sie an den Wänden, teils liegen sie in Särgen bzw. unter den Grabplatten des Fußbodens. Im 16. Jh. versuchte man, die Verstorbenen durch Einbalsamierung vor der Verwesung zu bewahren. Die ›Konservierung‹ hielt jedoch nur zwei Generationen an; aus dem erst im 19. Jh. verbotenen barocken Memento mori ist heute ein gespenstisches Spektakel für Touristen geworden.

Convento dei Cappuccini

Piazza dei Cappuccini
tgl. 9–13, 15–18 (April–Okt.) bzw. 9–12.30, 15–17.30 Uhr (Nov.–März)
Die Katakomben sind entweder von der Piazza Danisinni entlang der Via Mosca oder von der Via Piedimonte aus zu erreichen.

Museo Archeologico Regionale Antonino Salinas

Via Bara all'Olivella 24
Das Museum war bei Redaktionsschluss wegen Renovierungsarbeiten geschlossen, die Wiedereröffnung für 2013 geplant.

Archäologisches Regionalmuseum

Die Sammlungen des **Museo Regionale Archeologico (30)** zählen zu den umfangreichsten Italiens. Sie werden in dem ehemaligen Kloster S. Philippo Neri aufbewahrt, dessen Gebäude wie die einst dazugehörige, nebenanliegende Kirche **S. Ignazio all'Olivella** vom Ende des 16. Jh. stammen.

Blick in den zweiten Kreuzgang des ehem. Klosters (heute Archäologisches Nationalmuseum); hier sind vor allem Skulpturen und Sarkophage aus römischer Zeit ausgestellt

Statue einer thronenden Gottheit aus Solus (4. Jh. v. Chr.); der recht ungelenk hochgehobene Arm der Statue ist auf eine recht freizügige Restaurierung des 19. Jh. zurückzuführen, ursprünglich ruhte die Hand im Schoß und hielt eine Schriftrolle

Erdgeschoss

Einleitend stehen hier seitlich einige antike Anker, die zu einer interessanten Sammlung führen, welche die Entwicklungsgeschichte von den primitiven Stein- über die römischen Blei- bis zu den mittelalterlichen Eisenankern dokumentiert. Auf den **kleinen Kreuzgang** (16. Jh.) öffnen sich zwei Räume mit Funden ägyptischer und phönizisch-punischer Herkunft. Ein wichtiges Stück ist der sog. **Stein von Palermo,** eine Dioritplatte, auf der beidseitig in fein gravierten Hieroglyphen u. a. die Annalen der ersten fünf Dynastien des ägyptischen Alten Reiches (ca. 3238–2900 v. Chr.) lückenlos aufgeführt sind.

Die meisten der Fundstücke betreffen die eigenartige phönizisch-karthagische Produktion Westsiziliens, die orientalische Motive verwendet, in der Technik dem griechischen Einfluss verpflichtet ist.

Entlang der Mauern des **zweiten, größeren Kreuzgangs** sind Skulpturen, Inschriften, Sarkophage und Bauelemente aus der römischen Epoche aufgestellt. Darunter befindet sich eine **große, thronende Gottheit** aus Solus (4. Jh. v. Chr.), die vermutlich gemäß dem hellenistischen Zeitgeschmack den phönizischen Gott Baal-Hammon in zeusähnlicher Darstellungsweise wiedergibt. Die Armstellung verdankt sich der ›Korrektur‹ des Restaurators Valerio Villareale aus dem 19. Jh.

Die Frontwand des einige Stufen tiefer gelegenen **Ettore-Gabrici-Saals** nimmt eine Rekonstruktion des tönernen **Tympanonschmucks** des ältesten Tempels der Akropolis von Selinunt ein (Tempel C, 570/560 v. Chr.). Spuren der antiken Farbgebung, z. B. am Gorgoneion, sind noch deutlich zu erkennen. An Triglyphenplatten zweier verschiedener Tempel kann man die stilistische Entwicklung dieses scheinbar einfachen Bauelements nachvollziehen. Die unterschiedlichen Kapitelltypen in der Raummitte zeugen noch von der Vielfalt architektonischer Formen in Selinunt.

An der Wand unter dem Türbogen zum **Pirro-Marconi-Saal,** in dem die **Löwenkopf-Wasserspeier** von Nord- und Südsima des Tempels von Himera (480 v. Chr.) ausgestellt sind, hängt ein kleines Bild eines dieser Wasserspeier, kurz nachdem er gefunden wurde: Deutlich sind die keineswegs naturgebundenen Farben zu erkennen, die beinahe völlig verschwanden, sobald sie mit dem Tageslicht in Berührung kamen.

Der folgende Saal von Selinunt birgt einige der wichtigsten archäologischen Funde aus der Antike, die zu den ältesten wieder entdeckten ihrer Art gehören: die **Metopen von Selinunt.** Beim Eingang stehen einige Fragmente von Metopen und anderem plastischen Dekor; die Gesichter zeigen jenen distanzierten Ausdruck, der alle Götter der selinuntinischen Metopen auszeichnet. Die bärtige Telamonenfigur gehörte zu einem der Türpfosten des Adytons im riesigen Tempel G.

Bei den kleinen, noch flächig, aber akkurat gearbeiteten archaischen Metopen (rechts, 6. Jh. v. Chr.) scheint eine Gruppe vom gleichen Gebäude zu stammen, da Einfassung und Maße identisch sind: die delphische Trias, eine geflügelte Sphinx und die Entführung der Europa (die bis jetzt älteste gefundene Darstellung dieses Themas).

Wie weit die griechischen Siedler bereit waren, sich fremden Einflüssen zu öffnen, beweisen die Doppelköpfe aus dem phönizischen Heiligtum des Zeus Meilichios in Selinunt. Die sehr einfache Darstellung wurde vom 6. Jh. v. Chr. bis in nachklassische Zeit beibehalten

Als diese Metopen im 19. Jahrhundert entdeckt wurden, ließen sich noch Farbspuren erkennen: So war z. B. der Hintergrund der Europa rot, ebenfalls das Innere der Ohren des Stiers.

Die vier **Casuccini-Säle** beherbergen die **etruskische Sammlung.** Die Funde stammen fast alle aus Chiusi. Die Grabstelen aus der Zeit von 530–480 v. Chr. sind mit Reliefs von Bankettszenen, Spielen und Totenfeiertänzen versehen. Der zweite Saal enthält Werke aus der archaischen, klassischen und hellenistischen Epoche. Im dritten Saal stehen feingearbeitete Aschenurnen und Sarkophage.

Die Vitrinen enthalten eine Sammlung der typisch etruskischen **Buccherokeramik,** die sich aus dem Versuch entwickelte, in billigem Material teure Metallgefäße zu imitieren. Die berühmte große, allein stehende Oinochoe, ein Kultgefäß aus der Mitte des 6. Jh. v. Chr., wird nach ihrem Dekor Anubis- oder Medusenvase genannt. Bei den farbigen Aschenurnen aus dem hellenistischen 2. und 1. Jh. v. Chr., auch sie vorgefertigte Typenware, sind Kleidung und Schmuck der liegenden Figuren in naturalistischer Weise wiedergegeben.

Aus Selinunt

Die ausgestellten Metopen des Tempels E von Selinunt (s. S. 215) zeigen einzelne Geschehnisse aus dem Leben der griechischen Gottheiten: Herakles im Zweikampf mit einer Amazone; einen Gott, der seine Braut entschleiert (Zeus und Hera); Diana, die Aktaion als Strafe für seinen Voyeurismus in einen Hirsch verwandelt; Athena, die dem Giganten Enkelados den Gnadenstoß versetzt, sowie eine verwitterte, schwer zu identifizierende Figurendarstellung.

Erster Stock

Im ersten Stock hat man die Funde nach den archäologischen Fundstätten Westsiziliens gegliedert, in denen Ortschaften griechischen und punischen Ursprungs lagen. Der griechische Einfluss macht sich an den Gegenständen der letzteren stark bemerkbar, um in hellenistischer Zeit dann endgültig alle früheren Unterschiede aufzuheben. Einzig in ihrer Art sind die **punischen Grabstelen** in Form eines Megarons. Der Blick in den Innenraum zeigt eine (gemalte) Bankettszene des Verstorbenen. Außen sind die Modellgebäude mit abstrakten Symbolen der Tanit versehen. Einige **Bleibarren aus römischer Zeit** veranschaulichen, wie dieses Metall transportiert und gehandelt wurde. An einem Stück einer römischen Wasserleitung mit Verteilungsrohren kann man feststellen, dass sich auf diesem Gebiet der Technik bis heute nicht viel geändert hat.

Die einzigartige Sammlung von **Koroplastik** besteht aus Material des selinuntinischen Tempelbereichs, vor allem des Heiligtums der Malophoros. Die Figürchen, in chronologischer Reihenfolge aufgestellt, geben eine ausgezeichnete Übersicht über die Entwicklung und künstlerische Aussage der Werke in einer Zeitspanne von mehreren Jahrhunderten. Die meisten stellen eine weibliche Göttin dar. Bei den ersten Beispielen aus dem 7. Jh. v. Chr. besteht der Körper beinahe nur aus einer geometrischen Form; der Kopf ist sorgfältig gearbeitet, Arme und Beine sind jedoch oft nicht einmal angedeutet. Die großen, kreisrunden Spangen an den Schultern haben symbolische Bedeutung für den Todeskult. Im Verlauf der Zeit werden der Faltenwurf und die Gliedmaßen wiedergegeben, erst nur ganz leicht angedeutet und schließlich realistisch modelliert.

In einem erhöht liegenden Saal wird die Bronzensammlung aufbewahrt. Der große **Bronzewidder** aus Syrakus (4. Jh. v. Chr.) wird der

Auf der berühmten, Anubis- oder Medusenvase, einer Oinochoe aus dem 6. Jh. v. Chr., sind Todesgeister und Totengötter dargestellt

Syrakusanischer Bronzewidder des 4. Jh. v. Chr. aus der Schule des Lysipp; dieser Künstler war berühmt für die Lebendigkeit seiner Tierdarstellungen. Ein weiterer Bronzewidder aus Syrakus war während der Revolution von 1848 von einer Kanonenkugel gänzlich zerschmettert worden

Schule des Lysipp zugeschrieben. Das liegende Tier hebt den Kopf, als sei sein Interesse soeben geweckt worden, und das angezogene Vorderbein scheint auf eine schon beschlossene, aber noch nicht ausgeführte Bewegung zu deuten. Der Augenblick ist vibrierend-lebendig festgehalten. In der Metallbehandlung bringt der Künstler die Konsistenz der jeweils wiederzugebenden Materie vortrefflich zum Ausdruck, ohne in eine naturalistische Imitation zu verfallen: Das Fell ist ›impressionistisch‹ skizziert, wollig und locker am Körper, glatt und seidig in der Gesichtspartie und am Maul so glänzend, dass dessen Feuchtigkeit beinahe spürbar wird (die einstige silberne Zunge fehlt). Neu ist die Wiedergabe der Augen, die später beinahe kanonisch werden sollte: Nicht mehr mit Intarsien versehen oder bemalt, wird die Lebendigkeit dank plastischer Ausarbeitung erzielt. Im Zentrum des nächsten Raums steht eine kalt wirkende römische Marmorkopie des berühmten ›ausschenkenden Satyrs‹ des Praxiteles.

Der folgende Saal ist der römischen Epoche gewidmet. Zwei Bildwerke hier deuten auf die sog. Erlösungskulte hin, die sich ab dem 1. Jh. v. Chr. im Römischen Reich ausbreiteten, als das Verlangen nach ewigem Leben oder Unsterblichkeit der Seele immer stärker wurde: eine **Statue der Isis** und ein **Relief des Mithras.**

Zweiter Stock

Der zweite Stock enthält eine reichhaltige Sammlung von prähistorischen Funden, unter ihnen die Kopien von Höhlenmalereien aus der Addaurahöhle, deren Originale in einer der Grotten des Monte Pellegrino nur unter Mühen zu besichtigen sind (ca. 15 000 v. Chr.). Unter den vorgeschichtlichen Keramiken sind die Funde aus den Kulturen Westsiziliens am häufigsten vertreten (Serraferlicchio, Malpasso, Conca d'Oro etc.). Die ebenfalls sehr umfangreiche Sammlung griechischer Vasen enthält einige berühmte Exemplare bekannter griechischer Künstler und Herstellungsorte. Einer der letzten Säle bewahrt drei Bodenmosaiken aus Gebäuden des antiken Panormos sowie Reste der Wanddekoration eines der Häuser von Soloeis auf.

Auch bei Gebrauchsgegenständen waren wertvolle Arbeiten weit verbreitet; dieser Kouros z. B. bildete den Griff eines etruskischen Handspiegels

Weitere Sehenswürdigkeiten

Palazzo Branciforte (31)

Die Fondazione Sicilia stellt ihre Bestände zum künstlerischen und kulturellen Erbe der Insel in diesem ehemaligen Adelspalast aus. Die archäologische Sammlung umfasst eine reiche Auswahl unteritalischer Vasen aus westgriechischer Produktion (hauptsächlich aus dem 4. Jh. v. Chr.), eine numismatische Sammlung von der aragonesischen bis zur bourbonischen Regierungszeit, Majoliken, eine philatelistische sowie eine ausgedehnte Sammlung von Kunstdrucken sizilianischer Landschaften, Skulpturen und Plastiken des 17. und 18. Jh. sowie eine Bibliothek mit über 50 000 Bänden. Der Palast selbst wurde im 16. Jh. als Wohnsitz errichtet und durch seine exklusive Ausstattung zu einer der elegantesten Adressen Palermos, bis er Ende des 18. Jh. an die Stadt verkauft wurde, die das Gebäude zur Aufbewahrung von Pfandgegenständen nutzte. Der ehemalige Lagersaal mit den beeindruckenden Regalkonstruktionen aus Holz und das sie umgebende Spiel von Licht und Schatten bietet heute Raum für Ausstellungen zeitgenössischer Künstler. Durch Bomben und Brände in den Revolutionswirren des 19. Jh. verursachte schwer wiegende Schäden, schränkten die Nutzung des Gebäudes stark ein. Erst seit 2012 sind die repräsentativen Räume wieder vollständig in ihrer ursprünglichen architektonischen Gestalt zu besichtigen.

Palazzo Branciforte
Via Bara all' Olivella 2
Di–Sa 9.30–14.30 (Nov.–Febr.), 9.30–19.30 (März–Okt.) Uhr

Kreuzgang Sant'Agostino
Mo–Sa 9–12, 16–18 Uhr

Teatro Massimo
Piazza Verdi
Di–So 9.30–16.30 Uhr
geführte Besichtigungen (während der Proben geschl.); Vorstellungen sind meist nachmittags, Karten am Foyer fast immer erhältlich; Informationen und Spielplan: www.teatromassimo.it

Sant'Agostino (32)

Die Kirche des hl. Augustinus liegt in einem Viertel der Altstadt, dessen Straßensystem noch auf der mittelalterlichen Anlage beruht. Ihre **Fassade** (Anfang 15. Jh.) dominiert das strenge gotische Portal mit Tympanon und schöner Rosette. Das einschiffige Innere wurde 1671 völlig erneuert.

In dem lichten **Kreuzgang,** dessen jetziges Aussehen auf das 16. Jh. zurückgeht, sind zwei Doppelbögen mit Doppelsäulen zuseiten eines Portals und Säulenkapitelle aus der Erbauungszeit erhalten.

Teatro Massimo (33)

Im Rahmen der urbanistischen Erweiterung wurden Ende des 19. Jh. das Westtor der Stadt und die anschließenden Gebäude niedergerissen und durch das neue Opernhaus ersetzt: das Teatro Massimo. Giovanni Battista Filippo Basile entwarf es im historistischen Stil und begann 1875 mit dem Bau, den allerdings erst sein Sohn Ernesto Basile, der größte Jugendstilarchitekt Siziliens, 1897 fertigstellte. Mit 7730 m^2 ist das Teatro Massimo eines der größten Opernhäuser Europas. Der Saal bietet 3200 Zuschauern Platz. Wiener Staatsoper, Mailänder Scala und das Teatro Massimo waren einst die unangefochtenen Spitzenhäuser der internationalen Szene. Ein Opernbesuch sollte bei einem Sizilienaufenthalt nicht fehlen.

Teatro Politeama (34)

Das Mehrzwecktheater wurde zwischen 1867 und 1874 von Giuseppe Damiani Almeyda errichtet, der sich durch pompejanische Bauten inspirieren ließ. Es übernahm die Rolle des Opernhauses, während jenes geschlossen war. Über dem Triumphbogen der Eingangsfassade erscheint Apollo mit seinem Vierergespann, flankiert von zwei schützenden Gottheiten, ein Werk von Mario Rutelli. Die Kuppel konnte bei Bedarf hochgeschraubt werden, um Frischluft einzulassen. Auf der Rückseite ist der Eingang für die Pferde.

Casina alla Cinese und Museo Pitrè
Viale Duca degli Abruzzi 1
Di–Sa 10–17, So 10–13 Uhr

Casina alla Cinese und Museo Pitrè (35)

Nach seiner Ankunft in Sizilien 1798 erwarb König Ferdinand III. auf der Suche nach einem Jagdrevier mehrere Grundstücke, die er zu dem ca. 400 Hektar großen Park der Reale Tenuta della Favorita am Fuße des Monte Pellegrino zusammenfügte. So gelangte auch die 1790 errichtete **Casina alla Cinese,** ein dreigeschossiges orientalisch inspiriertes Holzhaus, in seinen Besitz, die er von dem in Palermo bekannten Architekten Giuseppe Venanzio Marvuglia instand setzen ließ. Die Gestaltung der Innenräume bewegt sich zwischen chinesischen und pompeianischen Motiven. Besonders prunkvoll sind der Tanzsaal und der angrenzende ›Ruinensaal‹ mit effektvollen Trompe-l'œil-Malereien. Im Obergeschoss befindet sich neben verschiedenen repräsentativen Räumen ein Spielzimmer im chinesischen Stil. Im Speisezimmer beeindruckt der Esstisch mit einem ausgeklügelten Mechanismus, der es ermöglichte, Speisen aus der darunterliegenden Küche nach oben zu befördern, ohne dass Personal anwesend sein musste. Eine aufwendige barocke Gartenanlage umgibt die schmucke Architektur. Im Nebengebäude ist die traditionsreiche ethnografische **Sammlung** des Arztes Giuseppe **Pitrè** (1841–1916) beherbergt, dessen Lebenswerk die Erforschung und Dokumentation der sizilianischen Kultur und Tradition hier zugänglich gemacht wird.

Mondello

Mondellos Villen und Gärten
Sehenswerte Jugendstilvillen etwa des Basile-Schülers Salvatore Caronia Roberti, einige von ihnen heute leider verfallen, befinden sich in der Viale Galatea, Viale Regina Margherita, Viale Regina Elena, Viale dei Pioppi, Viale Principe di Scalea, Via Alvise da Mosto und an der Piazza Caboto.
Auch auf die Gestaltung der Außenanlagen wurde viel Wert gelegt, daher sind exotische Pflanzen und der Duft von Jasmin allgegenwärtig.

Palermos Nobelvorort wird in den Sommermonaten, wenn die Bewohner der Großstadt durch den ›grünen Tunnel‹, die Allee entlang des Parco della Favorita, auf der Suche nach Erfrischung Richtung Meer strömen, zum belebten touristischen Ausflugsziel und attraktiven Wassersportrevier. Vom Charakter des einstigen Fischerdorfes zeugen noch die stillgelegte Thunfischverarbeitungsanlage und der für die ursprüngliche Küstenbebauung typische Wachturm. 1891 war der sumpfige Küstenstreifen zwischen Monte Pellegrino und Monte Gallo trockengelegt worden. Für den entstandenen Strand interessierte sich eine belgisch-italienische Gesellschaft, die Pläne zur Errichtung einer Gartenstadt mit Kur- und Badeanlage vorlegte. Bis zum Ausbruch des Ersten Weltkrieges konnten einige der geplanten 300 eleganten Villen, Sommerresidenzen für das Großbürgertum Palermos, die Anbindung an die Stadt über eine Straßenbahn und als Herzstück der Anlage das **Stabilmento Balneare** errichtet werden. Die zweigeschossige Badestation mit 350 Kabinen befindet sich auf einer schwimmenden Plattform, die über einen Steg mit dem Viale Regina Elena verbunden ist, wo ihr monumentales Portal liegt.

Die Bauphase der Gartenstadt fällt in die Blüte des Jugendstils, in Italien ›Liberty‹ genannt. Das Stabilmento Balneare (1913, Architekt: Rodolfo Stualker) und das **Villino Lentini** in der Via Alvise da Mosto (1910, Architekt: Ernesto Basile) sind besonders sehenswert.

Reisen & Genießen

Hotels

Während man im ›Centrale Palace‹ nahe der Kathedrale bei allem modernen Komfort wohnen darf wie in Lampedusas »Gattopardo«, bietet das Grande Albergo Sole in einem Gebäude der 1930er-Jahre nahe der Piazza Marina schlichte moderne Eleganz. Zwei völlig verschiedene Interpretationen von Gastlichkeit lassen die vielen Gesichter Palermos zwischen Geschichte und Zeitgeist erahnen.

Centrale Palace Hotel****-*
Via Vittorio Emanuele 327
90134 Palermo
Tel. 091 33 66 66
www.angalahotels.it

Grande Albergo Sole****
Via Vittorio Emanuele 291
90133 Palermo
Tel. 09 16 04 11 11
www.angalahotels.it

Das komfortable, moderne B&B in der Innenstadt mit Blick auf den Segelhafen bietet auch Stadtführungen und Exkursionen an. Abends sorgen Bars und Livemusik im lebendigen Stadtteil zwischen Cassaro und Piazza Marina für Abwechslung.

Allakala***
Via Vittorio Emanuele 71
90133 Palermo
Tel. 09 17 43 47 63
www.allakala.it

Restaurants

Das schönste Gartenrestaurant findet man im Parco della Favorita. Ab Juni wird in der grünen Oase regionale Küche auch im Freien serviert. Die Preise liegen etwas über dem Durchschnitt, doch es lohnt sich:

La Scuderia
Viale del Fante 9
90146 Palermo
Tel. 091 52 03 23
So geschl.

Kein Restaurant, sondern eher ein ›Luxusimbiss‹ in Jugendstilambiente und ein Muss für den kulturhungrigen Palermobesucher in der Altstadt: Hier darf in Abendgala, etwa nach dem Theaterbesuch, stilvoll ›zum Mitnehmen‹ bestellt werden. Angeboten werden Gerichte palermitanischer Tradition wie die aus Kichererbsenmehl hergestellten *panelle, pani ca meusa* (mit gerösteten Innereien gefüllte Brötchen) oder *arrancine* (gefüllte Reisbällchen).

Antica Focacceria San Francesco
Via Alessandro Paternostro 58
90133 Palermo
Tel. 091 32 02 64
www.afsf.it

Ungewöhnlich für Mondello ist die Lage des Bye Bye Blues im Landesinneren, die im Sommer mit einem herrlich kühlen Garten unter Orangen- und Zitronenbäumen lockt. Die mit frischen Zutaten und großer Leidenschaft für die regionale Küche zubereiteten palermitanischen Spezialitäten vertreiben garantiert jeden Blues. Die Einrichtung ist schlicht, die Auswahl an Wein und Spirituosen außergewöhnlich.

Bye Bye Blues
Via del Garofalo 23
90151 Mondello
Tel. 09 16 84 14 15
www.byebyeblues.it
So/Mo geschl.
mittags geöffnet nur Juni–Okt.

Von Monreale zu den Villen von Bagheria

Dom von Monreale

Monreale ★★

Dom
www.cattedrale dimonreale.it
Mo–Sa 8.30–12.45, 14.30–17, So 8–10, 14.30–17.30 Uhr; Anmeldung für Gruppen unter Tel. 32 73 51 08 86

Mit der gegen den Willen der Regentin Margarethe von Navarra an Walter of the Mill erteilten Erzbischofswürde und dessen Einsetzung als Oberhaupt der Diözese Palermo (1169) war der unmündige Wilhelm II. in der Hauptstadt seines Reiches eines Großteils seiner Macht beraubt worden. Sobald er selbst die Regierung übernommen hatte, versuchte Wilhelm, mit der Gründung einer neuen Diözese sozusagen im Rücken Palermos, einen politischen Ausgleich zu schaffen. Auf der Höhe des Monte Caputo, zu dessen Füßen sich Palermo ausbreitet, ließ er in einem einzigen festungsartigen Block den neuen Erzbischofspalast, den Königspalast, den Dom und ein Kloster errichten. Letzteres übergab er dem mächtigsten Zweig des Benediktinerordens, den Cluniazensern, und sicherte sich auf diese Weise dessen Unterstützung.

Von dem imposanten Baukomplex sind nach 800 Jahren nur der Dom und der prachtvolle Kreuzgang beinahe vollständig erhalten geblieben. Ansonsten stehen von dem Kloster, das 1886 endgültig aufgegeben wurde, lediglich einige Außenwände. Einzelne Bauelemente des Königspalastes finden sich noch in den umliegenden Gebäuden wieder; das Palais des Erzbischofs ist im Laufe der Geschichte bis zur Unkenntlichkeit umgebaut worden. Der Ort selbst ist heute eine selbstständige Gemeinde mit 38 200 Einwohnern.

Fassade

Der Dom von Monreale vertritt in einer Zeit, in der der arabische Einfluss bereits nachließ, als Vermächtnis und letzte Synthese noch einmal jenen für Sizilien so bestimmenden arabisch-normannischen Stil. Hiervon zeugen die klaren, geometrischen Formen und Raumvolumina sowie die flachen, glatten Wände, die keine Licht-Schatten-Wirkung suchen. Der mittelalterlichen Fassade des Doms, die von zwei Wehrtürmen begrenzt wird (von denen der linke nie ganz vollendet und die Kuppel des rechten im 16. Jh. vom Blitz getroffen wurde), ist ein klassizistischer Portikus des Ignazio Marabitti aus dem 18. Jh. vorgelagert, der es nahezu unmöglich macht, einen Eindruck von der ursprünglichen Fassade zu gewinnen. Die einheitliche Wirkung des Dekors – von ihm sind noch die oberen Partien, sich schneidende Blendarkaden mit Einlegearbeiten, und ein Stück des mittleren Spitzbogenfensters zu sehen – geht so verloren. Von seinem unteren Teil besteht noch das Portal mit dem reich gearbeiteten Gewände, aber ohne den originalen baldachinähnlichen Portikus und dessen Säulenschmuck.

Die **Bronzetüren** wurden von Bonannus von Pisa 1186 angefertigt, der jeder der 42 Kassetten mit Themen aus Altem und Neuem Testa-

Blick vom Kreuzgang her zu einem der Westtürme des Doms von Monreale

ment eine eigene figurale Komposition und Plastizität zu geben suchte. Er löste sich damit von der bis dahin bestimmenden byzantinischen Tradition, die mehr aus erhöhter Zeichnung denn aus wirklichem Relief bestand. Der Beiname ›von Pisa‹ geht auf Werke des Künstlers in dieser Stadt zurück, wo er ebenfalls das Portal des Doms schuf. Die Bronzeportale glänzten einst wie Gold, und der kostbare Eindruck wurde noch durch einzelne silberne Elemente gesteigert – oft legten die ausführenden Künstler selbst schriftlich fest, wie oft und unter Anwendung welcher Mittel die Werke gereinigt werden mussten.

Das Spitzbogenportal ist ganz im arabisch-normannischen Stil gehalten, durchlaufend ohne den waagerechten Türsturz romanischer Kirchen; das Gewände ist auch nicht abgeschrägt, sondern nur ganz leicht abgestuft, um die Farbwirkung der Zierbänder zu steigern, die abwechselnd in Relief und Mosaik ausgeführt sind. Kein mystisches

Die einander überschneidenden Blendarkaden mit ihren zweifarbigen Einlegearbeiten verweisen deutlich auf arabische Einflüsse

Halbdunkel, keine beunruhigende Licht-Schatten-Wirkung beeinträchtigt die feingliedrige Kostbarkeit des Portals.

An der **Nordseite** erhielt der Dom im 16. Jh. einen Portikus, der sich dem Gebäude weit besser anpasst als der spätere an der Vorderfront. Das Seitenportal hat eine rechteckige Einfassung in Kosmatenarbeit, die Torflügel, ebenfalls aus Bronze, wurden von Barisanus von Trani 1179 geschaffen. Die Formen wurden in einem Stück gegossen, was zu dieser Zeit eine technische Neuerung darstellte. Die meist einzelnen Figuren stehen in breiten, zierlich ausgeschmückten Rahmen, noch ganz der althergebrachten byzantinischen Art verpflichtet.

Die **Apsiden** der Kirche zeigen den ursprünglichen Dekor in seiner ganzen Pracht. Diese Art des Bauschmucks wird im Rahmen der fatimidischen Kunst als ›tapissant‹ bezeichnet, wofür die Apsiden von Monreale als das erste Beispiel gelten. In früheren Zeiten wurden bei besonderen Festlichkeiten die Gebäude von außen mit kostbaren Stoffen oder Teppichen geschmückt: Hier sind nun die Teppichmuster in Stein umgesetzt worden. In den sich überschneidenden, spitzbogigen Blendarkaden, den Rosetten und Friesen finden sich die fatimidischen

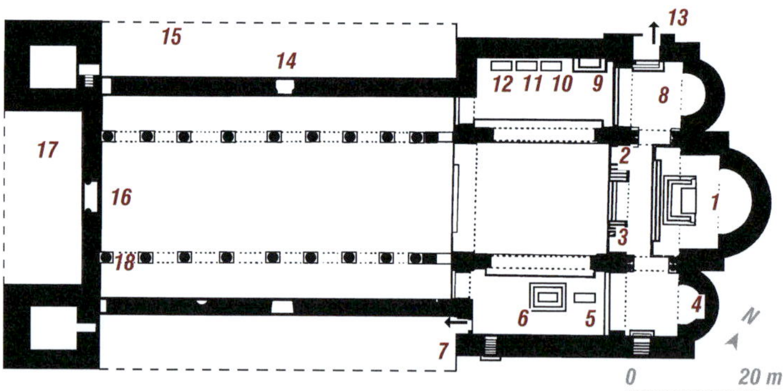

Monreale, Dom, Grundriss des mittelalterlichen Bauzustands

1 Hochaltar
2 ehemaliger Königssitz
3 ehemaliger Bischofssitz
4 Volksmadonna
5 Sarkophag Wilhelms II.
6 Sarkophag Wilhelms I.
7 Kapelle des hl. Benedikt
8 Kapelle des hl. Paulus
9 Sarkophag Ludwigs IX.
10 Sarkophag Margarethes von Navarra
11/12 Sarkophage der Söhne Margarethes
13 Weg zur Schatzkammer
14 Bronzetür des Barisanus von Trani
15 Portikus des Gagini
16 Bronzetür des Bonannus von Pisa
17 Portikus des Marabitti
18 Eingang zu den Terrassen

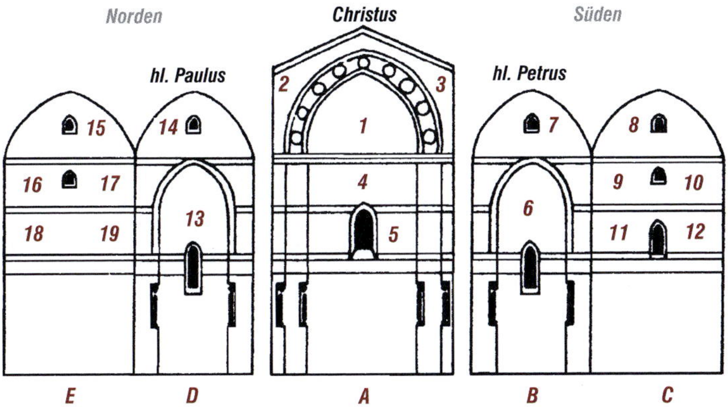

Mosaiken von Apsiden, Querschiff und Mittelschiff

Die schwarzen Partien der Grundrisse geben die Wandsegmente wieder, die jeweils ›aufgeklappt‹ die Ziffern der einzelnen Mosaikszenen tragen.

Mosaiken der drei Apsiden (A–E)

HAUPTAPSIS

1 Christus Pantokrator, in den Medaillons des rahmenden Bogens: Christus Emanuel, David, Salomon, Elias, Samuel, Daniel, Gedun, Nathan, Eliseus

2/3 Verkündigung: Gabriel und Maria

4 Von der Mitte aus: Die Jungfrau und das Kind, an den Seiten Gabriel und Michael, hl. Petrus, hl. Paulus und die anderen Apostel

5 14 Heilige (sieben an jeder Seite des Fensters): Clemens, Silvester, Petrus von Alexandrien, Thomas Becket, Stephanus, Laurentius, Martin, Nikolaus, Blasius, Hilarius, Antonius, Benedikt, Agathe, Maria Magdalena. An den Wänden zu den Pastophorien: Joseph, Zacharias, Malachias, Jonas, Ezechiel, Moses, Isaias, Habakuk, Heremias, Amos, Obed, Joel

SÜDLICHE APSIS UND DIAKONIKON

6 Hl. Petrus

7 Petrus im Gefängnis

8 Befreiung des Petrus

9 Petrus erweckt Tabita von den Toten.

10 Treffen von Petrus und Paulus

11 Wettstreit mit dem Magier Simon

12 Sturz des Magiers Simon. Über den beiden Bogen: Petrus heilt den Krüppel, Petrus heilt Aeneas

NÖRDLICHE APSIS UND PROTHESIS

13 Paulus

14 Saul verlangt die Bevollmächtigung für Damaskus.

15 Ananias besucht Saul

16 Taufe des Paulus

17 Paulus diskutiert mit den Juden

18 Flucht des Paulus aus Damaskus

19 Paulus überreicht Timotheus und Silas die Briefe.

Über den Bögen: Bekehrung des Saulus, Saulus wird nach Damaskus geführt.

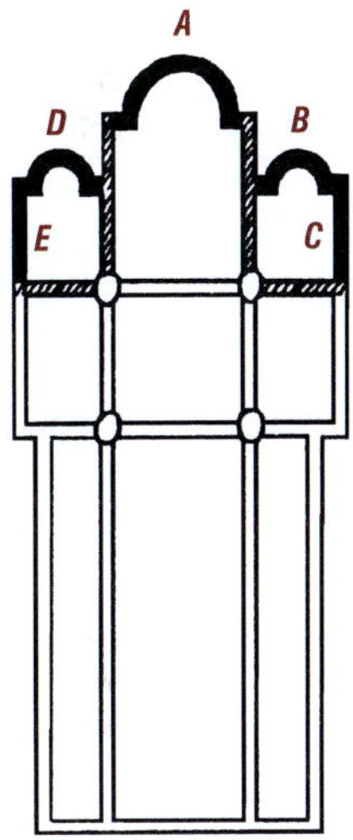

Stoffmuster als Einlegearbeiten aus schwarzer und weißer Lava und dem gelblichen Gestein des Monte Pellegrino wieder. Das harmonische, geometrische Spiel der Linien, das noch mit zierlichen korinthischen Säulen aufgelockert wird, löst die Schwere der Wände vollkommen auf. Zehn Jahre später versuchte Walter of the Mill, an sei-

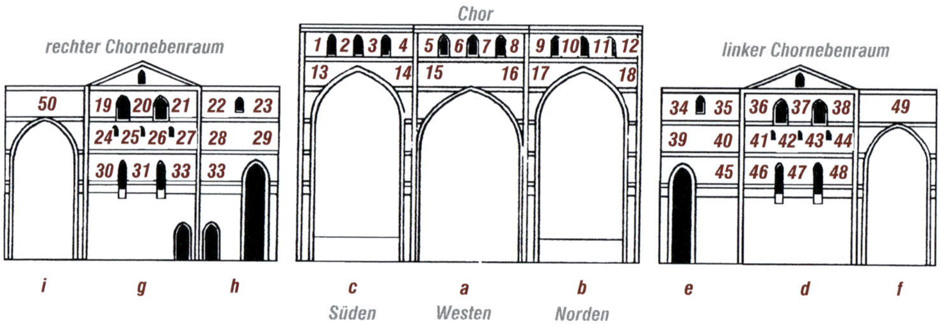

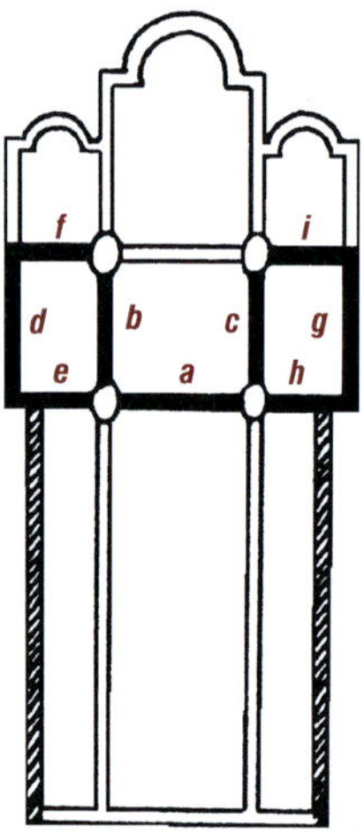

Mosaikzyklus des Leben Christi im Querschiff (a–i)

OBERE REIHE

1 Verkündigung Zachariae
2 Zacharias verlässt den Tempel
3 Verkündigung Marias
4 Heimsuchung
5–8 Geburt Christi
9 Reise der hl. drei Könige
10 Anbetung der hl. drei Könige
11 Herodes befiehlt den Kindermord
12 Kindermord von Bethlehem

UNTERE REIHE

13 Traum Josephs
14 Flucht nach Ägypten
15 Darbringung im Tempel
16 Jesus diskutiert im Tempel
17 Hochzeit von Kanaan
18 Taufe Christi

SÜDRAUM

19–21 Dreifache Versuchung Jesu
22 Jesus heilt den Gelähmten am Brunnen
23 Jesus heilt den Blinden im Bad von Siloam
24 Jesus und die Samariterin
25 Verklärung auf dem Berg Tabor
26 Auferweckung des Lazarus
27 Die Jünger und der Esel
28 Einzug in Jerusalem
29 Das letzte Abendmahl
30 Fußwaschung der Jünger
31 Das Gebet im Ölgarten
32 Gefangennahme Christi
33 Christus vor Pilatus

NORDRAUM

34 Kreuztragung
35 Kreuzigung
36 Kreuzabnahme
37 Grablegung
38 Christus in der Vorhölle
39 Die frommen Frauen am Grab
40 Christus erscheint den Marien
41 Die Jünger auf dem Weg nach Emmaus
42 Abendmahl in Emmaus
43 Die Jünger nach dem ›Verschwinden‹ Christi
44 Rückkehr der Jünger nach Jerusalem
45 Ungläubigkeit des hl. Thomas
46 Der wundersame Fischfang
47 Himmelfahrt Christi
48 Pfingstfest (Herabkunft des hl. Geistes).

Über den Bogen der beiden Räume:
49 Enthauptung des Paulus
50 Kreuzigung des Petrus

nem Dom den Dekor von Monreale zu übertreffen; er ist jedoch in Palermo nicht mit der gleichen Strenge aufgeteilt und büßt darum an Harmonie und Kostbarkeit ein.

Innenraum

Im Innern besitzt der Dom zwar das dreischiffige Langhaus der ›lateinischen‹, basilikalen Bautradition, doch den eigentlichen Mittelpunkt bildet auch hier das Quadrat des Chors, von dem aus alle architektonischen oder liturgisch-symbolischen Elemente zu überschauen sind. Der Chor lag ursprünglich leicht erhöht und war in byzantinischer Tradition durch eine Ikonostase von den Längsschiffen getrennt. Ein hohes Holzdach ersetzte die übliche Kuppel; dicht am Dachrand angebrachte Lichtquellen wiesen den Chor als eigentliches Zentrum der Kirche aus. Und so gewann die Basilika Wesenszüge eines Zentralbaus, bei dem Apsiden, Seitenräume und Schiffe an architektonischer Bedeutung einbüßten. Das sehr breite Mittelschiff schien vom Chor aus gesehen verkürzt, und der Dekor seiner Rückwand konnte mühelos in die Liturgie miteinbezogen werden.

Auf den muslimischen Kulturkreis deuten die **Marmorverkleidung der Wände** sowie der noch im Original erhaltene Teil des Fußbodens. Ohne Schwierigkeiten fügt sich dem der byzantinische Mosaikschmuck ein, der keinen Helldunkeleffekt sucht, sondern mit leuchtend goldenem Hintergrund und kostbarer Farbigkeit die Wände aufzulösen scheint. Die vielen, ringsum verteilten Lichtquellen sorgen für eine vollständige Ausleuchtung des Innenraums. Es gibt keine Skulpturen in den Räumen, keine tiefen Nischen, und die Innenstruktur wird von den Säulen an allen Kanten rhythmisiert.

Selbst die **antiken Kapitelle** wirken fast wie durchsichtige Gebilde. Der hohe, helle Sockel, der hinter den Säulen sichtbar wird – und symbolisch die irdische Sphäre im Gegensatz zur goldgrundigen, himmlischen andeutet –, unterscheidet die weite Raumausdehnung und verbindet gleichzeitig alle architektonischen Elemente. Am oberen Rand schließt ihn ein **arabischer Fries** mit einer Reihe geometrisch stilisierter Dattelpalmen ab, einer Andeutung auf das zukünftige Paradies. Obwohl der Innenraum der Kirche 122 × 42 m misst, wiederholt sich keines der Muster in den Palmen!

In der Martorana untermalte die Themenwahl des Mosaikschmucks die griechische Liturgie, in der Palastkapelle diente sie in einer genialen Lösung der griechischen und lateinischen, in Monreale ist sie dagegen nur der lateinischen Liturgie gewidmet. Der Blick der Gläubigen wurde schon beim Eintritt durch die hintereinander gestaffelten Bogen auf Christus gelenkt. An der Wand über dem Bogen zum Presbyterium befindet sich das Mosaik der »Verkündigung« (das Licht eines Fensters fällt genau auf Maria), an dem davor gelegenen Bogen sieht man die Erzengel Michael und Gabriel.

In der **Apsis** wird die himmlische Hierarchie auf Goldgrund dargestellt: Christus, darunter Maria mit dem Kind, umgeben von Erzengeln und Aposteln, darunter die Heiligen. Die zweite Figur rechts vom Mittelfenster ist der hl. Thomas Becket, die erste bekannte Darstellung des Märtyrer-Erzbischofs von Canterbury. Die Mosaiken von Apsis und Presbyterium sind die ältesten Teile der musivischen Ausstat-

In der Apsis ist Christus als Pantokrator dargestellt

Drei Finger verweisen auf den Kreis als Symbol der Unendlichkeit Gottes, zwei Finger auf die Schöpfungszahl des Menschen; gekrümmt formen sie einen Bogen und symbolisieren die Brücke Gottes zu den Menschen (und damit zugleich auch die Fleischwerdung Gottes in Christus). Die linke Hand hält mit vier Fingern (4 = kosmische Schöpfungszahl) das offene Buch mit der Inschrift »Ich bin das Licht der Welt ...«. Im Bogen davor, direkt über dem Haupt Christi, erscheint der leere Thron, umgeben von Seraphim und Cherubim – der Thron, der bis in alle Ewigkeit für Christus als Herrscher bestimmt ist.

tung, gefolgt von denjenigen der Schiffe. Gegen Ende erst scheinen Seitenapsiden und Querschiff ausgeschmückt worden zu sein.

Von den Händen der **raumbeherrschenden Christusfigur** (s. hintere Umschlagklappe) scheint die Erzählung auszugehen, in die drei Teile der Bibel (AT und NT, Apostelgeschichte) unterteilt: die Verheißung des Wortes, seine Offenbarung und seine Verbreitung in der Welt. Die Verheißung, das Alte Testament, ist im Mittelschiff wiedergegeben, mit denselben Motiven wie in der Cappella Palatina, ohne jedoch künstlerische Höhepunkte wie dort zu erreichen.

In der Bibel sind zwei Versionen der **Schöpfungsgeschichte,** eine ältere und eine jüngere, hintereinander geschaltet. Die ersten Mosaikszenen, beginnend mit der Trennung von Licht und Dunkelheit bis zur Schaffung der Tiere auf der Erde **an der Südwand des Mittelschiffs,** folgen der älteren Version, um dann mit der Erschaffung Adams in die zweite überzugehen. Dabei sind die Tiere im Hintergrund angegeben, die Adam mit Namen benennen soll. Die erste obere Zeile der Erzählung setzt sich über die Westwand der Kirche fort, mit der Erschaffung Evas und dem folgenden Sündenfall geht sie auf die **Nordwand des Mittelschiffs** über. Bei der Vertreibung aus dem Paradies sind die Blumen in Dornengestrüpp gewandelt. Die Verdammung zur Arbeit ist ein Motiv, das das Mittelalter sehr beschäftigte, da diese damals noch nicht ›adelte‹, sondern als Fluch betrachtet wurde. Die erste Zeile endet mit Kain, der unwissentlich von seinem blinden Sohn getötet wird, und Noah, dem Gott befiehlt, seine Arche zu bauen.

In der zweiten Zeile, die unter der ersten ansetzt, wird die »Rettung Noahs« dargestellt. Es folgen der »Bund Gottes mit den Menschen«, versinnbildlicht im ersten Regenbogen, der Brücke von der Erde zum Himmel, sodann »Noah, dem Gott die Rebe schenkt‹; er presst den Wein in einen Kelch, eine typologische Anspielung auf das Blut Christi und den neuen Bund.

Detail aus dem Mosaikzyklus an der Südwand des Mittelschiffs (untere Reihe, Position 27): Gott schließt einen Bund mit der Menschheit; als Unterpfand erschafft er den ersten Regenbogen, die symbolische Brücke von Gott zu den Menschen

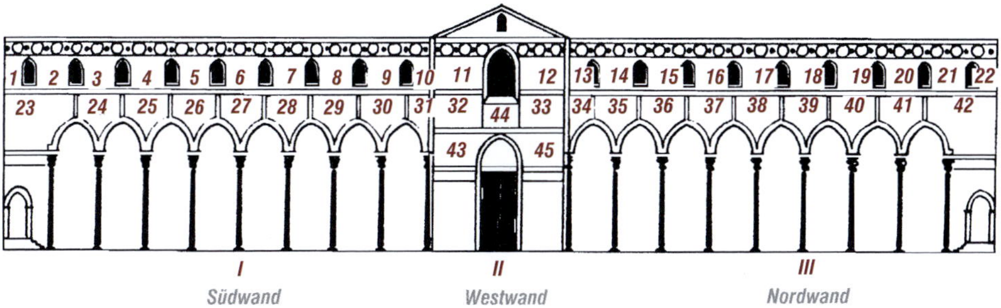

Mosaiken des Mittelschiffs (I–III)

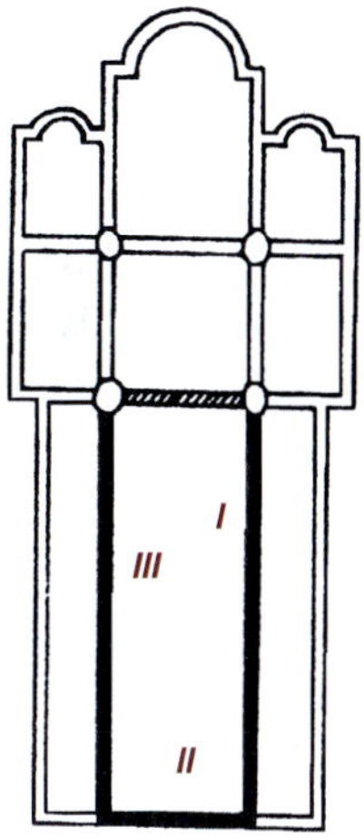

OBERE REIHE

1 Schöpfung von Himmel und Erde
2 Schöpfung des Lichts
3 Teilung der Wasser
4 Teilung der Erde
5 Erschaffung der Sterne
6 Erschaffung des Lebens in der Luft und im Wasser (Vögel und Fische)
7 Erschaffung der Tiere und des Menschen
8 Ruhetag des Schöpfers
9 Einführung Adams in das irdische Paradies
10 Adam im irdischen Paradies
11 (hintere Wand) Schöpfung Evas
12 Eva wird Adam vorgestellt
13 Eva wird von der Schlange versucht
14 Sündenfall
15 Gott rügt Adam und Eva.
16 Vertreibung aus dem Paradies
17 Verdammung zur Arbeit
18 Opfer Kains und Abels
19 Kain tötet Abel.
20 Verdammung Kains
21 Lamech tötet Kain
22 Gott befiehlt Noah, die Arche zu bauen.

UNTERE REIHE

23 Bau der Arche
24 Die Tiere ziehen in die Arche ein.
25 Sintflut
26 Die Tiere verlassen die Arche.
27 Der Pakt Gottes mit den Menschen, der erste Regenbogen
28 Trunkenheit des Noah
29 Bau des Turms von Babel
30 Abraham trifft die drei Engel
31 Abraham bewirtet die Engel
32 Lot und die zwei Engel
33 Zerstörung von Sodom
34 Gott verlangt von Abraham das Opfer seines Sohnes
35 Opfer des Isaak
36 Rebekka tränkt die Kamele.
37 Reise der Rebekka
38 Isaak und Esau
39 Isaak segnet Jakob
40 Flucht des Jakob
41 Traum Jakobs
42 Kampf Jakobs mit dem Engel
43–45 (Rückwand) die hl. Catrensis, Cassius, Castus. Über den Bogen zum Chor: die göttliche Weisheit, darunter zwei Erzengel

Für die Verwerflichkeit des menschlichen Stolzes steht der »Turmbau zu Babel«; die anschließende Szene mit Abraham, der die drei Engel bewirtet, aber nur einen verehrt, deutet auf die Dreifaltigkeit.

An der **Westwand** wird, unter der »Erschaffung Evas«, die »Rettung Lots und der Seinigen« illustriert, auf der Nordwand des Mittelschiffs dann die Geschichte Abrahams wieder aufgenommen, in der das

Die Mosaikenabfolge

… ist auf den Blickpunkt vom Chor her ausgerichtet.

menschliche Opfer Isaak durch das Lamm ersetzt wird. Die nächsten Bilder zeigen Rebekka am Brunnen, ihre Heimführung zum Haus Abrahams, ihre Söhne Jakob und Esau auf der Jagd, Jakob, der sich mit Hilfe seiner Mutter das Erstgeburtsrecht und den Segen des Vaters erschleicht, seine Flucht und sein Traum von der Himmelsleiter, woraufhin er Gott den ersten Altar errichtet. Wie in der Palastkapelle wird die biblische Erzählung auch hier an der Stelle unterbrochen, bis zu welcher sie als Gemeingut der drei großen monotheistischen Religionen Christentum, Judentum und Islam gelten kann: bei »Jakobs Kampf mit dem Engel«.

An den **Wänden der Seitenschiffe** sind die »Wunder Christi« vergegenwärtigt, die sich direkt an das Volk wandten. Dieser Teil der Kirche war für die Gläubigen gut überschaubar. Als erstes nach dem Eintreten erblickten sie den Christus in der Apsis, sodann sein hilfreiches Eingreifen in die irdischen Nöte der Menschen – nirgends fanden sie eine Andeutung auf einen strafenden, einen unerbittlichen Gott.

Der **rechte Chornebenraum** birgt die Sarkophage Wilhelms I. und II., ›des Guten‹ und ›des Bösen‹. Der Dom war von vornherein als Grablege geplant. Wilhelm II. gelang es allerdings nur, seinen Vater, seine Mutter und zwei seiner Brüder darin zu bestatten, und schließlich fand auch er selbst dort seine letzte Ruhestätte. Er starb, ehe der Dom vollendet war, im Alter von 36 Jahren. Seinen Vater hatte er in einem Porphyrsarkophag mit Baldachin bestatten lassen, für sich selbst nur einen einfachen Sarg zu dessen Füßen bestimmt. Im 16. Jh. wurde der König jedoch in einen weißen Marmorsarkophag mit Überdachung umgebettet. Beim Brand des Doms im Jahre 1811 konnten die Gräber zwar gerettet werden, doch die Säulen der Baldachine waren durch die Hitze gesprungen. Nach dem Brand musste auch die Decke des Doms ersetzt werden, die jetzige ist eine Kopie des 19. Jh.

Von diesem Raum führt ein Eingang zur **Kapelle des hl. Benedikt,** die 1569 dem Dom hinzugefügt wurde. Vollkommen mit Intarsien aus späterer Zeit verkleidet, enthält sie die besten Werke von Ignazio Marabitti und Giovanni Marino (18. Jh.).

Über dem Bogen zum **Diakonikon** ist der mit dem Kopf nach unten gekreuzigte Petrus wiedergegeben, die Apsisnische wird von dem ganzfigurigen Bild des Apostels eingenommen. Der **Altar** darunter zeigt die sog. Volksmadonna aus dem späten 15. Jh., der Altar selbst ist etwas jünger. Das Zentrum des Kreuzgewölbes bildet der ewig junge Christus, umgeben von sechsflügeligen Seraphim. Der Wanddekor zeigt verschiedene wundersame Begebenheiten aus dem Leben des hl. Petrus, die mit dem Fall des Magiers Simon, also wie in der Palastkapelle mit dem Sieg des Christentums, enden.

Von hier öffnet sich der Blick auf den Königsthron im **Chor,** über dem die Krönung des Königs von Gottes Hand dargestellt ist, eines der ältesten Mosaiken der Kirche und ein Portrait Wilhelms II. Der Bischofssitz, der sich auch im Chor befindet, ist von der gegenüberliegenden Seite aus sichtbar. Er steht zwei Stufen niedriger als der Königsthron, und über ihm ist an der Wand nochmals Wilhelm II. abgebildet, während er der Muttergottes das Modell des Doms überreicht.

Im rechten, **südlichen Chornebenraum** über den Gräbern der Könige sind Begebenheiten aus dem öffentlichen Leben Christi dargestellt, angefangen mit der dreifachen Versuchung in der Wüste und abschließend mit der Szene »Christus vor Pilatus«. Im linken, **nördlichen Chornebenraum** werden »Tod und Auferstehung Christi« sowie die beiden »Marien am leeren Grab« gezeigt. Über mehrere Bilder verteilt sich die ›Geschichte der Jünger auf dem Weg nach Emmaus‹, wo sich ihnen Christus unerkannt anschließt, beim Brechen des Brotes zu erkennen gibt und dann plötzlich vor ihren Augen verschwindet. Die Jünger eilen daraufhin zurück nach Jerusalem, um die Botschaft zu überbringen. Dort zeigt sich Christus im Kreise aller Jünger, und der ungläubige Thomas prüft die Wundmale Christi. Bei der Himmelfahrtsszene wird die Bedeutung Marias durch ihre frontale Stellung und die schützend neben ihr stehenden Engel hervorgehoben, danach folgt das ›Pfingstfest‹ mit der Herabkunft des hl. Geistes.

Die Apsis und der Raum davor, die **Paulus-Kapelle,** sind dem hl. Paulus gewidmet und zeigen Begebenheiten aus seinem Leben. Die Übergabe seiner Briefe an die Jünger im letzten Bild versinnbildlicht die Verbreitung des Wortes in der ganzen Welt. An der Wand befinden sich die Gräber der Margarethe von Navarra und ihrer beiden Söhne Roger und Heinrich. Die Särge sind Kopien, da die echten während des Dombrandes zerstört wurden.

Die sterblichen Überreste König Ludwigs IX. von Frankreich gerieten eher zufällig hierher: der ›heilige‹ Ludwig starb während des Siebten Kreuzzugs in Tunesien an der Pest (1270), sein Herz und seine Eingeweide sollten nach Frankreich gebracht werden, wurden aber auf dem Wege dorthin vorläufig in Monreale niedergelegt, wo sie dann blieben. Dicht daneben befindet sich der Eingang zum **Domschatz** und zur kunstvoll mit Marmoreinlagen ausgeschmückten barocken **Kreuzkapelle,** in der die bekanntesten Bischöfe von Monreale bestattet liegen.

Kreuzgang

Der Kreuzgang ist ein einziger Hymnus an das Licht. Zarte, schimmernde Doppelsäulen tragen arabische Spitzbogen, um die sich ein zweifaches Bogenmotiv zieht, verziert mit geometrischen Lavaintarsien, die sich in dem breiten Band wiederholen, das den oberen Mauerrand abschließt. Der **Säulengang** umschreibt ein perfektes Quadrat, von dem sich in der Südwestecke ein zweites Quadrat löst. Die insgesamt 228 Säulen sind glatt, mit Zickzackkanneluren oder Mosaikbändern geschmückt. An den Ecken bilden jeweils vier mit ornamentalen Reliefarbeiten geschmückte Säulen den Übergang. Die Zwillingssäulen stehen auf einer verbindenden Platte, und jede Säule wird von einem Kranz aus Akanthusblättern gekrönt, aus denen das gemeinsame Kapitell ›herauswächst‹. Da der Kreuzgang in enorm kurzer Zeit errichtet wurde, kam man mit der Fertigung der Säulen und Kapitelle nicht ganz nach, sodass deren tragende Funktion zunächst durch Stützgerüste übernommen wurde. Die nun blind endenden, mit

Kreuzgang
Piazza Guglielmo il Buono
Di–Sa 9–18.30, So/Mo 9–13 Uhr

Öffnungen zum Einsatz von Zapfen versehenen Rundstäbe in den Bogen zeugen noch von diesem Provisorium.

Motive und Ausführungen der **Kapitelle** sind unterschiedlich, biblische Szenen wechseln mit symbolischen Darstellungen aus der christlichen und islamischen Welt. Das **Motiv der Verkündigung** nimmt auch hier, wie in den Kirchen, einen besonderen Platz ein (Nordostecke). Auf der ersten der vier Seiten des Kapitells ist die Verkündigung abgebildet, bei der Maria und Gabriel jeweils unter einem Bogen stehen, den eine Kuppel mit Fenster überwölbt. Vier Säulen teilen die Fläche in drei Felder, die mittleren beiden Säulen umschlingt ein geteilter Vorhang. Die zweite Seite zeigt die Heimsuchung und die Aufklärung des hl. Joseph, die dritte Christi Geburt und die Verkündigung der Engel an die Hirten, die vierte die Anbetung der hl. drei Könige – alles Darstellungen, in denen die Erleuchtung den Kern der Aussage bildet.

Leider ist dieses wohl schönste Kapitell des Kreuzgangs auch am meisten gefährdet: 1985 entstand der erste Riss im Mauerwerk, das eben in dieser Ecke einzustürzen droht. Die auf Bleiplatten gestellten Säulen stehen nach 800 Jahren trotz verschiedener Erdbeben noch immer auf einer schnurgeraden Linie.

Die architektonischen Formen des **Brunnenquadrats** stellen in der Symbolsprache der mittelalterlichen Zahlenmystik die Synthese des kosmischen Gottes dar, von dem alle Dinge ausgehen und zu dem alles zurückkehrt, die Quelle jeglicher geistiger Erkenntnis: Die vier Seiten mit je drei Zugängen symbolisieren die Mauern des Himmlischen Jerusalem. Am Boden verjüngen sich zwei Quadrate (die irdische Schöpfung) zu einem Achteck (die Perfektion), aus dem eine Säule aufsteigt, welche ein kreisrundes Brunnenbecken (das Symbol des kosmischen Gottes) trägt. Aus diesem wiederum erhebt sich eine Säule, deren Kanneluren im Zickzack angeordnet sind, mit kugelförmigem Aufsatz, aus dem das Wasser niederrieselt. Fünf der umgebenden Säulenpaare stehen auf hohen, aus sechs Schichten aufgebauten Sockeln: die Drei und die Zwei, die Symbolzahlen des Überirdischen und des Irdischen, die Sechs, die Zahl der Erkenntnis. Die Zickzacksäulen sind ein islamisches Symbol für die Palme, die als ein Sinnbild der geistigen Erneuerung und der Unsterblichkeit gilt.

Kapitell der Heimsuchung und Aufklärung des hl. Joseph: Unter einem Bogen umarmen sich Elisabeth und Maria, unter dem nächsten sind der Erzengel Gabriel und der hl. Joseph wiedergegeben. Auf den ersten Blick ähneln sich die Szenen, doch mit den ›Augen des Mittelalters‹ betrachtet, zeigen sie feine Unterschiede. Beide Geschehen sind gottgefällig, denn über die Szenen spannt sich jeweils ein Bogen (= Brücke zu den Menschen). Doch nur bei der ›Aufklärung‹ greift Gott direkt ein, denn hier wird der Bogen von zwei Säulen getragen. (Die Säulen stehen für Gott und die Zahl 2 für die Menschheit.)

Im Kreuzgang von Monreale: Die eigenartigen Wülste in den Bögen waren vermutlich die Lösung dafür, den Kreuzgang bereits errichten zu können, noch bevor alle benötigten Säulen und Kapitelle fertiggestellt waren. Auf diese Weise ließ sich der obere Teil leicht abstützen, und die fehlenden Stücke konnten nach ihrer Vollendung problemlos ›eingebaut‹ werden

Die Kosmatenarbeiten des Kreuzgangs wurden im 15. Jh. erneuert. Nur an der Südseite zeigen zwei Säulen noch den in der Farbgebung unvergleichlich wertvolleren Originaldekor.

Monte Pellegrino

Einsam und malerisch erhebt sich im Westen der großen Meeresbucht von Palermo der Monte Pellegrino. Er steigt steil aus dem Meer empor bis zu einer Höhe von 606 m. An seinen Hängen wachsen kleine Pinienwälder, auf seinem Gipfel indes steht heute ein ›Wald‹ von Antennen. Der Monte Pellegrino hält mit seinen 42 Grotten den diesbezüglichen sizilianischen Rekord. Seit den frühesten vorgeschichtlichen Zeiten wurden diese Grotten von den Menschen genutzt, doch die interessanten altsteinzeitlichen Höhlen liegen heute mehr als 100 m über dem Meeresspiegel und sind daher nur schwer zugänglich.

Die bedeutendsten dieser Grotten sind die **Addaurahöhlen,** deren Ritzzeichnungen aus der Altsteinzeit nicht nur Hirsche, Rinder und Pferde wie in der Grotta del Genovese (s. S. 239), sondern auch Menschen abbilden. Mit großem Gespür für naturalistische Darstellung und Bewegungsabläufe sind die Menschen in sicheren Umrissritzungen auf den Stein gebannt, immer ohne Füße, meist ohne Hände und immer mit einem von wucherndem Haar umrahmten Gesicht, das eine Art von Vogelmaske mit Schnabel zeigt. In den tanzenden und den beiden ithyphallischen Figuren, die mit merkwürdig angewinkelten Beinen und aufgerichtetem Oberkörper nebeneinander zu liegen scheinen, hat man Opfer- oder Folterszenen oder auch Initiationsriten unserer Urahnen sehen wollen. In mehreren Grotten ha-

Santuario di Santa Rosalia

Piazza del Santuario (zu erreichen über die Via Monte Erca)
tgl. 7.30–12.30, 14–19.30 (im Winter 18.30) Uhr
Die Auffahrt zu der Kapelle der hl. Rosalia ist äußerst reizvoll. In jeder Kurve bieten sich neue Panoramen: auf Palermo und die weitere Umgebung, an klaren Tagen bis zum Ätna und bis zur Insel Ustica.

Die in einer Addaurahöhle gefundene Ritzzeichnung einer Autostrangulation ist die älteste in der Geschi chte der Menschheit überlieferte Szene einer tödlichen Folter (14 000 v. Chr.). Ob es sich bei ihrer Anwendung um den Vollzug einer Todesstrafe oder um einen religiösen Ritus handelte, muss offen bleiben. Die Opfer sind von Masken tragenden, tanzenden Männern umringt. Das Fehlen der Füße könnte sie als göttliche Wesen ausweisen

ben sich interessante Tropfsteinformationen gebildet (Auskünfte und Führer beim CAI, *Club Alpino Italiano,* Palermo).

Soweit archäologische Studien die Geschichte dieses Berges rekonstruieren konnten, scheint hier seit prähistorischen Zeiten ein heiliger Ort gelegen zu haben, denn bei einer Quelle wurden vorgeschichtliche Weihgaben entdeckt. Dass es sich um das Heiligtum einer Göttin gehandelt haben muss, geht u. a. aus der Tatsache hervor, dass auch die in geschichtlichen Zeiten hier verehrte Gottheit weiblichen Geschlechts war: Die Phönizier errichteten auf dem Berg ein Tanitheiligtum, die Römer verehrten dort eine synkretistische Mischung aus Tanit und Minerva, die Christen schließlich die hl. Rosalia.

Der Legende nach soll die hl. Rosalia den größten Teil ihres Lebens hier verbracht haben: 1130 als Tochter des Grafen Sinibald, des Herrn von Quisquina, und als Nichte Wilhelms II. geboren, zog sich das Mädchen mit 14 Jahren auf den Berg zurück und führte dort ein Einsiedlerleben – das letzte Mal wurde sie 1166 gesehen. Als 1624 in Palermo die Pest ausbrach, erschien die Heilige im Traum einem Jäger und zeigte ihm die Grotte, in der sie gelebt hatte. Darin wurde ein weibliches Skelett gefunden, und auf den Wunsch der Bevölkerung trug der Bischof der Stadt die Gebeine in einer Prozession durch die Straßen von Palermo, woraufhin die Pest schlagartig aufhörte und Rosalia zur Schutzpatronin Palermos avancierte.

Die Grotte (429 m ü. d. M.), als **Kapelle** eingerichtet, wird von einem ununterbrochenen Pilgerstrom besucht. Sie liegt versteckt hinter einer Fassade des 17. Jh. Der Eingang führt in ein Vestibül, das sich mit drei Bogen auf in sich gedrehten Alabastersäulen auf einen unüberdachten Innenhof öffnet, in dem, umgeben von den Votivgaben, eine Statue der Heiligen steht. An der Felswand ist eine flache Nische zu sehen, die auf ein kleines karthagisches Heiligtum zurückgeht; zu byzantinischer Zeit diente sie einem Kirchlein als Altarnische. An der gegenüberliegenden Wand erinnert eine Gedenktafel an den Besuch Goethes (1787). Die lebensgroße Statue Rosalias, die den deutschen Dichter so begeisterte – ein Werk des 17. Jh. von Gregorio Tedeschi – , liegt in der Grotte unter einem Baldachin in einem Glaskasten. Hände und Kopf sind aus weißem Marmor, das Gewand besteht aus vergoldetem Silber.

In Piana degli Albanesi werden zu besonderen Festen noch althergebrachte Trachten getragen. Die Gürtelschnallen der Frauen sind höchst artifizielle Meisterwerke der Silberschmiedekunst

Piana degli Albanesi

Ende des 15. Jh. erhielten Gruppen von Albanern auf der Flucht vor den Türken von Johann II. von Spanien die Erlaubnis, sich in Westsizilien anzusiedeln, das damals zum Großteil unbewohnt war. Von ihren Niederlassungen bewahren bis heute Contessa Entellina, Mezzojuso, Palazzo Adriano, S. Cristina di Gela und Piana degli Albanesi (bis 1921 Piana dei Greci; 6000 Einw.) die religiösen byzantinischen Riten und die albanische Sprache. Während letztere langsam aufgegeben wird, entstand 1960 ein eigenes, vom Papst anerkanntes Bistum der griechisch-katholischen Religion mit Piana degli Albanesi als Bischofssitz. In mehreren Kirchen dieser Ortschaften ist noch die Ikonostase erhalten, so auch in den zwei interessantesten Kirchen von Piana degli Albanesi, **S. Giorgio** und der Kathedrale **S. Demetrio** (1590 errichtet; Ausmalung 1641/42 durch Pietro Novelli).

S. Giuseppe Jato

Das Dorf mit heute ca. 8800 Einwohnern entstand erst Ende des 17. Jh. In dem kleinen **Museo Civico Jetino** werden die Funde der Ausgrabungen des nahen **Ietas** aufbewahrt. Ietas stand als elymische Stadt seit der Mitte des 6. Jh. v. Chr. mit dem griechischen Westsizilien in Verbindung, dessen Lebensweise es annahm. Das Theater fasste 4500 Zuschauer. Ab 250 v. Chr. unter römischer Herrschaft, verfiel die Stadt ab dem 1. Jh. rasch und war nach dem 4. Jh. völlig verlassen, bis sie unter den Arabern wieder neu entstand. Nach einer langen Belagerung wurde der mittelalterliche Wohnort 1246 von Friedrich II. von Hohenstaufen zerstört. Eine Besichtigung ist mit einem kurzen Fußmarsch verbunden.

Museo Civico Jetino
Via Roma 230
San Cipirello
Mo, Di, Mi, Fr, Sa 9–13, Do 15–19 Uhr

Zona Archeologica di Ietas
tgl. 9–13, Mo, Mi, Fr auch 14–18 Uhr
Nur die Ausstellung ist geöffnet, die Ausgrabungen sind derzeit nicht zugänglich.

Sito Archeologico – Bagni Arabi
S. P. 77 Bolognetta–Villafrati
Cefalà Diana
tgl. 9–13 Uhr

Cefalà Diana

In der Nähe dieser kleinen Ortschaft von ca. 1000 Einwohnern liegt ein **›arabisches Bad‹**, das lange Zeit als einzig erhaltenes Denkmal aus der Zeit der Araber auf Sizilien galt. Neue Theorien identifizier-

Landschaft bei Cefalà Diana

ten es jedoch als römisches Bad, das unter den Normannen von arabischen Arbeitskräften ausgebessert wurde. Für die Thermen wurde eine nahe Thermalquelle genutzt (38 °C).

Solus (Solunto)

Solus ★

Zona Archeologica di Solunto

Antiquarium

Via Collegio Romano
Santa Flavia
Di–Sa 9–17.30
(So bis 13.30) Uhr

Die Ruinen der antiken Stadt *Solus* oder *Soloeis* (phönizisch *Kfr* = ›Dorf‹) liegen auf der Höhe des Monte Catalfano, der sich zwischen dem Meer und einer fruchtbaren Ebene erhebt. Solus, eine der punischen Gründungen Siziliens, stand an Wichtigkeit dem antiken Panormos (Palermo) kaum nach. Ursprünglich scheint die Stadt in der Ebene gelegen zu haben, und wahrscheinlich war die Umsiedlung eine Konsequenz der karthagisch-syrakusanischen Kriege (s. S. 113), die eine sichere Lage und Befestigungsanlagen notwendig machten. Die neue Siedlung wurde nach dem modernsten städtebaulichen System der hellenistischen Epoche errichtet, doch war Solus in seinen Sitten und Bräuchen eine ausgesprochen punische Stadt und blieb dies auch dann noch, als seine politische Unabhängigkeit nach der Eroberung durch die Römer verlorengegangen war (254 v. Chr.).

Besichtigung

Am Eingang zum archäologischen Gebiet liegt ein **Antiquarium,** das einige der Fundstücke jüngerer Ausgrabungen – die anderen befinden sich im Archäologischen Museum von Palermo – und Abgüsse der in Soloeis geprägten Münzen beherbergt. Von der antiken Stadt wurden bis jetzt das Zentrum und einige Gruppen etwas abseits liegender Häuser freigelegt. Das gleichmäßige Straßensystem mit sich im rechten Winkel treffenden *Decumanes* und *Cardines,* von denen einige – dem natürlichen Gelände folgend – in Stufenrampen übergehen, weicht zwar in nichts von dem anderen Siedlungen der Insel ab, ist jedoch übersichtlicher als dort.

Die Größe der **Wohnhäuser** variiert zwischen 400 und 550 m^2. Die Räume gruppieren sich um einen Innenhof, der in verschiedenen Bauten, vor allem im Zentrum, zum säulenumstandenen Peristyl wird. Die Fußböden waren mit Mosaiken ausgelegt, die Wände mit Fresken geschmückt; einige Beispiele sind erhalten. Bei den meisten Häusern weisen Treppenansätze auf das Bestehen eines weiteren Stockwerks hin. Wohnterrassen bildeten das Dach, und jedes Haus besaß eine eigene **Zisterne.** Eine große öffentliche, einst überdachte Zisterne bezeugt jedoch, dass das Problem der Wasserversorgung nicht ausschließlich der Privatinitiative überlassen blieb. Die Eingänge zu den Wohnungen lagen an den Nebenstraßen, enge Gassen trennten die Häuser einer *Insula,* die zu den Decumanes hin gelegenen unteren Räume wurden als Geschäfte genutzt.

Die **Straßen** waren gut gepflastert, und bei der Hauptstraße ändert sich jeweils die Art des Bodenbelags, sobald die Strecke eine bestimmte Bedeutung annahm: Solange sie als Zufahrt zur Stadt diente, bestand er aus einem Kopfsteinpflaster, innerhalb des Stadtzentrums änderte er sich in Qualität und Muster, um auf der **Agora** dann durch Ziegel ersetzt zu werden, die wiederum in drei Arten gelegt waren. Ehe die Straße die Agora erreicht, wird sie von zwei niedrigen Pfeilern unterbrochen – hier begann die antike ›Fußgängerzone‹. Seitlich befindet sich ein offener Altar mit drei Bethelsteinen (abgestumpfte, leicht konische Pfeiler, wörtlich ›Haus Gottes‹), und diesem schließen sich auf der ganzen Länge des Platzes öffentliche Gebäude an. An einer Seite der Agora befinden sich neun tiefe, rechteckige Nischen, deren Überdachung aus einer großen Terrasse bestand.

Nicht weit davon liegen links die (geringen) **Reste des Theaters.** Dem Theater angeschlossen war ein gut erhaltenes **Odeion** oder Bouleuterion. Daneben lagen zwei gleichgroße Räume, die sakralen Zwecken dienten. Einer war mit einem Kreuz-, der andere mit einem Tonnengewölbe überdacht. Es wird angenommen, dass in der Nische des einen die heute im Nationalmuseum von Palermo aufbewahrte Statue des Baal-Hammon (s. Abb. S. 280) stand, deren Maße mit der der erhaltenen Basis übereinstimmen, während der Raum daneben Astarte, der thronenden archaischen Göttin (ebenfalls Nationalmuseum), geweiht war. Typisch für karthagische Kultbauten ist, dass sich der Altar im Innern des Raums befand.

Auf der höchsten Stelle der Stadt erhob sich das wichtigste **Sakralgebäude,** bei dem sämtliche Innenräume unübersichtlich vom Eingang her angelegt waren. Es besaß zwei Eingänge, die jedoch beide vor die geschlossene Wand eines Korridors führten, vor dem sich der Eintretende nach rechts oder links wenden musste. Erst von diesem führte ein langer, verwinkelter Gang zu den Sakralräumen, die jeder durch einen eigenen Eingang zu betreten waren. Eine Besonderheit stellt der runde, für ein phönizisches Heiligtum ungewöhnliche Raum dar.

Durchdachte Stadt- und Hausplanung

In den großzügig konzipierten Häusern lagen die Wohnräume gen Süden, damit die Sonne sie erwärmte. Die Wasserversorgung wurde technisch gelöst, weil die Bergkuppe keine Quelle besaß. Der Ort wurde dennoch im 2. Jh. n. Chr. aufgegeben, wahrscheinlich aufgrund des Bevölkerungsrückgangs in der Spätantike.

Grundriss des wichtigsten Sakralgebäudes von Solus mit der für phönizische Heiligtümer typischen, an ein Labyrinth erinnernden Raumanlage

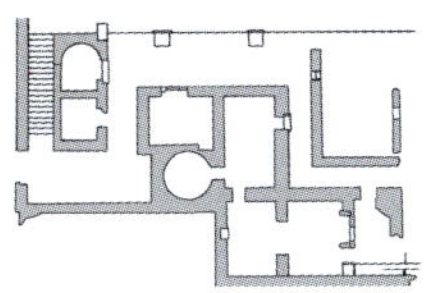

Bagheria

Bagheria ★

Centro Informazioni Turistiche
Palazzo Alfano
Corso Umberto I.
90011 Bagheria
Tel. 091 90 90 20

Museo d'Arte Contemporanea Renato Guttuso
Villa Cattolica
Via Rammacca 9
Okt.–April tgl. 9–13.30, 14.30–19, Mai–Sept 9.30–14, 15–19.30 Uhr

Im Jahr 1658 entschloss sich Giuseppe Branciforti, der Prinz von Butera, seine Sommerresidenz, die **Villa Butera** (nur von außen zu sehen), in der Ebene vor dem Monte Catalfano anzulegen. Innerhalb der nächsten 50 Jahre folgten die bekanntesten Adelsfamilien Westsiziliens seinem Beispiel, und in der ehemals verlassenen ländlichen Umgebung entstand ein Barockpalast nach dem anderen, darunter einige der schönsten des palermitanischen Raums. Wieder ein halbes Jahrhundert später wurde die ehemalige Residenz des Fürsten modernisiert und ihr ein Straßenkreuz vorgelagert, um das herum sich die Ortschaft Bagheria entwickelte.

Im 20. Jh. verschlang eine wilde Bauwelle die Gärten der Paläste, die einstigen Prachtvillen erstickten in planlos errichteten Zementbauten (56 300 Einw.). So ist der Originaleingang der Villa Butera heute vermauert, die ehemals prachtvolle Residenz liegt eingekeilt im Stadtgebiet. In der **Villa Cattolica** (1736) ist das **Museo Guttuso** für zeitgenössische Kunst eingerichtet. Im Zentrum stehen Werke von Renato Guttuso (1911–87), die er noch zu Lebzeiten seiner Heimatstadt schenkte. Ein monumentales Grabmal im Garten der Villa ehrt den Künstler. Erweitert wird die Ausstellung durch Malerei und Plastik italienischer Künstler des 20./21. Jh. und eine umfangreiche Fo-

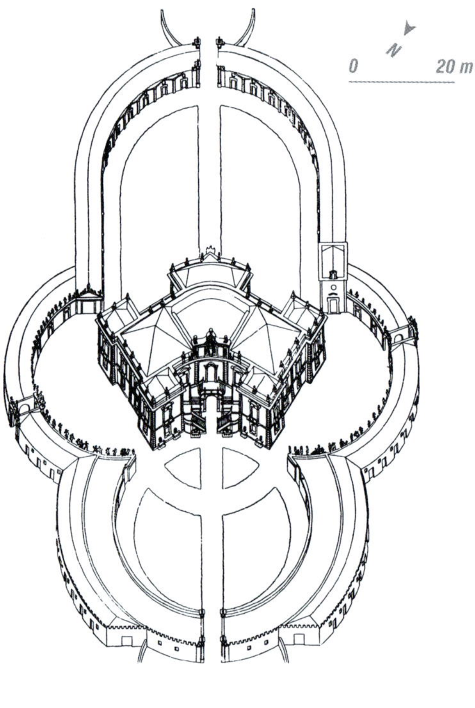

Die axonometrische Darstellung zeigt die Villa Palagonia im Originalzustand, heute ist nur noch der Zentralbau erhalten

Bereits im 18. Jh. geriet die Villa Palagonia wegen der Steinskulpturen, die die Mauern und Portale bekrönen, in Kritik. Die Fantasiegebilde schockierten den klassisch gebildeten Goethe dermaßen, dass er in seiner Reisebeschreibung eine genaue Aufzählung des Gesehenen abgab, um seinen Lesern die Ungeheuerlichkeit der Anlage zu verdeutlichen. Den Wahnsinn der Gestaltung sah Goethe in der ›sinnlosen‹ Auswahl der Figuren, ihren Missbildungen und nicht zuletzt in dem für Villenskulpturen ›unwürdigen‹ Material des Muschelkalks. Goethe konnte sich diese Ausstattung nicht anders als mit der »Tollheit des Prinzen Pallagonia« erklären (Brief vom 9. April 1787)

toabteilung, die vor allem Werke sizilianischer Fotografen zeigt und so ein interessante Sichtweisen auf die Insel und ihre jüngste Vergangenheit bietet. In den Nebengebäuden im Park der Villa ist eine eindrucksvolle Sammlung von Filmplakaten zu besichtigen, eine Spende aus den Beständen des lokalen Kinos und somit vorrangig eine Dokumentation der italienischen Filmgeschichte. Eine weitere Abteilung widmet sich den traditionellen Malereien auf den folkloristischen sizilianischen Bauerkarren, deren Motive und Figuren auch im sizilianischen Marionettentheater zu finden sind.

Die **Villa Palagonia** (1715; Architekt Tommaso Napoli; Bauherr Ferdinando Gravina, Prinz von Palagonia) ist die berühmteste unter den Palästen, weniger ihrer Schönheit – ob derer ihr allerdings einer der ersten Plätze unter den Barockvillen gebührt –, als vielmehr der skurrilen Figuren wegen, die der Enkel des Erbauers 1746 rings um die Villa anbringen ließ; sie wirkten auf die Reisenden des 18. Jh. derartig schockierend, dass sie darüber Bericht erstatteten. So widmete Goethe den fantastischen Figuren eine ganze Seite der Empörung in seiner Italienischen Reise. Die Zugangsstraße zur Villa, die aus einer von halbrunden Ruheplätzen unterbrochenen Allee bestand und an deren Ende der monumentale Bau mit seiner konkaven Fassade den Point de vue bildete, wird heute als gewöhnliche Gemeindestraße benutzt und ist somit kaum noch erkennbar; nur das einsam in der Stadt stehende Eingangstor erinnert noch an ihren Anfang. Von der Anlage selbst steht nur noch der zentrale Komplex, bei einer Besichtigung nicht von der Front-, sondern von der Rückseite her zugänglich.

Der außergewöhnliche Grundriss der Villa macht sie zu einer der interessantesten Barockschöpfungen im Bereich der Landvillen. Die Allee bildete die Längsachse des symmetrischen Komplexes, die sich im Gebäudeinnern zu einem ovalen Platz erweiterte und sich dann geradlinig fortsetzte. Von ihr besteht nur noch die kurze Strecke hinter der Villa, wo der heutige Eingang liegt. Die Treppe zur Beletage ist wie bei allen sizilianischen Landvillen außen angebracht: eine Doppeltreppe in zweifacher Zangenform, die mit dem Spiel ihrer Stufen, Geländer und steinernen Sitzbänke die ganze Fassade belebt. In der Folge sollte sie bei vielen anderen Bauten als Modell dienen.

Villa Palagonia
Piazza Garibaldi
Nov.–März tgl. 9–13, 15.30–17.30, April–Okt. 9–13, 16–19 Uhr

»Baarìa«
Giuseppe Tornatores Kinoerfolg aus dem Jahre 2009 stimmt auf einen Besuch Bagherias ein. Die Entwicklung der Stadt von den 1920er- bis 1980er-Jahren bildet den Hintergrund einer Familiensaga.

Das untere Oval der Zufahrtstraße wiederholt sich im Grundriss des Vestibüls im ersten Stock, dessen Wände mit Fresken ausgeschmückt sind, die die ›Arbeiten des Herakles‹ wiedergeben; in einem vorgetäuschten Säulengang öffnen sich hier drei Eingänge. Einer von ihnen führt in den großen Saal, in dem das Leitmotiv, das Spiel mit dem Schein, in Marmor, Relief und anamorphischen Malereien triumphiert. Mittels der Spiegeldecke, die eine Pavillonüberdachung nachahmt, werden Verwirrung und Illusion auf die Spitze getrieben. Leider befindet sich auch dieser Saal, wie der übrige erhaltene Teil des Palastes, in völlig heruntergekommenem Zustand.

Vom selben Architekten stammt die **Villa Valguarnera** (1721), die luxuriöseste der Villen. Sie liegt an sehr malerisch inmitten eines Parks an der Piazza Trabia, kann aber nicht besichtigt werden. Die **Villa Villarosa** (Via F. Gioia) wurde 1790–92 von Giovanni Venanzio Marvuglia, dem bedeutendsten Architekten des sizilianischen Klassizismus, errichtet und wird heute für Empfänge und Bankette genutzt.

Reisen & Genießen

Hotels und Restaurants

Am Fuße von Monreale ist aus den Ruinen einer alten Papierfabrik ein charmantes Hotel entstanden. Auf den Tisch kommt italienische und sizilianische Küche.
Baglio Conca d'Oro****
Via Aquino 19C/D
Borgo Molara, 90131 Palermo
Tel. 09 16 40 62 86
www.hotelbaglioconcadoro.com

Im Fischerort Santa Flavia liegt am Meer ein romantisches Restaurant, wo, begleitet vom Rauschen der Wellen, ausschließlich fangfrischer Fisch serviert wird. Die Zubereitung der Speisen ist schlicht, die Zutaten wirken durch ihre Qualität und im Zusammenspiel mit den exzellenten Weinen.
Al Faro Verde
Largo Nicolicchia 14,
90017 Santa Flavia
Tel. 091 95 79 77
www.alfaroverde.it
im Winter Di geschl.

Wenige Schritte vom Dom von Monreale entfernt befindet sich in einem Stadthaus des 17. Jh. diese typische Taverna. Mediterrane Spezialitäten in sizilianischer Tradition werden zu ehrlichen Preisen gereicht, die Auswahl an lokalen Weinen ist bemerkenswert.
Taverna del Pavone
Vicolo Pensato 18, 90046 Monreale
Tel. 09 16 40 62 09
www.tavernadelpavone.eu
Mo geschl.

Gut und relativ günstig isst man bei ›Don Ciccio‹ in Bagheria. Diese Trattoria ist ihrer Tradition und ihrer bodenständigen Menükarte seit Generationen treu geblieben. Typisch palermitanisch wie die Speisen sind auch die Desserts, etwa *cassata* und *cannoli.*
Don Ciccio
Via del Cavaliere 87, 90011 Bagheria
Tel. 091 93 24 42
Mi und So geschl.

Himera und Caccamo

Himera

Dicht an der Mündung des gleichnamigen Flusses dominierte Himera, 648 v. Chr. gemeinsam von Syrakus und *Zankle* (Messina) gegründet, von den Höhen eines Hügels die umliegende Ebene. Es wurde zur größten und wichtigsten Stadt an der tyrrhenischen Küste, nahe dem Hoheitsgebiet der Phönizier gelegen, dem Reich der Elymer nicht fern, und dank des Flusses mit den Völkern des Binnenlandes in stetiger Verbindung. Außerdem begünstigte die Lage den Handel mit dem italienischen Kontinent, vor allem mit den Etruskern. Dieser Umstand erweckte den Neid von *Akragas* (Agrigent), das in seinem eigenen Handelsbereich mit den Selinuntinern und Karthagern als Konkurrenten zu kämpfen hatte und sich nach einem Hafen an der tyrrhenischen Küste sehnte, um seinen Weizenhandel ausdehnen zu können.

Pythagoras hatte im 6. Jh. v. Chr. die Stadt vor einem Bündnis mit dem Tyrannen Phalaris gerettet, doch ein Jahrhundert später entthronte der akragantinische Tyrann Theron den Herrscher von Himera, Terillos. Dieser flüchtete zu den Karthagern, die ihm Asyl gewährten. Die einzige Tochter des Terillos war mit Anaxilas, dem Tyrannen von Rhegion und Messana (ehemals Zankle), verheiratet, was erklärt, warum diese Städte in dem folgenden Krieg gegen die Karthager nicht zu den griechischen Städten Syrakus und Akragas standen.

Sieg über Karthager

Himera verdankt seinen späteren Ruhm vor allem einer Schlacht, die 480 v. Chr. auf seinem Gebiet ausgefochten wurde. In dieser Schlacht siegten die Griechen gegen die Karthager und erreichten so die Vorherrschaft im Mittelmeerraum und den Zenit ihrer Macht. Zum Gedenken an ihren Sieg ließen die Tyrannen von Akragas und Syrakus hier einen großen dorischen Peripteros erbauen.

Ausgrabungsgelände

Beim **Siegestempel** wurde an nichts gespart (heute ist er in einem regelrechten ›Zwinger‹ eingesperrt). Der Hexastylos besaß 14 Säulen an den Längsseiten, Opisthodom und Pronaos. Wie bei mehreren sizilischen Tempeln waren in die Zwischenwand von Pronaos und Cella beidseitig vom Eingang Treppen eingebaut. Vom Bauschmuck sind nur 16 Wasserspeier (Nationalmuseum von Palermo) gefunden worden, deren sorgfältige Ausführung die Schönheit der Elemente erahnen lässt.

Der Tempel stand nur kurze Zeit. 409 v. Chr. rächten sich die Karthager für die Niederlage, die sie 71 Jahre zuvor in der Schlacht bei Himera erlitten hatten. Das Siegesdenkmal wurde als erstes zerstört, die Stadt dem Erdboden gleichgemacht, die Hälfte der Einwohner getötet. Die anderen flüchteten nach Messana oder dem heutigen Termini Imerese, wo die Thermen und der Stapel von Himera lagen. Später erlosch sogar die Erinnerung an die genaue Stelle, an der die Stadt gelegen hatte.

Seit 1963 unternimmt die Universität von Palermo periodische Ausgrabungen, und langsam lassen die Resultate das einstige Stadtbild wieder erkennen. Es ist für die Archäologie von besonderem Interesse, da keine Schichten aus späteren Zeiten über den Resten des 5. Jh. v. Chr. liegen. Das ummauerte **Stadtgebiet** nahm das gesamte Plateau ein, von

Zona Archeologica di Himera und Antiquarium

Contrada Buonfornello
Termini Imerese
Di–Sa 9 Uhr bis 1 Std. vor Sonnenuntergang, So 9–13 Uhr

›Hippodamisches Straßensystem‹
Auf demokratische Ideen und Stadtplanungen des Architekten Hippodamos von Milet zurückgehend, bezeichnet der Begriff ein urbanistisches Idealschema, das im 5. Jh. v. Chr. in der griechischen Welt weite Verbreitung fand. Es besteht in einer in sich geschlossenen Stadtorganisation mit einem Rastersystem aus parallel verlaufenden Hauptachsen und einander rechtwinklig kreuzenden Straßen.

dem aus die Küste weit zu überschauen und jeder Pass im Hinterland zu kontrollieren war. Außerhalb der Mauern lagen der Siegestempel und, auf der anderen Flussseite am Strand, die große Nekropole.

Das **Straßensystem** war das geradlinige, später ›hippodamisch‹ genannte. Im nördlichen Teil der Stadt lagen in einem ummauerten Bezirk drei Heiligtümer und ein Altar. **Tempel A,** kurz nach Gründung der Stadt errichtet, ruhte auf Grundmauern von Flusssteinen. Die Wände bestanden aus ungebrannten, mit Tonplatten verkleideten Ziegeln. Ca. 100 Jahre später wurde dieser ältere Tempel in einen neuen, größeren Steinbau einbezogen und erhielt ein Opisthodom. Auch dieser zweite Bau zeichnete sich durch reichen Dekor aus: Die mit geometrischen Malereien verzierten Tonplatten des alten Heiligtums wurden durch eine Verkleidung mit stark plastischem Schmuck ersetzt und ein halbes Jahrhundert später durch neue Akrotere in Form von geflügelten Siegesgöttinnen in faltenreichen Gewändern bereichert.

Tempel C scheint zu Beginn des 5. Jh. v. Chr. errichtet worden zu sein. Der rechteckige Bau war in zwei gleich große Räume unterteilt. Interessant sind die Antefixe (Gorgonen), die gewisse Affinitäten zur italisch-etruskischen Koroplastik aufweisen und den stetigen Kontakt zu diesem Volk bestätigen.

Das **Antiquarium** am Eingang der Ausgrabungen beherbergt einen Teil der Funde. Reiche, plastisch ausgeführte architektonische Elemente scheinen typisch für die Gebäude der Stadt gewesen zu sein. Noch sind die Ausgrabungen nicht so weit fortgeschritten, dass mit Sicherheit das Verhältnis zu den anderen sikeliotischen Städten definiert werden

Caccamo

könnte, doch geht bis jetzt aus den Funden hervor, dass Himera, trotz der Nähe karthagischer Siedlungen, keinerlei Einflüssen von dieser Seite unterlag, sondern ausgesprochen ›griechisch‹ lebte.

Caccamo

Seiner Lage wegen einst eine der stärksten Festungen der Insel, spielte der Ort (8400 Einw.) des Öfteren eine wichtige Rolle in der Geschichte Siziliens. Die **Burg** scheint unter den Normannen auf schon bestehenden Strukturen erbaut worden zu sein. Das heutige Aussehen erhielt sie im 14. Jh., als einige Modernisierungen im Chiaramontestil vorgenommen wurden. Den **Dom** ließ Roger I. 1090 errichten; im 15. Jh. wurde er erweitert, Anfang des 17. Jh. stark verändert.

Cefalù

Cefalù ★★

Das attraktive Städtchen von ca. 13 800 Einwohnern, erstreckt sich zwischen dem Meeresufer und einem imposanten Felsen aus Schneckenkalk, der sich steil und schützend im Rücken des Ortes erhebt (150 m ü. d. M.). Auf die Form dieses Felsens – manche wollen darin die eines menschlichen Kopfes erkennen – soll der Stadtname zurückgehen: Von der griechischen Bezeichnung für Kopf *(Kephale)* über das antike *Kephaloidion* gelangt man zum heutigen ›Cefalù‹. Seine unvergleichliche Lage erschließt sich dem Besucher am besten, wenn er die Stadt von Westen her über die Küstenstraße anfährt.

Servizio Turistico Regionale
Corso Ruggero 77
90015 Cefalù
Tel. 09 21 42 14 58, 09 21 41 50

Die Häuser Cefalùs weisen noch überwiegend den Charakter des 15. Jh. auf: Die Räume des Erdgeschosses sind als Arbeitsräume oder Geschäfte eingerichtet, daneben liegt die schmale Eingangstür zu den Wohnräumen, die über eine enge, steile Treppe zu erreichen sind. Die Ursprünge der heutigen Stadt liegen allerdings bereits im 12. Jh., als Roger II. befahl, den während der normannischen Eroberungskriege von seinem Vater zerstörten Ort wieder aufzubauen.

Antonello da Messinas »Bildnis eines Unbekannten«

Das Bild (s. Abb. S. 74) im Museo Mandralisca (S. 308) ist für den Roman »Das Lächeln des unbekannten Matrosen« des Sizilianers Vincenzo Consolo (1933–2012) Ausgangspunkt der Schilderung Siziliens vor 130 Jahren, als Garibaldis Truppen die Insel befreiten und der Baron von Mandralisca das Bild erwarb.

Aus vorgeschichtlicher Zeit finden sich verschiedene Spuren im Felsgestein, Reste megalithischer Mauern und, auf einem der Bergvorsprünge, die **Ruine eines antiken Heiligtums** aus dem 9. Jh. v. Chr. Dieses wurde im 3. Jh. v. Chr. von den Römern in ein Heiligtum der Diana, später dann in eine christliche Kirche umgewandelt. Es zeigt heute noch interessante Einzelheiten aus seiner Entstehungszeit wie den Brunnen, einen Raum mit zentraler Säule oder die Türpfosten, bei denen die natürliche Zeichnung des Muschelkalks so geschickt genutzt wurde, dass sie wie eine kunstvolle Verzierung wirkt. Der Weg zum Heiligtum ist mit ›*Tempio di Diana*‹ ausgeschildert. Er führt an antiken Zisternen und Resten von Befestigungsmauern vorbei und bietet herrliche Aussichten auf die Stadt mit dem Dom, die Küsten und die Liparischen Inseln.

Krater des 4. Jh. v. Chr. im Museo Comunale Mandralisca: Auf satirische Weise wird hier der Thunfischverkauf dargestellt. Der beleibte Käufer mit seinen spindeldürren Beinen zeigt mit einem klagenden Gesichtsausdruck das Geldstück, das er zum Fischkauf zur Verfügung hat. Ungerührt von dem Bild des Jammers hackt ihm der hagere Fischverkäufer das Schwanzstück ab, das bekanntlich das schlechteste Fleisch des Thunfisches ist.

Museo Mandralisca
Via Mandralisca 13
Juni, Juli, Sept. tgl. 9–19, Aug. 9–23, Okt.–Mai und Fei 9–13, 15.30–19 Uhr
Die Kulturstiftung Mandralisca organisiert ganzjährig interessante Veranstaltungen und Konzerte (Programm unter www.fondazionemandralisca.it und im Museum).

Die sog. **arabischen Wäschereien,** hinter einem schmiedeeisernen Tor in der Via Vittorio Emanuele gelegen, vermitteln mit ihrem gut durchdachten Wassersystem, den in den Felsen geschlagenen Waschbecken, steinernen Waschbrettern etc. einen lebendigen Eindruck vom täglichen Leben der Vergangenheit.

Museo Comunale Mandralisca

Eine Schenkung an die Stadt seitens Enrico Pirainos, des Barons von Mandralisca, legte den Grund für das interessante Museo Comunale Mandralisca. Es enthält die Privatsammlung dieses Kunstliebhabers, beschränkt sich also nicht auf eine spezifische Epoche oder Kunstrichtung. Am Eingang erwarten den Besucher ein Bodenmosaik und Säulenstümpfe aus der römischen Epoche von Cefalù; im ersten Stock beginnt die Sammlung mit Uhren, Bronzen und Keramiken des 19. Jh. Es folgen in Saal 1: ein **Krater aus dem 4. Jh. v. Chr.** (s. Abb.), dessen Dekor wohl eines der schönsten Beispiele der spöttischen, sizilischen Art der Vasenmalerei dieses Jahrhunderts darstellt; antike Münzen der sizilischen Stadtstaaten (überwiegend von Lipari) und späterer Epochen. Saal 2 zeigt italienische und flämische Malerei sowie sizilianische Malerei auf Goldgrund (15.–18. Jh.); sizilianische Schreibsekretäre des 19. Jahrhunderts, von denen einige mit den für Sizilien typischen Glasmalereien verziert sind, andere mit den ebenfalls sehr beliebten Intarsien.

In Saal 3 wird das Glanzstück der Sammlung aufbewahrt, Antonello da Messinas **»Bildnis eines Unbekannten«** (1465–70), in dem der neue Zeitgeist des 15. Jh. gut zum Ausdruck kommt: Nicht mehr der Mensch als Repräsentant seiner Würden wird thematisiert, sondern der Mensch als individuelle Persönlichkeit. In Saal 4 sieht man Keramiken ab der Bronzezeit bis zum 4. Jh. v. Chr., in Saal 5 eine Mineralien- und in den Sälen 6 und 7 eine sehr reiche Muschelsammlung aus den Meeren der ganzen Welt. Bei der Neueinrichtung des Museums wurde 1993 ein weiterer Raum mit griechischen Keramiken eingerichtet. Darunter befindet sich auch die einzige bis jetzt gefundene Miniaturtheatermaske aus der Zeit der mittleren Tragödie.

Dom

Der Dom von Cefalù zählt zu den imposantesten Denkmälern der Normannenzeit. Seit 1932 dauern die Bemühungen an, den Innenraum von späteren Ergänzungen zu befreien und ihm seine Originalstrukturen wiederzugeben, ohne dabei auf eine geschichtliche Beweisführung zu verzichten. Ein Tribut an die Neuzeit sind die modernen, farbigen Glasfenster von Michele Canzoneri (s. S. 311). Nach Jahrzehnten ist seit 2004 der restaurierte und modern integrierte Kreuzgang wieder zugänglich (Eingang links vom Dom).

Der Dom von Cefalù

Eine 150 Jahre nach dem Tod Rogers II. aufgekommene Legende besagt, der König sei nach Kriegszügen in Unteritalien auf dem Rückweg nach Sizilien mit seiner Flotte in einen Sturm geraten, während dessen ihm der hl. Georg erschienen sei. Diesem habe er gelobt, würden seine Männer gerettet, Gott einen Dom zu errichten. Daraufhin seien die Schiffe auf wundersame Weise von den Winden in die Bucht von Cefalù getrieben worden. Der König habe gleich nach der Ankunft eigenhändig die Maße für die zukünftige Kathedrale auf die Erde gezeichnet und den rettenden Ort zu seiner letzten Ruhestätte bestimmt.

Letzteres entspricht den Tatsachen. Ansonsten ist nur sicher, dass 1131 die Arbeiten an der Kathedrale und dem angeschlossenen Stift im Gange waren, als der König den ersten Bischof der Stadt ernannte. Sein besonderes Interesse an diesem Bau dürfte dessen Bestimmung zur Grabkirche und die gleichzeitige Errichtung eines königlichen Palastes in dessen Nähe zur Genüge beweisen. Die Ursachen, die ein Jahr nach dem Beginn zu einer plötzlichen Unterbrechung der Arbeiten führten – und die später nur noch sporadisch und nicht nach dem ursprünglichen Plan fortgesetzt wurden –, gehen aus keinem der wenigen erhaltenen Dokumente hervor. Bei jüngeren Untersuchungen am Originalwerk der großen Apsis wurde festgestellt, dass die Mauern wahrscheinlich nicht die nötige Tragfähigkeit gehabt hätten, was das Abweichen von der ursprünglichen Bauidee erklären mag.

Ursprünglich hatte Roger den Dom als einen mächtigen, turmartigen Festungsblock auf einer Erhebung in der Stadt geplant. Seine dominierende Position war mittels einer dreigeteilten Treppenrampe noch gesteigert worden. Diese Rampe wurde erst im 18. Jh. entfernt, als man auch den Platz vor dem Dom aufschüttete, mit einer Eisenbalustrade einfasste und mit den Bischofsstatuen versah.

Grablege

Roger II. bestimmte die Kirche als Grablege und ließ 1145 zwei Sarkophage aufstellen. Doch sein Enkel Friedrich II. von Hohenstaufen verfügte ihren Abtransport nach Palermo, zusammen mit einem goldenen Altarbild, das jedoch verloren ging.

Dom

tgl. 8 Uhr bis 1 Std. vor Sonnenuntergang
Kreuzgang:
tgl. 10–13, 15–18 (Mai–Okt.) bzw. 15–16 (Nov.–April) Uhr

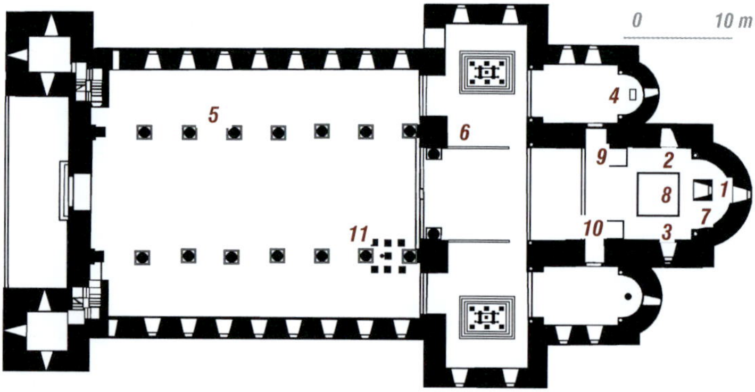

Dom von Cefalù, Grundriss des mittelalterlichen Zustands

1 Mosaiken der Apsis (›himmlische Hierarchie‹)
2 Mosaiken der Propheten, hl. Diakone und Kirchenväter
3 Mosaiken der Propheten, hl. Krieger und Kirchenväter
4 Silberaltar
5 Muttergottes von Antonello Gagini
6 Fresko mit der ›Himmelskönigin‹
7 Osterkreuz (15. Jh.)
8 Hochaltar
9 Ehem. Königsthron
10 Ehem. Bischofsthron
11 Kanzel

Außenbau

Zum ursprünglichen Plan gehörten schon die beiden mächtigen Zwillingstürme (1131/32), die sich nur in den Dachpyramiden und der oberen Fensterordnung unterscheiden, sowie der niedrige Baukörper der Schiffe. Die **Fassade** erhielt ihre jetzige Gestaltung um 1242, das alte Portal wurde übernommen. Es stellt das erste Beispiel eines Typus dar, der im Dom von Monreale perfektioniert wiederkehrt und später auch in die süditalienische Architektur einging. Ob der Türsturz eine spätere Hinzufügung darstellt, ist nicht sicher. Auf das 13. Jh. gehen auch die oberen Blendgalerien zurück. Der Portikus im Stil der katalanischen Spätgotik wurde der Fassade 1471 vorgelagert und der originale Säulenschmuck des Portals entfernt. Am südlichen Seitenschiff blieben die ursprünglichen Zinnen noch erhalten. Über die Dächer der Seitenschiffe waren die beiden Wehrtürme mit dem zentralen Teil der Kirche verbunden, wo sich die Gänge innerhalb des Mauerwerks auf zwei Ebenen fortsetzten. Von dort sollten sie weiter über die Apsiden geleitet werden; die Verbindungstüren bestehen noch, führen aber ins Leere.

Die **Rückansicht des Doms** lässt Abweichungen vom Originalplan erkennen: Die unteren Wände der kleinen Apsiden mit den verschlungenen, flachen Spitzbogenarkaden gehen auf das 12. Jh. zurück und sind Teil des ursprünglichen Plans; die abschließenden Pendentifs jedoch stehen in keiner Beziehung zu den Bogen und scheinen im 13. Jh. angefügt worden zu sein. Bei der Hauptapsis reichen die doppelten Dreiviertelsäulen bis zu dem Punkt, an dem sich überschneidende Spitzbogen aufgesetzt werden sollten, was nie geschah. Das obere Gesims erhielt, ebenfalls in einer zweiten Phase, eine Reihe von Blendbogen. Die drei Rosettenfenster von 1131/32 wurden zugemauert, als Roger sich 1142 entschloss, den Innenraum mit Mosaiken ausschmücken zu lassen, zu deren Realisierung eine geschlossene Fläche nötig war. Die Dächer wirken unorganisch und plump, der Aufbau ist, verglichen mit dem Querschiff, über dem Chor zu niedrig. Alles lässt eine hastige, beinahe provisorische Fertigstellung erkennen.

Innenraum

Das Kircheninnere teilen zwei Reihen von Spitzbögen auf antiken Säulen in drei Schiffe. Einige der **antiken Kapitelle** wurden im Mittelalter an fehlerhaften Stellen geschickt umgearbeitet. Meisterhaft fügten die Steinmetzen Figuren ein, veränderten die Blätter und gestalteten jedes der beschädigten Kapitelle zu einem neuen, in sich geschlossenen Werk. Zurzeit sind am Boden des rechten Seitenschiffs mehrere dekorative Bauelemente ausgebreitet, die z. T. von der einstigen Kanzel oder von den gegen Ende des 16. Jh. entfernten, mit reichen Kosmatenarbeiten verzierten Chorschranken stammen und anderweitig verbaut worden waren. (Während der Wartezeit, in der Rekonstruktionsarbeiten ausgeführt werden, zeigt ein unschönes Modell aus Sperrholz die Form des einstigen Ambos.) Das **Taufbecken** aus Muschelkalk stammt von 1588, sein mittelalterlicher Vorläufer ist verloren gegangen. Der eigentliche Mittelpunkt des Heiligtums, der **Chor**, sollte ursprünglich außergewöhnlich hoch gebaut und wahrscheinlich mit einer Kuppel überwölbt werden. Der erste, überaus hohe Chorbogen wurde verjüngt, indem man unter ihm einen zweiten, niedrigeren Bogen errichtete, der auf mächtigen Säulen ruht. Die Kapitelle dieser Säulen dürfen als beispielhaft für die Skulpturen des 12. Jh. gelten.

An der **Holzdecke** (1989 restauriert) blieben sporadisch Reste des gemalten Dekors übrig, die den nach der Cappella Palatina zweitgrößten erhaltenen Zyklus fatimidischer Malerei darstellen. Vom Chor aus lässt sich die grandiose Wirkung des Innenraums am besten würdigen. Die in die Wandkanten ein- und übereinander gestellten Säulen, die an vielen normannisch-arabischen Bauten begegnen, unterstreichen den architektonischen Rhythmus. Hoch oben an den Wänden sind noch die schön gearbeiteten, mit symbolischen Figuren geschmückten Stützsteine auszumachen, auf denen die im ursprünglichen Plan vorgesehenen Bogen ruhen sollten.

Seitlich an den oberen Wänden des Querschiffs läuft als Krönung ein Ambulacrum mit kleinen, aber kräftigen Säulen entlang. Die Kapitelle sind mit stilisiertem Blattwerk verziert, aus rechteckigen Abakusplatten wächst in klaren, wenig zugespitzten Bogen die Wand auf. Diese Galerien waren Teil der Verteidigungsgänge – ähnliche sind in zeitglei-

Moderne Kunstwerke

Trotz der Rückführungsmaßnahmen wurde der Dom in den letzten Jahrzehnten auch für moderne Kunstwerke geöffnet. Neben dem goldenen Altar von Virginio Ciminaghi (2002 aufgestellt) zählen dazu vor allem die abstrakten Glasmalereien von Michele Canzoneri (1986–2002 eingesetzt). Den kleinteiligen Rhythmus der Mosaiken aufnehmend, zieren Canzoneris Studien zu den Geschichten der Apostel Petrus und Paulus das nördliche und südliche Seitenschiff. Farbenfroh und ausdrucksstark strukturiert sind die Fenster der Schöpfungsgeschichte »Exameron« hoch oben im Mittelschiff. Das unvollendete, im Gegensatz zur Apsis nie ausgeschmückte Langhaus kommt durch Canzoneris Gestaltung von Licht und Farbe zu neuer Wirkung. Von besonderem Reiz ist das zentrale Fenster aus dem Apokalypse-Zyklus »Verklärung des Herren« in der Apsis, das allmorgendlich mit dem ersten Sonnenstrahl in einen gleißenden Dialog mit den es umgebenden goldenen Mosaiken tritt.

Blick in die Hauptapsis des Doms von Cefalù mit der Darstellung Christi als Pantokrator

chen fatimidischen Palästen nachgewiesen. Eine zweite Galerie mit einfachen Spitzbogenfenstern ist an der Eingangswand zu erkennen.

Lediglich die **Mosaiken der Apsis** wurden 1148 während der ersten Bauphase vollendet. Zu ihrer Realisierung hatte Roger II. Meister aus Konstantinopel kommen lassen, dem Resultat nach zu urteilen die besten seiner Zeit. Das Mauerwerk bot wegen der Modifikationen weder glatte, ebene Flächen, noch lagen die Fenster günstig für eine einfache Lösung bei der Aufteilung der liturgischen Motive. In der Höhe fanden spätere Meister um 1150/60 ein Kreuzrippengewölbe vor, eine für sie ungewöhnliche Form. Auf geniale Weise gelang es ihnen, dieses in die Komposition einzubeziehen und sogar auszunutzen.

Im Zentrum gaben sie Gott als achtblättrige kosmische Rose wieder, von der aus sich die Rippen in vier Richtungen wölben. Die Ornamente auf den Rippen stellen islamische Symbole der kosmischen Weisheit und Energie dar und scheinen von arabischen Arbeitskräften ausgeführt worden zu sein. Vom Mittelpunkt her in alle Richtungen strahlenförmig ausgehend, schwebt über den Wolken der Chor der Seraphim und Cherubim. Zum ersten Mal in der byzantinischen Kunst wurden hier die Wolken auch ›realistisch‹ und nicht nur wie bisher symbolisch in Form von wellenförmigen weißen Bändern im Heiligenschein der Erzengel wiedergegeben. (Dieses Symbol hatte aus China über Persien den Westen erreicht.)

In der meisterhaften Darstellung des Pantokrators scheinen alle widersprüchlichen Züge der Christusfigur, das Göttliche und das Menschliche, vereint zu sein: »Mensch geworden, ich, der Schöpfer des Menschen und Erlöser des von mir geschaffenen Menschen, urteile ich als Fleisch gewordener über das Fleisch und als Gott über die Herzen«, lautet die Inschrift über dem Bogen. In dem offenen Buch steht in Latein und Griechisch: »Ich bin das Licht der Welt ...«

Zwischen dem durch das Fenster versinnbildlichten Licht und Christus steht Maria, wohl eine der schönsten byzantinischen Mariendarstellungen. Sie ist, genau wie Christus, frontal wiedergegeben, im Gegensatz zu den anderen Figuren, die mit leicht geneigtem Haupt in Dreiviertelansicht dargestellt werden (außer den Kirchenvätern an den Seitenwänden, die einer späteren Zeit, um 1170, angehören). Ihre Hände sind zwar in der Geste der Anbetung erhoben, doch liegt der Akzent auf ihrer Funktion als Bindeglied, als Vermittlerin zwischen Gott und den Menschen.

Die vier Erzengel, die ihr leicht zugewandt stehen, tragen in den Händen scheibenförmige Symbole, die auf Christus, das fleischgewordene Wort, als Quelle der Erleuchtung weisen. Sie gleichen den Figuren des Engelchors, jedoch deutet die unterschiedliche Linienführung, vor allem an den Gewändern, auf mehrere ausführende Kräfte. Die Apostel, auf beiden Seiten neben dem Fenster, in vier Dreiergruppen aufgeteilt, zeichnet die gleiche lockere Körperhaltung aus, die typisch für die Abbildungen der Apsis ist. Übereinanderstehende Säulen rahmen die Darstellungen. Säulen und Kapitelle besitzen, einzigartig in der byzantinischen Kunst, eine musivische Verkleidung.

Die oberen **Mosaiken im Bema** – Propheten und die hl. Diakone an der Nordseite, Propheten und hl. Krieger an der Südseite – gehören vom Stil her zu den Apsisfiguren, scheinen aber im Abstand von einigen Jahren ausgeführt worden zu sein. Die Bilder der östlichen und westlichen Kirchenväter, die frontal in steifer Haltung und lang gestreckten Proportionen wiedergegeben sind, und deren (kleine) Köpfe sich in ein Rechteck einschreiben lassen, stammen von einer zweiten, etwas späteren Schule, als sich in der byzantinischen Kunst ein kurzfristiger Rückgriff auf archaische Stilelemente bemerkbar machte. Zu dieser Schule zählen auch die Kirchväter in der Cappella Palatina, die von den gleichen Mosaiklegern stammen. Die archaisierende Phase wurde wenige Jahre später wieder überwunden. Die Mosaiken Monreales knüpfen direkt an die ersteren Werke an.

Die langjährigen Restaurationen haben den Innenraum im großen und ganzen auf seine ursprünglichen Formen zurückgeführt, soweit diese noch existieren. Die linke Apsis beließ man als historischen Nachweis der Veränderung unangetastet. Ihr wertvoller Silberaltar stammt aus dem 17. Jh. Dagegen wurde in der rechten Apsis das rohe Mauerwerk freigelegt und an der Seitenwand nur eines der barocken Bischofsgräber aufgestellt. Die »Muttergottes mit Kind« von Antonello Gagini (1533), die einst dieses Grab zierte, nimmt jetzt als Kultstatue den Ehrenplatz ein.

Das Fresko am Pfeiler vom Chor zum Mittelschiff – die »Himmelskönigin mit Kind« – geht auf das 15. Jh. zurück. Bemerkenswert ist auch das große, zweiseitige **Osterkreuz auf Goldgrund** (5,12 m hoch, 14. Jh.), das inmitten einer modernen Komposition denjenigen Platz einnimmt, an dem vermutlich einst der Hauptaltar stand. Mit höchster Wahrscheinlichkeit ein Werk des Guglielmo da Pesaro, zeigt es in der eleganten Gestaltung der Figuren jenes Raumgefühl, das im 15. Jahrhundert wiedergeboren wurde.

Reisen & Genießen

Hotels und Restaurants

Das ›Riva del Sole‹ ist ein angenehmes modernes Hotel nur wenige Schritte von der Altstadt an der lebendigen Strandpromenade von Cefalù, wo man den Sonnenuntergang über dem Meer bewundert; Gartenterrasse und gutes Restaurant.

Riva del Sole***-*
Lungomare Giardina 25, 90015 Cefalù
Tel. 09 21 42 12 30
www.rivadelsole.com

Das Mareblu bietet einfache Unterkünfte in ruhiger Lage in einem gepflegten Garten mit traumhaftem Blick auf die Küste. Gefrühstückt wird in der großen Gemeinschaftsküche unter freiem Himmel. Im Angebot hausgemachte Brotaufstriche und Obst aus eigener Ernte.

Mareblu Bed & Breakfast
SS 113 (Km 183), 90015 Cefalù
Tel. 09 21 92 20 65
www.mareblubeb.it

Romantik verspricht der Besuch *al porticciolo*, am kleinen Hafen. An das Restaurant mit Pizzeria schließt sich eine geräumige Terrasse an, auf Pfählen über dem offenen Meer gebaut, klingen hier laue Sommerabende beim Rauschen der Wellen unter dem Sternenzelt aus; bei aufmerksamem Service sind besonders die Fischgerichte zu empfehlen.

Al Porticciolo
Via Ortolani di Bordonaro 66
Tel. 09 21 92 19 81
www.alporticciolo.it
Mi geschl.

Ausflug in die Monti Madonie

An heißen Sommertagen empfiehlt sich ein Ausflug in die kühle Bergwelt der Madonie. Auf 800 Höhenmetern, nur etwa 15 km vom Ortskern von Cefalù entfernt, liegt in den Eichen- und Kastanienwälder verborgen die Wallfahrtskirche von **Gibilmanna.** Der spirituellen Kraft des Ortes verleiht schon der arabische Name Berg des Glaubens *(Gibel* = Berg; *Iman* = Glaube) Ausdruck. Gibilmanna, anfänglich Sitz eines Benediktiner-Priorats, wurde 1535 in die Hände der Kapuzinermönche übergeben, daraufhin wurde das heutige Sanktuarium errichtet; die Überreste der ehemaligen Benediktinerabtei wurden abgerissen. Die Form der dreischiffigen Basilika mit zwei Glockentürmen über einer Vorhalle nimmt Anklang an die Kathedrale von Cefalù. Im Inneren befindet sich auf der rechten Seite in der Marienkapelle, die Skulptur »Maria mit dem Christuskind« (1534) von Antonello Gagini. Im Klosterkomplex sind außerdem eine Bibliothek, ein Museum und die Katakomben, in denen Reliquien aufbewahrt werden, zu besichtigen.

Die mittelalterlichen Strukturen von **Castelbuono** (9300 Einw., 423 m ü. d. M.), die sich um das Castello dei Ventimiglia erstrecken, gehen auf die Stadtgründung von 1316 zurück, wie man der Inschrift am Bogen zum Ortseingang gegenüber der Burg entnehmen kann. In dem kleinen Ort in den Bergen spielt sich ein reiches kulturelles Leben ab, das in dem jährlich in der zweiten Augusthälfte stattfindenden Jazzfestival gipfelt.

Von Castelbuono gelangt man über Geraci und Gangi weiter durch die Madonie zum Ätna. Der Name Geraci leitet sich vom griechischen *Jerax,* der Falke, ab und deutet auf die einst zahlreiche Präsenz dieser Vögel in Sizilien hin, die nun gemeinsam mit anderen heimischen Tierarten im *Parco Naturale* der Madonie geschützt werden.

Wallfahrtskirche Gibilmanna
Ausschilderung von der Umgehungsstraße (SS 114) ab Cefalù folgen
tgl. 8.30–12.30, 15.30–19.30 Uhr
Museum 10.30–12.30, 15.30–18 (im Sommer bis 19) Uhr

Castello dei Ventimiglia mit Museo Civico
Castelbuono
Di–So 9.30–13, 15.30–19 (im Sommer 20) Uhr

Servizio Turistico Regionale
Via G. Amendola 20
98071 Capo d'Orlando
Tel. 09 41 91 27 84, 09 41 90 33 29
www.aastcapodorlando.it
für Capo d'Orlando und Umgebung

Von Cefalù nach Messina

In der Nähe von Castel di Tusa liegen die Ruinen der antiken Stadt **Halaesa** *(Alaisa),* die wegen ihrer terrassenförmigen Anlage mit den starken Stützmauern der Agora von besonderem Interesse ist. Teile der hellenistischen Stadtmauern mit quadratischen Türmen blieben ebenfalls erhalten.

S. Marco d'Alunzio

Nach ca. 40 km Fahrt entlang der Nordküste Richtung Messina folgt mit S. Marco d'Alunzio die moderne ›Nachfolgesiedlung‹ des antiken *Aluntium.* Wahrscheinlich vorgriechischen Ursprungs, erscheint das

Im antiken Wohnquartier von Tindari; die Casa Romana mit ihrem Peristylhof ist im 1. Jh. v. Chr. ein Haus wohlhabender Bürger gewesen

antike Aluntium doch im 4. Jh. v. Chr. schon vollkommen hellenisiert. Robert le Guiscard änderte 1061 den Namen zu Ehren des hl. Markus und ließ 1061 eine jetzt in Ruinen liegende **Burg** errichten und machte die Ortschaft zum normannischen Operationszentrum während der Eroberung der Insel, da von hier aus ein Großteil der Küste und des Binnenlandes kontrolliert werden konnte. Am Eingang des Ortes (nur noch 2100 Einw.), links auf einem Felsen, liegt der ehemalige hellenistische Heraklestempel, in normannischer Zeit in eine Basilianerkirche, **S. Marco,** umgewandelt. Am besten setzt man eine Besichtigung von hier aus zu Fuß fort, rechts unter dem kleinen Bogen hindurch, da der Aufstieg an interessanten Kirchen vorbeiführt. Das Dorf hat zwei Museen: Ein **Museum byzantinisch-normannischer Kunst** (Ex-Kirche S. Teodoro) und ein **Pfarrmuseum** mit wertvollen liturgischen Gegenständen (S. Sebastiano).

Museo Normanno-Bizantino

Via Ferraloro 96
S. Marco d'Alunzio
tgl. 9–13, 15.30–19.30 Uhr

Museo Parrocchiale d'Arte Sacra

Chiesa di S. Giuseppe
Via Risorgimento
S. Marco d'Alunzio
tgl. 10–13, 16–20 Uhr, Okt.–Mai nur Sa/So geöffnet

Villa Romana

Via Papa Giovanni XXIII
Patti
tgl. 9 Uhr bis 1 Std. vor Sonnenuntergang

Patti

Im **Dom** von Patti (13 600 Einw.) liegt in einem Renaissancesarkophag Adelaide, die Mutter König Rogers II., bestattet. Der jetzige Dom wurde im 18. Jh. an Stelle einer Normannenkirche errichtet, die Roger für das Grabmal seiner Mutter gestiftet hatte (1118).

Beim Bau der Autobahn Messina–Palermo kamen die **Reste einer römischen Villa** ans Tageslicht, die auf einen ausgedehnten Komplex schließen ließen (von der Autobahn ausgeschildert). Proben bewiesen, dass sich das Gebäude mindestens über eine Fläche von 20 000 m^2 ausdehnte, also bedeutend größer war als die vergleichbare Anlage von Piazza Armerina. Die Villa entstand wohl gegen Ende des 3. Jh., wurde schon im 4. Jh. verlassen und fiel wahrscheinlich in der zweiten Hälfte desselben Jahrhunderts einem Erdbeben zum Opfer. Im 6. und 7. Jh. wurden einige Räume notdürftig von den Gesteinsmassen befreit und wieder bewohnt. Noch im 10. und 11. Jh. wurde das Gebiet der ehemaligen Thermen als Friedhof genutzt. Die Anlage ist weiträumig überdacht und alle bisher freigelegten Mosaiken sind gut zu besichtigen. In einem kleinen Museum sind die Fundstücke aus dem Gelände ausgestellt.

Tindari

Tindari ★

Servizio Turistico Regionale
Piazza Guglielmo Marconi 11
98066 Patti
Tel. 09 41 24 11 36
www.pattietindari.com
für Patti, Tindari und die umliegenden Orte

Zona Archeologica Tindari und Antiquarium
Via Teatro Greco
tgl. 9 Uhr bis 1 Std. vor Sonnenuntergang

Die Stadt ist heute eines der berühmtesten Wallfahrtsziele Siziliens. Von der Felshöhe aus beherrscht das moderne Heiligtum die umliegende Landschaft und das Meer. Die Fahrt dorthin bietet beeindruckende Aussichten über die Küsten, die Liparischen Inseln und das Landesinnere bis hin zum Ätna, der sich majestätisch über die umliegenden Berge erhebt.

Das antike *Tyndaris* stellte eine der letzten griechischen Neugründungen in Sizilien dar. Durch die Zerstörung von Himera war den Griechen der westlichste Stützpunkt an der Nordküste genommen worden, und so erbaute Dionysios I. 396 v. Chr. die Festung Tyndaris als Bollwerk gegen die Karthager. Das Städtchen erlebte seine Glanzzeit unter den Römern, als es dank seiner Treue während der Punischen Kriege zahlreiche Sonderrechte genoss. Zur byzantinischen Zeit bestand es noch in Form eines kleinen Dorfes, das aber dann im Laufe der arabischen Eroberung eingenommen und zerstört wurde.

Auf die griechische Epoche gehen die **Reste des Theaters** zurück (3. Jh. v. Chr.), das in römischer Zeit in eine Arena umgebaut wurde. Im **Antiquarium** des archäologischen Gebiets befindet sich u. a. eine Modellrekonstruktion des Theaters in seiner ersten Form. Meist übersehen werden die **Reste des antiken Bühnengebäudes,** da sie versteckt hinter der Seitenmauer des Antiquariums aufgestellt sind. Diese Reste trugen viel zur Kenntnis der antiken Architektur bei, da sie die ersten Funde waren, die die Existenz eines monumentalen griechischen Bühnengebäudes bewiesen – bis dato hatte die Forschung dies für typisch römisch gehalten.

Die Stadt wurde von drei *Decumanes* durchquert (8 m breit), auf die alle 29,50 m im rechten Winkel die *Cardines* (3 m breit) stießen. Das System der Abwasserleitungen ist noch in perfektem Zustand gefunden worden; es befindet sich unter dem Bodenniveau der Nebenstraßen. Eine *Insula* wurde freigelegt, die vier Gebäude aus unterschiedlichen Bauzeiten aufwies.

Angrenzend an den oberen Decumanus liegt ein kleines **öffentliches Bad** (3. Jh. v. Chr.). Parallel zur Straße reihen sich Räume für die Warm- und Kaltwasserbäder. Auch ein Großteil der Hypokausten ist noch erhalten. Das Kaltwasserbecken des Frigidariums dehnt sich bis in den Innenhof, um den sich die Umkleideräume gruppieren. Der Gymnastiksaal ist an dem kleinen Mosaik am Eingang zu erkennen, auf dem zwei Athleten abgebildet sind (der Inschrift nach Verna und Afer, signiert). Einer der kleinen Räume, zum ersten Cardo hin gelegen, enthält ein Fußbodenmosaik mit der Darstellung der Triquetra. In Richtung des Tals liegen zwei Wohnhäuser, von denen das untere und luxuriöseste (1. Jh. v. Chr.) sich mit seinen Terrassen über eine Reihe von sechs zur Straße hin gelegenen Tavernen schob.

Die linke Seite der **römischen Basilika** wurde wiederaufgerichtet. Das dreistöckige Gebäude war über die Hauptstraße gebaut, sodass ein Teil der Straße zeitweise geschlossen und als Halle genutzt werden konnte. Die Fassade wies in der unteren Ordnung fünf Bogen auf: den großen mittleren, der den Eingang zur Halle bildete, und je zwei seitliche. Von diesen dienten die der Halle am nächsten liegenden zur Umleitung des Verkehrs, wenn der Saal benutzt wurde. Durch die äußeren Bogen gelangte man mittels einer Treppenstraße zum oberen bzw. unteren Stadtteil. Der zweite Stock war sehr niedrig und bestand aus Kämmerchen, die das Aufrechtstehen nicht erlaubten und nur durch schießschartenähnliche Öffnungen Licht erhielten; wahrscheinlich dienten sie als Gefängniszellen. Zu den oberen Stockwerken führten außen angebrachte Treppen.

Kurz hinter der Basilika lag die **Agora** oder das Forum der Römer (nur durch Sondagen nachgewiesen, aber nicht ausgegraben). Die **Stadtmauern,** die das ganze obere Plateau umschlossen, zählen zu den besterhaltenen auf Sizilien und gehen auf den Beginn des 3. Jh. v. Chr. zurück. Sie umgaben einst den gesamten Hügel, auf dem die Stadt lag; ihr mittlerer Teil ist fast vollständig ausgegraben. Viele der quadratischen Steinblöcke tragen noch die Zeichen, die angeben, aus welchem Steinbruch sie stammten. Neben mehreren Türmen und Pforten ist auch das **Haupttor** der Stadt inmitten einer halbkreisförmigen Umfassungsmauer zu erkennen.

Marienwallfahrt von Tindari

Im 8. Jh., zur Zeit der Bilderstürmer, sollen Gläubige aus dem Orient die Statue der Muttergottes in einer Holzkiste auf einem Schiff versteckt haben, um sie zu retten. Ein Sturm trieb das Schiff in die Bucht von Tindari. Als man nach dem Unwetter wieder aufbrechen wollte, halfen keinerlei Anstrengungen, das Schiff auch nur einen Meter zu bewegen. Um es zu erleichtern, wurde Ladung ins Meer geworfen, darunter auch die wertlos erscheinende Holzkiste. Fischer zogen das schwimmende Gut aus dem Meer, und als sie besagte Kiste öffneten, waren sie so angetan von der Statue, dass sie entschieden, ihr den schönsten Platz ihrer Küste zu widmen, das Vorgebirge von Tindari.

Milazzo

Primär als Ausgangshafen zum Besuch der Liparischen Inseln ist Milazzo bekannt. Die heutige Stadt liegt in der Ebene vor einer hügeligen Halbinsel, auf der sich bereits im Neolithikum eine Siedlung befand (4000 v. Chr.). In der Bronzezeit lebten dort die Sikuler. Schon 714 v. Chr. gründeten die Griechen auf einer Anhöhe, die das Festland mit der Halbinsel verbindet, die Stadt *Mylai.* An der gleichen Stelle errichteten die Normannen eine bescheidene Festungsanlage, um die Küste kontrollieren zu können. Erst in der ersten Hälfte des 13. Jh. unter Friedrich II. wurde diese zu einer großen Festung ausgebaut. Später kamen weitere Türme und Mauern hinzu, um die im Umkreis der Burg entstandene Stadt zu schützen. Seit dem 18. Jh. verschob sich das Wohngebiet immer mehr zur Ebene hin (heute 32 600 Einw.).

Das Wachstum der alten Stadt und die allmähliche Verlagerung des Zentrums sind bei einem Rundgang auf dem Weg zur **Festung** deutlich zu erkennen. Von den Mauern der Burg und vom **Capo Milazzo** bieten sich wunderbare Ausblicke auf die Küsten, die Äolischen Inseln und die Monti Peloritani mit dem Ätna im Hintergrund.

Servizio Turistico Regionale

Piazza Caio Duilio 20
98057 Milazzo
Tel: 09 09 22 28 65
www.aastmilazzo.it

Castello

Salita Castello
Di–So 9.30–13, 15–17 (Winter), 17–19 (Sommer) Uhr

Messina

Cityplan Messina
S. 324

Messina ★
Besonders sehenswert: Dom, Regionalmuseum, SS. Annunziata dei Catalani

Servizio Turistico Regionale
Via dei Mille 270
98123 Messina
Tel. 09 02 93 52 92

Die Meerenge von Messina ist 13 km lang, erreicht an ihrer breitesten Stelle zwischen dem Kap Peloro und dem Kap von Ali 16 km und verjüngt sich dicht bei Messina bis auf 2800 m. Hier treffen das Ionische und das Tyrrhenische Meer aufeinander; da zwischen diesen beiden ein Unterschied von beinahe 50 cm im Wasserspiegel besteht, bilden sich sehr starke Strömungen, die eine Geschwindigkeit von 12 km/h erreichen können und zu Strudelbildungen führen, die bereits in der Antike gefürchtet waren und auch heute noch für kleinere Boote eine ernstzunehmende Gefahr darstellen. Rund eine halbe Stunde lang gleichen sich die Kräfte der Meere aus, bis die Strömungen des einen die Oberhand gewinnen. Nach 6 Std. wendet sich das Spiel und wiederholt sich im Gegenstrom.

Manchmal werden dabei Fische an den Strand gespült, deren Formen nichts mit denen gewohnter Arten gemein haben und die manche alten Legenden über Meeresungeheuer verständlich werden lassen. Skylla und Charybdis, die Schrecken der Helden Homers, sind heute nicht mehr zu fürchten, da die Meerenge sich seit der Antike an ihrer engsten Stelle – dank der Drehung der Insel – verbreitert. Roger II. soll einem Chronisten zufolge einen Taucher damit beauftragt haben, die Geheimnisse der Meerenge zu erforschen.

Für den Reisenden, der Sizilien auf dem Landweg erreicht, bleibt Messina das ›Tor zur Insel‹. Auto- und Eisenbahnfähren sorgen im dauernden Pendelverkehr für das Übersetzen vom Festland (Villa S. Giovanni–Messina), Tragflügelboote erleichtern den Personenverkehr; Messina ist aber auch ein wichtiger Verbindungshafen zu den Liparischen Inseln (s. S. 331).

Geschichte

»Die Braut von Messina«
Da ihm Sizilien als der Ort erschien, an dem Christentum, Antike und Islam »teils lebendig, teils in Denkmälern fortwirkten und zu den Sinnen sprachen«, wählte Friedrich Schiller Messina als Schauplatz für seine poetische Tragödie in antiker Manier »Die Braut von Messina« (1802/03).

Messina, die griechische Koloniestadt *Zankle,* wurde gegen 730 v. Chr. gegründet. Nichts an ihrem Stadtbild lässt indes die beinahe dreitausendjährige Vergangenheit erahnen, in deren Verlauf Messina des öfteren eine wichtige Rolle für das Schicksal ganz Siziliens übernahm, allerdings nicht immer zum Vorteil der Insel. Im 3. Jh. v. Chr. war es Messina, das die Römer vom Festland herüberrief und so den Vorwand zu den Punischen Kriegen und der darauffolgenden römischen Herrschaft in Sizilien lieferte.

Während der arabischen Zeit verlor die Stadt jegliche Bedeutung, da die besseren Verbindungen zu Afrika die Hafenstädte im Westen der Insel begünstigten. Unter den Normannen dagegen wurde der Hafen als internationales Handelszentrum reaktiviert, die Stadt befestigt und mit Sonderrechten ausgestattet. Diese mehrten sich noch unter den folgenden Regierungen, sodass Messina im 14. Jh. beinahe unabhängig war. Seitdem verfolgte die Stadt das Ziel, Hauptstadt Siziliens zu werden; um dieses Ziel zu erreichen, betrieb sie zum Schaden der anderen Städte eine nur auf den eigenen Vorteil bedachte Politik und brachte durch allzu hohe Zollgebühren ganze Handelszweige zum Aussterben, darunter auch die Seidenindustrie und die Produktion der Rohseide, deren Exportmonopol Messina besaß.

Schließlich führten diese Ambitionen zu einem Bündnis zwischen Messina und König Ludwig XIV. von Frankreich gegen die spanische Oberherrschaft und, nachdem sich Frankreich mitten im Aufstand (1674–78) zurückgezogen hatte, zur Niederlage Messinas. Bei den folgenden Strafmaßnahmen verlor die Stadt sämtliche Privilegien. Dies wiederum hatte eine massive Entvölkerung zur Folge, während 70 Jahren schmolz die Einwohnerzahl von 120 000 auf 40 000. 1783 erschütterte sie ein schweres Erdbeben, und im folgenden Jahrhundert erhielt ihr Handelshafen mit der Eröffnung des Suez-Kanals und der daraus resultierenden Verlagerung der Schiffsrouten den Todesstoß.

1854 starben 15 000 Menschen an der Cholera, 1894 litt die Stadt erneut unter den Folgen eines Erdbebens, dem 1908 ein weiteres folgte, das kaum einen Stein auf dem anderen ließ. Messina wurde mit Hilfe aus aller Welt wieder aufgebaut, im letzten Krieg jedoch von 27 864 (!) Bomben getroffen, die 30 % aller Gebäude vernichteten und 64 % mehr oder weniger stark beschädigten. Heute ist Messina wieder die drittgrößte Stadt Siziliens und Provinzhauptstadt (242 500 Einwohner). Ihr Haupterwerbszweig liegt im Dienstleistungsbereich.

Dom

Im Beisein Heinrichs VI. wurde 1197 in der Stadt Messina ein normannischer Dom **(1)** geweiht. Dass deswegen aber die heutige Kathedrale als ›Normannendom‹ bezeichnet wird, erscheint doch eher gewagt. Mehrere umfangreiche Zerstörungen an dem Gebäude ließen vom Baubestand des 12. Jh. kaum mehr als den Grundriss übrig. Die originale hölzerne Freibalkendecke fiel schon 1254 einem Brand zum Opfer. Der Innenraum, der während der spanischen Regierungszeit im 15. und 16. Jh. dem Zeitstil gemäß verändert und mit Seitenaltären und freistehenden Skulpturen bereichert worden war, wurde von den Erdbeben der Jahre 1783 und 1908 durch die einstürzenden Wände vollständig zertrümmert. Beim Wiederaufbau 1919–1923 gelang es, den mittelalterlichen Bau wiederherzustellen und gleichzeitig in ihn auch die erhaltenen Elemente der späteren Epochen harmonisch einzufügen. Während der schweren Luftangriffe 1943 trafen die Bomben jedoch auch diesen Dom und zerstörten im Innenraum alle Reste der Vergangenheit bis auf wenige Spuren. Verschont blieben nur die Sakristei mit ihrer kunstvoll gearbeiteten Einrichtung des 19. Jh. und der freistehende Glockenturm (1933) neben der Kirche.

Dom
tgl 7.30–12.30 Uhr (während der Messe nicht zu besichtigen) Schatzkammer und Glockenturm: Mo–Sa 9.30–13 Uhr (bei schlechtem Wetter bleibt der Glockenturm geschl.)

Der **Glockenturm** birgt die größte mechanische Uhr der Welt (Gebrüder Ungerer, Straßburg 1933). An einer Seite gibt eine Kalenderuhr die Daten an, eine astrologische Uhr den Stand der Gestirne, und da-

Blick auf Dom und Orionbrunnen

rüber wird mit einer Kugel die jeweilige Mondphase dargestellt. An der anschließenden Turmwand befinden sich, von unten nach oben gelesen: Allegorien der Wochentage (wechseln um Mitternacht); die menschlichen Altersstufen (bewegen sich alle 15 Minuten); das Heiligtum von Montalto (verschwindet kurz vor 12 Uhr, um danach mit musikalischer Untermalung des Ave Maria von einer Taube umschwebt wieder aufzutauchen; links vom Dom auf dem Hügel ist das Heiligtum in natura zu sehen); eine Szene aus einer der vier kirchlichen Jahreszeiten; Maria überreicht Abgeordneten von Messina einen Brief (um 12 Uhr). Die zwei Glocken in den Biforienfenstern werden von Dina und Clarenza geschlagen, zwei messinesischen Heldinnen der Sizilianischen Vesper. Darüber steht ein Gockel, der mittags flügelschlagend dreimal kräht, nachdem der noch höher stehende, bannertragende Löwe dreimal gebrüllt und mit dem Schweif gewedelt hat (Aufstieg möglich, interessant, die Figuren und die Technik der mechanischen Uhr aus der Nähe zu betrachten, von oben Aussicht über die Stadt).

Bei der Rekonstruktion der **Fassade** im 20. Jh. versuchte man, normannische und gotische Bauelemente harmonisch zusammenzufügen. Die Reliefs der zweiten und dritten Reihe der Zierstreifen sind Arbeiten von der Wende vom 14. zum 15. Jh. Die Elemente des Hauptportals gehen auf eine Zeitspanne vom Ende des 14. bis zur Mitte des 16. Jh. zurück, die der Seitenportale auf das 16. Jh.

Dom von Messina, Grundriss

1 Campanile
2 Statue Johannes des Täufers
3 Grabmal von fünf Bischöfen
4 Mosaik aus Fragmenten des 14. Jh.
5 Mosaik des Christus Pantokrator
6 originales Mosaik des 14. Jh.
7 Sakristei
8 Eingang zur Schatzkammer

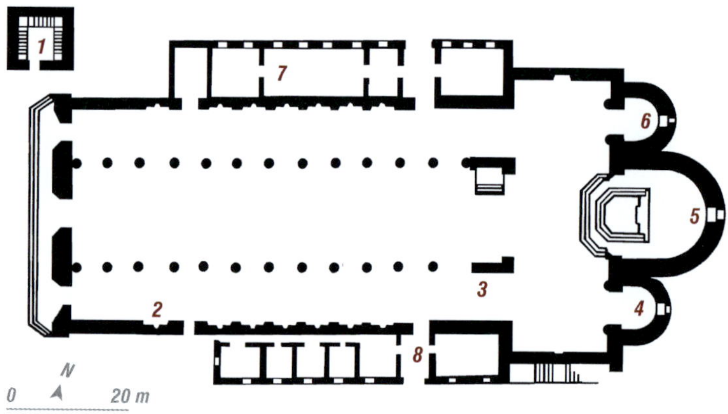

Das Innere des Doms imitiert den basilikalen Raum mittelalterlicher Kirchen. Seine beachtliche Größenwirkung wird noch verstärkt durch das Fehlen der Bestuhlung. Von 26 monolithischen Marmorsäulen und leicht zugespitzten Bogen in drei Schiffe geteilt, ist er mit einer polychromen, verzierten Holzdecke überdacht (die Balken sind verkleidete Eisenschienen), die an die alten Freibalkendecken der Normannen erinnern soll. Die einzige originale Renaissancestatue des sog. Apostolato, die 1943 nicht zerstört wurde, ist die des hl. Johannes des Täufers von Antonello Gagini (1525, im rechten, südlichen Seitenschiff). Am Ende desselben Schiffs, auf der linken Seite, hat man den Rest eines Grabmals von fünf Bischöfen aus dem 15. Jh. aufgestellt.

Aus Spuren eines Mosaiks aus dem 14. Jh. wurde der Dekor der rechten Apsis erneuert, das Mosaik des segnenden Christus Pantokrator in der Hauptapsis verdankt sich hingegen einer nachempfundenen Neuschöpfung. Die linke Apsis mit der Sakramentskapelle widerstand den Katastrophen am besten: Ihr Mosaikschmuck blieb aus dem 14. Jh. erhalten. Auch ihre Ausstattung vom Anfang des 16. Jh. ist zum größten Teil original. Im Querschiff steht die hervorragende Orgel, um die der Dom 1962 bereichert wurde (fünf Tastenbretter, 170 Register, 16 000 Pfeifen). Hier findet sich auch die original erhaltene Grabplatte des normannischen Erzbischofs Richard Palmer. Der Weg zur Sakristei führt durch ein Portal von 1696. Die anderen Denkmäler und Dekorationen im Dom sind zum größten Teil Nachahmungen, nur bei wenigen wurden originale Teile eingefügt. Die Schatzkammer birgt überaus wertvolle Silberarbeiten.

Orion- und Neptunbrunnen

An der Ausführung des **Orionbrunnens (2;** 1547–53, heute Kopie; Orion war dem Mythos zufolge der Stadtgründer) auf dem Domplatz war Giovanni Montorsoli maßgeblich beteiligt, ein Schüler Michel-

Fassadendetail des Doms: Im Gewände des Domportals ist den Bildnissen der hl. Kirchenväter die Darstellung des, hier durch eine Rebenranke symbolisierten, Lebensbaums zur Seite gestellt

angelos. Der Brunnen wurde zur Erinnerung an die erste städtische Wasserleitung errichtet, die von dem Flüsschen Camaro gespeist wird, was auf dem Rand des Beckens zusammen mit Tiber, Nil und Ebro allegorisch dargestellt ist. Montorsoli schuf auch den zweiten monumentalen Brunnen im Stil des Manierismus, den **Neptunbrunnen (3;** 1551–57; Original im Museum); den Meeresgott mit seinem Dreizack flankieren die Allegorien von Skylla und Charybdis.

Denkmal für Don Juan d'Austria

Zwischen Kathedrale und der Kirche **SS. Annunziata dei Catalani (4)** erhebt sich Denkmal für Don Juan d'Austria (Andrea Calamecca). Der Sieger der Seechlacht von Lepanto war ein unehelicher Sohn Kaiser Karls V. Achtlos zertritt der Feldherr das Haupt des besiegten Türken Ali Bassa. Am Sockel sind an drei Seiten die Schlachtaufstellungen der feindlichen Flotten, die türkische Niederlage und die Rückkehr der Flotte nach Messina wiedergegeben, an der vierten Seite auf einer Bronzetafel u. a. die Zahl der Schiffe und die Namen der zeitgenössischen messinesischen Senatoren.

SS. Annunziata dei Catalani

Die Kirche **SS. Annunziata dei Catalani (5)** aus der zweiten Hälfte des 12. Jh. trotzte beinahe allen Naturgewalten und Zerstörungen. Das Erdbeben von 1908 ›befreite‹ sie sogar von allen später zugefügten Auf- und Anbauten und ließ nur das mittelalterliche Original unversehrt stehen. Dieses wurde daraufhin in drei Phasen konsolidiert und restauriert. Es scheint, dass in der Mitte des 13. Jh. ein Erdbeben den vorderen Teil der Kirche zum Einsturz brachte – auf diese Zeit geht die Fassade zurück, die dem stehengebliebenen Teil des Gebäudes vorgesetzt wurde. Das hieraus resultierende Fehlen ungefähr eines Drittels der Länge ist, sei es an der architektonischen Aufteilung und dem Dekor der Außenwände, sei es im Innenraum, deutlich zu erkennen.

Die byzantinische Tradition war an der Ostküste während der arabischen Epoche nicht völlig verlorengegangen und hielt sich teilweise noch während der Zeit der Normannen, wohl auch begünstigt durch

Die Fassadengestaltung des Chors der Kirche SS. Annunziatia dei Catalani findet ihre stilistische Parallele in den zeitgleichen Chorfassaden der romanischen Kirchen in Köln. Hier wie dort werden die Chöre wie Schaufronten behandelt

die Nähe zum Festland. Der einzige aus dem Mittelalter erhaltene Kirchenbau Messinas lehnt sich in seinen Formen an diese Tradition an. Die auf einer hohen, von Blendarkaden aufgelockerten Trommel ruhende Kuppel unterscheidet sie völlig von den Kuppeln anderer gleichzeitiger Kirchen der Insel, ist aber im byzantinischen Raum zu finden (Mistra/Peloponnes). Der byzantinischen Stilrichtung entsprechen auch die zwei quadratischen Baukörper, die die halbrunde Hauptapsis flankieren und so die Nebenapsiden ersetzen, sowie die verschieden hohen Dächer und der bogenförmige obere Abschluss der seitlichen Baukörper (an der rechten Kirchenflanke noch erhalten).

Der **Bauschmuck** weist überwiegend einen ganz eigenen Stil auf, der aus dem Zusammentreffen der verschiedenen Kulturen hervorging. Die Rückseite der Kirche ist wie eine Fassade behandelt: Eine Blendgalerie zieht sich um den ganzen hinteren Gebäudeteil und schließt ihn horizontal zu einem Ganzen zusammen, während die zarten Säulen die vertikale Linie unterstreichen. Indem sich die Bogen im Erdgeschoss der Apsis an der Kuppeltrommel wiederholen, wird die Blendgalerie im zentralen Teil mit der halbrunden Apsis besonders hervorgehoben, noch verstärkt durch die zwei übereinanderliegenden Fenster in Kuppel und Apsis. Die schwarz-weißen horizontalen Intarsienbänder, die Medaillons in den Bogen sowie die rhythmisierten Bogen selbst verleihen dieser Kirche eine Harmonie und Leichtigkeit, die sie zweifellos unter die schönsten mittelalterlichen Gebäude Siziliens einreihen.

Beim **Innenraum** kommt der byzantinische Einfluss wieder zur Geltung. Rundbogen auf Säulen teilen ihn in drei Schiffe, von welchen das Mittelschiff von einem Tonnengewölbe und die Seitenschiffe von Kreuzgewölben überdacht sind. Die farbige Wirkung der Ziegel und Steine an den Bogen stellt den einzigen Rest des ehemaligen Dekors dar. Hängezwickel bilden den Übergang vom Quadrat zum Kreis, um das Aufsetzen der Kuppel zu ermöglichen.

Messina

1. Dom
2. Orionbrunnen
3. Neptunbrunnen
4. Denkmal für Don Juan d'Austria
5. SS. Annunziata dei Catalani
6. S. Maria degli Alemanni
7. Museo Regionale

S. Maria degli Alemanni

Die Kirche S. Maria degli Alemanni **(6)** war das einzige Beispiel gotischer Architektur in Sizilien. Sie wurde zu Beginn des 13. Jh. vom Deutschritterorden errichtet, höchstwahrscheinlich von einem nordeuropäischen Architekten. Nachdem der Orden Ende des 15. Jh. die Insel verlassen hatte, verfiel die Kirche, widerstand aber dem Erdbeben von 1783 und blieb bis 1808 für den Gottesdienst geöffnet. Danach diente sie britischen Truppen als Munitionslager. 1874 wurde sie von der Gemeinde aufgekauft und notdürftig konsolidiert, erlag jedoch dem Erdbeben von 1908. Die Einteilung in drei Schiffe ist noch zu erkennen. Die Rippen des Gewölbes bündelten sich zu Pfeilern, die Schiffe schlossen mit drei halbkreisförmigen Apsiden ab. Nur einige Kapitelle blieben von dem einstigen Bauschmuck erhalten.

Museo Regionale

1914 eingerichtet, bewahrt dieses **Regionalmuseum (7)** die Reste der beim Erdbeben zerstörten Kirchen und Paläste Messinas vom Mittelalter an auf – man beachte vor allem die barocken Marmorinkrustrationen, für die Messina berühmt war; eine archäologische Abteilung ist geplant. Architektonische und ornamentale Fragmente der Denkmäler stehen im Garten vor dem Museumsgebäude, und in seinem Innern sind in chronologischer Folge Beispiele aus den bildenden Künsten der verschiedenen Epochen auf zwölf Säle verteilt.

Der erste Saal enthält die Fragmente der byzantinischen und normannischen Zeit, unter denen sich drei Bruchstücke von der Holzdecke des Doms aus dem 13./14. Jh. befinden. Vorwiegend aus dem 14./15. Jh. stammen die Malereien auf Goldgrund im zweiten Saal, meist von unbekannten Meistern; nur das gotische **Triptychon der Madonna mit Kind** zwischen der hl. Agathe und dem hl. Bartholomäus wird dem Meister des Triptychons von Sterbini auf dem italienischen Festland zugeschrieben. Auch die Marmorstatue der berühmten **»Madonna der Krüppel«** ist keine sizilianische Arbeit, sie gehörte zum Grabmal des Erzbischofs Tabiatis, das von Goro di Gregorio aus Siena hergestellt und 1333 signiert wurde. An einigen Werken des dritten Saals ist ein leichtes Sichlösen vom linearen gotischen Stil und ein überwiegend toskanischer Einfluss zu erkennen.

Museo Regionale
Viale della Libertà 465
Mo, Di, Do–Sa 9–13.30, So 9–12.30 (Nov.–März Di, Do, Sa auch 15–17.30, April–Okt. auch Di, Do, Sa 16–18.30), So 9–12.30 Uhr

Beim Eingang des vierten Saals vermitteln verschiedene Exponate, darunter eine Francesco Laurana zugeschriebene ›Muttergottes‹, eine Einführung in die Welt des Antonello da Messina, dessen bekanntes **Polyptychon des hl. Gregor** (1473) einen Ehrenplatz einnimmt. Es zeigt auf fünf Bildern die thronende Madonna mit Kind, den hl. Gregor, den hl. Benedikt, den Engel und Maria bei der Verkündigung. Diese Schöpfung des Künstlers fällt in eine Zeit, in der er die Essenz seiner flämischen Erfahrungen mit der Formenwelt der italienischen Renaissance verschmolz. Gesichter, kronentragende Engel und die

reich gestickten Gewänder mit dem schweren Faltenwurf sind deutlich von der flämischen Malschule inspiriert. Ein weiteres Werk dieses Malers konnte 2003 für das Museum erstanden werden: ein beidseitig bemaltes Holztäfelchen (16 x 11,9 cm) zeigt auf einer Seite die Madonna mit Kind und einen anbetenden Franziskaner und auf der anderen das Haupt Christi.

Zwei Tafeln aus dem berühmten, bei dem Erdbeben von 1908 beschädigten Polyptychon des hl. Gregor des Antonello da Messina (1473): der hl. Benedikt (links) und die hl. Muttergottes (rechts)

Weitere Gemälde vertreten die Renaissance und den Manierismus, einige lassen den Einfluss Caravaggios erkennen. Im zehnten Saal sind zwei Schöpfungen aus den letzten Lebensjahren dieses Meisters ausgestellt: die **»Anbetung der Hirten«,** die er 1608 wohl im Auftrag des Senats von Messina malte, und die **»Auferweckung des Lazarus«.** Die Sammlungen des Regionalmuseums schließen mit Gemälden des 18. Jh., sollen aber noch erweitert werden, um das kulturelle Leben in Messina auch während der folgenden 150 Jahre zu dokumentieren.

Reisen & Genießen

Hotels und Restaurants

... in Milazzo

Wer vor der Überfahrt zu den Liparischen Inseln noch in Milazzo übernachten will, ist hier gegenüber dem Hafen gut aufgehoben. Moderne Eleganz und Effizienz charakterisieren sowohl die Einrichtung als auch den Service dieses empfehlenswerten Hauses.

La Chicca Palace Hotel***
Via Tenente La Rosa 1,
98057 Milazzo
Tel. 09 09 24 01 51
www.lachiccahotel.com

Von außen kaum zu erkennen, befindet sich im Palazzo Garibaldino ein elegantes Restaurant, das sich bis in den Innenhof hinein erstreckt. Die Menükarte ist abwechslungsreich und immer wieder spannend, der Weinkeller, der auch besichtigt werden kann, nicht nur für Kenner eindrucksvoll.

Piccolo Casale
Via Riccardo D'Amico 12,
98057 Milazzo
Tel. 09 09 22 44 79
www.piccolocasale.it
Mo geschl.

... in Messina

In Messina entspannt man am besten am Ufer eines der Seen in der Inselspitze. In einem schönen Garten liegt hier diese restaurierte Privatvilla mit 15 individuell gestalteten Zimmern, Schwimmbad und Wellness-Center.

Villa Morgana**-*
Via Consolare Pompea 1965,
98168 Gazirri
Tel. 090 32 55 75
www.villamorgana.it

Sehr bekannt und beliebt ist in Messina das Al Padrino. Hier in der belebten Gegend nahe dem Hafen kommen zu guten Preisen allerlei Spezialitäten des östlichen Siziliens auf den Tisch.

Al Padrino
Via Santa Cecilia 54/56,
98123 Messina
Tel. 09 02 92 10 00
Sa abends und So geschl.

Wer es weniger ursprünglich mag, oder ein Restaurant für den Abend sucht, findet hier ausgesprochen gute Küche. Das Restaurant der gehobenen Klasse hat Tradition.

Ristorante Piero
Via Ghibellina 119,
98123 Messina
Tel. 09 06 40 93 54
So geschl.

... auf Lipari

In typisch äolischem Ambiente wird leichte mediterrane Küche bis in die späten Abendstunden unter der Pergola serviert. Besonders charakteristisch sind die farbenfrohen Keramiktische:

E Pulera
Via I. Conti Vainicher,
98055 Lipari
Tel. 09 09 81 11 58
www.bernardigroup.it
Mai–Okt. geöffnet

Sizilianische Antipasti

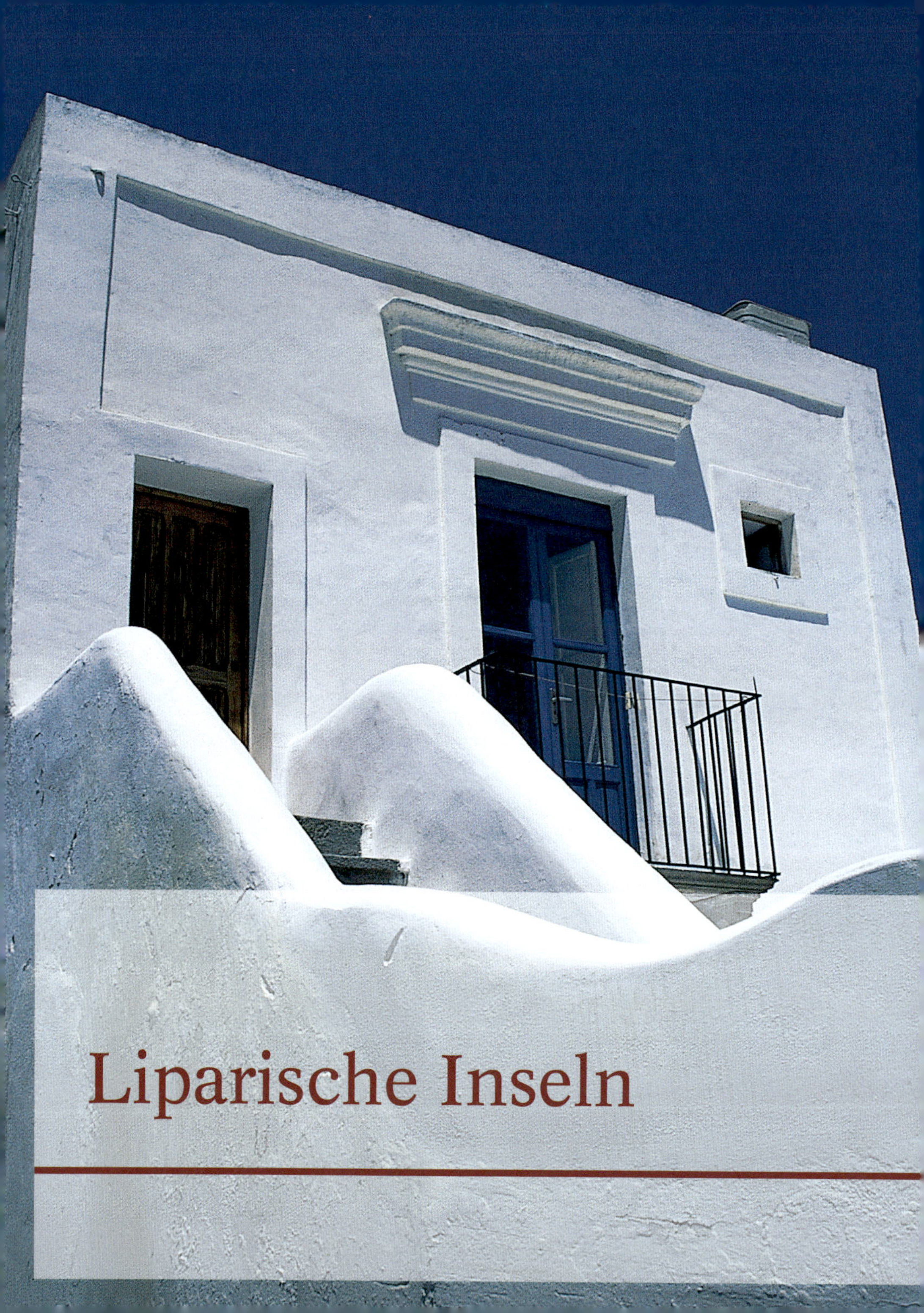

Liparische Inseln

Geschichte der Liparischen bzw. Äolischen Inseln

Karte Liparische Inseln S. 332

Liparische Inseln ★

Servizio Turistico Regionale
Corso Vittorio Emanuele 202
98055 Lipari
Tel. 09 09 88 00 95
www.aasteolie.191.it

Liparos, Sohn des Königs Auson, des Herrschers über ein Volk der italienischen Halbinsel, das sich nach ihm *Ausonier* nannte, nahm im letzten Drittel des 2. Jt. v. Chr. die Inselgruppe vor der sizilischen Nordküste ein, die daraufhin seinen Namen erhielt. Später kam von Metapont ein zweiter Königssohn, Aiolos, eroberte das Reich des Liparos und heiratete dessen Tochter Kyane. Aiolos und Kyane hatten zwölf Kinder miteinander, sechs Söhne und sechs Töchter, die im rechten Alter untereinander heirateten und nach dem Tode des Vaters über ganz Sizilien herrschten. Aiolos soll ein so gerechter Herrscher gewesen sein, dass er schon zu seinen Lebzeiten wie ein Gott verehrt worden war, und da er die Fähigkeit besessen hatte, aus den Eingeweiden der Opfertiere die Winde vorherzusehen, wurde er schließlich zum Windgott. Soweit die Legende.

»... Und er (Aiolos) gab mir, verschlossen im dichtgenähten Schlauche vom neunjährigen Stier, das Wehn lautbrausender Winde. Denn ihn hatte Kronion zum Herrscher der Winde geordnet (...) Undurchdringlich erhebt sich rings um das schwimmende Eiland eine Mauer von Erz und ein glattes Felsengestade.« So schrieb Homer in der Odyssee zu einer Zeit (9./8. Jh. v. Chr.), als die Inseln beinahe unbewohnt und verlassen lagen und ihr ehemaliger Reichtum nur noch Legende war.

Diese Legende beruhte auf den Handelsverbindungen, die in vorgeschichtlicher Zeit mit Mykene und anderen Kulturkreisen des ägäischen Meeres bestanden hatten und die in der Erinnerung noch sehr lebendig gewesen sein mussten, denn – aus der Ferne gesehen – könnte keine Beschreibung zutreffender sein als die des ›schwimmenden Eilands‹. Ebenso entspricht ›das glatte Felsengestade‹ der Wirklichkeit. Auch fungierten die Inseln in der Bronzezeit als wichtige Zwischenhandelshäfen für das aus England importierte Zinn, das zur Bronzeherstellung unerlässlich war.

Schon in früheren Zeiten, während des Neolithikums, als die Schiffahrt noch keine größeren Strecken ohne Stützpunkte bewältigen konnte, waren die Inseln wichtige Zentren gewesen, da sie auf einer stark befahrenen Handelsroute lagen. Das mag auch der eigentliche Grund dafür gewesen sein, dass sie relativ früh, im 5. Jt. v. Chr., besiedelt wurden, obwohl sie kein Quellwasser besitzen und somit Stauanlagen und Zisternen zum Überleben nötig waren. Außer ihrer Lage boten sie Obsidianvorkommen, ein vulkanisches Glas, aus dem vor der Nutzung des Metalls begehrte Waffen und Werkzeuge hergestellt wurden.

Im 9. Jh. v. Chr. wurden die Inseln vollständig verwüstet, und erst ziemlich spät in geschichtlicher Zeit entwickelte sich auf ihnen wieder ein blühendes Leben. Nach antiken Quellen landeten 580 v. Chr. einige Knidier auf Lipari, die bei einem Versuch, Eryx einzunehmen,

◁ Inselarchitektur auf Salina

von den Elymern geschlagen worden waren. Ihnen näherten sich einige Einwohner, die versteckt in Grotten lebten und behaupteten, Nachkommen des Aiolos zu sein. Sie baten die Knidier, bei ihnen zu bleiben und ihnen gegen die Piraten – zu jener Zeit die Etrusker – beizustehen. Die Knidier nahmen das Angebot an und verliehen dem neuen Staat eine für die Antike einzigartige Form, indem sie das Land der Hauptinsel aufteilten und die Nebeninseln gemeinschaftlich bewirtschafteten. Um keine Schicht reicher Landbesitzer aufkommen zu lassen, wurde die Landaufteilung alle 20 Jahre aufs Neue durchgeführt.

In kurzer Zeit gelang es den neuen Einwohnern, die Piraten unter Kontrolle zu bekommen, und nach jedem neuen Sieg sandten sie eine Weihgabe ins Apollonheiligtum nach Delphi. 13 Basen von Statuen sind dort gefunden worden, unter denen sich auch eine rein goldene befand, wie die Inschrift auf der Basis besagt. Lipari (antiker Name: *Melegunis)* gedieh schnell wieder zu einer reichen und mächtigen Stadt und blieb dies, bis sie Mitte des 3. Jh. v. Chr. den Römern in die Hände fiel, die sich der Inseln als Militärstützpunkte in den Punischen Kriegen bedienten.

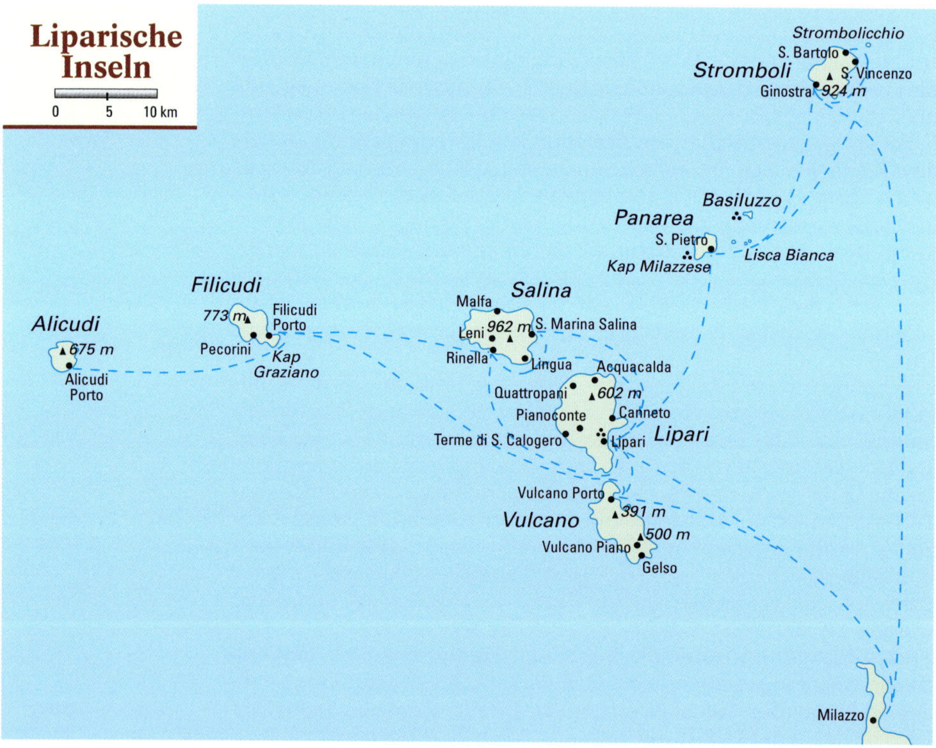

Eine schwefelhaltige Fumarole am Krater von Vulcano

Sieben Inseln zählen zu der Gruppe, der Größe nach sind dies: Lipari, Salina, Vulcano, Filicudi, Alicudi, Stromboli und Panarea. Alle sind vulkanischen Ursprungs, eigentlich die Gipfel hoher Vulkane, die aus dem Meer herausschauen, sich aber unter dem Meeresspiegel noch 2000 m und mehr in die Tiefe fortsetzen. Die meisten dieser Vulkane gelten als erloschen, nur der Vulcano und der Stromboli werden zu den noch tätigen gezählt. Mit Schiff oder Tragflügelboot gelangt man mehrmals täglich von Milazzo auf alle Inseln.

Vulcano

Diese Insel ist zwar bewohnt (ca. 300 Einw.), doch gibt es kein Dorf im Sinne einer geschlossenen, um ein Zentrum gruppierten Gemeinschaft; vielmehr liegen die Häuser verstreut über die Hochebene. Während des letzten Ausbruchs des Vulkans (1889–91) wurde der obere Teil des Berges (jetzige Höhe 391 m) in die Luft gesprengt. Der Krater ist jetzt geschlossen, der Berg befindet sich in sog. solfatarischer Tätigkeit. Die Durchschnittstemperatur seiner Fumarolen liegt bei 200 °C, sie werden aber noch heißer, sobald der Druck im Bergesinnern ansteigt. 1979 erwartete man einen neuen Ausbruch, doch anstelle des Vulcano wurde der Ätna tätig.

Auch der **Vulcano** erzeugt beinahe nie Lavaströme; seine Aktivität ist eher explosiv als eruptiv, während der Explosionen schleudert er Basaltbrocken heraus, gefolgt von dichten, schwarzen Staubwolken. Dergleichen Ausbrüche wurden nach ihm ›vulkanistisch‹ genannt. 1550 verband sich mittels Lavaströmen ein zweiter Vulkan mit der

Insel, der sich 183 v. Chr. als jüngster der Gruppe ganz in der Nähe aus dem Meer erhoben hatte. Über sein Auftauchen und das damit verbundene große Fischsterben schrieb Plinius der Ältere. Der sog. Vulcanello gilt heute als erloschen.

Dicht am Hafen entspringt eine Schlammquelle. Sie gibt einen Liter biologisch reinen Schlamm in der Minute ab und formt eine Schlammpfütze, deren Temperaturen durchschnittlich bei 34 °C liegen. Am nahegelegenen Strand befinden sich weitere Fumarolen, die sich einige Meter weit unter dem Meer fortsetzen und das Meereswasser aufheizen. Schlamm, Meer und die Dämpfe der Fumarolen werden für therapeutische Zwecke genutzt. Außer einem Zaun und einer Kasse gibt es keine organisierten Anlagen – sie stehen jedem zur Verfügung, so wie die Natur sie entstehen lässt.

Lipari

Lipari ★★

Zona Archeologica di Lipari
tgl. 9–13.30 und 16–19 Uhr

Reisen & Genießen-Tipp
s. S. 328

Hier wohnen etwa 5000 der 11 400 Menschen, die permanent auf den Inseln leben. Sie verteilen sich auf vier Ortschaften, von denen das Städtchen **Lipari** (5000 Einw.) die größte ist. Zur Gemeinde Lipari gehören auch alle anderen Inseln mit Ausnahme von Salina. Außer dem Tourismus bot der Bimsstein eine Einnahmequelle, bis der Abbau von der Unesco untersagt wurde. Entstanden war er während der letzten Phase der vulkanischen Tätigkeit der liparischen Vulkane (10 000 v. Chr.–700 n. Chr.), während derer die Vulkane Obsidianlaven ausspien. Obsidian, das vulkanische Glas, schäumt bei hoher Temperatur auf und wird zu Bimsstein.

Ein 60 m hoher Fels trennt die beiden Häfen. Gleich einer natürlichen Festung steigt er steil aus dem Meer und bot über Jahrhunderte den Bewohnern Schutz und Sicherheit gegen ihre Feinde. Die **Festungsanlage** auf seiner Höhe wurde im 16. Jh. von der spanischen Regierung errichtet, um die letzten Einwohner zu schützen, nachdem Ariadeno Barbarossa, ein gefürchteter türkischer Pirat, im Jahre 1544 junge Bewohner der Insel entführt und als Sklaven verkauft hatte. Beim Eingang sind Reste eines Turms aus griechischer Zeit zu erkennen, da auf der gleichen Anhöhe die befestigte Akropolis lag.

Im Innern des Mauerrings liegen außer den Kirchen S. Caterina (jetzt Magazin des Museums), der *Addolorata,* der *Immacolata* und dem Dom das Archäologische Museum *(Museo Archeologico Eoliano),* dessen Sammlungen in dem ehemaligen Bischofspalast sowie in einigen umliegenden Gebäuden untergebracht sind. Dazwischen liegen Bezirke, in denen seit 1946 Ausgrabungen stattfinden, die ein Großteil des reichen Materials des Museums lieferten.

Im Laufe der Jahrtausende schichtete sich vulkanischer Staub bis zu einer Höhe von 9 m auf – ein ungewöhnliches Phänomen, da normalerweise von solchen den Winden ausgesetzten Felsen die Erde abgetragen wird. Diese Schicht bewahrt in ununterbrochener Folge die

Blick über die Bucht von Lipari

Zeugnisse des menschlichen Lebens in diesem begrenzten Raum. Dank eines Vergleichs mit den jeweils gefundenen Handelswaren aus Ländern, die mit Ägypten in Verbindung standen, ist heute die Datierung einer Phase der europäischen Vorgeschichte lückenlos möglich. Die unteren Schichten enthielten reichlich lithisches Material, Keramikfragmente und, aus der Bronzezeit, die ersten Metallgegenstände, jedoch wenige Architekturreste. Diese mehren sich ab dem Beginn des 2. Jt. v. Chr. Informative, vor den Ausgrabungen aufgestellte Pläne zeigen die verschiedenen aufeinanderfolgenden Phasen.

In der frühen Normannenzeit errichtet und während der vergangenen Jahrhunderte immer wieder modernisiert, bewahrt der dem hl. Bartholomäus geweihte **Dom** noch die Reste des Kreuzgangs eines Benediktinerklosters, das mit Bergungsmaterial antiker Wohnhäuser errichtet wurde.

Archäologisches Museum

Museo Archeologico Eoliano
Via del Castello 2
Mo–Sa 9–13, 15–18.30, So 9–13 Uhr

Die Ausstellung beginnt im oberen Stock des ehemaligen Bischofspalastes. In **Saal I** finden sich Keramikfragmente aus der frühesten Zeit der menschlichen Besiedlung, aus der neolithischen Kultur von Stentinello (Ende 5./erste Hälfte 4. Jt. v. Chr.), mit vor dem Brand eingedrücktem oder eingeritztem Dekor, der manchmal mit weißer Paste ausgefüllt wurde. Gleichzeitig war auch eine hellgrundige, rotbemalte

Keramik im Museum von Lípari

1 Die Milazzese-Kultur (1400–1200 v. Chr.), entspricht zeitlich der Kultur von Thapsos auf dem Festland und zeigt mit dieser auch eine enge Formverwandtschaft; erstmals werden die Vasen signiert, d. h. mit einem eingeritzten Firmenzeichen versehen

2 Erste Ausonische Kultur (um 1275 v. Chr.): Auftauchen völlig neuer Formen, typisch die Horn- oder Sichelhenkel

3 Zweite Ausonische Kultur (um 1125 v. Chr.): Die Sichelhenkel werden zu Tierköpfen, neu sind die schräg endenden Schnabelkannen

1

2

3

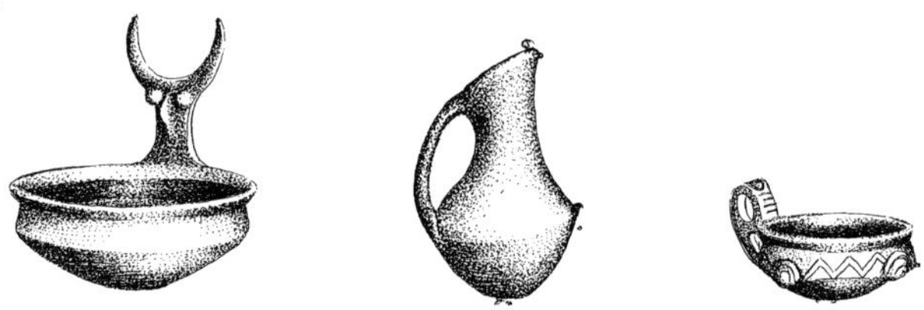

Keramik in Gebrauch, die der Sesklo-Kultur (Golf von Volos/Griechenland) zuzuordnen ist und deren Verbreitung im Mittelmeergebiet nicht weiter westlich als Sizilien reichte. Zu dieser frühen Epoche scheinen alle Inseln besiedelt gewesen zu sein, und die Bewohner lebten nicht nur an den Küsten, sondern hauptsächlich im Binnenland und betrieben Ackerbau und Viehzucht. Die bemalte Keramik siegt im 4. Jt. schließlich über die eingepresste. Sie bleibt hellgrundig, aber das rote Flammenmuster wird nun schwarz umrandet und weist somit Analogien zu der süditalischen Kultur von Capri und der Kultur von Dimini (Golf von Volos) auf.

Saal II und III (Keramiken und Gegenstände aus der zweiten Hälfte des 4 und vom Beginn des 3. Jt. v. Chr.): Um 3500 v. Chr. werden überaus dünnwandige Gefäße hergestellt (ohne Drehscheibe) und mit komplizierter geometrischer, miniaturhafter Malerei versehen (Serra d'Alto-Kultur, Süditalien). Um 3000 v. Chr., zu Beginn der Kupferzeit, wird eine einfache, sehr elegante rote Keramik bestimmend, die in ihren Formen auf Anatolien deutet (Troja I). Langsam jedoch wird der Rand an den Gefäßen niedriger, die Henkel werden dünner und länger, und schließlich verschlechtert sich die Qualität und verliert ihre glänzende Farbe, die Henkel verschwinden beinahe völlig oder werden auffällig übertrieben. Dieser Qualitätsabstieg verläuft parallel mit einer zunehmenden Verarmung der Bevölkerung: Der steigende Verbrauch von Metall ließ Obsidian zu einer weniger gefragten Handelsware werden.

Saal IV und V: Erzeugnisse der sog. Kultur von Piano Conte, um 2500 v. Chr., weisen keinerlei Affinitäten mehr mit den vorherigen auf. Die Vasen erscheinen als eine ziemlich grobe Imitation von Metallgefäßen. An diese Phase schließt sich in der zweiten Jahrtausendhälfte die Kultur von Piano Quartara an.

Saal VI: Ab 2000 v. Chr., zu Beginn der Bronzezeit, erfahren die Inseln wieder einen ungewöhnlichen Aufschwung. Die plötzlich veränderten Formen der Keramik deuten auf Einwanderungen protogriechischer Völker, wahrscheinlich von der Peloponnes. Zinn aus Cornwall, das die Inseln direkt oder als Vermittler einhandelten, rief diese neue Blüte hervor. Während der Kultur von Capo Graziano (1700–1400 v. Chr.) blüht ein reger Handel mit den Ägäischen Inseln, der Peloponnes, dem griechischen Festland, Kreta, Malta und über Westsizilien mit Spanien. Mit Malta war der Kontakt dermaßen eng, dass eine gleiche Bevölkerung nicht auszuschließen ist. Ab 1600 v. Chr. vollzieht sich eine zunehmende Flucht von den Küsten an sicher gelegene Orte auf Bergspitzen, was auf eine von außen drohende Gefahr schließen lässt.

Gegen 1400 v. Chr. endet die Kultur von Capo Graziano ebenso abrupt wie auf dem sizilischen Festland die Kultur von Castelluccio. Es folgt die sog. Kultur des Milazzese (1400–1270 v. Chr.). In dieser Epoche besteht eine enge Verbindung mit dem sizilischen Festland, wo zu dieser Zeit die Kultur von Thapsos herrschte (typisch für beide Kulturen die Essteller und Obstschalen auf hohem Fuße).

Saal VII (Erdgeschoss): Die Keramik der Ausonier unterscheidet sich in Form und Technik vollkommen von der vorhergehenden. Die Henkel der Gefäße haben einen Aufsatz, der halbmondförmige Hörner, eine Axt oder einen Zylinder wiedergibt. Die Vase in der Mitte des Saals wurde versteckt unter dem Fußboden der größten Hütte der sog. Ersten Ausonischen Zeit auf dem Ausgrabungsfeld vor dem Museum gefunden. Sie enthielt über 70 kg Bronzegegenstände, der größte in Italien entdeckte Hortfund jener Zeit.

Untergang der Milazzese-Kultur

Die Kultur des Milazzese endete gewaltsam durch die Eroberungszüge italischer Völker im Mittelmeerraum um 1270 v. Chr.

Am Ende des Saals und im folgenden **Saal VIII** wird die sog. Zweite Ausonische Kultur dokumentiert, die mit der Ankunft einer neuen Volksgruppe um 1125 v. Chr. beginnt; alles deutet darauf hin, dass eine friedliche Vermischung der Völker stattfand. Die Henkelaufsätze verschwinden, nur die Hörnerhenkel verändern sich zu abstrahierten Tierköpfen. Im Gegensatz zur vorhergehenden Epoche mit schwarzer Keramik wird jetzt überwiegend Rot als Farbe verwendet. Einige

›gefiederte‹ Dekorationen ähneln denen der Kultur von Cassibile auf dem sizilischen Festland.

Keramikgegenstände sind in dieser Zeit reich in Gebrauch; in einer einzigen Hütte wurden 200 verschiedene Vasen gefunden. Die Wohnhäuser waren rechteckig oder rund, halb in die Erde gebaut und mit Wänden aus Fachwerk versehen. Jedes Haus besaß seine eigene Feuerstelle. Erstmalig trat die Verbrennung der Toten auf; anfangs waren Bestattungen in Pithoi neben denjenigen in Urnen zu finden, später gewannen letztere die Oberhand (s. u.). Die reichen Grabbeigaben umfassten Bronzegegenstände, Goldschmuck, Ketten aus Glasperlen und Bergkristall. Um 850 v. Chr. wurden die Wohnorte zerstört – Brandspuren sind an allen Gegenständen in den letzten Vitrinen zu erkennen. Für die folgenden drei Jahrhunderte blieben die Inseln verlassen oder kaum bewohnt, bis die Griechen um 580 v. Chr. an den Ufern von Lipari landeten.

Saal X: Dieser Saal beherbergt die archäologischen Funde aus griechisch-römischer Zeit, die im heutigen Wohnzentrum ans Tageslicht kamen. Fragmente attischer, lakonischer, ionischer, rhodischer und korinthischer Keramik bestätigen die Gründung der Stadt um 580 v. Chr. Ein großer Deckel aus Lavagestein (erste Hälfte 6. Jh. v. Chr.) mit einem liegenden Löwen und zwei seitlichen Öffnungen diente als Verschluss für einen Bothros (Opfergrube), in dem die meisten ausgestellten Gegenstände gefunden wurden. Gewöhnlich zerbrach man die Weihgaben bei der Opferhandlung. Der Lebes Gamikos (Hochzeitsvase), dessen Reste die Restauratoren wieder zusammengefügt haben, wird dem Antimenesmaler (540–530 v. Chr.) zugeschrieben; den oberen Gefäßrand schmücken Illustrationen der Abenteuer des Theseus und des Herakles.

Nebengebäude

Das dem Haupteingang gegenüberliegende Gebäude enthält das archäologische Material von den Nebeninseln aus der Zeitspanne von ca. 3000 bis zur zweiten Hälfte des 2. Jt. v. Chr. In dem nebenanliegenden Haus verteilt sich über drei Stockwerke die vulkanologische Abteilung, in welcher der geologische Aufbau der Inseln und der Vulkanismus erläutert werden. Im **zweiten Hauptgebäude,** links vom Dom, befinden sich die Abteilung der Unterwasserarchäologie, einige originalgetreu rekonstruierte Nekropolen und die Sammlungen aus den Nekropolen der griechisch-römischen Epoche.

Um den chronologischen Überblick nicht zu verlieren, ist es ratsam, die Besichtigung bei den unteren Räumen und in den **Sälen XVI und XVII** (links vom Eingang) vom hinteren Raum her zu beginnen. Im letzten Raum der Säle **XVI und XVII** ist die einzige bis jetzt bekannte Nekropole aus der Epoche von 1400–1270 v. Chr. (Kultur des Milazzese) aufgebaut. Die großen Tongefäße (Pithoi), in denen die Toten in Embryonalstellung lagen, waren mit der Öffnung streng geostet und nur lose mit einer schützenden Steinplatte abgedeckt.

Dionysos-Kult

Die Miniatur-Theatermasken sowie die Schauspieler verkörpernden Tonfigürchen im Museum von Lipari verweisen ebenfalls auf den in der gesamten Magna Graecia verbreitenten Mysterienkult des Dionysos. Auf den mit Karthago verbündeten Inseln überdauerte der Kult bis in die römische Zeit und scheint sogar Sinnbild des Widerstandes gegen die Römer gewesen zu sein.

Eine solche Lage könnte auf eine Wiedergeburtskultur deuten. Diese Art der Bestattung war in der frühen Bronzezeit weit verbreitet und kam ursprünglich aus dem Orient.

Die nächsten beiden Nekropolen gehören dem Protovillanova-Typus an (vom italischen Festland eingeführt): Aschenurnen, die zunächst in kleine, mit Steinplatten ausgelegte und abgedeckte Vertiefungen gestellt wurden (12. Jh. v. Chr.). Diese Art der Bestattung war in der späten Bronzezeit nicht nur in Italien, sondern in ganz Mitteleuropa gebräuchlich (Urnenfelderkultur). Vom 8.–6. Jh. v. Chr. wurden die als Urnen verwendeten Vasen ohne jeglichen Schutz dem Erdreich anvertraut. Die Grabbeigaben sind in der Vitrine aufgereiht. In dem Raum dicht beim Eingang befinden sich weitere Grabausstattungen, die aus hellenistischen Gräbern des Stadtgebiets von Milazzo stammen.

Bei den gegenüberliegenden **Sälen XVIII und XIX** lohnt es sich ebenfalls, die Besichtigung im hinteren Raum zu beginnen. Eine Ne-

Szenen wie diese tanzende Mänade mit dem Sartyr sind immer mit dem Mysterienkult des Dionysos in Verbindung zu bringen, auch wenn es sich wie hier um eine auf das Theater verweisende Darstellung handelt. Auf der den Toten geweihten Keramik scheinen sie das ersehnte Paradies zu versinnbildlichen, das nur den in die Mysterien Eingeweihten vorbehalten war (Krater des 4. Jh. v. Chr. im Archäologischen Museum von Lipari)

Auf diesem Krater des 4. Jh. v. Chr. wird die Aufführung einer Komödie äußerst realistisch wiedergegeben. Ratlos verharrt Dionysos vor dem Akrobaten, der sich ihm auf ungewöhnliche wie ungebührliche Weise nähert

kropole der ›Zweiten Ausonischen Zeit‹ zeigt die gemischte Art des Totenkults mit Pithos- und Brandbestattungen. Im ersten Raum befinden sich einige Beispiele griechischer Sarkophage. Die in einem Stück gebrannten Tonsärge des 6. Jh. v. Chr. sind eine Seltenheit, da ihre Herstellung großes technisches Können voraussetzte. In der griechisch-römischen Nekropole von Lipari wurden seit 1948 mehr als 2000 Gräber ausgehoben. Die Totengaben waren am Kopfende der Sarkophage in breitbauchigen Vasen aufgestellt (Beispiele in den Regalen). Über der Erde kennzeichneten einfache Stelen die Gräber. Ab dem 4. Jh. v. Chr. wurden die Beigaben meist nicht mehr in Vasen gegeben, sondern, in rohe Tonerde gehüllt, außerhalb des Sarkophags an das Kopfende gelegt. Erst zur römischen Zeit wurde es Sitte, sie in den Sarg zu legen.

Der dritte Eingang im Erdgeschoss führt zu den Funden, die aus dem Meer gehoben wurden. Der größte Teil besteht aus der Ladung zweier Handelsschiffe, die beide im 3. Jh. v. Chr., wahrscheinlich auf dem Weg nach Nordafrika, vor den Inseln Schiffbruch erlitten.

Das obere Stockwerk ist den Funden der griechischen Nekropole gewidmet. In den **Sälen XXI und XXII** sind die Funde in chronologischer Folge ausgestellt. Die kleinen Vasen des 6. Jh. v. Chr. entstammen fast alle lokaler Produktion und imitieren ionische, spätkorinthische und attische Vorbilder. Aus dem 5. Jh. v. Chr. stammen die weißgrundigen Lekythen. In einem Kindergrab desselben Jahrhunderts wurden die kleine, bewegliche Tonpuppe und das Puppengeschirr gefunden nebst einer karikaturhaften Figur einer Amme mit Kind – die eine besondere Bedeutung gehabt haben muss, da sie oft in Kindergräbern zu finden ist.

In den mittleren Vitrinen stehen größere Gefäße, vor allem Kratere, die als Urnen oder Behälter für Totengaben benutzt worden waren. Bis zum 4. Jh. v. Chr. handelt es sich wohl um Importware, erst spätere Keramik stammt aus einheimischer Produktion. Den Themen der Malerei nach zu urteilen, war im griechischen Lipari der Dionysoskult weit verbreitet, denn an erster Stelle werden Theaterszenen abgebildet, und dieses war dem Dionysos heilig. Auch bei den meisten mythologischen Episoden handelt es sich um Wiedergaben von Theatervorstellungen.

Zeichnung einer Theatermaske aus der berühmten Sammlung des Museums von Lipari; die Figur des Priamos ist im Stil der Tragödie dargestellt

Aus der ersten Hälfte des 3. Jh. v. Chr. stammen einige sehr farbige Gefäße mit ausschließlich weiblichen Figuren, meist bei der Vorbereitung zur Hochzeit oder in Gesellschaft von Eroten dargestellt. Besonders kunstvoll sind die Werke des sog. Malers von Lipari. Einige Väschen mit polychromem, nicht figürlichem Dekor des gleichen Künstlers oder seiner Schule und die von ihnen ausgeführten Vasen im Gnathiastil zählen zu den schönsten Beispielen ihrer Art. Mit der Komödie in Verbindung stehen die sehr seltenen Akrobatenfigürchen aus Ton (eine Abbildung findet sich auf einem Glockenkrater im ersten Raum). Die sakralen Figürchen der Opfernden und einige Pinakes wurden 1954 in einem Demeter- und Koreheiligtum in der Stadt Lipari gefunden.

Der Hafen Marina Corta von Lipari-Stadt wird von der Festung aus dem 16. Jh. überragt

Lipari beherbergt eine einzigartige Sammlung von Miniaturtheatermasken (8–8,5 cm) und Tonfigürchen, die thematisch in direkter Verbindung mit dem Theater stehen. Es finden sich Maskentypen zu den Tragödien von Euripides und Sophokles genauso wie zu den Komödien von Aristophanes und Menander. Eine liparische Eigenart stellen die Minitaturporträts berühmter Persönlichkeiten dar (3. Jh. v. Chr.).

Salina

Zwei nebeneinanderliegende Berge verleihen der Insel Salina das Profil eines Kamelrückens (860 und 962 m ü. d. M.). Die Griechen nannten sie deswegen Didyme, »die Doppelte«. Ihre letzten vulkanischen Ausbrüche liegen 13 000 Jahre zurück. Den jetzigen Namen erhielt die Insel dank einer antiken Salzindustrie. Salina ist unter den Äolischen Inseln die grünste, an manchen Stellen sogar bewaldet, und ihre Bewohner sind die einzigen, die sich nicht auf den Tourismus als Einnahmequelle verlassen, sondern eine bäuerliche Landwirtschaft betreiben (Wein und Oliven). Sie haben es verstanden, mit den Kapern, die besonders gut auf den Inseln gedeihen, eine kleine Industrie aufzubauen und die gesalzenen Knospen sogar zu exportieren.

Patrick Brydone

Der englische Reiseschriftsteller schildert in seiner 1773 veröffentlichten »Tour through Sicily and Malta« den Blick vom Ätna auf die umliegenden Inseln im zeittypischen Ton: »Der Gesichtskreis weitete sich, der Horizont schien zuzunehmen an Weite und Ausdehnung nach allen Seiten, bis schließlich die Sonne, als der große Schöpfer all dessen, im Osten heraufkam und alles in ihren Lichtschein tauchte. Alles ist wie verzaubert, und wir haben Mühe zu glauben, noch auf der Erde zu sein. Die Sinne, nicht gewöhnt an solche Erhabenheit, sind gebannt und verwirrt, und erst nach geraumer Weile erlangen sie die Fähigkeit zurück, die verschiedenen Bestandteile zu unterscheiden und zu bewerten. Man sieht, wie die Sonnenscheibe sich über dem Wasser erhebt. Unermessliche Meeres- und Landflächen nehmen Gestalt an: die Liparischen Inseln, Panarea, Alicudi, Stromboli und Vulcano mit ihren rauchenden Spitzen tauchen zu unsern Füßen auf. Du kannst auf das ganze Sizilien wie auf eine Landkarte blicken ...«

Auf der ihren individuellen Charakter bewahrenden Insel leben ständig ca. 2300 Personen, verteilt auf die drei Gemeinden Santa Marina Salina, Lena und Malfa.

Alicudi und Filicudi

Diese 40 und 20 km von Lipari entfernten Inselchen haben die typische konische Form, die sie als ehemalige Vulkane ausweisten. Sie liegen abseits der gängigen Schiffahrtslinien und bilden sozusagen die Peripherie der Äolischen Inseln. Auf ihnen machen sich die Konsequenzen einer seit Jahrzehnten andauernden Emigration am meisten bemerkbar. Die Landwirtschaft wurde völlig aufgegeben, und die einst bebauten, mühsam und kunstvoll errichteten Terrassenfelder werden jetzt von der Macchia überwuchert. Da sich die überwiegend steilen Küsten nicht für einen Badeurlaub eignen, hat sich auf diesen zwei Inseln auch keine Umwandlung durch den Tourismus vollzogen, und die Landschaft besitzt weiterhin ihren ursprünglichen, soliden Reiz. Ähnlich wie auf Vulcano gibt es auch hier keine ›städtischen‹ Ansiedlungen, ausgenommen die kleine Gruppe Häuser am Hafen. Auf Filicudi (der Name geht auf die ehemals ›Palmenreiche‹ zurück) wurde ein vorgeschichtlicher Wohnort ausgegraben, der sich auf dem Capo Graziano befand und dem die äolische Kulturphase von 1700–1400 v. Chr. ihren Namen verdankt.

Panarea

In der Nähe von Panarea mehren sich eigenartige Felsformationen; die größte von ihnen, der **Basiluzzo,** war bis in die Römerzeit bewohnt. Reste von Häusern und Mosaikfußböden sind noch erhalten, und bei ruhigem Meer lässt sich eine **antike Hafenanlage** unter dem Meeresspiegel ausmachen. Panarea, die kleinste und auch die älteste der Inseln, stellt mit den im Umkreis liegenden Klippen und Felsen die Überreste des ältesten Vulkans und dessen Tätigkeit in den verschiedenen Phasen während des Pleistozäns dar (vor rund 1 Mio. Jahren). Eine Sekundärtätigkeit des ehemaligen Vulkans macht sich an einer Schlammquelle und im Norden der Insel durch die Fumarolen bemerkbar, die eine Temperatur von 100 °C erreichen.

An einem steil zum Meer abfallenden Vorsprung der Insel, dem **Capo Milazzese,** hat man die Grundmauern eines vorgeschichtlichen Dorfes aus dem 2. Jt. v. Chr. mit 23 Rundhütten und einem rechteckigen Bau freigelegt, nach dem die Kulturepoche der Inseln von 1400–1270 v. Chr. benannt wird. Die Ausgrabungen sind ein gutes Beispiel für einen Wohnort der Bronzezeit, dessen Lage nach Sicherheitsgesichtspunkten gewählt wurde (das Gebiet ist frei zugänglich).

Stromboli

Der Stromboli (924 m ü. d. M.), der *Strongyle* der Griechen, genießt sogar den Ruf, der tätigste Vulkan der Welt zu sein. Seit Menschengedenken speit er unentwegt glühende Steine und Gas, durchschnittlich alle 15 bis 30 Min. Ein sog. ›Ausbruch‹ dieses Vulkans besteht aus so dicht aufeinanderfolgenden Explosionen, dass das in die Luft geschleuderte Material beim Herabfallen Pseudolavaströme bildet. Die Explosionen werden von weißen, staubfreien Gaswolken begleitet. Diese Art der Eruption wird als ›strombolianisch‹ bezeichnet.

Die Insel ist nur an wenigen Stellen flach genug für Siedlungen. Im Norden liegen **S. Vincenzo** und **S. Bartolo** mit 130, im Südwesten das Dörflein **Ginostra** mit 30 Einwohnern. Nahe bei Stromboli erhebt sich steil der **Strombolicchio,** ein unbewohnter Fels, der Anfang des 20. Jahrhunderts eingeebnet wurde, um darauf einen Leuchtturm zu errichten. Seinen Ursprung verdankt er, wie alle Klippen im Umkreis, vulkanischen Aktivitäten. Berühmt wurde Stromboli u.a. durch Roberto Rosselinis neorealistischen Film Stromboli, »Terra di Dio« (1949), in dem neben Ingrid Bergmann auch dokumentarische Aufnahmen eines Vulkanausbruchs zu sehen sind.

Lavastrand auf Stromboli

Glossar kunst- und kulturgeschichtlicher Begriffe

Abakus lat. ›Platte‹; quadratische Deckplatte über einem → Kapitell; s. Fig. 1

Adyton griech. ›das Unzugängliche‹; das Allerheiligste im Tempel, in dem das Kultbild stand

Akroter Akroterion, ornamentale Bekrönung des Giebelfirstes; s. Fig. 1

Ambulacrum Wandelgang

Ante, Pl. **Anten** Bauglieder, die als Verlängerung der Seitenwände der → Cella hervortreten und frei enden; oft wird ihnen ein Halb- oder Dreiviertelpfeiler angefügt (sog. Antenpfeiler oder Antenpilaster)

Antefix lat. ›vorne befestigt‹; bemalte oder figurierte Tonplatte (meist in Form einer → Palmette

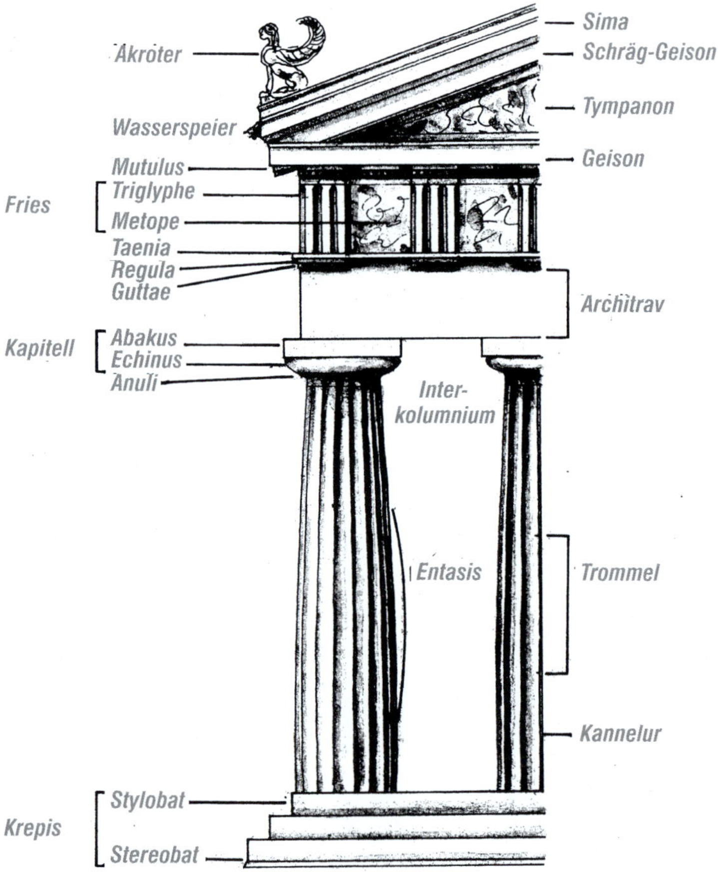

Fig. 1, Aufriss eines Tempels (vgl. auch S. 23)

oder eines Gesichts) zur Verkleidung von → Traufen

Apsis halbrunder Abschluss eines Raums, insbesondere die das äußerste Ende des Chors bildende Altar-nische im Osten der christlichen Kirche; s. Fig. 2, A

Architrav in der antiken Baukunst der rechteckige Hauptbalken; s. Fig. 1; später auch über Pfeilern und Bogenstellungen

Archivolte Profilierung, die einem Bogen an Stirn und/oder Laibung folgt; auch Bogenlauf im romanischen und gotischen Gewändeportal

Asty Wohngebiet in der altgriechischen Stadt

Attika niedrige, geschlossene Wand über dem Hauptgesims eines Bauwerks, oft zur Kaschierung des Dachs

Basilika griech. ›Königshalle‹; in der römischen Baugeschichte langgestreckte Halle nicht einheitlicher Form; das Christentum übernahm die Basilika als Versammlungsraum für die Gemeinden, d. h. als Kirche; im Mittelalter mehr-, meist dreischiffiger, längsgerichteter Bau, dessen Mittelschiff höher als die Seitenschiffe ist, oft mit Querhaus und → Apsis im Osten; im abendländischen, von Rom beeinflussten Christentum bevorzugter Bautypus; s. Fig. 2, A

Bethel semitisch ›Haus Gottes‹; Steine, die in vielen Kulturen die göttliche Gegenwart und Allmacht symbolisierten und eine besondere Verehrung genossen; in der phönizischen Kultur haben sie die Form eines abgestumpften Kegels und ersetzen beinahe völlig die Darstellung der Gottheiten

Blende einem Baukörper eingefügte oder vorgeblendete, rein dekorative Scheinarchitektur, z. B. Blendarkade/Blendbogen; der geschlossenen Wand aufgelegte Bogenstellung; Blendfenster: vorgeblendetes Fenster ohne dahinter liegender Öffnung

Bouleuterion griech. ›Rathaus‹; Versammlungsort der Boulé (Rat), innen mit stützenden Säulen und theaterförmig ansteigenden Sitzreihen ausgestattet, außen mit gegliederter Fassade

Caldarium lat. ›Warmwasserbad‹; die in den römischen Badeanstalten für das warme Bad vorgesehene Räumlichkeit, meist mit Fußboden- oder auch mit Wandheizung versehen

Cardo, Pl. **Cardines** nord-südlich verlaufende Hauptstraße römischer Städte und Lager, → Decumanus

Cavea Zuschauerraum des römischen Theaters mit halbkreisförmig angeordneten, terrassenartig aufsteigenden Sitzreihen

Cella aus durchgehenden Mauern gebildeter Hauptraum des antiken Tempels, griech. Naos

Chiaramontestil Baustil, der sich im 14. Jh. aus dem arabisch-normannischen Stil entwickelte, benannt nach der Adelsfamilie der Chiaramonte

chthonisch von griech. *chthon* = ›Erde‹; chthonische Götter sind Gottheiten des Erdbodens und der Erdentiefe; sie schenkten Wachstum und Gedeihen und nahmen die Toten in ihr Reich auf (die wichtigsten ›Erdgottheiten‹ sind Hekate, Hades, Demeter, Kore, Gaia sowie Hermes als Seelengeleiter)

Cunei Keile, in welche die Sitzreihen des Theaters vertikal mittels Stufenreihen geteilt wurden

Decumanus ost-westliche Hauptstraße römischer Städte und Lager, → Cardo

Diakonikon südlich (rechts) des Altars gelegener Nebenraum der → Basilika zum Aufenthalt der Diakonen und zur Aufbewahrung der kultischen Geräte und Gewänder; der Gegenraum ist die → Prothesis, mit der zusammen das Diakonikon die Pastophorien bildet; s. Fig. 2

Echinus griech. ›Igel‹; wulstförmiges Kissen des dorischen Kapitells als Verbindungsglied zwischen → Abakus und Säulenschaft; s. Fig. 1

Ekklesiasterion Ort der Volksversammlung (griech. *ekklesia),* die auf dem Markt, oft in den Theatern, seltener in eigens dafür errichteten Gebäuden abgehalten wurde

Entasis leichte Schwellung des dorischen Säulenschafts; s. Fig. 1

Exedra rechtwinkliger oder (halb-) runder Bau mit innen eingebauter Bank auf einer ein- oder zweistufigen Grundmauer; auch → Apsis der christlichen Kirche oder allgemein nischenartiger oder apsidialer Abschluss eines Gebäudes

Fries dorisch: über dem → Architrav umlaufende Abfolge von → Triglyphen und → Metopen; ionisch: skulptierter oder mit plastischen Ornamenten bedeckter Schmuckstreifen, über dem → Architrav angeordnet; allgemein: waagerechte Mauerstreifen mit ornamentalen oder figürlichen Darstellungen als Schmuck, Gliederung oder Abschluss einer Wand; s. Fig. 1

Geison vorkragendes Gesims über dem → Fries des antiken Tempels; s. Fig. 1

Gesims waagerecht aus der Mauer hervortretender Streifen, der die horizontalen Strukturen (Geschosse) eines Baus gegeneinander absetzt und die Wand gliedert

Gewände Schnittflächen, die durch schrägen Einschnitt eines Fensters oder Portals entstehen, oft profiliert oder mit Zierformen (Figuren, Ornamentreihen) geschmückt

Gymnasion (von griech. *gymnos* = ›nackt‹); Platz oder Gebäude für sportliches Training

Heroon für einen im Ausland verstorbenen ›Helden‹ errichtetes Denkmal

hippodamisch nach Hippodamos von Milet (5. Jh. v. Chr.) regelmäßig angelegtes Straßensystem mit sich rechtwinklig kreuzenden Haupt- und Nebenstraßen und voneinander getrennten Funktionsbereichen (Marktviertel, Wohnviertel etc.)

Hohlkehle ein waagerechtes, senkrechtes oder gebogenes konkaves Bauglied, das Gegenstück zum Rundstab

hypäthral griech. *hypaithros* = ›unter freiem Himmel‹, also ohne Dach

Hypokausten antike Bodenheizung

Ikonostasis ursprünglich ein niedriger Abschluss zwischen Gemeinderaum und dem Allerheiligsten in den Kirchen, begann diese mit Bildern geschmückte Trennwand (Ikonostasis = ›Standplatz des Bildes‹) ab dem 14. Jh. vor allem in den russischen Kirchen rasch zu wachsen und reicht zuweilen bis an das Gewölbe

in antis Bezeichnung für einen Tempel, bei dem die Längsseiten der Cella verlängert sind, sodass sie die Seitenwände eines vor- oder hintergelagerten Raums bilden, → Ante

Insula lat. ›Insel‹, von Straßen eingeschlossener Häuserblock aus einem oder mehreren Häusern

Interkolumnium lat. ›zwischen den Säulen‹; s. Fig. 1

Kannelur senkrechte Auskehlungen an Säulen-, Pilaster- oder Pfeilerschäften; s. Fig. 1

Kanopen nach der altägyptischen Stadt Kanopos benannte tier- oder menschköpfige Gefäße aus Alabas-

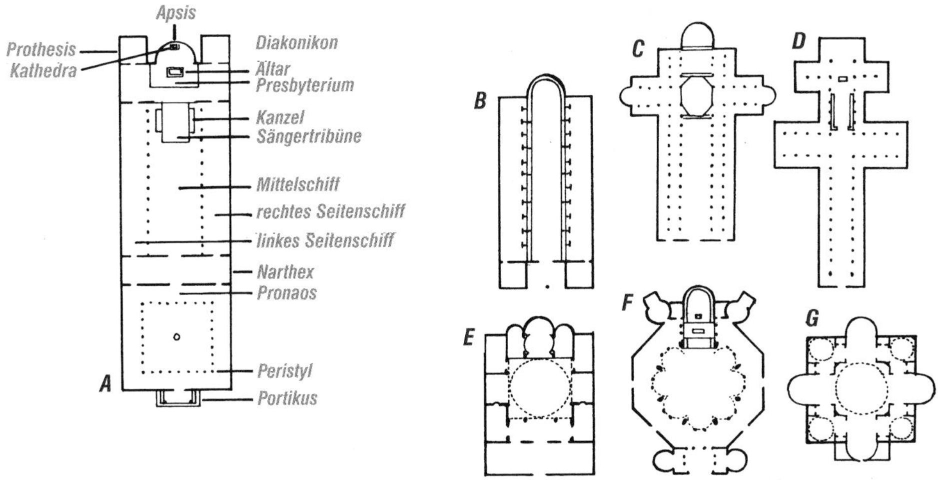

Fig. 2, Kirchentypen
A Idealgrundriss einer Basilika ohne Querschiff
B Typus einer frühen Basilika (ab 4. Jh.)
C lateinisches Kreuz (ab 6. Jh.)
D Doppelkreuz (11. Jh.)
E/F Typen von Zentralbauten
G griechisches Kreuz oder Kreuzkuppelkirchen

ter zur Beisetzung der Eingeweide mumifizierter Menschen und Tiere; auch die etruskischen Gesichtsurnen werden so bezeichnet

Kapitell oberer Abschluss von Säulen und Pfeilern in ornamentaler, pflanzlicher oder figürlicher Ausführung

Kolonetten kleine Säulen

Kommende ohne Amtsverpflichtung übertragene kirchliche Pfründe; Verwaltungsbezirk oder Ordenshaus der Johanniter oder des Deutschherrenordens

Komos nach gemeinsamem Umtrunk (Symposion) von den Zechern und Hetären veranstalteter Umzug kulturellen Ursprungs, mit Gesang und Musik; von Komos leitet sich der Name Komödie her

Kontraktion von lat. *contrahere* = ›zusammenziehen‹; am griechischen Tempel Verringerung der Säulenstellung der Eckjoche (zur Lösung des sog. dorischen Eckkonflikts), sodass → Metopen und → Triglyphen gleich groß bleiben konnten (sog. einfache Eckkonstruktion); bei der doppelten Eckkontraktion werden zusätzlich die auf das Eckjoch folgenden Joche verringert (s. auch S. 29)

Kosmatenarbeit besondere Art der musivischen Zierkunst mit orientalisierendem Einfluss, so genannt nach den Kosmaten (Cosmaten), einer römischen Künstlergruppe des 12.–14. Jh., deren Mitglieder häufig Cosmas hießen

Kothon künstlich angelegter Hafen

Kottabos bei Trinkgelagen häufig geübtes griechisches Gesellschaftsspiel, bei dem der Rest des Weins aus dem Trinkgefäß so geschickt gegen eine lose, auf einem Ständer liegende Scheibe geschleudert werden musste, dass diese lärmend herabfiel, oder in einem Wasserbecken schwimmende Schälchen getroffen und dadurch versenkt wurden

Kranzgesims oberstes → Gesims eines Bauwerks

Krater großes Gefäß mit Fuß aus Ton oder Metall, zum Mischen des Weins verwendet

Krepis griech. ›Sohle‹; Stufenunterbau des griechischen Tempels,

Fig. 3, Muqarnas: Dieses islamische Dekorationselement findet sich z. B. in der Zisa in Palermo, s. S. 274)

über dem → Stereobat und unter dem → Stylobat gelegen; s. Fig. 1 (vgl. Abb. S. 23)

Kurvatur leichte, zur Mitte hin steigende Krümmung eines Gebäudes, insbesondere des griechischen Tempels

Laterne kleiner, runder oder vieleckiger, mit Fenstern versehener Aufbau über einer Decken-, Gewölbe- oder Kuppelöffnung

Latomien antike Bezeichnung für Steinbrüche

Lebes griech. ›Kessel‹; beckenförmiges Gefäß aus Metall oder gebranntem Ton, auf Dreifuß oder einfüßigem Ständer aufsetzend

Lekythos längliches Ölgefäß; die Lekythen erscheinen in der attischen Keramik seit dem zweiten Viertel des 6. Jh. v. Chr.; von etwa 350 v. Chr. an finden sie starke Verbreitung; seit dem 5. Jh. v. Chr. im Grabkult verwendet

Lisene senkrechter, flacher Mauerstreifen, im Gegensatz zum → Pilaster ohne Basis und Kapitell

Longitudinalbau ›längsgerichteter‹ Bau (von lat. longitudo = ›Länge‹); Betonung der horizontalen Linie der mittelalterlichen Kirchen mit dem Höhepunkt im Chor, → Basilika; der gegensätzliche Bautypus ist der → Zentralbau; s. Fig. 2, A–D

Megaron griech. ›Gemach, Haus‹; rechteckiger Hauptraum eines achäischen (mykenischen) Palastes, später auch Bezeichnung für geschlossenen Kultraum

Metopen griech. ›Stirn‹; etwa quadratisches Feld aus Holz, Ton, Stein, bemalt oder mit Relief versehen; s. Fig. 1

Muqarnas Dekorationselemente aus der islamischen Baukunst, die die → Trompen einer Kuppel und Fensternischen ausfüllen; s. Fig. 3

Museion griech. ›Musensitz‹; allgemeine Bezeichnung für jedes Musenheiligtum

Mutulus lat. ›Sparrenkopf‹; Architekturglied im dorischen Gebälk, steinerne Tropfen, Reminiszenz an die frühere Holzarchitektur; s. Fig. 1

Narthex schmale Vorhalle frühchristlicher und byzantinischer Kirchen; s. Fig. 2

Nymphaion Nymphenheiligtum; ursprünglich den Nymphen geweihte Grotte, später wasserspendender Brunnenbau

Oikist griech. ›Städtegründer‹

Opisthodom griech. ›Hinterhalle‹; der an die Rückwand der → Cella anschließende Raum eines griechischen Tempels

Oratorium lat. ›Betsaal‹; Bezeichnung für ein kleines Gotteshaus, später nicht öffentlicher oder halböffentlicher Betraum

Orchestra griech. ›Tanzplatz‹; ursprünglich kreisrunder Platz für Aufführungen chorlyrischer Lieder; im römischen Theater der meist halbkreisförmige Platz zwischen Zuschauerraum und Bühnengebäude

Palmette Pflanzenornament, aus dem mehr oder weniger stilisierte Blätter, fächerartig gruppiert, herauswachsen

Papposilen Sohn des Hermes oder Pan und einer Nymphe, Ziehvater, Lehrer und Begleiter des Dionysos; grotesk, tanzend, lachend und trunken, oft auf einem Esel reitend dargestellt; Vater der Silenen

Paraskenion Seitenflügel des Bühnengebäudes beim griechischen Theater

Pendentif Hängezwickel, meist eine sphärische Dreieckskonstruktion, die den Übergang von einem mehreckigen Grundriss in die Rundung einer Kuppel ermöglicht; s. Fig. 4

Peripteros griech. ›Ringhallentempel‹; Tempel, bei dem die Cella von einem eingeschlossenen Säulenkranz umstanden wird; P. Heptastylos mit sieben und P. Hexastylos mit sechs Säulen an den Schmalseiten
Peristasis Säulenkranz des → Peripteros
Peristyl griech. ›rings von Säulen umgeben‹; rechteckiger, von allen Seiten mit Säulen umgebener Hof innerhalb eines Gebäudekomplexes (besonders des nach ihm benannten Peristylhauses, eines hellenistischen Bautypus)
Piano nobile ital. ›herrschaftliches Geschoss‹, auch Beletage; Hauptgeschoss eines Palastes, Wohnung der adligen Besitzer; in den sizilianischen Barockpalästen im 1. Stock gelegen
Pilaster Wandpfeiler, d.h. ein aus der Wand mehr oder weniger flach hervortretender Pfeiler, im Gegensatz zur → Lisene mit Basis und Kapitell; er dient zur Verstärkung der Mauer, als Gebälkträger, zur Gliederung einer Wand, zur Rahmung von Portalen und Fenstern
Pinakes griech. Pinax = ›Tafel, Teller, Gemälde‹; altgriechische Tafel aus Holz, gebranntem Ton oder Marmor, die beschriftet oder, als Weihgeschenk, bemalt wurde
Planimetrie Geometrie der Ebene
Platereskenstil von span. *plateresco* = ›goldschmiedeartig‹; ein zu Ende des 15. Jh. in Spanien aufkommender Stil zur Dekorierung von Fassaden, mit kleinteiligen, floralen und verschwenderischen Schmuckformen, die in keiner funktionalen Beziehung zum Baukörper stehen
Polis selbstverwalteter griechischer Stadtstaat, bestehend aus städtischer Siedlung und landwirtschaftlich genutztem Umland
Polsterquadern Quadern, deren Außenseite polster- oder kissenartig abgerundet ist; aus der muslimischen Architektur in die normannisch-arabische Kunst übernommene Schmuckform
Polyptychon Flügelaltar mit mehr als zwei Flügeln
Portikus säulengetragener (seltener von Pfeilern), an den Seiten offener oder nur teilweise geschlossener Vorbau eines Gebäudes; der (oder fachsprachlich: die) Portikus wurde in der antiken Baukunst ausgebildet, als Vorbau seit der Renaissance wieder verwendet
Presbyterium Kirchenvorstand, aus dem Pfarrer und den Presbytern bestehend, und deren Versammlungsraum; in der Kirche der den Priestern vorbehaltene Teil, in dem sich der Hochaltar befindet; s. Fig. 2, A
Pronaos griech. ›Vorhalle‹; die Vorhalle der → Cella beim antiken Tempel
Propylon überdachter monumentaler Torbau
Proskynese Heiligenverehrung mit Kniefall; Adoranten (›Anbetende‹) werden so dargestellt; Kniefall vor Herrscher im byzantinischen und normannischen Hofzeremoniell
Prothesis eigentlich der Rüsttisch zur Vorbereitung des Messopfers, danach der jenen enthaltende, nördlich (links) des Altars gelegene Nebenraum der → Basilika; sein Gegenstück ist das → Diakonikon; s. Fig. 2, A
Prytaneion griech. ›Gemeindehaus‹; Sitz der Prytanen (Mitglied der regierenden Behörde im altgriechischen Staat)
Pseudodipteros ein Dipteros (doppelter Säulenkranz-Tempel), bei dem der innere Säulenring an den Längsseiten fehlt

Fig. 4, arabisch-normannische Eckverbindung mit Trompen

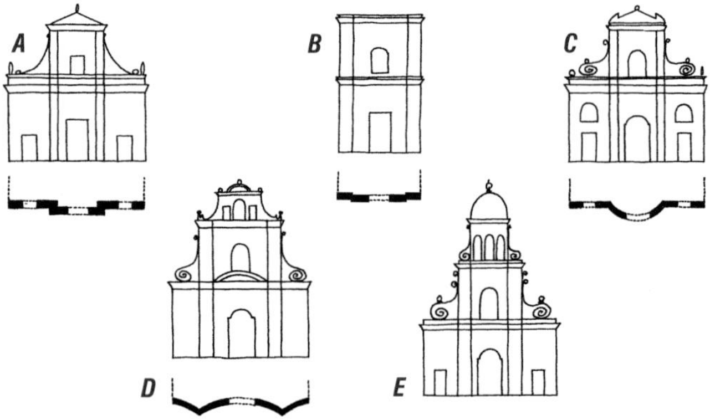

Fig. 5, Typen von Kirchenfassaden im Barock: A–E. Die Entwicklung der Barockfassaden ist gekennzeichnet durch einen zunächst flachen und geradlinigen Aufbau (A/B), der im Laufe der Zeit immer stärker aufgebrochen wird, indem die Mittelachse nach außen oder innen gewölbt wird, die Fenster Bogenformen erhalten und die seitlichen Partien durch Voluten oder Abschrägungen an die Mittelachse angebunden werden (C/D, um 1700). Der Glockenaufsatz (D) wird zum Turmaufsatz erweitert (E, voll entwickelte Form der sizilianischen Einturmfassade, v. a. bei Rosario Gagliardi).

Regula lat. ›Leiste‹; Architekturglied, mit Tropfen *(Guttae)* versehene Leiste unterhalb der → Triglyphe; s. Fig. 1

Sikelioten Bürger der antiken Stadtstaaten griechischer Gründung auf Sizilien

Sima am Dachrand über dem → Geison angebrachte, oft mit Wasserspeiern versehene Traufleiste aus Stein oder gebranntem Ton, mit reicher Reliefverzierung und Bemalung; s. Fig. 1

Skene in altgriechischem Theater Bühnengebäude mit Umkleideräumen für die Schauspieler, Requisitenkammer usw., Bühnenabschluss, vor dem die Schauspieler auftraten

Stalaktitendecke Gewölbeform der islamischen Baukunst; sie ist aus zahllosen treppenartig übereinander aufsteigenden Einzelteilen zusammengesetzt, die vom Gewölbe herabzuhängen scheinen wie die Stalaktiten von der Decke einer Tropfsteinhöhle

Stereobat das im Boden verborgene Fundament, die unterste Stufe des Unterbaus beim griechischen Tempel; s. Fig. 1

Stylobat griech. ›Säulenstuhl‹, die oberste Stufe des Unterbaus beim griechischen Tempel, auf der die Säulen errichtet wurden; s. Fig. 1

Talent altgriechische Gewichts- und Geldeinheit

Tambour zylindrischer Unterbau einer Kuppel, auch Trommel genannt

Telamon kraftvolle architektonische Stützfigur, erstmals erhalten am Olympieion von Akragas; später dann besonders beliebt im Barock

Temenos der von einer Mauer oder Säulen abgegrenzte heilige Bezirk um einen Tempel
Tholos Rundbau, kreisrunder Tempel mit → Cella und Säulenkranz
Tondo Gemälde oder Relief von kreisförmigem Format
Tophet semitisch ›Ort der Verbrennung‹; phönizisch-karthagischer Sakralbezirk zur Aufbewahrung von Grabstelen und Urnen, die Aschen von Kleinkindern und jungen Tieren enthalten
Torus wulstartiger Teil der antiken Säulenbasis
Traufe waagerechte Kante eines Dachvorsprungs an der Längsseite des Dachs
Triglyphe mit den → Metopen abwechselndes dreigliedriges Feld über dem → Architrav eines dorischen Tempels; s. Fig. 1
Trinakria ›die Dreieckige‹, Name für die Insel Sizilien
Triptychon dreiteiliges Bild, besonders ein mittelalterlicher Flügelaltar, der aus einem Mittel- und zwei Seitenflügeln besteht
Triquetra Symbol der → Trinakria, ein weiblicher Kopf mit drei abgewinkelten Beinen
Trochilos Hohlkehle in der Basis ionischer Säulen
Trompe Bogen mit nischenartiger Wölbung zwischen zwei rechtwinklig aneinanderstoßenden Mauern, der vom quadratischen Unterbau in das Rund der Kuppel oder des → Tambours überleitet; s. Fig. 4
Tyrann altgriechischer Alleinherrscher, ein sich auf Teile der Bevölkerung stützender Adliger, erst später in durchweg negativem Sinn gebraucht
Vierung der bei der Durchdringung von Lang- und Querschiff entstehende Raumteil einer Kirche
Volute spiralförmiges Ornament an Kapitellen der ionischen Bauordnung; in Renaissance und Barock auch an Giebeln, Konsolen und als seitlicher Abschluss an Fassaden; s. Fig. 5
Wehrkirche, Wehrdom befestigte oder von Wehrbauten umgebene Kirche oder ein ebensolcher Dom
Zentralbau kreisförmiger, elliptischer, kreuzförmiger, vieleckiger oder quadratischer Raum, bei dem alle Teile auf einen Mittelpunkt bezogen sind, z. B. die Kreuzkuppel-kirche mit ihrer Betonung der vertikalen Linie; gegensätzlicher Typus zum → Longitudinalbau; s. Fig. 2, E–G

Nächtliche Gasse in Palermo mit Blick auf S. Ignazio all' Olivella ▷

Reiseinformationen von A bis Z

Anreise

... mit Auto, Autozug und Fähre

Wer die 1500 km lange Autobahnfahrt durch ganz Italien (Autobahngebühren bis Salerno, dann bis zur Stiefelspitze mautfrei) scheut, nimmt am besten die jede Nacht verkehrenden Autozüge zwischen Mailand bzw. Bologna und Sizilien (Catania und Palermo). Eine rechtzeitige Reservierung ist dringend erforderlich!

Erholsamer ist eine Seereise mit Autofähren von Genua (22 Std.), Livorno (18 Std.) und Neapel (9 Std.) nach Palermo und umgekehrt (je nach Saison täglich, bzw. ein- bis dreimal wöchentlich). In knapp 30 Min. überquert man mit riesigen Autofähren die Straße von Messina. Sie pendeln rund um die Uhr zwischen dem kalabrischen Villa San Giovanni und sizilianischen Messina.

... mit der Bahn

Bei einer guten Verbindung kann man Sizilien mit der Bahn von allen größeren Bahnhöfen im Norden in 24–32 Std. erreichen. Ausgenommen vor Weihnachten und Ostern oder vor dem italienischen Ferienanfang ab Ende Juli verläuft die Fahrt meist reibungslos, doch muss durchschnittlich mit etwas Verspätung bei der Ankunft gerechnet werden. Gut lässt es sich auch im Schlaf- oder Liegewagen reisen, besser sogar mit einer Tagesunterbrechung in einer sehenswerten Stadt Mittel- oder Süditaliens am Wege.

... mit dem Flugzeug

Die beiden großen Flughäfen Siziliens (Catania-Fontanarossa und Palermo-Punta Raisi Falcone-Borsellino) werden von unterschiedlichen Fluggesellschaften aus Europa angeflogen und sind via Mailand und Rom mit der ganzen Welt verbunden. Von beiden aus sind mit dem Bus alle größeren Städte der Insel gut erreichbar. Besonders günstig sind die Flüge der Ryanair, die von Ostern bis Oktober den kleinen, ehemaligen Militärflughafen Trapani-Birgi nutzen.

Aeroporto di Palermo ›Falcone e Borsellino‹
90045 Punta Raisi – Cinisi
Tel. (0039) 09 17 02 01 11, gebührenfrei innerhalb Italiens: Tel. 800 54 18 80
www.gesap.it
Der Flughafen befindet sich ca. 35 km westlich von Palermo und ist mit dem Auto über die A29 von Trapani oder Palermo kommend zu erreichen. Ein Zug, der ›Trinacria Express‹, verbindet den Flughafen direkt mit dem Hauptbahnhof von Palermo (Abfahrtszeiten unter www.trenitalia.it).

Aeroporto internazionale di Catania ›Fontanarossa‹
95121 Catania
Tel. (0039) 09 57 23 91 11
www.aeroporto.catania.it
Entlang der Küste von Syrakus oder Messina kommend liegt der Flughafen entlang der A18, vom Landesinneren führt die A19 nach Catania.

Vincenzo Florio Airport – Trapani Birgi
91020 Birgi Aerostazione Civile
Tel. (0039) 09 23 84 25 02
www.airgest.it
Der kleine Flughafen ist gut an das Straßensystem angeschlossen (Ausschilderungen ab der A29) und verfügt außerdem über eine funktionierende Anbindung an das Bussystem.

Apotheken

Siziliens Apotheken sind bestens ausgestattet, wer jedoch auf die regelmäßige Einnahme bestimmter Medikamente angewiesen ist, nimmt sie besser von daheim mit. Im Durchschnitt unterliegt eine geringere Anzahl von Medikamenten der Rezeptpflicht als in Deutschland, Österreich oder der Schweiz (z. B. Antibiotika). An Feiertagen und nachts informiert ein Anschlag über die im Sonderdienst geöffneten Apotheken.

Ärztliche Versorgung

Auf Sizilien wird, wie in ganz Italien, die Europäische Krankenversicherungskarte akzeptiert. Damit es beim etwaigen Arztbesuch zu keinen finanziellen Überraschungen kommt, sollte man sich aber vor Reiseantritt bei der eigenen Krankenkasse nach den Abrechnungsmodalitäten erkundigen.

Wem all das zu aufwendig ist, sollte vor Reiseantritt eine private Auslandskrankenversicherung abschließen, vor Ort bar bezahlen und sich später gegen Vorlage sämtlicher Quittungen Arzt- und Apothekenrechnungen erstatten lassen.

Notfallbehandlungen sind in Siziliens Krankenhäusern kostenlos, jedes Krankenhaus unterhält eine Erste-Hilfe-Station *(pronto soccorso)*.

Ausreichend Sonnenöl mit hohem Lichtschutzfaktor, Kalziumtabletten gegen Sonnenallergie und ›Autan‹ oder eine gute Salbe gegen Mückenstiche sind sicher sinnvoll.

Auskunft/Informationsstellen

Der sizilianische Tourismusverband betreut die Seite **www.regione.sicilia.it/turismo,** auf der Informationen zu Unterkünften und Sehenswürdigkeiten angeboten werden. Außerdem können hier Tourismus-Informationsstellen in den einzelnen sizilianischen Provinzen und Städten gesucht werden.

Prospekte und Hotelverzeichnisse sind bei den staatlichen Fremdenverkehrsbüros ENIT *(Ente Nazionale Italiano per il Turismo)* erhältlich (**im Internet** informiert ENIT unter www.enit.it).

ENIT

... in Deutschland
Barckhausstraße 10
60325 Frankfurt/Main
Tel. 069 23 74 34
Fax 069 23 28 94
frankfurt@enit.it

...in Österreich
Mariahilfer Straße 1b/ Mezzanin - Top XVI
1060 Wien
Tel. 01 505 16 39
Fax 01 505 02 48
vienna@enit.it

...in der Schweiz
Uraniastraße 32
8001 Zürich
Tel. 043 466 40 40
Fax 043 466 40 41
zurich@enit.it

Autofahren

Sizilien besitzt ein hervorragend ausgebautes Straßennetz. Autobahnen verbinden die großen Zentren untereinander, wobei nur die Strecke Buonfornello (Himera) über Messina bis Catania gebührenpflichtig ist. Auch auf den Ätna führen mautfreie Straßen bis in eine Höhe von 1900 m.

Das **Tankstellennetz** ist sehr dicht. Die Öffnungszeiten liegen meist zwischen 8 und 20 Uhr mit einer Mittagspause zwischen 12.30 und 16.30 Uhr; viele Tankstellen sind auf Selbstbedienung eingestellt. Autobahn-Tankstellen sind rund um die Uhr geöffnet.

Der **Fahrstil** der Sizilianer ist sicherlich gewöhnungsbedürftig. Hat man ihn jedoch einmal akzeptiert, so fährt es sich viel angenehmer und sicherer als im Norden, da sich Sizilianer aggressionsfreier und toleranter im Verkehr bewegen.

Die **Höchstgeschwindigkeiten** betragen 130 km/h (auf Autobahnen), 100 km/h (auf Staats-, Regional-, Gemeindestraßen) und 50 km/h (im Ortsgebiet). Auf Sizilien herrscht Gurtpflicht. Außerhalb geschlossener Ortschaften müssen die Scheinwerfer ständig eingeschaltet sein.

Mietwagen bekommt man auf den Flughäfen sowie in den Touristenzentren. Die Preise entsprechen westeuropäischem Standard. Mit mehreren Filialen sind auf Sizilien u. a. Avis, Hertz, Maggiore, Europcar und Sicily by Car vertreten.

Diplomatische Vertretungen

Bundesrepublik Deutschland
Honorarkonsulat
Via San Sebastiano 13
98122 Messina
Tel. 090 67 17 80
Fax 090 67 17 80
messina@hk-diplo.de

Republik Österreich
Honorarkonsulat
Via Leonardo da Vinci 145
90145 Palermo
Tel. 09 16 82 56 96
Fax 09 16 82 39 56
consolatoaustria.pa@hotmail.it

Schweiz
Honorarkonsulat
Viale Alcide de Gasperi 151
5° piano, scala B
95127 Catania
Tel. 095 38 69 19
Fax 095 37 54 75
catania@honrep.ch

Einkäufe und Souvenirs

Sizilien ist kein Billigland. Die Preise entsprechen in etwa den mitteleuropäischen.

Billig und gut kann man oft auf den **Märkten** einkaufen. Je nach Größe der Stadt sind dies entweder ständige Einrichtungen, oder es steht ihnen ein Tag in der Woche zu. Palermo besitzt drei dauernde Märkte, Catania zwei, Syrakus einen. Von Lebensmitteln über Haushaltsgeräte, oft hochklassige Lederwaren und Kleidung bis zum Nagel steht alles zum Verkauf an, selbst eine Secondhand-Abteilung fehlt meist nicht. Große Bauernmärkte werden in den Agrarzentren ein- bis zweimal im Jahr abgehalten. Ein Muss für Souvenirliebhaber ist Taormina.

Raucher sollten vorsorgen: Die meisten Tabakgeschäfte halten die offiziellen Zeiten streng ein und sind an Sonn- und Feiertagen geschlossen. Nur sehr wenige Bars besitzen eine Lizenz zum Zigarettenverkauf, in Gasthäusern oder Restaurants stehen weder Streichhölzer noch Tabakwaren zur Verfügung, denn hier herrscht Rauchverbot.

In allen Orten sind **Ritterfiguren** aus dem sizilianischen Marionettentheater zu finden; seine Themen stammen aus dem Sagenkreis um Karl den Großen, im Grunde handelt es sich immer um den Kampf zwischen Mauren und Christen.

In Syrakus gibt es **Papyros** zu kaufen, in allen Touristenzentren das Symbol der Insel Trinakria, die **Triquetra,** Miniaturausgaben der buntbemalten sizilianischen Karren u. v. m. (vgl. auch S. 358: Kunsthandwerk).

Einreise

Der Personalausweis genügt. Kinder benötigen seit 2012 ein eigenes Reisedokument, um sich auszuweisen. Kindereinträge im Reisepass der Eltern sind ungültig. Für Kraftfahrzeuge sind keine Spezialpapiere erforderlich, die Grüne Versicherungskarte wird empfohlen.

Elektrizität

Die Netzspannung beträgt 220 Volt. Die Steckdosen haben zwei verschiedene Maße, aber keines entspricht dem deutschen. Daher empfiehlt sich die Mitnahme eines Adapters (Eurostecker).

Essen und Trinken

Sizilien ist ein Paradies für Genießer. In der auf den ersten Blick kahl wirkenden Landschaft gedeihen alle Arten von **Zitrusfrüchten,** und im Frühjahr betört der Duft der blühenden Orangenhaine. Im Sommer tragen die Kakteen ihre prallen, farbenfrohen Früchte, im Herbst reifen die Feigen an den Bäumen. Die Gegend um Agrigent ist bekannt für ihre Mandelbäume, die sie einmal im Jahr in ein rosa Blütenmeer verwandeln.

Das Angebot an frischen **Meeresfrüchten** ist ganzjährig beeindruckend. Die roten Riesengarnelen, die vor der Küste von Mazara del Vallo gefangen werden, zählen zu den besonderen Delikatessen. Von Mai an werden von Trapani bis Palermo in den Restaurants, aber auch an einfachen Straßenständen, Seeigel zum Verzehr angeboten.

Die Sizilianer wissen den ihnen zur Verfügung stehenden Reichtum an frischen Lebensmitteln zu schätzen und zu genießen. Stolz präsentieren die Gemeinden auf den *sagre* ihre lokalen Spezialitäten. Gegen den einmaligen Erwerb einer Eintrittskarte wird zur **Verköstigung** geladen, die meist im Zentrum der Altstadt stattfindet und zu der alle ansässigen Gastronomen einen Beitrag leisten. Eine besonders aufwendige Veranstaltung dieser Art ist das Couscous-Fest in Trapani. Aber auch kleinere Gemeinden bieten Interessantes, so kann in Castelbuono das aus dem Harz der Bäume in den Madoniewäldern gewonnene Manna probiert werden. Bronte ist für seine Pistazien bekannt – aufgrund seiner hohen Lage auf vulkanischem Gestein und des milden Klimas am Ätna ist der Ort für den aufwendigen Anbau von Pistazien prädestiniert, die nach ganz Europa exportiert werden (alle Termine finden sich unter www.siciliainfesta.com/sagre).

Die **Mahlzeiten** dienen in Sizilien nicht nur der Ernährung, sondern sind Teil der Kultur – mehr nährt man sich vom geselligen Beisammensein als von dem, wenn auch meist reichlichen und ausgedehnten Mahl, das an heißen Augusttagen oft erst um Mitternacht beginnt und sich durch die Nacht zieht. Die Verbindung von Speisen und Feiertagen ist signifikant, ist doch fast jeder Heiligenname mit einer weltlichen Köstlichkeit verbunden: Zu San Giuseppe (19. März) gibt es mit süßer Ricottacreme garnierte, frittierte Süßspeisen, am Martinstag die San Martini, mit einer in Wein eingekochten Paste aus Feigen und Nüssen gefüllte Mürbeteigtaschen, usw. Die Zubereitung dieser Spezialitäten ist regional sehr verschieden und wird jedes Jahr erneut anlässlich der entsprechenden Feiertage diskutiert, was für die meisten Sizilianer untrennbar mit dem Genuss derselben verbunden ist.

Die sizilianische **Konditorei** ist in ganz Italien bekannt, und es sollte kein Sizilienbesucher die Insel verlassen, ohne sich nicht einmal vor den bunten Vitrinen einer *pasticceria* an *cassata* (mit grünem Marzipan überzogene Ricottatorte) und cannoli (mit Ricotta gefüllte Röllchen) gütlich getan zu haben. Typisch ist auch die **Rosticceria,** deftige und oft frittierte Speisen, die in den Bars verkauft werden. Ihre Paradestücke sind die *arrancine,* mit verschiedenen Zutaten gefüllte Reisbällchen – besonders extravagante Geschmackskombinationen gibt es zum Tag der hl. Lucia (13. Dez.).

Der seit der Antike betriebene **Weinanbau** gewinnt in Sizilien immer mehr an Bedeutung. Aufgrund der vielen Sonnenstunden haben sizilianische Weine ein volles Aroma, und mit dem dunklen und vollmundigen Rotwein Nero d'Avola ist in den letzten Jahren ein sizilianisches Produkt in Mode gekommen. Geschätzt wird ebenfalls der in Casteldaccia bei Palermo angebaute Corvo. Die besten Weine stammen jedoch aus kleinen Familienbetrieben, wo noch Jung und Alt an der jährlichen *vendemmia* (Traubenlese) beteiligt sind. Ihre Erzeugnisse werden nicht exportiert, können aber günstig direkt beim Hersteller erworben werden. Die großen Weinanbaugebiete erstrecken sich in den Provinzen von Agrigent und Trapani.

Der Portwein, der seinen Namen der Stadt Marsala verdankt, hat ebenfalls eine lange Tradition. Nachdem der britische Händler John Woodhouse 1773 auf die Idee gekommen war, Weine aus Westsizilien nach England auszuführen, und dazu den Marsalawein durch die Anreicherung mit Alkohol haltbar machte, wurde dieser überregional bekannt und trat in Konkurrenz zu den portugiesischen Portweinen.

Feiertage und Feste

Gesetzliche Feiertage

1. Januar *(Capodanno),*
Ostermontag,
25. April *(La Resistenza,* Befreiungstag),
1. Mai *(Festa del lavoro,* Tag der Arbeit),
15. August *(Ferragosto,* Mariä Himmelfahrt),
1. November *(Ognissanti,* Allerheiligen),
8. Dezember *(L' Immacolata/,* Mariä Empfängnis), 25. Dezember *(Natale,* Weihnachten),
26. Dezember *(Santo Stefano,* Tag des hl. Stephanus)

Kirchliche und weltliche Feste

Januar: Dreikönigsprozession im Albaner-Bergort Piana degli Albanesi (6. 1.).
Februar: Fest zu Ehren der Schutzpatronin Agata in Catania mit sehenswerten Umzügen (3.–5. 2.).
Mandelblütenfest *(Sagra del Mandorlo in Fiore)* in Agrigent (internationale Folklore).
Karnevalsumzüge – besonders prächtig in Acireale.
März/April: Gründonnerstags- und Karfreitagsprozession – am beeindruckendsten in Enna, Trapani und Caltanissetta.
Mai/Juni: Umzüge mit bemalten Pferdekarren in Taormina.
Lokale Feste zu Ehren der Ortsheiligen auf der ganzen Insel Sizilien.
Juli: Fest für Palermos Schutzpatronin Rosalia mit gewaltigen Prozessionen (11.–15. 7.).
August: Blumenfeste in Trapani und Erice (10.–15. 8.).
Umzug mit Riesenfiguren zu Ehren der Jungfrau Maria in Messina (14./15. 8.).

Normannenzug *(Palio dei Normanni)* in Piazza Armerina (15. 8.).
September: Madonnenfeste in Tindari und Gibilmanna (8. 9.).
Dezember: Fest zu Ehren der Stadtpatronin Lucia in Syrakus (13.–20. 12.).

Filmtipps

Eine besonders schöne Einstimmung auf einen Sizilienaufenthalt bieten die Filme von **Giuseppe Tornatore.** Einfühlsam und reich bebildert stellt sich der sizilianische Regisseur in seinem Werk der komplexen Kultur seines Herkunftslandes. Sizilien wird spielerisch erzählt greifbar, die Schönheit der Insel zur Kulisse für außergewöhnliche Geschichten. In seinem mit einem Oscar ausgezeichnet Werk »Cinema Paradiso« (1988) verewigte er die Altstadt von Cefalù, der letzte Film »Baarià« (2009) ist in Bagheria nahe Palermo angesiedelt.

Fotografieren

Fotomaterial ist überall zu festgesetzten Preisen erhältlich, jedoch entschieden teurer als in Deutschland, Österreich oder der Schweiz.

In den Museen sind Blitzlichtaufnahmen durchweg untersagt, in einigen sind Aufnahmen ohne Blitz erlaubt, in anderen ebenfalls verboten. Meistens hängt am Eingang ein diesbezüglicher Anschlag, auf alle Fälle ist es ratsam, das Aufsichtspersonal zu fragen. Auch beim Fotografieren von Menschen oder Privateigentum sollte man vorher um Erlaubnis bitten. Filmen mit Videokameras wird oft nicht gern gesehen bzw. verboten, auch Fotoaufnahmen mit Stativ sind in den Ausgrabungsstätten manchmal untersagt.

Geld

Italien ist Euro-Land. Die Banken verfügen alle über **Automaten** für ec-Karten. Reisende, die nicht aus den EU-Ländern kommen, können in den Banken oder Reisebüros Geld wechseln.

Banken sind Mo–Fr 8.30–13 und 15–16 Uhr geöffnet.

Karten

Die Karte »MARCO POLO – Italien Blatt 14 (Sizilien)« im Maßstab 1: 200 000 ist sehr übersichtlich dargestellt, verfügt über einen Ortsindex, Citypläne von Catania und Palermo sowie Hinweise auf die großen Sehenswürdigkeiten.

Wanderern bietet der DuMont Wanderführer »Wandern auf Sizilien« 35 detaillierte Tourenvorschläge und exakte Karten mit Höhenprofilen.

Kleidung

Ab Mitte Juni bis Oktober reicht leichte Sommerkleidung, ein Regenschirm ist überflüssig. Italiener legen im Allgemeinen sehr viel Wert auf Kleidung – man sollte also zu jeder Gelegenheit ›richtig‹ angezogen sein. Für einen Kirchenbesuch ist ›respektvolle‹ Kleidung erwünscht: Hier sollte man unbedingt auf schulterfreie Kleider und kurze Hosen verzichten. Strandkleidung wird auch in den meisten Hotels nicht gerne gesehen.

Klima und Reisezeit

In den Reisebüchern des 19. Jh. wurde noch empfohlen, erst ab November bis höchstens Mai nach Sizilien zu reisen und auch den Turban nicht zu vergessen. Heute finden Besichtigungsreisen vor allem im April/Mai statt, während die meisten Badeurlauber in den Sommermonaten kommen.

Der Winter kann die schönste Jahreszeit des ganzen Jahres sein, wenn die Sonne scheint, die Luft kristallklar ist und die Farben eine unglaubliche Intensität erreichen. Regnet es jedoch oder sind die Tage grau, dann kann man auch auf Sizilien erbärmlich frieren: Im Küstenbereich bleiben zwar die Temperaturen tagsüber auch an kalten Tagen bei ungefähr 12 °C, aber auf 600 m Höhe erreichen sie lediglich etwa 7 °C und auf 1000 m sogar nur 4,4 °C. Über 1800 m sinkt die Temperatur unter den Gefrierpunkt. In den Madonien (Monte Madonie) und am Ätna gibt es Wintersport. Hotels sind beheizt, Privatwohnungen eher selten, Kaffeehäuser und Restaurants dagegen nie.

Mit den ersten Regenfällen etwa gegen Ende Oktober beginnt eine Art ›Frühjahr‹, wenn die Wildpflanzen aus ihrem ›Sommerschlaf‹ erwachen. Langsam wird die ausgebrannte Landschaft grün, zaghaft blühen die ersten Feldblumen.

Als kältester Monat gilt der Januar, aber auch Februar und März zählen zu den ausgesprochenen Wintermonaten. Im **April und Mai** ist die ganze Insel ein einziges Blütenmeer (Allergiker sollten vorsorglich an ihre Mittel gegen Heuschnupfen denken; eine Kopfbedeckung gegen die starke Sonneneinstrahlung ist zu empfehlen), doch können in beiden Monaten manche Tage noch recht kühl sein. Ende Mai reift der Weizen, und die ersten Gräser werden gelb. Ungefähr Mitte Juni wird es dann von einem zum anderen Tag sehr warm; auch abends sinken die Temperaturen kaum, und der Unterschied zwischen Sonne und Schatten ist nur gering. Sobald die Sonne aufsteigt, wird die Luft diesig, der Himmel weiß, und alle Farben erscheinen blasser in dem allzu starken Licht. Langsam erwärmt sich auch das Meerwasser.

Juli/August sind sehr heiß, und für die Italiener beginnt die Ferienzeit. Schulen, Fabriken und Büros schließen alle zur gleichen Zeit, die Autobahnen und Straßen sind überfüllt, ebenso die Restaurants und Hotels. Nur die Städte sind leer, dort öffnen selbst die Geschäfte nur dreimal die Woche für einen halben Tag. Die Ferienzeit endet am 27. August.

Im August mag es schon hin und wieder einen kurzen Gewitterschauer geben, im September sind diese eher selten. Die Lufttemperatur sinkt im Spätsommer auf eine angenehme Wärme, und das Meer ist so warm wie in keinem anderen Monat.

Kunsthandwerk

Das älteste Kunsthandwerk (seit 5000 v. Chr.) in Sizilien ist die Herstellung von **Keramik,** deren Zentren Caltagirone, Sciacca, Erice, S. Stefano di Camastra und Patti sind. Collesano ist bekannt für seine Scherzartikel. Als einziger Ort, dessen Keramik sich in Form und Farbe seit Jahrhunderten nicht verändert hat, gilt Burgio. Die Keramiken aus Caltagirone hatten bis Anfang des 20. Jh., als das Geheimnis der Farbherstellung noch vom Vater auf den Sohn weitergegeben wurde, Weltruf wegen ihrer leuchtenden Blau- und Grüntöne. Heute ist dieses Geheimnis international bekannt, und nur die Stücke aus dem 19. Jh. besitzen noch Sammelwert. Ebenfalls aus Caltagirone kommen die kleinen, sorgfältig gearbeiteten Tonfigürchen, die Szenen aus dem einfachen, bäuerlichen Leben darstellen.

Sprichwörtlichen Ruhm besaßen im Mittelalter die sizilianischen **Seidenstickereien.** Später wurde die Tradition des Stickens vorwiegend in Klöstern gepflegt, und sizilianische Nonnen verfertigten Handarbeiten für das italienische Königshaus bis zum Ende der Monarchie. Die Muster und Stiche gehen auf britischen Einfluss im 19. Jh. zurück (Kreuzstich, Durchbrucharbeiten, Plattstich und die in Sizilien erfundenen Hohlsäume). Herstellungsorte sind Isnello, Catania, Sortino, Vittoria, Ragusa, Palermo, Messina, Taormina und Castellammare del Golfo. Unter der ausgestellten Ware befinden sich häufig chinesische Produkte, billiger als die einheimischen, aber längst nicht so fein und akkurat gearbeitet.

Schmiedeeiserne Waren sind ebenfalls sehr beliebt, werden aber heute oft halbindustriell hergestellt. Einige wenige Kunstschmiede üben ihren Beruf noch auf althergebrachte Weise aus, z. B. in Catania, Acireale, Noto, Palermo und Castelmola bei Taormina.

Bunte Teppiche, Läufer, Vorleger und Taschen aus gewebten Stoffstreifen oder Wolle in leuchtenden Farben gehören ebenfalls zum Kunstgewerbe der Insel. Bei den **Taschen** werden noch arabische Muster verwendet. Arbeiten dieser Art werden in Erice, Isnello, Petralia, Prizzi und Caccamo hergestellt. Trapani ist wegen seiner künstlerischen **Korallenverarbeitung** bekannt.

Literatur im Handgepäck

Sizilianische Autoren

Vitaliano Brancati (1907–54) wirkte als zeitkritischer Autor von Romanen und Erzählungen vor allem in der Nachkriegszeit. Seine bekanntesten Werke »Don Giovanni in Sizilien« (1941), »Der schöne Antonio« (1949) und »Paolo, der Heißblütige« (1955) stellen den sizilianischen Mann

in den Mittelpunkt. Das Leben in der Provinz und die damit einhergehenden Zwänge und Befangenheiten werden thematisiert.
Andrea Camilleri (*1926) ist der Erfinder des Commissario Montalbano, der seit 1994 mit seinem ersten Fall »Die Form des Wassers« erfolgreich ermittelt und auch als Serie verfilmt wurde. Montalbano lebt in einem fiktiven Ort in der Nähe von Ragusa und bekämpft die sizilianische Kriminalität. Seine Liebe zur heimischen Küche und sein unverfälschter Dialekt haben vor allem den Fernsehkommissar zum Publikumsliebling gemacht.
Luigi Pirandello (1867–1936) aus Agrigent zählt zu den bedeutendsten Dramatikern des 20. Jh. 1934 wurde er mit dem Nobelpreis für Literatur ausgezeichnet. Mit seinem Stück »Sechs Personen suchen einen Autor« (1925) eröffnete er dem Theater eine neue Perspektive und bereitete den Wandel zum modernen Drama vor. In seinen »Sizilianischen Novellen« beschreibt er das Leben, Legenden und Mythen Siziliens.
Leonardo Sciascia (1921–89) aus Racalmuto behandelt in seinen Erzählungen und Roman anhand von Alltagsgeschichten die sizilianische Gesellschaft und die in ihr herrschenden Machtsysteme und kriminellen Verstrickungen. Als Politiker beschäftigte er sich mit der Ermordung des Generalsekretärs Aldo Moro, zu der er als Schriftsteller 1978 mit der »Affäre Aldo Moro« den Abschlussbericht verfasste, der in Italien für Aufruhr sorgte.
Giuseppe Tomasi di Lampedusa (1896–1957): Sein einziger Roman »Der Leopard« wurde, erst 1958 posthum veröffentlicht, zum Welterfolg. Die Familiengeschichte des sizilianischen Fürstenhauses Salina enthält autobiografische Anklänge. Die Handlung spielt im Sizilien des 19. Jh. zur Zeit des Risorgimento und der Befreiung durch Garibaldi und veranschaulicht den damit einhergehenden gesellschaftlichen Wandel.
Giovanni Verga (1840–1922), der Begründer des Verismus, der unverfälschten Darstellung des Wahrgenommenen, gewährt in seinen Romanen und Erzählungen scharfe Einblicke in das sizilianische Leben. »Die Familie Malavoglia« (1881) spiegelt das Leben einer Fischerfamilie in Acitrezza. In »Maestro Don Gesualdo« (1889) unterwirft der Protagonist jede seiner emotionalen Regungen einem rationalen Gegenentwurf und schreitet so auf seinem Weg in die Einsamkeit immer weiter voran.

Klassiker deutscher Reiseliteratur

Johann Wolfgang von Goethe (1749–1832): In seiner »Italienischen Reise« (Hamburger Ausgabe 1817) liest man: »Daß ich Sizilien gesehen habe, ist mir ein unzerstörlicher Schatz auf mein ganzes Leben«. Die Reisebeschreibung ist bis heute ein wertvoller und unterhaltsamer Begleiter, der mit wachem Blick bis nach Sizilien führt.
Ferdinand Gregorovius (1821–91): Der Historiker beschreibt seine »Wanderjahre in Italien« (1856–77) und eröffnet damit die Perspektive des Renaissanceforschers auf die Welt südlich der Alpen.
Johann Gottfried Seume (1763–1810): Sein »Spaziergang nach Syrakus im Jahre 1802« (1803) war zu seiner Zeit eine Neuerung in der Reiseliteratur. Seume beschreibt seine Wanderung subjektiv und alltagsnah, kritische und politische Betrachtungen werden in das Reiseerlebnis einbezogen.

Maße und Gewichte

Sie entsprechen den mitteleuropäischen. Die Preise sind in Kilogramm oder *etto* (100 g) ausgezeichnet.

Naturschutzgebiete

Das Landesgesetz für den Umweltschutz von 1981 stellte Sizilien an die Spitze aller italienischen Regionen. Folgende 19 Gebiete wurden zu Naturschutzgebieten erklärt: Fiumefreddo (der kalte Fluss, bei der gleichnamigen Ortschaft gelegen), die Timpa von Acireale, das Tal der Farne auf der Insel Salina, ein Teil des Flussbetts des Cassibile, die Macchia am Irminio-Fluss, der Kyane-Fluss, die Salinen von Syrakus, Vendicari, das Waldgebiet der Madonien bei Isnello, der Berg Quercella bei Polizzi Generosa, der ›Stagnone‹ von Marsala, die Mündung des Belice, der Wald von Alcamo, die Mündung des Platini und die Oase des Simeto.

Gebiete an den Hängen des Ätna, in den Madonien und den Nebroden wurden darüber hinaus zu Naturparks gemacht. Das einzige Gebiet, das bis jetzt eine vollkommene gesetzliche Regelung erhielt, ist die Riserva dello Zingaro, östlich des Vorgebirges S. Vito lo Capo gelegen. Die Insel Ustica ist das einzige Meeresnaturschutzgebiet Italiens; auch die Ägadischen Inseln stehen zum größten Teil unter Schutz, allerdings nicht die umspülende See.

Notruf

An den Autobahnen sind alle 2 km **SOS-Säulen** angebracht: Sie enthalten ein Telefon, mit dem man unter der Nummer 116 den Pannendienst des ACI *(Automobile Club d'Italia)* herbeirufen kann. Im Notfall genügt es, nur den Knopf zu drücken. Für alle gesundheitlichen Notfälle sind in den Krankenhäusern Erste-Hilfe-Stationen eingerichtet.

Notrufnummern:

Polizei, Unfallrettungsdienst	113
Feuerwehr	115

Öffnungszeiten

Banken: Mo–Fr 8.30–13.30 Uhr.
Postämter: Mo–Fr 8.30–13.30, Sa 8.30–12 Uhr.
Geschäfte: in aller Regel Mo–Sa 8.30/9–12.30/13 und 16.30/17–ca. 20 Uhr.

In den Städten werden die gesetzlichen Öffnungszeiten für Geschäfte eingehalten. Einige Branchen haben samstagnachmittags nicht geöffnet (Buchhandlungen), andere bleiben montagvormittags geschlossen (Elektro- und Eisenwaren, Friseure, Juweliere). In den Touristenzentren sind die Geschäfte auch Sonntag geöffnet, und je nach Saison wird oft erst in der Nacht geschlossen. In den Dörfern sind die Öffnungs- und Schließzeiten eher eine Frage der jeweiligen Lebenseinstellung.

Sehenswürdigkeiten: Die Öffnungszeiten der kunst- und kulturgeschichtlich bedeutsamen Stätten, Kirchen und Museen stellen ein kleines Problem dar. Da Öffnungszeiten auf Sizilien häufigen Änderungen unterworfen sind, empfiehlt es sich, im Zuge der individuellen Reiseplanung Erkundigungen bei ENIT (s. S. 354) oder den regionalen Tourismus-Informationsstellen einzuholen. Generell muss man wissen, dass alle öffentlichen Museen, Ausgrabungsgebiete usw., die täglich öffnen, am letzten Montag im Monat aus rechtlichen Gründen geschlossen bleiben. Auch wenn es den offiziellen Öffnungszeiten nicht immer zu entnehmen ist, sollte man sich darauf einstellen, dass viele touristische Einrichtungen in den Wintermonaten früher schließen oder zeitweise am Nachmittag gar nicht geöffnet werden.

Kathedralen und Kirchen: Bischofskirchen sind von 8–12 Uhr geöffnet, nachmittags kann die Öffnungszeit zwischen 15 und 17 Uhr variieren, geschlossen wird meist um 19 Uhr. Die als kunstgeschichtliches Denkmal deklarierten Kirchen öffnen erst um 9 Uhr ihre Pforten, schließen etwa 3 Std. später, um ab 15/16 Uhr wieder regulär zugänglich zu sein. Im Großen und Ganzen gelten diese Zeiten auch für die Pfarrkirchen, sofern sie ein Kustode betreut. Ansonsten werden die Pfarrkirchen jeweils 30 Min. vor Beginn der Messe geöffnet. Die Zeit reicht dann für eine schnelle Besichtigung – während der Messe sind touristische Besucher nicht gerne gesehen. Kirchen, die keine Pfarrkirchen sind, werden dagegen nur zu besonderen Anlässen, wie dem Patronatsfest, der Öffentlichkeit zugänglich gemacht.

Archäologische Ausgrabungsstätten: Die großen archäologischen Bezirke wie Agrigent oder Segesta sind durchgehend von 9 Uhr bis 1 Std. vor Sonnenuntergang geöffnet. Dies impliziert, dass die Schließzeiten innerhalb des Jahresablaufs erheblich schwanken. Hinzu kommt, dass bei einigen Stätten der Eintritt nur bis zu 2 Std. vor Sonnenuntergang erlaubt ist und die Schließzeit von Tag zu Tag anhand der in der Tagespresse veröffentlichten Zeiten des Sonnenuntergangs neu errechnet wird. Lobenswert ist das Angebot im ›Tal der Tempel‹ von Agrigent, das in den heißen Sommermonaten auch während der Abendstunden besichtigen werden kann, wenn die Sonne hinter dem letzten Tempel im Meer versinkt.

Die im Reiseteil angegebenen Öffnungszeiten veranschaulichen den Variantenreichtum und können Änderungen unterliegen. Daher ein **Rat:**

Wer unter Zeitdruck steht, sollte sich bei den angeführten Informationsstellen vor Ort über die aktuell gültigen Zeiten informieren. Dort erfährt man auch, wie normalerweise nicht zu besichtigende Sehenswürdigkeiten dennoch besucht werden können. Die für Sonntag angegebenen Zeiten gelten meistens auch an Feiertagen.

Post

Briefmarken *(francobollo,* Pl. *francobolli)* erhält man außer auf der Post nur in Tabakgeschäften, die außer dem großen ›T‹ noch die Aufschrift *valori bollati* aufweisen.

Reisen mit Handicap

Nur die Hotels der Kurbäder und die Museen sind auf Behinderte eingestellt. Ansonsten beschränken sich die infrastrukturellen Einrichtungen lediglich auf wenige Telefonkabinen mit stufenlosem Eingang und Bordsteinrampen in einigen Städten.

Schutz des Kulturguts

In jedem Land, dass Sie bereisen, gibt es Kulturgüter archäologischer, kunsthistorischer oder volkskundlicher Art, die den besonderen Stellenwert der jeweiligen Kultur und ihre Beziehungen zu anderen vergangenen Kulturen unverwechselbar aufzeigen. Für eine Rekonstruktion der Geschichte und des gelebten Lebens sind nicht nur die einzelnen Kunstdenkmäler und Fundstücke von Interesse, sondern vor allem die Fundzusammenhänge. Diese werden aber von Raubgräbern und den mit ihnen zusammenarbeitenden Händlern zerstört, die nur auf die Dinge aus sind, die sich schnell vermarkten lassen. Dabei vernichten sie oft die scheinbar wertlosen Gegenstände.

Ausgrabungen dürfen nur unter staatlicher Aufsicht durchgeführt werden, Bodenfunde gehören dem Staat! Für eine **Ausfuhr von Antiken** muss eine schriftliche Genehmigung vorliegen.

Unterstützen Sie die Zerstörung der Hinterlassenschaften nicht, indem Sie skrupellosen Händlern antike Dinge am Straßenrand abkaufen. Durch Beachtung der örtlichen Gesetze tragen Sie zum Schutz der fremden Kultur bei, deretwegen Sie dieses Land besuchen.

Sicherheit

Hier gilt die Grundregel, nichts sichtbar im Auto liegen zu lassen und auch beim Fahren Kofferraum und Rücksitztüren verschlossen zu halten. Auf Handtaschen und Kameras sollte man selbstverständlich besonders achten. Wertgegenstände und Reisedokumente gehören am besten in den Hotelsafe. Besonders gefährdet für Autodiebstahl und -einbruch sind öffentliche Parkplätze. Gewaltkriminalität ist dagegen ausgesprochen selten. Bei ›einfachen‹ Diebstählen kann man sich den Gang zur Polizei eigentlich sparen, da die Aufklärungsquote minimal ist.

Sprache

Italienisch ist Landessprache. Untereinander sprechen die Einheimischen oft Sizilianisch, was vom Italienischen ungefähr so abweicht wie das Bayerische vom Deutschen. Viele ehemalige Gastarbeiter sprechen auch Deutsch, ansonsten hilft Französisch eher weiter als Englisch.

Telefonieren

Die früheren Ortsvorwahlen (z. B. 094) sind in ganz Italien Bestandteil der Telefonnummern und müssen auch innerorts mitgewählt werden. Aus dem Ausland wählt man nach Italien die Länderkennung 0039 und dann die komplette Telefonnummer (inkl. der ersten 0).

Telefonate vom Hotel aus sind ca. 25 % teurer. Am preisgünstigsten telefoniert man von öffentlichen Fernsprechern, die alle auch mit einer auf Postämtern und in Tabakläden erhältlichen Telefonkarte *(scheda telefonica,* Werte zu 5, 10 und 15 €) benutzt werden können. An Sonntagen sowie von 22 bis 8 Uhr morgens sind Auslandsgespräche am billigsten.

Vorwahlnummern

Deutschland:	0049
Österreich:	0043
Schweiz:	0041

Trinkgeld

Ausgenommen bei Praxishilfen, ist Trinkgeld nirgends Pflicht, doch gehört es zu den kleinen Freundlichkeiten des Lebens. Jeder Einheimische legt etwa in der Bar 1 € auf die Theke, wenn er seinen *caffè* bestellt hat, und gibt so 10–15% des Preises als Trinkgeld. Den gleichen Prozentsatz rechnet man im Restaurant. Dem Gepäckträger, Zimmermädchen usw. gibt man mindestens 1 €.

Unterkunft

Sizilien ist nach wie vor kein Land für den Massentourismus, jedoch findet man vor allem an der Küste vielfältige Angebote von Agriturismo über Bed & Breakfast, Pensionen und Ferienanlagen bis hin zu kleinen und großen Hotels.

Luxushotels der Kategorie 5 (*****, ab 250 € pro Nacht und Doppelzimmer) findet man nur in Taormina, Palermo und Catania, die meisten Herbergen weisen den Standard der Kategorien 4 (****, ab 130 €) und 3 (***, ab 70 €) auf, während man auf dem unteren Niveau der Kategorien 2 (**, ab 45 €) und 1 (*, ab 30 €) keinen Komfort erwarten darf.

Verkehrsmittel

Bus und Bahn

Wer Sizilien mit öffentlichen Verkehrsmitteln erkunden will, braucht viel Zeit und einiges an Geduld. Mit Ausnahme der Hauptstrecken Messina–Palermo und Messina–Catania–Syrakus–Agrigent verkehren die Züge auf den meist eingleisigen Strecken äußerst spärlich und wenn überhaupt, dann mit enormen Verspätungen. Achtung: Eisenbahnkarten müssen in Italien vor dem Einsteigen an einem Automaten auf dem Bahnsteig entwertet werden!

Wesentlich schneller kommt man mit Linienbussen weiter, deren dichtes Netz auch das kleinste Bergdorf erreicht. Wirklich pünktlich und beinahe im Stundentakt verbinden Schnellbusse die großen sizilianischen Städte Palermo, Catania, Messina, Syrakus, Enna und Agrigent. Abfahrt und Ankunft der von privaten Gesellschaften betriebenen Busse gehen meist am Platz vor dem Bahnhof vonstatten. Hier erhält man auch Fahrpläne.

Schiffsverbindungen

Die Inseln rund um Sizilien werden mit Fährschiffen *(traghetti)* und Tragflügelbooten *(aliscafi)* angesteuert. Die Liparischen Inseln erreicht man am besten von Milazzo (Tragflügelboote auch von Messina), die Ägadischen Inseln von Trapani (hin und wieder auch von Marsala), Ustica von Palermo aus.

Nach Pantelleria legen Fährschiffe von Mazara del Vallo und Trapani ab, nach Linosa und Lampedusa von Agrigent-Porto Empedocle. Nach Malta verkehren in der Saison täglich Schnellboote ab dem südsizilianischen Hafen Pozzallo.

Taxi

In allen größeren Ortschaften der Insel verkehren Taxen. Die Grundtarife sind nicht in jeder Stadt gleich, immer jedoch am Taxometer angegeben. Nur Taormina, wo die Taxen nach Pauschaltarifen fahren und bei Weitem teurer sind als in den anderen Städten, macht hier eine Ausnahme.

Literaturnachweis

Vorgeschichte bis Ende der Antike

L. Bernabò Brea, Sicily before the Greeks (London 1957)

ders., Akrai (Catania 1951)

J. Boardman, Die Keramik der Antike (Freiburg 1985)

ders., Kolonie und Handel der Griechen (München 1981)

A. Burford, Temple Building at Segesta, in: Classical Quarterly 11, 1961, S. 87ff.

A. Carrandini – A. Ricci – M. de Vos, Filosofiana. The Villa of Piazza Armerina (2 Bde., Palermo 1982)

A. Ciasca u. a. (Hg.), Mozia Bd. 1–11 (Rom 1964–1978; Ausgrabungsbericht)

W. B. Dinsmoor, The Architecture of Ancient Greece (London ^{4}1975)

T. J. Dunbabin, The Western Greeks. The History of Sicily and South Italy from the foundation of the Greek Colonies to 480 B. C. (Oxford 1948)

M. Finley, Das antike Sizilien. Von der Vorgeschichte bis zur arabischen Eroberung (München 1979)

P. R. Franke – M. Hirmer, Die griechische Münze (München ^{2}1972)

E. A. Freeman, Geschichte Siciliens, Band I und II (Straßburg 1895/97)

E. Gabba – G. Vallet (Hg.), Sicilia Antica Bd. I/II (Neapel 1979/80)

L. Giuliani, Die archaischen Metopen von Selinunt (Mainz 1979)

E. Greco – M. Torelli, Storia dell' Urbanistica (Rom 1983)

P. Griffo, Agrigento (Agrigent 1961)

G. Gruben, Die Tempel der Griechen (3. Aufl. München 1980)

L. M. Hans, Karthago und Sizilien (Hildesheim/Zürich/New York 1983)

J. I. Hittorf – L. Zanth, Recueil des Monuments de Ségeste et de Sélinonte (Paris 1870)

C. Höcker, Die klassischen Ringhallentempel von Agrigent, in: Hephaistos 7/8, 1985/86, S. 233ff.

H. Kähler, Die Villa des Maxentius bei Piazza Armerina (Berlin 1973)

H. Knell, Grundzüge der griechischen Architektur (Darmstadt 1980)

F. Kolb, Agora und Theater in Morgantina, in: Kokalos 22/23, 1976/77, S. 479ff.

E. Langlotz – M. Hirmer, Die Kunst der Westgriechen in Sizilien und Unteritalien (München 1963)

M. P. Loicq-Berger, Syrakuse. Histoire culturelle d'une cité greque (Brüssel 1967)

C. Marconi, Selinunte. Le Metope dell' Heraion (Modena 1994)

P. Marconi, Himera (Rom 1931)

D. Mertens, Die Herstellung der Kurvatur am Tempel von Segesta, in: Römische Mitteilungen 81, 1974, S. 107ff.

ders., Der Tempel von Segesta und die dorische Tempelbaukunst des griechischen Westens in klassischer Zeit (Mainz 1984)

S. Moscati, Il Mondo dei Fenici (Mailand ^{2}1979)

ders., L'Arte della Sicilia Punica (Mailand 1987)

ders. (Hg.), Die Phönizier. Ausst.Kat. Venedig 1988

H. G. Niemeyer, Das frühe Karthago und die phönizische Expansion im Mittelmeerraum (Göttingen 1989)

ders. (Hg.), Die Phönizier im Zeitalter Homers, Ausst.Kat. Hannover 1990

M. Pape, Griechische Kunstwerke aus Kriegsbeute und ihre öffentliche Aufstellung in Rom (Hamburg 1975)

G. Pugliese Carratelli (Hg.), Sikanie. Storia e civiltà della Sicila Greca (3. Aufl. Rom 1989)

G. M. A. Richter, Korai. Archaic Greek Maidens (London 1968)

ders., Kouroi. Archaic Greek Youths (London ^{3}1970)

H. Riemann, Zum griechischen Peripteraltempel. Seine Planidee und ihre Entwicklung bis zum Ende des 5. Jh. v. Chr. (Düren 1935)

S. Tusa, La Sicilia nella preistoria (Rom 1983)

ders., Lo scavo del 1970 Mozia-VII (Rom 1972)

J. B. Ward-Perkins, Architektur der Römer (Stuttgart 1975)

J. I. S. Whitaker, Motya. A Phoenician Colony in Sicily (London 1921)

R. J. A. Wilson, Sicily under the Roman Empire (Warminster 1990)

Von den Byzantinern bis heute

G. Agnello, Le caratteristiche dell'arte sacra in Sicilia, in: Illustrazione Vaticana (Roma 1937)

ders., L'archittetura bizantina in Sicilia (Firenze 1952)

ders., Le arti figurative nella Sicilia bizantina (Palermo 1962)

M. Amari, Storia dei Musulmani die Sicilia (Catania ²1933)

L. Anastasi, L'arte nel Parco Reale normanno die Palermo (Palermo 1935)

N. Basile, Palermo felicissima Palermo 1938)

ders., L'architettura della Sicilia normanna (Rom 1975)

Ibn Battuta, Reisen ans Ende der Welt 1325–1353, hg. v. H. Leicht (Stuttgart ⁴1985)

G. Bellofiore, La Cattedrale di Palermo (Palermo 1976)

ders., La Zisa di Palermo (Palermo 1978)

ders., La Maniera italiana in Sicilia (Palermo 1963)

ders., Cefalù – Duomo, in: Tesori d'arte cristiana, Bologna 1966

ders., Iconografia della cattedrale di Palermo anteriore al 1781, in: Bollettino d'arte del ministero della P. I., Rom, April–Juni 1972

E. Bertaux, L'art dans l'Italie méridionale (Paris 1903)

A. Blunt, Sizilischer Barock (Frankfurt/Main 1972)

S. Boscarino, Sicilia barocca (Rom 1986)

ders., Studi e relievi di architettura siciliana (Rom 1961)

S. Bottari, Il duomo di Catania (Catania 1953)

ders., Il duomo di Messina (Messina 1929)

ders., Monumenti svevi di Sicilia (Palermo 1950)

E. Caspar, Roger II. (1101–54) und die Gründung der normannisch-sicilischen Dynastie (Innsbruck 1904, ND 1968)

F. Chalandon, Histoire de la domination normande en Italie et Sicile, I–II (Paris 1907, ND 1960)

P.B. Cott, Siculo-Arabic Ivories (Princeton 1939)

J. Chevalier – A. Gheerbrant, Dictionnaire des Symboles (Paris 1969)

G. Crespi, Die Araber in Europa (Stuttgart/Zürich 1983)

A. C. Creswell, The Muslim Architecture of Egypt (Oxford 1952)

J. Deer, The Dynastic Porphyry Tombs of the Norman Period in Sicily (Cambridge/Mass. 1959)

O. Demus, The mosaics of Norman Sicily (London 1949)

L. Di Blasi, Noto barocca. Tra controriforma e illusionismo (Noto 1981)

G. Di Stefano, La cattedrale di Cefalù (Palermo 1960)

ders. – W. König, Monumenti della Sicilia normanna (Palermo 1979)

M. Finley – D. Mack Smith – C. Duggan, Geschichte Siziliens und der Sizilianer (München 1989)

G. Gangi, Il Barocco della Sicila Orientale (Rom 1964)

D. Garstang, Giacomo Serpotta and the Stuccatori of Palermo (London 1984)

M. Giuffrè, Castelli e luoghi forti di Sicilia, XII–XX (Palermo 1985)

L. Golwin, Le Magrib (Paris 1966)

J. I. Hittorff – L. Zanth, Architecture moderne de la Sicile (Paris 1820–1835)

P. Hofer, Noto – Idealstadt und Stadtraum im sizilianischen 18. Jahrhundert (Zürich 1995)

E. Kantorowicz, Kaiser Friedrich II. (Erstausgabe 1927, Stuttgart ⁵1995)

W. Krönig, Cefalù, der sizilianische Normannendom (Kassel 1960)

ders., Kunstdenkmäler in Italien, Sizilien (Darmstadt 1985)

H. W. Kruft, Domenico Gagini und seine Werkstatt (München 1972)

ders., Antonello Gagini und seine Söhne (München 1980)

G. Marçais, L'architecture musulmane (Paris 1965)

A. Mazzamuto, Sull'architettura degli insediamenti siciliani nei secoli XVI, XVII, XVIII, in: Nuovi Quaderni del Meridione, April–Juni 1974

U. Monneret de Villard, Le pitture musulmane al soffitto della Cappella Palatina in Palermo (Rom 1950)

J. J. Norwich, Die Wikinger im Mittelmeer. Das Südreich der Normannen 1016–1130 (Wiesbaden 1968)

ders., Die Normannen in Sizilien 1130–1194 (Wiesbaden 1971)

K. Otto-Dorn, Kunst des Islam (Baden-Baden 1964)

Verzeichnis der Karten und Grundrisse

Kartografie
DuMont Reisekartografie, Fürstenfeldbruck

Abbildungsnachweis

akg-images, Berlin: S. 11, 41, 69, 70, 244 u.
Jasmin Carnabuci, Taormina: S. 13–15, 23, 24, 31, 42, 105 li., 138/139, 220, 224, 226 u., 232 u., 234, 336, 340 u., 342 u., 344–350
Fridmar Damm, Köln: S. 30, 179, 245, 251, 309, 312
Andrea Dippel, Köln: S. 183 (2x), 246
DuMont Bildarchiv, Ostfildern: S. 306, 343 (Feldhoff/Martin); 1, 8/9, 26, 80/81, 100/101, 113, 116, 121, 124/125, 166, 188, 228, 248, 329, 341, 352 (Lubenow)
Rainer Hackenberg, Köln: Titelbild, Umschlagklappe hinten, Umschlagrückseite oben und unten, S. 34, 37, 47, 48, 52, 53, 55, 58/59 (4x), 60, 79, 86, 88, 93, 102, 104, 106 o., 110, 133, 135, 143, 148, 150, 151, 157, 159, 160, 161, 164, 170, 192, 193 u., 196, 199, 200 u., 203, 204, 209, 211, 217o., 222, 231, 232 o., 238, 254, 255 (2x), 257, 259, 260, 264, 268, 269, 273, 276 (2x), 279, 280 (2x), 282, 287, 292, 298, 299, 300, 303, 321, 325
Christoph Höcker, Mering: S. 29
Bildagentur Huber, Garmisch-Partenkirchen: S. 82 (Bartuccio)
Knut Liese, Ottobrunn: S. 95, 169, 200 o.
David Lyons, Ambleside: S. 63, 106, 288 o., 323, 333
Mauritius Images, Mittenwald: S. 190 (Bridge); 33 (Harding); 156, 312 (Mattes)
Werner Neumeister, München: S. 28, 64 re., 215 o., 281
Publifoto di Brai, Palermo: S. 185, 207, 267, 270, 274, 282, 296, 308
Scala, Florenz: Umschlagklappe vorn, S. 74, 327 (2x), 339, 340 o.
Daniela Schetar-Köthe, München: S. 330
Werner Stuhler, Hergensweiler: S. 64 l., 215 u., 216 (2x)
Klaus Thiele, Warburg: S. 67
Martin Thomas, Aachen: S. 85 o., 128, 240, 316
Heinz Tomek, Giardini Naxos: S. 12, 134, 297, 335

Alle übrigen Abbildungen stammen aus dem Archiv der Autorin und des Verlages.

Danksagung
Autorinnen und Verlag danken herzlich für freundliche Unterstützung: Jasmin Carnabuci, Andrea Dippel, Eva Gründel, Renate Habets, Rainer Hackenberg, Christoph Höcker, Helga Lehmkuhl sowie Heinz Tomek.

Register

Der Haupteintrag ist **fett** hervorgehoben

Der Haupteintrag ist **fett** hervorgehoben

Umschlagvorderseite: Selinunt, Tempel E
Vordere Umschlagklappe: Antonello da Messina, »Verkündigung« (1474, Ausschnitt), Palazzo Abatellis, Palermo
Vordere Umschlagklappe innen: Sizilien, Übersichtskarte
Vignette: Römisches Mosaik in der Villa del Casale
Hintere Umschlagklappe: Apsismosaik im Dom von Monreale
Hintere Umschlagklappe innen: Palermo, Cityplan
Umschlagrückseite: Lagekarte Sizilien,
San Pietro in Modica,
Übersichtsplan Ausgrabungen Selinunt,
Mosaik im Normannenpalast von Palermo

Über die Autorinnen:
Brigit Carnabuci studierte Kunst- und Kulturgeschichte. Sie lebte seit den 1950er-Jahren auf Sizilien, war als Restauratorin tätig und begleitete Studienreisen.
Svenja Laufhütte hat die Aktualisierung dieser Auflage übernommen. Sie studierte in Marburg, Rom und Dresden Kunstgeschichte und Literaturwissenschaft. Seit 2006 lebt und arbeitet sie als Übersetzerin und freie Kunsthistorikerin auf Sizilien.

Bitte schreiben Sie uns, wenn sich etwas geändert hat!
Alle in diesem Buch enthaltenen Angaben wurden von den Autorinnen nach bestem Wissen erstellt und von ihnen und dem Verlag mit größtmöglicher Sorgfalt überprüft. Gleichwohl sind – wie wir im Sinne des Produkthaftungsrechts betonen müssen – inhaltliche Fehler nicht vollständig auszuschließen. Daher erfolgen die Angaben ohne jegliche Verpflichtung oder Garantie des Verlages oder der Autorinnen. Beide übernehmen keinerlei Verantwortung und Haftung für etwaige inhaltliche Unstimmigkeiten. Wir bitten dafür um Verständnis und werden Korrekturhinweise gerne aufgreifen:
DuMont Reiseverlag, Postfach 31 51, 73751 Ostfildern
E-Mail: info@dumontreise.de

7., aktualisierte Auflage 2013

Grafisches Konzept: Ralf Groschwitz, Hamburg
Printed in Poland

FSC www.fsc.org MIX Papier | Fördert gute Waldnutzung FSC® C018236